동사열전
東師列傳

| 동국대학교 불교기록문화유산아카이브사업단(ABC)
본서는 문화체육관광부 지원으로 동국대학교 불교학술원에서 간행하였습니다.

한글본 한국불교전서 조선 26
동사열전

2015년 2월 15일 초판 1쇄 인쇄
2025년 1월 3일 초판 2쇄 발행

지은이 범해 각안
옮긴이 김두재
발행인 박기련
발행처 동국대학교출판부

출판등록 제1973-000004호(1973. 6. 28)
주소 04626 서울시 중구 퇴계로36길2 신관1층 105호
전화 02-2264-4714
팩스 02-2268-7851
Homepage https://dgpress.dongguk.edu/
E-mail abook@jeongjincorp.com

편집디자인 꽃살무늬
인쇄처 네오프린텍(주)

ⓒ 2025, 동국대학교(불교학술원)

ISBN 978-89-7801-438-0 93220

값 30,000원

이 책의 무단 전재나 복제 행위는 저작권법 제98조에 따라 처벌받게 됩니다.

한글본 한국불교전서 조선 26

동사열전
東師列傳

범해 각안 梵海覺岸
김두재 옮김

동국대학교출판부

동사열전東師列傳 해제

김 두 재
동국역경원 전 역경위원

1. 개요

『동사열전』은 전남 대흥사의 고승 범해 각안梵海覺岸(1820~1896)이 편술한 것으로 글자 그대로 동국東國의 고승 전기집이다.

고승전은 오래전부터 편찬되었는데, 최초로 편찬된 고승전은 양梁나라 혜교慧皎가 지은 『고승전高僧傳』(14권)이다. 한국 고승전의 효시는 신라 김대문金大問의 『고승전』이지만 전해지지 않으며, 『해동고승전』은 1215년 (고종 2) 각훈覺訓이 우리나라 고승들의 전기를 정리 서술한 것으로 현존하는 최초의 고승전류이다. 그 후 숭유억불기인 조선 중후기에 편찬된 것으로 추정되는 『동국승니록東國僧尼錄』(1권, 필사본)이 저술되었다. 신라부터 조선 중기 불교를 중흥했던 청허 휴정과 그 제자 사명 유정까지의 고승들을 다루었다. 이름이 알려진 고승을 명승이라는 항목에서 다루고 비구니, 시승, 역승, 간승의 명목으로 구분하여 서술하였다. 숭유억불기 산중불교가 전개되는 시기에 저술된 고승전이라는 의의가 있으나, 다소 연대의 오류가 보이며, 문장의 조악함도 보인다. 고승전류는 아니지만 조선 후기에 정약용丁若鏞(1762~1836)이 저술한 『대동선교고大東禪敎考』(1권)는 삼국 시대 이후의 불교사와 고승들의 전기를 다루었다. 동시대의 금명 보정錦溟寶鼎(1861~1930) 역시 『조계고승전曹溪高僧傳』을 집필하여 보조 국사 지눌부터 조선 시대에 이르는 386명의 고승을 다루었으며, 1921년에 『불조록찬송佛祖錄贊頌』을 저술하여 각 조사에 대해 간략한 전기와 찬송贊頌을 붙였다.

2. 저자 및 저술 동기

『동사열전』의 저자 각안은 경주 최씨 최치원의 후손으로 아버지는 철徹이며, 전라남도 완도에서 1820년에 출생하였다. 법호는 범해梵海, 자는 환여幻如, 자호는 두륜산인 구계頭輪山人九階이다. 1833년(순조 33) 두륜산 대둔사大芚寺(대흥사)에서 출가하여 1835년 호의縞衣를 은사로 삼고 하의荷衣에게서 사미계를 받았으며, 초의草衣로부터 구족계를 받았다. 각안은 22년 동안 강당에서 학인들을 가르치다가 전국의 명산 사찰을 유력하였으며, 대둔사로 돌아와서 후학들을 지도하였다. 각안 스스로가 "『화엄경』을 강론한 것이 6회이고, 『범망경』을 강설한 것이 12회이다."라고 밝힌 바와 같이 문도 교육과 중생 교화에 치중하였다.

입적하기 2년 전 『동사열전』을 저술하였고, 법랍 64세(속랍 77세)로 입적하였다. 제자로는 성윤性允 · 예순禮淳 등 교학을 전한 3인과 선을 전한 81인이 있다. 각안이 저술한 책은 그의 행장에 의하면 『경훈기警訓記』, 『유교경기遺敎經記』, 『사십이장경기四十二章經記』, 『사략기史略記』, 『통감기通鑑記』, 『진보기眞寶記』, 『박의기博儀記』, 『사비기四碑記』, 『명수집名數集』, 『동시선東詩選』 각 1권과 『동사전東師傳』, 『시고詩稿』 2편, 『문고文稿』 2편 등 총 20여 편에 달하였으나 모두 인쇄하여 배포되지는 않았다고 한다. 문집은 『범해선사유고』로 1921년 8월 해남 대흥사에서 발행하여 현존하고 있으며, 『동사전』을 제외한 나머지 책은 전하고 있지 않다. 『동사전』이 바로 『동사열전』으로, 각안의 문인 율암 찬의栗庵讚儀가 1917년에 찬한 행장에는 3권이라고 하였으나 남아 있는 것은 6권이다. 각안은 "학인과 더불어 문답하는 여가에 동국 승려의 사적을 모아 선각자가 후학을 깨우치는 잠계箴戒에 갖춘다."라고 하였다.

각안이 『동사열전』을 탈고할 무렵인 1894년(고종 21)에는 청봉 세영清峯世英(1855~?)이 나이 40세로, 한동안 끊어졌던 염불법회인 무량회無量會를 복구하여 주관하고 있었다고 한다. 당시 각안은 두륜산 대흥사 천불전 후원인 일로향실一爐香室에 주석하였는데, 『동사열전』은 그 무렵 탈고하였던 듯하다. 즉 "현옹 노장은 아직도 석릉에 머물면서 갑오년(1894) 여름을 보내고 있다."(권6, 「호은강사전」)거나 "스님은 광무光武 무술년(1898)에 입적하였다."(권4, 「하은선백전」)라는 기록으로 알 수 있다. 각안이 입적한 지 2년 후인 1898년 하은 예가荷隱例珂가 입적하였다고 한다. 각안이 문도들에게 "만약에 쓸데없는 이야기나 빠진 곳이나 잘못된 곳이 있으면 곳에 따라 필삭해도 무방하다."라고 자서전에 밝혔듯이 『동사열전』은 각안이 주로 집필하고 입적 후 그의 문인들이 필삭하였다.

각안이 『동사열전』을 저술하게 된 동기는 서문이나 발문이 없어서 자세한 사실은 알 수 없으나 자서전에 다음과 같은 내용이 있다.

불법이 동국에 처음 유통된 뒤 고구려, 백제, 신라, 고려에서부터 우리 조선에 이르기까지 전성기에는 승려에게 도첩, 승과, 승관 등의 제도가 있었다. 역사가 있으면 전기傳記도 있게 마련이건만 여러 번 전쟁을 겪은 나머지 공적 사적 기록이 다 소실되어 한결같이 믿고 고찰할 만한 것이 없다. 비록 비갈碑碣에 새겨진 글이 있긴 하지만 이끼가 끼고 침식되어 고찰해 보기가 어렵고, 또한 『불조원류佛祖源流』[1권]가 전해지고는 있지만, 중간에 수록되어 있는 것은 법명法名과 호號를 억지로 끌어다 붙인 것이라서 그대로 믿을 수가 없다.(「자서전」)

고승들의 전기가 있으나 전쟁의 참화로 문헌자료를 살필 수 없으며, 비갈이 있으나 마멸되어 역시 살피기 어려우며, 사암 채영獅巖采永이 지은 『불조원류』가 있으나 조파도祖派圖라는 한계가 있다는 것이다. 또한 조선시대에는 중국에 사대하는 분위기가 고조되었으나 각안은 그러한 분위기에 얽매이지 않고 불교의 진리를 세우고자 하였다.[1]

3. 서지사항

현재 국립중앙도서관 소장 필사본과 동국대학교 등사본, 규장각 필사본 등이 남아 있다. 권6은 각안이 1894년에 찬술한 것이다. 1941년 조선사편수회에서 등사한 등사본이 있고, 1957년 동국대학교 불교사학연구실에서 『장외잡록藏外雜錄』 제2집으로 인쇄 간행한 바 있다. 동국대학교 한국불교전서 편찬위원회에서 기존 판본들의 오자, 탈자를 교감하여 『한국불교전서』 제10책에 수록하였다.

『동사열전』의 체재 및 구성을 소개하면 다음과 같다. 『동사열전』은 자유로운 방식으로 서술하였고 분량도 관련 사료를 수집하는 대로 저술한 듯하다. 대부분의 고승들은 일정한 분량을 설정하여 서술하였으나, 많은 내

---

[1] 이는 다음과 같은 기록으로 알 수 있다. "비록 온 나라가 중국에 얽매여 있었으나 스님의 마음은 늘 부처님의 나라(蓮邦)에 가 있고 후학을 가르칠 때에는 자세하고 빈틈없었지만 선조들의 전통에 구애받지도 않았다. 아아, 진리의 바다(佛海)의 더러운 것이 오늘보다 심한 적이 없었거늘 스님의 크나큰 자비 그물이 아니었던들 누가 인천의 고기(魚)를 건져 열반의 언덕에 올려놓았겠는가?" 권2, 「경성대덕전」.

용을 서술하기도 하였다. 「동진대사전」, 「무학왕사전」, 「경성대덕전」, 「연파강사전」, 「호의대사전」 등이 2배 이상이며, 「나옹왕사전」과 「부용조사전」, 「진묵조사전」은 3배 이상, 각안 자신의 자서전은 가장 많은 분량(6배 이상)을 서술하였다.

『동사열전』은 고승전류와 같은 편목을 두지 않고 시대별로 구성하였다. 신라 시대는 아도부터 동진까지 13명인데 고구려와 백제의 고승은 수록하지 않았으며, 신라의 고승도 일부만이 실려 있다. 고려 시대 대각 국사부터 원진 국사까지 10명, 조선 시대 함허부터 회광까지 176명에 달한다. 조선 시대 이전의 고승 20여 인은 대부분 1권에 수록되어 있다. 삼국 시대의 인물은 아도 화상뿐이며 나머지는 통일신라와 고려의 인물이다. 대부분의 고승 176명이 조선 시대의 인물이며 그중에서도 후기, 특히 조선 말기의 고승이다. 이를 권수 별로 살펴보면 다음과 같다.

제1권에는 불교의 전래자 아도 화상과 불교를 중흥시킨 자장, 원효, 의상, 선문의 개산조인 진감 혜소, 지증 도헌, 무염 낭혜, 낭공 행적, 도선, 혜철, 보조 체징, 동진 경보와 통일신라 불국사의 창건주 김대성을 싣고 있다. 고려 시대에는 고려 천태종의 개창조 대각 국사 의천, 수선사 결사 개창자 보조 국사 지눌과 그의 문도 진각 국사 혜심, 천태종 백련사계 고승 진정 국사 천책과 부암 운묵, 고려 말 나옹 혜근과 그의 문도 무학 자초를 포함하여 총 20인의 전기를 게재하였다.

제2권에는 고려 말의 가지산문계 고승인 공민왕대 왕사 태고 보우와 그의 문도 환암 혼수와 구곡 각운, 여말선초 충신불사이군忠信不事二君의 고승 원진 국사 세염을 특기하였다. 무학의 문도인 함허 기화와 청허 휴정의 스승으로 '삼로三老'라고 일컬어졌던 벽송 지엄, 부용 영관, 경성 일선과 벽송 지엄의 스승 벽계 정심, 그리고 조선 중기 이후 불교계를 주도하는 청허 휴정과 부휴 선수, 청허의 문도인 사명 유정, 진묵, 편양 언기, 소요 태능 등과 편양 언기의 문도 풍담 의심을 비롯한 문손들 21인이 수록되어 있다.

제3권에는 백암 성총으로부터 해봉 성찬까지 23인, 제4권에는 연담 유일로부터 범해 각안에 이르기까지 53인, 제5권에는 벽담 도문으로부터 이침산 처사까지 48인, 제6권에는 우담 홍기로부터 이회광(1862~1933)까지 34인이 수록되어 있다. 총 196인의 비구와 1인의 비구니, 2인의 속인으로 총 199인이 실려 있다.

이들에 대한 호칭은 국사 12인(元曉, 眞鑑, 智證, 無染, 道詵, 慧徹, 大覺, 普照, 眞覺, 眞靜, 幻庵, 元禎), 왕사 4인(懶翁, 無學, 太古, 龜谷), 존자 2인(淸虛, 泗溟), 종사 14인(鞭羊, 逍遙, 楓潭, 醉如, 栢庵, 雪巖, 喚醒, 碧霞, 雪峯, 霜月, 虎巖, 涵月, 默庵, 蓮潭), 조사 4인(義湘, 芙蓉, 震默, 華岳)의 고승과 법사 2인(慈藏, 無用), 대사大士 2인(縞衣, 荷衣)으로 구별 서술하였다. 뚜렷한 기준을 가지고 분류한 것은 아닌 듯하며, 조선 중기 이후의 고승은 선사, 선덕, 선백, 대덕, 대사, 강사, 강백, 화상으로 나누었다.[2]

그 가운데 속인인 김대성과 이침산의 경우 외에 승계를 붙이지 않은 승려는 신해와 보정, 화선과 몽월 영홍, 동봉 욱일, 대인 등전, 해봉 성찬 등이다. 특히 다른 승전류에서는 찾아볼 수 없는 각안 자신의 자서전을 제4권 끝부분에 실었고, 비구니 대인 등전도 유일하게 입전하고 있으며, 『동사열전』 저술 시 생존한 승려들도 포함시킨 것은 현재성을 중요시한 결과이다. 양란 시 전쟁에 참여하였다가 조선에 정착한 명나라 고승 신해와 보정 두 승려를 합하여 열전에 소개하고 있는 것도 같은 맥락이다.

각안은 그와 동시대에 활동한 승려들도 상당수 입전시켰다. 앞서 언급

---

[2] 다만 종사에 대해서는 다음과 같이 정의를 내리고 있다. "이미 종문의 계파를 이었으면 반드시 종정宗正을 실행해야 한다. '종宗'이란 16종을 의미하며 '정正'이란 자신의 행동을 규정糾正하는 것을 말한다. 이렇게 종정을 실행하는 이를 종사宗師라고 말한다. 이미 종문의 계파에 들어왔으면 부처님 법을 곧바로 전해 받은 사람이니 승려가 가야 할 큰 길을 실천해야 한다." 권5, 「호월선사전」.

한 하은은 물론이고 인곡, 연호, 보경, 경담, 금허, 연주, 원화, 혼은, 팔굉, 청악, 청봉, 취운 자운, 회광 등이 그 사례다. 특히 취운 강백은 당시 29세 승려였으며, 마지막으로 입전된 이회광은 당시 33세로 한국 근대불교사에서 대표적인 인물이다.

4. 내용과 성격

각안은 특정 문파에 치우친 승전류를 바로잡고자 하였다. 『동사열전』에 "마치 유가儒家의 정자程子와 주자朱子 같은 무리들이 1천 년 뒤에 태어나서 공자와 맹자의 학맥을 계승한 경우와 같다. 유가든지 불가든지 도를 전하는 것은 마찬가지라고 하겠다."(권2, 「벽송선사전」)라고 하여 종풍의 법맥을 중요시하였다. "부용 영관의 문하에 두 파가 있는데, 한 파는 청허 휴정이고 다른 한 파는 부휴 선수이다."(권3, 「서암선사전」)라고 하였다. 그러나 부휴 선수계는 「서암선사전」에 "'부휴의 법을 이은 제자는 벽암 각성이고 벽암의 법제자는 취미 수초이며, 취미의 법제자는 설파 민기이고 설파의 법제자는 빙곡 덕현이며, 빙곡의 법제자는 서암 일화이고 서암의 법제자는 석담 만의이며, 석담의 법제자는 호봉 성관·포암 덕정·선월 행정이다."라고 하였으며, 침명 한성은 "침명 스님은 부휴 스님의 10대 법손이고 영해 스님의 5대 법손이다."라고 밝혔다.(권4, 「침명강백전」)

또한 "편양의 문도로는 풍담의 계열이 가장 번창했으며, 법을 이은 제자(拈香)도 무릇 30여 명이나 되었다."(권2, 「편양종사전」)고 하거나 "종파를 미루어 살펴보면 곧 환성 지안·용암 신감·대암 국탄·회암 나식·영허 성엽·금파 긍잠·웅파 위성·경월 유성·설봉 완첨·완파 위규·포련 취환으로 이어져 왔으니, (완파) 스님은 환성 스님의 9대 법손이고 포련 스님의 스승이 된다."(권4, 「완파대사전」)라고 소개하고 있으며, 청허 휴정의 적손인 편양 문파 73명을 실었는데 그 수가 가장 많다.

그에 반하여 소요 문파나 정관 문파는 소략하게 수록하였으며, 송운 문파와 중관 문파는 전혀 수록하지 않았다. 즉 소요 문파는 해운 선사, 취여 삼우, 송차 각민, 나암 승제, 연파 혜장, 응화 유한 등 소수에 지나지 않으며, 정관 문파는 보경 혜경에 불과하다. 특히 같은 문파인 사암 채영은 수록하지 않았으며, 호남의 대둔사를 중심으로 한 고승들만을 서술한 한계점이 있다. 이와 같이 각안은 사법관계를 중심으로 생몰년을 기준으로 구성하였으며, 논과 찬은 설정하지 않고 있다.

지역적으로도 제3권부터는 전국을 대상으로 하지 않고 각안이 주석하였던 해남 두륜산(大芚山) 대둔사(大興寺) 주변의 고승을 중심으로 호남지방에 편중되어 있다. 각안 자신이 두륜산인頭輪山人이라고 명시하고 있으며, 현 대흥사가 있는 두륜산에 주석하였던 고승 가운데 원효를 비롯해서 많은 고승들을 게재하였다, 특히 대흥사 표충사表忠祠를 부각시키고 있다. 그리고 다른 사적에서는 쉽게 찾아보기 힘든, 금강산 백화암에도 수충각이 세워졌다는 사실을 다음과 같이 적고 있다. "금강산 백화암에 수충각을 세우고 지공·나옹·무학 세 화상과 그 왼쪽에는 서산 대사, 오른쪽에는 사명 대사의 영정 등 다섯 분의 영정을 봉안하였다."(권2,「사명존자전」)

각안은 대흥사 13종사와 13강사를 대부분 입전하였다.「취여종사전」에는 "일찍이 대둔사 상원루에서 화엄의 종지를 연설하였는데 강론을 듣는 이가 수백 명이나 되었다."(권2,「취여종사전」)고 하였으며, "일찍이 대둔사 지장전에서 경전을 강독하는 큰 법회를 열었는데 그 법회에 모인 대중이 수백 명이나 되었으므로 사람들이 이를 두고 '영산회상靈山會相이 다시 일어난 것 같다'라고 말했다."(권3,「영곡강사전」) 그리고 "일찍이 대둔사에서 연 큰 법회의『강회록』에 실려 있는 그의 문인만도 39명이나 되었다."(권2,「월저종사전」)거나 "언젠가 대둔사 백설당白雪堂에서 큰 법회를 열었는데 그『강회록』에 내용이 실려 있다."(권3,「설암종사전」) 또는 "일찍이 두륜산에 기거하고 있을 때에 용화당에서 『화엄경』 강독회를 열었는데 대중들의 수효가 100여 명이나 되었다."(권3, 「금주강사전」)고 하였다. 대둔사는 왕실로부터 주목을 받아 종2품으로 문·무반·종친이 받았던 가선대부嘉善大夫 관계를 받은 고승을 특기하였다. 예컨대 현해 모윤, 설곡 윤훤, 금계 근적, 철우 표운, 포운 응원, 보운 석일, 상운 응혜, 희문 화상 등이다.

대둔사뿐만 아니라 호남의 사찰로 유명했던 강진 백련사의 8종사 대부분이 입전되었다. 그리고 김제 금산사와 고창 선암사에서 법회가 크게 열렸음을 강조하였다. 즉, 1725년(영조 1)에 환성 지안에 의해 열린 김제 금산사의 화엄대법회에는 1,500여 명의 대중들이 참석하여 대성황을 이루었는데(권3, 「환성종사전」) 이것이 계기가 되어 환성은 제주도에서 순교하였다. 각안은 허응 보우와 더불어 제주도의 삼성三聖으로 보아야 할 것이라는 주장도 하였다. 이러한 유림의 억불시책에도 1734년(영조 10) 봄과 1754년(영조 30)에 각각 선암사에서 대대적인 화엄강회를 열었으며, 당시 후자의 법회는 한 달 가까이 진행되었다. 참석 대중 숫자를 비교적 상세히 적은 기록이 『해주록』 1권에 수장되어 있다고 한다. 1884년(고종 21) 전주 위봉사의 승통 윤輪이 도내에 통문을 돌려 원암산 원등암의 16나한상을 봉안할 나한당 중건불사를 감사 김성근과 함께 하였다는 사실을 서술하였는데(권3, 「해봉성찬전」) 이것은 각안의 노년 시기 일이다.

그만큼 각안이 활동하였던 지역과 직접 듣고 보았던 인물들을 중심으로 구성하였기 때문에 사실성을 높여 주고 있다. 연담 유일과 초의 선사, 아암 혜장 등의 고승과 다산 정약용이나 추사 김정희 등 유림들의 승려에 대한 시와 평을 담고 있다.

각안은 1871년 무렵에 찬술된 『호남읍지』(「만화원오전」)와 『해남읍지』(권3, 「만화강사전」), 『대둔사지』(권4, 「철선강사전」), 나아가 전국의 지리지라고 할 이중환의 『택리지』, 고기류(「해운선사전」) 등을 활용하였다. 「무학왕사전」에 『청야만집』, 의상의 산수기, 청허 휴정의 석왕사기, 이중환의 『팔역지(택리지)』

등에서 인용한 내용을 서술하는 등 적지 않은 자료를 모아 서술하였다.

5. 가치

『동사열전』은 372년(소수림왕 2) 불교의 전래자 아도로부터 저술자 각안의 입적 무렵인 1894년(고종 31)까지 1,500여 년 동안의 주요한 불교 고승을 다루고 있다. 『동사열전』은 고승전의 체제를 따르지는 않았으나 시속의 평대로 각훈의 『해동고승전』과 더불어 한국 승전의 쌍벽을 이루고 있다. 수록된 고승들은 각안이 주석하였던 대둔사와 인근 사찰의 승려가 대부분을 차지하고 있다. 앞서 언급한 바와 같이 대부분의 고승을 조선 중·후기의 고승, 특히 조선 말기 대흥사를 중심으로 구성하였다. 조선 후기 불교계를 주도하였던 팔도도총섭이나 도총섭에 관련 기록도 비교적 풍부하게 싣고 있다.

『동사열전』은 『동국승니록東國僧尼錄』보다는 조직적인 체재와 객관적인 서술 형태를 띠면서 상세한 내용을 담고 있다. 특히 불교가 흥성했던 신라나 고려 시대보다도 조선 시대, 특히 조선 후기 고승을 더 많이 편성하였다. 아마도 역사의 현재성을 강조한 듯하다. 즉, 조선 시대의 불교가 침체된 것이 아니라 산중을 중심으로 나름대로 전개되었던 사실을 강조한 것이라고 하겠다.

6. 참고문헌

김윤세 역, 『동사열전』, 광제사, 1991.
김윤세 역, 『한글대장경-해동고승전 외』, 동국역경원, 1995.

가산불교문화연구원, 『한국고승비문총집-조선조·근현대』, 가산불교문화연구원, 2000.

동국대학교 불교문화연구소, 『한국불교찬술문헌목록』, 동국대학교 불교문화연구소, 1976.

장휘옥, 『해동고승전의 연구』, 민족사, 1991.

김영태, 『한국불교 고전 명저의 세계』, 민족사, 1994.

오경후, 「동사열전의 사학사적 검토」, 『사학연구』 63, 한국사학회, 2001.

허흥식, 「『해동불조원류』의 고대와 중세의 산성」, 『김성준선생 정년기념 사학논총』, 1985(『고려불교사연구』, 일조각, 1986).

황인규, 「고승전과 고승문집의 집성-한국고승집의 집성 및 간행을 위한 시고(試攷)」, 『불교학연구』 32, 불교학연구회, 2012.

차례

동사열전 해제 / 5
일러두기 / 24
자서전自序傳 / 25

동사열전 제1권 / 41

아도화상전阿度和尙傳 43
원효국사전元曉國師傳 47
의상조사전義湘祖師傳 50
자장법사전慈藏法師傳 53
진감국사전眞鑑國師傳 59
지증국사전智證國師傳 63
무염국사전無染國師傳 65
김대성전金大城傳 67
낭공대사전朗空大師傳 71
도선국사전道詵國師傳 75
혜철국사전慧徹國師傳 83
보조선사전普照禪師傳 86
동진대사전洞眞大師傳 91
대각국사전大覺國師傳 100
보조국사전普照國師傳 103
진각국사전眞覺國師傳 106
진정국사전眞靜國師傳 109
부암대사전浮庵大師傳 111
나옹왕사전懶翁王師傳 112
무학왕사전無學王師傳 124

동사열전 제2권 / 131

태고왕사전太古王師傳 133
환암국사전幻庵國師傳 136
원진국사전元禛國師傳 138
함허선사전涵虛禪師傳 155
구곡왕사전龜谷王師傳 157
벽계대사전碧溪大師傳 158
벽송선사전碧松禪師傳 159
부용조사전芙蓉祖師傳 164
경성대덕전敬聖大德傳 175
청허존자전淸虛尊者傳 182
사명존자전泗溟尊者傳 202
진묵조사전震默祖師傳 207
편양종사전鞭羊宗師傳 221
소요종사전逍遙宗師傳 222
풍담종사전楓潭宗師傳 224
해운선사전海運禪師傳 226
취여종사전醉如宗師傳 231
월저종사전月渚宗師傳 234
신해·보정합전信海普淨合傳 237
송파대사전松坡大師傳 240

동사열전 제3권 / 243

백암종사전栢庵宗師傳 245
무용법사전無用法師傳 247
화악조사전華岳祖師傳 250
설암종사전雪巖宗師傳 254
환성종사전喚醒宗師傳 256
벽하종사전碧霞宗師傳 260
설봉종사전雪峯宗師傳 263

상월종사전霜月宗師傳 266
호암종사전虎巖宗師傳 270
함월종사전涵月宗師傳 273
만화강사전萬花講師傳 275
연해강사전燕海講師傳 277
영곡강사전靈谷講師傳 278
나암강사전懶庵講師傳 280
영파강사전影波講師傳 282
두륜대사전頭輪大師傳 285
묵암종사전默庵宗師傳 288
금주강사전錦洲講師傳 291
서암선사전瑞巖禪師傳 293
몽월영홍전夢月泳泓傳 295
동봉욱일전東峯旭日傳 297
대인등전전大印燈傳傳 299
해봉성찬전海峯聲贊傳 300

동사열전 제4권 / 303

연담종사전蓮潭宗師傳 305
정암선사전晶岩禪師傳 308
백련선사전白蓮禪師傳 312
현해선사전懸解禪師傳 315
완호강사전玩虎講師傳 317
낭암강사전朗巖講師傳 322
연파강사전蓮坡講師傳 324
백파강사전白坡講師傳 327
양악선사전羊岳禪師傳 331
은암강사전銀岩講師傳 333
설곡화상전雪谷和尙傳 335
용암선백전龍巖禪伯傳 337

금계선사전錦溪禪師傳 339
은봉대사전隱峰大師傳 341
환봉대사전煥峯大士傳 344
철우선덕전鐵牛禪德傳 346
화담강사전華潭講師傳 350
설암선사전雪岩禪師傳 352
수룡강사전袖龍講師傳 353
철경강사전掣鯨講師傳 356
해붕강백전海鵬講伯傳 360
호의대사전縞衣大士傳 362
하의대사전荷衣大士傳 368
초의선백전草衣禪伯傳 370
송암대사전松庵大師傳 373
철선강사전鐵船講師傳 374
대은선백전大隱禪伯傳 377
성담선백전性潭禪伯傳 380
인암선백전忍庵禪伯傳 382
영허강백전映虛講伯傳 384
낙파선사전洛波禪師傳 389
설월대사전雪月大師傳 391
제봉선백전霽峰禪伯傳 392
허주선백전虛舟禪伯傳 394
영산선백전影山禪伯傳 397
원암선백전圓庵禪伯傳 399
하은선백전荷隱禪伯傳 401
용호강백전龍湖講伯傳 403
지봉선백전智峯禪伯傳 405
침명강백전枕溟講伯傳 408
경월선사전鏡月禪師傳 410
회산강백전晦山講伯傳 412

이봉선백전離峯禪伯傳 414
벽파선사전碧波禪師傳 416
용운선백전龍雲禪伯傳 418
화운선사전化運禪師傳 422
방월선백전傍月禪伯傳 424
자행선사전慈行禪師傳 426
청해대사전淸海大士傳 428
완파대사전玩坡大師傳 430
만휴선백전萬休禪伯傳 432
응화강백전應化講伯傳 434

동사열전 제5권 / 437

벽담선백전碧潭禪伯傳 439
퇴은선백전退隱禪伯傳 442
인곡강백전仁谷講伯傳 444
남호선백전南湖禪伯傳 446
문암강백전聞庵講伯傳 449
영암선백전靈岩禪伯傳 451
혼성선백전混性禪伯傳 453
원담선사전圓潭禪師傳 455
문담강백전文潭講伯傳 457
쌍월선백전雙月禪伯傳 459
호봉선백전虎峰禪伯傳 461
철요선백전鐵鷂禪伯傳 463
한양선백전漢陽禪伯傳 466
서암강사전恕庵講師傳 469
침월선사전枕月禪師傳 471
금월선사전錦月禪師傳 474
포운선사전浦雲禪師傳 476
보운선사전寶雲禪師傳 478

일여선백전一如禪伯傳 480
종암강사전鍾庵講師傳 485
회암선백전悔庵禪伯傳 487
연호대사전烟湖大師傳 489
영허선백전靈虛禪伯傳 491
무위선백전無爲禪伯傳 493
혜봉선사전惠峰禪師傳 495
운파선사전雲坡禪師傳 497
보경선사전寶鏡禪師傳 500
우담강백전優曇講伯傳 501
화월선사전化月禪師傳 503
기봉선사전騎峯禪師傳 505
환허강백전幻虛講伯傳 507
함명강백전涵溟講伯傳 509
설두강백전雪竇講伯傳 512
경담강사전鏡潭講師傳 515
용명선사전龍溟禪師傳 517
영월선사전映月禪師傳 520
금곡강사전錦谷講師傳 522
보문선사전普門禪師傳 524
월여선백전月如禪伯傳 526
금허선백전錦虛禪伯傳 528
호월선사전湖月禪師傳 530
원화강백전圓華講伯傳 532
상운선사전祥雲禪師傳 534
덕송선사전德松禪師傳 536
연주강백전蓮舟講伯傳 538
화선전華先傳 540
용파선사전龍坡禪師傳 542
이침산전李枕山傳 544

동사열전 제6권 / 547

우담강사전雨潭講師傳 549
혼허강백전渾虛講伯傳 552
청연강백전淸淵講伯傳 554
수성선사전壽星禪師傳 556
보제강백전普濟講伯傳 558
금성선사전錦城禪師傳 561
설우대사전雪藕大士傳 563
응룡선사전應龍禪師傳 565
금파선사전金波禪師傳 567
월화강사전月華講師傳 569
호은강사전湖隱講師傳 571
원해강백전圓海講伯傳 574
경운강백전擎雲講伯傳 577
응운강백전應雲講伯傳 579
구연강백전九淵講伯傳 581
벽련선사전碧蓮禪師傳 583
법해강백전法海講伯傳 585
청담선사전淸潭禪師傳 587
예암선사전禮庵禪師傳 589
운담선사전雲潭禪師傳 591
용월선사전龍月禪師傳 593
원응강백전圓應講伯傳 595
호연선사전浩然禪師傳 599
팔굉선백전八紘禪伯傳 601
성담강백전聖潭講伯傳 604
청악선백전淸岳禪伯傳 606
응암선사전應庵禪師傳 608
청호강백전靑湖講伯傳 610
청봉선백전淸峯禪伯傳 613

취운강백전翠雲講伯傳 616
자운선사전慈雲禪師傳 619
금월선덕전錦月禪德傳 622
환명선사전幻暝禪師傳 624
회광강백전晦光講伯傳 626

찾아보기 / 630

일러두기

1 '한글본 한국불교전서'는 문화체육관광부의 지원을 받아 동국대학교 불교학술원에서 수행하고 있는 '불교기록문화유산아카이브(ABC)사업'의 결과물을 출간한 것이다.
2 이 책은 『한국불교전서』(동국대학교출판부 간행) 제10책의 『동사열전東師列傳』을 저본으로 하여 번역하였다.
3 번역문에 이어 원문을 병기하였다. 원문은 『한국불교전서』를 저본으로 하였으며, 문文과 행장行狀의 원문에 간단한 표점 부호를 넣었다.
4 원문 교감 내용은 원문 아래에 표기하였다. ㉿은 『한국불교전서』의 교감 내용을, ㉡은 번역자의 교감 내용을 가리킨다.

자서전*

원래 저 부처님의 법이 처음으로 동국東國에 유통된 뒤에 고구려【성천成川】 백제【부여】 신라【경주】 고려【개성】로부터 우리 조선【한양】에 이르기까지 전성시대에는 승려들에게는 도첩度牒·승과僧科·승관僧官 등의 제도가 있었다.

역사가 있으면 전기傳記도 있게 마련이건만 여러 번 전쟁을 겪은 나머지 공적 사적 기록이 다 소실되어 한결같이 믿고 고찰할 만한 것이 없다. 비록 비갈碑碣에 새겨진 글이 있긴 하지만 이끼가 끼고 침식되어 고찰해 보기가 어렵고, 또한 『해동불조원류海東佛祖源流』【1권】가 전해지고는 있지만, 중간에 수록되어 있는 것은 법명法名과 호號를 억지로 끌어다 붙인 것이라서 그대로 믿을 수가 없다.

내가 학인들과 더불어 경론을 문답하고 남는 시간에 우리나라 승려들이 세상에 살아 계실 때의 일들을 채집하고 선각자들의 행적을 갖추어 후각後覺들의 경계로 삼게 하였다. 또한 대략적인 나의 계보와 계파를 기록하여 둔다.

나는 신라 시대의 명철明哲인 고운 최치원의 후예이고, 본조本朝(조선)의 은사隱士인 숭록대부崇祿大夫 최공崔公【수강壽岡】의 6세손이다. 아버지는 철徹이시고 어머니는 성산星山 배裵씨이다.

어머니가 방죽을 수리하다가 흰 물고기를 본 꿈을 꾸고 나를 잉태하여 나왔다고 하는데, 나의 넓적다리에는 하얗고 기다란 무늬가 많이 있다. 그래서 내 이름을 어언魚堰이라 하였으며, 또 초언超堰이라고 부르기도 했다. 나는 천성이 어물魚物 따위는 먹지 않았으며, 청해淸海 범진梵津 구계九

---

* 이 글은 본래 제4권 끝에 실려 있는 것인데 편찬자 두륜산인에 대한 글이므로 이해를 돕기 위해 앞으로 옮겼다.

階에서 태어난 사람이다.

　14세에 해남 두륜산 대둔사大芚寺 한산전寒山殿으로 출가하였으며, 16세에 호의 시오縞衣始悟 선사에게 머리를 깎고 물들인 옷을 입고 스님이 되었다. 호의 스님은 임진왜란 때 의병을 일으켜 군량미를 모아 조달하였던 성균관 진사進士 효자 창랑공滄浪公 정공丁公【이름은 암수巖壽】의 8세손이다.

　나는 하의荷衣【법명은 정지正持】 선사를 설계사說戒師로 삼고, 묵화默和【법명은 준훤俊暄】 선사를 수계사授戒師로 삼고, 화담華潭【법명은 영원永源】 선사를 증계사證戒師로 삼고, 초의草衣【법명은 의순意恂】 선사를 비구比丘 및 보살계사菩薩戒師로 삼고, 호의縞衣【법명은 시오始悟】 선사를 또 전법사傳法師로 삼았다.

　그 후에 호의·하의·초의·문암聞庵·운거雲居·응화應化 등 여섯 법사를 참알參謁하고 학문을 연마하였으며, 요옹寥翁 이병원李炳元 선생에게 유서儒書를 배웠으며, 태호太湖【법명은 성관性寬】와 자행慈行【법명은 책활策活】 두 선사에게 재의齋儀하는 법을 배웠다.

　『화엄경』을 강론한 것이 6주년이었고, 『범망경』을 강론한 것이 12주년이나 되었다. 22년간 강석講席의 장막에 걸려 부질없이 세월만 보내고 말았다. 내가 편집한 『동사열전』은 3권으로 무릇 198명의 행적을 기록하여 곁에 놓아두고 책 속의 스승으로 삼았다.

　또한 나를 따르는 학인 승려들에게도 나누어 주어 그들로 하여금 사마씨司馬氏(司馬遷)가 『사기史記』 「백이전伯夷傳」에서 언급한 여항閭巷과 청운靑雲 두 스님이 귀숙歸宿한 곳을 알도록 한 것처럼 하였다.

　찬민贊敏이 말하였다.

　"이미 학인 승려들을 위해 열전을 지으셨으니 또한 역년歷年도 기록해 보여 주십시오."

　그래서 나는 아래와 같이 답해 주었다.

　"천황天皇씨로부터 지금 광서光緒 갑오년(1894)까지가 49,851년이고, 단군檀君으로부터 지금까지는 4,219년이며, 태조太祖 임신년(1392)으로부터 지금까지는 503년이다.

전단향나무로 만든 서상瑞像(불상)이 전해진 주 목왕周穆王 경인년으로부터 원元나라 순제順帝 원통元統 원년 계유(1333)까지는 2,324년이고, 또 광서 20년 갑오(1894)까지는 564년이 되니 합계 2,888년이다.

그중에 서토西土(인도)에 있었던 것이 1,285년이고 구자국龜玆國에 있었던 것이 68년이며, 양주涼州에 있었던 것이 14년이고 장안長安에 있었던 것이 17년이다. 강남江南에 있었던 것이 173년이고 회남淮南에 있었던 것이 367년이다.

다시 강남에 돌아갔던 것이 23년이고 변량汴涼에 있었던 것이 177년이며, 연경燕京에 있었던 것이 12년이고 북상경北上京에 있었던 것이 20년이며, 연궁燕宮 안에 있었던 것이 54년이고 성안사聖安寺에 있었던 것이 59년이며, 만안사萬安寺에 있었던 것이 26년이다. 지금은 절 뒤의 전각에 있다. 원元나라 연우延祐 3년 병진(1316)까지는 2,307년이다.

세존께서 입멸入滅하신 것이 주 목왕周穆王 52년 임신인데, 원나라 순제順帝 원통元統 원년(1333)까지 2,282년이고, 또 광서光緒 갑오년까지가 564년이니 이를 합하면 2,846년이다.

대교大敎가 동쪽으로 중국에 전해진 것이 한漢나라 명제明帝 무진년(68)이니 원나라 순제 원통 원년까지는 1,366년이고 또 광서 갑오년까지가 564년이니, 이를 합하면 1,930년이다."

찬민이 말하였다.

"사방을 유람하신 자취는 왜 기록하지 않으십니까?"

내가 답하였다.

"나는 갑진년(헌종 10, 1844)에 동쪽으로 방장산方丈山(지리산)에 들어가 신라 신문왕神文王 일곱 왕자가 다함께 선도仙道를 닦아 일곱 부처님이 되었다는 자취와 고운孤雲이 쓴 진감眞鑑 선사의 비문과 육조 대사의 탑을 하나하나 구경하였다.

그러고는 화개동花開洞을 나와 섬진강 물을 따라 내려가다가 섬진강을 버리고 하양河陽(하동)을 지나 진양晉陽(진주)으로 들어갔다. 촉석루矗石樓에 올라가서 김 장군【이름은 천일千鎰이고 아들은 상건象乾이다.】과 황 목사黃牧使【이름은 진進】와 최 병사崔兵使 경회慶會, 그리고 충성스런 기생이었던 논개論介의 영혼을 조문하였다. 그러고는 '술 한 잔 마시고 웃으면서 긴 강물을 가리킨다'고 하는 글귀가 든 시[1] 한 수를 읊으니 감개무량함을 이기지 못하였다.

월경대月鏡臺에 이르러 파경노破鏡奴[2]가 세상을 피해 산으로 들어간 옛 자취를 구경하고, 한 그루 감나무에 기대어 비추어 징험해 보았다.

가락국에 이르러서 수로왕릉首露王陵에 참배하고 절구[3]를 지었다. 낙동강을 건너 금정산성金井山城을 지나 범어사梵魚寺에 들어가 금파金波【법명은 임추任秋】 스님의 영각影閣에 참배하고 회산 보혜晦山普惠 스님의 조실에서 하룻밤 잤다.

동래의 약천藥泉(온천)【동쪽은 남탕이고 서쪽은 여탕이다.】에서 목욕을 하고 동래와 부산을 지나 왜관倭關에 이르니 수문장守門將이 사람의 통행을 금지하므로 다시 부산진釜山鎭으로 돌아왔다. 정 첨사鄭僉使【이름은 발發】의 비석과

---

1 "촉석루 안의 세 장사 / 술 한 잔 마시고 웃으면서 긴 강물을 가리킨다 / 긴 강물은 도도하게 흘러가는데 / 강물 마르지 않고 영혼도 죽지 않으리(矗石樓中三壯士, 一盃笑指長江水, 長江之水流滔滔, 波不渴兮魂不死)"라는 시이다.
2 파경노破鏡奴 : 소설 「최고운전」에서 나 소저의 거울을 깨뜨리고 스스로 그 집의 종이 되었다 하여 최치원이 자작自作한 이름. 최 정승이 용꿈을 꾼 후 계집종과 관계를 가졌는데 아들을 낳았다. 아들은 열한 살이 되자 아버지 최 정승을 찾아와 위협을 했다. 최 정승은 자유롭게 어디든 갈 수 있는 증서와 돈을 주었다. 아이는 돈을 가지고 나 정승 집으로 가서 거울 고치는 사람 시늉을 하다가 일부러 거울을 깬 후 거울 값 대신 그 집에서 종으로 지내기로 했다. 그래서 이름이 파경노가 되었다. 나 정승 딸이 글에 짝을 채우지 못해 고생하는 것을 보고 파경노가 살짝 짝을 맞추어 주었다. 이때 중국에서 상자 속에 어떤 물건을 넣고 봉한 후 속에 든 물건이 무엇인지 알아맞히라고 했다. 아무도 맞히지 못하자 파경노가 나서서 맞혔다. 중국 천자는 파경노를 시험해 보고 비단 백 필을 하사했다. 아이는 조선으로 돌아와 나 정승의 딸과 결혼했다.
3 『梵海遺集補遺』의 〈過首露王陵甲辰夏〉라는 시 참조.

장수단을 관람하고 납창納倉으로 내려와 부府에 들어가 이동악李東岳(李安訥) 의 시를 베꼈으며, 충렬忠烈 송 공宋公(이름은 상현象賢임)의 사당을 보았다.

양산읍梁山邑에서 잤는데 곽란을 만나 3일 동안 고통을 겪었다. 통도사에 들어가 사리탑과 '정자계단중수비丁字戒壇重修碑'를 참배하였고, 자장굴慈藏窟에 올라가 바위 구멍 속에서 한 쌍의 금개구리를 보고 감로수甘露水를 마시고 「금와기金蛙記」를 베껴 쓰고 제명을 붙였다. 그때가 마침 6월 15일이었는데 이날은 내 생일이었다.

황산黃山(역驛 이름)의 물금勿禁(도방都防)과 삼랑三浪(창倉)을 지나서 환선정喚仙亭(순천順天)에 이르렀다. 삼일三日(포구 이름)과 흥국興國(절 이름)과 여계암如鷄岩과 옥화玉華(역 이름)와 금탑金塔(흥양興陽(고흥군)에 있음)을 두루 거쳐서 송광사松廣寺에 이르러 능견난사能見難思를 구경하였다.

물염勿染(정자 이름)과 적벽赤壁(동복同福에 있음)과 천불천탑千佛千塔(능주綾州(화순군)에 있음)과 운주동運舟洞의 약사藥師(절 이름)를 두루 구경하고, 일봉암日封庵의 원진탑元禛塔과 남평의 불회사佛會寺(다도면에 있음)와 보조 국사가 남겼다는 대나무(보림사寶林寺에 있음)에 참배하였다. 지제산 천관사天冠寺 방광계放光界에 들어가 아육왕탑阿育王塔(장흥에 있음)에 참배하였다.

용검산踴劍山에 올라가 협천대제協天大帝(고금도古今島의 옥천사玉泉寺에 있음)에 참배하고, 천작관음상암天作觀音像庵(혜일惠日 선사가 창건한 절에 있음)과 정鄭 장군(이름은 연년)이 만든 옛성(죽청리竹靑里에 있음)과 구계탄九階灘(범진梵津 포구 가에 있음)과 숙승봉宿僧峯(청해淸海의 상봉임)을 두루 구경하였다. 전짐암銓斟巖(불목리佛目里 북쪽에 있음)과 해월루海月樓(고달도古達道에 있음)와 성도암成道庵(두륜산 남쪽 외산外山에 있음)을 골고루 유람하였다.

계유년(고종 10, 1873)에 보헌普憲(1825~1893) 상인上人과 함께 이현梨峴에서 자고 조천진朝天鎭에서 선철善哲의 신선信船(연락선)을 타고 소완도小莞島 비자동榧子洞 앞바다에 이르렀다. 자시子時(밤 11시~1시)에 배를 띄워 석양에 조천朝天(제주도 조천읍) 선창船艙에 닿았다.

영좌領座⁴ 강 파총姜把摠【이름은 손孫】의 집에 들어가 사흘 밤을 자고 안산安山 임달삼林達三【기奇 참판의 제자】을 만나 보았다. 제주성 동쪽 문 안에 있는 칠성동七星洞 육인 도사陸人都司 나중경羅仲卿【나랑 동갑내기임】의 가숙家塾에 들어가 장방長房【영청營廳 소속임】을 만나 보았다.

이李 목사【이름은 복희牧羲】를 배알하고 망월루望月樓에 올라가 차를 나누어 마셨다. 김 판관金判官【이름은 기홍其弘】을 배알하고 삼성혈三姓穴【제주도 남쪽 3리쯤 평지에 있음】을 관람하고 애월涯月·명월明月·차구遮鷗를 지나서 대정大靜의 종주인 이 호장李戶長【이름은 명백命伯】의 집에 숙소를 정하고, 장張 군수【이름은 덕오德五】를 알현하였는데, 김 참판【호는 추사秋史】과 초의【법명은 의순意恂】 스님과 만휴萬休【호는 자흔自欣】와 영호靈湖【법명은 율한栗閑】의 정헌서지正軒棲遲하던 방은 끝내 서재로 변해 있었다.

모슬포 진영鎭營에 이르렀는데, 그곳은 곧 조은祖恩 스님이 거주하였던 곳이다. 배를 타고 남쪽 30리 밖에 있는 가파도加波島【너울섬】에 건너가서 사흘 밤을 지내고 대정으로 건너와 산방굴사山房屈寺 옛터에 올라가서 절구 한 수를 읊었다.⁵

다시 감산柑山에 있는 서청書廳에 들어가서 절구 한 수를 더 읊었다. 창천蒼川에 이르러 양오일梁五一 군을 만나서 그의 집에서 하룻밤 자고 다음 날 상예上猊로 와서 오 수좌吳首座를 만났다. 그의 손자 두현斗鉉과 정현井鉉, 그리고 이맹근李孟根【이들은 모두 열다섯 살 아이들이었다.】을 시켜 시를 짓고 화답하는 시를 짓게 하는 등 매우 즐거운 시간을 보냈다.

법환法還【정의靜義와 연접된 경계이다.】에 이르니 그 남쪽 바닷가 언덕에 '서불이 이곳을 지나간다(徐市過此)'라는 네 글자가 새겨져 있었다. 서구진西丘鎭을 지나서 정방폭포正房瀑布를 구경하고, 수산진水山鎭에 이르러 한승방

---

4 영좌領座 : 한 마을이나 한 단체의 우두머리가 되는 사람. 조선 시대 저잣거리에서 60세 이상의 공로자功勞者를 높여 부르던 말.
5 『梵海遺集補遺』의 〈大靜山房窟寺〉.

韓承邦이 시를 써 달라고 하는 말에 응하여 시를 지어 주었다.

정의旌義 고을을 관장하던 정옥구鄭沃溝의 집에 들러 정의 현감 이병한李炳漢을 배알하고, 형산荊山의 일출봉日出峯과 별방진別方鎭과 귀덕歸德 그리고 봉개奉盖(봉을음)를 지났는데 봉개는 강홍엽姜弘曄이 태어난 곳이다.

연북정戀北亭(조천朝天에 있는 정자)[6]과 연신각戀宸閣(명월明月에 있음)[7]에 붙어 있는 청음淸陰(金尙憲) 선생 시의 운자를 따서 시를 지었다. 화북진禾北鎭에 이르러 '영주 바다를 건너(越瀛海)'[8]라는 제목으로 시를 짓고, 서암書岩(보길도 동쪽에 있는 바위)[9]이라는 시의 운을 따서 시를 지었다. 백서문白瑞文의 배를 타고 육지로 나왔다.

을해년(고종 12, 1875, 각안의 나이 56세)에 월여月如(법명은 범인梵寅) 스님과 금성錦城(법명은 보헌普憲) 스님과 함께 도반이 되어 노령蘆嶺(장성에 있는 고개)을 넘고 차령車嶺(공주에 있는 고개)을 지났으며, 지지현遲遲峴 고개를 넘어 동작銅雀에서 강을 건넜다. 그리하여 남대문 밖 이문리閭門里에 살고 있는 이석만李石萬의 집에 숙소를 정하고 양왕현梁王賢을 불러 기름병을 전해 주었다.

이튿날 남산에 올라가 장안長安을 바라보았다. 그러고는 수락산 덕사德寺에 이르러 용암庸庵 스님의 산방山房에서 이틀 밤을 잤다.

직동直洞(흥선대원군이 은퇴하여 머물던 곳, 의정부)·궁예성弓裔城·검불랑劒拂浪 토성土城·분수령分水嶺·추가령秋柯嶺·평강원平康院·삼방동三防洞을 차례로 지나서 함경도 안변 용지원龍池院에 이르렀다.

설봉산 석왕사釋王寺 내원암內院庵에 있는 영허 선영映虛善影 선사의 처소에서 지팡이를 멈추고 나흘 밤을 잤다.

---

6 『梵海禪師詩集』 권1의 〈次戀北亭金淸陰先生韻〉.
7 『범해선사시집』 권1의 〈次戀宸閣韻〉.
8 『범해선사시집』 권1의 〈越瀛海〉.
9 『범해유집보유』의 〈甫吉島書巖庚寅年〉.

철계 천월鐵溪川月 스님과 함께 유람하여 인지료仁知寮와 석왕사 오백나한과 개복당改服堂을 구경하고, 석대石臺·쇄철암鎖鐵岩·개철암開鐵岩을 두루 관람하였으며, 태조대왕이 손수 심었다는 송비松碑[10] 두 그루에 참배하였다. 소나무는 모두 말라 죽었는데 하나는 쓰러져 있었고 다른 하나는 서 있었다. 일반 사람들은 감히 범접을 못하였고 그런 이유로 빙 둘러 담을 쌓아 놓았다.

용지원으로 돌아와서 동쪽으로 길을 따라 들어가 고산역高山驛에 이르렀다. 철령에 올라갔는데, 그 고개 북쪽은 함경도 경계이고 동쪽은 강원도 경계이다. 그곳에 서천鼠川이라는 내가 있는데 그 냇물 북쪽에 서묘鼠廟가 있었다.

회양읍淮陽邑에 이르러 하룻밤 자고 괘인정掛引亭을 지나 장안사長安寺로 들어가는 동네 입구에 이르러 구 서방具書房의 집에 행낭을 풀어 놓고 장안사로 들어갔다. 거기에서 백양산 스님 한양 덕송漢陽德松 스님을 만나 함께 하룻밤 자면서 신선루神仙樓에 붙어 있던 시의 운을 따서 시 한 수를 지었다.

영원靈源에 이르니 동네 입구에 신라 경순왕敬順王의 아들이 고려의 군대를 피하여 돌로 성을 쌓았던 터가 남아 있었다. 그 성안에는 업경대業鏡臺와 황천강黃泉江이 있었고, 또 푸른색과 누런색 두 뱀이 살았다는 굴이 있었다. 전해 오는 말에 의하면 옛날 금화錦和라는 스님이 죽어서 뱀이 되었는데, 그의 제자 영원靈源 조사가 법을 설하여 천도하자 용으로 화하여 날아갔다고 한다.

그 가운데 영원암靈源庵이 있었으니, 이는 곧 영원 조사가 도를 터득한 곳이라고 한다. 그곳에는 또 지장봉地藏峰·시왕봉十王峰·판관봉判官峰·사자봉使者峰·죄인봉罪人峰 등의 산봉우리가 있었다. 그 북쪽에는 옥초대沃

---

10 송비松碑 : 소나무가 말라 비석처럼 된 것.

焦臺가 있었고 그 뒤에는 곧 백탑동百塔洞·수렴동垂簾洞·망군대望軍坮·정양사正陽寺·헐성루歇惺樓·천일대天一臺·표훈사表訓寺가 있었다.

동네 입구에는 백화암白華庵이 있었는데, 그 암자 앞에는 삼불암三佛岩과 수충영각酬忠影閣이 있었으며, 암자 뒤에는 비석을 세운 전각이 있었는데 서산西山·편양鞭羊·풍담楓潭·허백虛白 네 분 비석이 세워져 있었고 담무갈상曇無謁像이 있었다.

금강문金剛門 만폭동萬瀑洞에 들어가니 '봉래풍악원화동천蓬萊楓岳元化洞天'이라는 여덟 글자가 새겨져 있었는데, 이 글자는 봉래蓬萊 양사언楊士彥의 글씨라고 하였다. 신 어사申御史가 영화담暎花潭을 더하여 구담九潭이라고 하였다. 거기에는 또 세두분洗頭盆·만상암萬像岩·보덕굴普德窟이 있었는데, 이 굴은 19층으로 구리 기둥과 돌기둥이 세워져 있었다.

사자항獅子項에 성을 쌓았던 터가 남아 있었다. 마하연摩訶衍은 곧 낙파洛坡 스님이 거주했던 곳이고 내원통內圓通은 퇴은 영암退隱靈岩 스님이 머물렀던 곳이며, 만회암萬灰庵은 곧 일여一如 스님이 소신燒身 공양을 했던 곳이다. 불지암佛地庵 아래에는 묘길상암妙吉祥岩과 백운대白雲臺가 있었는데, 길에 한 쌍의 쇠줄이 드리워져 있었다.

백운대 왼쪽 중향성衆香城에 금강수金剛水가 있었고, 그 위의 비로봉毘盧峰 태상동太上洞에 선암船庵·청량뇌淸凉瀬·수미탑須彌塔·수미암須彌庵·가섭굴伽葉窟·돈도암頓道庵·배재령拜再嶺·단발령斷髮嶺 등이 있었으며, 그 밖의 명승지는 너무 많아 이루 다 기술할 수가 없다.

보개산 심원사深源寺의 큰 법당에는 똑같은 이름으로 된 1천 아미타불이 봉안되어 있었으며, 석대암石臺庵에는 석지장보살상이 봉안되어 있었는데, 오른쪽 어깨에 탄환을 맞은 흔적이 두 군데 있었다. 이 절에는 '연기비緣起碑'도 있었다.

소요산 대자암大慈庵에는 원효元曉 국사가 지팡이를 꽂았는데 거기서 물이 나왔다는 샘과 관음암觀音岩 위의 소나무와 화정和貞 공주의 대궐 유지遺址가 있었고, 용주사龍珠寺에는 철판·석판·목판 세 가지의 『부모은중경』판이 남아 있었다.

직산稷山에는 봉선사奉先寺와 홍경사弘慶寺의 옛터가 남아 있었으며, 평택읍 동쪽 1리쯤에는 망한사望漢寺가 있었는데 중국의 장수가 세운 절이라고 하였다.

온양에는 온천이 있었고 마곡사麻谷寺에는 사리탑이 안치되어 있었다. 목천원木川院 터에는 걸로桀路가 있었다. 은진 반야산 관촉사灌燭寺에는 석상관음불石像觀音佛이 있었다.

전주성 안에는 조경전肇慶殿과 경기전慶基殿 두 전각이 있었는데 화상畫像이 안치되어 있었다. 금산사金山寺에는 장육상丈六像이 있었고 큰 법당에는 화주나한化主羅漢이 있었으며 부처님의 탑이 봉안되어 있었다. 선운사禪雲寺 도솔암兜率庵에서 검탄黔炭(검단) 선사의 비결서秘訣書를 읽었다.

영암 구림鳩林에는 황장생皇長栍과 국장생國長生의 두 비석이 있었고, 해남 은적사隱跡寺의 철불鐵佛은 땀을 흘리고 있었다.

경진년(고종 17, 1880, 각안의 나이 61세)에 진도 쌍계사雙溪寺로 들어가 대법당과 시왕전과 첨성각瞻星閣을 중수하였는데, 동산東山 스님이 주관하고 지순知淳 스님이 힘을 보태 주었다.

이보다 앞서 김金 군수가 쌍계사의 큰 누각을 뜯어다가 양서재兩書齋를 짓고 읍내에서 백일장을 열어 시제詩題를 '쌍계사를 뜯어다가 양서재를 짓다(破雙溪寺設兩書齋)'라고 한 일이 있었다. 그런데 기묘년(1879)에 이 부사李府使【이름은 규원奎遠이다.】가 부임하여 와서 양서재를 헐어다가 절에 반환하고, 또 조력助力하여 중수하게 되었으니 그 복덕이 어떠하겠는가?

나의 행장은 이상과 같을 따름이다."

찬민이 말하였다.

"법을 전해 준 제자에 대해서는 왜 논하지 않습니까?"

내가 답하였다.

"수은受恩 제자는 두 명이 있고, 사미계를 준 제자는 성윤性允 등 스물세 명이 있으며, 교학을 전해 준 제자는 예순禮淳 등 세 명이고 선참禪懺을 전해 준 제자는 여든한 명이나 된다."

나는 가경嘉慶 25년 경진(순조 20, 1820) 6월 15일 미시未時(오후 1시~3시)에 태어났고 광서光緖 20년 갑오(고종 21, 1894) 현재 나이 75살에 두륜산 일로향실一爐香室에 상주하고 있다.

성품은 본디 유화柔和하고 행동은 편안하고 자상하였으며 느슨한 일이나 급한 일 그 어느 것에도 나에게서는 무엇 하나 볼 만한 것이 없었다. 그러나 마음은 하늘을 거스르지 않아 하늘을 우러러 사람들에게 한 점 부끄러움이 없다. 부지런히 배우고 널리 선지식을 찾아다니며 물어서 지식은 넓어졌고 문장은 간이하다. 사람은 보지 않아도 듣기만 하면 알고 친구는 굳이 약속하지 않아도 저절로 찾아온다. 사람들과 문답을 주고받으면 틀림없이 다투게 될 것이고 사람들과 시를 창화唱和하면 당연히 마음 속으로 비난할 것이다.

옛사람이 말하기를, "시란 감정의 꽃이고 글씨는 마음의 마디이다. 감정이 안에서 움직였을 때 손뼉을 치고 발을 동동 구르는 것은 바깥에 꽃이 피었기 때문이다. 이야말로 이백李白과 두보杜甫의 문장이 아니겠는가? 마음이 속에서 피어나 가로로 긋고 세로로 그어 글씨를 쓰는 것은 겉에 나타내는 것이니, 이는 왕희지王羲之와 조맹부趙孟頫의 글씨가 그것이다."라고 하였으니 어찌 감히 선현先賢들에 비교할 수 있겠는가? 가끔씩 읊은 시는 속태俗態가 줄줄 흐르고 기록한 글들은 저속어가 잡다하다. 알면서도 고치지 못하는 것은 또한 남들이 허물을 본받는 것을 두려워하지 않는다는 것이 내포되어 있기 때문이다.

이러한 문자 등을 우리 나운羅云 스님과 성학聖學인 찬민에게 기록해 보인다. 위에서 이른바 '나를 따르는 학인 도반'이라고 한 것은 곧 계정戒定【호는 원응圓應】· 혜오慧悟【호는 취운翠雲】· 의준儀準【호는 금명錦溟】· 찬의贊儀·

율암栗庵·묘언妙彦 등을 두고 한 말이다.

만약 부질없는 이야기이거나 빠진 곳 또는 잘못된 곳이 있으면, 그곳을 따라 필삭筆削을 가하는 것도 무방하다. 나 또한 가까이에 놓아두고 일상생활을 하는 동안 책 속의 스승으로 삼고자 한다.

내 법명은 각안覺岸이고 자는 환여幻如이며, 당호堂號는 범해梵海이다.

自序傳

原夫佛法。始通東國。自高句麗【成川】百濟【扶餘】新羅【慶州】高麗【開城】。以至我朝【漢陽】。全盛時僧。有度牒。僧科僧官。有史有傳。屢經兵燹。公私文簿。一無考信。雖有碑碣。苔蝕難考。亦有佛祖源流【一卷】。中間收錄。附會名號。不可準信。予與學人。問答餘暇。來[1]集東師。時順間事。以備先覺。後覺之箴。亦畧著譜[2]系派系。新羅明哲。崔孤雲致遠之裔。本朝隱士。崇祿大夫崔公【壽岡】之六世。父徹。母星山裵氏。母夢堰治見白魚而生。左右外胯。多有白長紋。仍名曰。魚堰。又曰。超堰。性不食魚物。淸海梵津九階人。十四。出家於海南頭輪山大芚寺寒山殿。十六。薙髮染衣於縞衣始悟禪師。師。壬辰。倡義募粮有司成均進士孝子。滄浪公丁公【嚴壽】之八世孫。荷衣【正持】禪師。爲說戒師。默和【俊喧】禪師。爲授戒師。華潭【永源】禪師。爲證戒師。草衣【意洵[3]】禪師。爲比丘及菩薩戒師。縞衣【始悟】禪師。又爲傳法師。叅學於縞衣荷衣草衣聞庵雲居應化六法師。受儒書於案[4]翁李先生炳元。受齋儀於太湖【性寬】慈行【策活】二禪師。講華嚴經者。六周。說梵網[5]經者。十二周。二十二年。拘於講幕。虛送日月。所集東師列傳三卷。凡一百九十八人行蹟書。置左右。爲作書中先師。亦以遺隨我學侶。使知司馬氏伯傳閭巷靑雲二師之歸宿處。贊敏曰[6] 旣爲學侶。作列傳。亦須記示歷年曰。自天皇。至今光緖甲午。爲四萬九千八百五十一年。自檀君。至今。爲四千二百十九年。自太祖壬申。至今。爲五百三年。栴檀瑞像。自周穆王庚寅。至元順帝元統元年癸酉。爲二千三百二十四年。又至光緖二十年甲午。爲五百六十四年。合計二千八百八十八年之內。在西土者。一千二百八十五年。在龜玆六十八年。在凉州十四年。在長安十七年。在江南一百七十三年。在淮南三百六十七年。復歸江南二十三年。在汴梁一百七十七年。在燕京十二年。在北上京二十年。在燕宮內五十四年。在聖安寺五十九年。在萬安寺二十六年。今居寺後殿。元延祐三年丙辰。凡二千三百七年。世尊入滅。在周穆王五十二年壬申。至元順帝元統元年。爲二千二百八十二年。又至光緖甲午。爲五百六十四年。合爲二千八百四十六年。大敎東被中國。在漢明帝戊辰。至元順帝元統元年。爲一千三百六十六年。又至光緖甲午。爲五百六十四年。合爲一千九百三十年。敏曰。四方遊覽之跡。何不載錄。曰甲辰。東入方丈。新羅神文王七子。俱修仙道仙。爲七佛之迹。孤雲眞鑑之碑。六祖之塔。一一觀玩。出花開洞。泬流而下。舍蟾江過河陽。入晋陽。登矗石樓。吊金將軍【千鑑[7)]子象乾】黃牧使【進】崔兵使慶會及忠妓論介之魂今[8)]一盃。笑指長江水之句。不勝感慨至月鏡臺。觀破鏡奴逃世入山古跡。憑一株柿樹而照驗。至駕洛國。謁首露王陵。作二絶韻。渡洛過金井山城。入梵魚寺。謁金波【任秋】影閣。宿晦山普惠之室。浴東萊藥泉【東男湯西女湯】。過東萊釜山。至倭關設門。門將禁人。回至釜山鎭。觀鄭僉使【發[9)]】碑。及將壇。下納倉入府。謄李東岳詩。見忠烈宋公【象賢】祠。宿梁山邑。遭霍亂。苦痛三日。入通度。拜舍利塔丁字戒壇重修碑。登慈藏窟。於岩孔中。見一雙金蛙。飮甘露水。謄金蛙記而題名。時適六月十五日。是余生日也。過黃山【驛】勿禁【都防】三浪【倉】歷至喚仙亭【順天】三日【浦】興國【寺】如鷄岩玉華【驛】金塔【興陽】而到松廣。見能見難思。歷勿染【亭】赤壁【同福】千佛千塔【綾州】運舟洞藥師【寺】。拜日封元稹[10)]塔。南平佛會寺普照竹【寶林寺】。入支提山天冠寺放光界。謁阿育王塔【長興】。上踴劒山。拜協天大帝【古今島玉泉寺】。歷觀天作觀音像庵【惠日禪師創建】。鄭將軍【年】。古城【竹靑里】九階灘【梵津浦邊】。宿僧峰【淸海上峯】。遊銓尌巖【佛目里北】海月樓【古達道】。成道庵【頭輪南外山】。癸酉。與普憲上人。宿梨峴。乘朝天鎭善哲

信船。到小莞島榧子洞前洋。子時放船。夕陽。泊朝天船艙。入領座姜把摠【孫】舍三宿。見安山林達三【奇叅判弟子】。入州城東門內。七星洞陸人都司羅仲卿家塾【同庚】。見長房【營廳】。謁李牧使【牲義】。登望月樓分茶。謁金判官【基[11]弘】。觀三姓穴【州南三里平地】。過涯月明月遮鷗。至大靜主李戶長【命伯】家。謁張郡守【德五】金叅判【秋史】草衣【意恂】萬休【白坡[12]】灵湖【栗閑】正軒棲遲之室。鞠爲書齋。至摹瑟鎭。即祖恩居止之處。乘南入三十里海加波島【너울섬】三宿。出靜登山房窟寺古址。次一絕詩。入柑山書廳。作一絕詩。至蒼川。遇梁君五一宿。至上猊來。逢吳首座。使其孫斗鉉幷鉉李猛根【皆十五歲兒】。唱和極歡。至法還【靜義連界】其南海岸。刻有徐市過此四字。過西丘鎭。觀正房瀑布。至水山鎭。應韓承邦之求詩。入旌義主鄭沃溝家。謁李旌義炳漢。過莉山日出。別方鎭歸德奉盖【봉을음】姜弘曄【生地】。次戀北亭【朝天】戀宸閣【明月】。淸陰先生韻。到米[13]北鎭。作越瀛海詩。次書岩韻【甫吉東岩刻】。乘白瑞文船出陸。乙亥。與月如【梵寅】錦城【普憲】作伴。踰蘆嶺【長城】過車嶺【公州】。踰遲遲峴。渡銅雀江。主南大門外离門里李石萬家。召梁王賢。傳油瓶。登南山。望長安。至水落山德寺。再宿庸庵山房。過直洞【雲峴宮】弓裔城劍拂浪土城分水嶺秋柯嶺平康院三防洞。至咸鏡道安邊龍池院。入雪峯山釋王寺內院庵。映虛善影禪師處。停節四宿。鐵溪川月同遊。觀仁知寮釋王寺五百羅漢改服堂。拜石臺鎖鐵岩開鐵岩。太祖大王手植松碑。二株松俱枯。一仆一立。人不敢侵犯。築石圍之。回至龍池院。入東向路。至高山驛。登鐵嶺。嶺北。咸鏡界。嶺東。江原界。有鼠川。其北。有鼠廟。至淮陽邑。一宿。過掛引亭長安寺。洞口具書房家。留布囊。入長安寺。逢白羊山漢陽德松。同宿。次神仙樓韵。至靈源。洞口。有新羅敬順王子。避高麗兵。築石城之址。其內。有業鏡臺黃泉江。又有靑黃二蛇窟。傳說云。昔者。錦和僧。死爲蛇。其弟子。靈源祖師。說法薦度。化龍而去。中有靈源庵。即靈源祖師得道處。有地藏十王判官使者罪人等峰。其北。有沃焦臺。其後。即百塔洞垂簾洞望軍坮正陽寺歇惺樓天一臺表訓寺。洞口。有百華庵。

庵前。有三佛岩酬忠影閣。庵後。有碑殿。立西山鞭羊楓潭虛白四碑。有銅甑曇無竭像。入金剛門萬瀑洞。刻有蓬萊楓岳元化洞天八字。楊蓬萊士彥之筆。申御史加暎花潭。爲九潭。有洗頭盆萬像岩普德窟。立十九層銅柱石柱。獅子項有築城遺址。摩訶衍。即洛坡師住處。內圓通。則退隱靈岩住處。萬灰庵。則一如師燒身處。佛地庵下。有妙吉祥岩白雲臺。路垂雙鐵索。臺左衆香城。有金剛水。其上。毘盧峰。太上洞。有船庵淸凉瀨須彌塔須彌庵伽葉窟頓道庵拜再嶺斷髮嶺等。名勝不可盡記。寶盖山深源寺大法堂。安同名千阿彌陀佛。石臺庵。安石地藏像。右肩。有中丸二痕。有緣起碑。逍遙山大慈庵。有元曉國師。卓錫泉觀音岩松。和貞公主大闕遺址。龍珠寺。有鐵石木三種恩重經版。稷山。有奉先弘慶寺遺址。平澤邑東一里。有望漢寺。唐將所建。溫陽。有溫井。麻谷寺。安舍利塔。木川院基。有架路。恩津般若山。灌燭寺。有石像觀音佛。全州城內。有肇慶慶基二殿。安畫像。金山寺。有丈六像。大法堂。有化主羅漢。奉安佛塔。禪雲寺兜率庵。奉黔炭禪寺[14]秘訣。靈岩鳩林。有皇長椬國長生二石碑。海南隱跡寺鐵佛。有流汗。庚辰。入珍島雙溪寺。重修大法堂十王殿瞻星閣。東山。作主與知淳同力。前者。金郡守。破雙溪寺大樓。作兩書齋。於邑中。設白日場。題曰。破雙溪寺設兩書齋。己卯。李府使【奎遠】莅官。毀兩書齋。還許于寺。又助力修之。其福德何如。我之行藏。如此而已。曰傳法者。不論乎。曰受恩者。二人。受沙彌戒者。性允等二十三人。敎傳者。禮淳等三人。禪傳者。[15] 八十一人。嘉慶二十五年庚辰六月十五日未時生。光緖二十年甲午。年七十五。常居頭輪山一爐香室。性本柔和。行履安詳。緩急有事。一無可觀。然心不逆天。仰不愧人。勤學博訪。知廣文易。人不見而聞知。朋不期而自至。所與人問答者。必有口呎。所有人唱和者。應多心非。古人曰。詩者。情華。筆者。心節。情動於內。而抃之蹈之。華於外也。此李杜之文章也。心發於衷。而縱者橫者。節於表也。王趙之筆法也。何敢擬於先賢也。有時所吟者。俗態夥多。所記者。俚語雜遝。知而不改者。亦含於不畏人之効尤也。此等文字。

記示我羅云聖學贊敏輩。上所謂隨我學侶云者。戒定【圓應】慧悟【翠雲】儀準【錦溟】贊儀栗庵妙彦等也。若有浮談落漏註誤處。隨處筆削無妨。予亦置諸左右。以爲日用書中先師焉。名覺岸。字幻如。室曰梵海。

---

1) ㉈ '來'는 '朱'의 오자이다. 2) ㉈ 갑본에는 '譜' 앞에 '予'가 있다. 3) ㉈ '淳'은 '恂'의 오자이다. 4) ㉈ '寒'는 '寥'의 오자이다. 5) ㉈ '綱'은 '網'이 아닌가 한다. 6) ㉈ '日'은 '曰'이 아닌가 한다. 7) ㉈ '鑑'은 '鎰'이 아닌가 한다. 8) ㉈ '今'은 '吟'의 오자이다. 9) ㉈ '發'은 '撥'의 오자이다. 10) ㉈ '槇'은 '禛'의 오자이다. 11) ㉈ '基'는 '其'의 오자이다. 12) ㉈ '白坡'는 '自欣'의 오자이다. 13) ㉈ '米'는 '禾'의 오자이다. 14) ㉈ '寺'는 '師'의 오자이다. 15) ㉈ '者'부터 '梵海'까지 저본에는 결락되었으나 편자가 보충하였다.

동사열전 제1권
| 東師列傳 第一 |

두륜산인 구계 선집 편차
頭輪山人 九階 選集 編次

아도화상전[1]

아도阿度의 아버지는 위魏나라 사람 아굴마阿崛摩이고 어머니는 고도녕高道寧이다. 그런 까닭에 이름을 아도阿道라고 하였으며, 서경西京 즉 평양에서 출생한 사람이다. 굴마가 사신으로 왔을 때 도녕과 만난 일이 있었는데, 그로 인해 임신하여 아들을 낳았다. 아이가 점점 커가면서 어머니에게 물었다.

"저는 어째서 아버지가 없습니까?"

어머니는 대답하였다.

"위나라 사신이었던 아굴마가 바로 너의 아버지이다."

아도가 위나라에 들어가 아버지를 만났다. 아버지가 위나라 임금께 주달奏達하자 임금이 도첩度牒[2]을 주어 승려가 되게 하고는 아도阿度라는 이름을 내렸다.

현창玄暢[3] 화상의 문하에 들어가 그의 의발衣鉢(법통)을 전해 받고 아도阿道라 이름하게 되었다. 고국에 돌아와 어머님을 뵈니 그의 어머님이 아도에게 말하였다.

"너는 동경東京(신라)으로 가거라."

---

1 좀 더 자세한 기록은 『三國遺事』「阿道基羅」조항을 참조.
2 도첩度牒 : 도패度牌라고도 한다. 예조禮曹에서 발급한 승려의 신분증명서로서, 승려가 죽거나 환속還俗하게 되면 국가에 반납하게 되어 있었다. 이 제도는 납세의무를 피하거나 장정이 함부로 승려가 되는 것을 막아 군정軍丁을 비롯한 인적 자원을 확보하기 위하여 실시하였다. 당나라에서 전래되어 고려 시대부터 시행하였으며, 조선 시대에는 억불책抑佛策으로 더욱 강화하였다. 고려 시대에는 포布 50필을 바치면 발급하여 주었으며, 조선 시대에는 송경시험誦經試驗에 합격한 자는 정포正布 20필, 양반 자제는 100필, 서인庶人은 150필, 천인은 200필을 바쳐야 발급해 주었다.
3 현창玄暢 : 성은 조趙씨이며 중국 금성金城에서 출생한 사람이다. 양주凉州 현고玄高 법사에게 가서 출가하여 그의 제자가 되었다. 영명永明 2년(484) 11월 16일 영근사靈根寺에서 생을 마쳤다.

그는 모례毛禮⁴라는 사람이 다스리던 선주善州(지금의 선산)를 지나가다가 산에 들어가 암자를 지으니, 눈 속에 오색이 찬란한 도리화桃李花가 피어 있는지라 그 암자의 이름을 도리암桃李庵이라고 하였으며, 모례가 살고 있던 마을의 이름을 도기道起라고 하였다.

왕의 딸이 병이 났는데 아도 스님이 7일 동안 정근精勤해서 그 병이 나았다. 그러자 왕이 매우 기뻐하면서 천경림天敬林(지금의 흥륜사)을 하사하니, 그곳에 암자를 짓고 부처님을 받들어 공양하게 되었다. 그리하여 여덟 개의 큰 가람伽藍과 500개의 선찰禪刹을 차례로 건립하였으며 불법을 크게 퍼뜨리게 되었으니, 그때는 양梁나라 무제武帝 보통普通 8년 정미이고 신라 법흥왕法興王 13년⁵이다.

도리사 뒤에 금수굴金水窟이 있었는데, 아도는 그 굴에 들어가 다시는 나오지도 않았고 사라지지도 않았으니, 그곳이 곧 동토東土(신라)에 사찰이 처음 시작된 곳이다.

남평南平 중봉산中峯山의 「죽림사기竹林寺記」에 이르기를, "신라 눌지왕訥祇王 때 아도 화상이 세운 것이다."라고 하였다. 동진東晉 목제穆帝 영화永和 12년 병진(356)에 위나라 탁발씨拓拔氏⁶의 신하 아굴마가 고구려에 사신으로 왔는데 여자 고도녕이 그를 시봉하다가 이듬해 정사년(357) 정월에 아들을 낳았다.

간문제簡文帝 함안咸安 2년 임신(372) 열여섯 살 때 위나라로 들어가 아도阿度라는 이름을 받았는데, 현창 화상을 배알하자 다시 아도我道라는 호

---

4 모례毛禮 : 경상북도 일선군一善郡(구미시) 출생. 눌지왕 때 고구려의 승려 묵호자墨胡子가 불교를 전파하기 위하여 신라에 들어갔으나 탄압이 심하였으므로 집 안에 굴을 파고 그를 숨겨 주었다. 그 후 소지왕 때 승려 아도阿道(我道)와 시자侍者 3인을 집에 머물게 하고 불교 신자가 되었다. 누이 사씨史氏도 아도의 전교로 승려가 되어 영흥사永興寺를 창건하였다고 한다.
5 14년이 옳다. 이차돈異次頓이 순교한 서기 527년에 해당된다.
6 탁발씨拓拔氏 : 북위北魏 또는 후위後魏 왕조의 성씨. 선비족의 일파.

를 내려 주었다. 어린아이 때의 이름은 아도阿道였다.

동쪽(신라)으로 돌아오니 그때 나이는 열아홉 살이었고, 냉산冷山 아래 모례毛禮의 집에 이르렀을 때에는 사람들이 그를 묵호자墨胡子라고도 불렀다. 그리고 그가 살고 있던 마을을 도개挑開라고 하였는데, 열제列帝 태원泰元[7] 2년 눌지왕 경진(440)의 일이다. 태원 5년 신라 소지왕炤智王 계미년(눌지왕 27, 443)에 도리암桃李庵으로 돌아갔다."【석한奭韓의 내마奈麻[8] 김용행金用行이 아도 화상의 비碑를 만들어서 도리사에 세웠다.】

阿度和尙傳

阿度者。父魏人阿崛摩也。母高道寧也。故名阿道。西京平壤人也。崛摩使來。接對道寧。因以有娠。生子。稍長。問母曰。我何無父。母曰。魏使阿崛摩是也。入魏逢父。父達魏主。主賜度牒爲僧。名阿度。入玄暢和尙。傳衣鉢。名曰我道。來見母。母曰。汝徃東京。行過善州地主毛禮家。入山結庵。雪中。開五色桃李。名其菴曰。桃李。毛居村曰。道起。王有女子病。師七日精勤。病瘳¹⁾矣。王大喜。以天敬林。賜之。結庵奉供。八大伽藍。五百禪刹。次第建立。佛法大行。梁武普通八年丁未。新羅法興王十三年也。桃李寺後。有金水窟。入此不生不滅。乃東土佛宇之始也。南平中峯山竹林寺記曰。新羅訥祇王時。阿度所建也。東晋穆帝永和十二年丙辰。魏拓拔氏之臣阿崛摩。使高句麗。女子高道寧侍之。明年丁巳正月生。簡文帝咸安二年壬申年。十六入魏。賜名阿度。謁玄暢。賜號我道。兒名阿道。東歸。時年十九。至冷山下毛禮家。時人名之曰墨胡子。名村曰。桃開。列帝泰元二年。訥祇

---

7 송나라 문제 17년의 일이다. 태원泰元은 연호를 말하는 듯한데 애초에 이런 연호는 없다.
8 내마奈麻 : 나말奈末이라고도 한다. 17관등 중 11번째의 계급으로, 32년(유리왕 9)에 두었다는 설도 있으나, 520년(법흥왕 7) 율령 제정 때 둔 것이 더 확실하다. 중나마重奈麻에서 칠중나마七重奈麻까지 7계급이 있다.

王庚辰也。泰元五年。新羅炤智王癸未。還桃庵。【奭韓奈麻金用行。作阿度和尚碑。立桃李寺。】

---

1) [원] '瘵'는 '瘳'의 오자이다.

원효국사전

원효의 속성은 설薛씨이고 이름은 서당誓幢이며, 신라 압량군押梁郡【지금의 경산군慶山郡】 불지촌佛地村에서 출생한 사람이다. 어머니가 유성流星이 품속으로 들어오는 꿈을 꾸고 그로 인해 임신하였으며, 해산할 무렵에는 오색구름이 땅을 덮은 가운데 아이를 낳았다고 한다. 수나라 양제煬帝 대업大業 10년, 신라 진평왕眞平王 39년 정축(617)의 일이다.

장성해서는 당나라로 법을 구하기 위해 길을 떠났는데, 길을 가던 도중에 무덤들 사이에서 하룻밤을 자게 되었다. 밤에 목이 너무 말라 물을 퍼 마셨는데, 아주 달고 시원하였다. 이튿날 아침에 가서 보니 그 물은 곧 해골에 담겨 있는 물이었다. 갑자기 크게 확연한 깨달음을 얻고 탄식하며 말하기를, "마음이 생기면 갖가지 법이 생겨나고 마음이 사라지면 해골의 물과 깨끗한 물이 서로 다르지 않은 법이로구나. 여래如來 큰 스승님께서 '삼계三界가 다 오직 마음에 의해 좌우되는 것이다'라고 하셨는데 그분이 어찌 우리를 속인 것이겠는가?"라고 하였다.

그러고는 마침내 다시는 스승을 찾지 않고 곧바로 본국으로 돌아와 『화엄경』 주석을 지었다. 언젠가는 상례를 벗어난 이상한 행동을 하면서 거리를 누비며 외쳤다.

"누가 내게 자루 없는 도끼를 주면 하늘을 버틸 기둥을 다듬을 것이다."

사람들은 아무도 그 뜻을 알아듣지 못했는데, 그때 태종太宗이 그 말을 듣고 말하였다.

"이는 귀한 부인을 얻어 훌륭한 아이를 낳겠다는 뜻이다."

그때에 요석궁瑤石宮에 과부가 된 공주가 있었는데, 원효를 인도하여 그 궁에 들어가게 하여 거기에서 함께 자게 하였더니 과연 설총薛聰을 낳게 되었다.

설총은 태어나면서부터 영민하고 달관達觀하였으며 경사經史에 널리 통달하였다. 그는 신라 십현十賢 중 한 사람이다. 그는 방언方言(이두)을 만들어 모든 물명物名에 널리 통해 썼으며, 육경六經을 훈해訓解하였다. 관직은 한림翰林에 이르렀으며, 고려 현종顯宗은 그에게 홍유후弘儒侯라는 명칭을 주었고 문묘文廟에 종사從祀하도록 했다.

원효 대사는 일찍이 분황사芬皇寺에 머물면서 『화엄경소華嚴經疏』를 저술하였는데 제40「회향품回向品」에 이르러 붓을 놓아 버렸고, 또 『금강삼매경소金剛三昧經疏』를 지어 그 이름을 각승角乘이라고 하였는데, 그 이유는 소를 타고 소의 뿔에 경을 걸어 놓고 지었기 때문이다.

이미 입적하고 난 다음[9] 설총이 그의 진용眞容을 분황사에 모셨는데, 그 때 그 곁에서 예를 올리니 초상(像)이 돌아보았다고 한다.

상주 사불산에 원효암元曉庵과 의상암義湘庵 두 개의 암자 터가 남아 있고, 영변 묘향산에도 척판대擲板臺[10]가 있으며, 동래 금정산에는 원효암元曉庵 화엄대華嚴臺가 있고, 해남 두륜산에도 원효대元曉臺와 의상대義湘臺가 있다. 광주 무등산에는 원효암이 있고, 양주 소요산에도 탁석천卓錫泉, 관음송觀音松, 화정和靜 공주의 대궐 터가 남아 있다.

고려 숙종이 '화정국사和靜國師'라는 시호를 내렸다.

元曉國師傳

師姓薛。名誓幢。新羅押梁郡【今之慶山】佛地村人也。母夢流星入懷。因有娠。將産五色雲。覆地而生。隋煬帝大業十年。新羅眞平王三十九丁丑也。

---

9 '이미 입적하고 난 다음'이라고만 하고 입적 연대를 밝히지 않았는데 경주 고선사高仙寺〈서당화상비〉에는 "주나라 수공垂拱(측천무후의 연호) 2년(686) 3월 30일 혈사穴寺에서 생애를 마치니 나이 70세였다."라고 하였다.
10 척판대擲板臺 : 경남 양산군 장안면 장안리에 있는 것으로 원효 대사가 당나라 승려를 구제한 전설이 간직되어 있는 척판암이 있다.

旣長。入唐訪道。夜宿墜¹⁾間。渴甚掬飮水。甚甘凉。明朝視之。乃髑髏也。忽猛省。歎曰。心生則種種法生。心滅則髑髏不二。如來大師曰。三界唯心。豈欺我哉。遂不復求師。卽還本國。疏華嚴經。嘗風顚唱街曰。誰許沒柯斧。爲斫支天柱。人皆未諭。時太宗聞之曰。欲得貴婦。生賢子也。時瑤石宮。有寡公主。引曉入宮。因留宿焉。果生薛聰。聰生而敏達。博通經史。新羅十賢中之一也。以作方言。會通物名。訓解六經。官至翰林。高麗顯宗贈弘儒侯。從祀文廟。師曾住芬皇寺。述華嚴疏。至第四十回向品絶華。²⁾又述三昧經疏。名曰角乘。言乘牛掛角作也。旣入寂也。聰塑眞容芬皇寺。時旁禮像。像忽回顧。尙州四佛山。有元曉義湘二庵址。寧邊妙香山。有擲板臺。東萊金井山。有元曉庵華嚴坌。海南頭輪山。有元曉臺義湘臺。光州無等山。有元曉庵。楊州逍遙山。有卓錫泉觀音松。和靜公主大闕址。高麗肅宗賜和靜國師之號。

---

1) 웹 '墜'는 '塚'의 오자이다.　2) 웹 '華'는 '筆'의 오자이다.

의상조사전

　대사의 속성은 김씨[11]이고 아버지는 한신韓信이다. 29세에 황복사皇福寺에서 머리를 깎고 얼마 안 있어 중국으로 유학 갈 것을 생각하더니, 마침내 원효와 함께 길을 나서 요동에 이르렀는데 거기에서 붙잡혀 수십 일 동안 갇혀 있다가 돌아왔다.[12]

　당나라 고종高宗 영휘永徽[13] 초에 마침 당나라로 돌아가는 당나라 사신의 배를 타고 당으로 들어갔다. 맨 처음에는 양주楊州의 장군 유지인劉至仁의 집에 머물러 있었는데 그가 관아에 머물기를 간청하고는 아주 융숭하게 공양을 올렸다. 다시 종남산終南山 지상사至相寺로 가서 지엄智儼[14]을 배알하고 입실入室의 허락을 얻었고 『잡화경雜華經』[15]의 미묘한 뜻에 대하여 논함에 있어서 의상은 깊숙하고 미세한 부분까지도 철저히 분석하였으니, 비유하면 마치 '쪽에서 나온 푸른빛이 쪽의 본래 색깔보다 더 푸르다'고 한 것과 같다.

　당나라 고종 함형咸亨 원년 경오(670)에 본국으로 돌아왔다. 의봉儀鳳 원년 병자(676)에 태백산으로 가서 임금의 교지를 받들어 부석사浮石寺를 창

---

11 『宋高僧傳』 「의상대사전기」에는 박씨로 되어 있다.
12 『삼국유사』에는 "변방 병사(戍邏)들에게 간첩으로 오인 받아 갇힌 지 수십 일 만에 간신히 석방되어 돌아왔다. 이 사실은 최치원崔致遠이 지은 『義湘本傳』과 원효 대사의 행장에 나온다.(邊戍邏之爲諜者。囚閉者。累旬。僅免而還事在崔侯本傳。及曉師行狀等。)"라고 하였다.
13 영휘永徽 : 당나라 고종이 사용한 연호로서 650년~655년 사이를 말한다.
14 지엄智儼 : 당나라 때의 스님. 600~668. 화엄종 2조. 호는 운화雲華 또는 지상존자至相尊者이고, 속성은 조趙씨이며, 천수天水에서 출생한 사람이다. 12세에 두순杜順의 문하에 들어가고, 14세에 출가하였다. 법상法常에게 『攝大乘論』을 배우고, 법림法琳에게 가서 연구에 전력하였다. 지정智正에게 『화엄경』을 배우다가 별교일승別敎一乘의 깊은 뜻을 깨우쳤다. 지정의 뒤를 이어 종남산 지상사에 있으면서 화엄종을 드날렸기 때문에 지상 대사至相大師라 불린다.
15 『雜華經』: 『화엄경』의 다른 이름.

건했다. 종남산 지엄의 문인 현수賢首가 찬술한 『화엄경수현소華嚴經搜玄疏』와 편지를 동봉해 보내왔는데 그 편지의 내용은 이러했다.

"서경西京 숭복사崇福寺의 승려 법장法藏[16]은 해동 신라국 화엄 법사님께 편지를 올리나이다. 시자侍者가 한 번 서로 이별한 뒤로 30여 년 동안 희망을 기울이는 정성이 어찌 마음에서 떠나오리까? 노을 구름(烟雲)이 만 겹이고 바다와 육지로 연해 있는 길은 천 리나 되어 이 몸이 스님을 다시 만나 뵙지 못하는 것이 한스럽습니다. 가슴속에 품고 있는 그리움을 어찌 말로 다할 수 있겠습니까?"

의상은 10개 사찰[17]에서 가르침을 전하고 또 「화엄법계도」 및 『화엄약소』를 지었다. 총장總章 원년 무진(668)에 태연히 열반에 들었다. 고려 숙종이 '원교국사圓敎國師'라는 시호를 추증했다.

義湘祖師傳

師姓金氏。父韓信。年二十九。依皇福寺。落髮。未幾。西圖觀化。遂與元曉。道出遼東。囚閉累旬。唐高宗永徽初。唐使船西還。寓載入唐。初爲楊州將

---

16 법장法藏 : 현수賢首. 당나라 승려. 643~712. 화엄종 제3조. 조상은 강거康居 사람이며, 조부 때 중국 장안長安에 왔다. 호는 향상香象, 이름은 법장, 속성은 강康씨. 17세에 태백산에 들어가 수년 동안 경론을 연구하였다. 다시 낙양 운화사에서 지엄에게 『화엄경』을 들었다. 28세에 칙명으로 출가하여 여러 번 『화엄경』을 강하였으며, 53세 때에 인도 스님 실차난타實叉難陀가 우전국에서 『화엄경』 범본梵本을 가지고 와서 번역할 때 그 필수筆受를 맡아 5년 만에 마치니, 이것이 『팔십화엄경』이다. 699년 10월 측천무후의 청으로 불수기사에서 새로 번역된 『화엄경』을 강하여 현수라는 호를 받고, 이로부터 무후의 신임이 두터웠다. 책을 지어 화엄의 교리를 크게 밝히고, 화엄종의 조직적 체계를 이루어 놓았다. 당 선천先天 1년 11월 장안 대천복사에서 70세를 일기로 입적하였다. 저서로는 『華嚴經探玄記』 20권 · 『華嚴五敎章』 3권 · 『華嚴旨歸』 · 『遊心法界記』 · 『金獅子章』 · 『妄盡還源觀』 · 『起信論義記』 등이 있다.

17 10개 사찰은 공산公山 미리사美理寺 · 지리산 화엄사華嚴寺 · 북악北岳 부석사浮石寺 · 가야산 해인사海印寺 · 웅주熊州 보원사普願寺 · 계룡산 갑사岬寺 · 삭주朔州 화산사華山寺 · 금정산金井山 범어사梵魚寺 · 비슬산琵瑟山 옥천사玉泉寺 · 모산母山 국신사國神寺 등이다.

劉至仁。請留衙內。供養豊贍。往終南山至相寺。謁智儼。許爲入室。雜華妙旨。剖柝[1]幽微。藍茜沮本色也。唐高宗咸亨元年庚午。還國。儀鳳元年丙子。歸太白山。奉敎旨。創浮石寺。終南門人賢首。撰搜玄疏送。并奉書曰。西京崇福寺僧法藏。致書於海東新羅華嚴法師。侍者一從分別。三十餘年。傾望之誠。豈離心首。加以烟雲萬里。[2] 海陸千里。恨此一身。不復再面。抱懷戀戀。夫何可言。以十刹傳敎。又著法界圖及略疏。總章元年戊辰。儼然歸寂矣。高麗肅宗贈圓敎國師之號。

1) [원] '柝'은 '析'의 오자이다. 2) [원] '里'는 '重'의 오자이다.

자장법사전

스님의 속성은 김씨이다. 신라 진골 출신으로서 소판蘇判[18] 무림茂林의 아들이다. 그의 아버지는 아들이 없자 천부千部 관세음보살 앞에 나아가 자식을 낳게 해 주면 속가를 버리고 출가하여 법法의 바다에 나루가 되게 하겠다고 기도를 하였다. 어머니가 별이 품속으로 들어오는 꿈을 꾸고 임신했으며, 석가세존이 오신 날과 같은 4월 초파일에 아이를 낳았다. 이름을 선종善宗이라 했는데, 그는 일찍 부모를 잃고 논밭을 희사喜捨하여 영광사寧光寺[19]를 짓고 출가했다.

당나라 태종 정관貞觀 10년, 신라 선덕여왕 인평仁平 3년 병신(636)에 당나라로 들어가 종남산終南山 운제사雲際寺의 원향圓香 선사를 알현했다. 원향 선사가 말하였다.

"너희 나라는 날마다 전쟁이 심하여 백성들이 도탄에 빠진다고 하니, 탑을 세우고 사찰을 지어 산수가 거슬러 올라가는 것을 진압하는 것이 좋을 것이다."

자장 스님은 청량산淸凉山 문수보살의 소상塑像 앞에 가서 정성껏 예배를 드린 후 꿈속에서 문수보살로부터 범어로 된 게송을 받았는데, 그 게송은 이러했다.

> 일체의 법을 깨달아 알면
> 자성에는 아무것도 존재하는 것이 없다
> 이와 같이 법의 성품을 이해하면
> 곧바로 노사나盧舍那 부처님을 뵈리라

---

18 소판蘇判 : 잡찬迊湌. 신라의 17관계官階 중 제3등의 관계로 진골만이 받을 수 있었다.
19 『삼국유사』에는 영광寧光이 원영元寧으로 되어 있다.

또 가사 1령領, 그리고 사리 100매枚와 부처님의 머리뼈와 손가락뼈(指節) · 구슬(珠) · 보배(金) · 나뭇잎에 쓴 경전(貝葉經) 등을 주면서 말하였다.

"너희 나라 영취서산靈鷲栖山 아래에 독룡이 살고 있는 못이 있으니, 거기에 금강단金剛壇을 쌓아서 그 용을 편안하게 해 주어라. 그리하면 부처님의 법이 오래 머물 수 있도록 천룡天龍이 옹호해 줄 것이다."

자장이 배를 타고 신라로 돌아오는데 용왕이 예배하며 말하였다.

"본국 황룡사黃龍寺[20]에서 부처님 법을 옹호하고 있는 용은 저의 아들입니다. 나라 남쪽 강 언덕에 절을 짓고 탑을 세워 주시면 제가 동해 용왕과 함께 날마다 세 번씩 가서 탑을 돌고 부처님의 법을 듣고 부처님을 옹호하겠습니다."

대사가 귀국하여 임금을 배알하고 그간의 일을 아뢰자 왕은 스님을 국통國統에 임명하여 황룡사를 창건하고 탑을 세워 부처님을 봉안했으며, 월정사月精寺 · 태화사太和寺 · 대둔사大芚寺를 차례로 건립했다.

축서산 아래에 독한 용신이 살고 있는 못으로 가서 법을 설하여 용을 조복調伏받고 그 못을 메우고는 거기에 단壇을 쌓고 사리와 가사를 봉안하고 그 절의 이름을 통도사通度寺라고 하였다. 이는 곧 불가佛家의 종가宗家인 셈이다.

통훈대부通訓大夫[21] 행사헌부行司憲府[22] 지평持平[23] 유해柳塯가 지은 「비슬산용연사여래사리비毘瑟山龍淵寺如來舍利碑」에 이렇게 기록되어 있다.

"신라 스님 자장이 서쪽 나라에 유학하고 돌아올 때 사리 약간 과顆를 받들고 와서 양주梁州 통도사에 간직해 두었던 것이 무릇 두 상자였는데

---

20 황룡사黃龍寺 : 경상북도 경주시에 있었던 절. 황룡사皇龍寺와 같다.
21 통훈대부通訓大夫 : 조선 때 문관의 정3품 당하관의 관계.
22 행사헌부行司憲府 : 행行은 고려 · 조선 시대에, 품계와 관직이 상응하지 아니하는 벼슬아치를 구별하여 붙이던 칭호. 관직이 품계보다 낮은 경우에는 관직명 앞에 행行을, 그 반대의 경우에는 수守를 붙였다.
23 지평持平 : 조선 때 사헌부에 소속된 정5품 관직.

각 함마다 각각 2과씩 들어 있었다.

만력萬曆 임진년(1592) 난리에 왜적이 탑을 훼손하고 사리를 꺼냈는데, 송운松雲 대사 유정惟政이 격문檄文을 보내 화복禍福의 형상으로 깨우쳐 주니 왜적이 두려워하면서 그냥 돌아갔다. 송운 대사가 함을 받들고 금강산으로 가서 서산 대사西山大師 휴정休靜에게 여쭈었다.[24] 마침내 그 상자는 문인 선화禪和 등에게 주어 태백산 보현사普賢寺에 봉안하게 하고 또 한 함은 송운 대사에게 주어 통도사에 돌아가 탑을 개수하여 봉안하게 하였으니 대개 그 근본을 잊지 않은 것이다.

그때 영남에 새롭게 병란兵亂이 일어나자 대중들은 모두 새나 쥐처럼 흩어져 숨어 버렸으므로 공사를 일으킬 겨를이 없었다. 송운 대사가 어명을 받고 일본에 갈 일이 생겼는데, 송운은 (통도사에 봉안하려고 했던 사리를) 받들어 원불願佛을 삼았다. 얼마 있다가 돌아온 송운은 그 함을 치악산[25] 각림사覺林寺에 두도록 했는데, 그의 제자 청진淸振이 비슬산[26] 용연사龍淵寺에 옮겨 봉안하였다. 그 후에 대중들이 탑을 만들어 보관하였다가 1과는 통도사에 돌아가 봉안하고, 1과는 남겨 용연사 북쪽 기슭에 봉안하였다.

통도사에 처음 봉안한 지 940년이 되었으며, 왜적들이 꺼냈다가 그들이 다시 돌려준 지 또 80여 년이 되었는데, 통도사의 옛탑과 비슬산 용연사에 나뉘어 봉안되어 그대로 지내 오고 있다. 명銘은 이러하다.

    비슬산은 울창하고

---

[24] 이 비명의 원문에는 "휴정이 탄식해 말하기를 '자장은 신인神人이다. 그 처음 봉안한 것은 닫혀 있지 않음이 없었는데 끝내는 드러남을 면하지 못하였다. 대개 비장한 것은 나한테 있는데 나한테 있지 않은 것은 어떻게 할 수 없다'고 하였다."라는 내용이 더 있는데 여기에서는 빠져 있어 말이 잘 이어지지 않는다.
[25] 치악산雉岳山 : 강원도 원주에 있는 산.
[26] 비슬산毘瑟山 : 경상북도 달성군에 있는 산.

낙동강은 넘실대는데
우뚝 서 있는 저 탑은
부처님의 사리를 간직하고 있네

숭정崇禎 기원후 병진년(숙종 2, 1676) 4월에 세웠다."

채팽윤蔡彭胤의 사리탑【당나라 정관 17년 계묘(643)에 봉안하여 대청大淸 광서光緖 20년(1894) 갑오에 이르니 1,250년 된 것이다.】 비의 비명은 틀림없이 중건할 때에 지은 것이고, 진각眞覺 국사의 '사리舍利'와 '가사袈裟'라는 제목의 두 시는 고려 때 지은 것이 틀림없다.【탑은 세월이 오래되어 조금 기울어졌다. 숙묘肅廟(숙종) 을유년(1465)에 승려 성능性能이 중수重修하려고 탑을 헐었더니, 비단 보자기에 싼 은함銀函에 두골頭骨이 담겨 있었는데, 그 크기는 물동이(盆盎)만 하였다. 비단 보자기도 이미 1천여 년이나 되었건만 썩지 않고 마치 새것과 같았다. 또 작은 뚜껑이 있는 그릇(盒)에 담겨 있는 사리는 광채가 사람의 눈을 부시게 하였다. 다시 비각碑閣을 건설한 뒤 학사學士 채팽윤蔡彭胤이 비문을 지었고 나의 선대부가 글씨를 썼다(我先大夫書). '나(我)'란 『동국지東國誌』를 지은 이중환李重煥이고 '선대부先大夫'란 중수비重修碑를 쓴 이진휴李震休이다.

「대둔사입문방상량문大芚寺入門房上梁文」에 이르기를, "자장 법사가 당나라에서 돌아와 새금塞琴 백방포百舫浦에 배를 대어 놓고 정골사리를 모시고 대둔사에 들어갔는데, 그때 먼저 임정기臨井基를 경유하였으므로 임정당臨井堂을 세우고 탑을 쌓아 사리 1매를 봉안하였으며, 99개는 이미 황룡사黃龍寺·월정사月精寺·태화사太和寺·통도사通度寺에 봉안하였기 때문에 배를 대었던 항구의 이름을 백방포라고 한 것이고, 절에 들어갔던 곳을 입문방入門房이라고 한 것이다. 독룡毒龍을 내몰고 주문을 외웠으므로 정진당精進堂이라고 하였고 우물을 파고 집을 지었으므로 임정당臨井堂이라고 하였으며, 우물이 변하고 귀신들이 없어졌기 때문에 학선료鶴仙寮라고 한 것이다. 포구 이름과 절의 이름에 모두 자장 법사의 옛 자취가 어려 있다."라고 하였다.】

慈藏法師傳

師姓金氏。新羅眞骨蘇判茂林之子。父無子。就千部觀音前。祝曰。生子。捨作法海津梁。母夢星入懷有娠。釋尊同日生。名善宗。早喪二親。捨田[1]寧光[2]寺。出家。唐太宗貞觀十年。新羅善德王三年丙申。入唐。謁終南山雲際寺圓香。香曰。汝國日尋干戈。民陷塗炭。可以立塔立寺。鎭山水之逆。徃拜淸凉文殊塑像。夢授梵偈曰。了知一切法。自性無所有。如是解法性。即見盧舍那。又授袈裟一領。舍利百枚。佛頭骨。指節。珠貝。金[3]葉經曰。汝國靈鷲栖山下。有毒龍所居池。築金剛壇以安之。佛法久住。天龍擁護。泛西海還。龍王禮拜曰。本國皇龍寺護法龍。即吾子也。國南江岸。建寺安塔。吾與東海龍王。日三徃繞。聞法護佛。師歸白王。拜爲國統。剏皇龍寺。立塔安佛。次建月精寺和大芚。鷲栖山下。毒龍神池。說法調伏。塡池築壇。安舍利袈裟。名曰通度寺。即僧[4]之宗家也。通訓大夫行司憲府持平柳墡。選[5]毘瑟山龍淵寺如來舍利碑曰。羅僧慈藏西遊。奉若干顆而來。藏之於梁州之通度寺者。凡兩函。函各二顆。萬曆壬辰之亂賊。毀塔發之。松雲大師惟政。移檄。以禍福狀[6]之。賊懼兒而歸之。松雲大師奉詣金剛。問於西山大師休靜。遂以其函。授門人禪和等。安於太白之普賢寺。又以一函。付松雲。還之通度。令改塔而安之。盖不忘本也。時嶺[7]新中[8]燹。衆皆鳥鼠竄。未暇興工役。松雲有日域。御[9]命之行。仍奉以爲願佛。比還松雲。化[10]其函。留在雉岳覺林寺。其徒淸振。移奉於毘瑟山之龍淵寺。後大衆。設塔藏之。奉一顆。還安於通度。留一顆。安於龍淵之北麓。藏之於通度。九百四十餘年。賊旣發而還之。又八十餘年。分藏於通度之舊塔。曁毘瑟之龍淵自如也。銘曰。毘之山鬱鬱。洛之水洋洋。有塔兀然。釋迦氏舍利之藏。崇禎紀元後丙辰四月立。蔡彭胤舍利塔【唐貞觀十七年癸卯奉安。至大淸光緒二十年甲午。一千二百五十二年。】碑撰。必是重建之時作也。眞覺國師。舍利加沙[11]二詩。必是麗朝作也。【塔歲久少傾。肅廟乙酉。僧性能。欲重修。毀塔。則以銀函錦裌。貯頭骨。大如盆盎。錦已千餘年。不朽如新。又有小盒。貯舍利。光射人目。旣改建碑閣。蔡學士彭胤撰。我先大夫書。我者。李重煥著東國志。先者。李震休重修碑銘也。大芚寺入門房上梁文曰。慈藏法師。自唐來。泊舟於塞琴百舫浦。頂舍利入大芚時。先由臨井基。建臨井堂。立塔安舍利一枚。九十九介。安黃龍月精太和通度。故泊舟浦名百舫。入寺處。名入門房。逐龍誦呪。故名精進堂。抱井建堂。故臨井堂 井變無靈。故[12]鶴仙寮浦名寺名 皆慈藏法師之古跡。】

1) ㉘ '田' 뒤에 '爲'가 있는 본이 있다. 2) ㉘ '光'은 '元'의 오자이다. '寧光'은 『三國遺事』에 '元寧'이라고 되어 있다. 3) ㉘ '貝金'은 '金貝'의 오기이다. 4) ㉘ '僧'은 '佛'의 오자이다. 5) ㉘ '選'은 '撰'의 오자이다. 6) ㉘ '狀'은 '牀'의 오자이다. 7) ㉘ '嶺' 뒤에 '南'이 있는 본이 있다. 8) ㉘ '中' 뒤에 '兵'이 있는 본이 있다. 9) ㉘ '御'는 '銜'의 오자이다. 10) ㉘ '化'는 '以'의 오자이다. 11) ㉘ '加沙'는 '袈裟'의 오자이다. 12) ㉘ '故' 뒤에 '名'이 있는 본이 있다.

진감국사전

 스님의 법명은 혜소慧昭이고 속성은 최씨이며, 전주 금마金馬 고을에서 출생한 사람이다. 아버지의 이름은 창원昌元이고 어머니는 고顧씨이다.
 어머니가 꿈을 꾸었는데 한 범승梵僧(인도 스님)이 말하기를, "아미녀阿彌女[27]의 아들이 되기를 원합니다."라고 하면서 인하여 유리병을 주고 갔다. 그런 일이 있은 지 얼마 안 되어서 스님을 잉태하였다. 스님은 태어날 때에 울지 않았으며, 어릴 때부터 관례冠禮를 치를 나이가 될 때까지 효성이 지극하였다. 집안에 한 말 쌀도 저축함이 없었고 게다가 자그만 땅뙈기도 없이 너무 가난했다. 시장 한 모퉁이에서 소규모 장사를 하여 부모를 공양했으며 부모의 상을 당하자 홀로 흙을 져다가 무덤을 만들었다.
 정원貞元(唐 德宗의 연호) 20년(804)에 조공 바치러 가는 사신(歲貢使)을 찾아가 뱃사공이 되겠다고 자청하여 험난한 파도 보기를 평탄한 땅처럼 여기면서 중국에 도착하였다. 창주滄州에 이르러 신감神鑑 대사를 배알하고 그의 제자가 되었다. 대사는 매우 기뻐하면서 "서로 이별한 지 얼마 되지도 않았는데 다시 만나 너무도 기쁘구나."라고 하면서 즉시 머리를 깎아주고 단번에 인계印契를 받게 하였다.
 대중들이 서로 일러 말하기를, "동방의 성인을 여기에서 다시 보겠구나."라고 하였다. 진감 국사의 생김새가 까맣게 생겼기 때문에 대중들은 법명을 부르지 않고 흑두타黑頭陀라고 불렀다.
 원화元和(唐 肅宗의 연호) 5년(810)에 숭산嵩山 소림사少林寺 유리단琉璃壇에서 구족계를 받았으니, 그렇다면 거룩하신 어머님이 전에 꾸었던 꿈과 완연하게 들어맞은 것이라 하겠다. 그는 이미 계율에 밝았기 때문에 다시 넓은 학문의 세계로 돌아갔다. 그는 하나를 들으면 열을 아는 재주가 있

---

27 아미녀阿彌女 : 선여인善女人과 같은 의미이다.

어 꼭두서니에서 나온 붉은색이 꼭두서니보다 더 붉고, 쪽에서 나온 푸른색이 쪽보다 더 푸른 것과 같은 인물이었다. 솔방울을 먹으면서 고요하게 지관법止觀法을 연마한 지 3년, 짚신을 삼으면서 부지런히 널리 교화를 베푼 지 3년을 지내고 태화太和 4년(830)에 고국으로 돌아와 상주군尙州郡 노악산露岳山 장백사長栢寺란 절에 주석했는데, 명의名醫의 문전에 병자가 몰리듯이 여러 지방에서 찾아오는 이들이 마치 구름 같았다.

지리산 화개花開 골짜기에 이르러 예전 삼법三法 화상이 머물렀던 사찰 유지遺址에 법당을 찬수纂修하니, 의젓하기가 마치 화성化城[28]과 같았다. 거기에 머문 지 수년 사이에 제자의 예를 표하는 이(請益[29]者)가 삼대나 볏짚처럼 열을 이루어서 송곳 꽂을 만한 틈조차 없었다.

기이한 경계를 두루 유람하다가 가장 살기 좋고 훤히 트인 곳에 처음으로 옥천玉泉이란 이름으로써 사찰의 문패를 붙였다. 그는 조계曹溪(육조 혜능)의 현손玄孫이므로 육조六祖의 영당影堂도 세웠다.

대중大中(唐 宣宗의 연호) 4년(850) 정월 9일 먼동이 틀 무렵에 이렇게 말하였다.

"온갖 법은 다 공空한 것이니 나는 가려고 한다. 탑을 세워 형상(사리)을 간직하지 말고 글로써 자취를 기록하지 말라."

이렇게 말하고는 앉은 채로 열반에 드니, 세속 나이는 77세이고 법랍法臘은 41년이었다.

---

28 화성化城 : 법화 7유의 하나. 여러 사람이 보배 있는 곳을 찾아가다가 그 길이 험악하여 사람들이 피로해 하므로, 그때에 길잡이가 꾀를 내어 신통력으로 임시로 큰 성을 나타내서 여기가 보배 있는 곳이라 하니, 모든 사람들은 대단히 기뻐하여 이 변화하여 만든 성(化城)에서 쉬었다. 길잡이는 여러 사람의 피로가 회복된 것을 보고는 화성을 없애 버리고, 다시 보배 있는 곳에 이르게 하였다 한다. 화성은 방편교의 깨달음에, 보배 있는 곳은 진실교의 깨달음에 비유한 것으로 『법화경』 제3권에 나온다.
29 청익請益 : 이 말은 『논어』 「問政」에 나오는 말인데, 가르침을 청한다는 말로, 제자가 되기를 간청하는 말로 쓰인다.

국사의 범패 소리는 우아하고 훌륭하여 그 음音이 마치 금이나 옥에서 나는 소리와 같았다. 그리하여 이를 배우려는 사람들이 집안에 가득했는데 스님은 그들을 가르치는 일에 조금도 게을리하지 않았다.

지금 우리나라에서 어산魚山의 미묘한 음악을 익히는 사람들은 다투어 흉내를 내어 가며 옥천사玉泉寺[30]의 옛 메아리를 본받고 있으니, 이 어찌 소리로써 중생들을 제도한 교화가 아니겠는가?

헌강왕憲康王(신라 제49대 왕)이 시호를 추증하여 '진감선사眞鑑禪師'라 하고 대공영탑大空靈塔을 세우게 하였다. 인하여 스님의 행적을 전각篆刻하게 하여 영원히 기릴 수 있게 하고는 잇달아 쌍계사雙溪寺라는 절의 편액을 내려 주었다.

최고운崔孤雲(최치원)이 비명碑銘을 지어 바쳤다.

眞鑑國師傳

師名慧昭。姓崔氏。全州金馬人也。父昌元。母顧氏。母夢。一梵僧曰。願爲阿彌[1]女之子。因以琉璃甖爲寄。未幾。娠師。生而不啼。自㓜泊弁。志切反哺。家無斗儲。又無尺壤。裨販婑隅。爲贍滑甘。曁鍾罹棘。負土成墳。貞元二十年。詣歲貢使。求爲榜人。視險如夷。乃達彼岸。至滄州。謁神鑑大師。投身[2]體方牛。大師怡然曰。戱別匪遙。喜再相遇。遽令剃染。頓受印契。徒中相謂曰。東方聖人。於此復見。形貌黯然。衆不名而目爲黑頭陀。元和五年。受具於嵩山少林寺琉璃壇。則聖善前夢。宛若合符。旣瑩戒珠。復歸橫[3]海。聞一知十。茜絳藍靑。餌松實而止觀寂寂者三年。織芒屩而廣施憧憧者三年。太和四年。來歸憇錫於尙州露岳長栢寺。醫門多方來者如雲。至智異山花開谷。故三法和尙蘭若遺址。纂修堂宇。儼若化城。居數年間。請益者。稻麻成列。殆無錐地。歷銓奇境。爽塏居最。始用玉泉。爲榜。曹溪之玄孫。

---

30 옥천사玉泉寺 : 지금의 쌍계사雙溪寺를 말한다.

用建六祖影堂。大中四年正月九日詰旦。告曰。萬法皆空。吾將行矣。無以塔藏形。無以[4])記跡。言竟坐滅。年七十七。夏四十一。雅善梵唄。金玉其音。學者滿堂。誨之不倦。至今東國。習魚山之妙音者。競如掩鼻。效玉泉餘響。豈非以聲聞度之之化乎。憲康大王。追諡曰。眞鑑禪師。大空靈塔。仍許篆刻。以永終譽。乃錫題爲雙溪焉。崔孤雲作碑銘而進。

1) ㉘ '彌'는 '彊'의 오자이다. 2) ㉘ '身'은 연자衍字이다. 3) ㉘ '橫'은 '黌'의 오자이다. 4) ㉘ '以' 뒤에 '文'이 있는 본이 있다.

지증국사전

스님의 이름은 도헌道憲이고 자字는 지선智詵이며, 속성은 김씨이고 경주에서 출생한 사람이다. 아버지는 찬환贊環이고 어머니는 이伊씨이다.

어머니의 꿈에 거인이 나타나 이렇게 말하였다.

"저는 승견불勝見佛입니다. 말법세계에 중이 되었지만 성냄 때문에 오래도록 용龍의 세계에 떨어져서 과보를 받았는데 이제야 그 과보가 끝났습니다. 다시 법손法孫이 되기 위해 좋은 인연에 의탁하고자 하오니, 바라옵건대 자비로운 교화를 베풀어 주시기 바랍니다."

그런 일이 있은 연후에 임신이 되어 거의 400일이나 되어서 부처님 관정灌頂하는 날 아침에 태어났다. 태어나서 여러 날 동안 젖을 먹지 않고 젖을 먹이려고 하면 울어 대어 목이 쉬려고 하였다. 그러던 차에 홀연히 어떤 도인이 문 앞을 지나다가 이렇게 말하였다.

"아이가 울지 않게 하려거든 어머니가 오신채五辛菜와 비린 것을 먹지 않아야 합니다."

어머니가 도인이 일러 준 대로 하자 마침내 아무 탈이 없었다.

아홉 살 때 아버지를 여의고 낳아 주신 어머니에게 부처님의 가르침에 귀의하겠다고 아뢰었으나 그의 어머니는 아직 어리다는 핑계로 허락하지 않았다. 그는 부석사浮石寺로 가서 공부를 하다가 17세에 구족계具足戒를 받았다. 당唐 목종穆宗 장경長慶 갑진년(824)에 태어나 희종熙宗 중화中和 임인년(882)에 열반에 드니, 세속 나이는 59세이고 법랍은 43년이었다.

의상儀狀이 크고 높았으며 언어는 웅장하면서도 맑으니, 진실로 이른바 '위엄이 있으면서도 사납지 않은 사람'이라는 말이 맞을 듯하다. 잉태해서부터 열반에 들 때까지 기이한 자취와 신비한 이야기가 사람들의 귀를 쫑긋 세우게 한 것이 여섯 가지가 있었고, 세상 사람들의 마음을 놀라게 한 것이 여섯 가지가 있었다.[31]

국사는 범체梵體 스님에게서 가르침을 받았고 경의瓊儀 스님에게서 구족계를 받았으며, 혜은惠隱 스님에게 경전의 깊은 이치를 탐구하였고 법제자인 양부楊孚에게 법을 전하였다. 심충沈忠의 청을 받고 희양산曦陽山 봉암사鳳巖寺에 거주하다가 겨울 12월 보름이 지난 3일 뒤에 가부좌를 한 채 대중들에게 가르침의 말을 남기고 조용히 무상無常을 보였다.

조정에서는 그에게 '지증智證'이라는 시호를 내리고 '적조寂照'라는 탑호를 내렸으며, 비석에 스님의 행적을 새겨 후세에 전하도록 했다. 최고운崔孤雲이 비명을 지어 바쳤다.

智證國師傳

師名道憲。字智詵。姓金氏。王都人也。父贊環。母伊氏。母夢。巨人告曰。我勝見佛。季世爲桑門。以瞋恚故。久墮龍報。報旣矣。爲法孫。故托勝緣。願弘慈化。因有娠。幾四百日。灌頂之旦誕焉。生數夕不嚥乳。穀之則號欲嘎。忽有道人。過門曰。欲兒無聲。忍絶葷腥。母從之。竟無恙。九歲喪父。白所生。請歸道。¹⁾ 慈其幼不許。就浮石寺。十七受具。唐穆宗長慶甲辰生。僖宗中和壬寅寂。壽五十九。臘四十三。儀狀魁岸。語言雄亮。眞所謂威而不猛者也。始孕洎滅。奇蹤秘說。聳人耳者六。異驚人心者六。是發蒙於梵體。禀具於瓊儀。探玄於惠隱。受默於楊孚。受沈忠請。居曦陽山鳳巖寺。冬抄旣望之三日。趺坐晤言。泊然無常。賜諡智證。塔號寂照。仍許勒石俾錄。狀聞。崔孤雲作碑銘而進。

---

1) 퀜 '道' 뒤에 '母'가 있는 본이 있다.

---

31 위의 여섯 가지 기이함과 여섯 가지 사람을 놀라게 한 열두 가지 내용은 '봉암사지증대사적조탑비'에 자세히 기록되어 있다.

무염국사전

스님의 성은 김씨이고 아버지는 범청範淸이며 할아버지는 주천周川이다. 무열武烈대왕의 8세손이며 달마達磨 조사의 10대 법손이다. 어머니는 화華씨인데 긴 팔이 하늘에서 드리워져 연꽃을 내려 주는 꿈을 꾸고 임신하여 국사를 낳았다.

어릴 때부터 반드시 합장하고 가부좌를 한 채 사람들을 대하였으며, 9세에 불도佛道에 들어가 부석산浮石山 석징釋澄 대덕에게 『화엄경』에 대하여 질문을 하였다.

그 후에 당나라로 들어가 불광사佛光寺에 이르러 여만如滿[32]에게 도에 관해 질문하니, 여만이 말하였다.

"내가 수많은 사람을 만나 보았으나 이와 같은 신라 사람은 아주 드물었다."

마곡 보철麻谷寶徹 스님을 배알하자 보철 스님은 그를 인가하였다.

회창會昌(唐 武宗의 연호) 5년 을축(845)에 귀국하여 웅천熊川 성주사聖住寺에 거주하였다.

당나라 희종禧宗 문덕文德 원년, 진성여왕眞聖女王 2년 무신(888) 11월 17일에 적멸寂滅을 보이시니, 세속 나이는 89세이고 법랍은 65년이었다.

시호를 '대낭혜大郞慧'라 하고, 탑호를 '백월보광白月葆光'이라 했다. 계원행인桂苑行人 시어사侍御史 최치원崔致遠이 임금의 조서를 받들어 비명碑銘을 지어 올렸다.[33]

---

[32] 여만如滿 : 마조馬祖의 사법 제자이고 백낙천白樂天의 도우道友이다. 그는 "이와 같은 신라 사람은 드물었다."고 하고 이어 "뒷날 중국의 선이 쇠락하면, 동이東夷 사람에게 물어야겠구나.(他日中國失禪。將問之東夷耶。)"라고 하였다.
[33] 최치원이 지은 「大朗慧和尙塔碑銘」에 자세한 행장이 전하고 있다.

無染國師傳

師姓金氏。父範淸。祖周川。武烈大王八代孫。達摩祖師十世孫。母華氏。夢覩脩臂天垂。授蓮花。因有娠而生。幼必合掌趺對。九歲入道。問華嚴於浮石山釋澄大德。入唐。至佛光寺。問道如滿。滿曰。吾閱人多矣。罕有如是新羅子。謁麻谷寶徹。徹印焉。會昌五年乙丑。來歸。居熊川聖住寺。唐禧宗文德元年。眞聖二年戊申十一月十七日示滅。壽八十九。臘六十五。諡大朗慧。塔白日[1]葆光。桂苑行人侍御史崔致遠。奉詔。作碑銘進。

1) [원] '日'은 '月'의 오자이다.

김대성전

대성大城의 성은 김씨이고 경주 모량리牟梁里 사람으로 신라 신문왕神文王 때의 인물이며, 어머니는 경조慶祖이다. 나면서부터 머리통이 크고 정수리가 평평한 것이 마치 성城과 같아서 이름을 대성이라고 하였다. 태어날 때부터 집이 가난하여 복안福安의 집에 가서 품을 팔아 얻은 밭 몇 이랑으로 의식衣食 등 생계를 꾸려 나갔다.

그때 개사開士[34] 점개漸開가 흥륜사興輪寺에서 육륜회六輪會[35]를 베풀기 위해 복안의 집에 와서 시주하기를 권하자 복안이 삼베 50필을 바쳤다.

그러자 개사가 이렇게 축원하였다.

"단월檀越께서는 널리 보시하기를 좋아하니 하늘 신이시여, 늘 보호하여 지켜 주시고 하나를 보시하면 그 만 배를 얻게 하시고 안락은 물론 수명도 길게 누리게 하여 주소서."

어린아이 대성이 그 말을 듣고 뛰어 들어와서 그 어머니에게 말하였다.

"제가 스님이 독송하는 게송을 들었는데 정말로 이치가 있다고 생각됩니다. 우리는 과거 세상에도 좋은 일을 한 것이 없어서 지금 이 모양으로 가난하게 살고 있으니, 금생에 또 보시를 하지 않으면 다음 세상에서 잘 살기를 어떻게 바라겠습니까? 내가 머슴살이를 해서 얻은 토지를 개사에

---

[34] 개사開士 : 중생의 어두운 눈을 여는 사람. 바른 길을 열어 중생을 인도하는 유능한 사람이라는 뜻으로 특히 보살을 일컫는 말. 대승의 수행자. 고승의 존칭.

[35] 육륜회六輪會 : 고려 시대에 널리 행해졌던 불교 점찰법회占察法會의 하나이다. 점찰은 예언의 법으로 지장보살이 나무쪽을 던져 길흉과 선악을 점치는 법과 참회하는 법으로 이루어진 『占察經』이 근원이다. 『점찰경』을 독송하는 밀교적 경향이 강한 법회가 점찰법회이며, 우리나라에서는 신라 시대 승려 원광圓光이 점찰보를 만들고 처음 법회를 열었다. 육륜은 육도윤회六道輪廻를 가리키는 말로 생명이 있는 것은 여섯 가지의 세상에 번갈아 태어나고 죽어간다는 사상이다. 육륜회를 하는 방법은 4면으로 된 윷 여섯 개를 사용하여 세 번씩 던진 후 매번 나온 숫자를 합쳐 『점찰경』에 적혀 있는 113가지 결과로 괘 풀이를 얻는 식으로 진행된다.

게 시주하여 뒷날의 영화를 도모하는 것이 어떻겠습니까?"

어머니가 말하였다.

"참 훌륭한 생각이구나."

그러면서 곧 개사에게 토지를 희사하였다. 그런 일이 있은 지 얼마 되지 않아 대성이 죽었다. 그날 밤 재상 김문량金文亮의 집 위쪽 하늘에서 큰소리로 이렇게 외치는 것이었다.

"모량리에 살고 있는 대성이라는 아이를 지금 너희 집에 맡기노라."

문량이 놀라고 괴이하게 여겨 사람을 보내 문의해 본 결과 대성은 과연 하늘에서 큰소리가 있었던 그날 죽었다. 이는 곧 효소왕孝昭王 9년 경자(700) 2월 15일의 일이었다. 그날 아내가 아이를 배어 아들을 낳았는데 아이가 태어나면서부터 오른손 주먹을 꼭 쥐고 펴지 않았다. 그런 지 7일 만에 주먹을 폈는데 '대성大城'이라는 두 글자가 손바닥에 새겨져 있었다. 그리하여 이름을 대성이라고 지었다. 그리고는 그의 전생의 어머니를 재상의 집으로 맞아들여 함께 부양하였다.

대성은 장성하자 효행이 지극하고 청렴하며 밝은 인품이 세상에 알려졌다. 성덕왕聖德王 조정에서 총관摠管이 되고 효성왕孝成王을 거쳐 경덕왕景德王 때에 이르러서는 대광보국숭록대부大匡輔國崇祿大夫[36]가 되니 당시 나이 49세였다.

하루는 토함산으로 사냥을 나갔다가 곰 한 마리를 잡은 뒤 산 아래 마을에서 자게 되었다. 곰이 귀신으로 변하여 꿈에 나타나 말하였다.

"너는 왜 나를 죽였는가? 나도 너를 잡아먹을 것이다."

대성이 두려워서 벌벌 떨면서 용서를 빌자 귀신이 말하였다.

"그렇다면 나를 위하여 절을 지어 달라."

---

[36] 대광보국숭록대부大匡輔國崇祿大夫 : 조선 시대 관계官階의 최고관으로, 정1품의 종친宗親·의빈儀賓과 문무신文武臣에게 주는 벼슬이다. 신라 관직에는 없는 것인데 그렇게 표기한 것은 그와 같은 직책이었거나 아니면 잘못 표기한 것으로 생각된다.

대성이 그렇게 하겠다고 약속을 하고 꿈에서 깨니 온몸이 땀에 흠뻑 젖어 있었다. 곰을 잡았던 그 자리에 절을 짓고 그 절 이름을 웅수사熊壽寺[37]라고 하였다.

경덕왕 10년 신묘(751)에 현세의 부모를 위해 불국사佛國寺를 중창하고 다보탑多寶塔과 무영탑無影塔을 조성했다. 또 백운白雲·청운靑雲·연화蓮花·칠보七寶·사성四聖·사미沙彌·반야般若·도살到薩·육도六道 등 13개의 다리를 놓았다.

또한 과거세상(前世)의 부모를 위해 석불사石佛寺를 지었는데 쇠붙이를 제련하고 돌을 다듬어 감실龕室을 만들고 큰 돌 하나를 정밀하게 다듬어 덮개를 만들어 덮었다. 이윽고 다 완성되었을 때 홀연히 돌이 세 조각으로 쪼개져 버리자 밤중에 천신天神이 내려와 그 감실의 덮개를 다시 만들어 놓고 돌아갔다. 허공에서 큰소리로 다음과 같이 말하였다.

"큰 믿음을 지닌 대성이여! 걱정하지 말라. 하늘이 감응하여 다시 만든 것이니라."

대성이 소리가 나는 곳을 따라 남쪽 산마루로 달려가서 천신을 공양하였다. 그런 까닭으로 그 산봉우리의 이름을 향령香嶺이라 하였다. 그 굴 안에 석불을 다듬어 모셨는데 높이와 크기가 굴과 같았다. 이 두 절의 석물石物은 동도東都의 여러 사찰 가운데 이보다 더 훌륭한 것은 없다. 한 몸을 가지고 현재와 과거 세상의 부모에게 효성을 다하여 봉양한 일은 고금에 아주 드문 일이니 보시를 잘한 징험일 것이다.

혜공惠恭대왕 10년(774) 12월 2일 대성이 죽으니 곧 대력大曆(唐 代宗의 연호) 9년이다. 불국사 사적 중에 나오는 기록이다.

---

37 웅수사熊壽寺 : 『삼국유사』에는 장수사長壽寺로 되어 있다.

金大城傳

大城者。姓金氏。慶州牟梁里人。新羅神文王時人也。母慶祖。生頭大頂平如城。因名大城。生來家貧。傭賃於福安之家。得田數畝。以備衣食之資。時開士漸開。欲設六輪回[1]於興輪寺。勸化至福安家。得布五十疋。開士祝願曰。檀越好普施。天神常護持。施一得萬倍。安樂壽命長。城兒聞之。跳踉而入。謂其母曰。余聞僧誦偈。眞可有理。我等定無宿善。今亦如此。今又不施。何望後報。施我傭田於法會。以圖後榮如何。母曰。善。乃施田於開士。未幾城物故。是日夜。天唱其國宰金文亮曰。牟梁里大城兒。今托汝家。亮驚怪。遣人詰之。城果亡。與天唱同日時。乃孝昭王九年庚子二月十五日也。有娠而生兒。右手握不開。七日開拳。有雕大城二字。因以名焉。城迎其前母於第中。兼養之。及長。孝行廉明。獨鳴於世。聖德王朝。爲揔管。歷孝成王。至景德王朝。爲大臣輔國崇祿大夫。時年四十九也。一日獵於吐含山。捕一熊。宿山下村。熊變爲鬼。現夢曰。汝何殺我。我還噉汝。城怖懼。請容赦罪。鬼曰。爲我創寺。城諾。旣覺流汗。立寺於捕熊之地。因名熊壽寺。景德王十年辛卯。爲現世父母。重創佛國寺。造多寶無影兩塔。又設白雲青雲蓮花七寶四聖沙彌般若到薩六道等十三橋。亦爲前世爺孃。始創石佛寺。金鍊石織。造石龕而精鍊一大石。爲盖。旣已忽然三裂。夜中。天神來降。畢覆而還。空唱云。大信大城。不憂。天感而降覆。城走南嶺。供天神。故名其峰。爲香嶺。其窟內。鍊邀石佛。高大與窟。齊等焉。此兩寺石物。東都諸刹。未有加焉。以一身。孝養二世父母。古亦罕聞。盖善施之驗也。惠恭大王十年十二月二日大城卒。即大歷九年也。在佛國寺事蹟中。

---

1) [원] '回'는 '會'의 오자이다.

낭공대사전[38]

낭공朗空의 법명은 행적行寂이고 성은 최씨이며, 하남河南에서 출생한 사람이다. 아버지는 패상佩常이고 할아버지는 전佺이며, 어머니는 설薛씨이다.

어머니의 꿈에 어떤 스님이 나타나 말하였다.

"아가씨(阿孃)의 아들이 되고 싶습니다."

그런 일이 있은 뒤에 어머니가 임신을 하여 당나라 문종文宗 태화太和 6년(흥덕왕 7, 832) 12월 30일에 출생했다. 기이한 골격이 보통 아이와 달랐으며 책을 대하면 그 근원까지 철저하게 탐구하였고 일을 맡으면 식음까지 잊고 몰두했다. 일찍부터 부처님의 가르침을 깊이 믿어 속세를 버릴 뜻을 가지고 있었는데, 마침내 아버지에게 말씀을 드렸다.

"저의 소원은 출가해서 도를 닦는 것입니다."

그러자 아버지는 아들을 사랑하여 허락하였다. 낭공은 머리를 깎고 물들인 옷을 입고 스님이 되어 당나라 선종宣宗 대중大中 9년(문성왕 17, 855)에 복천사福泉寺에 가서 구족계를 받고 굴산崛山(오대산)으로 통효通曉 대사를 찾아가 당堂에 올라 입실入室 제자가 되었다.

당나라 의종懿宗 함통咸通 11년(경문왕 10, 870)에 조공을 바치러 가는 사신(脩朝使) 김긴영金緊榮을 따라 바다를 건너 중국에 들어갔다. 상도上都(서울)에 도착하자 의종 황제가 기뻐하며 궁 안으로 불러들여 직접 후하게 대접하고 선물도 주었다. 그 후에 오대산에 이르러 직접 문수보살에게 예

---

38 낭공 대사에 대한 기록은 '태자사낭공대사백월서운탑비太子寺郎空大師白月栖雲塔碑'에 자세하게 나타나 있다. 이 전기와 차이점이 좀 있으니, 낭공 대사가 본국으로 돌아온 해를 '중화 5년'이라 했는데 탑비에는 '중화 4년'으로 되어 있으며, 입적 연대도 '문덕文德 3년'이 아니라 대순大順 1년(진성여왕 4, 890)이며, 탑비에는 진성여왕 8년(894)으로 되어 있다.

배를 하였다.

희종僖宗 건부乾符 2년(헌강왕 1년, 875)에 성도부成都府에 있는 정중사靜衆寺에 이르러 무상無相 대사의 영당影堂에 예배를 드렸다. 무상 대사는 신라 사람이다.

중화中和(唐 僖宗의 연호) 5년(헌강왕 11년, 885)[39] 본국으로 돌아와 오대산에 있는 굴령崛嶺(범일 국사)을 배알하니 그가 일찍 돌아온 것을 크게 기뻐했다.

문덕文德 3년(진성여왕 4, 890)[40] 4월에 굴산崛山(범일 국사) 대사가 적멸을 보이면서 낭공 대사에게 심인心印을 전하여 부촉하였다.

소종昭宗 천우天佑 3년(892) 가을 9월에 경읍京邑(도성)으로 돌아오니, 국왕이 비전秘殿으로 인도하여 국사를 대하는 예로 대접했다. 오대五代 시대 양梁나라 말제末帝 정명頑明 원년(915)에 실제사實際寺에 머물고 있다가 그 이듬해 봄 2월 12일에 엄연儼然히 열반에 드니, 세속 나이는 85세이고 법랍은 61년이었다.

신덕神德대왕은 사신을 보내 조문하고 제사를 올리게 하였으며, '낭공 대사朗空大師'라는 시호를 내리고, 탑호塔號를 '백월서운白月栖雲'이라 했다. 그의 제자로는 신종信宗·주해周解·부간苻偘 등 500여 명이나 되었다.

비문은 왕명을 받아 한림학사 수병부시랑 서원사 사자금어대翰林學士 守[41]兵部侍郞書阮事賜紫金魚袋 신臣 최인연崔仁渷[42]이 비문을 짓고 김생金生의

---

39 연대의 오류가 아닌가 생각된다. 중화中和라는 연호는 4년에서 끝난다. 그렇다면 여기서 중화 5년이라고 한 것은 아마도 광계光啓(당 희종의 연호) 1년이라 해야 옳을 듯하다.

40 범일 국사의 입적 연대도 당나라 희종僖宗 문덕文德 3년이 아니라 당 소종昭宗 대순大順 1년(진성여왕 4년, 890)이다. 다른 기록에는 894년(진성여왕 8년)으로 되어 있는 데도 있다.

41 수守 : 고려·조선 시대에 품계와 관직이 상응하지 아니하는 벼슬아치를 구별하여 붙이던 칭호. 관직이 품계보다 높은 경우에는 관직명 앞에 수守를, 그 반대의 경우에는 행行을 붙였다.

42 최인연崔仁渷 : 신라 경문왕景文王 8년(868)에 태어나 고려 혜종惠宗 7년에 세상을 떠

글씨를 석단목釋端目 스님이 집자集字하였다. 이 비문을 조사해 보니 봉화군奉化郡 옛 절터에 있었는데, 명나라 무종武宗 정덕正德 4년(중종 4, 1509)에 영천榮川(지금의 영주군) 군수 이황李況[43]이 본군本郡 자민루字民樓 아래에 옮겨 세웠다.

임진년~정유년(1592~1597) 연간에 중국(唐) 사람들이 수많은 탁본을 해 갔다. 그 뒤 천사天使(명나라 사신) 웅화熊化가 올 적에 압록강을 미처 건너기 전에 먼저 사람을 보내 비문을 탁본하게 했는데, 비석이 어느 곳에 있는지를 몰라서 다시 명나라 사신에게 물어보고서야 알게 되었다.

그 뒤에 군수가 비석을 땅에 묻고 마구간을 만들어 더러운 것이 묻어서 다시는 손을 댈 수 없게 되었으니 참으로 애석한 일이다.

朗空大師傳

公名行寂。姓崔氏。河南人也。父佩常。祖全。母薛氏。夢僧願爲阿孃之子。仍以有娠。唐文宗太和六年十二月三十日生。標奇骨有異凡流。臨文則總括宗源。請業則都忘食。甞以深信金言。志遺塵俗。謂父曰。所願出家修道。愛而許之。剃染披緇。宣宗大中九年。投福泉寺。受且[1])戒。詣崛山通曉大師。昇堂入室。懿宗咸通十一年。投脩朝使金繁榮。利涉大川。達于彼岸。至於上都。懿宗皇帝喜徵入內。天子厚加寵賚。後至五臺。親拜文殊。僖宗乾符二年。至成都府靜衆寺。禮無相大師影堂。師新羅人也。中和五年。來歸本國。謁崛嶺。大喜早歸。文德三年四月。崛山大師示寂。傳心付囑。昭宗天祐三年秋九月。歸京邑。引登秘殿。待以國師之禮。五代梁末帝。禎明元年。住實際寺。明年春二月十二日。儼然就滅。年八十五。臘六十一。神

난 당대의 학자이며 서예가이다. 신라가 망한 뒤 이름을 고쳐 최언위崔彦撝라고 하였으며, 최치원崔致遠 · 최승우崔承祐와 함께 '신라 삼최三崔'로 불렸다. '낭혜화상백월보광탑비'의 글씨를 썼고, 장효대와 '보인탑비'의 비문을 지었다.
43 이황李況 : 어떤 데는 이항李沆으로 되어 있다.

德大王。遣使吊祭。贈諡曰。朗空大師。塔曰。白日[2]栖雲之塔。有弟子信宗周解符偘等五百餘人。受命翰林學士守兵部侍郎書院事賜紫金魚袋臣崔仁流[3]撰。金生筆。釋端目集字。按此碑。在奉化古寺址。明武宗正德四年。榮川郡守李況。移立於本郡字民樓下。壬丁年間。唐人打千百本矣。其後。熊天使化之來。未渡江前。送人印碑。不知何處。更問天使知之。其後。郡守掩埋。爲馬廐。糞穢。不得下手。惜哉。

---

1) ㉝ '且'는 '具'의 오자이다. 2) ㉝ '日'은 '月'의 오자이다. 3) ㉝ '流'는 '渷'의 오자이다.

도선국사전

스님의 법명은 도선道詵이고 자는 옥룡玉龍이며, 호는 연기烟起이고 성은 최씨이며, 낭주朗州[44] 구림촌鳩林村에서 출생한 사람이다. 그의 어머니 최씨가 겨울에 우물 속의 오이를 먹고 아이를 잉태하여 아비가 없이 태어났으므로 어머니의 성을 따라 최씨라 하였다. 낳자마자 숲속에 버렸는데 수많은 비둘기가 젖을 먹여 길러 주었다. 기이하게 여겨서 다시 거두어 길렀는데 그로 인하여 그 숲의 이름을 구림鳩林이라고 하였다.

13세 때 당나라 배를 따라 당나라에 들어갔다. 당나라 일행一行 선사가 일찍이 말하였다.

"고을의 물이 거꾸로 흐르면 나의 도道를 전할 사람이 올 것이다."

그의 문인 중에 한 사람이 그 말을 기억하고 있었는데, 어느 날 문인이 달려와 보고하였다.

"오늘 고을의 물이 거꾸로 흐르고 있습니다."

일행이 그 말을 듣고 곧 위의를 갖추고 문 밖으로 나갔더니, 도선이 갑자기 찾아와 참배하였다. 일행이 말하였다.

"기다린 지 오래되었거늘 왜 이렇게 늦었는가?"

그러고는 서로 크게 기뻐하면서 그를 맞아들여 머물게 하였다. 도선이 그의 술법을 모두 터득하고 떠나가겠다고 아뢰자 일행 선사가 송별하면서 말하였다.

"나의 도가 동쪽으로 가는구나. 조심해서 가게."

그러고는 꼭꼭 봉한 단서丹書 한 권을 주면서 타일러 말하였다.

"부디 성급하게 열어 보지 말게. 그대에게 왕王씨 가문을 부탁하니 7년 쯤 기다렸다가 그 뒤에 열어 보게."

---

[44] 낭주朗州 : 전라남도 영암군의 옛 이름.

도선이 송도松都에 도착하여 왕륭王隆[45]의 집에 유숙하면서 하늘의 기상을 우러러 관찰하고 지리를 굽어 살펴보고는 찬탄하며 말하였다.

"내년에 틀림없이 귀한 아들을 낳을 터인데 이 아이가 도탄에 빠진 백성들을 건지게 될 것이다."

왕륭이 그 말을 듣고 신을 거꾸로 신고 나가서 그를 맞아들였다. 그 이듬해에 과연 고려 태조가 될 왕건王建을 낳았다.

'은산비隱山碑'에는 대략 이렇게 기록되어 있다.

"일행이 도선 국사에게 부촉하며 말하기를, '부처님은 큰 의왕醫王이시다. 부처님의 법으로 몸을 치료하면 재앙과 질병이 다 사라질 것이요, 또한 그 법으로 마음을 치료하면 온갖 번뇌가 다 없어질 것이며, 그 법으로 산천과 토지를 다스리면 흉하고 해로운 일이 길하고 이롭게 변할 것이다. 비보裨補를 시설하는 것은 비유하면 마치 약쑥과 같다. 약쑥은 세상 사람들의 병을 치료하는 좋은 약이 되지만, 아무 병이 없는 사람이 그걸 보면 더러운 흙과 같은 것이어서 아무리 집 뜰 안에 있다 하더라도 채집할 필요가 없게 된다. 그러나 만약 병이 있는 사람이라면 그렇지 않다. 훌륭한 의사를 만나 그 쑥으로 뜸을 뜨면 아무리 뿌리가 깊은 병도 완전하게 치료되는 것이 마치 메아리나 그림자보다 더 빠르다. 비록 만금의 소중한 보배가 있다 하더라도 쑥의 가치에 비교할 수 없는 것은 그 효험이 아주 신속하기 때문이다.

너희 동쪽 나라 삼한의 지세를 살펴보면 많은 산이 험악함을 다투고 몰려드는 물 또한 치달림을 다투고 있다. 그 형세가 용이 다투는 것 같기도

---

[45] 왕륭王隆 : ?~897. 부인은 한씨韓氏. 개성 송악산 남쪽 기슭에서 살았는데 궁예弓裔가 군왕을 자칭하고 일어섰을 때 송악군의 사찬沙粲으로서 군졸을 이끌고 궁예의 휘하에 들어갔다. 궁예는 그를 금성 태수金城太守로 임명하였는데, 그는 송악에 발어참성勃禦塹城을 수축하고 아들 왕건에게 성주城主를 맡겨 달라고 요청하자 왕이 그 말대로 따랐다. 왕건이 고려 태조가 되자 세조위무대왕世祖威武大王으로 추존되었다.

하고 혹은 호랑이가 다투는 것 같기도 하며 혹 새가 날고 짐승들이 달리는 듯하기도 하다. 혹은 저쪽에서 공격해 오는 모습 같기도 하고, 혹은 미약하게 끊어져서 격格에 미치지 못하는 형세도 있다. 이를 비유하면 마치 질병이 많은 사람과 같다.

  그런 까닭에 나라가 혹은 아홉 나라가 되기도 하고, 혹은 삼한이 되어 서로 침략하고 정벌하며 전쟁이 그치지 않는다. 도적 떼들이 횡행하고 기후가 고르지 못해서 장마와 가뭄의 피해가 생기는 것 따위가 다 이 때문이다.

  그러니 너는 지금 부처님의 가르침을 가지고 약쑥을 삼아 산천의 폐단을 치료하도록 하라. 그렇게 하면 부족한 것은 보충될 것이고 넘치는 것은 억제될 것이며, 치달리는 것은 멈추게 되고 배반하는 것은 불러들이게 될 것이며, 도적을 방어할 수 있게 되고 싸우는 것은 금지할 수 있게 될 것이며, 선한 일은 세우게 될 것이요 길吉한 일은 드날리게 될 것이니라.

  아프고 가려운 병든 지리의 형세를 살펴보아서 혹은 부도浮屠를 세우기도 하고 혹은 탑을 세우거나 절을 짓되 그 숫자가 3,800여 곳에 이르면 너희 나라 산천의 병든 허물이 잠복潛伏되지 않는 것이 없을 것이다. 이 비보의 시설법은 바로 질병을 치료하기 위하여 지은 것이기 때문이다. 이와 같이 하고 난 뒤에야 너희 삼한은 뭉쳐서 한 나라로 될 수 있을 것이요, 도적들도 변화되어서 새로운 백성이 될 것이며, 비바람이 때에 순응하여 농사가 잘되고 백성들도 화목하고 순박해질 것이다.

  그러나 후대의 임금과 신하들이 만일 나라를 잘 다스려 평화롭게 만드는 정치를 모르고 함부로 아무 이익이 없는 일을 해서 나라를 번거롭게 할 수도 있으니, 우선 그런 일부터 제거해 버려서 저 길하고 흉한 것이 어떻게 다른지를 관찰해 보는 것만 같지 못할 것이다. 그것은 마치 병든 사람이 저 의사를 잊어버리고 스스로 말하기를, '함부로 아무 효험도 없는 약을 먹어서 나의 생명을 쇠잔하게 만드느니 차라리 의원을 물리쳐서 질병을 고쳐야 할지 그렇게 하지 않아야 할지를 관찰해 보는 것만 못할 것이다'라고 하는 것과 무엇이 다르겠느냐? 위태로운 지경에 빠지고 난 뒤에 후회한들 무슨 소용이 있겠느냐?"

도선은 당나라 희종僖宗 건부乾符 2년, 신라 헌강왕憲康王 원년 을미(875)에 귀국하였으니 그때의 나이는 49세였다. 그는 조정에 아뢰어 먼저 500여 선종禪宗 사찰을 건립했다. 당나라 소종昭宗 광화光化 원년, 신라 효공왕孝恭王[46] 2년(898) 3월 10일에 문득 열반에 드니 누려온 나이 72세였다.

도갑사道岬寺[47]의 비명碑銘은 이경석李景奭[48]이 지은 것이다. 구례 연곡사燕谷寺에도 부도 2구가 있는데, 하나는 도선 국사의 부도이고 다른 하나는 그 어머니의 부도이다.

전남 광양군光陽郡 백계산白鷄山 옥룡사玉龍寺에 있는, 고려 최유청崔惟淸[49]이 지은 비명은 다음과 같다.

"스님의 속성은 김씨이고 어머니는 강姜씨이다. 어머니의 꿈에 어떤 사람이 맑은 구슬 하나를 주면서 삼키라고 하기에 그 구슬을 삼켰더니 아이를 잉태하게 되었다고 한다. 그래서 그의 부모는 그 아이가 틀림없이 법의 그릇이 될 것이라 확신하고 처음부터 그가 출가할 것을 마음속으로 허

---

46 효공왕孝恭王 : 신라의 제52대 왕. 재위 897~912. 정강왕定康王의 서자. 어머니는 의명태후義明太后 김씨. 비는 이찬伊飡 우겸又謙의 딸 김씨. 907년 견훤에게 일선군一善郡 이남의 10여 성을 빼앗기고도 환락의 세월을 보냄으로써 후삼국을 탄생케 하였다.
47 도갑사道岬寺 : 전남 영암군 군서면 도갑리 월출산에 있는 절.
48 이경석李景奭 : 조선 인조 때의 문신. 1595~1671. 자는 상보尙輔. 호는 백헌白軒·쌍계雙溪. 병자호란 때 부제학으로 삼전도 한비의 비문을 쓰고, 척화신으로 심양瀋陽에 끌려갔다가 돌아왔다. 영의정을 지냈고, 글씨와 문장에 뛰어났다. 저서로 『백헌집』이 있다.
49 최유청崔惟淸 : 고려 시대의 문신. 1095~1174. 직한림원直翰林院이 되었으나 인종 초 이자겸의 간계로 파직당했다. 이후 다시 돌아와 1132년 진주사가 되어 송나라에 다녀왔으며, 1142년에는 간의대부로서 금나라에 가 책명을 사하고 돌아와 호부시랑이 되었다. 처남들이 참소를 입은 사건에 연루되어 좌천되었다가 다시 중서시랑평장사에 올랐으며, 1172년에 이르러 치사致仕했다.

락하고 있었다.

  나이 15세(842)가 되자 총명하고 영특하였으며 겸하여 기예까지 통달하였다. 월유산月遊山[50] 화엄사華嚴寺에 가서 머리 깎고 불경을 읽었는데, 한 해도 채 못 되어 대의大義를 통달하였다. 백천이나 되는 많은 학도들이 모두 놀라고 탄복하며 귀신 같은 총명이라고 하였다. 문성왕文聖王 8년(847) 20세 때의 일이었다.

  때마침 혜철慧徹 대사께서 서당 지장西堂智藏 대사에게 밀인密印[51]을 전해 받고, 동리산桐裏山[52]에서 법석을 열고 법을 설하시니, 영원한 유익함을 얻으려는 많은 사람들이 스님에게 귀의하였다. 이에 대사께서 선문禪門에 귀의하여 제자가 되기를 청하였다.

  도선의 나이 23세(850)에 혜철 대사에게 구족계具足戒를 받았다. 헌강대왕憲康大王[53]이 그 높은 덕을 공경하여 사신을 보내 맞이하여 한 번 보고는 옛 친구를 본 듯이 기뻐하였다. 스님은 깊은 이치가 담긴 말씀과 미묘

---

50 월유산月遊山 : 지리산의 다른 이름이다. 혹자들은 영암 월출산과 혼동하는 경우가 있으나 월출산의 옛 이름은 월생산月生山이었다.
51 밀인密印 : 인계印契. 부처님과 보살에게는 각기 본원本願이 있고, 그 본원을 표치하기 위하여 두 손과 열 손가락으로써 여러 가지 모양을 짓는다. 이것이 본원의 인상印象이며, 인계印契이므로 인印이라 하고 그 이치는 비밀하고 아주 깊은 것이므로 밀密이라 한다. 선종에서는 이심전심以心傳心으로 법을 전하는 것을 말한다.
52 동리산桐裏山 : 전라남도 곡성군과 순천시에 걸쳐 있는 산. 대안사 광자대사비(보물 제275호)와 대안사 광자대사탑(보물 제274호)이 있다. 산봉우리가 봉황의 머리처럼 생겼다고 해서 봉두산鳳頭山이라고도 한다. 산기슭에는 태안사泰安寺가 자리 잡고 있는데, 대안사大安寺라고도 한다. 일주문(전남유형문화재 83)의 현판에는 '동리산태안사桐裏山泰安寺'라고 되어 있다. 태안사를 둘러싼 산세가 봉황이 즐겨 앉는 오동나무의 줄기 속처럼 아늑하다고 해서 동리산이라고도 불렀다고 한다. 태안사는 신라 경덕왕 때 창건되었다.
53 헌강대왕憲康大王 : 신라의 제49대 왕. 재위 875~886. 경문왕·문의왕후文懿王后의 아들. 비는 의명부인懿明夫人. 즉위하자 문치에 힘썼으며, 876년 황룡사에 백고좌百高座를 베풀어 불경을 강구하게 하였다. 880년 처용무處容舞가 크게 유행하였으며, 서울의 민가는 모두 기와로 덮고 숯으로 밥을 짓는 등 사치와 환락의 시대가 이룩되었으나, 이때부터 신라는 쇠퇴기에 접어들었다.

한 도리로 왕의 마음을 열어 주곤 했다. 얼마 안 되어 간청하여 본사本寺로 돌아갔다.

제자들을 불러 말하였다.

'나는 장차 갈 것이다. 장부가 인연을 타고 이 세상에 왔다가 인연이 다 되면 가는 것은 당연한 이치이니 어찌 이 세상에 더 머물겠는가?'

그러고는 문득 적멸에 들었으니, 그때가 광화光化 원년(신라 효공왕 2, 898) 3월 10일이었다. 향년은 72세였다. 절 뒤편 산으로 스님의 사리를 옮기고 사찰 북쪽 산기슭에 탑을 세웠으니 스님의 유언을 따른 것이다.

효공왕이 스님의 입적 소식을 듣고 슬퍼하며, 특별히 '요공선사了空禪師'라는 시호를 하사하였고 탑 이름을 '증성혜등證聖慧燈'이라 하였다. 문인 홍적洪寂 등이 돌아가신 스승의 높은 행적이 전해지지 못할까 두려워하여, 표문表文을 올려 비명碑銘 써주기를 청하니, 왕이 곧 서서학사瑞書學士 박인범朴仁範[54]에게 명하여 비문을 짓게 하였으나 끝내 돌에 새기지는 못하였다.

고려 현종顯宗이 '대선사大禪師'를 추증하였고, 숙종肅宗 임금이 다시 '왕사王師'라는 호를 추증하였으며, 공효왕은 '선각국사先覺國師'에 봉하였다.

국사께서 전한 음양설陰陽說 여러 편이 세상에 전해지고 있으며, 뒤에 지리를 말하는 사람들은 모두 그 책을 근본으로 삼고 있다. 명銘에 이르기를…생략…"[55]

천덕天德 2년 경오(고려 의종 4, 1150) 7월 을해 9일 계미에 비를 세웠다.

평론하여 말하기를, "이경석과 최유청의 두 비석이 서로 다른 설이 있

---

54 박인범朴仁範 : 신라 후기의 학자. 일찍이 당나라에 건너가 빈공과賓貢科에 급제하여 한림학사翰林學士 수례부시랑守禮部侍郎을 지냈다. 시문詩文에도 능하여 898년(효공왕 2) 승려 도선의 비문을 지었으며 『東文選』에 그의 시 10수가 전한다.
55 이 최유청의 비문과 도갑사에 있는 이경석이 지은 도선 국사 비명은 상당한 차이점을 보인다.

으니 어떤 것을 기준으로 해야 할지 믿음이 가지 않는다. 부모의 성과 일행에게 배운 기록이 없다."고 하였다.

道詵國師傳

師名道詵。字玉龍。號烟起。姓崔氏。朗州鳩林村人也。其母崔氏。冬喫於井瓜娠。生無父。從母姓。生而棄林。衆鳩乳養。異而復收。因名鳩林。十三歲。隨唐船入唐。唐一行禪師。嘗曰。洞水逆流。則傳吾道者來。門人記其言。一日門人。走報曰。今日洞水逆流矣。一行聞之。即具威儀。出門外。道詵忽來叅。行曰。待之久矣。何其遲也。相與大悅。即迎入留。詵。盡得其術而告去。行。別曰。吾道東矣。珎重。仍寄一封丹書而誡曰。愼勿速開。囑王氏家。待七年後開示。詵。到松都。宿王隆家。仰觀天象。俯察地理。歎曰。明年必生貴子。以救塗炭之苦。隆。聞之。倒屣而出。明年果生王建太祖。隱山碑略曰。一行。囑道詵云。佛者。太[1]醫王也。以之治身。則灾病消。以之治心。則煩惱亡。以之[2]山川土地。則凶害變爲吉利。裨補之設。比如艾也。且艾者。爲世良藥。無病者見之。如糞土。雖在家苑。無事於[3]也。若有病者則不然。得善醫者。灸之。沉痾之頓愈。捷於影響。雖萬金之重。無得比焉者。以其效之有神驗也。汝東國三韓。群山竟其險。衆水爭其犇。或有如龍如虎之相鬪者。或有如禽如獸之飛走者。或有自彼而來攻者。或有斷徹而不及者。比則多病之人也。故或作九韓。或作三韓。互相侵伐。兵革不息。盜賊橫行。水旱不調者。皆以此也。汝今以佛法爲艾。而醫之於山川。則若缺者補之。過者抑之。走者止之。背者招之。賊者防之。爭者禁之。善者樹之。吉者揚之。觀其痛痒之地勢。或竪浮屠。或設塔建寺。至於三千八百餘所。汝國山川病咎。無不潛伏。此裨補之設。所以爲療病而作也。如此然後。汝三韓。可渾爲一家。盜賊。可化爲新民。至於風雨順時。人民和淳也。後之王臣。若不知治平之政。妄爲無益之事。以煩家國。不如姑去之。以觀其吉凶。何異乎。病者。忘其醫曰。妄用無效之藥。以殘吾生。不如姑去之。以觀其瘥否之歟。及其危沒。悔之何及哉。詵。唐僖宗乾符二年。新羅憲康王元年乙未來。時年四十九。告于朝。先建五百禪刹。唐昭宗光化元年。新羅孝恭王二年三月十日。奄然而示寂。享年七十二。道岬寺碑。李景奭作。求禮燕谷寺。有二浮屠。一師浮屠。一母浮屠。光陽白鷄山玉龍寺。高麗崔惟淸撰碑曰。師姓金氏。母姜氏。夢人遺明珠一顆。使呑之。有娠。父母。知其必爲法器。心許出家。年至十五。穎悟夙成。兼解技藝。遂祝髮。月遊山華嚴寺。讀習大經。不閱歲。已通大義。學徒百千。咸所駭服。以爲神聰。至文聖王八年。年二十矣。于時。慧徹大師。傳密印於西堂智藏禪師。開堂演說於桐裡山。永益者。多歸師。摳衣禪門。請爲弟子。年二十三。受具於慧徹大師。憲康大王。敬其高德。遣使奉迎。一見如舊。以玄言妙道。開發君心。未幾。歸本寺。召弟子曰。吾將行矣。乘緣而來。緣盡則去。理之常也。何足居此乎。奄然而寂。時光化元年三月十日也。享年七十二。遂遷座立塔於寺之北崗。遵遺命也。孝恭王聞之。悼歎贈諡曰。了空禪師。名塔曰。證聖慧燈。門人洪寂等。懼先師之景行不傳。奉表乞述。王。乃命朴仁範爲碑文。竟未鐫石。麗顯王。贈大禪師。肅祖。加王師。恭孝王。封先覺國師。師所傳陰陽說數篇。世多有。後之地理者。皆宗焉。銘曰云云。天德二年庚午七月乙亥九日癸未立。評曰。李崔二碑。互有異說。不可準信。無父母姓。及學一行爲記。

---

1) ㉘ '太'는 '大'의 오자이다. 2) ㉘ '之' 뒤에 '治'가 있는 본이 있다. 3) ㉘ '於' 뒤에 '探'가 있는 본이 있다.

혜철국사전

스님의 법명은 혜철慧徹(惠哲로도 씀)이고 자字는 청보淸寶이며, 속성은 박씨이고 경주에서 출생한 사람이다.

당나라에 들어가 서당 지장西堂智藏 선사의 법을 이어 받았다. 적조탑명寂照塔銘(문경 봉암사 지증 대사 탑명)에 이렇게 기록되어 있다.

"중국에서 돌아온 스님으로는 전에 서술한 북산北山(설악산)[즉 도의道義[56] 스님]과 남악南岳(지리산)[홍척洪陟 스님]이 있다. 아래로 내려오면서 태안 철太安徹[57] 국사와 혜목 육惠目育[58] · 지력 문智力聞[59] · 쌍계 소雙磎炤[60] · 신흥 언神興彦[61] · 용암 체湧岩體[62] · 진구 휴珍丘休[63] · 쌍봉 운雙峯雲[64] · 고산 일孤山日[65]과 두 나라의 국사를 지낸 성주 염聖住染,[66] 그리고 보리 종菩提宗[67] 등이 있다."

「선각국사비문先覺國師碑文」에는 이렇게 기록하고 있다.

"신라 문성왕文聖王 8년(847)은 도선의 나이 20세 되는 해이다. 그때 혜철 대사께서 서당 지장 선사에게서 밀인密印을 전해 받고, 귀국하여 동리산桐裏山에서 법석을 열고(開堂) 법을 설하니, 영원한 유익함을 얻으려는 사람들이 매우 많이 귀의하였다. 이에 도선이 선문禪門에 귀의하여 제자

---

56 도의道義 : 신라에 처음 선禪을 전한 스님으로 가지산문迦智山門의 시조이다.
57 태안사太安寺의 혜철慧徹 국사이다.
58 봉암사 적조탑비를 보면 아마도 혜목산惠目山의 현욱玄昱 선사인 듯하다.
59 지륵사智勒寺의 □문□聞 선사이다.
60 쌍계사雙磎寺의 혜소慧炤 국사이다.
61 신흥사神興寺의 충언忠彦 선사이다.
62 용암사湧岩寺의 각체覺體 선사이다.
63 진구사珍丘寺의 각휴覺休 선사이다.
64 쌍봉사雙峰寺의 술윤述允 선사이다.
65 고산사孤山寺의 범일梵日 국사이다.
66 성주사聖住寺의 무염無染 국사이다.
67 양평 보리사菩提寺의 광종廣宗 선사이다.

가 되기를 청하여 나이 23세에 혜철 대사로부터 구족계를 받았다."

경문景文대왕이 '적인寂忍'이라는 시호를 추증하였다.

등에를 쫓아 버린 고개라는 의미를 지닌 축맹치逐虻峙에 대한 설화는 이러하다.

"전남 곡성 동리산[일명 봉두산鳳頭山이라 하기도 함] 태안사泰安寺는 혜철 국사가 교화를 편 도량이다. 이 절을 창건할 무렵 온 고을이 모두 모기와 등에의 진지였다. 국사께서 신통력으로 모기와 등에를 쫓아내자 산 오른쪽 고갯마루를 날아 넘어갔다. 이렇게 하여 비로소 절을 세우니 그 뒤로는 단 한 마리의 모기도 없게 되었으므로 그 고개를 축맹치逐虻峙[맹虻은 이 지방의 말로는 '매'라 함]라고 하였다."

또 국사의 비와 탑이 절 안에 있는데 엄격하게 잘 보호되고 있다.

함풍咸豊(淸 文宗의 연호) 갑인년~을묘년(1854~1855) 연간에 절 담장이 무너졌는데 수리하지 않고 세월만 끌고 있었다. 그해 여름에 한정 없이 많은 모기들이 천진千陣 만대萬隊로 떼를 지어 골짜기를 가득 메워서 모기 나는 소리가 우렛소리 같아 눈과 코를 뜰 수가 없었다.

대중들이 같은 마음을 합하여 한편으로는 부도가 있는 도량을 보수하고 다른 한편으로는 국사의 신당神堂에 고하고 기도를 드리니 모기와 등에가 즉시에 자취를 감추었다. 그리하여 스님들과 마을 사람들은 다시 평온을 되찾았다. 지혜가 밝은 사람의 자취는 참으로 기이하고 항상하구나.

「태안사법당상량문泰安寺法堂上梁文」은 이러하다.

"나라 남쪽에 이름 있는 산들이 허다한데 동리산이 그중에 하나이다. 신라 이후에 훌륭한 스님들이 많이 배출되었는데, 혜철 노스님 같으신 분은 둘도 없는 독보적인 인물이다. 세속 경계와 잘 맞아떨어져서 사원이 비로소 지어지니 국사가 탄생함을 계기로 인사仁祠(절)가 장황하게 되었다. 그것은 아마도 도와 덕망이 깊음으로 말미암아 교화가 저토록 커진 게 아닌가 생각된다."

慧徹國師傳

師名慧徹。字淸寶。姓朴氏。慶州人也。入唐。嗣西堂智藏[1]禪師。寂照塔銘云。東歸則前所敍北山義【卽道義】。南岳陟【洪陟。】而降太安徹國師。惠目育智力聞雙溪炤神興彦湧岩體珍丘休雙峯雲孤山日。兩朝國師。聖住染菩提宗。先覺國師碑文云。文聖王八年。年二十矣。于時。慧徹大師傳密印於西堂智藏禪師。開堂演說於桐裡山。永益者多歸師。摳衣禪門。請爲弟子。年二十三。受具於慧徹大師。景文大王。贈諡曰寂忍。逐虻峙說曰。谷城桐裡山【一名鳳頭山】。泰安寺慧徹國師道場也。創建之時。擧洞。皆是蚊虻之陣所也。國師。以神力逐之。飛踰於山之右嶺。因爲建寺。厥後。無一介蚊子。故名其嶺。曰逐虻【方言音梅】峙。又國師之碑塔。在於寺內。十分嚴守矣。咸豊甲寅乙卯之間。墻垣崩落。未及修築。遷延月日矣。其年夏。無限蚊子。千陣萬隊。滿谷成雷。鼻眼莫開。大衆同心。一幷修築。浮居[2]道場。一幷告祝國師神堂。蚊虻卽時屛跡。僧人案堵如故。異哉常哉。明人之跡。泰安寺法堂上樑文曰。國之南。名山類多。桐裡。卽其一也。羅以後韻釋輩出。徹老。更無二焉。人境相投。院宇肇荊[3]洎國師降誕。使仁祠張皇。盖由道德之深。致使敎化之大。

---

1) ㉠ '藏'은 갑본에 '證'의 오자로 되어 있으나 '藏'이 맞다. 2) ㉭ '居'는 '屠'의 오자이다. 3) ㉭ '荊'은 '刱'의 오자이다.

보조선사전

스님의 법명은 체징體澄이고 속성은 김씨이며, 웅진熊津(충남 공주)에서 출생한 사람이다. 선사는 대대로 이어져 내려오는 명문 사대부 집안 출신으로서 그가 태어날 때부터의 기이한 일화가 많다. 우뚝 솟은 산악과 같은 모습, 물이 흘러내리는 듯한 기상, 세속을 버리고 출가한 일, 스승을 찾아서 경전을 배운 일 등 숱한 일들이 그의 비문에 자세하게 새겨져 있으므로 번거롭게 군더더기 말을 할 필요가 없고 그의 생애에 대한 대략만을 말할까 한다.

『전등록傳燈錄』에 기록된 내용을 보면 다음과 같다.

"가지산 도의道義 대사가 서당 지장西堂智藏 선사로부터 심인心印을 전해 받고 돌아와서 우리나라의 제1대 조사가 되었다. 선禪의 진리를 드러내 밝히고 신비한 법을 계발啓發하여 그 법을 염거廉居 선사에게 부촉하고 설악산 억성사憶聖寺에 기거하였다. 제자들에게 조사의 마음을 전하고 스승의 가르침을 열어 보였으니, 저 선의 경계와 올바른 깨달음의 법은 그 연원이 이로부터 비롯된 것이다."

체징 대사는 당나라 문종文宗 태화太和 정미년(827)에 가량협산加良峽山 보원사普願寺에서 구족계를 받았는데, 한번 정진하는 도량(壇場)에 들어가면 7일 밤을 도를 수행하였다. 그런데 조금 있다가 이상한 꿩이 갑자기 날아들자 "이는 진실로 법왕法王이 장차 나올 징조이다."라고 하였다.

선사는 보원사를 떠나 염거 선사의 문하로 들어가 거기에 몸을 의탁하고 스승으로 삼았다. 첫 번째로 염거에게서 법을 받은 뒤로 선禪의 현묘한 자취를 탐색하여 그 요체(肯綮)를 터득하였는데, 마치 막혔던 강물이 터지듯 거침이 없었으며 평탄한 길을 가는 것과 같았다. 그리하여 그는 한 마음을 깨끗하게 닦고 영원히 삼계三界를 벗어나기를 갈구했다.

개성開成(唐 文宗의 연호) 2년 정사(837)에 같이 학문을 연마한 정육貞

育·처회處會[68] 등과 함께 서쪽 화하華夏(唐)로 구법의 길을 떠나 푸른 바다의 격랑激浪을 헤치며 중국으로 건너갔다. 두루 돌아다니면서 많은 선지식을 만나 불법을 강론하고 서로 도를 비교해 보면서 삼오주三五州를 골고루 유람한 끝에 '본체와 현상은 다름이 없다(性相無異)'는 것을 깨닫고 이렇게 말하였다.

"우리 조사祖師께서 설하신 가르침보다 더 나을 것이 없는데 왜 멀리까지 와서 이런 고생을 하겠는가?"

그러고는 개성 5년(840) 봄 2월에 평로사平虜使를 따라 고국으로 돌아왔다. 그때 단월檀越(시주자)이 부처님의 가르침에 마음을 기울여 발길이 끊어지지 않았으며, 사미沙彌와 법도法徒들이 스님의 선풍禪風을 따르고 용광龍光을 뵙기 위해 전국에서 파도처럼 폭주하여 오히려 남보다 뒤질세라 달려왔다.

마침내 무주武州(전남 광주) 황학黃鶴이라는 절에 머무니 그때가 선종宣宗 대중大中 13년(859)이며, 신라 헌안대왕憲安大王이 즉위한 이듬해이다. 헌안대왕이 스님의 소문을 듣고 그 도를 앙모하여 꿈속에서조차 상상하였다. 선의 가르침을 열어 줄 것을 소원하여 서울로 들어올 것을 간청하였다.

여름 6월에 장사현長沙縣[69]【무장현茂長縣】 부수副守 김언경金彦卿[70]에게 차와 약을 예물로 가지고 가서 모셔 오게 하였으나 선사는 굳게 사양하고 서울로 가지 않았다.

---

68 처회處會 : 일명 허회虛會라고도 한다.
69 장사현長沙縣 : 전라북도 고창군 무장면.
70 김언경金彦卿 : 신라의 서예가. 보조普照의 제자로 병부시랑兵部侍郎·전중대감殿中大監을 역임하였으며, 자금어대紫金魚袋를 하사받았다. 글씨를 잘 써서 당대의 명필로 이름이 났다. 특히 행서行書에 능하여 보림사 보조선사창성탑비寶林寺普照禪師彰聖塔碑의 머리에서 7행까지는 김원金薳이 해서楷書로 썼고, 7행의 禪 자 이하는 김언경이 행서로 썼다.

그해 겨울 10월에 왕이 다시 도속사道俗使인 영암군 승정僧正[71] 연훈連訓과 법사 봉진奉震·풍선馮瑄 등을 보내 윤지綸旨로 선유宣諭하여 가지산사迦智山寺(寶林寺의 전신)로 옮겨 주석할 것을 간청했다. 스님은 마지못해 거주처를 옮겨 산문으로 들어갔다.

김언경이 제자의 예를 베풀고 가까이서 모실 수 있는 입실入室의 제자가 되었다. 그는 자신의 녹봉祿俸을 덜고 재물을 출연하여 쇠붙이 2,500근을 사서 노사나불盧舍那佛 한 구軀를 만들어 선사가 거처하는 사찰에 간직하게 하였다.

헌강왕은 교지를 내려 망수리望水里 이남에 사는 집에서 금金 160근[72]과 곡식 2천 곡斛(10말)을 내도록 하여 절을 장엄하게 꾸미는 일을 돕게 하고 절에는 노비를 하사하였다. 임금이 내린 교지의 내용은 생략한다.

당나라 의종懿宗 함통咸通 신사년(신라 경문왕 1년, 861)에 시방의 모든 사람들에게 시주를 거두어서 이 절을 넓고 크게 만들었다. 중창하는 불사를 마치고 낙성식을 서로 경하하던 날 선사가 자리에 다다르자 선명한 암수 무지개가 법당 안을 꿰뚫고 그 빛이 다시 나뉘어 온 방을 밝게 비추더니 사람들의 얼굴까지 밝게 물들였다. 이는 견뢰堅牢[73]라는 땅을 맡은 신이 상서로운 일임을 알리고 사가娑伽라는 하늘 선녀가 상서로움을 나타낸 것이다.

당 희종僖宗 광명廣明 원년(헌강왕 6, 880) 초여름 4월 22일[74] 유시酉時(오후 5시~7시)에서 술시戌時(오후 7시~9시) 사이에 천둥 번개가 온 산을 뒤덮었고, 23일[75] 밤중(子夜)에는 스님이 머무는 상방上方에 땅이 크게 흔들리더

---

71 승정僧正 : 승단을 이끌어 가면서 스님들의 행동을 바로잡는 승직.
72 비문에는 160근이 160분分으로 되어 있다.
73 견뢰堅牢 : 대지를 지키고 이를 견고하게 한다는 땅을 맡은 신. 그 모습은 붉은 살빛에 왼손에는 아름다운 꽃을 심은 화분을 받쳐 들고 있다.
74 비문에는 22일을 '순유旬有二'라 하여 12일로 표기하고 있다.
75 대사의 비문에는 23일이 13일로 되어 있다.

니, 이튿날 동이 틀 무렵에 선사께서 오른쪽 옆구리를 땅에 대고 누운 채 열반에 들었다(右脇卽終).[76]

그의 제자 800여 명이 스승의 모습을 추모하면서 널을 부여잡고 통곡하니 그 곡소리가 계곡을 진동했다. 산에서 다비식을 거행하고 탑을 세워 유골을 안치하였다.

중화中和(唐 僖宗의 연호) 3년(헌강왕 9, 883) 봄에 그의 문인 의거義車 등이 스님의 행적을 찬집纂集하여 멀리 궁궐까지 나아가 비석을 세워 글을 새기도록 해 달라고 간청하였다. 임금은 진공眞空의 이치를 흠모하고 존사尊師의 마음을 가상하게 여겨 소관 관청에 교지를 내려 시호를 '보조普照'라 하고 탑호를 '창성彰聖'이라 하도록 하였으며, 사액寺額을 '보림寶林'으로 하도록 했다.

아마도 보림이라고 한 것은 원표元表 대덕大德의 옛날 편액을 그대로 이어받아 창건 당시의 내역을 그대로 유지하기 위해서 그랬던 것 같다. 시호와 탑호와 사호寺號를 빠짐없이 갖추어 하사한 것은 특별히 두터운 은혜를 베풀어 선종禪宗을 표창하기 위한 예우인 듯하다.

普照禪師傳

師名體澄。姓金氏。熊津人也。禪師。蟬聯之胄。托體之異。嶽立之貌。河潤之氣。捨俗出家。尋師聽經等說。載在螭蚨刻撰。不必煩贅。而就其大略而言之。則傳燈所錄。迦智山道義大師。受心印於西堂。爲我東第一祖者也。闡明禪理。啓發神法。付法廉居禪師。居雪山憶聖寺。傳祖心。關師教。其於禪境正覺之法。淵源有自來矣。體澄大師。唐文宗太和丁未歲。至加良峽山普願寺。受具戒。一入壇場。七霄[1)]行道。俄有異雉。忽耳[2)]駙飛。是誠法

---

76 대사의 비문에는 '우협즉종右脇卽終'이 '우협와종右脇臥終'으로 되어 있다. 이는 부처님께서 사라쌍수 아래에서 열반에 드실 때의 모습에서 유래한 말이다.

王。將興之徵也。禪師。自普願寺。徃康居禪師之門。托爲師第一。自受法之後。探蹟玄妙。擊破肯綮。若決江河。如登坦蕩。淨修一心。永出三界。開成二年丁巳。與同學貝[3]云。月[4]處會等。路出滄波。西入華夏。歷抵而講法。衆互而較道。周遊三五州。而知其性相無異。乃曰我祖師所說。無以爲加。何勞遠適。五年春二月。隨平虜使。歸舊國。於是檀越。傾心釋教。繼踵[5]沙彌法徒之趨風。龍光波奔之輻湊。猶恐居後。遂次武州黃鶴蘭若。時宣宗大中十三禩[6]。而新羅憲安大王。即位之翌年也。大王。聆風仰道。勞于夢想。願闢禪扉。請入京。穀[7]夏六月。敎遣長沙縣【茂長縣】副守金彦卿。賫茶藥迎之。師固辭不就。冬十月敎。又遣道俗使。靈岩郡僧正連訓法師奉震馮瑄等。宣諭綸旨。請移居迦智山寺。遂飛金錫。遷入山門。金彦卿。陳弟子之禮。爲入室之賓。減俸出財。市鐵二千五百斤。鑄盧舍那佛一軀。以藏禪師所居梵宇。敎下望水里南等宅。共出金一百六十斤。租二千斛。助克裝飾。功德寺隸。宣敎省。懿宗咸通辛巳。以十方施資。廣其禪宇。慶畢功日。禪師苾焉。虹之與蜺。貫徹堂內。分輝耀室。渥移燭人。此乃堅牢告祥。娑迦表瑞也。僖宗廣明元年。孟夏四月二十二日。雷電一山。自酉至戌。二十三日子夜。上方地震。及天曉。右脇即終。弟子八百人。追慕攀號。聲動溪谷。葬於山。壘[8]塔安厝。中和三年春。門人義車等。纂集行。[9]遠詣王門。請建碑銘。主上。慕眞空之理。嘉尊師之心。敎所司定。諡曰普照。塔號彰聖。寺額曰寶林。盖寶林者。因元表大德。所扁舊額。而表其當日創之[10]由也。諡號塔號寺號之稱疊贈遺者。特加恩厚。褒其禪宗之禮也。

1) ㉥ '霄'는 '宵'의 오자이다. 2) ㉥ '耳'는 '爾'의 오자이다. 3) ㉥ '貝'는 '貞'의 오자이다. 4) ㉥ '云月'은 '育'의 오자이다. 5) ㉥ '踵'은 '踵'의 오자이다. 6) ㉥ '禩'는 '禩'의 오자이다. 7) ㉥ '穀'은 '穀'의 오자이다. 8) ㉥ '壘'는 '纍'의 오자이다. 9) ㉥ '行' 뒤에 '狀'이 있는 본이 있다. 10) ㉥ '之' 뒤에 '之'가 있는 본이 있다.

동진대사전

스님의 법명은 경보慶甫이고 자는 광종光宗이며, 속성은 김씨이고 영암 구림鳩林에서 출생한 사람이다. 아버지의 이름은 양익良益이고 벼슬은 알찬閼粲이며 어머니는 박씨이다.

함통咸通(唐 懿宗의 연호) 9년(경문왕 8, 868) 상월相月【음력 7월】 재생명哉生明【초3일】 밤에 그의 어머니가 꿈을 꾸었는데 하얀 쥐가 푸르스레한 유리구슬 하나를 물고 와서 마치 사람처럼 말을 하였다.

"이 물건은 이 세상에서 아주 보기 드문 기이한 보배입니다. 이는 곧 현문玄門[77]의 최상의 보배입니다. 틀림없이 부처님의 호념護念이 따를 것이고 밖에 나오면 반드시 찬란하게 빛날 것입니다."

그 일로 인하여 아이를 잉태하니 임신 기간에 경건한 마음으로 한결같이 재계齋戒하였다. 선사는 여래께서 이 세상에 오셨던 달【4월】 20일에 태어났다. 스님은 어려서부터 어버이 섬기는 일에 뜻을 두었으나 마음은 부처가 되겠다고 기약하였다. 그의 부모는 어느 날 그에게 말하였다.

"사람이 꼭 하고 싶어 하면 하늘도 따르는 법이다."

그리하여 마침내 스님이 되는 것을 허락했다. 그는 곧바로 부인산사夫仁山寺로 가서 머리를 깎고, 배움의 숲에 깃들어 미처 선禪이라는 산을 즐거워하지 못했다. 빠른 발(迅足 : 禪)이 허공에 머물러도 마음이란 집(宅心 : 敎)에 오히려 머물러 있었다. 어느 날 저녁에 잠이 들었는데 꿈에 금선金仙(부처님)이 그의 머리를 어루만지고 귀를 잡아당겨 방포方袍(가사)를 주면서 말하였다.

"너는 이 옷을 입어라. 그 이유는 몸을 보호하여 수행을 해야 하기 때문이다. 또 이곳은 마음을 닦는 이가 깃들어 있을 곳이 아니니 이곳을 떠나

---

[77] 현문玄門 : 불교 또는 도교를 말한다.

는 게 좋지 않겠는가?"

이에 놀라서 꿈을 깬 스님은 꿈속에서 들었던 말로 인하여 '장차 떠나가야 할 때이니 이를 놓쳐서는 안 된다'고 생각하고는 먼동이 틀 때까지 앉은 채로 기다리고 있다가 아침이 되자 행장을 꾸려 가지고 철새처럼 길을 떠나 곧 백계산白鷄山으로 가서 도승道乘(道詵) 화상을 배알하고 제자가 되기를 간청하였다.

그 후 보살도菩薩道를 닦고 여래의 집(如來家)으로 들어가 심오한 이치를 보는 눈이 일찍 열렸으며, 기미를 아는 마음을 이미 깨닫게 되었다. 그리고 그는 이렇게 생각했다.

'슬기롭지 못하면 부처님의 바른 법을 지킬 수 없고 계율이 아니면 인간의 그릇된 행동을 막을 수 없다.'

그러고는 18세 때 월유산月遊山 화엄사華嚴寺에서 구족계를 받고, 다시 백계산白鷄山으로 가서 도승 대사에게 하직 인사를 드리니 대사가 이렇게 말했다.

"너의 그러한 뜻을 빼앗을 수 없고 형세를 막을 수 없구나. 너는 나를 동쪽 마을에 사는 공구(東家丘)[78]로만 알고 있으니 어찌 해 볼 길이 없다."

대사는 말을 마치고 마침내 웃으면서 그가 떠나겠다는 것을 허락하였다. 스님은 그때부터 여러 곳을 돌아다니면서 배웠는데 일정한 스승을 두지 않고 성주사聖住寺[79]의 무염無染 대사, 굴산사崛山寺[80]의 범일梵日 대사를

---

[78] 동가구東家丘 : 유가儒家의 성인으로 추앙받던 공자孔子(이름은 丘)도 그가 살던 마을에서는 도리어 알려지지 않아서 그저 동쪽 마을 어느 집에 사는 공구孔丘라고 불리었다는 고사에서 인용한 말. 즉 도승道乘은 자신을 공자에, 동진을 마을 사람에 비유하여 말한 것이다.
[79] 성주사聖住寺 : 충청남도 보령군에 있던 절.
[80] 굴산사崛山寺 : 강원도 명주군 구정면 학산리에 있던 절. 847년(문성왕 9) 굴산 조사崛山祖師 범일梵日이 창건하여 전교하던 곳. 국보로 부도(제127호)와 당간지주(제128호)가 있다.

차례로 배알하여 법문을 들었다.

　말의 자루(談柄)를 겨우 휘두르기만 해도 현묘한 기미가 분명하게 드러나니, 마침내 경복景福 원년 임자(진성여왕 6, 892) 봄에 펄펄 나는 새처럼 산을 나와 나부끼는 바람처럼 바닷가에 이르렀다. 이에 중국에 들어가고 싶은 마음이 더욱 간절하여 파도를 능멸하며 바다를 다니는 어느 나그네에게 간청하여 그에게서 배를 같이 타고 가자는 허락을 받아 기쁜 마음으로 함께 가게 되었다.

　이윽고 진秦나라 다리를 건너 한漢나라 땅에 이르러 구름 같은 마음으로 도가 높은 이를 찾아 방문하고 유랑하며 스승을 찾아다녔다. 그러다가 마침내 무주撫州에 있는 소산疎山으로 가서 광인匡仁 화상을 배알하니 광인 대사가 이렇게 말하였다.

　"이리 가까이 오라. 그대가 경해鯨海[81]의 용의 새끼인가?"

　동진 대사는 현묘한 이치가 들어 있는 말을 드날리고 비밀스런 법을 물어 대사가 승당昇堂할 것을 허락하니 그로 인해 입실入室하는 계기가 되었다. 그리하여 비로소 목격도존目擊道存[82]의 법을 힘입어 이미 심전心傳을 얻게 되자 광인 화상은 크게 기뻐하면서 말하였다.

　"동쪽 사람치고 정말 함께 도를 눈으로 이야기할 만한 자는 오직 그대뿐이로다."

　그러고는 마침내 그의 손을 잡고 법등法燈을 전하고 인하여 마음으로 법인法印을 주었다. 동진 대사는 이때부터 승려로서 참다운 사람이면 반드시 찾아뵙고 경계가 절승絶勝한 곳이면 반드시 찾아다녔다. 강서江西로 가서 노선老善 화상을 배알하니, 화상은 동진의 말을 듣고 행동을 살펴보기 위해서 그에게 이렇게 말하였다.

81　경해鯨海 : 동해東海를 이르는 말이며, 여기에서는 당시 신라 땅을 지칭해서 한 말이다.
82　목격도존目擊道存 : 눈이 마주치는 데 도가 있다는 뜻.

"흰 구름이 자물쇠가 되어 나그네의 길을 끊는구나.(白雲鎖斷行人路)"

그러자 동진 대사가 화답하였다.

"푸른 산길은 저절로 있는 것이거늘 흰 구름이 어떻게 붙잡을 수 있겠습니까?(自有靑山路。白雲那得留。)"

화상은 대사가 민첩하게 대답하여 매임이 없고 말을 하되 걸림 없음을 보고 곧 전송傳送하며 말하였다.

"그대가 가는 곳에는 이로움이 있을 것이니 때가 된 연후에 돌아가라."

때마침 본국으로 돌아가는 배를 만나 동쪽(신라)으로 돌아올 수 있었다. 천우天佑 18년(경명왕 5, 921)[83] 여름에 전주 임피군臨陂郡에 이르니, 그때는 어느새 부처님의 가르침이 올바로 유통되지 못하고 시국이 이롭지 못하게 된 초기였다.

그 당시 고을(完山)에서 가장 높은 도통都統 태부太傅 견훤甄萱이 만민언萬民堰에 군대를 주둔하고 있을 때였다. 견甄 태부太傅[84]는 본래 선근善根을 심었던 사람으로서 장군의 집안에 태어난 인물이었다. 그는 한창 자신의 웅대한 뜻을 펴고자 사로잡았다가 놓아 주는 용병술에 전력을 다하고 있을 때였으나 동진 대사의 자비한 모습을 뵙고는 흠모하고 의지하는 마음이 갑절이나 늘어났다. 그리하여 찬탄하며 말하였다.

"우리 스님을 만난 것이 비록 늦은 감이 있긴 하지만 제자가 되는 일에 어찌 꾸물대겠습니까?"

이렇게 말하고는 스님을 스승의 예로 정성을 다하여 대우하고 그 가르침을 띠에 새겼다. 마침내 전주의 남쪽에 있는 남복선원南福禪院에 주석하기를 간청하자 대사가 말하였다.

"새들도 나무를 가려서 앉는 법인데 내가 어찌 표주박처럼 한 곳에 매

---

83 후량後梁 용덕龍德 원년(신라 景明王 5년, 고려 태조 4년)이다.
84 태부太傅 : 고려 때 삼사에 속한 정1품 관직.

달려 있겠습니까?"

그러고는 백계산白鷄山 옥룡사玉龍寺로 갔는데, 그곳은 옛 스승님께서 도를 즐기셨던 해맑은 집이었고 선정에 안주하셨던 명승지로서 구름 덮인 계곡물이 허공에 걸려 있으며 돌을 베개 삼아 눕고 흐르는 물로 양치질하며 살기에는 아주 적절한 곳이다. 동진 스님은 견훤에게 말하여 옥룡사에 옮겨 살겠노라 하자 태부가 허락하고 그곳에 옮겨 거주하게 하였다.

고려 제2대 의공義恭(惠宗)대왕은 선대의 유풍을 받들고 선대의 뜻을 이어받아 정밀한 마음으로 정진에 힘쓰는 한편 스님을 정성껏 모시다가 홀연히 인간의 몸을 버리고 천상으로 돌아갔다.

문명대왕文明大王[85]은 왕위에 오르기 전(陟岡)에는 아름다움을 이루셨고 왕위에 올라서는 (莅阼) 거듭 빛나셨다(重光). 연꽃을 엮어서 천축天竺의 유풍을 널리 펴고 거울을 잡고 바다 나라에 풍속을 비추는 등 많은 업적을 이룩했다. 임금께서는 붓을 휘둘러 동진 스님이 머물고 있던 절의 현판을 써서 하사하기도 했다.

정종定宗 3년 태세太歲가 협흡協洽(未, 즉 丁未[86])인 4월 20일에 대사가 열반에 들었다. 대사는 열반에 들려고 할 무렵 목욕재계를 이미 마치고 방 앞에서 대중들을 모두 뜰 앞으로 모이게 한 다음 경계하는 말을 남겼으니 내용은 이러했다.

"내 이제 곧 떠나려고 하니 그대들은 잘 머물러 있거라."

말을 마치고는 방으로 들어가 의자에 기대어 가부좌를 하고는 태연자약한 모습으로 옥룡사 상원上院에서 열반에 드니, 부모로부터 받아 보전하던 몸의 나이는 80세이고 보살계를 받은 지는 62년이었다.

이튿날 스님의 신좌神座를 백계산 감실에 받들어 옮겨 모시고 임시로

---

85 문명대왕文明大王 : 고려 제3대 왕 정종定宗의 시호이다.
86 정종 3년은 무신이고, 정종 2년이 정미로서 일치하지 않는다.

돌문을 설치하여 봉함해 두었다. 문명대왕은 스님이 열반했다는 소식을 듣고 크게 슬퍼하며 하늘이 그를 남겨두지 않음을 유감스럽게 생각하면서 곧 사신을 보내 친히 쓴 조서弔書를 보내니 그 내용은 이러하다.

"작고하신 옥룡산 선화상禪和尙이시여, 조각달은 하늘에 걸려 있고 외로운 구름은 산마루에 나옵니다. 뗏목을 타고 서쪽으로 건너가 구슬을 움켜쥐고 동쪽 나라 돌아오니 자비의 바람이 만 리 변두리에 불어 오고 선정의 달빛이 구천九天 밖까지 비추게 하신 분은 오직 저의 스승뿐입니다. 그런 까닭에 '동진대사洞眞大師'라는 시호를 추증하옵고 '보운寶雲'이라는 탑호를 올리나이다."

그리고는 국가의 가장 솜씨가 뛰어난 석공石工을 명하여 돌을 다듬어서 층층으로 된 돌무덤을 만들게 하여 유골을 모시게 하였다.

그 후 2년이 지난 뒤에 문인들이 석실石室을 열고 모습을 보니 그 얼굴이 살아 있는 것과 같았다. 모두 통곡하면서 스님의 육신을 받들어 모셔다가 백계산 동쪽 운암雲巖 산등성이에 탑을 세우고 봉안하였으니, 이는 대사의 유명遺命을 따른 것이다.

대사에게 법을 전해 받은 큰 제자 천준泉遵(泉通) 선사 등이 왕에게 표表를 올려 부디 절묘한 문장(幼婦之文辭)[87]으로 비문을 지어 돌아가신 스님의

---

[87] 절묘한 문장(幼婦之文辭) : 조아비曹娥碑에서 유래된 말이다. 즉 조아는 한漢나라 조우曹盱의 딸로서 14세 때에 그의 아버지가 물을 건너다가 익사溺死하였다. 조아는 17일 동안을 부르짖고 울다가 물에 투신했는데, 5일이 지난 후에 죽은 시체가 되어 그 아비의 시체를 끌어안고 물 밖으로 나왔다고 한다. 그 당시에 한단순邯鄲淳이, 조아는 효녀라 일컫고 뇌문誄文을 지었다. 그 후 이 뇌문을 비에 새겼는데, 글씨가 왕희지의 작품이라고 한다. 동한東漢 때 채옹蔡邕이 이 비문을 읽고 뛰어나게 잘 지은 문장이란 뜻으로, "황견유부 외손제구黃絹幼婦外孫齏臼"라는 여덟 글자를 새겼는데, 그 후 삼국시대 조조曹操와 양수楊修가 이 글귀를 읽고서 절묘호사絶妙好辭라는 뜻이라고 해득했다. 그 이유는 황견黃絹이란 색사色絲이니, 절絶 자이고, 유부幼婦란 소녀少女이니 묘妙 자이며, 외손外孫이란 여자女子이니 호好 자이고, 제구齏臼란 수신受辛이니 사辭 자라는 것이다.

업적을 기록하게 해 달라고 간청하였다. 왕이 비답을 내려 "옳은 일이다." 라고 허락하였으니, 어찌 청원하자마자 그렇게 빨리 비석에 새겨질 줄 알았겠는가?

현덕顯德(後周 世宗의 연호) 5년(고려 광종 9, 958)에 김정언金廷彦[88]이 비문을 지었다.

洞眞大師傳

師名慶[1]甫。字光宗。姓金氏。靈巖鳩林人也。父良盆。作關粲釋玄可書。[2] 母朴氏。咸通九年。相月【七月】朒生【三日】明。[3] 夜夢白鼠御[4]靑琉璃珠一顆而來。遂人語曰。此物。是稀代之奇珍。乃玄門之上寶。懷須護念。出必輝光。因有娠。虔心齋戒。如來出世之月【四月】二十日誕生。師志在其親。心期卽佛。父母乃曰。人所欲者。天所從之。遂泣而許。直徃夫仁山寺落來。[5] 因棲學藪。未樂禪山。迅足空留。宅心尙住。魂交之夕。金仙摩頂提耳。乃授之方袍曰。汝其衣之。所以衛身而行乎。且此地。非心學者。栖遲之所。去之。不亦宜乎。師卽以形開。因以警戒。以爲送之。將行時。不可失。昧爽。坐以待旦。挈山裝鳥逝。乃詣白鷄山。謁道乘和尙。請爲弟子。修菩薩道。人[6]如來家。覩奧之眼曾開。知幾之心旣悟。以爲非智。無以護其法。非戒。無以防其違。年十有八。稟具於月遊山華嚴寺。復徃白鷄山。辭大師。師因謂曰。汝其志。不可奪。勢不可遏。汝以吾爲東衆[7]丘。末如之何。遂笑而聽去。自爾。遊有泛覽。學無常師。歷謁聖住無染大師。崛山梵日大師。談柄

---

[88] 김정언金廷彦: 958년(광종 9) 통직랑 정위 한림학사通直郎正衛翰林學士가 되었고, 975년(경종 즉위년) 광록대부 대승 내봉령 전예부사 참지정사 감수국사光祿大夫大丞內奉令前禮部使參知政事監修國史를 지냈다. 문장에 능하여, 전라남도 광양시 옥룡면 옥룡사지에 있는 옥룡사동진대사보운탑비玉龍寺洞眞大師寶雲塔碑의 비문을 958년(광종 9)에 지었고, 국립중앙박물관에 있는 고달사원종대사혜진탑비高達寺元宗大師慧眞塔碑의 비문을 975년에 지었으며, 충청남도 서산시 운산면 보원사지에 있는 보원사법인국사보승탑비普願寺法印國師寶乘塔碑의 비문을 978년(경종 3)에 지었다.

纔揮。玄機了見。遂於景福元年壬子春。出山翩翩。並海飄飄。爰傾入漢之心。乃告凌波之客。許以寓載。忻以同行。已過秦橋。旋臻漢地。雲心訪道。浪跡尋師。乃詣撫州踈山。謁匡仁和尙。仁若曰。格汝鯨海龍子耶。大師。玄言遂颺。秘說爰諮。許以昇堂。因以入室。方資目擊。旣得心傳。仁公大喜。因謂曰。東人。可目語者。惟子。誰令執手傳燈。因心授印。自是。僧之眞者。必詣。境之絶者。必搜。去謁江西老善和尙。和尙。乃欲聽其言。觀其行。因謂曰。白雲鎖斷行人路。答曰。自有靑山路。白雲那得留。和尙。以大師。捷對不羈。颺言無碍。乃送之曰。利有攸往時然後行。適値歸舟。因而東還。天祐十八年夏。達全州臨陂郡。而屬道虛行之際。時不利之初。奧[8]有州尊都統甁大[9]傳萱。統我于萬民堰也。大*傳[10]。本自善根。生於將種。方申壯志。雖先擒縱之謀。暨謁慈顔。倍瞻依[11]之志。乃歎曰。遇吾師而雖晩。爲弟子。以何遲。避席拳拳。書紳慥慥。遂請住州之离地。南福禪院。大師曰。鳥能擇木。吾豈瓠[12]瓜。乃以白雞山玉龍寺者。是故師爲樂道之淸齋。乃安禪之勝踐[13]雲溪空在。枕流最宜。遂言於大*傳。*許之。移而住焉。義恭大王。奉以遺風。繼之先志。注精心而亹亹。祈法力以孜孜。奄棄人間。已歸天上。文明大王。陟岡致美。苾𦺇重光。聯華弘天竺之風。握鏡照海邦之俗。仍飛鳳筆。佇降象軒。越三年。龍集協申[14]洽四月二十日。大師將徃[15]徃。盥[16]浴已訖。房前命衆。悉至于庭。乃遺戒曰。我旣將行。衆其好住。言畢入房。倚繩床趺坐。儼然而示滅于玉龍上院。存父母體。八十春。入菩薩位。六十二夏。翌日。奉遷神座於白雞山合龍。[17]權施石戶封閉。文明大王。聞之震悼。恨不遬[18]遺。乃使馹吊以書曰。故玉龍禪和尙。片月遊空。孤雲出岫。乘桴西泛。挶瑤[19]東歸。慈風。吹萬里之邊。禪月。照九天之外者。惟實吾師矣。故追諡洞眞大寺。[20]塔號寶雲。仍令國工。攻石封層隥。[21]越二年。門人等。開合龍*覩。形面如生。乃號奉色身。堅塔于白雞山東之雲巖崗。遵遺命也。厥有傳法大弟子。泉遵禪師等。遂抗表。請幼婦之文辭。紀先之事業。制曰可。豈悟號弓。遽値勒石。顯德五年。金廷彦撰文。

1) 원 '慶'은 『海東佛祖源流』에 '度'로 되어 있다. 2) 원 '釋玄可書'는 연자이다. 3) 원 '【三日】明'은 '明【三日】'의 오자이다. 4) 원 '御'는 '銜'의 오자이다. 5) 원 '來'는 '宋'의 오자이다. 6) 원 '人'은 '入'의 오자이다. 7) 원 '冢'은 '家'의 오자이다. 8) 원 '奧'는 '粵'의 오자이다. 9) 원 '大'는 '太'의 오자이다. 이하도 동일하다. 10) 원 '博'는 갑본에는 '傳'으로 되어 있다. 이하도 동일하다. 11) 원 '依' 뒤에 '歸'가 있는 본이 있다. 12) 원 '瓠'는 '匏'의 오자이다. 13) 원 '踐'은 '賾'의 오자이다. 14) 원 '申'은 연자이다. 15) 원 '徍'은 연자이다. 16) 역 '盥'은 '與'의 이체자이다. 17) 원 '合龍'은 '龕'의 오자이다. 이하도 동일하다. 18) 원 '遨'은 '慇'의 오자이다. 19) 원 '瑤'는 '珛'의 오자이다. 20) 원 '寺'는 '師'의 오자이다. 21) 원 '墜'는 '塚'의 오자이다.

제1권 • 99

대각국사전

스님의 법명은 후煦이고 자는 의천義天이다. 송나라 철종哲宗의 휘諱가 후煦였으므로 자字인 의천義天을 법명으로 삼았다. 속성은 왕王씨이고 고려 문종文宗 인효왕仁孝王의 넷째 아들이다.

그는 왕자로서의 영화를 사양하고 출가하여 스님이 되어 뒷날 우세승통佑世僧統[89]에 봉해졌다. 송나라 철종哲宗 원우元祐 초에 중국에 들어가 도를 물었다. 임금에게 표문表文을 올려 현수賢首의 가르침을 고려에 전하겠다고 간청하였다.

철종은 양가兩街에 칙명을 내려 의천에게 법을 전해 줄 만한 사람을 천거하게 하였다. 그때 승려들은 동경東京(洛陽) 각엄사覺嚴寺의 유성有誠 선사를 천거했는데, 유성 선사는 전당錢唐(浙江省 杭縣) 혜인원惠因院 정원淨源을 자기 대신 천거했다. 철종은 곧 주객원외랑主客員外郎 양걸楊傑[90]에게 칙명을 내려 의천을 모시고 혜인원으로 가서 법을 받도록 조치했다. 가는 도중에 여러 사찰에서 의천을 행인行人(외교관)과 동등한 예우로 영접하였다.

이보다 앞서 의천이 송의 서울에 이르렀을 때에 철종은 조회를 마치고 예부상서禮部尙書 소식蘇軾[91]에게 칙명을 내려 의천을 모시고 원조 종본圓照宗本 선사를 뵙도록 안내하라고 하였다. 종본 선사는 의천을 맞아 종지

---

[89] 우세승통佑世僧統 : 우세佑世란 '넓은 지혜로 가르침의 근본(本)을 열고 큰 진리(弘眞)로 세상을 돕는다'는 의미의 광지개종홍진우세廣智開宗弘眞佑世라는 별호이고, 僧統은 승려를 다스리는 고위 직책이다.
[90] 양걸楊傑 : 자는 차공次公이다. 일찍이 의천義天이 송나라에 사신으로 갔을 때, 양걸이 명을 받고 관반館伴이 되어 의천과 함께 삼오三吳 지방에 노닐었던 일이 있다.
[91] 소식蘇軾 : 북송北宋 때 정치가·문장가. 자는 자첨子瞻, 호는 동파거사東坡居士. 사천성四川省 미산현眉山縣 출생. 당송팔대가의 한 사람으로, 이지적 학자이면서 섬세한 감각의 시인이었다.

宗旨를 가르쳐 보여 주었다.

　금산金山의 불인佛印(了元) 선사에게 가서 예를 올리니 선사는 앉아서 의천의 예를 받았다. 양걸이 놀라서 불인 선사에게 이유를 묻자 이렇게 답하였다.

　"의천은 다른 나라 스님입니다. 내가 만약 도를 굽히고 세속의 예법을 따라 여러 방면에서 이미 한쪽 눈을 잃은 것처럼 행동한다면 무엇을 가지고 중국의 선법을 보여 주겠습니까?"

　조정에서 그 말을 듣자 '예를 아는 스님'이라고 생각했다.

　혜인원에 이르러 정원淨源과 화엄의 교학에 관하여 토론을 벌이다가 해가 바뀌어서야 끝마쳤다. 천축사天竺寺의 자변慈辨(從諫) 대사를 만나 천태天台 교관敎觀의 도에 대하여 청해 묻고, 영지사靈芝寺의 대지大智 선사를 뵙고 계법戒法 설하는 것을 들었다. 그러고는 그가 저술한 책을 얻어 가지고 귀국했다.

　『삼역화엄三譯華嚴』을 베껴서 혜인원의 정원 법사에게 보내니 정원은 장서각을 지어 이를 보관하고 절 이름도 고려사高麗寺라고 바꿨다. 진수 정원晉水淨源에게 도를 묻고 제자의 예를 올렸다.

　시호를 추증하여 '대각大覺'이라 하였다. 그의 문집 18권이 전해지고 있으며, 문인 혜관慧觀은 법성사法性寺 주지를 지냈고, 의천의 영정은 선암사仙巖寺에 모셔져 있다.

大覺國師傳

師名煦。字義天。[1] 宋哲宗諱煦。以字義天爲名。姓王氏。高麗文宗仁孝王。第四子也。辭榮出家。封祐世僧統。宋哲宗元祐初。入中國問道。上表。乞傳賢首敎。敕兩街。擧可授之法者。以東京覺嚴誠禪師對。誠。擧錢塘惠因淨源。以自代。乃勅主客楊傑。送至惠因受法。諸刹迎餞。如行人禮。初至京師。朝畢。勅禮部蘇軾館伴。謁圓照本禪師。示以宗旨。至金山佛印。坐納其禮。楊傑驚問印曰。義天。異國僧也。若屈道循俗。諸方先失一隻眼。何以示華夏師法乎。朝廷聞之。以爲知禮。至惠因。咨決華嚴。閱歲而畢。及見天竺慈辨。請問天台教觀之道。又見靈芝大智。爲說戒法。請所著文還國。書三譯華嚴。送惠因。建閣藏之。名高麗寺。至晋水淨源問道。申弟子禮。贈謚曰大覺。有文集十八卷。門人慧觀。爲法性寺住持。影在仙岩。

---

1) [원] '天' 뒤에 '避'가 있는 본이 있다.

보조국사전

스님의 법명은 지눌知訥이고 호는 목우자牧牛子이며, 속성은 정鄭씨이고 어머니는 조趙씨이다. 경서京西의 동주洞州【지금의 황해도 서흥西興】에서 출생한 사람이다. 아버지는 국학國學의 학정學正(정9품) 정광우鄭光遇이다.

송나라 고종高宗 소흥紹興 28년, 금나라 해릉왕海陵王(正隆) 3년 무인(고려 의종 12, 1158)에 태어났다. 16세 때 종휘宗暉 대선사에게서 머리를 깎고 25세 되던 해인 임인년(1182)에 나라에서 실시한 승과에 합격했다. 그로부터 얼마 안 되어 창평 청량사淸凉寺[92]에 머물렀다. 또 을사년(1185)에는 경북 예천 하가산下柯山 보문사普門寺에 우거하면서 대장경을 열람하기도 했다.

금나라 장종章宗 승안承安 3년[93] 무오(1198)에 지리산 상무주암上無住庵에 올라가 선관禪觀에 전념하여 깨달음을 얻었다. 승안 5년엔 송광산松廣山 길상사吉祥寺로 옮겨 결사結社를 결성하고 11년 동안 거주하니, 전국의 스님과 속인들이 구름처럼 몰려와 성대한 총림叢林을 이루었다.

희종 임금이 칙명을 내려 송광산을 조계산曹溪山으로, 길상사를 수선사修禪社로 고쳐 부르게 했다. 금나라 동해후東海侯(衛紹王) 태안太安 2년 봄 3월 27일에 평소와 같이 설법을 마친 후 열반에 들었다. 7일이 지나 다비를 했는데 얼굴 색깔이 마치 살아 있는 사람과 같았다. 다비를 마친 후 큰 사리 30매와 수없이 많은 조그만 사리를 얻었다.

송나라 영종寧宗 가정嘉定 2년(1209) 희종 임금이 스님께서 열반했다는 소식을 듣고 애통해하고 슬퍼하면서 '불일보조국사佛日普照國師'라는 시호와 '감로甘露'라는 탑호를 하사했다. 누려 온 나이 53세이고, 스님의 법을 이은 제자는 무의자無衣子 혜심惠諶이다.

---

92 창평은 전남 나주와 강원도 창평 등 여러 절이 거론되지만 경기도 가평加平설이 유력하다.
93 원문에는 2년으로 되어 있으나 3년이 타당하다.

『정혜결사문定慧結社文』이란 책의 내용을 살펴보면 이와 같이 기록되어 있다.

"임인년(1182) 정월에 상도上都에 있는 보제사普濟寺에서 연 담선법회談禪法會에 참석하고 나서 무신년(1188) 이른 봄에 편지를 받고 하가산 보문사普門寺로 갔다. 금나라 장종 명창明昌 원년 경술(1190) 늦봄에, 즉 남송南宋 광종光宗 소희紹熙 원년 공산公山에 은거하고 있을 적에 목우자牧牛子 지눌은 결사문을 쓴다."

승안承安(금나라 章宗의 연호) 5년 경신(1200)에 공산에서 강남의 조계산으로 옮겨 가서 머물렀다. 금나라 태화泰和(章宗의 연호) 5년 을축(1205)에 『계초심학인문誡初心學人文』을 썼다. 그 후 임자년 정월 월남사月南社에서 대전大全을 다시 인쇄할 때 송운 유정松雲惟政이 교정을 담당하였다.

지눌의 비석과 탑은 송광사松廣寺와 만연사萬淵寺에 있는데 김군수金君綏[94]가 지은 것이다. 송광사에 매산梅山의 능견난사能見難思[95]가 있으며, 흥국사興國寺와 만연사에 영정이 모셔져 있다.

普照國師傳

師名知訥。自號牧牛子。姓鄭氏。母趙氏。京西洞州【今之瑞興】人也。父國學正光遇。宋高宗紹興二十八年。金海陵王三年戊寅生。十六。投宗暉大禪師。祝髮。二十五壬寅。中僧選。未幾南遊。抵昌平淸凉[1)]寺。住錫。又乙巳。遊下柯山。寓普門寺。閱大藏經。至金章宗承安二年戊午。登智異山上無住。專禪規。[2)] 有契會。五年。移居松廣山吉祥寺。居十有一年。緇俗雲奔。

---

94 김군수金君綏 : 고려의 무신으로 김부식金富軾의 손자이다.
95 능견난사能見難思 : 쇠로 만든 그릇인데 원나라에서 지눌에게 하사했다는 전설이 있다. 보면 만들 수 있을 것 같은데 실제로 어떻게 그렇게 만들어졌는지 알 수 없다(能見難思)는 조선 시대 장인匠人의 말에서 유래되어 붙여진 이름이라 한다. 혹은 원감국사가 중국에서 가져왔다는 설도 있다.

蔚爲義[3]林。勅改松廣山。爲曺溪山。寺爲修禪社。金東海侯太安二年春三月二十七日。如常說法而逝。過七日茶毘。顏色如生。得舍利。大者三十枚。小者無數。宋寧宗嘉定二年。上聞之痛悼。賜謚佛日普照國師。塔曰甘露。閱世五十三。嗣法沙門。無衣子惠湛。[4] 按結社文曰。歲在壬寅正月。赴上[5]普濟寺談禪法會。戊申年早春。得書。徃下柯山普門寺。金章宗璟明昌元年庚戌季春。即南宋光宗紹熙元年。公山隱居。牧牛子知訥。志結社文。至承安五年庚申。自公山。住江南曺溪山。金泰和五年乙丑。作初心文。後壬字正月。月南社大全重刻。松雲惟政。校正碑塔。在松廣寺。萬淵寺。金君紱[6]撰。有梅山能見難思。興國萬淵有影。

---

1) [원] '凉'은 갑본에는 '源'으로 되어 있다. [역] 청량사는 청원사淸源寺 또는 청원사淸猿寺로도 쓴다. 2) [원] '規'는 '觀'의 오자이다. 3) [원] '義'는 '叢'의 오자이다. 4) [원] '惠湛'은 '慧諶'의 오자이다. 5) [원] '上' 뒤에 '都'가 있는 본도 있다. 6) [역] '紱'은 '綏'의 오자인 듯하다.

진각국사전

스님의 법명은 혜심惠諶이고 속성은 조曺씨이며 전남 화순에서 출생한 사람이다. 어머니가 어느 해 겨울에 샘물 안에서 오이를 건져 먹고 그를 잉태하여 낳았다. 그 뒤 사람들은 그 우물을 적천跡泉이라 불렀으며, 스님의 호를 무의자無衣子라 했다.

원나라 세조世祖, 금나라 선종宣宗 병술년~정해년(1226~1227) 연간에 문인 진훈眞訓 등과 함께 여러 선사들의 선문禪門의 이야기를 모으고 불·법·승 삼보三寶의 기록을 엮어『선문염송집禪門拈頌集』30권을 완성했다. 또『선문강요집禪門綱要集』1권도 지었다.

금나라 정우貞祐 9년 임오(1222) 중동仲冬(11월)에 양산梁山 취서산鷲栖山 통도사通度寺 계단戒壇과 비각碑閣을 예배하고 부처님의 진신사리眞身舍利와 가사를 제목으로 절구絶句 두 수를 지었는데, 사리라는 제목으로 지은 시는 이러하다.

> 세존의 사리 높은 계단 누르고
> 엎어 놓은 솥[96] 허리 가에 불탄 흔적 보인다
> 들으니 황룡사 탑이 불에 타던 날
> 불길이 번져 한쪽이 다 타버렸네[97]

또 가사를 주제로 지은 시는 이러하다.

> 은근히 머리 조아려 공경히 귀의하오니

---

96 엎어 놓은 솥 : 금강계단의 윗부분에 안치한 솥뚜껑과 같은 모양을 형용한 말이다.
97 불길이 번져~다 타버렸네 : 이 부분의 원문 '연소일단좌무간連燒一段座無間'이『無衣子詩集』의 같은 작품에는 '연소일면시무간連燒一面示無間'으로 되어 있다.

이는 여래께서 입으셨던 가사이기 때문이다
인하여 생각건대 영취산 사자좌 위에
온갖 복덕으로 장엄하신 거룩한 그 모습이여

    정산定山(충남 공주시) 유구維鳩 역사를 고쳐 짓고 단청할 때 관복을 다 벗어 버리고 홀로 낙향하는 사람을 그렸는데, 사람마다 그 그림 속의 주인공이 누구인지 아무도 아는 이가 없었다. 스님은 그 그림을 보고 절구 한 수를 지었으니 다음과 같다.

어느 누가 벽 위에 이 그림을 그렸는가?
간언하던 신하 떠나 나라 일 그르칠 뻔했구나
산승은 한번 보고도 오히려 이렇게 슬픈데
하물며 당시 관청의 사대부야 말해 무엇하랴

    간언하던 신하란 고려 의종毅宗 조의 남평南平 문극겸文克謙[98]을 이르는 말이다. 그가 임금께 상소를 올렸는데 들어 주지 않자 정언正言과 승선承宣 벼슬을 사직하고 고향 마을로 돌아갔었다.
    스님은 만연사를 떠나 송광사로 돌아왔다. 나중에 비석과 영각影閣을 세웠다. 연담蓮潭 대사가 스스로 찬贊한 시의 내용은 이러하다.

맑은 산 빼어난 물 옛 화주和州에

---

[98] 문극겸文克謙 : 본관은 남평南平이고, 자는 덕병德柄이다. 1122~1189. 시호는 충숙忠肅이며, 병부상서 공유公裕의 아들이다. 1170년(의종 24) 정중부鄭仲夫의 난 때 죽음을 당할 뻔하였으나, 좌정언 때 직언한 일로 화를 면하였고, 의종 또한 그의 말을 듣지 않은 것을 후회하였다. 1171년(명종 1) 우승선어사중승右承宣御史中丞이 되자 많은 문신들을 화에서 구하고, 무신들에게는 고사故事의 자문에 응하였다.

오백 년 전 국사께서 탄생하셨네
지금은 땅의 기운이 노쇠했는가?
이와 같은 무식한 사람(擔板漢)⁹⁹이 태어나다니

眞覺國師傳

師名惠湛。¹⁾ 姓曺氏。和順人也。母冬取泉瓜喫。因有娠而生。名其泉曰跡泉。號曰無衣子。元世祖。金宣宗丙戌丁亥間。與門人眞訓等。采集諸師禪門語話。結佛法僧三寶之次。錄成拈頌集三十卷。又作禪門綱要一卷。金貞祐九年壬午仲冬。梁山鷲栖山通度寺戒壇碑閣。題舍利袈裟二絶曰。世尊舍利鎭高壇。覆釜腰邊有火瘢。聞²⁾黃龍灾塔日。連燒一段座無間。又殷勤稽首敬歸依。是我如來所着衣。因憶靈山貌座上。莊嚴百福相巍巍。定山惟鳩驛。改建丹靑時盡³⁾脫衣獨行。人人皆不知。師題一絶曰。壁上何人畫此圖。諫臣去國事幾乎。⁴⁾ 山僧一見尙惆悵。何況當途士大夫。諫臣者。麗毅宗朝。南平文克謙。上疏不應。解正言及承宣。去萬淵而歸。立碑影閣。蓮潭自贊曰。山明水秀古和州。五百年前國師誕。如今地靈老。生此檐⁵⁾板漢。

---
1) ㉘ '惠湛'은 '慧諶'의 오자이다. 2) ㉘ '聞' 뒤에 '道'가 있는 본이 있다. 3) ㉘ '盡'은 '畫'의 오자이다. 4) ㉘ '幾乎'는 연자이다. 5) ㉘ '檐'은 '擔'의 오자이다.

---

99 담판한擔板漢 : 널따랗고 긴 판때기를 등에 지고 다니는 사람을 말하는데, 이는 사물의 한 면만을 볼 뿐 전체를 보지 못하는 사람을 비유한 말로서 단견에 빠져 있는 사람 또는 바보라는 뜻이다.

진정국사전

스님의 법명은 천책天頙이고 자는 천인天因이며, 호는 내원당內願堂이고 속성은 신申씨이다. 조상은 나라에 큰 공을 세운 경상卿相들이 많이 배출된 집안의 자손으로 20세 때 과거에 급제했다. 그는 아름답고 빛나는 문장으로 온 세상에 이름을 떨쳤으나 어느 날 아침에 갑자기 출가하여 금릉金陵 만덕산萬德山 백련사白蓮社[100]에서 연율蓮律 스님에게 머리를 깎고 원묘圓妙 스님의 법통을 이어받았다.

만년에 국사國師가 되었고 백련사에서 용혈암龍穴庵으로 옮겨 거주하였다. 그런 까닭에 사람들은 이 스님을 용혈대존숙龍穴大尊宿이라고 불렀다.

원나라 순제順帝 지원至元[101] 30년 계사(1293) 11월에 『선문보장록禪門寶藏錄』 3권을 지었다. 또 『선문강요집禪門綱要集』 1권과 『전홍록傳弘錄』 4권이 세상에 유통되고 있다.

고려 조정에서 스님에게 '진정국사眞靜國師'라는 시호를 추증하였으며, 이 스님이 백련사 8대 국사 중 제4세이다.

제자로는 석교도승통 각해원명 불인정조국사釋敎都僧統覺海圓明佛印靜照國師[102]가 있고 손자 제자는 부암 무기浮庵無寄 대선사가 있다. 구례 연곡사燕谷寺와 해남 두륜산頭輪山 북암北庵에 거주하였다. 조선조 정열수丁洌水(정약용)가 서문을 쓰고 찬贊을 지었다. 탑호塔號는 '고암杲庵'이라 하였으며, 문집 2권 4편篇이 세상에 전한다.

---

100 만덕산 백련사는 전남 강진에 있다. 그 당시 결사 운동은 만덕산을 중심으로 한 남南 백련결사와 경북 상주 사불산 공덕사功德寺를 중심으로 한 동東 백련결사로 나뉘는데 정명 천인靜明天因이나 진정 국사는 동 백련결사 계열이다.
101 지원至元 : 지원은 원나라 순제의 연호가 아니라 원 세조世祖의 연호이다.
102 정조靜照 : 법명은 이안而安이고 백련사 제5세 조사이다. 법호는 석교도승통 각해원명 불인정조국사釋敎都僧統覺海圓明佛印靜照國師이다. 진정 국사가 지은 『호산록湖山錄』에는 석교도총섭 정혜원조 대선사釋敎都摠攝靜慧圓照大禪師라고 되어 있다.

眞靜國師傳

師名天頙。字天因。號內願堂。姓申氏。本奕世卿相之子。二十登第。文章震耀一世。而一朝。出家於金陵之萬德山白蓮社。落髮於蓮律。受鉢於圓妙。晚年。襲爲國師。白蓮社。移住龍穴庵。人稱龍穴大尊宿。元順帝至元三十年癸巳十一月。撰禪門寶藏錄三卷。又禪門綱要一卷。傳弘錄四卷。行于世。麗朝。贈諡眞靜國師。爲八國師之第四世也。弟子。釋敎都僧統覺海圓明佛印靜照國師。孫浮庵無寄大禪師。住燕谷。住輪山北庵。本朝丁洌水。作序文。作贊。塔曰杲庵。文集二卷四篇。行于世。

부암대사전

스님의 법명은 운묵雲默이고 자는 무기無寄이며 호는 부암浮庵이다. 만덕산 백련사로 출가하여 불인 정조佛印靜照[103] 국사에게 머리를 깎고 스님이 되었다.

국사에게 도道와 글의 이치를 배운 뒤 과거(승과)에 응시하여 최상급인 상상과上上科에 합격했다. 굴암窟庵의 주지 자리를 얻었으나 이내 버리고 금강산과 오대산 등지를 두루 돌아다니다가 시흥산始興山에 이르러 한 암자를 지었다. 여기에서 『연경蓮經(법화경)』을 독송하고 아미타불을 염念하면서 불화를 그리고 경전을 베끼는 일로 소일하면서 20년을 지냈다.

부처님의 경전과 역대 조사들의 글을 찾아내어 그중의 중요한 사항들을 가려 뽑아 『석가여래행적송釋迦如來行蹟頌』을 지으니 모두 776구이다. 그것을 본문으로 하여 각 구절 밑에 주석을 붙여 만든 두 권의 책이 오늘날 세상에 유통되고 있다.

원나라 문종文宗 천력天歷 원년 무진(고려 충숙왕 15, 1328) 섣달 16일 경오에 간행하여 세상에 유포시켰다.

浮庵大師傳

師名雲默。字無寄。號浮庵。出家於萬德山白蓮社。剃染於佛印靜照國師。學道文義。赴選席。中上上科。得窟庵住持之位。遊歷金剛五臺。到始興山。卓一庵。誦蓮經。念彌陀。畫佛書經。爲日用者。垂二十年矣。搜尋佛典祖文。選[1]述釋迦行蹟頌。凡七百七十六句。仍以本文。注于句下。書成二卷。現行於世。元文宗天歷元年。戊辰臘月旣望庚午。刊行流布。

---
1) ㉮ '選'은 '撰'과 통한다.

---
103 앞의 주 '정조靜照' 참조.

나옹왕사전

스님의 법명은 혜근慧勤(惠勤)이고 처음 법명은 원혜元慧이다. 호는 나옹懶翁이고 머물던 집의 당호堂號는 강월헌江月軒이다. 성은 아牙씨이고 영해寧海(경북 영덕군)에서 출생한 사람이다. 아버지는 선관서饍官暑 영슈이라는 벼슬을 지낸 아서구牙瑞具이고 어머니는 정鄭씨이다.

어머니의 꿈에 황금빛 새매 한 마리가 날아와 머리를 쪼며 알을 떨어뜨렸는데, 그 알이 품안으로 들어오는 꿈을 꾸고 회임하여 원元나라 인종仁宗 연우延祐 7년 경신(고려 충숙왕 7, 1320) 정월 15일에 나옹을 낳았다. 아이는 골상骨相이 평상인과 달랐는데 아이가 이미 장성하자 근기와 정신이 영특하고 뛰어났다. 나이 스무 살에 처음 맞은 이웃집 친구의 죽음을 보고는 연세 많은 노인에게 물었다.

"사람이 죽으면 어디로 갑니까?"

모두 다 모른다고 대답하였다.

스님은 마음속으로 애통해하고 슬퍼하다가 마침내 공덕산功德山 묘적암妙寂庵으로 요연了然 선사를 찾아가 머리를 깎고 스님이 되었다.

요연 선사가 물었다.

"너는 무슨 일로 머리를 깎았는가?"

나옹이 대답하였다.

"저 삼계三界를 멀리 벗어나 중생들을 이롭게 하기 위해서입니다. 부디 저에게 법을 열어 보여 주시옵소서."

요연 선사가 말하였다.

"네가 지금 여기에 왔는데 이 무슨 물건인고?"

나옹이 대답하였다.

"말도 할 수 있고 들을 수도 있는 것이 이렇게 왔습니다. 보려고 해도 그 실체를 볼 수가 없고 찾으려고 해도 어떤 물체도 찾을 수가 없습니다.

어떻게 닦아 매진해야 할는지 모르겠습니다."

요연 선사가 말하였다.

"나도 역시 네 경우와 같아서 아직 그걸 알지 못한다. 여기에서 떠나 나보다 나은 스승을 찾아 정진하도록 하라."

나옹은 곧 하직 인사를 하고 떠나갔다.

순제順帝 지정至正 14년 갑신(충혜왕 5, 1344)에 회암사會巖寺[104]에 이르러 조용한 방 한 간을 마련해 기거하면서 밤낮으로 눕지 않고 앉아서 정진에만 전념하였다. 이 무렵 회암사에는 일본의 석옹石翁 화상이 절에 와서 머물고 있었다. 하루는 화상이 법당에서 내려와 책상을 치면서 말하였다.

"대중들은 이 소리를 들었느냐?"

대중들은 아무도 대답을 하는 이가 없었는데 유독 나옹 대사가 게송을 올려 읊었다.

부처를 가려 뽑는 도량에 앉아
또렷한 정신으로 눈여겨보니
보고 듣는 주체가 다른 물건이 아니라
본래 저 옛날의 주인이더이다

나옹은 4년 동안 열심히 정진을 하다가 중국으로 건너가고 싶어서 정해년(충목왕 3, 1347) 11월에 발걸음을 내디디며 북쪽을 향해 길을 떠났다. 무

---

[104] 회암사檜巖寺 : 경기도 양주군 회천면 회암리 천보산에 있는 절. 1328년(고려 충숙왕 15) 지공指空이 개산開山하였고 1376년(우왕 2) 나옹이 중창하였다. 1472년(성종 3) 정희왕후의 명으로 정현조鄭顯祖가 3창하였다. 절 북쪽에 왕명으로 1372년 지공의 부도와 1394년 이색李穡이 명銘을 지은 비를 세웠다. 1376년 나옹의 부도와 1381년 이색이 명을 지은 비를 세우고, 1407년 무학無學의 부도와 1410년 변계량卞季良이 명을 지은 비를 세웠다. 그 뒤 폐사되었던 것을 1821년(순조 2) 세 분 화상의 부도와 비를 중수하고, 옛터의 오른쪽에 작은 절을 짓고 회암사라 하였다.

자년(1348) 3월 13일 원나라 서울 연경燕京의 법원사法源寺에 도착하여 그 절에 머물고 있던 인도 스님 지공指空 화상을 처음으로 참배하였다.

지공 대사가 말하였다.

"그대는 어디서 왔는가?"

나옹이 대답하였다.

"고려에서 왔습니다."

지공이 다시 물었다.

"배로 왔느냐? 육로로 왔느냐?[105]"

나옹이 대답하였다.

"신통력으로 왔습니다."

지공이 물었다.

"그러면 여기서 신통을 좀 보여 보라."

나옹 선사가 앞으로 나아가 손깍지를 끼고 가만히 서 있었다. 그러자 지공이 말하였다.

"그대가 동해東海를 좇아 왔다 했는데 저 동해 변두리를 모두 보고 왔느냐?"

나옹이 대답하였다.

"만약 보지 못했다면 어떻게 여기에 올 수 있었겠습니까?"

지공이 말했다.

"열두 개의 방자房子를 가지고 왔는가?"

나옹이 대답하였다.

"가지고 왔습니다."

지공이 물었다.

---

[105] '육로로 왔느냐?'라는 말은 원문에는 '신통래神通來'로 되어 있는데, 갑본 정오표에 '신통神通'이 '육륙陸'으로 되어 있다 하였으며, 다른 책에도 그렇게 되어 있으므로 이에 의거하여 번역하였다.

"누가 그대로 하여금 여기에 오게 했는가?"

나옹이 대답하였다.

"저 스스로 여기에 왔습니다."

지공이 물었다.

"무슨 일을 하려고 왔느냐?"

나옹이 대답하였다.

"후세의 사람들을 위해서 왔습니다."

지공이 긍정적으로 받아들여 그를 인정하고 대중들과 함께 수행하게 하였다.

나옹 선사가 하루는 게송을 지어 바쳤는데 그 내용은 이러하다.

> 산과 강 그리고 대지는 다 눈앞의 꽃이요
> 삼대처럼 벌려 있는 모든 형상 또한 그러하네
> 자성自性이 본래 청정하단 걸 비로소 알았으니
> 티끌처럼 많고 많은 세계가 바로 법왕法王의 몸인 것을

이 게송을 받아 본 지공이 말했다.

"서천西天(인도)에서 20등급의 인물[106]이 나왔고, 동토東土에 72등급의 인물이 나왔는데, 그중에 한 등급을 차지하고 있는 나 지공은 그 속에 전혀 없다. 과거에도 없었고 미래에도 지공은 없을 것이다. 나는 세상에 출현한 법왕이니 다시 어느 속에 있겠느냐?"

그러자 나옹이 대답하였다.

> 법왕의 몸이시여, 법왕의 몸이시여

---

[106] 달마대사 이전 28조사를 일컬은 말이다.

삼천三天에 주인 되어 많은 중생 이롭게 하십니다
일천 칼을 뽑아 부처님과 조사祖師를 베니
일백 태양이 두루 널리 온 하늘을 비춥니다
제가 지금 저러한 소식을 깨닫고 나니
마치 내 집에서 정혼精魂을 희롱하는 듯합니다
기이하고도 기이한 일입니다
부상扶桑[107]에 해와 달이 서쪽 하늘을 비춥니다

지공이 말했다.
"아버지도 개고 어머니도 개이니 너 또한 개로구나."
그러자 나옹은 예배하고 물러났다.
그 달에 매화 한 송이가 핀 것을 보고 지공이 게송 한 수를 읊었다.

잎 푸른 매화나무 한 그루에 꽃 한 송이 피었으니
시방 세계 여덟 방위에 그와 견줄 게 없구나
과거 일도 묻지 않았는데 미래 일을 말하니
향기가 이르는 곳에 우리 제왕 기쁨이 넘치겠네

나옹 선사가 화답하였다.

해마다 이 매화 눈 속에 피건만
벌 나비 너무 바빠 새로 핀 줄 모르더라
오늘 아침 한 개의 꽃이 가지에 가득하니

---

[107] 부상扶桑 : 동해의 해가 뜨는 곳에 있다는 신령스러운 나무, 또는 그것이 있다는 곳을 의미하는데, 전轉하여 그 신목이 있는 나라, 해가 뜨는 나라를 지칭한다. 여기에서는 고려를 의미한다고 보아야 할 것이다.

넓고 넓은 천지가 온통 봄이로세

연경 등지를 두루 돌아다니는 동안 나옹의 덕행이 임금에게까지 들리게 되었다. 그리하여 원나라 임금의 뜻을 받들어 연경 광제선사廣濟禪寺에 머물렀다. 그곳에서 병신년(고려 공민왕 5, 1356) 10월 15일에 개당법회開堂法會를 열었다.

임금이 사신을 보내 금란가사錦襴袈裟와 폐백幣帛을 보냈으며, 태자도 금란가사와 상아象牙로 만든 불자拂子를 보냈다. 나옹은 하사한 금란가사를 입고 향을 뽑아 올려 임금을 위하여 축원하기를 마쳤다.

또다시 향을 뽑아 들고 말하였다.

"이 하나의 판향瓣香으로 서천의 108대 조사 지공 대화상과 평산平山 화상께서 법유法乳를 주신 은혜에 보답하기 위하여 법좌에 올라 널리 설법하겠습니다."

원나라 순제 지정至正 17년 정유(공민왕 6, 1357)에 법원사로 돌아가서 지공에게 물었다.

"제자는 이제 어디로 가야 합니까?"

지공이 대답하였다.

"그대는 그대의 나라로 돌아가서 산이 셋이고 강물이 둘인 사이에 기거하게 되면 저절로 불법이 일어나게 될 것이니라."

무술년(공민왕 7, 1358) 3월 23일 지공 선사에게 하직 인사를 올리고 고국으로 돌아오는 길에 요양遼陽·평양平壤·동해東海 지역을 두루 지나 오면서 그 지역 사람들의 근기에 맞추어 설법을 하였다.

경자년(공민왕 9, 1360) 가을에 오대산 상두암象頭庵으로 들어가 기거했다. 신축년(공민왕 10, 1361), 왕이 내첨사內詹事(內侍府) 방절方節을 보내 궁중에서 사용하는 말에 태워가지고 도성 안으로 맞아들였다. 10월 15일 나옹이 내삼전內三殿으로 들어가자 임금이 예를 갖추어 올리고 불법의 긴요한 부분을 설해 주기를 간청했다.

나옹의 설법을 다 듣고 나서 임금이 말하였다.

"명성을 듣는 것은 직접 대면하는 것만 못합니다."

이렇게 말하면서 만수가사滿繡袈裟와 수정으로 만든 불자를 하사했다. 왕비인 공주(魯國大長公主)도 마노瑪瑙로 만든 불자를 나옹 스님에게 시주하면서 절(神光寺)로 돌아오시라 했다. 11월에 홍건적이 경도京都에까지 쳐들어와 임금이 도성을 버리고 피난을 하는 지경에 이르렀다. 하루는 홍건적이 절에 몰려들었다. 나옹은 태연자약하게 그들을 맞아 대하니 적들은 도리어 침향沈香 1편片을 바치고 예배하고 물러갔다.

계묘년(공민왕 12, 1363) 7월에 구월산 금강암金剛庵에 이르니 임금이 내시 김중손金仲孫을 보내 특별히 궁중에서만 쓰는 귀한 향을 하사하였다. 임금은 또 서해도西海道[108]의 지휘사指揮使 박희朴曦[109]와 안렴사按廉使[110] 이보만李寶萬과 해주 목사 김계생金繼生을 보내 나옹 스님에게 그 절에 계속 머물러 있어 달라고 간청하였다.

병오년(공민왕 15, 1366) 3월에 금강산 정양암正陽庵에 들어갔는데, 정미년(공민왕 16, 1367) 가을에 임금이 교주도交州道(강원도) 안렴사 정량생鄭良生[111]에게 명을 내려 나옹에게 청평사淸平寺에 머물러 줄 것을 간청하였다.

홍무洪武(明 太祖의 연호) 경술년(공민왕 19, 1370) 3월에는 원나라 사도司徒 달예達睿가 지공 화상의 영골사리靈骨舍利를 모시고 회암사에 왔다. 3월에

---

108 서해도西海道 : 경기 황해 일대.
109 박희朴曦 : 1361년(공양왕 10)에 왕이 홍건적의 침입을 피해서 남쪽으로 옮기니, 그때 공이 충주 목사로 있으면서 왕의 행차를 분수원焚修院으로 맞아들였다. 벼슬은 밀직부사密直府使를 역임하였고 춘성군春城君에 봉군되었다가 춘주春州로 귀양을 갔다.
110 안렴사按廉使 : 고려의 지방장관으로 절도사·안찰사로도 불린다. 지금의 도지사.
111 정량생鄭良生 : 고려 명신. 단성보리찬화공신端誠輔理贊化功臣에 책록되고 봉원부원군蓬原府院君에 봉해졌다.

나옹은 지공의 영골에 예를 올리기 위하여 산문을 나섰다. 임금이 최측근 신하 김원부金元冨를 보내 스님을 영접하게 하였다. 나옹은 지공의 영골에 예배를 마치고 나서 성안으로 들어가 광명사廣明寺에서 여름 안거에 들어갔다.

그해 8월 3일 나옹 대사는 궁중에 들어가 재齋를 올렸다. 임금은 측근 신하 안익상安益祥으로 길을 안내하는 보행輔行을 삼아 회암사에 주석해 달라고 간청하였다. 9월에 공부선工夫選을 베풀어 양종兩宗 오교五教를 널리 모아서 시험을 치게 하고 나옹을 초청하여 주맹主盟(최고 시험관)으로 추대하였다.

16일 시험을 치르는 날 임금은 여러 군君과 양부兩府의 온갖 문무 관료들을 거느리고 직접 시험장에 나와 선禪을 강론하는 여러 덕 높은 스님들의 모습을 지켜보았다. 그 자리에는 선사禪師와 강사講師 등 강호의 여러 덕 있는 스님들이 모두 다 모였다. 당시 그 자리에는 설산雪山 국사도 참예하였으므로 나옹은 국존國尊이었던 그를 뵈올 수가 있었다.

신해년(공민왕 20, 1371) 8월 26일 임금이 공부상서工部尙書 장자온張子溫[112]을 보내 나옹 스님에게 편지와 도장(印)을 내려 주고 아울러 금란가사와 내외內外 법복法服과 발우 등을 하사하는 한편 '왕사 대조계종사 선교도총섭 근수본지 중흥조풍 복국우세 보제존자王師大曹溪宗師禪教都摠攝勤修本智重興祖風福國祐世普濟尊者'에 봉하였다.

태후太后도 금란가사를 하사하고 말하기를, "송광사는 동방에서 제일가는 도량이다."라고 하면서 나옹을 송광사에 머물도록 명하고는 내시 이사위李士渭를 보내 보행으로 삼아 28일에 회암사에서 떠나 9월 27일에 송광

---

112 장자온張子溫 : 고려 시대 문신. 공부상서로서 정조사正朝使가 되어 명나라에 가 『조하의주朝賀儀注』를 가지고 귀국했다. 1371년 밀직사동지사密直司同知事로서 조공의 길이 열린 것을 사례하러 정료위定遼衛에 간 바 있으며, 1374년 공민왕의 고부사告訃使로 명나라에 다녀왔다.

사에 도착했다.

임자년(공민왕 21, 1372) 가을에 나옹이 곰곰이 생각해 보니 아무래도 송광사는 지공이 말한 산이 셋이 모이고 두 강이 흐르는 곳이 아니라는 생각이 들어 회암사로 옮겨가 살겠노라고 간청하였다. 임금은 다시 이사위를 보내 나옹을 회암사로 모시고 오게 하였다. 나옹은 9월 26일 지공의 영골사리를 가져다가 절 북쪽 봉우리에 탑을 세워 봉안했다.

갑인년(1374) 9월 23일 공민왕이 세상을 떠나자 빈전殯殿에 나아가 소참小參을 조정에 올리는 편지와 함께 왕사의 관인官印을 반납했다.

우왕禑王이 즉위하여 다시 주언방周彦邦[113]을 보내 궁중에서만 쓰는 향을 내리고 아울러 관인을 보내는 한편 그를 다시 왕사로 봉했다.

병진년(우왕 2, 1376) 5월 15일 진시辰時(오전 7시~9시)에 신륵사神勒寺에서 열반에 드니, 세속 나이는 57세이고 법랍은 37년이었다. 사리를 신륵사와 회암사에 각각 봉안하고 시호를 '선각禪覺'이라 했다.

탑의 비명은 한산군韓山君 이색李穡[114]이 임금의 명을 받들어 지었고, 공신功臣 권중화權仲和[115]가 전자篆字로 썼다. 『어록語錄』 2권이 세상에 유통되고, 법을 이은 문인이 48명이나 된다.

懶翁王師傳

師名慧[1)]勤。初名元慧。* 號懶翁。室曰江月軒。姓牙氏。寧海人也。父膳官

---

[113] 주언방周彦邦 : 고려 후기의 문신으로 생몰년은 알려져 있지 않다. 우왕 때인 1386년 부평 부사富平府使를 지냈다.

[114] 이색李穡 : 고려 말의 문신·학자. 삼은三隱의 한 사람이다. 정방 폐지, 삼년상을 제도화하고, 김구용·정몽주 등과 강론, 성리학 발전에 공헌했다. 우왕의 사부였다. 위화도 회군 후 창昌을 즉위시켜 이성계를 억제하려 했다. 조선 태조가 한산백에 책봉했으나 사양했다.

[115] 권중화權仲和 : 고려 말 조선 초의 학자 겸 문신. 권력에 아부하지 않았고, 고사 및 의학·지리·복서에도 통달했으며, 전서를 잘 썼다. 작품으로는 글씨에 '회암사 나옹화상비', '광통보제사비'의 전액篆額 등이 있다.

署令瑞具。母鄭氏。母夢金阜[2]來。啄頭墮印[3] 入懷中。因以有娠。元仁宗 延祐七年庚申。正月十五日生。骨相異常。兒旣長。機神英邁。年至二十。 見隣友亡。問父老曰。死何之。皆曰不知。中心痛悼。遂投功德山妙寂庵 了然禪師。祝髮。然師曰。汝爲何事剃髮。答曰超出三界。利益衆生。請開 示。師曰。汝今[4]此是何物耶。答曰。此能言能聽者。能來耳。欲見。無體可 見。欲覓。無物可覓。未審如何修進。師曰。吾亦如汝。猶來[5]之知。可徃求[6] 有餘。師於是辭去。順帝至正十四年甲申。到檜巖寺。宴處一室。晝夜長坐。 時日本石翁和尙。寓玆寺。一日下堂。擊床曰。大衆[7]聞麽。大衆無語。師呈 偈曰。選佛場中坐。惺惺着眼看。見聞非他物。元是舊主人。勤修四載。欲 徃中國。丁亥十一月。發足向北。戊子三月十三日。至大都法源寺。初叅西 天指空和尙。空曰。汝從甚處來。答曰。高麗來。空曰。船來耶神通[8]來耶。 答曰。神通來。空曰。現神通看。師進前。又[9]手而立。空曰。汝從東海來。那 邊都見來也未。答曰。若不見。爭得到這裡。空曰。十二介房子將來否。答 曰。將得來。空曰。誰敎儞來。答曰。某甲自來。空曰。爲何事來。答曰。爲 後人來。空然之。乃令隨衆。師一日。作偈呈似云。山河大地眼前花。萬像 森羅亦復然。自性方知元淸淨。塵塵利利法王身。空曰。西天二十等人。東 土七十二等人。這一等人指空。這裡都無前無人。後無[10]指[11] 出世法王 也。再那裡師有[12] 答曰。法王身法王身。三天爲主利郡[13]民。千劒草[14]提 斬佛祖。百陽普遍照諸天。吾今識得這消息。猶是儂家弄精魂。也大奇也大 奇。扶桑日月照西天。空曰。父耶[15]也是狗。娘也是狗。儞亦是狗。師卽禮拜 而退。是月梅花開一萼。空見之作頌曰。葉靑花發一樹一。十方八面無對一。 前事不問後事長。香氣到地吾帝喜。師答曰。年年此樹雪裡開。蜂蝶忙忙不 知新。今朝一箇花滿枝。普天普地一般春。遊歷燕代。聞於帝。奉聖旨。住大 都廣濟禪寺。丙申十月十五日。設開堂法會。帝遣錦襴袈裟及幣帛。大[16]子 亦[17]錦襴袈裟象手佛[18]子。乃被拈香祝聖罷。又拈香云。此一瓣香。奉爲西 天一百八祖指空大和尙平山和尙用酬法乳之恩。陞座普說。十七年丁酉。

還到法源寺。問指空曰。弟子。當徃何處。空曰。汝還本國。擇三山兩水之間。居之則佛法。自然興矣。戊戌三月二十三日。禮辭指空。還於遼陽平壤東海等處。隨我[19]說化。[20]庚子秋。入臺山象頭庵。居焉。辛丑。上遣內詹事方節。以內乘馬。迎入城中。十月十五日。入內三殿。備敬已。請說法要。上曰。聞名不如見面。賜滿繡袈裟水精拂子。公主。亦[21]瑪瑙拂子施之。還寺。十一月。紅賊。突入京都。國家播遷。一日賊輩到寺。師對儼然。賊以沈香一片獻之。禮拜而退。癸卯七月。到九月山金剛庵。上遣內侍金仲孫。特降內香。又勅西海道指揮使朴曦。按廉使李寶萬。海州牧使金繼生。强師復住。丙午三月。入金剛山正陽庵。丁未秋。上命交州道按廉使鄭良生。請住淸平寺。洪武庚戌三月。朝司徒[22]睿。奉指空靈骨舍利。到檜巖。三月。師因禮骨出山。上遣近臣金元富迎之。禮骨已。入城結夏於廣明寺。八月初三日。入內齋。近臣安益祥爲補[23]行。請住檜巖寺。九月。設工夫選。大會兩宗五敎。請師主盟。十六日。開選席。上率諸君兩府文武百僚。親幸臨視。禪講諸德。江潮[24]衲子。悉皆集會。時雪山國師。亦赴是會。師與國尊相見。辛亥八月二十六日。遣工部尙書張子溫。賚書降印。并賜金襴袈裟內外法服鉢盂。[25]封爲王師大曹溪宗師禪敎都摠攝勤修本智重興祖風福國祐世普濟尊者。太后。亦獻金襴袈裟。謂松廣寺。爲東方第一道場。乃命居之。遣內侍李士渭。爲輔行。二十八日。發檜巖。九月二十七日。到松廣。壬子秋。偶念指空三山兩水之記。請移錫檜巖。上又遣李士渭。迎來檜巖。九月二十六日。將持空靈骨舍利。安塔于寺之北峯。甲寅九月二十三日。上薨。詣殯殿[26]衆。修書還印于朝。今上卽位。遣內侍周彥邦。降內香幷送印寶。再封爲師。丙辰五月十五日辰時。寂然而逝。卽新勤[27]寺也。安舍利于神勤[28]檜巖。壽五十七。臘三十七。諡曰。禪覺。塔曰。韓山君李穡。奉詔[29]碑銘。功臣權仲和。奉敎書篆。語錄二卷。行于世。門人四十八。

---

1) ㉘ '慧'는 '惠'의 오자이다. 이하도 동일하다. 2) ㉘ '阜'는 '隼'의 오자이다. 3) ㉘ '印'은 '卯'의 오자이다. 4) ㉘ '今' 뒤에 '來'가 있는 본이 있다. 5) ㉘ '來'는 '末'의 오

자이다. 6) ㉮ '求' 뒤에 '之'가 있는 본이 있다. 7) ㉮ '衆' 뒤에 '還'이 있는 본이 있다. 8) ㉮ '神通'은 '陸'의 오자이다. 9) ㉮ '又'는 '叉'의 오자이다. 10) ㉮ '無' 뒤에 '將'이 있는 본이 있다. 11) ㉮ '指' 뒤에 '空'이 있는 본이 있다. 12) ㉮ '師有'는 '有師'의 오기이다. 13) ㉮ '郡'은 '群'의 오자이다. 14) ㉮ '草'는 '單'의 오자이다. 15) ㉮ '父耶'는 '爺'의 오자이다. 16) ㉮ '大'는 '太'의 오자이다. 17) ㉮ '亦' 뒤에 '遣'이 있는 본이 있다. 18) ㉮ '手佛'은 '牙拂'의 오자이다. 19) ㉮ '我'는 '機'의 오자이다. 20) ㉮ '化'는 '法'의 오자이다. 21) ㉮ '亦' 뒤에 '以'가 있는 본이 있다. 22) ㉮ '徒' 뒤에 '達'이 있는 본이 있다. 23) ㉮ '補'는 '輔'의 오자이다. 24) ㉮ '潮'는 '湖'의 오자이다. 25) ㉮ '盃'은 '盂'의 오자이다. 26) ㉮ '殿' 뒤에 '小'가 있는 본이 있다. 27) ㉮ '新勤'은 '神勒'의 오자이다. 28) ㉮ '勤'은 '勒'의 오자이다. 29) ㉮ '詔' 뒤에 '撰'이 있는 본이 있다.

무학왕사전

스님의 법명은 자초自超이고 호는 무학無學이며, 속성은 박씨이고 삼기군三岐郡【지금의 경남 함안군 삼가三嘉이다.】에서 출생한 사람이다. 원나라 진종晉宗 태정泰定 정묘년(충숙왕 14, 1327) 9월 20일에 태어났다. 그가 거처하던 방의 당호堂號는 계월헌溪月軒이다.

「석왕사기釋王寺記」에는 이렇게 기록되어 있다.

"우리 태조太祖 대왕은 고려 신우辛禑(禑王) 10년 갑자(1384), 즉 명나라 홍무洪武 10년에 금마金馬[116]에서 학성鶴城(함경남도 안변군)으로 옮겨와서 살고 있었다. 그는 어느 날 꿈을 꾸었는데 1만 집의 닭이 일시에 울고, 1천 집에서 다듬이소리가 일제히 울려 왔다. 허름한 집에 들어가 서까래 세 개를 지고 나왔으며, 꽃이 떨어지고 거울이 땅에 떨어져 깨어졌다.

꿈이 하도 이상해서 이웃에 살고 있던 노파를 찾아가서 아까 꾼 꿈 이야기를 하고 꿈 해몽을 부탁했더니 노파가 말하였다.

'여인이 어떻게 그런 걸 알겠습니까? 여기에서 한 40리쯤 가면 설봉산雪峰山에 작은 토굴이 있는데 거기에 기이한 스님이 살고 있습니다. 그 스님은 솔잎을 먹고 갈포葛布로 만든 옷을 입고 삽니다. 세속 사람들은 그 스님의 얼굴이 까무잡잡하다 하여 흑두타黑頭陀라고 부른답니다. 그 스님은 그 토굴 안에서 좌선을 하고 앉아 꼼짝도 하지 않은 지가 지금 9년째라고 합니다. 그러니 거기에 가서서 물어보십시오.'

태조는 곧 삼베옷을 입고 지팡이 하나를 짚고 노파가 말해 준 토굴을 찾아갔다. 그러고는 예를 올리고 나아가 여쭈었다.

'작은 초막을 짓고 사는 속인이 의심스러운 일을 해결하기 위해 찾아왔으니 부디 자비를 드리우사 대답하여 주십시오.'

---

[116] 금마金馬 : 전라북도 익산에 있는 지명.

대사가 말하였다.

'무슨 일입니까?'

태조가 말했다.

'밤에 잠을 자다가 꿈을 꾸었는데 1만 집의 닭이 일시에 울고, 1천 집에서 다듬이소리가 일제히 울려 왔습니다. 어느 허름한 집에서 서까래 세 개를 지고 나왔으며 꽃이 떨어지고 거울이 땅에 떨어져 깨어졌습니다. 어떤 징험이 있는 것입니까?'

대사가 말하였다.

'모두 다 국왕이 될 꿈입니다. 1만 집의 닭이 일시에 운 것은 높고 귀한 자리(高貴位)[117]에 대하여 경하敬賀한 것이고, 1천 집에서 다듬이소리가 일제히 울린 것은 임금을 모실 사람이 가까이 이르렀음을 알린 것입니다. 꽃이 지면 열매를 맺게 되는 것이고 거울이 떨어지면 소리가 나는 법입니다. 또 서까래 세 개를 사람이 짊어지면 왕王 자가 되기 때문입니다.'

이렇게 말하고 나서 대사는 다시 말했다.

'오늘 일은 절대 조심하고 입 밖에 내어서는 안 됩니다. 이곳에 절 하나를 세우고 그 이름을 석왕사釋王寺[118]라고 하면 좋을 것 같습니다. 서둘러 지으려고 하지 말고 3년을 한정하여 500 성현을 시설하고 재齋를 올리면 틀림없이 왕업을 이루는 데 도움이 될 것입니다. 거듭 당부하거니와 부디 십분 조심하시기 바랍니다.'

태조는 자리에서 물러나 예를 올리고 말하였다.

'삼가 가르침을 받자옵니다. 부디 큰일을 도와주시기 바랍니다.'

대사가 대답했다.

'그렇게 하겠습니다.'

---

117 높고 귀한 자리(高貴位) : 닭 울음소리인 '꼬끼오'의 한자 표기이다.
118 석왕사釋王寺 : 왕이 될 조짐의 꿈을 풀이했다는 의미이다.

이성계는 1년 안에 절을 짓고 3년 동안 재를 올렸는데 아무도 그가 왜 그렇게 하는지 그 이유를 몰랐다.

홍무洪武 무진년(1388) 신우辛禑 14년에 태조로 하여금 도통사都統使로 삼아 요동을 공략하게 했는데, 4월 초에 태조는 의주에서 군대를 거느리고 5월 중에 압록강을 건너 위화도에 이르렀으나 대의大義를 내세워서 회군했다.

홍무 25년 임신(공양왕 4, 1392) 7월 16일에 송경松京(개성) 수창궁壽昌宮에서 임금의 자리에 올랐다. 그러고는 곧바로 설봉산 토굴에 거주하던 스님을 찾게 하여 왕사王師로 봉하니 이 스님이 바로 무학無學이다. 그때 무학은 토굴에서 나와 태조를 위해 그 조상들의 묘를 옮기고 나라의 새로운 도읍지를 정하도록 했다."

『청야만집靑野漫集』에는 이렇게 기록되어 있다.

"태조가 개국 후에 교지를 내려 무학 대사를 찾으라 하였다. 3도의 방백方伯들은 일시에 같은 길로 무학을 찾아 나섰다. 곡산谷山(황해도 고을)에 이르러 고을 사람들로부터 '고달산高達山에 자그마한 암자가 있는데 어떤 고승이 혼자 지내고 있다'는 말을 듣고 3도 방백들은 추종하던 사람들을 버리고 그 마을로 들어갔다. 소나무 가지에 세 방백의 인수印綬를 걸어 놓고 짚신만 신고 걸어서 갔다. 초암草庵에 이르니 어떤 스님 혼자서 쇠코잠방이(犢鼻褌)를 입고 손수 채마밭의 풀을 매고 있었다. 세 방백이 다가가서 물었다.

'이 암자는 누가 지었습니까?'

대사가 대답하였다.

'이 늙은 중이 손수 지었습니다.'

다시 물었다.

'무슨 소견이 있으시기에 여기에 절을 지어 살고 계십니까?'

대사가 대답하였다.

'저 삼인봉三印峯을 보고 여기에 정했습니다.'

다시 물었다.

'무슨 까닭에 삼인봉이라고 부릅니까?'

대사가 대답하였다.

'저 앞에 보이는 세 봉우리가 곧 삼인의 형국이기 때문입니다. 만약 이곳에 절을 지으면 세 도의 방백이 고을 안에 있는 나뭇가지에 관인官印을 끌러서 걸어 놓을 것이니 이것이 바로 그 응험입니다.'

세 도의 방백들은 앞으로 달려 나가면서 서로 손을 잡고 말하였다.

'이 분이 틀림없는 무학 대사일 것이다.'

그들은 무학 대사와 같이 돌아와 장계狀啓를 올렸다. 태조가 매우 기뻐하면서 스승의 예를 갖추어 섬겼다. 그러고는 잇달아 도읍을 정할 장소를 물었다. 무학 대사가 한양에 이르러 말하였다.

'인왕산을 진산鎭山으로 삼고 백악白岳과 남산南山으로 좌청룡 우백호를 삼아 도읍하십시오.'

그러자 정도전鄭道傳[119]이 힐난하며 말하였다.

'예부터 제왕은 모두 남쪽을 향하고 앉아서 나라를 다스렸지 동쪽으로 향하고 앉아서 나라를 다스렸다는 말을 아직 들어본 적이 없습니다.'

무학 대사가 말하였다.

'내 말을 따르지 않으면 200년 뒤에 틀림없이 내 말을 생각할 때가 있을 것입니다.'"

신라 시대 의상 대사가 지었다는 「산수기山水記」에는 이렇게 기록되어 있다.

"한양에 도읍을 정하려고 하는 이가 만약 스님의 말을 듣고 그대로 따

---

[119] 정도전鄭道傳 : 1342~1398. 이성계를 도와 조선을 건국하였으며 나라의 기틀을 다지는 역할을 했다. 하지만 이방원에 의해 살해되고 말았다. 저서에 『三峰集』과 『經濟文鑑』 등이 있다.

르면 그나마 나라를 길게 보존할 수 있는 희망이 있겠지만, 정鄭씨 성을 가진 사람이 나와서 시비를 걸면 5대도 채 지나지 않아 임금의 자리를 뺏고 빼앗기는 찬탈의 재앙이 일어날 것이요, 겨우 200년쯤 지나면 판탕板蕩[120]의 어려움이 이르게 될 것이다."

여기에서 이른바 '스님'이란 무학 대사를 가리킨 말이고, '정씨 성을 가진 사람'이란 정도전을 지칭한 것이다. 의상이 800년 뒤에 일어날 일을 미리 안 것이 마치 부절符節처럼 꼭 들어맞았으니 어찌 거룩하신 스님이라 하지 않겠는가?

『팔역지八域志』에는 이런 기록이 있다.

"태조가 승려인 무학 대사로 하여금 도읍할 자리를 정하게 하자 무학은 백운대白雲臺(북한산의 백운대)로부터 산맥을 찾아서 만경萬景에 이르고 그곳에서 서남쪽으로 가다가 비봉碑峰에 도달하니, 큰 돌 하나가 보였는데 그 돌에 큰 글씨로 '무학은 산맥을 잘못 찾아 여기에 이르게 될 것이다(有無學誤尋到)'라는 여섯 글자가 새겨져 있었다. 이 여섯 글자는 신라 말의 도선道詵 국사가 세워 놓은 것이었다. 무학 대사는 마침내 길을 바꾸어 다시 만경으로부터 정남쪽으로 가다가 곧바로 백악산白岳山 아래에 이르렀다. 거기에 세 갈래의 산맥이 모여 하나의 들을 이룩하고 있는 것을 보고 드디어 궁궐터를 결정하였다. 그곳은 곧 고려 시대에 왕의 기운을 억누르기 위해서 오얏나무를 심어 놓은 곳이었다.[121] 바깥 성곽을 쌓으려고 하면서 주위의 멀고 가까움을 결정하지 못하고 있는데, 어느 날 밤에 천하에 큰 눈이 내려 마치 단단한 성처럼 바깥쪽은 쌓이고 안쪽은 깎여 성의 형상을

---

120 판탕板蕩: 『詩經』「大雅」의 〈板〉과 〈蕩〉 두 편이 모두 어지러운 정사政事를 읊은 데서 유래한 말로서 정치를 잘못하여 어지러워진 나라의 형편을 이르는 말이다.
121 고려 말 당시 성행하던 도참설에 '목자득국木子得國(木子는 李, 즉 이씨가 나라를 얻는다)'이라는 말을 따라 왕의 기를 꺾기 위해 오얏나무를 심어 놓고 자라면 꺾어 버리곤 했다고 한다.

이루었다. 태조가 명을 내려 그 눈 쌓인 곳을 따라 성곽을 쌓게 하였으니 그것이 바로 오늘날의 성곽이다."

명나라 태조 홍무 38년, 우리 조선 태조 14년 을유(태종 5, 1405) 9월 11일 적멸을 보였으니 세속 나이는 79세였다.

정해년(1407)에 스님의 영골靈骨을 회암사檜岩寺에 모셨으며, 경인년(1410)에 탑명塔銘을 짓고 지공指空·나옹懶翁·무학 세 존자의 원우院宇를 석왕사에 세우게 하고 편액을 내려 '석왕사釋王祠'라 했다.

이곳 석왕사에는 태조·숙종肅宗·영조(英宗) 등 3조朝의 어필御筆이 있고, 또 숙종·영조·정조가 지은 기문記文이 남아 있다. 시호를 추증하여 묘엄존자妙嚴尊者라 했으며, 정조께서 스님의 비명碑銘을 지었다.

無學王師傳

師名自超。號無學。姓朴氏。三岐郡【今之三嘉】人也。元泰定帝泰定丁卯後九月二十日生。室曰。溪月軒。釋王寺記云。我太祖大王。麗辛禑十年甲子。即明洪武十年也。自金馬來。寓鶴城而居。夢萬鷄一時鳴。千砧一時鳴。負三椽。落花落鏡。傍有老婆。向說夢兆。婆曰。女人安知。去此四十里。有雪峰山土窟。有異僧。食松被葛。俗稱黑頭陀。坐不動出。今九年矣。可徃彼問。祖即布衣一杖。尋到土窟。禮而進曰。草屋塵人。欲決疑事。願垂慈答。師曰。何事。祖曰。夜夢萬鷄一時鳴。千砧一時鳴。負三椽而出。落花落鏡。有何驗也。師曰。皆作君王之夢也。萬家鷄聲者。賀高貴位也。千家砧聲者。報御近當也。落花有實也。落鏡有聲也。負三椽者。乃王字也。師曰。今日事。愼不出口。此地建一刹。名釋王寺爲佳。不速成。限三年。設五百聖齋。則必助王萊[1])也。十分謹之。祖退席而禮曰。敬受敎矣。願助大事。師曰。唯唯。祖一年內建寺。三年內設齋。畢人不知所以也。至洪武戊辰。辛禑十四年。使太祖。爲都統使。攻遼東。四月初。祖統軍于義州。五月中。渡鴨綠江。及至威化島。祖擧義回軍也。至洪武二十五年壬申。七月十六日。即位于松京壽昌宮。即尋雪峰土窟僧。封王師。此無學也。於是。無學出。爲太祖。
遷先墓。定王都。靑野漫集云。太祖開國後。下敎求無學。三方伯。一時共
路索之。至谷山。聞高達山。有一屋數椽。只有高僧獨居。三方伯。捨其騶
從。入其洞。掛三印於松枝。芒鞋走步而行。抵其草庵。有一僧。着犢鼻褌。
手鉏菜田。三方伯。就前問曰。此庵。誰所創也。曰老僧。手搆之。何所見而
卜居耶。曰爲彼三印峯也。曰何以謂之三印峰。曰當前三峯。是謂三印。若
築室于此。當有三道方伯。掛印於洞中樹上。是其應也。三方伯。躍進而執
其手曰。此必無學也。與同歸而狀聞。太祖大喜。事以師禮。仍問定都之地。
無學。乃至漢陽曰。以仁王山。作鎭。而白岳南山。爲左右龍虎。鄭道傳。難
之曰。自古帝王。皆南面而治。未聞東向。無學曰。不從吾言。垂二百年。當
思吾言。新羅義湘大師。山水記云。擇都漢陽者。若請[2]信僧言。則稍有延
存之望。若鄭姓人。出而是非。則不過五世。簒奪之禍作。歲纔二百。板蕩
之難至。所謂僧。指無學。鄭姓云。指道傳也。義湘。預知八百年之後。若合
符契。豈非聖僧耶。八域志云。太祖。使僧無學。定都邑之地。無學。自白雲
臺。尋脉。到萬景。西南行。至碑峰。見一石大刻。有無學誤尋到。此六字。
卽道詵所立也。無學。遂改路。從萬景。正南行。直到白岳山[3]下。見三脉。
合爲一坪。遂定宮城之址。卽麗時。種李處也。欲築外城。未定周圍遠近。
一夜天下大雪。如城固而外積內削。太祖。命從雪立城。卽今城形也。明太
祖洪武三十八年。我太祖十四年乙酉。九月十一日。示寂。壽七十九。丁亥。
藏靈骨于檜岩寺。庚寅作塔銘。建指空懶翁無學三尊者。院宇于釋王寺。額
曰。釋王祠。祠有太祖肅宗英宗宗[4]三朝御筆。又有肅英王[5]三記。贈諡曰。
妙嚴尊者。正廟撰碑銘。

---

1) 䨥 '菜'는 '業'의 오자이다. 2) 䨥 '請'은 '聽'의 오자이다. 3) 䨥 '山'은 갑본에는 '上'
으로 되어 있다. 4) 䨥 '宗'은 연자이다. 5) 䨥 '王'은 '正'의 오자이다.

동사열전 제2권
| 東師列傳 第二 |

두륜산인 구계 선집 편차
頭輪山人 九階 選集 編次

태고왕사전

스님의 법명은 보우普愚이고 처음 법명은 보허普虛이며, 호는 태고太古이고 속성은 홍洪씨이며, 홍주洪州(충남 홍성)에서 출생한 사람이다. 아버지는 개부의 동삼사 상주국 문하시중 판이병부사 홍양공開府儀同三司上柱國門下侍中判吏兵部事洪陽公 연延이고, 어머니는 삼한국대부인三韓國大夫人에 추증된 정鄭씨이다.

어느 날 어머니가 둥근 달이 품 안으로 들어오는 꿈을 꾸고 그로 인해 임신을 하여 원元나라 성종成宗 대덕大德 5년 신축(고려 충렬왕 27, 1301) 9월 21일에 보우를 낳았다.

13세에 회암사의 광지廣智 선사에게 가서 출가하였다. 37세에 크게 깨닫고 46세에 중국 연경燕京을 거쳐 호주湖州 하무산霞霧山으로 석옥 청공石屋淸珙[1] 선사를 찾아갔다. 청공 선사는 보우 스님이 매우 큰 그릇임을 알고 마침내 가사를 주어 믿음을 나타내고 말하였다.

"늙은 중이 오늘에야 다리를 뻗고 잘 수 있게 되었구나."

다시 연경으로 돌아오니 원나라 천자가 그 말을 듣고 그를 초청하여 영녕사永寧寺에서 개당開堂[2]하여 설법하게 하고는 금란가사金襴袈裟와 침향沈香과 불자拂子를 하사하였다.

무자년(충목왕 4, 1348) 봄에 귀국하여 미원현迷源縣 소설산小雪山으로 들어갔다. 임진년(1352)에 현릉玄陵 공민왕恭愍王이 사신을 보내 제자가 될 것을 청하였으며, 병신년(1356)에는 현릉이 직접 가서 대사를 왕사王師로 책봉하였다.

임술년(우왕 8, 1382) 여름에 소설산으로 돌아와 12월 24일에 게송을

---

1 석옥 청공石屋淸珙 : 속성은 온溫이고, 자는 석옥石屋이다. 1272~1352. 소주蘇州 상숙常熟 사람으로 임제종臨濟宗의 급암 종신及庵宗信의 법을 이었다.
2 개당開堂 : 새로 주지가 된 스님이 절에 가서 처음으로 설법하는 의식.

설하고 입적하니, 임금이 매우 슬퍼하면서 '원증圓證'이라는 시호를 추증追贈하고 중흥사重興寺(삼각산에 있던 절) 동쪽 봉우리에 탑을 세우고 '보월승공寶月昇空'이라는 탑 이름을 내렸다.

석종石鐘을 만들어서 사리를 봉안하게 한 곳이 무릇 세 곳이나 되니, 가은加恩(희양산 鳳巖寺)과 양산陽山(양평군 미지산 舍那寺) 그리고 양근陽根(양평군 미지산 小雪庵)이 그곳이다. 석탑을 만들어 보관한 곳은 미원迷源 소설산小雪山이다.

명나라 홍무洪武 5년 임술(1382)에 입적하니, 세속 나이는 82세이고 법랍法臘은 69년이다. 조정에서는 '삼한양조국사 이웅존자三韓兩朝國師利雄尊者'로 추증하였다. 보우는 부처님(能仁)으로부터 57세世 조사가 된다.

이색李穡이 임금의 조서를 받들어 비석의 글을 짓고, 권주權鑄[3]가 교지를 받들어 비액碑額의 글씨를 썼다.

太古王師傳

師名普愚。初名普虛。號太古。姓洪氏。洪州人也。父開府議[1]同三司上柱國門下侍中判吏兵部事洪陽公延。母贈三韓國大夫人鄭氏。母夢月輪入懷。因而有娠。元成宗大德五年辛丑。九月二十一日生。十三投檜岩寺廣智禪師。出家。三十七大悟。四十六遊燕都。至湖州霞霧山石屋淸珙禪師。師深器之。遂以袈裟表信曰。老僧今日。展脚而睡矣。回至燕都。天子聞之。請開堂於永明[2]寺。賜金襴袈裟沈香拂子。戊子春。東歸。入迷源小雪山。十二月二十四日。說偈而逝。[3] 壬辰。玄陵恭愍王。遣使請益。丙申。玄陵親臨。封爲王師。壬戌夏。還小雪山。十二月二十四日。說偈而逝。上甚悼。贈

---

3 권주權鑄 : 고려 말의 관인이자 서예가이다. 홍건적의 침입으로 공민왕이 남쪽으로 몽진할 때, 왕을 호종하여 신축호종 2등 공신에 봉해졌다. 전공판서·지신사·밀직제학 등을 역임하였고, 서예에 능하여 '신륵사대장각기비'와 '태고사원증국사탑비' 등의 비문이 전한다.

謚曰。圓證。立塔于重興寺之東峯。曰寶月昇空。作石鍾。藏舍利者。凡三所加恩陽山楊根。作石塔以藏之者。迷源小雪。[4] 明洪武五年壬戌。入寂。年八十二。臘六十九。贈三韓兩朝國師利雄尊者。能二五十七世。李穡奉詔撰碑。權鑄奉敎書額。

---

1) [원] '議'는 '儀'의 오자이다. 2) [원] '明'은 '寧'의 오자이다. 3) [원] '十二…而逝'는 연자이다. 4) [원] '雪' 뒤에 '山'이 있는 본이 있다.

환암국사전

스님의 법명은 혼수混修이고 자字는 무작無作이며, 호는 환암幻庵이고 속성은 조趙씨이며, 광주廣州의 풍양豊陽에서 출생한 사람이다. 원나라 인종仁宗 연우延祐 7년, 즉 고려 충숙왕忠肅王 7년 경신(1320)에 출생했다.

고려 공민왕恭愍王이 나옹懶翁을 초청하여 주맹主盟(시험관)으로 삼고 회암사에서 공부선工夫選 시험을 치뤘다. 이때 임금이 시험 광경을 지켜보기 위하여 여러 궁중의 사람들과 양부兩府 문관 및 무관 등 관료들을 거느리고 직접 행차하시어 관람하였다. 강호江湖의 모든 선사와 강사 등 승려들은 급히 금불당金佛堂 안으로 다 모였다.

그러자 법좌法座를 배설하고 나옹 대사가 향을 뽑아서 하는 의식을 마친 다음 자리에 올라 질문을 하였다. 시험장에 모인 스님들은 차례대로 나옹 대사 앞에 나아가 대답을 하였으나 모두 모른다고 할 뿐이었다. 혹은 이론은 통했으나 응용 면에서는 막히기도 하고, 혹은 일상적인 데에서 심하게 벗어나 말을 조리 있게 하지 못하는 이도 있었다.

나옹 대사는 한 구절을 물어보고는 곧 물러가게 하곤 했다. 그런 광경을 지켜보고 있던 임금은 얼굴빛이 기쁘지 않은 듯한 표정이었다. 그러나 환암 혼수幻庵混修 선사가 맨 뒤에 이르렀는데, 나옹 대사가 삼구三句와 삼관三關을 하나하나 물으니 선사가 낱낱이 대답하였다.

명나라 태조 홍무洪武 25년, 즉 우리 조선 태조 원년 임신(1392)에 열반에 드니, 조선 조정에서는 그에게 '보각普覺'이라는 시호를 추증했다. 현릉玄陵(공민왕)이 부디 머물러 있어 달라고 간청하였으나 하직 인사를 올리고 돌아갔다. 공민왕은 그에게 '국사 정변지 지웅존자國師正徧智智雄尊者'라는 호를 내려 주었다.

문형제門兄弟 33명 중에 출가한 제자는 25명이고 재가在家 제자로는 칠원부원군柒原府院君 윤환尹桓[4]·영삼사사領三司事 이인임李仁任[5]·판문하判門

下 최영崔瑩[6]·문하시중門下侍中 임견미林堅味[7]·수문하시중守門下侍中 이성림李成林·우리 조선의 태조 대왕·철성부원군鐵城府院君 이림李琳[8]·삼사좌사三司左使 염흥방廉興邦 등 8명이다.

幻庵國師傳

師名混修。字無作。號幻庵。姓趙氏。廣州豊陽人也。元仁宗延祐七年。高麗忠肅王七年庚申生。麗恭愍王請懶翁。爲主盟。設工夫選於檜巖寺。上率諸宮兩府文武百僚。親幸臨觀。禪講諸德。江湖衲子。急皆集會金佛堂中。排設法座。師拈香罷。陞座垂問。在會大衆。以次入對。皆曰未會。或理通而硋於事。或狂甚而失於言。一句便退。上若有不預色。然幻庵修禪師。後至。師歷問三句三開。[1] 一一應對。明[2] 太祖洪武二十五年。我太祖元年壬申。入寂。贈謚曰。普覺。玄陵請留。辭歸。賜號曰。國師正徧智智雄尊者。門兄弟。三十三人內。出家弟子二十五。在家弟子。漆原府院君尹桓。領三司事李仁任。判門下崔瑩。門下侍中林堅味。守門下侍中李成林。我太祖大王。鐵城府院君李琳。三司左使廉興邦等八公。

1) ㉻ '開'는 '關'의 오자이다. 2) ㉻ '明' 뒤에 '日'이 있는 본이 있다.

---

4 윤환尹桓 : 고려 시대 재상. 충혜왕부터 공민왕에 이르기까지 다섯 왕을 섬기고, 재상을 세 번이나 역임하였다. 고향 칠원에 있을 때 큰 기근을 만나자, 가재를 털어 빈민을 구제하였다.

5 이인임李仁任 : 고려 시대 문신. 공민왕 때 서북면도통사로 원나라의 동녕부를 정벌, 광평부원군에 책봉되었다. 공민왕 사후 우왕을 추대했다. 정권을 잡고 친원親元 정책을 취하여 친명파를 추방하고, 전횡을 일삼았다.

6 최영崔瑩 : 고려 시대 명장. 1359년 홍건적이 서경을 함락하자 이방실 등과 함께 이를 물리쳤다. 1361년에도 홍건적이 창궐하여 개경까지 점령하자 이를 격퇴하여 전리판서에 올랐다. 이후에도 흥왕사의 변, 제주 호목의 난을 진압했으며, 1376년 왜구가 삼남지방을 휩쓸자 홍산에서 적을 대파했다. 1388년 명나라의 철령위 설치로 요동 정벌을 계획하고 출정했으나 이성계의 위화도 회군으로 좌절되었다.

7 임견미林堅味 : 고려 시대 무신. 홍건적의 난 때 왕을 호종했고 원나라 동녕부 토벌, 제주 목호의 난, 왜구 침입 때 출전했다.

8 이림李琳 : 고려 시대 무신. 덕적·자연의 두 섬과 울주·연산에 침입한 왜적을 격퇴하였다.

원진국사전

　국사의 집안은 고려 조정에서 평장사平章事·복야伏射 등 대대로 높은 벼슬을 지낸 명문가이다. 8대를 연이어 예쁘고 아름답게도 국가교육기관이었던 국학國學에서 학문을 탐구했는데, 독실하고 특이하여 보통 사람들보다 탁월하였다.

　스님의 형제는 모두 다섯 명인데 경룡景龍·응룡應龍·한룡漢龍·변룡變龍·현룡見龍이다. 이 중 한룡이 출가 전 스님의 이름이다. 공민왕의 조정에서 실시한 을미년(공민왕 4, 1355) 과거 시험에서 경룡과 한룡이 다 같이 갑과甲科에 급제하였고 나머지 세 형제도 나중에 을과乙科에 급제하였다.

　정유년(공민왕 6, 1357)에 세 형제가 높은 점수로 과거에 다 급제하니 임금이 칭송하여 말했다.

　"조曺씨 댁의 다섯 용龍이 계속 뒤를 이어 과거에 급제하니 이는 고금에 드문 일이다."

　이렇게 칭찬하고는 명하여 쌀과 술과 고기를 하사하게 하고 3일 동안 풍악을 울리며 거리를 돌면서 축하 행진을 하게 하였다. 고려가 멸망하고 우리 조선조에 들어와서도 경룡의 벼슬은 우대右臺(우의정)에 이르렀고 응룡의 벼슬은 판서判書에 이르렀으며, 한룡과 변룡의 벼슬은 참의參議에 이르렀고, 현룡의 관직은 감사監司에 이르렀다.

　게다가 한룡을 보의장군保義將軍이라고 일컬었는데 여기에서 '보의保義'란 곧 명나라의 관직 이름이다. 태종조 영락永樂(明 成宗의 연호) 갑신년(1404), 즉 우리 태종이 즉위한 지 4년째 되는 해에 보의장군효자비保義將軍孝子碑를 세웠다.【이 비석은 봉황산鳳凰山 아래 효자동孝子洞에 있다.】

　이보다 앞서 한룡은 『상서尙書(서경)』에 나오는 '충신은 두 임금을 섬기지 않는다(忠臣不事二君)'는 글 여섯 자를 허리띠에 새겨 띠고 다녔다. 고려 조정에서 장령掌令 벼슬을 지냈던 서견徐甄⁹과 함께 금천衿川에 은둔하여 살면서 서로 시를 지어 주고받았는데 서견이 시 한 수를 지었다.

> 천년의 신도神都 아득히 막혔구나
> 충성스러운 신하들 밝은 왕 보좌하더니
> 삼한을 통일한 공은 어디 있는가?
> 고려 왕업 짧은 것이 한스럽구나!

이에 화답한 한룡의 시는 이러하다.

> 천시天時와 인간 일이란 알 수 없는 것
> 다시 저쪽을 향해 거룩한 임금께 절하네
> 이 사이 진취眞趣 적다고 말하지 마소
> 산 높은 곳곳에 물소리 끊이지 않네

이들의 시를 본 사헌부 관원(臺官)이 두 사람을 치죄治罪하려고 하자 임금이 말하였다.
"백이伯夷 같은 무리들인데 어찌 꼭 치죄한단 말인가?"
이와 같이 말하며 만류했다. 한룡이 하루는 고향으로 돌아가 어머니를 만나니 어머니는 그제야 그가 스님이 된 것을 알고 매우 놀라 울면서 말했다.
"네가 비록 고려 조정의 충신이기는 하나 지금 네 어미가 아직 살아 있거늘 어찌 머리를 깎고 부모가 물려준 몸뚱이를 생각하지 않는단 말이냐? 집안이 이제 멸망하였구나. 나는 누구를 의지해 산단 말이냐?"

---

9 서견徐甄 : 고려 시대 문신. 조준·정도전을 탄핵하다 정몽주가 살해되자 장류杖流되고 조선 개국 후 풀려나 은거했다. 고려의 망국을 읊은 시조가 전해진다.

한룡은 꿇어 엎드려 절을 하고 하직 인사를 하며 말하였다.

"소생은 이미 충성스럽지 못한 신하가 되었고 게다가 불효를 저지른 아들이 되었으니 그 죄가 심합니다. 불충을 하고 또한 불효를 하는 것보다는 불충은 하되 어머니의 뜻만은 받드는 것이 낫겠습니다."

이렇게 말하고 온화한 얼굴과 부드러운 목소리로 어머니가 슬퍼서 울던 마음을 가시게 하였다. 시비侍婢를 시켜 머리 감을 물 한 대야를 떠오게 하여 머리카락을 끌어당겨 묶으니 그 자리에서 당장 두 자나 자라났다.

그날 한룡은 의대衣帶를 정제하고 서울로 올라가 며칠 지낸 뒤에 벼슬이 승지承旨에 이르고 다시 참의參議에 제수되었다. 한룡은 늙은 어머니를 찾아뵙기 위해서 휴가를 받아 고향으로 내려갔다. 그때 한 늙은 스님이 찾아와서 물었다.

"세염洗染 스님이 이곳에 산다고 들었는데 지금 어디 계십니까?"

세염이란 한룡이 승려가 되면서 고친 이름이다. 참의가 웃으면서 대답했다.

"스님은 정말 모르고 계셨습니까? 제가 바로 세염입니다. 그런데 늙으신 모친 때문에 차마 그 마음을 바꾸지 못했답니다. 스님께서는 속히 돌아가십시오. 아마도 제가 장차 다시 뵈올 날이 있을 것입니다."

그 후에 어머니가 돌아가시자 한룡은 3년 동안 효행을 다하고, 또 3년이란 세월이 지난 다음 비로소 다시 도망하여 가야산으로 들어갔다. 표주박 하나와 허름한 누더기 한 벌만 가지고 길을 바꾸어 호남으로 가서 도갑사道甲寺[10]에 기거하였다. 그러다 다시 그곳을 몰래 떠나서 한동안 종적을 감추어 어디로 갔는지 알 수가 없었다. 그 후에 그는 남평南平(전남 나주) 불회사佛會寺에 머물면서 처음으로 사찰 중건의 일을 시작했다. 그의 절

---

10 도갑사道甲寺 : 전라남도 영암군 월출산에 있는 절.

구 시 한 수가 있으니 이러하다.

> 천년 왕업도 하루아침의 티끌이 되니
> 머리 하얀 외로운 신하 눈물만 흐른다
> 묻노니 수양산은 어느 곳에 있는가?
> 뜨고 지는 밝은 달을 벗 삼아 살리라

이 시를 보면 한룡이 지난날 벼슬길에 나섰던 것은 정말로 어머니를 위해서 굴복했던 것이고, 지금의 거동은 두 성姓을 섬기지 않으려는 의지가 분명하다. 마음이 선문禪門에서 놀고 현묘한 도에 마음을 붙이니, 아! 슬픈 일이로다. 우리 조선에서 벼슬을 받지 않으려는 마음이 틀림없다.

이보다 앞서 세염 스님이 가야산을 떠나 홍류동紅流洞 10여 리 밖으로 나오니 인곡산仁谷山 아무도 없는 곳에 초목만 무성하고 자갈과 돌들이 많아 험난하기가 그 어디에도 비길 데가 없었다. 다시 걸어서 30리쯤 이르니 길에 어떤 짐승 하나가 있는데 산 것도 같고 죽은 것도 같으며, 앉은 듯도 하고 누운 듯도 하였으며, 일어나려고 하나 일어나지 못하고 울려고 하면서도 소리를 내지 못했다. 앞으로 다가가서 보니 꼬리의 길이가 아홉 자나 되고 모습은 마치 조주潮州의 악어鰐魚 같았으며, 크기는 흡사 채석강의 고래 등짝만 했다. 머리를 쳐들고 사람을 바라보더니 마치 잡아먹기라도 할 듯이 크게 입을 벌렸다. 세염이 물었다.

"네가 사람을 잡아먹다가 뼈다귀가 목구멍에 걸린 것 아니냐?"

호랑이가 비록 대답은 없으나 말을 알아듣기라도 한 듯이 머리를 위아래로 끄덕거렸다.

세염이 다시 물었다.

"내가 너를 살려 준다면 나를 해치지 않겠느냐?"

호랑이는 또 머리를 수그리고 우는 듯 하소연하는 듯한 모습을 지었다.

곧 호랑이의 입을 벌리게 하였더니, 길이가 몇 자쯤 되는 사람의 뼈가 호랑이의 목구멍에 걸려 있었다. 그런데 자잘한 뼈와 커다란 뼈가 헤일 수 없이 많았다. 목에 걸린 뼈를 하나하나 뽑아내니 호랑이는 흰 가슴과 푸른 수염을 흔들어 감사하다는 형용을 대여섯 차례 짓고는 가 버렸다.

그런 일이 있은 뒤에 세염은 호남에 있는 이 절(불회사)로 향했다. 불회사에 온 세염 스님은 무너져 내린 절을 중수重修할 계획을 세웠으나 재정의 힘이 군색하기 짝이 없어 무릎을 꿇고 앉아 밤이 지새는 줄도 모르고 곰곰이 생각에 잠겨 있었다. 이때 갑자기 큰 바람이 불어 사람을 흔들어 대기에 문밖으로 나가 보니 커다란 호랑이 한 마리가 사람을 잡아 가지고 와서 앞에 내려놓고 가 버렸다. 이에 매우 놀라 자세히 보니 그 사람은 처녀였다. 그 처녀는 숨이 넘어갈 것 같아 아무리 불러도 대답을 하지 못했다. 곧 그 처녀의 입가에 흐른 침을 닦아 내고 정수리를 주물러 주고 차지도 덥지도 않은 온도가 알맞은 곳에 옮겨서 뉘어 놓았다.

기운을 이끌고 호흡을 일으키는 방법을 쓰고 약 먹이기를 게을리하지 않자 사나흘쯤 지나니 곧 쾌차하였다. 세염이 곧 그녀의 용모를 관찰하고 집안의 내력을 들으니 곧 그녀는 영남 지역에 사는 정승 김공철金公喆의 딸이었다. 한편 놀랍기도 하고 한편 불쌍하기도 하여 한곳에 지내면서도 따로 처소를 만들어서 기거하게 하고 구원의 손길로 보살펴 주면서도 가까이하지는 않았다. 그녀의 나이를 물어보니 당년 열일곱 살이었다. 세염은 그녀를 어떻게 하면 본가로 돌려보낼 수 있을까 생각하였다. 그리하여 그녀에게 호랑이에게 물려 여기까지 온 연유를 물었더니 그녀는 이렇게 대답하였다.

"우리 집은 불행하여 저는 아버지를 잃었는데 아버지는 고려 공민왕 때 정승을 지낸 김공철입니다. 저에게는 어머니와 언니, 그리고 101세 되는 할머니 한 분이 계십니다. 그런데 지난 2월 18일 밤에 집 후원 돌담에서 뽕잎을 따던 중에 갑자기 사나운 호랑이 한 마리가 저돌적으로 달려들었는데 그 뒤로는 정신을 잃고 여기까지 오게 된 것입니다."

이때는 임진년(태종 12, 1412) 그믐날이었다. 세염은 음식과 의복을 그녀와 나누어 먹고 쓰고 하면서 사람들에게 누설하지 않았다.

세염은 이해 8월 8일 그 처자를 남장으로 변장하게 하고 영남 김 상공의 집을 찾아 나섰다. 하루에 10리, 혹은 20리를 걸어서 높은 고개를 넘고 산등성이를 지나서 더러는 어촌漁村의 주점에서 묵기도 하고 때로는 역정驛亭의 여관에서 기식寄食하기도 하면서 무려 일곱 달이나 걸은 끝에 비로소 김 상공의 집에 이르니 이듬해인 계사년(1413) 2월 17일이었다.

그 처자가 살던 마을에 도착하니 김 상공의 집 여자 종이 물을 길어 성급하게 돌아가다가 남장을 한 아이를 보고 김 상공의 딸이 아닌가 의심하여 김 상공의 부인에게 아뢰었다.

"밖에 지금 남자 복장을 한 아이가 와 있는데 분명히 우리 집 처자와 같다는 생각이 듭니다. 어떤 스님과 같이 왔습니다."

부인이 말하였다.

"너는 어째서 이와 같이 터무니없는 말을 하느냐?"

부인은 자기 딸이 이미 호랑이에게 물려 가 죽었다고 알고, 명일明日 소상小祥일에 넋을 불러 원통함을 씻어 주는 재를 거행하려고 하고 있었다. 몸종이 다시 물을 길러 나갔다가 돌아와서 다시 부인에게 고하자 부인이 말했다.

"그럼 스님과 남자아이가 어디 있느냐?"

그러면서 밖으로 나가 보니 과연 몸종의 말과 같이 비록 남자의 복색을 하였으나 틀림없이 잃어버린 자기의 딸과 꼭 같은 모습이었다. 부인은 달려가서 그녀의 손을 잡고 통곡하였다. 잠시 뒤에 저간의 사연을 물었다. 그 딸이 살아남게 된 연유를 소상하게 말하였다. 부인이 물었다.

"스님은 어느 절에 살고 계시며 법명은 무엇입니까?"

세염 스님이 대답하였다.

"소승은 호남 지방에 살고 있는 세염이라 합니다."

그러자 부인이 말하였다.

"스님께서 우리 집 딸아이를 살려 주셨으니 스님과 약혼을 하는 것이 어떻겠습니까?"

세염이 두 번 절을 올리고 사양하며 말하였다.

"사람이 죽을 지경에 처했을 때 구원하여 살려 주는 것이야 천리로 보아 당연한 일입니다. 게다가 신분의 높고 낮음이 다른데 저와 혼인을 허락하신다면 사람이 지켜야 할 윤리가 무너지고 맙니다. 그러니 어찌 가당한 일이라 하겠습니까?"

부인이 말하였다.

"그러시다면 대사의 은혜를 장차 어떻게 갚는단 말입니까?"

세염이 대답하였다.

"소승은 지금 호남 땅 불회사라는 절에 기거하고 있는데 그 절이 난리를 겪어 무너져 내렸기에 장차 그 절을 고쳐 지으려고 합니다. 반드시 은혜를 갚아야 한다고 말씀하신다면, 그 은혜에 대하여 어찌 보시가 없을 수 있겠습니까?"

부인이 말하였다.

"그럼 비단으로 시주를 할까요? 비단으로 보시를 한다면 오히려 멀리 가지고 가시기에 어려운 점이 있을 것이고 돈으로 보시를 한다면 절을 보수하는 데 그리 귀중한 것이 못될 터이니, 그렇다면 장차 무엇을 가지고 보시를 해야 하겠습니까?"

세염이 자그마한 바랑에서 아주 작은 항아리 하나를 꺼내더니 말하였다.

"곡식을 이 안에 가득 채워 주십시오."

부인이 웃으면서 말하였다.

"그 그릇이 그렇게 작은데 그 안에 쌀 몇 되나 들어가겠습니까?"

세염이 대답하였다.

"다만 이 그릇에 가득 채워만 주신다면 저는 만족합니다."

그러자 부인은 쌀 한 말을 퍼서 그 그릇에 부었으나 그릇은 오히려 차지 않았다. 다시 쌀 한 말을 퍼내어 그릇에 부었는데도 역시 가득 채워지지 않았다. 그렇게 한 말, 두 말, 열 말이 들어가고, 다시 한 섬, 두 섬, 열 섬을 부어도 차지 않았다. 그리하여 집 안에 있는 곡식을 다 내다 부어도 채워지지 않고 저 주먹만 한 작은 항아리에 이미 천여 섬이나 되는 곡식을 부었건만 끝내 가득 찰 기색이 보이질 않았다.

부인이 웃으면서 말하였다.

"그 그릇은 그리 크게 보이지 않는데 그릇은 채워지질 않고, 우리 집의 곡식이 그리 적은 것이 아닌데 그 곡식을 다 부어도 그릇이 넘치질 않으니, 참으로 괴이한 일이 아닙니까?"

세염이 말하였다.

"집 안에 남은 곡식이 없어서 혹 걱정이 되십니까?"

부인이 말하였다.

"비옥한 토지가 문전에 있고 나라에서 내려 주는 녹봉이 뒤를 받쳐 주고 있으니 그리 걱정은 안 되지만 적은 곡식이 아니며 집 안에 있던 것은 이미 다 드렸습니다."

세염이 말하였다.

"그렇다면 이것만으로 만족합니다."

그러자 그 그릇이 갑자기 가득 차는 것이었다. 그런데 그가 어깨에 메고 있는 것은 겨우 한 말 곡식의 분량으로밖에 보이지 않았다. 부인은 곧 마음속으로 그 스님이 신령한 스님임을 알고는 물었다.

"스님의 본가는 어디에 있으며, 무슨 까닭으로 스님이 되셨습니까?"

세염이 대답하였다.

"어려서 부모를 여의고 어찌해야 할지를 몰라서 외도外道(여기에서는 佛

道)에 들어와 머리를 깎고 이렇게 허송세월을 한 지가 이미 오래되었습니다. 그런 까닭에 부모님이 살고 계시는 곳이 어딘지도 모르고 저의 성과 이름도 다 잊었습니다."

부인은 더욱 그 스님의 용모가 범상하지 않음을 알고 다시 물었다.

"제가 들으니 '부처님은 사람을 오래 살게 할 수도 있고, 사람들에게 복을 받게 할 수도 있으며, 사람에게 재앙을 내릴 수도 있다'고 하더이다. 이 말이 거짓말이 아니라면 제가 부처님께 기원할 것이 있습니다."

세염이 물었다.

"무슨 일입니까?"

부인이 말하였다.

"우리 집은 일찍이 초상을 당하는 재앙이 있었으니, 이미 정승인 남편을 잃었고 다만 딸 아이 하나만 남았는데 죽을 뻔하다가 다시 살아났습니다. 다른 아들이 없는지라 집안의 대를 이을 경사스러운 일이 없으니 이 일을 장차 어찌해야 하겠습니까? 정승을 지낸 남편이 지난해 5월 초닷샛날 죽었는데 지금 제가 그분의 아이를 회임한 지 아홉 달째 들어섰습니다. 스님께서는 노자老子와 부처님의 도를 다 지니고 계신 듯하니 제가 아들을 낳아 우리 가문을 보전하고 또 그 아이가 요절하지 않도록 부처님께 기원해 주셨으면 하는 것이 바로 제가 소원하는 그것입니다."

세염이 말하였다.

"유복자는 쉽게 요절하지 않는 법입니다만 부인의 집안에 감추어 둔 물건을 속히 태워 없애야 탈이 없겠습니다."

부인이 말하였다.

"무엇을 감추어 두었다는 말씀이십니까?"

세염이 말하였다.

"만약 저를 속이시고 끝내 버리지 않으시면 상공相公의 집안은 결국 가문이 멸망하고 말 것입니다."

그러자 부인은 곧 무당과 함께 땅속에 묻어 두었던 나무를 깎아 만든 인형을 꺼내 스님에게 보여 주었다. 대개 나무로 만든 인형은 아이를 가진 부인이 훌륭한 아이를 낳기 위하여 규중 깊숙이 으슥한 곳에 감추어 두는 것으로서 영남 지방의 풍속에 흔히 있어 왔던 일이다. 부인이 말하였다.

"어떻게 이것을 제가 감추어 두었는지 아셨습니까?"

세염이 대답하였다.

"집 안에 이런 것이 있으면 복을 받지 못하고 재앙만 일어나며, 도리어 아들을 생산하지 못하게 할 뿐만 아니라 다시 피해만 입게 될 것입니다. 옛날 공자께서도 '허수아비를 처음 만든 사람은 아마도 후손이 없게 될 것이다(始作俑者。其無後乎。)'라고 말씀하셨으니 속히 불에 태워 없애십시오."

그러고는 하녀를 시켜 불을 붙여 태우게 하니, 부인은 더욱 그 스님은 사람이 아니라 신神이라고 생각하였다. 세염이 바랑 속에서 약 열 첩을 꺼내 부인에게 주면서 말하였다.

"아이를 낳으려 할 무렵에 이 약 서너 첩을 쓰면 훌륭한 아이를 낳을 수 있을 뿐만 아니라 아무 탈 없이 건강하게 잘 자랄 것입니다."

그렇게 말하고는 떠나가 버렸다.

불회동 마을 아래 도착한 세염 스님은 가지고 온 곡식을 좁은 길에 내려놓았다. 더 이상 사람들에게 시주를 구걸하지 않아도 절을 짓는 비용으로 충분한 양이었다. 그러므로 이 절을 세우는 일은 사람이 한 게 아니라 하늘이 한 것이요, 스님이 한 일이 아니라 신神이 한 일임을 알 수 있다.

얼마의 세월이 지나 김 정승 댁 부인이 야밤에 규방 문 앞을 쓸고 나서 잠깐 잠이 들었다. 꿈에 한 노인이 나타났는데 그 모습이 흡사 세염 스님과 같았다. 다가와서 부인에게 말하였다.

"내일 틀림없이 큰 경사스러운 일이 있을 것입니다. 그로 인하여 그대의 집안에 복이 내릴 것입니다."

부인이 무슨 말을 하려고 하였으나 노인이 다시는 보이지 않았다. 잠에서 깨어 보니 한바탕 꿈이었다. 그날 새벽에 곧 아들을 낳았으며, 또 그날 밤에 어젯밤 꿈에서 보았던 그 노인이 다시 와서 부인에게 말하였다.

"이 아이는 틀림없이 높은 벼슬에 오를 것이니 아이의 이름을 상귀相貴라 짓고 다른 사람들에게는 절대로 발설하지 마십시오."

이렇게 말하고는 다시 사라져 보이지 않는 것이었다. 부인은 세염 스님이 신통력을 부려 자신을 도와주는 것이라고 믿고는 아이의 이름을 상귀라고 지었다. 그 아이는 열다섯 살에 과거에 급제하였으며, 스무 살 때에는 호남 순찰사가 되었다. 그리하여 세염 스님을 찾아갔으나, 피하고 죽어도 만나 주지 않았으니 세염의 의지가 혼탁하지 않음을 알 수 있겠다.

그는 경영하는 일이 있어서 구하는 것이 있으면 반드시 다 얻고 동서에서 재물이 모여들었으니 사람들은 세염의 신통력으로 그렇게 된다는 것을 몰랐다. 돌탑 하나를 세웠는데 탑 윗부분에 이런 시가 있다.

> 하늘의 해가 봉산封山[11]을 향하니
> 호남에서 제일가는 봉우리로고
> 만일 다시 아는 이가 있다면
> 감히 이 담벼락을 헐지 못하리라

---

11 봉산封山 : 나라에 필요한 목재를 조성하기 위하여 벌채를 금지하는 산. 조선 전기에는 금산禁山이라는 명목으로 소나무가 잘 자라는 곳에는 임금이나 왕비의 능침陵寢 등지를 금지하였다. 그러나 조선 후기 들어 국가의 부세수취가 달라지면서 국가의 목재 확보가 시급한 과제로 대두되어 보호하는 수종樹種과 금지 범위, 관리 책임자를 구체적으로 명시하고 봉산으로 이름하였다. 금산과 달리 봉산에는 소나무를 보호하는 봉산과 관곽에 쓰이는 황장목을 보호하는 황장봉산黃腸封山, 신주에 쓰이는 밤나무를 보호하기 위한 율목봉산栗木封山, 그리고 배에 못으로 쓰이는 참나무를 보호하는 진목봉산眞木封山 등이 있었다.

그때 호남 순찰사가 행차하여 금성錦城(나주)에 이르렀다. 그런데 길을 가는 도중에 어떤 스님을 만났는데 앞에 버티고 서서 길을 비켜 주지 않았다. 종자從者들이 달려들어 그 스님을 꾸짖으며 그를 조사해 보았더니 조용한曺漢龍이라는 명패를 차고 있었다. 순찰사가 그에게 물었다.

"그대는 무슨 일로 이곳에 오셨습니까?"

그 스님이 대답하였다.

"그것은 제 이름이 아니고 저는 곧 원진元禛이라는 승려입니다.[원진은 그가 뒤에 불렀던 호이다.] 그런데 순찰사께선 금천衿川의 일을 듣지 못하셨소?"

순찰사가 매우 놀라 서울 조정에 보고하고 서울로 모시고 올라가서 임금을 배알하도록 주선했다. 임금이 스님에게 말했다.

"그대는 어찌하여 중이라고 말했는가?"

원진 스님이 정색하며 말하였다.

"저는 노자와 부처님의 도를 닦는 사람입니다."

임금이 원진 스님에게 명하여 시 한 수를 지으라 하였다. 그러자 원진 스님은 즉석에서 시를 지어 읊었다.

> 인간 세계에 귀양 온 지 어언 80년
> 무정한 백발만 머리에 가득하네
> 천지도 한계 있는데 내 집은 어디인고?
> 해와 달이 찬란하게 빛나니 세상이 아름답네
> 동쪽 고갯마루 벗어나면 모든 감회 새롭고
> 남쪽 호남으로 돌아가면 근심이 사라지네
> 임금님, 스님 생활 고달프다 말하지 마소
> 못난 이 중은 머리 기를 생각 없소이다

임금은 그의 뜻을 가상하게 여겨 곡식과 비단을 하사하고 서울에 사는 사대부들도 돈과 재물을 희사하니, 그로 인하여 불회사는 큰 어려움 없이 새로 창건되었다.

그 뒤 세조대왕이 국사로 추증하라는 교지를 내렸다. 그는 영평永平【지금의 남평南平이다.】효자동孝子洞에서 태어났는데 고려조의 정승 정통禎統의 셋째 아들이다. 그가 사용하던 발우와 신었던 신발이 절에 전해져 내려온다.

元禎國師傳

國師世居麗朝平章僕射。八世嬋媛。爲國學篤異。卓乎凡人。五兄弟曰。景龍應龍漢龍變龍見龍。而漢龍乃國師名也。恭愍朝乙未試。景龍及漢龍俱摺甲科。一人第三後乙科。丁酉三兄弟俱登高科。上稱之曰。曺氏五龍相繼而登科。此乃古事之所希也。命賜白米酒肉。遊街三日而罷。及麗亡。入我朝。景龍官至右台。應龍官至判書。漢龍變龍官至叅議。見龍官至監司。而以漢龍。稱保義將軍。則保義。乃上國官名也。太宗朝永樂甲申。即我太宗即位之四年也。立保義將軍孝子碑【碑在鳳凰山下孝子洞也】。初漢龍。尙書忠臣不事二君六字。於衣帶間。與高麗前掌令徐甄。隱於衿川。相與有詩曰。千載神都隔渺茫。忠良濟濟佐明王。統三爲一功安在。只恨前朝業不長。漢龍和詩曰。天明[1]人事兩茫茫。更向那邊拜聖王。莫道此間眞趣寡。山高處處水聲長。臺官欲治之。上曰。伯夷之流。何必治之。一日。歸其母。母始知其爲僧。大驚而泣曰。汝雖爲前朝之忠臣。今汝母尙在。忍能削髮。而不念父母之遺體耶。家門滅矣。吾誰依焉。跪拜而謝曰。生爲臣子。已爲不忠之臣。亦爲不孝之子。其罪甚矣。與其不忠而又爲不孝。孰若不忠而獨能奉母之旨乎。於是。和顔柔聲。終止其母涕泣[2]之懷。命侍婢。取沐髮之水一器而來。引髮而束。則即地長者。二尺矣。是日。正其衣帶。赴入京師。過數日。官至承旨。復拜叅議。以母老。乞由歸里。則有一老僧。來訪曰。聞有洗染師。在此矣。今安在歀。盖洗染。漢龍爲僧變名者也。衆議笑曰。爾能不知乎。洗染卽我。而以老母之故。不忍變其心也。汝速歸之。³⁾ 我當有更見之日矣。其後母喪。三年致孝。又三年。始復逃入於伽倻山矣。持一瓢曳襞⁴⁾衣。轉向湖南來。接于道甲山下。⁵⁾ 又後逃身。不知其。⁶⁾ 托跡於南平佛會寺。始營重建。有詩一絶曰。千年王業一朝塵。白首孤臣淚滿巾。借問首陽何處在。吐含明月自相親。盖向日之仕。眞所謂爲親屈。而今日之擧。不事二姓之志也。遊心禪門。寄心玄道。嗚呼。其不受我朝之爵祿也。信矣。初自伽倻出⁷⁾路。出紅流洞十餘里外。仁谷山無人之地。草木之茂。沙石之險。不可以喩。行至三十里。路有一獸。如生如死。如坐如臥。欲起不起。欲啼不啼。當前則乃長尾⁸⁾九尺。形如潮州之鰐魚。大如采石之鯨背。擧目向人。口如吞烟⁹⁾之狀。乃問之曰。汝雖殺人食。而骨鯁於口乎。虎雖無語。低仰其首。如知其言。又曰。我能生汝。則不害我耶。又低其首。如泣如訴。¹⁰⁾ 乃使列其口咽。則長數尺人骨。掛結於其中矣。而細骸巨髓。不可勝數。乃縱而去之。虎白賀青鬚揮謝者。五六次而去。仍向湖南之是寺。方營重建。財力猶窘。危坐而思。時夜將曉。忽有長飈動人。出門而視。則有一大虎。捉人而來。致前而去。乃大驚視之。則乃一處子也。氣息將絶。呼而不答。乃湯洗其涎。摩其頂。處之寒溫適中之所。乃有引氣生息之道。藥餌不懈。三四¹¹⁾乃差。觀¹²⁾容貌。聽其本脉。則乃嶺南相公金公喆之女也。驚而憐之。雖同處而有別。有救而無近。問其時年。則乃十七歲也。洗染思欲致之於其家。問其所以然。答曰。吾家不幸。吾喪外親。而外親則恭愍王金相公也。有母有兄。又有百一歲祖母。而去二月十八日夜。采桑于後院石墻矣。忽有猛虎。噴突去¹³⁾來。至于此云。則壬辰二月晦日也。洗染分食分衣。不泄於人。是年八月初八日。使處子爲男子之裝。尋向嶺南金相公之家。一日行十里。或二十里。踰嶺越岡。或投¹⁴⁾於漁店。或寄食於驛亭。凡七閱月。而訪至于金相公家。則乃癸巳二月十七日也。至其外閭。則有婢子汲水忙去。見其男服之兒。竊疑之。因告于金相夫人曰。至外男服之兒。的如吾家處子。而與僧俱至。夫人曰。汝何出此妄言耶。盖夫人。知其爲虎所死。而以明日小祥。招魂雪寃之擧。婢子又汲水而出。又告其夫人。夫人曰。僧與童男安在。乃出見。則果如婢子之言。雖着男服。而無異於所失之女子。乃握手痛哭。俄問其故。則乃以所得生之由。詳悉以對。夫人曰。僧則何居。而名則誰也。染上人曰。小僧則南湖洗染也。夫人曰。汝能生致吾家之女子。與君約婚何如。洗染再拜而謝曰。人至死境。救而生之。天理之常也。尊卑[15]有別。許以爲婚。人彛之乖也。何可當之。夫人曰。然則大師之恩。將何圖報乎。洗染曰。小僧方在湖南佛會寺。而寺經兵燹。今將改葺。必欲以報恩爲語。則豈無捨施之恩乎。曰以帛乎。以帛則猶難遠致也。以錢乎則非足貴也。將何爲之。洗染出小鉢囊一小缸。請以粟米捨施。夫人笑曰。其器小。能入幾升米乎。洗染曰。只充此器。則猶可爲也。於是夫人。出一斗米以給。猶未能充。又出一斗米以補。而亦無充溢之。[16]一斗二斗至十斗。一石二石至於十餘石。傾家所有。只自如是。如拳小缸。千餘石粟米。終無盈滿之色。似[17]盈而不盈。夫人笑曰。其器不爲大矣。而器不從充滿。其谷[18]不小矣。而谷*不爲盈溢。無乃恠底事乎。洗染曰。家無所餘之。[19]而或有憂愁之態乎。夫人曰。沃土在前。榮祿在後。谷*非不多。而方在家中者。已盡矣。洗染曰。然則此亦足矣。於是。其器卒然充滿。掛諸肩[20]肩。則不過一斗谷。*夫人乃心知其爲神僧。問曰。君之本家安在。何故爲僧。洗染曰。幼而失所怙。罔知攸措。因入於外道。削髮以爲虛送歲月者。已久。故不知父母所居之宅。亦忘姓名云。夫人尤知其容貌之不凡。問曰。吾聞佛者。能壽人能福人。亦能禍人云。此語不欺。則吾有所祝也。洗染曰。何事也。夫人曰。吾家早經喪禍。已喪相公大爺。而只有一女子。幾死而復生。無他子可嗣之慶。此將奈何。相公大爺。訣於今[21]年五月初五日。而今吾胞胎者。九月矣。君有老佛之道。則能盟之佛。使得令子。而保吾家門。且使生子而不夭乎。吾所願者。此也。洗染曰。遺腹之兒。卒[22]不夭死。而令夫人之家。有所藏焉。速爲投火。夫人曰。何所藏乎。洗染曰。若欺而不去。則相公之宅。家門滅矣。夫人乃出其與巫覡所埋木俑人。以示。盖木俑人。胞胎之婦人。置之於閨中幽僻處。以求令子之志。而嶺俗之所有者也。夫人曰。何其知有此物也。洗染曰。家有此物。則非福爲禍。反不得子。而又害之。孔子之所謂始作俑者。其無後乎者。速投火中。卽令小婢。引火焚之。夫人。尤知其非人而神也。洗染出藥十貼。以給夫人曰。解胎之日。服此三四帖。[23] 則可使生兒無病。而能得令子云。而去。及至佛會洞下粟米之狹路。不求於人。足於創寺之需矣。乃知是寺之建。非人而天也。非僧而神也。金相公夫人。夜掃閨門。小焉將枕矣。夢有一老人。形如洗染。降謂夫人曰。明日。必有大慶。可以施福於君家矣。夫人欲與之語。而不復見。覺則乃夢也。是日曉。乃得生子。又是日夜。夢老人又來。而告于夫人曰。是兒。必爲貴卿。名以相貴二字。勿泄於人。又不見。乃知洗染神助之所以也。因名曰。相貴。十五歲科。二十爲湖南巡察使。而訪洗染。諱死不見。其志之不混矣。其在所營。有求必得。東西鳩財。人不知其神造之理。首立一石塔。上有詩曰。天日向山封。湖南第一峰。復如知者在。不敢毀斯壚。時湖南巡察使行到錦城。道遇一僧。當前不避。從者呵之。詰其所佩曺漢龍也。巡使曰。汝何至此。答曰。此果非吾名。乃元積僧也。元積其爲後號也。[24] 巡使不聞衿川之事乎。巡使大驚。問于京師。驛送赴京。上曰。汝胡名僧也。元積正色曰。吾乃老佛道也。上命賦詩。元積應聲曰。謫下人間八十秋。無情白髮已盈頭。乾坤有限家何在。日月生輝世更休。東出嶺邊皆觸感。南歸湖上足消愁。君王莫道爲僧苦。不肖孤臣髮不留。上嘉尙其意。賜以粟帛。洛中士大夫。多賻錢財。仍成佛會寺。世祖大王。贈國師下敎旨。永平【今之南平】孝子洞生。麗朝相國禎統之第三子。鉢鞋留傳寺中。

1) ㉮ '明'은 '時'의 오자이다. 2) ㉮ '汝'는 '泣'의 오자이다. 3) ㉮ '之'는 '去'의 오자이다. 4) ㉮ '繫'는 '弊'의 오자이다. 5) ㉮ '山下'는 '寺'의 오자이다. 6) ㉮ '其' 뒤에 '徃'이 있는 본이 있다. 7) ㉮ '出'은 '山'의 오자이다. 8) ㉮ '長尾'는 '尾長'의 오기이다. 9) ㉮ '烟'은 '咽'의 오자이다. 10) ㉮ '訴'은 '訴'의 오자이다. 11) ㉮ '四' 뒤에 '日'이 있는 본이 있다. 12) ㉮ '觀' 뒤에 '其'가 있는 본이 있다. 13) ㉮ '去'는 '而'의 오자

이다. 14) ㉮ '投' 뒤에 '宿'이 있는 본이 있다. 15) ㉮ '卑'는 '早'의 오자이다. 16) ㉮ '之' 뒤에 '氣'가 있는 본이 있다. 17) ㉮ '似'는 '以'의 오자이다. 18) ㉮ '谷'은 '穀'의 오자이다. 이하도 동일하다. 19) ㉮ '之' 뒤에 '穀'이 있는 본이 있다. 20) ㉮ '肩'은 연자이다. 21) ㉮ '今'은 '前'의 오자이다. 22) ㉮ '卒'은 '率'의 오자이다. 23) ㉮ '帖' 은 '貼'의 오자이다. 24) ㉯ '元積其爲後號也'는 협주에 해당한다.

함허선사전

스님의 법명은 수이守伊이고 호는 무준無準이다. 훗날 오대산 영감암靈感庵에서 잠을 잤는데 그날 밤 꿈에 한 신승神僧이 이렇게 말하였다.

"그대의 법명은 기화己和이고 호는 득통得通이니라."

그런 까닭에 그 말을 따라 법명과 호를 바꾸었다. 그의 헌호軒號는 함허涵虛이고 충주에서 출생한 사람이다.

이보다 앞서 상주 사불산에 있으면서 『금강경설의金剛經說誼(金剛經五家解說誼)』라는 책 두 권을 저술하였는데, 임종하려고 할 무렵에 그의 제자 홍예洪預 등을 명하여 한 책은 불에 태우고 한 책은 땅에 묻으라고 했다. 그런 일이 있은 지 그리 오래되지 않아 그 책을 묻은 자리에서 홀연히 상서로운 기운이 일어나기에 홍예가 그 사실을 광묘光廟, 즉 세조世祖의 조정에 보고하였다.

그리하여 그 책을 상국上國(明)에 참고해 보라고 보냈는데, 그때가 명나라 대종代宗 경태景泰(1450~1456) 연간의 일이다. 승상丞相 김수온金守溫[12] 등을 시켜서 이 경에 주注(說誼)를 곧바로 붙이게 하였다.

대명大明 태종太宗 영락永樂 12년 을미(1415) 여름에 직접 「금강경설의서金剛經說誼序」를 썼는데 그것이 세간에 유포되어 있다. 문인門人 홍예 등 10여 명과 무학 대사 문인의 행장行狀이 있다.

涵虛禪師傳

師名守伊。號無準。後宿于五臺山靈感庵。夢一神僧曰。子名己和。號得通。故依其言。而改名號。軒號涵虛。忠州人也。初在尙州四佛山。著金剛經說

---

[12] 김수온金守溫 : 조선 전기의 학자·문신. 1410~1481. 세종의 특명으로 집현전에서 『치평요람』을 편찬하였으며 학문과 문장에 뛰어나 『명황계감』을 국역하는 등 국어 발전에 힘썼다. 불경의 국역과 간행에도 공이 컸다. 문집에 『식우집』이 있다.

誼書二本。臨終。命弟子洪預等。一本燒之。一本埋之。未久。其埋處。忽生瑞氣。洪預以聞光廟。即世祖朝也。以其本。送上國。明代宗景泰也。叅考而來。使丞相金守溫等。直注於本經。大明太宗永樂十二年乙未夏。自述金剛經說誼序。行于世。門人洪預等十餘人。無學門人。有狀。

구곡왕사전

스님의 법명은 각운覺雲이고 호는 구곡龜谷이다. 혹은 소은小隱이라 하기도 했다.

윤소종尹紹宗[13]이 임금에게 간하여 찬영粲英 스님을 내치도록 하였기 때문에 세상에서 잠적하여 은둔 생활을 하고 나타나지 않았다.

찬영 스님은 태고太古(普愚)의 법제자이고 환암幻庵(混修)의 문제門弟이다. 호는 원응圓應이고 별호는 고저왕사古樗王師라고 불렀다.

현릉玄陵(고려 공민왕)은 직접 「달마절로도강도達摩折蘆渡江圖」와 「보현육아백상도普賢六牙白象圖」를 그려서 하사하고, 또 '구곡각운龜谷覺雲'이라는 네 글자를 친필로 써 주었으며, 아울러 스물네 자로 된 법호[14]를 내려 주었다. 스님은 『선문염송집설화禪門拈頌集說話』 열 권을 지어 간행하여 세상에 유포하였다. 스님은 호남 용성龍城(남원)에서 출생한 사람이며 환암 혼수幻庵混修의 법을 이었다. 목은 이색이 지은 찬문贊文이 행장처럼 자세하다.

龜谷王師傳

師名覺雲。號龜谷。或曰小隱。尹紹宗。諫斥粲英。故避隱不市。粲英。即太古之子。幻庵之弟。號圓應。別號古樗王師云。玄陵。達摩折蘆渡江圖。普賢六平[1]白象圖賜之。又手書龜谷覺雲四字。兼賜二十二字號。作禪門拈頌集說話十卷。刊行于世。湖南龍城人也。幻庵修之嗣。李牧隱作贊。其如狀。

---

1) 원 '平'은 '牙'의 오자이다.

---

13 윤소종尹紹宗 : 고려 말·조선 초기 문신. 1388년 이성계의 위화도회군 때 동문 밖에 나가 「곽광전」을 바쳐서, 우왕을 폐하고 다른 왕王씨를 왕으로 추대할 것을 암시하였다. 1392년(태조 1) 조선이 개국되자 병조전서로서 『고려사』 수찬에 참여하였다.
14 스물네 자로 된 법호 : '대조계종사 선교도총섭 숭신진승 근수지도 도대선사大曹溪宗師禪教都摠攝崇信眞乘勤修至道都大禪師'를 말한다.

벽계대사전

스님의 법명은 정심正心이고 호는 벽계碧溪이며 금산金山(경북 금릉군)에서 출생한 사람이다.

조선 태종 때 극심한 불교 탄압을 당하자 머리를 기르고 처자식을 양육하면서 황악산黃岳山(김천시)으로 들어가 물한리物罕里에서 숨어 살았다. 뒷날 선법禪法은 벽송 지엄碧松智嚴에게 전하고, 교학敎學은 정련 법준淨蓮法俊에게 전하였으니, 그로 인해 조선 시대 선禪과 교敎의 두 법맥이 끊어지지 않고 번성해 뻗어 나갈 수 있었다. 덧없는 일이로구나. 시대의 운명이여!

정열수丁洌水(정약용)는 이렇게 말하였다.

"내가 산에서 내려온 이후로 벽계 정심 대사를 위하여「북산이문北山移文」[15]을 짓지 않고 '남쪽 바다로 옮겨가는 붕새'를 추념追念하게 되었다."

문인으로는 벽송 지엄·묘각 수미妙覺守眉·정련 법준 등이 있는데 그의 행장에 자세하게 기록되어 있다.

碧溪大師傳

師名正心。號碧溪。金山人也。當太宗沙汰之時。長髮畜妻子。入於黃岳山。居於物罕里。禪傳于碧溪[1)]正[2)]嚴。教傳于淨蓮法俊。禪教二派。不絶而蕃衍。無常狀。時運也。丁洌水曰。我下山後。爲碧溪正心。莫作北山之移。追念南溟之徙乎。門人。碧松智嚴。妙覺守眉。淨蓮法俊等。具如行狀。

1) ㉠ '溪'는 '松'의 오자이다. 2) ㉯ '正'은 '智'의 오자이다.

---

15 「북산이문北山移文」: 남북조시대의 공치규孔稚圭(447~501)가 지은 글이다. 당시 주옹周顒이 강소성江蘇省 강녕부康寧府 소재의 종산鍾山(일명 북산)에서 은거하다가 남제南齊 조정에서 출사하여 회계군의 해염海鹽 현령을 지냈다. 해염 현령의 임기를 마치고 도성으로 가는 길에 주옹은 종산에 들르려고 하였다. 공치규는 주옹이 은자의 생활을 버리고 조정에 출사하는 행위를 미워했기에 관청의 통문 형식, 즉 이문移文의 표현을 빌려 주옹이 두 번 다시 종산에 발을 들여놓지 못하게 했다.

벽송선사전

스님의 법명은 지엄智嚴이고, 호는 야로埜老이며, 그가 살고 있던 집의 호, 즉 당호堂號는 벽송碧松이라 하였다. 속성은 송宋씨이고 아버지의 이름은 복생福生이며 부안에서 출생한 사람이다.

그의 어머니는 왕王씨였는데 꿈에 인도 스님(梵僧)이 예를 올리고 하룻밤 자고 갔는데 그로 인해서 어머니가 아이를 잉태하였다고 한다. 그리하여 천순天順(明 英宗의 연호) 8년 갑신(세조 10, 1464) 3월 15일에 낳았다. 골상骨相이 특이하고 수려하였으며, 영웅적인 기질로 무예도 남보다 뛰어났다. 어려서부터 글공부와 칼 쓰기를 좋아하고 특히 장감將鑑(兵書)에 능통했다.

홍치弘治(明 孝宗의 연호) 4년 신해(성종 22, 1491) 4월에 야인野人(여진족)이 북방을 침범하여 그곳을 지키고 있던 진장鎭將을 죽이자, 성종대왕은 허종許琮[16]에게 명을 내려 군대 2만을 거느리고 가서 야인들을 토벌하게 하였다. 그때 스님도 칼을 들고 허종을 따라 참전하여 채찍을 들어 한번 휘둘러 큰 공을 세웠다. 전쟁을 마치고 돌아온 뒤 탄식하며 말하였다.

"이 세상에 대장부로 태어나서 마음자리(心地) 하나 지키지 못하고 밖으로 치달리며 몸을 수고롭게 해서야 되겠는가?"

그러고는 계룡산 상초암上草庵에 들어가 조징祖澄 대사에게 참례한 뒤 머리를 깎고 스님이 되니 그때의 나이 28세였다. 그로부터 그는 뜻이 높고 행동이 엄격하였으며 선정을 즐겨 수행하는 것이 마치 수나라 낭장郎將이었던 지엄智嚴에 비길 만하였다. 스님은 제일 먼저 연희衍熙 교사敎師를 찾아가서 원돈교圓頓敎[17]의 이치에 대하여 묻고 그 다음에는 정심正心

---

16 허종許琮 : 조선 전기의 문신이다. 문무에 모두 뛰어나 예조판서·이조판서 등을 거쳐 우의정에 이르렀으며, 함길도 경차관·북정도원수 등을 지내며 국경의 경비를 튼튼히 하였다. 의학에도 밝아 서거정徐居正 등과 함께 『鄕藥集成方』을 언해하였다.
17 원돈교圓頓敎 : 원교圓敎와 돈교頓敎를 아울러 이르는 말. 천태종에서 화엄華嚴의 교

선사를 찾아가서 '달마대사가 서쪽에서 온 비밀한 뜻(西來密旨)'에 대하여 가르침을 받고 현묘한 이치를 모두 떨치게 되었다.

정덕正德(明 武宗의 연호) 무진년(중종 3, 1508) 가을에 금강산 묘길상암妙吉祥庵으로 들어가 『대혜어록大慧語錄』을 읽다가 '개에게는 불성이 없다는 화두(狗子無佛性話)'에 이르러 의심을 품고 정진한 지 얼마 되지 않아 깜깜한 무명無明을 깨뜨려 없앴다.

또 『고봉어록高峰語錄』을 읽다가 '양재타방颺在他方'[18]이라는 어구에 이르러 앞에서 가지고 있었던 견해를 단번에 떨쳐 버렸다. 그런 까닭으로 벽송 선사께서 평생토록 발휘한 것은 바로 고봉高峰[19] 선사와 대혜大慧[20] 선사의 종풍宗風이라 하겠다.

대혜 화상은 6대 조사인 혜능慧能의 17대 적손嫡孫이고, 고봉 화상은 임제臨濟 선사의 18대 적손이다. 아! 스님은 다른 나라 사람으로서 500년 전 종파의 적통嫡統을 비밀리에 이은 사람이다. 마치 유가儒家의 정자程子와 주자朱子 같은 무리들이 1천 년 뒤에 태어나서 공자와 맹자의 학맥을 계

법이라고 하는 화법사교化法四敎 가운데 하나인 원교와 화의사교化儀四敎 가운데 하나인 돈교이다.
18 양재타방颺在他方 : 자신의 자리를 다른 세계에 던져 버린다는 뜻이다.
19 고봉高峯 : 속성은 서徐씨이고 법명은 원묘原妙이다. 1238~1295. 소주蘇州 오강현吳江縣 출생. 15세에 밀인사密印寺로 출가하였으며, 17세에 구족계를 받았다. 그 후 41세(1279) 때 천목산天目山 서봉西峰에 들어가, 죽음에 대비하여 사관寺關을 짓고 은거하며 16년 동안을 문턱을 넘지 않고 지내다가 원종元宗 원년 대중에게 설법하고 나서 그 자리에 앉은 채 잠들듯이 적멸에 들었다. 그동안 많은 학도를 가르쳤는데, 승속을 불문하고 계戒를 받은 사람만도 수만 명이 넘었다. 현재 한국 불교의 소의경전所依經典으로 사용되고 있는 『고봉화상선요高峰和尙禪要』를 지어 참선하는 자의 길잡이가 되게 했다.
20 대혜大慧 : 자는 담해曇海, 호는 묘희妙喜·운문雲門, 시호諡號는 보각 선사普覺禪師이다. 선주宣州 출생. 환오 극근圜悟克勤의 법사法嗣이다. 제자로는 사대부인 장구성張九成 등이 있었는데, 제자로 인하여 정쟁政爭에 휘말려 형산衡山에 유배되었다. 유배지에서 『정법안장正法眼藏』(道元이 지은 것과는 다름)을 저술하였다. 그 후 송나라 효종제孝宗帝의 귀의歸依를 받았으며, 대혜 선사大慧禪師라는 호를 받게 되었다. 간화선의 독창적인 전개로 사상계에 큰 영향을 끼쳤다.

승한 경우와 같다. 유가든지 불가든지 도를 전하는 것은 마찬가지라고 하겠다.

신미년(1511) 봄에 용문산으로 들어가서 두 차례 하안거夏安居를 마치고, 계유년(1513) 봄에 오대산으로 들어가서 다시 한 번의 하안거를 마쳤다. 그러고는 다시 백운산과 능가산 등 일정하게 머무는 곳이 없이 천지 사이를 자유롭게 소요逍遙하던 한가로운 도인이었다.

경진년(1520) 3월 지리산에 들어가서 작은 암자에 머물면서 그때부터 몸에 옷 두 벌 이상 가지지 않고 매일 두 끼니 이상 먹지 않았으며 사람들과 교제를 하지 않으니 그를 거만하다고 비방하는 사람들이 많았다. 옛 사람(莊子)이 이르기를, "물고기가 아닌데 어찌 물고기의 세계를 알겠는가?"라고 한 말은 바로 이러한 경우를 두고 한 말일 것이다.

하루는 시자를 불러 차를 달여 오게 하여 그 차를 마신 뒤에 문을 닫고 단정하게 앉아 한참 동안 잠자코 아무 말이 없었다. 제자들이 창문을 열고 보니 스님은 이미 열반에 드신 뒤였다. 그때가 11월 초하루 진시辰時였다. 입적하신 뒤에도 안색이 전혀 변하지 않고 사지를 펴고 굽히는 것도 산 사람과 같이 부드러웠다.

다비茶毘를 하던 날 밤에는 상서로운 광명이 하늘에 뻗쳤고, 재齋를 올리는 새벽에는 상서로운 구름이 하늘에 가득 서렸다. 정골頂骨 한 조각에 사리가 알알이 붙어 있었는데 그 밝기가 진주와 같았다.

그의 제자 숭인崇仁·설은雪誾·원오圓悟·일진一眞의 무리가 이 사리를 수습하여 석종石鐘을 만들어 비명을 새기고 의신義神(지리산 의신동) 남쪽 산기슭에 봉안하였다. 그가 읊은 가송歌頌 약간 편이 간행되어 세상에 전해지고 있다.

스님의 세속 나이는 71세이고 법랍은 44년이다. 보는 이는 소홀히 여기지 말라. 휴정休靜의 찬문贊文은 이러하다.

진단震旦(조선)의 피부에
천축天竺(인도)의 뼈로구나
중국의 달이요 조선의 바람이며
머리칼이 살아 움직이는 듯하네
어두운 거리를 밝힌 한 촛불이여
법의 바다에 외로운 배였다네
아! 스님의 위대한 모습
천년만년 사라지지 않으리

가정嘉靖(明 世宗의 연호) 39년(명종 15, 1560) 여름에 두류산頭流山(지리산)의 법손法孫 휴정이 스님의 행장을 지었다.

碧松禪師傳

師名智嚴。號埜老。所居堂曰碧松。姓宋氏。父曰福生。扶安人也。母曰王氏。夢一梵僧。設禮寄宿。因以有娠。天順八年甲申三月十五日生。骨相奇秀。雄武過人。幼好書劍。尤善將鑑。弘治四年辛亥四月。野人冦朔方。殺鎭將。成宗大王命許琮。帥師二萬討之。師亦仗劍從之。擧鞭一揮。大豎功焉。旣罷征。喟然曰。大丈夫生斯世也。不守心地。役役馳勞耶。即拂衣。入鷄龍山上草庵。叅祖澄大師。剃染。時年二十八矣。自爾。志行卓厲。樂修禪定。若隋郞將智嚴之儔焉。先訪衍熙敎師。問圓頓敎義。次尋正心禪師。擊西來密旨。俱振玄妙。正德戊辰秋。入金剛山妙吉祥。看大慧語錄。疑着狗子無佛性話。不多日時。打破柒桶。又看高峰語錄。至颺在他方之語。頓落前解。是故。師之平生所發揮者。乃高峰大慧之風也。大慧和尙。六祖十七代嫡孫也。高峰和尙。臨濟十八代嫡孫。吁。師以海外之人。密嗣五百年前宗派。猶程朱輩生乎千載之下。遠承孔孟爲緖也。儒也釋也。傳道則一也。辛未春。入龍門山。結二夏。癸酉春。入五臺山。結一夏。白雲楞伽。居無定止。逍遙然天地間。一閒道人也。庚辰三月。入智異山。棲身草庵。身無再衣。日不再食。不修人事。多以倨慢譏。古人云。非魚安知魚。此之謂也。一日。喚侍者。點茶來。啜茶訖。閉門端坐。良久默然。開窓視之。則已入寂。乃十一月初一日辰時也。顏色不變。屈伸如生。茶毘之夜。祥光洞天。薦齋之晨。瑞雲盤空。頂骨一片。舍利綮綮。¹⁾ 瑩若眞珠。弟子崇仁雪訔圓悟一眞之徒。鐫石鍾。以安于義神之南麓。所詠歌頌若干篇。刊于行²⁾世。師壽七十一。臘四十四。幻性非。³⁾ 覽者毋忽。贊曰。震旦之皮。天竺之骨。華月夷風。如動生髮。昏衢一燭。法海孤舟。嗚呼不民。⁴⁾ 萬歲千秋。嘉靖三十九年夏。頭流山法孫。休靜撰行裝。⁵⁾

---

1) ㉟ '綮綮'은 '黏黏'의 오자이다. 2) ㉟ '于行'은 '行于'의 오기이다. 3) ㉟ '幻性非'는 연자이다. 4) ㉟ '民'은 '泯'의 오자이다. 5) ㉟ '裝'은 '狀'의 오자이다.

부용조사전

선사先師는 영남 진주 삼천포에서 출생한 사람이다. 법명은 영관靈觀이고 호는 은암선자隱庵禪子이다. 또 달리 연선도인蓮船道人이라 부르기도 했다. 몸은 비록 이 세간에 머물렀지만 생각은 늘 서방西方(극락정토)에 있었기 때문에 그가 거주하는 방을 부용당芙蓉堂이라 불렀다.

가세家世가 대대로 미천하였으므로 넉넉하긴 했지만 예절이 바르지는 못했다. 성화成化(明 憲宗의 연호) 을사년(조선 성종 16, 1485) 7월 7일에 태어났다. 스님의 나이 겨우 여덟 살에 낚시를 하러 가는 아버지에게 끌려 고기망태를 지고 뒤따라 다녔는데 스님은 망태 안에 살아 있는 고기는 모두 다 놓아 주었다. 아버지가 크게 성을 내며 매질을 하자 스님은 절을 하며 울면서 말했다.

"사람이나 물고기나 목숨을 부여받은 것은 똑같고 고통을 참는 것도 마찬가지입니다. 엎드려 바라옵건대 용서하여 주십시오."

아버지는 이 말을 듣고 이내 노여움을 풀었다.

그의 집 가까운 곳에 신비한 용이 산다는 굴이 있었다. 그 굴에서는 마치 수증기와 같은 것이 난간 밖에 가득 어려 있고 음악 소리가 들려 나왔다. 동네 노인들로부터 전해 오는 말을 들으니 "그 소리는 굴속에 칩거하고 있는 용이 연주하는 음악 소리이다."라고 하였다. 그런데 영관 스님이 지팡이로 평상을 치면 그 음악 소리가 갑자기 멈추곤 했다. 어느 때인가 용이 수면 위로 솟아올라 비늘 갈기가 햇빛에 찬란하게 번쩍였는데 아무도 감히 가까이 다가가지 못했다. 그런데 스님이 머리를 들고 할喝을 한 번 하자, 용의 모습이 홀연히 사라지는 것이었다. 이런 까닭에 마을 사람들은 그를 기이한 아이라고 일컬었다.

하루는 어떤 기이한 스님이 찾아와서 그의 아버지에게 말하였다.

"이 아이는 곧 출세간의 보배요 연화烟火(세속)의 인물이 아닙니다. 그러니 부디 출가시키시기 바랍니다."

그렇게 말하고 조금 있다가 스님은 홀연히 보이지 않았다.

영관 스님은 죽마竹馬의 나이(어린 나이)일 때부터 돌을 세워 부처님이라 하기도 하고, 혹은 모래를 올려 공양이라 하기도 하며, 혹은 소나무를 비스듬하게 눕혀 암자라 하기도 하면서 눈을 감고 꿇어앉아서 해가 지는 줄도 모르곤 했다. 세상의 구속을 싫어하고 공문空門을 매우 그리워하는 마음이 날로 깊어만 갔다.

스님의 나이 13세가 되던 정사년(연산군 3, 1497) 가을에 밤은 깊어 인적이 고요한데 몸이 빠져 나와 집 문을 나서니, 흡사 어떤 사람이 인도하는 대로 따라가는 것과 같았다. 알지도 못한 사이에 10여 리쯤 걸어가서 사천沙川을 건넜을 때에야 스님은 집에서 기르던 개가 뒤따라 온 것을 알았다. 그리하여 그 개를 돌아보면서 타일러 말했다.

"돌아가서 존당尊堂[21]을 잘 보호하고 더 이상 나를 따라오지 말아라. 나는 이제 영원히 운수인雲水人(스님)이 되어 맹세코 다시는 돌아오지 않을 것이다. 너는 속히 돌아가서 잘 지내라."

그러자 개가 머리를 수그리고 스님의 말을 다 듣고는 마치 이별이 아쉽기라도 하다는 태도를 지으며 몇 차례 울부짖고는 돌아갔다. 그리하여 스님은 외로운 그림자를 펄럭이면서 강을 건너 고향이 있는 쪽을 바라보니 넘어가려고 하는 달이 마침 서쪽 산마루에 걸려 있었다. 동이 트려고 할 무렵에 곧바로 덕이산德異山(덕유산)으로 들어가 고행하는 선자禪子를 찾아 가르침을 받은 지 3년 만에 머리를 깎고 스님이 되었다.

17세 되던 해인 신유년(연산군 7, 1501)에 처음으로 신총信總 법사를 참알參謁하고 교학의 강령綱領을 탐구하였고, 다시 위봉威鳳 대사에게 예를 올

---

[21] 존당尊堂 : 원래는 다른 사람의 어머니를 지칭하는 존칭인데 여기에서는 아마도 자신의 부모를 일컫는 말인 듯하다.

리고, 선禪의 요체에 들어가 골몰하였다.

　그 후 스님은 구천동九泉洞으로 들어가서 손수 띳집을 짓고 어느새 아홉 해 봄가을을 지내며 정진하였다. 장좌불와長坐不臥하였으니 어찌 옆구리를 땅에 대어 편안하게 잠을 자는 자리가 있겠으며, 지팡이 짚고 산 밖을 나선 적이 없으니 어찌 술집인들 들어간 적이 있겠는가?

　교리를 논강할 때에는 양양洋洋하여 마치 만 이랑의 파도가 넘실거리는 것 같았고, 선의 뜻에 대해 말할 때에는 높고 높아 흡사 천 길 낭떠러지 같았다.

　기사년(중종 4, 1509)에 멀리 용문산으로 들어가 조우祖愚 대사를 찾아뵙고 선에 대해 토론을 하고 여가에 『노자老子』와 『장자莊子』까지 모두 섭렵하였다.

　갑술년(중종 9, 1514)에 또 청평산으로 가서 학매學梅 선자禪子를 찾아 선의 미묘한 부분에 대하여 문답을 하였으나 법에 특별한 의미가 없었다. 기묘년(중종 14, 1519)에 금강산 대존암大尊庵에 이르러 율시 한 수를 읊어 그 절의 문에 붓을 들어 크게 써 붙였다.

　　공연히 소림少林을 생각하다가 시간만 낭비하니
　　우물쭈물 하다가 구레나룻 하얀 지경에 이르렀네
　　비야毘耶[22]의 저 옛날 소리는 냄새도 없고
　　마갈摩竭[23] 당년의 소리도 끊어졌구나
　　말뚝처럼 앉았으니 분별하는 마음 막아지고
　　바보처럼 지내니 시비할 마음 일지 않네

---

22 비야毘耶 : 비야리毘耶離 또는 비사리毘舍離라고도 한다. 중인도에 있던 작은 나라로 부처님께서 자주 그 나라에 다니며 교화하였다고 한다.
23 마갈摩竭 : 중인도에 있었던 왕국인 마갈타摩竭陀를 말한다. 부처님이 성도한 니련선하泥連禪河가 있으며, 불멸佛滅 후 제1결집이 있었던 곳이다.

부질없는 생각을 선외仙外에 날려 보내고
온종일 세상 일 잊고 푸른 산만 대하노라

그러고는 붓과 벼루를 불사르고 입을 닫은 채 묵묵하게 앉아서 9년 동안 정진하였다. 만약 유람하는 객이 문전에 이르면 이 시를 가리킬 따름이었다.

경인년(중종 14, 1519) 가을에 홀연히 반성하고 부모님의 은혜를 갚아야겠다는 생각을 하고는 곧 남쪽을 향해 갔다. 점점 고향의 성을 향해 가다가 본가가 있는 산이 가까워지자 석양이 되었다. 강 마을에 슬픈 모습으로 서 있는데 홀연히 한 노인이 소를 끌고 나오는 것이 눈에 띄었다. 스님이 절을 하고 물었다.

"여기가 진주입니까?"

노인이 괴이하게 여겨 되물었다.

"무슨 까닭으로 그렇게 묻는 것입니까?"

스님이 대답하였다.

"진주는 제가 태어난 곳입니다. 저의 부모님께서 살아 계시는지 돌아가셨는지 알 수가 없기 때문에 지금 그렇게 물어본 것입니다."

노인이 말하였다.

"그대 아버지의 성명은 무엇이며, 또한 그대의 어릴 적 이름은 무엇인가?"

스님이 대답하였다.

"제 아버님의 성함은 원연袁演이라 하옵고, 저의 어릴 때 이름은 구언九彦이라 합니다."

노인이 갑자기 쇠고삐를 놓고 스님의 손을 잡고 말하였다.

"오늘 부자父子가 만난 것이 분명하구나. 네 이름은 내 아들이고 내 이름은 네 아비가 분명하다. 네가 나를 버리고 도망한 지 어느덧 30여 년이나 되었구나. 아무리 찾아도 찾을 수가 없어서 근심과 시름 속에 세월을 보내 왔는데 오늘 홀연히 스스로 찾아왔으니 내 소원을 마침내 풀어 주었구나."

부자지간임을 확인한 뒤에 각각 슬픔과 기쁨을 견딜 길 없어 한바탕 목 놓아 통곡하였다. 한동안 울고 나서 조금 있다가 아버지가 눈물을 닦으면서 말하였다.

"네 어머니는 10년 전에 세상을 떠나셨고, 네 주인은 7년 전에 아내를 잃었으며 다만 너의 집과 밭만 남아 있을 뿐이다."

스님이 말하였다.

"원씨袁氏(누이동생)는 어디 있습니까?"

아버지가 말하였다.

"네 누이동생은 네가 집을 떠난 날 저녁부터 문을 꼭 닫고 누워 버렸고 우리 집 개도 해만 쳐다보고 앉아 있더니 7일째 되던 날 누이도 개도 다 죽어 덕산德山 서쪽 산기슭에 묻어 주었다."

스님은 그 말을 듣고 덧없음을 뼈아프게 느끼고 더 한층 눈물을 흘렸다. 날이 저물 무렵이 되자 옛집에 이르러 보니 옛날 같이 뛰놀던 소녀와 소년들은 모두 다 할아버지와 할머니가 되어 있었다. 그들과 평상 위에 둘러앉아 밤새도록 이야기를 하느라 닭이 새벽을 알리는 줄도 몰랐다. 이튿날 아침에 아버지는 스님의 손을 잡고 늙은 주인을 찾아뵈었다. 주인이 깜짝 놀라 말하였다.

"이 사람이 정말로 구언이란 말인가?"

그렇게 말하고는 저도 모르게 눈물을 주르르 흘리는 것이었다. 조금 있다가 주인은 방석을 내어주며 앉으라고 하였으나 스님은 머뭇거리며 사양하고 뒤로 물러나 말하였다.

"소천小賤이 주인과 어버이를 배반하였으니 그 죄를 하늘도 용납하지 않을 것입니다. 이제 집과 토지를 모두 바쳐서 이 몸값을 치르고 출가하여 도를 닦아서 그 은혜를 보답할까 합니다."

주인이 말하였다.

"출가를 한다고 해서 어떻게 그 은혜를 갚는단 말이냐?"

스님이 고사古事를 들어 대답하였다.

"출가한 사람은 세간에서 숨어서 그 뜻을 구하고 세속의 모습을 변화하여 그 도를 통달하는 것입니다. 세속의 모습을 바꾸어서 스님이 되면 세속 사람들의 법도와 예의를 따르지 않고, 세상을 숨어 살면 당연히 고상한 흔적을 남기게 됩니다. 이러한 이들은 삼승三乘[24]의 이치를 깨닫고 사람과 하늘에게 열어 보이며, 오족五族을 건지고 육친六親을 구원하기를 마치 손바닥 뒤집듯이 쉽게 할 수 있습니다. 그런 까닭에 비록 안으로 천륜의 소중함을 무너뜨린다 해도 그 효도를 어기는 것이 아니요, 아무리 밖으로 주인 섬기는 공경을 다하지 못하더라도 그 공경을 잃는 것이 아닙니다."

주인은 유교를 숭상하는 사람이었다. 스님의 말을 다 듣고 그 말을 가상하게 여겨 일어서서 스님의 손을 잡고 계단을 올라 말하였다.

"사문이란 세상을 벗어난 사람들이니, 마땅히 세상의 예절을 생략해야 할 것이다."

그러고는 베개를 나란히 하여 하룻밤 자고 나서 머물러 살기를 간청하였다. 스님은 주인의 간곡한 청을 기어이 따르지 않고, 이튿날 땅 문서를 주인에게 바쳐 밭과 집을 다 주고 두 번 절하고 물러나왔다. 그러고는 늙은 아버지에게 이별을 고하고 두류산(지리산)으로 향하였다. 그리하여 지엄 벽송智嚴碧松 스님의 문을 두드렸다.

"영관靈觀이 먼 곳에서 스님의 법풍法風을 흠모하여 이렇게 찾아왔으니 부디 거두어 받아 주시기 바라나이다."

---

24 삼승三乘 : 양이 끄는 수레, 사슴이 끄는 수레, 소가 끄는 수레인데, 즉 성문聲聞·연각緣覺·보살菩薩에 대한 세 가지 교법을 말한다.

지엄 대사가 말하였다.

"영靈도 감히 올 수 없거늘 관觀이 어디로부터 왔단 말이냐?"

스님이 가까이 다가가서 합장하고 말하였다.

"청하옵나니 대사께서 살펴보시옵소서."

지엄 대사가 웃으며 말하였다.

"다듬어 볼 만하구나."

그러고는 이튿날 지엄 대사는 대사를 위하여 마음에 가득 끼인 안개를 걷어 내고 끓는 바다 같은 욕망을 말끔하게 씻어 주니, 스님의 20년 묵은 의심이 마치 커다란 골짜기에 층층이 쌓였던 얼음이 녹아내리듯 풀리는 것이었다. 스님은 곧 지엄에게 이마를 땅에 대어 예를 올리고 잇달아 찬탄하며 말하였다.

"참으로 저의 스승이십니다."

모신 지 3년 되던 해에 지엄 대사가 세상을 떠났다. 아! 저 스승이 경영하던 것을 그 제자가 계승하여 경영하는구나. 이 주석柱石이 아니었더라면 어떻게 이런 동량棟梁이 있을 수 있었겠는가?

스님은 평생에 성품이 온화하고 청아하여 마음에 사랑하고 미워함이 끊어졌으므로 생각이 한결같이 평등하여 심지어는 한 수저의 밥이라도 배고픈 사람을 보면 나누어 주곤 하였으니, 아마도 전생부터 자비의 씨앗을 심었다는 것을 알 수 있겠다. 게다가 또 문장은 진실되고 올바르며 의미를 파악하는 것도 명석하였다.

무릇 학문을 배우러 온 사람을 가르칠 때에는 부지런히 힘쓰고 게을리하지 않았으며, 칠요七曜[25]·구장九章[26]·천문天文·의술醫術 그 어느 것 하

---

[25] 칠요七曜 : 해와 달, 그리고 금金·목木·수水·화火·토土 오성五星을 일컫는다. 즉 고대 역법曆法을 말한다.

[26] 구장九章 : 한漢나라 장창張蒼이 지은 『九章算術』에서 나온 말로 고대의 산술算術을 말한다.

나도 달통하지 않은 것이 없었다. 그리하여 심지어는 『중용』을 품안에 안고 『장자』를 옆구리에 끼고 다니는 사람들까지도 의문난 점들을 풀어 주지 못하는 것이 없었다.

그런 까닭에 그의 문전에 늘 넘쳤던 영걸한 유생儒生들은 죽을 때까지 계속 배우지 못한 것을 한스럽게 여겼으며, 마당 안에 가득 찼던 법속法俗(승속)들은 모두들 떠나갈 것인가, 더 머물러 있을 것인가를 결정하지 못하고 있었다.

그러므로 호남과 영남 일대에 벼슬 없는 선비들로서 삼교三敎(儒·佛·仙)를 통달한 사람들은 바로 스님의 법풍法風을 이어받은 사람들이다. 이는 이른바 "전단향나무를 옮겨 심으니 다른 나무들도 향내가 난다.(栴檀移植。異物同薰。)"고 한 말과 같은 경우라 하겠다.

스님은 한번 벽송의 문을 밟은 뒤로 혹은 황룡산에 살기도 하고 혹은 팔공산(전북 장수)에 살기도 하였으며, 혹은 대승동大乘洞에 살기도 하였고 혹은 의신동義神洞에 살기도 하였으며, 혹은 연곡동燕谷洞에 머물면서 알지 못하는 사이에 41년 세월을 꿈결처럼 흘려보낸 뒤 융경隆慶(明 穆宗의 연호) 신미년(선조 4, 1571) 4월 14일에 열반에 드니, 세속 나이는 87세였고 법랍은 72년이었다.

시자 법융法融과 영응靈應, 대선大選 정원淨源과 신옹信翁, 선덕禪德 진기眞機와 도의道義 등 무리들이 스님의 영골을 거두어 연곡동 서쪽 산기슭에 부도를 세웠다. 스님을 찬탄하는 게송을 지었는데 그 내용은 이러하다.

> 깨달음의 자리에 높이 걸터앉아
> 먼저 세 가지 수레로 인도하셨네
> 여덟 바다에 그물을 쳐서
> 많은 고기를 건져 올리셨네
> 쇠방망이로 호랑이 굴과

마귀의 궁전을 때려 부쉈네
사람이 가니 세상이 적막하고
달이 넘어가니 하늘이 텅 비었구나

만력萬曆(明 神宗의 연호) 정축년(선조 10, 1577) 가을에 문인 풍악산인楓嶽山人 휴정休靜이 스님의 행장을 지었다. 문인은 12명이다.

芙蓉祖師傳

先師。嶺南晋州三千浦人也。名靈觀。號隱庵禪子。一日蓮船道人。身雖寄世。想在西方。故以芙蓉堂稱之。家世犯賤。富而無禮。成化乙巳七月初七日生。年才八歲。父携而釣魚。使負魚籃。擇其生命者。而盡放之。父大怒撻之。師拜而泣曰。而[1]人與物。受命則同。忍痛則一也。伏望垂恕。父聞而弛怒。家近神龍之窟。雲蒸檻外。樂出虛堂。父老相傳曰。此蟄龍之管絃也。師杖擊床則樂聲忽止。有時。龍出水面。鱗鬣輝日。人不敢近。師擧頭一唱。[2] 則龍形忽沒。以是里人。稱奇童。有異僧。來謂父曰。此童。乃出世之寶。非烟火之物。請出家。俄而僧忽不見。師竹馬之年。或立石爲佛。或獻沙爲供。或偃松爲庵。合眼危坐。不知日之西也。日厭世綱。[3] 深想空門。年至十三。丁巳之秋。夜深人靜。抽身出門。似有人引去。不覺。行十餘里。及渡沙川。則師所養一狗子。已追之矣。顧謂狗子曰。善護尊堂。勿追我也。我今永作雲水人。矢不歸也。汝速還。珍重。狗子低頭。聽其語。似有惜別之態。發啾唧數聲而去。於是。翩翩隻影。隔江回望。則落月正在西峰也。黎明。直入德異山。尋苦行禪子。投三年。學其法而落髮焉。十七辛酉。初叅信聰法師。探敎網。又禮威鳳大師。入禪樞。因入九泉洞。手結茅庵。已度九春秋。長坐不臥。詎脇安眠之席。節無出山。寧過酒肆之門。論敎義則洋洋焉波瀾萬頃。轉禪旨則嶷嶷然崖岸千尋。己巳。遠入龍門山。訪祖愚大師。討禪餘暇。涉盡莊老。甲戌。又向淸平山。投學梅禪子。扣擊禪微。法無異味。己卯。到金剛山大尊庵。吟一律。拔筆大書其門曰。空費悠悠憶少林。因循裹甓到如今。毘耶昔日無聲臭。摩竭當年絶響。[4] 似杭[5]能防分別意。如痴必禦是非心。故將妄計飛仙外。終日忘機對碧岑。於是。燒筆硯。杜默而坐。經九年。若遊客到門。則指此詩而已。庚寅秋。忽然反省。思報罔極之恩。爰發南行。漸向本城。漸近家山。夕陽江村。悵然而立。忽見一老翁。牽牛而出。師拜而問曰。此晋州耶。翁怳而問曰。何故問之。師曰。此我所生之地也。不知我父母存沒。故當欲問之。翁曰。汝父姓名誰耶。汝之兒名。亦誰耶。師曰。我父姓名袁演。我之兒名九彥也。翁忽放牛執手曰。今日。父子之矣。汝名我子。我名汝父。汝捨我逃走。三十餘年。求索不得。憂愁年邁。今忽自來。甚適我願。定父子後。各不堪悲欣。一場痛哭。翁良久拭淚曰。汝母。十年前棄世。汝主。七年前喪室。惟汝之田宅。猶在爾。師曰。袁氏安在。翁曰。汝妹。從汝出家之夕。閉門而臥。汝狗子。亦視日而坐。至七日。袁與狗俱死。葬於德山之西麓爾。師聞之。痛念無常。尤爲落淚。及黃昏到家。則昔之群童。盡作翁婆也。亦與之連床夜語。不覺鷄之已曉矣。明朝。父携。觀於老主。主驚曰。此九彥耶。不覺潸然。俄而主。進席許坐。師逡巡辭退曰。小賤背主背親。罪不容天。今欲盡納田宅。以贖身出家。修道以報也。主曰。出家何能報恩耶。師引古答曰。出家者。遁世以求其志。變俗以達其道。變俗則不與世典同禮。遁世則宜高尙其跡。達三乘。開人天。拯五族。拔六親。猶如反掌也。是故。雖內乖天屬之重。而不違其孝。雖外闕奉主之恭。而不失其敬也。主儒者也。聞而嘉之。起立。携手而上堦曰。沙門。物外人也。宜刪世禮矣。因連枕一宿而請留之。師強不從。明日。呈文券。納田宅。再拜而退。又告別老父。即向頭流山。扣智嚴大師碧松之門曰。靈觀。自遠趨風。願一攝受。嚴曰。靈且不敢。觀從何來。師近前叉手曰。請師鑑。嚴笑曰。堪爲雕琢。翌日。嚴爲師碎蕩心霧。陶瀉沸海。[6] 師之二十年宿疑。忽如層冰之泮巨壑也。即頂禮連聲歎曰。此眞吾師也。執侍三年。嚴亦厭世。吁。厥師經之。厥資營之。非斯柱石。孰此棟樑哉。師平生叶性溫雅。情絕愛憎。

念專平等。至於一匙之飯。見人則分之。其夙植慈⁷⁾之種。亦可見矣。兼又
文章允正。義理明析。凡敎學者。亹亹不倦。凡七曜九章。天文醫術。莫不
通焉。至於懷中庸挾莊子者。亦莫不決疑焉。是故。溢門英儒。俱懷生別之
恨。盈庭法俗。共鯁去留之心。是故。湖嶺兩南。以白衣通三敎者。乃師之
風也。可謂栴移⁸⁾植。異物同熏也。師自從一踏碧松之門。或居黃龍山。或
居八公山。或住大乘洞。或住義神洞。或住燕谷洞。不覺。夢過四十一年。
至隆慶辛未四月十四日。入寂焉。世壽八十七。法臘七十二。侍者法融靈應
大選淨源信翁禪德眞機道義輩。收靈骨。豎浮屠于燕谷之西麓也。贊曰。高
踞覺地。先引三車。張羅八海。撈攦群魚。金鎚擊碎。虎穴魔宮。人亡世寂。
月落天空。萬曆丁丑秋。門人楓岳休靜。撰行裝。⁹⁾門人十二人。

1) ㉘ '而'는 연자이다. 2) ㉘ '唱'은 '喝'의 오자이다. 3) ㉘ '綱'은 '網'의 오자이다.
4) ㉘ '響' 뒤에 '音'이 있는 본이 있다. 5) ㉘ '杭'은 '杌'의 오자이다. 6) ㉘ '沸海'는
연자이나, '佛海'가 아닌가 한다. 7) ㉘ '慈' 뒤에 '悲'가 있는 본이 있다. 8) ㉘ '栴移'
는 '旃檀移'의 오자이다. 9) ㉘ '裝'은 '狀'의 오자이다.

경성대덕전

　스님의 법명은 일선一禪이고 호는 경성敬聖이다. 또는 휴옹休翁이라 하기도 하고 한편으로는 선화자禪和子라고도 부른다. 속성은 장張씨이고 울산에서 출생한 사람이다. 아버지는 윤한胤韓이고, 어머니는 박씨이다.

　박씨 부인이 하루는 한가하게 잠을 자다가 해맑은 구슬을 삼키는 꿈을 꾸고 깨어난 뒤 임신하였고, 홍치弘治(明 孝宗의 연호) 원년 무신(성종 19, 1488) 12월 13일에 스님을 낳았다. 아이는 목욕을 시키지 않았는데도 피부가 깨끗하였고 몸에서는 향내가 났다.

　나이 겨우 7~8세에 냄새나는 채소와 비린 고기를 좋아하지 않아서 늘 속가의 부엌에서 고기를 삶고 물고기를 굽는 것을 보면 그때마다 반드시 놀라고 불쌍하게 여기곤 했다. 그의 집 남쪽에 과수원이 있었는데 이웃 아이들이 다투어 따곤 하였으나 스님은 자기 몫까지 다 내놓아 다른 아이에게 나누어 주고 빈손으로 돌아가기 일쑤였다.

　때로는 모래를 쌓아 탑을 만들기도 하였고 혹은 돌을 포개 자리를 만들어 앉기도 하였으며, 많은 아이들이 흡연翕然히 부처님처럼 존중하곤 했다. 비단 타고난 바탕이 아름다울 뿐만 아니라 과거 세상에서부터 훈습해 온 결과라는 것을 증험할 만하였다.

　어려서 양친을 다 여의고 피눈물을 흘리면서 삼년상을 치르고 나서 세상이 덧없는 것임을 깨닫고 마음에 늘 청허淸虛함을 그리워하였다. 스님의 나이 열세 살 때 단석산斷石山으로 들어가 해산海山 법사에게 몸을 던져 3년 동안 법사를 시봉하다가 열여섯 살 때 머리를 깎고 중이 되었다. 스물네 살 때 서쪽으로 묘향산에 들어가 문수암文殊庵에 앉아서 발우 하나와 누더기 옷 한 벌만으로 오로지 고행을 하고 부처님의 가르침으로 마음을 바로잡는 일을 죽을 때까지 실천할 것을 스스로 맹세하였다.

　얼마 뒤에 문득 여러 지방을 유람할 마음을 내어 남쪽으로 두류산(지리산)에 들어가 지엄智嚴 대사를 찾아가 예를 올렸다. 지엄 대사가 그를 한번 보고 큰 그릇이라 여겨 게송 하나를 주었다.

　　바람은 솔솔 불어오고 달은 밝으며
　　구름은 가득 끼고 물은 잔잔하구나
　　저간에 벌어지는 일들을 알려고 하면
　　모쪼록 조사의 관문을 참예하라

스님은 곧 활구活句²⁷에 마음을 머물러 두고 즐기면서 근심을 잊었다. 동쪽으로 금강산 시왕동十王洞에 들어가 공부를 했는데 이미 자나 깨나 항상 여일如一한 경지에 이르러 있었다. 하루는 죽비竹篦로 갑자기 선상禪床을 탁 치면서 말하였다.

"조주趙州²⁸ 늙은이의 칼날이 드러났으니, 꿈을 외치는 가운데 꿈을 말하는구나. 잘못이 적지 않구나."

이런 일이 있은 이후로는 입으로 읊는 것이면 반드시 경절문徑截門의 언구言句이고 마음에 참구參究하는 것도 반드시 경절문의 언구였다. 얼마쯤 지난 뒤 표훈사表訓寺 승당僧堂에 들어가 한 해 여름 안거를 마치고, 상원암上院庵에 들어가 두 해 안거를 마쳤다.

가정嘉靖(明 世宗의 연호) 병신년(중종 31, 1536)에 중종대왕이 승군僧軍을 이용하여 신천新川을 방어하고 있을 때였다. 스님이 능가산으로 가다가 도

---

27 활구活句 : 의미가 있고 의로意路가 통하는 말을 사구死句, 의로가 통하지 않고 의미를 알 수 없는 말을 활구라 한다.
28 조주趙州 : 이름은 종심從諗. 778~897. 산동성山東省 조주부趙州府에서 출생. 어려서 출가하여 남전 보원南泉普願 선사의 법을 받고 그 문하에서 20년 동안 있었다. 80세까지 각처로 돌아다니다가 비로소 조주의 관음원觀音院에서 학자들을 제접提接하기 40년, 120세로 입적하였다. 어록語錄 3권이 남아 있고, 그의 교화가 크게 떨쳐 '조주고불趙州古佛'이라 일컬었다.

중에 그곳 역장役場에 들러 표연히 홀로 기거하고 있었는데, 도청都廳의 높은 벼슬아치가 그 모습이 기이하게 보였던지 스님을 불러 함께 이야기를 나누어 보고는 풍채가 범상하지 않은 데 반하여 반 달 동안이나 만류하여 머물게 하였다.

그때 경성京城의 사대부나 백성들도 스님의 덕음德音을 듣고는 다투어 시주를 하는 사람들이 날로 늘어나고 그 소문은 떠들썩하게 퍼져 나갔다. 이 일로 인하여 대간臺諫들이 세상을 현혹한다고 논죄論罪하여 의금부에 구금하는 빌미가 되었다. 그리하여 법에 의거하여 국문하였지만 스님은 자연스럽고 태연한 모습이었으며, 말이 정직하고 이치에 통하는 식견으로 천변만화의 논리를 보였다. 그러자 의금부에서는 법에 의해 국문하며 스님의 조리 있는 말을 듣고는 이를 가상하게 여겨 임금께 아뢰어 방면하였다. 스님은 곧바로 멀리 서산西山(묘향산)으로 들어가 9년 동안 자취를 감추었다.

갑진년(중종 39, 1544) 봄에 다시 묘향산으로 들어가 보현사普賢寺 관음전에 머물렀다. 주머니 속에 감추어 둔 송곳이 밖으로 드러나듯, 과일이 익어 향기로운 냄새가 발생하듯 공부가 경지에 도달했다.

온 나라에 석덕碩德과 고사高士들이 팔표八表(팔방)에서 구름처럼 몰려들어 이른바 해동海東의 절상회折床會[29]라고 할 만하였다. 이에 문인 의웅義雄의 무리에게 명하여 특별히 집 한 채를 짓게 하고 그 당호堂號를 경성당敬聖堂이라 붙이게 하였다. 그 집은 난간·창문·방문 등이 웅장하게 층을 이루었고, 옥빛과 금빛이 찬란하여 눈이 부실 지경이었다. 그때 스님은 향로에 향을 사르고 날마다 임금의 만수무강을 기원하였다.

스님은 증득하기 어려운 지혜를 증득함이 이미 이와 같았으며, 불충不

---

29 절상회折床會 : 『五燈會元』에 당나라 여회如會(744~823) 선사가 법풍이 크게 떨쳐서 배우려고 모여드는 이가 너무 많아 법당 마루가 부러질 정도였으므로 당시 사람들이 그렇게 말했다고 하는 고사에서 인용한 말이다.

忠의 구덩이에 떨어지지 않음이 또한 이와 같았으니, 가히 스님 가운데 직설稷契[30]이라 이를 만하다.

융경隆慶(明 穆宗의 연호) 무진년(선조 1, 1568) 2월 30일 경성 스님은 문도들에게 말하였다.

"이 세계는 이루어지고 머물고 무너지고 비어지는 현상이 있고, 생각은 생겨나고 머물고 달라지고 사라지는 현상이 있으며, 몸뚱이는 나고 늙고 병들고 죽는 현상이 있는 법이다. 무릇 시작이 있으면 틀림없이 끝이 있는 법, 그것이 바로 덧없는 몸뚱이인 것이다. 오늘 늙은 중이 덧없는 이치를 보여 주고자 하니 여러 어진 제자들은 모름지기 바른 생각을 지녀 그리워하거나 애달파하는 마음을 가지지 말라. 또한 세속에서 이롭지 못한 일을 장황하게 벌이는 일을 따르지 말라. 나는 부사의不思議한 산마루를 향하여 마지막으로 불사佛事 하나를 할 것이니, 나의 시체를 갈무리하지 말고 그대로 드러내어 새나 짐승들의 먹이가 되게 하는 것이 옳을 것이다."

말을 마치고 곧 붓을 들어 게송 한 수를 쓰니 그 내용은 이러했다.

　　나이 팔십을 넘은 것이 허공의 꽃과 같고
　　아득하게 지난 일은 그 또한 눈꽃과 같네
　　문지방도 채 넘지 않았는데 본국에 돌아가니
　　옛 동산에 복사꽃이 흐드러지게 피었구나

스님은 곧 붓을 놓고 단정하게 앉아서 담담하게 열반에 들었다. 그때 상서로운 구름이 사방에서 밀려들었고 햇빛은 참담하였다. 열반에 드신 지 7일째 되던 날 문인들이 스승의 유언을 따라 색신色身(시신)을 받들어

---

30 직설稷契 : 중국 고대 요堯와 순舜의 어진 신하인 후직后稷과 설契로서 지혜와 덕을 겸비한 사람을 일컫는 말이다.

상여에 싣고 부사의 고개로 갔다. 세속 사람과 스님들 수천 명이 가는 길을 메우고 차를 달여 올렸으며, 통곡하여 울부짖는 소리가 산골짜기를 뒤덮었다.

사유闍維[31]를 하던 날 밤에 신비한 광명이 하늘에 사무치니 백 리 밖에서도 그 광경을 보고는 그쪽을 바라보며 절을 올렸다고 한다. 그날이 바로 4월 18일 해시亥時(밤 9시~11시)였다. 그의 문인 태사太師·의변義卞·선등禪燈·일정一精·성준性峻의 무리가 사리 5과顆를 거두어 석종石鍾을 세우고 그 안에 봉안하였다. 세속의 나이는 81세이고 법랍은 65년이었다.

스님은 평소에 글을 짓거나 글씨를 쓰는 일을 힘쓰지 않았으나 임종게를 지을 때에는 붓에 먹물을 적셔 자재하게 글씨를 써 내려갔는데 사기辭氣가 쾌활하였으니, 스님의 평생 자취를 숨기고 산 지혜를 여기에서 대략 볼 수 있다.

그러한즉 비록 온 나라가 지나支那(중국)에 얽매여 있었으나 늘 극락세계에 가 있었으며, 후학들을 가르칠 때에는 자상하고 빈틈이 없었으나 그렇다고 선조들의 틀에 구애받지도 않았다.

아! 슬프다. 부처님의 바다에 더러운 찌꺼기가 오늘날처럼 심한 적도 없지만, 스님의 크게 불쌍하게 여기는 마음의 그물이 아니었다면, 그 누가 사람과 하늘의 고기를 건져 올려 열반의 언덕에 올려놓을 수가 있단 말인가? 말법 세상에 부처님의 동량棟梁이 되기에 적절하신 분이시며 법에 있어서는 기린의 뿔과 같은 존재라 하겠다.

융경隆慶 무진년(선조 1, 1568) 겨울에 묘향산에서 휴정이 스님의 행장과 찬문贊文을 지으니 그 찬문은 이러하다.

스님이 처음 올 때에는

---

[31] 사유闍維 : 다비茶毘와 같은 말. 죽은 이를 화장하는 일을 말한다.

하나의 밝은 구슬이더니
스님이 지금 가실 때에는
다섯 개의 신비한 구슬일세
불속에 들어가도 변하지 않고
물속에 들어가도 젖지 않네
늘 고요하며 늘 비추어 주니
겁석劫石[32]도 잠깐이었네

敬聖大德傳

師名一禪。號敬聖。又休翁。一日禪和子。姓張氏。蔚山人也。父曰胤韓。母曰朴氏。一日假寐。夢吞明珠。覺而有娠。弘治元年戊申十二月十三日。生焉。雖[1)]洗浴。膚體香潔。歲才七八。不喜薰羶。每見家厨。烹煇毛鱗。則必駭然悲惻。宅南有果園。鄰童竟[2)]之。師乃捨己所得。盡以施之。空手返焉。或聚沙爲塔。或壘[3)]石爲座。群童翕然尊重爲佛。非特質之美。可驗夙世之薰。□[4)]失雙親。泣血三年。觀世無常。意玩淸虛。年至十三。入斷石山。投海山法師。服勞三載。十六薙髮。二十四西入妙香山。坐文殊庵。一瓢[5)]一衲。專習苦行。正心佛理。以命自期。頃之。忽興遊方之志。南入頭流山。叅智嚴大師。嚴一見。深器之。示一偈曰。風颼颼月皎皎。雲冪冪水潺潺。欲識言[6)]箇事。須叅祖師開[7)]師。卽留心活句。樂而忘憂。東入金剛山十王洞。工夫已到。寤寐恒一。以竹篦忽擊禪床曰。趙州老露刃劒。唱夢中說夢。漏逗[8)]不少。自此詠於口者。必徑截門言句。叅於心者。亦必徑截門言句也。俄入表訓寺僧堂。結一夏。入上院庵。結二夏。至嘉靖丙申。中宗大王。用僧軍。防新川。師適楞伽山。路由役場。飄然獨居。都廳大官。見而異之。招

---

32 겁석劫石: 불교에서 보통 연월일로써 헤아릴 수 없는 아득한 시간을 겁劫이라 한다. 겁석이란 둘레가 40리나 되는 돌을 하늘 사람이 무게 3수銖밖에 안 되는 옷으로 3년마다 한 번 스쳐 그 돌이 다 닳아 없어지는 시간을 말한다.

而與之語。風彩非凡。挽留半月。於是。京城士庶。亦聞師之德音。爭趍捨施日益。紛紜聲振。臺論以惑世。拘於禁府。依法鞫之。師從容自若。言直理通。變化千萬。禁府。依法鞫聞[9]而嘉之。奏以赦之。師卽遠入西山。泯迹九年。甲辰春。還入妙香山。捿普賢寺觀音殿。囊錐益露。果熟香飄。碩德高士。八袞[10]雲趍。可謂海東折床會也。爰命門人義雄之輩。特起一堂。以敬聖安名焉。軒窓戶門。盇爾層搆。玉光金色。燎然奪目。於是。師執香爐。日祝聖壽萬歲也。則其能證難證之智。旣如此。其不墮不忠之坑。又如此。可謂僧中之稷契也。隆慶戊辰二月三十日。謂門徒曰。界有成住壞空。念有生住異滅。身有生老病死。凡有始者。必有終。此無常之體也。今日老僧。欲示無常。諸仁者。須攝正念。忽[11]懷眷戀。亦莫隨俗爲諱。張不益事也。吾欲向不思議之嶺。作佛事。須露屍骸。飼于鳥獸可也。言已。卽拔筆書偈曰。年逾八十似空花。徃事悠悠亦眼花。脚未跨門還本國。故園桃李已開花。卽放筆端坐。泊然而逝。于時。祥雲四合。日色慘然。及至七日。門人遵命。奉色身。舉於不思議之嶺。緇白數千人。塞路點茶。號慕悲惋之聲。動咽山谷。闍維之夜。神光洞天。百里之外。有見之者。望拜焉。乃四月十八日亥時也。門人太師義卞禪燈一精性峻之輩。收舍利五箇。建石鍾安之。師壽八十一。臘六十五。師居常。不治翰墨。至於臨終之偈。濡筆走草。辭氣快活。其平生匿迹之智。槩可見矣。然則雖繆慭於支那。而常玩愒於蓮邦。有覰縷於後學。而無蘿【闗塞[12]也야사】苴於先祖也。嗚呼。佛海穢滓無甚今日。微師大悲之綱[13]則孰攬人天之魚。置於涅槃之岸哉。末世。宜乎佛之棟樑。而法之猶角者歟。隆慶戊辰冬。妙香山休靜撰行裝[14]及贊。贊曰。師初來也。一顆明珠。師今去也。五箇神珠。入火不變。入水不渝。常寂常照。劫石須臾。

---

1) ㉰ '雖'는 '誰'의 오자인 듯하다. 2) ㉰ '竟'은 '競'이 아닌가 한다. 3) ㉰ '壘'는 '累'의 오자이다. 4) ㉰ □는 '早'이다. 5) ㉰ '飄'는 '瓢'의 오자이다. 6) ㉰ '言'은 '這'의 오자이다. 7) ㉰ '開'는 '關'의 오자이다. 8) ㉰ '逕'은 '逗'의 오자이다. 9) ㉰ '聞'은 '問'이 아닌가 한다. 10) ㉰ '袞'은 '表'의 오자이다. 11) ㉰ '忽'은 '勿'의 오자이다. 12) ㉰ '塞'은 '寒'의 오자이다. 13) ㉰ '綱'은 '網'의 오자이다. 14) ㉰ '裝'은 '狀'의 오자이다.

청허존자전

　선사先師의 법명은 휴정休靜이고 호는 청허淸虛이며, 또는 서산西山이라고 부르기도 한다. 자는 현응玄應이고 부친의 시조는 본래는 완산完山 최씨이고, 모친의 시조는 본래는 한남漢南 김씨이다.
　태종太宗조에 이르러 친가와 외가의 현고조께서 각각 용호방龍虎榜[33]에 올라 창화昌化[34]로 이사를 가서 살았으므로 부모가 모두 창화를 고향으로 삼게 되었다. 그 뒤 현윤縣尹으로 있던 외할아버지 김우金禹가 연산군 때 죄를 지어 안릉安陵(평안도 안주군)에 귀양 가서 살게 되자 스님의 부모도 외할아버지의 가문과 연관이 된다 하여 집안 식구 모두가 관리館吏[35]가 되었다. 8년이 지난 뒤에 외할아버지의 죄가 다시 논의되어 특별히 은혜를 입어 사면되어 본래의 직책에 복직이 허용되었으나 마침내 관서關西의 백성으로 살고 말았으니 운명이 아니겠는가?
　아버지의 이름은 세창世昌이고 나이 30세에 어떤 사람의 천거로 기성箕城 영전影殿의 작은 관직을 맡게 되었다. 관청의 사람이 와서 같이 떠날 것을 간청하면서 부임할 날짜를 말해 주자 스님의 아버지가 웃으며 말하였다.
　"정든 땅 노을과 달 그리고 한 병의 막걸리에 처자식을 거느리고 사는 즐거움이면 그 또한 족하지 않겠는가?"
　그리고는 곧 허리띠를 풀고 남쪽으로 머리를 향해 누워서 길게 휘파람을 몇 차례 불자 관청 사람은 곧 물러갔다. 세창은 향읍鄕邑에서 의문이 나는 것을 가지고 와서 물으면 의문을 풀어 주고 송사를 벌이려는 자가

33　용호방龍虎榜 : 조선 시대 과거에 합격한 사람들의 이름을 게시하던 게시판.
34　창화昌化 : 경기도 양주군의 옛 이름. 또는 충북 충주의 옛 이름인데 여기서는 양주가 아닌가 생각된다.
35　관리館吏 : 관사의 잡부로서 역사驛舍에 상주하며 일을 하는 일꾼.

있으면 만류하여 그만두게 하였으므로 향관鄕官으로 일을 한 13년 동안 그 고을 주민들로부터 '덕 있는 노인(德老)'이라는 호칭을 얻게 되었다.

정덕正德(明 武宗의 연호) 기묘년(중종 14, 1519) 여름에 모친 김씨가 신기神氣가 고르지 못하였는데, 하루는 작은 창가에서 한가롭게 잠시 잠이 들었다. 이때 어떤 노파가 와서 예를 올리며 말하였다.

"아무 근심도 하지 말고 아무 염려도 하지 마시오. 한 장부 사내아이를 잉태할 것이기 때문에 이 늙은 할미가 와서 축하를 드리는 것입니다."

이렇게 말하고는 다시 예를 올리고 떠나가 버리는 것이었다. 어머니가 놀라 깨어 보니 꿈이었다. 혼자 중얼거리며 말했다.

"참 이상도 하여라. 우리 부부는 동갑[똑같이 갑오생甲午生이었다.]으로 나이 50이 가까운데 어찌 오늘 꾼 꿈과 같은 일이 있을 수 있겠는가?"

김씨 부인은 의아하기도 하고 한편 민망하고 두려웠다.

이듬해[경진(1520)] 3월 김씨는 과연 아이를 낳았다. 스님의 부모는 서로 희롱하며 말하였다.

"늙은 조개에서 손바닥 안에 진주를 생산하니 이 또한 하늘의 뜻이로다."

아이가 3세 되던 해 임오년(1522) 4월 8일에 아버지가 술에 취해 누각 위에 누워 잠이 들었다. 꿈을 꾸었는데 어떤 한 노인이 와서 아버지에게 말하였다.

"아기 스님을 뵈러 왔습니다."

그러고는 노인이 두 손으로 어린 아기를 번쩍 안아 들고 몇 마디 주문을 외우는데 그 소리가 마치 범어梵語와 같아 무슨 말인지 알아들을 수가 없었다. 노인은 주문을 외워 마친 뒤에 아기를 내려놓고 이마를 쓰다듬으면서 말했다.

"이 아이의 이름을 운학雲鶴이라 하고 잘 기르기 바랍니다."

아버지가 운학의 의미를 묻자 노인이 대답하였다.

"이 아이는 일생 동안 행지行止가 정녕 구름과 학鶴 같을 것이기 때문입니다."

그 말을 마치고는 어디로 갔는지 알 수 없이 사라졌다. 그런 까닭으로 부모는 그때부터 아이를 부를 때에 '아기 스님'이라 하기도 하고 혹은 '운학雲鶴'이라 부르기도 했다.

아이는 어릴 적부터 여러 아이들과 어울려 소꿉장난을 하면서도 모래를 모아 탑을 만들고 혹은 기왓장을 가져다가 절을 짓는 등 늘 하는 짓이 무릇 이와 같았다.

그의 나이 아홉 살에 어머니가 갑자기 먼저 세상을 떠나시고, 그 이듬해엔 아버지마저 세상을 떠나셨다. 그러니 백 년의 생계가 하루아침에 무너지고 만 셈이다. 그때 그 고을의 원님(邑倅)으로 있던 이李 공【사중思曾】이 그 소식을 듣고 겨울에 그를 불러 눈 덮인 소나무를 가리키며 말하였다.

"운자韻字를 부를 터이니 한 구 지어 보겠느냐?"

소년이 대답하였다.

"제가 감히……."

원님이 사斜 자 운을 불렀다. 소년이 운자 부르는 소리를 듣자 즉석에서 답하였다.

"향기 어린 높은 누각에 해가 저물어 가니"

다음에 다시 화花 자 운을 불렀다. 소년이 또 글을 지었다.

"천 리 강산을 덮은 눈 마치 꽃과 같구나."

그러자 원님이 소년의 손을 잡고 등을 어루만지며 말하였다.

"너는 나의 아들이니라."

이때 소년의 나이는 열 살이었다. 원님은 소년의 손을 잡고 서울로 올라가 반궁泮宮(성균관)에 나아가도록 주선해 소년의 이름을 여러 유생儒生들의 끝부분에 기록하게 해 주었는데, 그때 소년의 나이는 열두 살이었다. 하루는 어느 늙은 학사學士가 소년 휴정을 보고 말하였다.

"나를 알아보겠느냐? 너의 고향이 여기서 그리 멀지 않다. 너의 선군先君은 나와 절친한 사이였다. 그러므로 내가 너를 멀리할 수 없구나."

그러고는 소년을 인도하여 흥인문興仁門(동대문) 밖으로 나가서 오래된 버드나무가 서 있는 사천沙川 언덕을 가리키면서 말하였다.

"저곳이 바로 네 선군이 살았던 옛 집터이다."

늙은 학사는 두어 간 서당을 짓고 자제들 대여섯 명을 모아 모두에게 훈계하여 말했다.

"너희들이 서로 형제가 되기를 언약하고 여기에서 공부를 하되 방일放逸한 행동을 하지 말라."

그러고는 3년이 될 때까지 스승을 초빙하여 공부를 가르치게 하였다. 소년 운학은 한 번 과거에 응시하였으나 급제하지 못하자 더욱 분발하였으니 그때 나이 열다섯 살이었다. 때마침 공부를 가르치던 스승이 호남 지방에 내려가 있었는데 같이 공부하던 학생 여러 명과 함께 따라 내려갔다. 그러나 그 스승은 호남으로 내려간 지 몇 달 안 되어 갑자기 예측하지 못한 우환(不天之憂, 喪親)을 만나 이미 서울로 돌아간 뒤였다. 소년들은 머리를 맞대고 답답해하다가 동학同學 중에 한 사람이 말하였다.

"스승을 찾아 천 리를 왔는데 일은 비록 어긋났지만 이러한 명승지에 와서 빈손으로 돌아가느니보다는 남녘의 산천이나 두루 구경을 하는 것이 좋겠다."

그리하여 소년들은 두류산頭流山・화엄동華嚴洞・연곡동燕谷洞・칠불암七佛庵・의신동義神洞・청학동靑鶴洞의 크고 작은 사찰을 찾아다니며 자고 걷고 하면서 반년의 세월을 보냈다. 그러던 어느 날 어떤 노숙老宿(덕이 높은 스님)[숭인崇仁 대사]이 청허를 보고는 이렇게 말하였다.

"그대를 보니 기골이 맑고 빼어나다. 결정코 보통 사람은 아니니라. 마음을 돌이켜 심공급제心空及第만 한다면 영원히 세간의 명리名利는 끊게 될 것이다. 서생書生들이 하는 업이란 아무리 종일토록 수고롭게 노력해도 백 년의 소득은 다만 하나의 헛된 이름일 따름이다. 실로 애석한 일이로다."

청허가 말하였다.

"어떤 것을 심공급제라고 말하는 것입니까?"

숭인 노숙이 눈을 깜박이며 말하였다.

"알겠는가?"

청허가 대답하였다.

"모르겠습니다."

노숙이 말하였다.

"말로는 설명하기 어려운 것이니라."

그러더니 『전등록』·『선문염송』·『화엄경』·『원각경』·『능엄경』·『법화경』·『유마경』·『반야경』 등 수십 가지 경론經論을 내어 보이며 말하였다.

"이 책들을 부지런히 읽고 깊이 생각하면 점점 그 문에 들어갈 수 있을 것이다."

이 일을 계기로 하여 그 후 영관靈觀 대사에게 부촉하게 된다. 영관 대사는 운학을 한번 보고 기이하게 여겼다. 그에게 3년 동안 수업하였는데 일찍이 열심히 하지 않은 적이 없었으며, 경전의 심오한 이치를 문답하였는데 한결같이 가려운 곳을 긁어 주는 것 같았다.

그때 함께 떠났던 동학 여러 명은 각각 서울로 돌아가고 스님만 홀로 선방에 머물면서 여러 경전을 탐구하였다. 경전을 읽고 탐구하면 할수록 명상名相에 더욱 얽매이고 해탈의 경지에 들어갈 수가 없었다. 날이 갈수록 스님의 마음은 더욱 답답하기만 했다. 그러던 중 어느 날 밤에 홀연히 그는 문자를 떠나서 오묘한 이치가 있음을 터득하고 마침내 시 한 수를 지어 읊었다.

창 밖에서 우는 소쩍새 소리를 들으니

눈 안에 가득한 봄 산이 모두 고향이로구나

하루는 또 이런 시를 지어 읊었다.

　물 길어 돌아가다 언뜻 머리 돌려 보니
　흰 구름 사이로 무수한 청산이 솟아 있네

이튿날 아침 손에 은도銀刀를 들어 직접 푸른 머리칼을 자르면서 말하였다.
"차라리 어리석은 바보로 평생을 살지언정 맹세코 문자나 독송하는 사내는 되지 않을 것이다."
　그러고는 일선一禪 대사를 수계사授戒師로 삼고, 석희釋熙 법사와 육공六空 장로, 각원覺圓 상좌를 증계사證戒師로 삼고, 영관靈觀 대사를 전법사傳法師로 삼고, 숭인崇仁 장로를 양육사養育師로 하여 스님이 되는 의식을 올렸다.
　스님이 된 휴정은 도솔산으로 가서 학묵學默 대사를 찾아뵈니 학묵 선사는 그를 쓰다듬어 주면서 인가해 주었다. 다시 두류산 삼철굴三鐵窟에 들어가 세 여름을 지내고, 대승암大乘庵에 들어가 두 여름을 지냈으며, 의신암義神庵·원통암圓通庵·원적암圓寂庵·은신암隱神庵 등 여러 암자에서 수삼 년 가을을 보냈다.
　하루는 용성龍城【지금의 남원이다.】 역성촌歷星村【별원】에서 낮닭이 우는 소리를 듣고 두 개의 게송을 읊었다.【서천 제3조인 상나화수商那和修[36]가 제4조인

---

36 상나화수商那和修 : 인도의 제3조. 상낙가박사商諾迦縛娑·사나바사舍那婆斯라고도 음역. 중인도 왕사성에서 출생하였으며, 뒤에 아난阿難의 제자가 되어 아라한과阿羅漢果를 증득, 아난이 열반한 뒤 전법에 전력하였다. 제자 우바국다優婆麴多에게 법을 전하였다.

우바국다優婆毱多[37] 존자에게 물었다. "네 나이 몇 살인고?" 대답하였다. "제 나이 열일곱입니다." 스승이 다시 물었다. "네 몸뚱이가 열일곱 개인가, 네 성품이 열일곱 개인가?" 제자가 대답하였다. "스승님의 머리가 하얗게 되었는데, 머리카락이 하얀 것입니까, 마음이 하얀 것입니까?" 스승이 대답하였다. "나는 다만 머리카락이 하얄 뿐 마음이 하얀 것은 아니니라." 우바국다가 말했다. "저도 몸이 열일곱이지 성품은 열일곱이 아닙니다." 상나화수가 곧 법의 그릇임을 알았다.]

> 머리칼은 하얘도 마음은 하얗지 않은 거라고
> 옛 사람(상나화수)이 일찍이 누설漏泄하셨지
> 오늘 닭이 우는 소리를 듣고 나서
> 대장부가 해야 할 일을 이미 마쳤네

또 읊었다.

> 홀연히 제집을 찾고 보니
> 온갖 것이 다 이것뿐이어라
> 만 마디 천 마디 부처님 말씀 적은 경전도
> 원래는 모두 다 텅 비어 있던 종이였다네

그러고는 곧바로 산으로 돌아갔다.

병오년(명종 8, 1553) 가을에 갑자기 사방을 두루 돌아다니고 싶은 마음이 생겨 표주박 하나와 누더기 한 벌로 오대산에 들어가 반년을 지내고, 다시 풍악산에 들어가 미륵봉彌勒峰을 찾아 구연동九淵洞에서 한 여름을

---

[37] 우바국다優婆毱多 : 불법을 전해 받은 제4조이며, 아육왕阿育王의 스승. 석가모니가 열반에 든 뒤 우바국다 존자가 그 교리를 받들어 설법할 때 마왕魔王이 석가모니의 몸으로 화化하여 이를 방해하려는 것을 미리 알고 물리쳐 불교를 다시 일으켰다.

보냈으며, 향로봉에서 한 여름을 보냈고, 성불암成佛庵·영은암靈隱庵·영대암靈臺庵 등의 암자에서 각각 한 여름씩을 보냈으며, 함일각含日閣에서 한 해 가을을 머물렀는데 그때의 나이가 서른세 살이었다.

그때 성조聖朝께서 (연산군 때에 폐지되었던) 양종兩宗(선종과 교종)을 다시 복원시켰는데, 마지못해 외인外人의 간청을 따라 1년 동안 대선大選[38]이라는 직책을 역임하고, 주지 직책을 맡은 지 두 해, 전법傳法이라는 이름을 얻은 지 세 달, 교판敎判(敎宗判事)의 직책에 세 달, 선판禪判(禪宗判事)의 직책에 3년을 있었으니, 그때 휴정의 나이 서른일곱 살이었다.

그러다가 갑자기 처음 발심했던 때의 마음으로 돌아가 관직을 내려놓고(解綬)[39] 하나의 청려장靑藜杖만 짚고 금강산 천석泉石 사이로 들어가 반년 동안 지내다가 두류산 내은적암內隱寂庵으로 들어가 3년을 지냈다. 그러고는 다시 황령암黃嶺庵·능인암能仁庵·칠불암七佛庵 등 여러 암자를 두루 돌아다니면서 3년을 지내고는 태백산·오대산·풍악산 등 다시 이 세 산을 답산하고 묘향산으로 가서 보현사普賢寺 관음전과 내원암內院庵·영운암靈雲庵·백운암白雲庵·심경암心鏡庵·금선암金仙庵·법왕암法王庵 등을 돌아다니며 마치 기러기 털이 날리듯 정처 없이 바람과 구름 같은 생활을 하였다. 그가 지은 〈삼몽사三夢詞〉는 이러하다.

> 주인은 손님에게 꿈 이야기를 하고
> 손님도 주인에게 꿈 이야기를 한다
> 지금 꿈 이야기를 하는 두 사람
> 둘 다 역시 꿈속의 사람이로구나

---

38 대선大選 : 승과僧科에 합격한 승려에게 주었던 최하위의 법계이다.
39 조선 시대 관직에 임명될 때 임금에게서 받는 신분이나 벼슬의 등급을 나타내는 관인官印을 몸에 차기 위한 끈을 인수印綬라고 한다. 이 끈을 푼다는 말은 관직에서 물러난다는 의미이다.

향로봉에 올라 지은 시는 이러하다.

　　온 나라 도성들 마치 개미집 같고
　　일천 집 호걸들도 흡사 하루살이 같구나
　　창가 밝은 달 베고 맑고 텅 빈 속에 누웠으니
　　솔바람 끝없는데 그 소리 고르지 않네

이로부터 빛을 감추고 채색을 갈무리한 채 산문 밖을 나오지 않았으나 도를 물으러 찾아오는 이가 날로 늘어만 갔다. 기축년 옥사獄事에 요망한 승려 무업無業이 대사가 향로봉에서 지은 시를 인용하여 무고誣告한 까닭에 체포되어 의금부에 잡혀갔으나 의금부에서 문초하는 답변이 분명하고 조리가 있었다. 선묘宣廟(선조)는 휴정이 억울하게 무고 당함을 알고 즉시 방면하게 하고, 그의 시고詩稿를 구해 읽어 보고는 그 아름다움에 감탄하고 자신이 직접 그린 그림 묵죽墨竹 한 폭과 시 한 수를 곁들여 휴정 상인上人에게 하사하였는데, 그 시는 이러하다.

　　댓잎은 붓끝에서 나왔고
　　뿌리는 땅에서 나온 것 아니라네
　　달이 떠올라도 그림자 볼 수 없고
　　바람 불어 흔들어도 소리 들리지 않네

휴정은 이에 그 은혜를 감사하며 시 한 수를 지어 올리니 그 시는 이러하다.

　　소상강의 한 가지 대나무가
　　임금님 붓끝에서 나왔구나

산승이 향불을 사르는 곳에서
잎새마다 가을바람에 서걱거리네

선조는 또 직접 시를 지어 휴정에게 하사하였으니, 그 시는 이러하다.

동쪽 바닷가 금강산이 있으니
거기서 얼마나 많은 인재가 나왔던가?
태산과 북두北斗처럼 높은 명성
지금 세상의 여래로구나

휴정은 임금이 직접 지어 하사한 시에 답하는 시를 지어 올리니, 그 시는 이러하다.

고요히 비추어 세상일 간섭 않거니
허령虛靈이 어찌 세속의 태胎에 들겠는가?
금강산 아래의 돌들은
크건 작건 다 여래인 것을

선조 대왕이 후한 상과 재물을 내려 산으로 돌아가는 휴정을 위로해 보냈다.

임진년(선조 25, 1592)에 임금이 탄 수레(大駕)가 서쪽으로 용만龍灣에 행차하자 대사는 칼을 뽑아 분연히 일어나 알현하니 선조가 말하였다.

"세상이 혼란하니 네가 중생들을 널리 구제할 수 있느냐?"

대사가 눈물을 흘리며 절을 하고 온 나라에 명을 내렸다.

"온 나라의 모든 승려들 중에 늙고 병이 들어 전쟁터에 나갈 수 없는 이들은 각자 머물고 있는 절에서 향을 사르고 기도를 올려 불보살님의 가피를 구하도록 하고, 그 나머지 승려들은 내가 직접 통솔할 터이니 모두들 군문 앞에 이르러 충성스런 백성들을 본받도록 하라.”

선조는 이를 의롭게 여겨 휴정을 팔도십육종도총섭八道十六宗都摠攝에 임명하였다. 대사는 여러 상족上足(제자)들에게 명을 내려 의병을 모아 규합하게 하였다. 그러자 유정惟政은 관동關東에서 기병起兵하고, 처영處英은 호남에서 기병해 권율權慄의 군대와 합병合兵하여 행주산성에서 적을 방어했다. 휴정 대사는 직접 문도 1,500명을 거느리고 천병天兵(명나라의 원병)을 따라 진군하여 평양을 탈환하였다.

천조天朝(명나라)의 경략經略 송응창宋應昌과 제독提督 이여송李如松, 그리고 삼협통병三協統兵[40] 이하 여러 장수들은 문첩文帖을 다투어 보내 전공을 치하하였다. 어떤 이는 "나라를 위하여 적을 무찌르는 그 충성이 해를 꿰뚫었으니 경앙敬仰하여 존경함을 이기지 못하겠다."는 말을 하기도 하고, 또 시를 지어 대사에게 보내기도 하였으니, 그 시는 이러하다.

> 공리功利에 아무 관심이 없어
> 도 닦는 일에만 전념하더니
> 나라가 위급하다는 말을 듣고는
> 총섭摠攝 되어 산문을 내려왔네

적이 물러가자 대사는 임금에게 아뢰었다.

"신의 나이 80이라 근력이 쇠진하였으니, 청컨대 군사의 일을 제자 유정과 처영에게 부탁하고, 신은 총섭인摠攝印을 반납하고 묘향산 예전에 살았던 곳으로 돌아가고자 합니다."

---

40 삼협통병三協統兵 : 명나라의 군직軍職. 제독提督 밑의 좌협·우협·중협 세 장군 중 하나이다.

선조는 그 뜻을 아름답게 여기고 그의 늙음을 안타깝게 여겨 그에게 '국일도대선사 선교도총섭 부종수교 보제등계존자國一都大禪師禪敎都摠攝扶宗樹敎普濟登階尊者'라는 호를 내렸다. 대사는 이윽고 묘향산으로 돌아와 또 다시 유유자적한 한가로운 한 도인이 되었다.

갑진년(선조 37, 1604) 정월 23일 원적암에서 조용히 열반을 준비하였다. 그러던 어느 날 휴정은 견여肩輿[41]를 타고 눈 속을 뚫고서 가까운 산내의 여러 암자들을 골고루 찾아다니면서 부처님께 참배하고 설법을 한 뒤에 방장실로 돌아왔다. 그러고는 목욕재계하고 위의를 갖춘 다음 부처님 앞에 향을 사르고 붓을 가져오게 하여 자신의 영정에 시 한 수를 써 넣었다.

> 80년 전에는 저것이 나였더니
> 80년 뒤에는 내가 저것이로구나

그러고는 유정과 처영 두 문인에게 보낼 편지를 써서 마친 다음 가부좌를 한 채 입적하니, 세속의 나이는 85세였고 선랍禪臘은 67년이었다. 기이한 향내가 방안에 가득하더니 삼칠일(21일)이 지나서야 비로소 사라졌다.

제자 원준圓俊과 인영印英 등이 사유闍維를 마치고 난 뒤에 영골靈骨 한 조각과 사리 두 매를 받들어 보현사普賢寺와 안심사安心寺 두 곳에 부도를 세워 봉안하였다. 또 한 조각은 제자 유정과 자체自體[42] 등이 봉래산蓬萊山으로 받들고 가서 거기에서 신비한 구슬(神珠, 사리) 몇 매를 얻어 유점사楡岾寺 북쪽 산언덕 폄석窆石에 봉안하였다.

그의 제자는 1천여 명이나 되었으며, 후학을 양성한 일방종주一方宗主(대종사)만도 네다섯 명을 밑돌지 않았으니 성대하다고 말할 만하다.

---

41 견여肩輿 : 좁은 길을 지날 때 두 사람이 메고 다니는 가마.
42 자체自體 : 자휴自休라는 기록도 있다.

그의 저술로는 『선가귀감禪家龜鑑』・『선교석禪敎釋』・『운수단가사雲水壇歌辭』・『삼가일지三家一指』 각 1권과 『청허당집淸虛堂集』 8권【하나는 묘향산에서 개간開刊한 상·중·하 3권이고, 하나는 동리산에서 개간한 상·하 2권본이며, 하나는 삭녕 용복사龍腹寺에서 개간한 7권본인데 숭정崇禎(明 毅宗의 연호) 3년 경오(인조 3, 1630) 정월에 개간한 것이다.】이 있으며, 「회심곡回心曲」 1편이 세상에 유행한다.

문인 언기彦機・의경儀冏・쌍흘雙屹 등이 상국相國 월사月沙 이정구李廷龜[43]에게 비명碑銘을 받아 금강산 백화암白華庵에 비석을 세웠다.

숭정崇禎 4년 신미(인조 9, 1631) 봄에 문인 태능太能・원철圓徹・해안海眼 등이 상국인 계곡谿谷 장유張維[44]에게 비명을 지어 달라고 청하여 두륜산 대둔사大芚寺에 세웠으며, 숭정 5년 임신(인조 10, 1632) 가을에 『금자보장록金字寶藏錄』 1권을 해남 두륜산 대둔사에 보관하였으니, 그것은 대사가 임종할 때 유언의 말을 따른 것이다.

또 해남 두륜산 대둔사에 의승대장義僧大將 황금가사黃錦袈裟 1벌, 홍금가사紅錦袈裟 1벌, 백금장삼白金長衫 1벌, 벽옥碧玉으로 만든 발우 3좌座, 당혜唐鞋 2쌍, 검은 거문고(烏瑟)와 염주 3건件, 옥사자玉獅子 연적硯滴 1좌, 중덕대선中德大禪인 승과에 합격하였다는 합격증 홍패紅牌 1장, 낙산사洛山寺 주지 임명장인 차첩差帖 1장, 유점사 주지 차첩 1장 등 휴정의 유품이 보관되어 있다.

이것은 제자 영잠靈岑 대사가 휴정 대사가 입적한 뒤에 3년 동안 복服을 입고 난 뒤에 짊어지고 와서 보관한 것이다. 대사께서 입적한 뒤 185년이 지난 건륭乾隆(淸 高宗의 연호) 무신년, 우리나라 정조대왕 12년(1788)에 대둔사 스님인 계홍戒洪과 천묵天默이 임금께 글을 올려 탄원하였다.

---

43 이정구李廷龜 : 조선 시대의 문신. 1564~1635. 자는 성징聖徵이고 호는 월사月沙 또는 보만당保晩堂이다. 벼슬은 좌의정에 이르렀다. 조선 중기의 4대 문장가 가운데 한 사람이다. 저서에 『월사집』・『서연강의書筵講義』・『대학강의大學講義』 등이 있다.
44 장유張維 : 조선 중기 문신. 문장이 뛰어나 조선 중기의 사대가에 속한다.

이에 임금이 대둔사에 사당을 건립하라 명하고 '표충表忠'이라는 편액을 하사하였으며, 사명당四溟堂과 뇌묵당雷默堂을 좌우에 철향腏享하게 하였다.

기유년(1789) 4월에 조정에서 제문祭文을 내리고 예조정랑禮曹正郎 정기환鄭基煥을 보내 제사를 올리게 하였으니, 그 제문은 이러했다.

저 옛날 임진년
왜구가 침략하자
공문空門의 충의忠義는
오직 휴정뿐이었네
머리 깎고 가사 걸친 몸으로
인륜을 떨어뜨리지 않았구나
지혜의 칼 들고 서쪽으로 달려가니
의로운 승려 그림자처럼 따랐네
천병天兵을 협조하여
왜구의 난리를 잠재웠네
어가를 호위하고 서울로 돌아왔으니
그의 공훈 더더욱 빛이 났네
거룩한 조정에서 그 공을 기려
임금 어필 찬란하게 빛나네
어찌하여 표충사에
먼저 유정惟政을 앞세웠는가?
그가 머물던 옛 절에
사당을 새로 지어
법풍을 세우고 공을 권장하도록
많은 사람 간청하니 임금이 윤허함일세
편액을 하사하고 제물을 내리니

임금님의 각별한 배려로세
외딴 남녘 사람 어깨가 으쓱하니
아무리 승려지만 존경스럽네【홍문관 수찬修撰 송익효宋翼孝가 지은 제문임.】

늘 사용하는 제문은 이러하다.

선정과 지혜에 모두 이르고
충성과 의리 모두 드높구나
덕 높은 스님의 명을 받아
두 제자가 법풍을 받들었네
수많은 왜적을 사로잡으니
임금은 그 공을 기록하셨네
솥과 제기에 글을 새기게 하고
제사 또한 풍성하게 지내네
봄 되어 사물이 윤택해지니
사모하는 마음 더욱 간절하네
아름답고 향기로운 음식으로
임금님의 은전 베풀어 제 올리네

삼가 홍제존자弘濟尊者 사명당 선사와 우세존자佑世尊者 뇌묵당 선사를 좌우에 모시고 음식을 올려 배향配享합니다.【승지承旨 정약용丁若鏞[45]이 지음.】
홍문관 제학提學 서유린徐有鄰이 「표충기적비명表忠紀蹟碑銘」을 지었다.
갑인(정조 18, 1794)에 임금이 지은 「서산대사화상당명西山大師畫像堂銘」 2

---

[45] 정약용丁若鏞 : 조선 후기 학자·문신. 1762~1836. 주요 저서는 『목민심서』와 『경세유표』 등이 있다.

벌을 하나는 두륜산 표충사에 내려보내고, 다른 하나는 묘향산 수충사酬忠祠로 내려보냈다. 그것은 그 당시 묘향산의 스님들이 대둔사의 소식을 듣고 와서 허락해 주기를 간청하였기 때문이었다. 연담 유일蓮潭有一이 휴정의 송덕비頌德碑 비문을 지을 때 서공徐公(徐有隣)이 곁에서 도와준 공이 있기 때문이다.

5결結의 복호復戶[46]가 있었고, 보솔保率[47] 30명을 주어 제향을 올리는 비용으로 쓰게 했다.

동치同治(淸 穆宗의 연호) 10년 신미(고종 8, 1871)에 복호와 보솔을 모두 환수하였다. 그리하여 본사本寺(대둔사)에서 자체적으로 제향을 봉행하게 되었다. 자체에서 지낼 때 사용하는 제문은 구계九階(覺岸) 상인上人이 지은 것이다.

대둔사에는 안평대군安平大君 용瑢이 손수 쓴 『연화경蓮華經』 1권과 일본의 관백關白이 바친 황금 병풍 1좌가 있다.

淸虛尊者傳

先師名休靜。號淸虛。又曰西山。字玄應。父之始祖。本完山崔氏。母之始祖。本漢南金氏。及太宗朝。內外玄高祖。各得龍虎榜。移居昌化。故父母。俱以昌化爲故鄕也。至外祖金縣尹禹。得罪於燕山。謫居于安陵。父母。連外祖家口。沒爲舘吏。過八年。論得特蒙恩赦。許通本職。然遂爲關西氓命也。父世昌。年登三十。有人擧。爲箕城影殿之微官。官人。來而請行。卜日以告。父笑曰。舊山烟月。一壺白酒。妻子歡心。不亦足矣。卽解帶南首而臥。長嘯數聲。官人卽退。凡鄕邑有疑者則決。有訟者則止。故遂任鄕官者。十三年。而邑人猶號曰德老。正德己卯夏。母金氏。神氣不調。一日。小

---

46 복호復戶 : 호세戶稅를 면제해 주는 것을 말한다.
47 보솔保率 : 군인이 거느리는 보인保人과 솔정率丁의 합칭. 보인은 군인에게 딸린 경제적 보조자. 솔정은 군인이 거느리고 부리는 사람.

窓邊假寐。有一老婆來。禮曰。勿憂勿慮。胚胎一丈夫男子爾。故爲嬰孾來賀之。又設禮而去。母忽驚悟曰。異哉。夫婦一甲【同甲午生】。年近五十。豈有今事乎。致疑悶惧。明年【庚辰】三月。果生。父母有時相戲曰。老蚌脫[1]出掌中之珠。亦天也。及三歲。壬午四月初八日。父醉臥于樓中。夢有一老翁。來謂父曰。委訪小沙門爾。翁遂以兩手。擧小子而呪數聲。聲若梵語。不能通曉焉。呪畢。放下摩頂曰。以雲鶴安名。珎重。父問雲鶴之意。翁曰。此兒一生行止。政同雲鶴故也。言訖。莫知所之。是故父母。時喚小子曰。小沙門。或喚雲鶴。小與群童遊戱。或聚沙成塔。或將瓦立寺。常用行事。凡類此也。年才九歲。母忽先敗。又過一春。父亦繼逝。百年生計。一朝瓦裂。邑倅李公【思曾】聞之。冬月招之。指松雪曰。可作呼韻一句乎。曰不敢。倅呼斜字。應聲曰。香凝高閣日初斜。呼花字。曰。千里江山雪若花。倅執手撫背曰。吾兒也。時年十歲矣。倅携徃京師。就泮宮。名錄于諸儒之尾也。時年十二歲矣。一日。一老學士見曰。能識我乎。汝之故鄕。去此不遠。汝之先君。與我有素。不可外汝也。引去于興仁門外。指沙川古柳之岸曰。此汝先君之舊墟也。學士起數間書堂。聚子弟五六輩。俱誡曰。汝等約爲兄弟。可學於此。勿放逸也。以至三年。擇師而學焉。一擧而不中。尤爲發憤。時年十五歲矣。適受業師。按轡于湖南。與同學數輩。追徃之。則師下車數月。忽遭不天之憂。已還京師。聚頭悶欝之中。同學言曰。尋師千里。事雖遠矣。到此勝地。空手而還。不如遊玩南服山川也。向頭流山。花嚴燕谷七佛義神靑鶴大小精藍。且宿且行。以至半年矣。一日。有一老宿【崇仁】。尋余曰。觀子。氣骨淸秀。定非凡流。可回心於心空及第。永斷乎世間名利也。書生之業。雖終日役役。百年所得。只一虛名而已。實爲可惜。余云。何謂心空及第也。老宿瞬目曰。會麽。曰不會。宿曰。難言也。出示傳燈拈頌華嚴圓覺楞嚴法華維摩般若等數十本經論曰。覽之思之。漸可入門也。因囑靈觀大師。師一見奇之。受業三年。未甞不勤。凡吐納問辨。一如抓痒也。於是。同學數輩。各還京師。師獨留禪房。坐探群經。益縛名相。未得入解脫地。益

增盃盃。[2] 一夜忽得離文字之妙。遂吟曰。忽聞杜宇啼窓外。滿眼春山盡故鄉。一日又吟曰。汲水歸來忽回首。青山無數白雲中。明朝手執銀刀。自斷青髮曰。寧爲一生痴獃漢。誓不作文字法[3]也。以一禪大師。爲授戒師。以釋熙法師六空長老覺圓上座。爲證戒師。以靈觀大師。爲傳法師。以崇仁長老。爲養育師也。徃兜率山。糸學默大師。撫而印之。入頭流山三鐵窟。過三夏。入大乘。過二夏。義神圓通圓寂隱神諸庵。過數三秋。一日。訪友于龍城【今之南原】歷星村【별원】聞午鷄聲。吟二偈曰。【三祖和修問四祖逷多曰。汝年幾耶。答曰我年十七。師曰汝身十七。性十七耶。答師髮之白。爲髮白耶。心白耶。心白耶。[4] 師曰。我但髮白。非心白耳。逷多曰。我身十七。非性十七也。和修知是法器。】髮白非心白。古人會漏洩。今聽一聲鷄。丈夫能事畢。又曰。忽得自家底。頭頭只此爾。萬千金寶藏。元是一空紙。卽還山焉。丙午秋。忽生遊方之志。一瓢一衲。入五臺山半年居。入楓岳山。尋彌勒峰。留九淵洞一夏。香爐峯一夏。成佛靈隱靈臺諸庵。各結一夏。住含日閣一秋。時年三十秋也。於是。聖祖復兩宗。强從外人之請。得大選名者一夏。得住持者二夏。得傳法名者三朔。得敎判名者三朔。得禪判名者三年。時年三十七歲矣。忽返初心。解綏。以一枝靑藜。入金剛山泉石間。過半年。向頭流山內隱寂。過三年。因歷[5] 黃嶺能仁七佛諸庵。過三年。向太白五臺楓岳。更踏三山。向妙香山普賢寺觀音殿。內院靈雲白雲心鏡金仙法王。飄若鴻毛。風雲之不定也。作三夢詞曰。主人夢說客。客夢說主人。今說二夢客。亦是夢中人。登香爐峯作詩曰。萬國都城如蟻垤。千家憂[6] 傑若□[7] 鷄。一窓明月淸虛枕。無限松風韻不齊。自此。韜光鏟彩。不出山門。問道者。日益衆。以此作辭。己丑之獄。妖僧無業。誣引師詩。被逮禁府。供辭明剴。宣廟知其寃。立釋之。徵詩稿。覽之嘉歎。御畫墨竹幛子。題賜休靜上人曰。葉自毫端出。根非地面生。月來難見影。風動未聞聲。休靜謝恩曰。瀟湘一相[8] 枝竹。聖主筆頭生。山僧香爇處。葉葉帶秋聲。又御製。賜休靜曰。東海有金剛。雄賢幾種胎。高名山斗仰。今世是如來。禦[9] 製謝恩曰。寂照非千[10] 世。虛靈豈入胎。金剛山

下石。大小自如來。宣廟賞賚甚厚。慰遣還山。壬辰大駕。西幸龍灣。師即仗劒起。謁宣廟曰。世亂如此爾。可弘濟耶。師泣而拜。命曰。國內緇徒之老病。不任行伍者。臣令在地焚修。以祈神助。其餘臣統率。悉赴軍前。以效忠赤。宣廟義之。命爲八道十六宗都摠攝。師分命諸上足。糾聚義徒。於是惟政。起開[11]東。處英起湖南。與權公慄合兵。蠻[12]賊于幸州。師自率門徒千五百人。隨天兵。進克平壤。天朝經畧宋應昌。提督李如松。及三協統兵以下諸將。送帖嘉奬。有爲國討賊忠誠貫日不勝敬仰之語。又題詩贈之曰。無意圖功利。全心學道仙。今聞王事急。摠攝下山巓。賊退。師啓曰。臣年垂八十。筋力盡矣。請以軍事。屬於弟子惟政及處英。臣願納摠攝印。還香山舊棲。宣廟嘉其志。悶其老。贈號國一都大禪師禪敎都摠攝扶宗樹敎普濟登階尊者。師旣歸妙香。攸然一閒道人也。甲辰正月二十三日。將示寂于圓寂庵。是日。肩輿衝雪。編[13]訪近山諸庵。拜佛說法。還方丈。頮盥具威儀。焚香佛前。取筆自題畫像曰。八十年前渠是我。八十年後我是渠。又寄書訣惟政處英二門人訖。趺坐就化。世壽八十五。禪臘六十七。異香滿室。三七日後始歇。弟子圓俊印英等闍維。奉靈骨一片。舍利二枚。樹浮屠於普賢安心寺。又一片。弟子惟政自體等。奉來蓬山。得神珠數枚。窆石于楡岾之北崗。弟子千餘人。其能領袖後學。爲一方宗二十一[14]者。不下四五人。可謂盛矣。所著禪家龜鑑禪敎釋雲水壇三家一指各一卷。淸虛堂集八卷【一妙香山開刊上中下三卷。一桐裡山開刊上下二卷。一朔寧龍腹寺開刊七卷。崇禎三年庚午正月】。回心曲一篇。行于世。門人彥機儀岊雙仡等。[15] 碑銘於月沙李相國【廷龜】。立之金剛山白華庵。崇禎四年辛未春。門人太能圓徹海眼等。乞碑銘於谿谷張相國【維】。立於頭輪山大芚寺。崇禎五年壬申秋。金字寶藏錄一卷。臨終遺言辭也。藏於海南頭輪山大芚寺。義僧大將黃錦塈[16]裟一領。紅錦袈裟一領。白金長衫一領。碧玉鉢三座。唐鞋二雙。烏瑟念珠三件。玉獅子硯滴一座。中德大禪紅牌一張。洛山寺若[17]帖一張。楡岾寺差帖一張。此弟子。靈岑大師。三年服除後。負來留藏。師入寂後。一百八十五年。乾隆戊申。我正宗大王十二年。寺僧戒洪天默。抱狀籲天。爰命立祠。賜額表忠。泗溟雷默。左右腏享。己酉四月。妥靈賜祭。遣禮曹正郞鄭基煥。致祭。祭文曰。若昔壬辰。倭寇有警。空門忠義。曰惟休靜。髮剃身緇。不墜彝秉。慧劒西赴。義徒從影。協助天兵。狂塵遂靖。還陪鸞駕。勳業愈炳。聖朝褒嘉。寶墨暉映。如何表忠。先以惟政。新祠翼然。住錫故境。樹風奬功。特允群請。宣額降香。便蕃寵命。聳我南陬。雖釋可敬【弘文舘修撰宋翼孝撰】。常用祭文曰。定慧俱到。忠義並隆。大德授旨。二徒承風。獲醜孔阜。王用記功。鼎彝旣銘。俎豆斯崇。春物敷榮。悵慕愈緬。嘉薦普淖。式宣寵典。謹以弘濟尊者泗溟堂禪師。佑世尊者雷默堂禪師。配食于左右【承旨丁若鏞撰】。弘文舘提學徐有鄰。作表忠紀蹟碑銘。七年[18]甲寅。御製西山大師畫像堂銘二本。一降于輪山表忠祠。一降于香山酬忠祠。時香山僧。大芚消息來。乞許之故也。蓮潭有一撰頌德碑。徐公有傍助之功故也。復戶五結。保率三十人。享事矣。同治十年辛未。復戶保率還收。自本寺私享。私享祭文。九階上人撰。有家[19]蓮華經一卷。安平大君琩手筆也。黃金屛一座。倭物關白所獻者。

---

1) ㉚ '脫'은 '晚'이 아닌가 한다. 2) ㉚ '盃盃'는 '鬱鬱'의 오자이다. 3) ㉚ '法'은 '漢'의 오자이다. 4) ㉚ '心白耶'는 연자이다. 5) ㉚ '曆'은 '歷'의 오자이다. 6) ㉚ '憂'는 '豪'의 오자이다. 7) ㉚ □는 '醯'이다. 8) ㉚ '相'은 연자이다. 9) ㉚ '禦'는 '御'의 오자이다. 10) ㉚ '千'은 '干'의 오자이다. 11) ㉚ '開'는 '關'의 오자이다. 12) ㉚ '鸞'은 '鑾'의 오자이다. 13) ㉚ '編'은 '偏'이 아닌가 한다. 14) ㉚ '二十一'은 '主'의 오자이다. 15) ㉚ '等' 뒤에 '得'이 있는 본이 있다. 16) ㉚ '恐'은 '袈'의 오자이다. 17) ㉚ '若'은 '差'의 오자이다. 18) ㉡ '七年'은 연자인 듯하다. 19) ㉚ '有家'는 연자이다.

사명존자전

존자尊者의 법명은 유정惟政이고 호는 사명泗溟이다. 또는 송운松雲이라 불리기도 하였으며, 성은 풍천豊川 임任씨이다. 형조판서 수성守城의 아들이고 장악원掌樂院 정正 효곤孝昆의 증손이며, 밀양 삼강동三綱洞[48]에서 출생한 사람이다.

열다섯 살에 어머니를 잃고 열여섯 살에 아버지를 여의었다. 그 후에 산에 들어가 도를 닦고 일찍이 오대산 월정사月精寺에 거주하였다.

만력萬曆(明 神宗의 연호) 임진년(선조 25, 1592)에 금강산 유점사에 기거하다가 영취산靈鷲山 재약사載藥寺에 이르러 삼강동三綱洞의 손판서孫判書·노승지盧承旨·박효자朴孝子와 함께 의병을 일으켰다. 또 전란을 맞아 전국에서 조중봉趙重峰·고제봉高霽峰·곽재우郭再祐·김덕령金德齡·정기룡鄭起龍·고언겸高彦謙·송운松雲·의엄義嚴·처영處英·영규靈圭·해안海眼 등이 함께 의병을 일으켰다.

해안은 충주에서 의병을 일으켰고 영규는 금성錦城에서 일으켰으며, 유정은 관동關東에서 의병을 일으켰다.

갑오년(선조 27, 1594) 4월에 왜장 가등청정加藤淸正의 진영에 들어갔는데 왜적의 무리들이 몇 리에 걸쳐 줄지어 서 있고, 창과 칼이 서로 잇닿아 있었다. 그런데도 송운은 조금도 두려워하는 기색이 없이 가등청정과 조용히 이야기를 나누었다. 가등청정이 물었다.

"귀국貴國에 보물이 있습니까?"

송운이 대답하였다.

"우리나라에는 보물이 없습니다. 오직 장군의 머리를 보배로 여기고 있

---

[48] 삼강동三綱洞 : 사명이 태어난 곳은 밀양군 무안면 고라리古羅里이다. 혹은 괴나리, 괴나루(槐津)라고도 부른다. 삼강동은 아마도 이곳의 옛 이름인 듯하다. 이곳에 사명의 선산先山과 생가 터가 있다.

습니다."

청정이 말하였다.

"무슨 말입니까?"

송운이 대답하였다.

"우리나라에서는 그대의 머리에 금 1천 근과 식읍食邑 1만 호의 현상금을 걸어 놓고 있으니 보물이 아니고 무엇이겠습니까?"

청정이 큰소리로 웃었다.

그해 7월에 다시 청정의 진영에 들어갔으며, 12월에는 청정의 진영에 들어가 (명나라와 일본 사이에 논의되던) 다섯 가지 조약에 대하여 적의 형편을 살피고 돌아오기도 했다. 저 다섯 가지 일이란 첫째 천자天子와 결혼을 할 것, 둘째 조선을 떼어 일본에 소속시킬 것, 셋째 전과 같이 교린交隣할 것, 넷째 왕자 한 사람을 일본에 보내 영구히 머물게 할 것, 다섯째 조선의 대신大臣을 일본에 볼모로 보낼 것, 이것이 다섯 가지 사안이었다.

을미년(선조 28, 1595)에 사명은 상소문을 올리고 의병을 해산한 다음 가야산 해인사로 들어갔다.

갑진년(선조 37, 1604)에 일본의 관백關白 원가강源家康(德川家康)이 우리나라에 수신사修信使를 보낼 것을 요청해 왔다. 임금이 유정에게 교지를 내려 말하였다.

"그대가 일본으로 건너가서 강화조약을 체결하고 돌아오라."

3월 4일에 길을 떠나 왜국의 도성으로 들어가 화친을 맺고 을사년(선조 38, 1605) 4월에 돌아왔다. 7월 13일에 서울로 돌아오니 임금이 크게 포상하고 특별히 한 급의 품계를 높여 주었다. 유정은 다시 가야산으로 돌아갔으며, 정미년(선조 40, 1607) 가을에 치악산으로 돌아갔다가 무신년(선조 41, 1608)에 선묘宣廟(선조)가 승하하였다는 소식을 듣고 서울로 달려가 절하고 통곡하였다. 병이 들어 가야산으로 들어갔다.

유정은 명나라 세종世宗 가정嘉靖 22년, 우리나라 인종仁宗 원년 갑진

(1544)에 태어나 신종神宗 만력萬曆 38년, 우리나라 광해군 2년 경술(1610)에 세상을 떠났으니, 세속 나이는 67세이고 법랍은 51년이다.

시호는 종봉鍾峰이고 홍제존자弘濟尊者의 칭호를 내렸으며, 그의 행장은 영남의 '표충사비表忠祠碑'에 갖추어져 있다.

유정이 입적한 후 8년 무오(광해군 10, 1618)에 문인들의 호소에 의하여 임금이 특별히 출생지인 밀양 재약사載藥寺에 사당을 세우게 하고 '표충表忠'이라는 편액을 내렸으며, 그의 스승 서산 대사도 그곳에 함께 배향하게 하였다.

그 후 137년이 지나서 그의 5세손 남붕南鵬이 표충사가 퇴락한 것을 민망하게 여겨 재물을 모아 중건하고 여러 군자들에게 간청하여 『시문집詩文集』1권과 『분충서난록奮忠紓難錄』1권을 만들었다. 이 책은 청천靑泉【신유한申維翰】이 기술한 것으로서 2권으로 되어 있으며, 간행되어 세상에 유포되어 있다.

금강산 백화암白華菴에 수충각酬忠閣을 세우고 지공指空·나옹懶翁·무학無學 세 화상과 그 왼쪽에는 서산 대사의 영정을, 오른쪽에는 사명 대사의 영정 등 다섯 분의 영정을 안팎 상인방(楣)에 봉안하였다. 각판刻板의 기록에 휴정은 '대광보국숭록대부 영의정 겸이조판서 병조판서 사자국일도총섭 대각등계자大匡輔國崇祿大夫領議政兼吏曹判書兵曹判書賜紫國一都總攝大覺登階者'라 하였고, 유정은 '절충장군 행용호분위상호군折衝將軍行龍虎賁衛上護軍'이라 하였으며, 아무개는 '영의정 이조판서 양국대장자領議政吏曹判書兩國大將者'라고 하였고, 아무개는 '대선교등계 승의병대장군 겸동지이조판서 의금부사 통제군사명大禪敎登階僧義兵大將軍兼同知吏曹判書義禁府事統諸軍司命'이라 하였으며, 아무개는 종봉당鍾峰堂이란 시호가 추증되어 묘향산 수충사에 배향되어 있다. 연담蓮潭 대사가 찬문贊文을 지었는데, 내용은 이러하다.

머리를 깎은 것은 티끌세상 피하기 위함이요

10년 동안 운림雲林 속에서

원숭이와 학을 친구 하기로 맹세했네

수염을 기른 것은 장부를 나타냄이니

하루 아침에 이야기를 나누며

임진·계사의 난리를 해결하였네

자공子貢 같은 언변을 지녔고

자취는 유병충劉秉忠과 같았어라

능히 저 오랑캐들로 하여금

의리를 흠모하여 복종하게 하였으니

지금 2백 년에 이르도록

전쟁이 그치고 편안하게 지낸다네

아! 참으로 아름다운 일이로다

이것이 그 누구의 힘이란 말인가?

당연하네. 조정에서 사당을 지어 숭배하고

제물을 차려 봄가을로 제향을 올리는 일이여!

문인으로는 송월松月 등 50여 명이 있다.

泗溟尊者傳

尊者。名惟政。號泗溟。又稱[1]松雲。姓豊川任氏。贈刑曹判書守城之子。掌樂正孝昆之曾孫也。密陽三綱洞人也。十五喪母。十六喪父。入山修道。嘗居五臺山月精寺。萬曆壬辰。居金剛山楡岾寺。至靈鷲山在[2]藥寺。三綱洞。與孫判書盧承旨朴孝子。同起義。又趙重峰高霽峰郭再祐金德齡鄭起龍高彥謙松雲義嚴處英靈圭海眼。同起義。海眼起忠州。靈圭起錦城。惟政起關東。甲午四月。入淸正陣。賊衆列立。數里鎗劒如束。松雲小無怖色。從容談笑。淸正曰。貴國有寶乎。答曰。我國無寶。惟以將軍[3]爲寶。淸正曰。何謂也。答曰。購儞頭。金千斤邑萬戶。非寶而何。淸正大笑。七月。再入淸正陣中。十二月。三入淸正陣中。探情。以五事來云。[4] 五事者。一與天子結婚。二割朝鮮屬日本。三如前交隣。四王子一人。入送日本永住。五朝鮮大臣。入質日本。此五件事也。乙未。上疏罷兵。入伽倻山海印寺。甲辰。日本關伯源家康。請信使于我國。上下敎曰。爾其通和而來。三月初四日。啓程。入倭都結和。乙巳四月。向[5]來。七月十三日。還京。上大加褒賞。特賜一品。還入伽倻山。丁未秋。還雉樂[6]山。戊申。聞宣廟諱音。奔入拜哭。因病入伽倻山。明世宗嘉靖二十二年。我仁宗元年甲辰生。神宗萬曆三十八年。我光海二年庚戌卒。壽六十七。臘五十一。諡曰鍾峰。賜弘濟尊者。行裝[7]具於嶺南表祠碑。入寂後。八年戊午。因門人之呼訴。特命立祠於在*藥寺。賜額曰表忠。以西山配享焉。後百三十七年。五世孫南鵬。愍其傾圮。鳩財重建。請於諸君子。爲詩文一卷。幷奮忠紓難錄一卷。此申靑泉【維翰】所記合二卷。行世。金剛山白華菴。建酬忠閣。指空懶翁無學三和尙。左西山右泗溟五幀。掛內外楣。刻板曰。休靜。大匡輔國崇祿大夫領議政兼吏曹判書兵曹判書賜紫國一都總攝大覺登階者。惟政。爲折衝將軍行龍虎賁衛上護軍。某爲領議政吏曹判書兩國大將者。某爲大禪敎登階僧義兵大將軍兼同知吏曹判書義禁府事統諸軍司命。某贈諡鍾峰堂。配妙香山酬忠祠。蓮潭作贊曰。削髮逃塵世。十年雲林。結猿鶴之盟。存髻表丈夫。一朝談笑。解龍蛇之厄。子貢之辭歟。秉忠之迹歟。能使柒齒。慕義而讋伏。迄今二百年來。炎徼息警。噫嘻休哉。是誰之力也。宜乎朝家崇祠宇。澗水沼毛甞又禴。門人松月等五十餘人。

---

1) ㉮ '稻'는 '稱'의 오자이다. 2) ㉮ '在'는 '載'의 오자이다. 이하도 동일하다. 3) ㉮ '軍' 뒤에 '頭'가 있는 본이 있다. 4) ㉮ '云'은 '去'의 오자이다. 5) ㉮ '向'은 '回'의 오자이다. 6) ㉯ '樂'은 '嶽'의 오자인 듯하다. 7) ㉮ '裝'은 '狀'의 오자이다.

진묵조사전

조사의 법명은 일옥一玉이고 호는 진묵震默이며, 만경현萬頃縣(전북 김제군 만경면) 불거촌佛居村(대진리)에서 태어난 사람이며, 그의 어머니는 조의調意 씨이다.

대사가 태어날 때 불거촌의 풀과 나무가 3년 동안 시들었으므로 불거촌 사람들이 다 말하였다.

"세상에 드문 기질을 타고난 사람이다."

태어나서부터 냄새나는 채소와 비린내 나는 고기 따위를 좋아하지 않았으며, 성품이 슬기롭고 마음이 자비로웠기 때문에 모두들 또 다음과 같이 말했다.

"불거촌의 산부처이다."

그의 나이 7세 되던 해 전주 서방산西方山 봉서사鳳栖寺에 귀의하여 처음으로 불경(內典)을 읽었다. 읽을 때는 마치 칼날이 뿔을 만나 해체해 나가듯이 한번 눈이 스쳐 가기만 하여도 줄줄 외우곤 하여 아무도 그의 스승이 되어 가르쳐 줄 수가 없었다. 그리하여 그는 스승의 가르침을 받을 겨를이 없었기 때문에 대중들은 그를 알아보지 못하고 그냥 평범한 사미沙彌로만 생각하였다.

한번은 그 절의 주지가 그에게 향을 사르고 신중神衆께 예배를 드리라고 시켰더니, 오래지 않아 그 주지의 꿈에 신중들이 나타나 일제히 사양하면서 말하였다.

"우리는 모두 작은 신神들인데 어찌 감히 부처님의 예배를 받을 수 있겠습니까? 다시는 그분에게 향을 사르고 예를 올리는 일을 하지 말게 하여 저희들로 하여금 아침저녁으로 편안한 마음을 가지게 해 주십시오."

그리하여 대중들은 부처님이 세상에 다시 나오신 것이라고 모두들 떠들썩했다. 봉서사에서 5리쯤 떨어진 곳에 봉곡鳳谷 김 선생金先生(金東準)

이라는 분이 있었는데 그는 사계沙溪(金長生) 선생의 고제高弟였다. 진묵 대사는 그와 서로 왕래하면서 사상적 핵심에 대해 대화를 나누며 방외 方外의 사귐을 가졌으니 이 둘은 다 한 시대의 걸출하고 위대한 인물이 었다.

어느 날 대사는 봉곡 선생에게서 『강목綱目』을 빌렸다. 선생은 하인을 시켜 그것을 지고 대사를 따라가게 하였다. 대사는 책을 한 권 뽑아서 다 읽으면 길에 던져 버리곤 하였고, 하인은 따라가며 그 책을 주워 담았다. 30리쯤 되는 거리의 절 가까이 다가가자, 70권 책 한 벌을 다 읽었다고 한다.

다른 날 봉곡 선생이 진묵 대사에게 물었다.

"책을 빌려 가지고 가서 내버린 이유가 무엇입니까?"

진묵이 대답하였다.

"고기를 잡고 난 뒤에는 통발을 잊는 법이랍니다."

선생이 시험 삼아 책을 뽑아 내용을 물어보았더니 한 글자도 틀림이 없었다. 하루는 선생이 여자 종을 시켜 음식을 싸서 진묵 스님에게 보냈는데 여종이 봉서사로 가는 도중에 스님이 허공을 바라보며 서 있는 것을 보았다. 종이 심부름 온 연유를 말하자 대사가 말하였다.

"너 아이를 갖고 싶으냐?"

여종이 아무 대답도 하지 않자 스님은 그녀의 박복함을 탄식하면서 영 기靈氣가 헛되이 새 버릴까 두려워 멀리 허공 밖에서 막아 버렸다. 여종이 돌아와 선생에게 그 사실을 말하였다. 봉곡 선생과 대사는 서로 내왕하는 빈도가 잦았으니 마음으로 묵묵히 맺어진 교분이 이와 같았다.

대사가 사미 시절에 창원 마산 포구를 지나가다가 어떤 여자 아이가 사미를 보고 사랑하게 되었으나 형편상 서로 같이 살 수 없음을 알고는 그 때문에 마침내 죽어서 다시 남자로 태어났다. 그 사내아이는 전주 대원사 大元寺[49]에서 진묵 대사를 만나 그를 모시는 동자가 되었는데 이름을 기춘

奇春이라 하였다. 대사는 그를 총애하여 그와 함께 이락삼매離樂三昧[50] 속에서 유희遊戲하였다. 경전[51]에 세속적 즐거움을 여읜 삼매(離樂三昧) 이야기가 나오는데, 그 누가 티끌세상에서 홀로 빛나는 진여眞如의 실상을 알겠는가? 그런 까닭에 지혜의 눈이 없는 숱한 스님들이 진묵 스님에게 기춘이를 위하여 국수를 말아 달라고 간청하자 대사가 허락하고 여러 대중들로 하여금 한자리에 둘러앉아 발우를 펴 놓게 하였다. 그러고는 시자를 시켜 각각의 발우 안 물속으로 바늘 하나씩을 던져 넣게 하였다. 그러자 대사의 발우에 담긴 바늘이 가는 국수로 변하여 발우에 가득 차는 것이었다. 대사는 태연자약하게 그것을 먹었다. 그러나 다른 스님들의 발우에는 여전히 바늘 하나씩만 들어 있을 뿐이었다.

대사는 일출암日出庵에 살았고 그의 어머니는 전주 왜막촌倭幕村에 살고 계셨는데, 여름만 되면 어머니가 모기 때문에 아주 괴로워하였으므로 대사가 산신령에게 부탁하여 모기를 모두 다른 지방으로 쫓아 버리게 하였다. 그 뒤로 지금까지 그 마을에서는 모기 때문에 고통받는 일이 아주 사라졌다고 한다.

대사는 어머니가 돌아가시자 만경 북면北面 유앙산維仰山[52]에 장례를 치렀다. 그런데 그 묘소에 벌초를 하고 술과 음식을 차려 제사를 지내면, 그 사람의 그해 농사가 풍년이 들곤 하기 때문에 멀고 가까운 마을 사람들이 남보다 뒤질세라 앞다투어 묘소를 돌보곤 하였다. 그러한 전통은 수백 년이 지난 지금까지도 계속되어 그 묘소는 늘 깨끗하고 향화香火가 끊

---

49 대원사大元寺 : 김제 모악산 기슭에 있던 절.
50 이락삼매離樂三昧 : 『悲華經』에 이르기를, "여러 가지 삼매 가운데 이락삼매라는 것이 있는데, 이 삼매에 들면 세속적인 일체의 즐거움에 대한 집착을 벗어날 수 있다."라고 하였다.
51 경전이란 『비화경』을 말한 것이다.
52 진묵 스님의 어머니 묘소는 지금의 전북 김제군 만경면 화포리 388번지 조앙산祖仰山에 있다.

어지지 않고 있다.

　대사는 술 마시기를 좋아하였으나 '곡차穀茶'라고 하면 마시고, '술'이라고 하면 마시지 않았다. 어느 날 어떤 스님이 술을 거르고 있었는데, 술 향기가 퍼져 코로 들어왔다. 대사는 그곳을 찾아가서 그에게 물었다.

　"스님이 거르는 그것이 무엇이오?"

　스님이 대답했다.

　"술을 거르고 있습니다."

　대사는 잠자코 돌아왔다. 조금 있다가 다시 가서 물었다.

　"그대가 거르는 그것이 무엇이오?"

　방금 전처럼 대답하자 대사는 무료하게 돌아왔다. 조금 있다가 대사가 또 가서 방금 전과 같이 물었다. 그러나 끝내 '술을 거른다'고 대답하였다. 대사는 마침내 실망하고 돌아왔다. 조금 있다가 금강역사金剛力士가 철퇴로 술 거르던 스님을 내려쳤다.

　대사가 일찍이 변산【부안군】 월명암月明庵에 살고 계셨다. 시자의 집안에 제사가 있어서 속가에 가야만 했기 때문에 미리 대사의 공양을 준비해 탁자 위에 놓아두고 아뢰었다.

　"공양을 여기 차려 두었습니다. 공양 때가 되거든 챙겨 잡수십시오."

　그때 대사는 방장실에서 창문을 열고 앉아서 문지방에 손을 얹고 『능엄경』을 보고 있었다.

　시자가 속가에서 묵고 암자로 돌아와 보니, 대사는 어제 그 모양으로 그대로 앉아 있었다. 대사는 바람이 들이치는 창문에 손이 찍히어 피가 흐르고 있었는데도 손을 거둘 줄도 모르고 태연히 경전만 읽고 있었고, 탁자 위의 공양도 먹지 않은 채 그대로 있었다. 시자가 문안 인사를 올리자 대사가 말하였다.

　"너는 왜 제사에 참례도 않고 이렇게 빨리 돌아왔느냐?"

　아마도 대사는 수능엄삼매首楞三昧에 들어서 밤이 이미 지난 줄을 모르셨던 모양이다.

　매일 밤마다 언제나 등불 빛이 멀리 동쪽에서 비치곤 하였다. 그래서 찾아가 보았더니 그것은 청량산 목부암木鳧庵[전주에 있었다.]에 있는 불등佛燈의 불빛이었다. 대사는 곧 그곳으로 거주지를 옮기고, 목부암의 이름을 원등암遠燈庵으로 고쳤다. 십육나한이 늘 대사를 시봉하려고 하고 있었으므로 그 등불 빛을 멀리 월명암까지 비추었던 것이다.

　전주부全州府에 어떤 아전이 있었는데, 그는 평소부터 대사와 가깝게 지내고 있었다. 그는 관가의 재물 수백 냥을 사사로이 써서 빚을 지고는 도망을 가기 위해 하직 인사를 하러 대사를 찾아왔다. 대사가 말하였다.

　"관가의 재물을 빚지고 도망가는 것이 어찌 사내가 할 일이겠는가? 그러지 말고 집에 돌아가 쌀 몇 말을 가지고 여기로 오너라. 저 나한들에게 공양을 올리면 틀림없이 좋은 도리가 있을 것이다."

　그 아전이 돌아가 대사가 시킨 대로 쌀을 가지고 왔다. 대사는 시자에게 밥을 지어 나한들에게 공양을 올리도록 시키고는 이내 그 관리에게 물었다.

　"관청에 혹 빈자리가 있느냐?"

　아전이 대답하였다.

　"감옥의 형리刑吏 자리가 잠시 비어 있습니다. 그러나 그 자리는 봉급이 매우 박하고, 또 일거리도 없는 자리입니다."

　대사가 말하였다.

　"일거리가 없는 자리라 하지 말고, 어서 빨리 가서 그 자리에 자청하도록 하라. 30일을 넘기지는 마라."

　그 아전이 떠난 뒤에 대사는 주장자를 들고 나한당羅漢堂에 들어가 나한들의 머리를 차례로 세 번씩 때리고 말하였다.

　"저 아전 아무개의 일을 잘 도와주어라."

　이튿날 밤에 그 아전의 꿈에 나한들이 나타나 꾸짖었다.

"그대는 일이 있으면 우리에게 와서 말할 것이지, 어쩌자고 괜히 우리 스승님께 아뢰어 우리를 괴롭게 하느냐? 그대를 봐서는 일을 봐주지 않았으면 딱 좋겠지만, 스승님의 명령이라 어쩔 수 없이 따르는 것이다. 그런 연유로 이번만은 너의 일을 보아 줄 것이니, 다시는 이런 일이 없도록 하라."

그 아전은 뭔가 도움이 있을 것을 알고 자청해서 옥리가 되었다. 그러자 옥송獄訟이 계속 일어나서 죄수가 감옥에 가득하였으므로, 30일 안에 그 빚졌던 재물을 다 갚고는 그 자리를 남에게 물려주었다.

얼마 안 되어 새로 온 아전은 뇌물을 먹은 죄로 구속되었다고 한다.

대사가 일찍이 혼자 길을 가다가 한 사미를 만나 동행하게 되었다. 요수천樂水川 가에 함께 이르러 그 사미가 말하였다.

"소승이 먼저 건너서 물이 얕은지 깊은지 알아보겠습니다."

사미는 발을 벗고는 동동걸음으로 물을 건너갔다. 대사도 그를 따라 옷도 벗지 않고 건너려다가 그만 물속에 빠지고 말았다. 사미는 얼른 와서 대사를 부축해 내었다. 대사는 비로소 나한의 놀림을 받은 줄 알고 게송 한 수를 읊었다.

  영산靈山의 어리석은 너희 16인에게 부친다
  요수촌樂水村의 잿밥 먹기를 몇 때나 그치려나
  그 신통과 묘용妙用은 비록 미치기 어렵지만
  대도大道는 이 늙은 비구에게 물어야 하리라

한번은 대사가 길을 가다가 천렵을 하는 여러 소년들이 시냇가에서 생선국을 끓이고 있는 것을 보게 되었다. 대사는 끓는 솥을 내려다보면서 탄식하였다.

"이 좋은 고기들이 죄 없이 확탕鑊湯의 고통을 받고 있구나."

그러자 한 소년이 장난삼아 물었다.
"스님도 이 생선국이 드시고 싶습니까?"
대사가 말하였다.
"나도 즐겨 먹지."
소년들이 말하였다.
"그러면 이 한 사라沙羅를 몽땅 다 드릴 터이니 스님 마음대로 실컷 드십시오."
대사는 구리쇠 사라를 들고 입 속으로 몽땅 쏟아 부어 남김없이 모조리 먹어 버렸다. 그러자 소년들이 말하였다.
"부처님의 계법에는 살생을 하지 말라 하셨는데 어찌 스님이라 하겠습니까?"
대사가 말하였다.
"물고기를 죽인 사람은 내가 아니다. 나는 이 물고기들을 다 살려 주려고 하는 것이다."
그러고는 바로 옷을 벗고 물을 등지고 앉아 설사를 하였다. 그러자 셀 수 없이 많은 물고기들이 항문에서 쏟아져 나와 수면 위에서 펄쩍펄쩍 뛰어놀았다. 대사는 그 물고기들을 돌아보며 말하였다.
"이 잘난 물고기들아, 지금부터는 저 강이나 바다 멀리 나가서 놀고 부디 확탕의 고통을 받는 일이 다시는 없도록 하여라."
그러자 그 소년들은 탄복하고 모두 그물을 걷어가지고 돌아갔다.
언젠가 대사가 시자를 불러 말하였다.
"이 소금을 봉서사 남쪽 부곡婦谷으로 가져가거라."
시자가 여쭈었다.
"가져다가 누구에게 줄까요?"
대사는 말하였다.
"그곳에 가면 저절로 알게 될 것이니라."

시자는 소금을 가지고 부곡으로 내려갔다.

그곳에는 사냥꾼 몇 사람이 막 노루 고기를 저미며 놓고는, 소금이 있었으면 하고 생각하면서 먹지 못하고 앉아 있었다. 시자가 소금을 그들 앞에 내려놓자 그들은 모두 기뻐하면서 말하였다.

"이것은 틀림없이 저 옥玉 노장님이 우리가 배를 곯고 있는 것을 가련하게 여겨서 보내 주신 것이리라. 사람을 살리시는 부처님이 골짝 골짝마다 계신다고 하더니, 바로 이것을 두고 한 말인 것 같구나."

어느 날 대사가 물을 찾았다. 시자가 더운 뜨물을 갖다 드리자 대사는 그것을 받아 두어 모금 입에 머금어 동쪽을 향해 뿜어냈다.

뒤에 들으니 그때에 합천 해인사에 화재가 일어났었다고 한다. 온 절이 다 탈 지경이 되었을 때에 갑자기 한 줄기 소나기가 서쪽에서 몰려와 쏟아부으며 그 불을 껐다고 한다. 그 빗방울은 희뿌옇고 끈적끈적하였으며 어디에 묻으면 얼룩이 졌다고 하였다. 그리고 해인사에 화재가 있었던 날이 바로 대사가 뜨물을 뿜은 날이라고 한다.

대사가 일찍이 상운암上雲庵에 머물고 계셨다. 그 제자(神足)들이 양식을 구하러 멀리 나갔다가 한 달 남짓 만에 암자로 돌아왔더니, 대사의 얼굴에는 거미가 줄을 쳤고 무릎 밑에는 먼지가 가득 쌓여 있었다. 제자들이 먼지를 쓸고 거미줄을 걷은 다음에 다녀왔다고 인사를 드렸다. 그러자 대사가 말하였다.

"너희들은 어째서 하나같이 이렇게 빨리 돌아왔느냐?"

대사가 일찍이 대원사大元寺【전주에 있음.】에 계실 때였다. 대사는 늘 공양 때마다 오직 밀기울만을 물에 타서 먹곤 하였다. 대중 스님들은 밀기울이 너무 빡빡하다고 싫어할 뿐만 아니라 게다가 그 밀기울을 더럽게까지 여겼다.

그런데 조금 있다가 어떤 스님이 밥 발우를 가지고 허공에서 내려와 대사에게 올리는 것이었다. 대사가 그에게 말하였다.

"밥만 보내면 될 것을 하필 직접 이렇게 왔는가?"

그 스님이 말하였다.

"소승은 현재 대둔사大芚寺【해남에 있음.】에 살고 있습니다. 제가 막 밥을 먹으려 하는데 발우가 저절로 움직이는 것이었습니다. 제가 이상하게 생각하여 밥그릇을 꽉 붙들었는데, 무슨 신력神力 같은 것에 끌려서 여기까지 오게 되었습니다."

대사가 비로소 그 공양을 청한 까닭을 말하였다. 그 스님은 아주 신기하게 생각하면서 아침저녁으로 공양을 올릴 것을 자청하였다. 그 스님이 대사에게 절을 한 다음 하직하고 길을 나서자 삽시간에 본래의 절로 돌아갔다.

그로부터 4년 동안 밥 발우가 계속 오고 가고 하였다.

그때 대사는 대중 스님에게 말하였다.

"너희 절은 장차 7대 동안 재앙을 만나게 될 것이다."

그러더니 과연 대원사는 지금까지 가난하다고 한다.

천계天啓(明 熹宗의 연호) 임술년(광해군 14, 1622)에 완부完府(완주군)의 송광사松廣寺[53]와 홍산鴻山의 무량사無量寺[54]에서 동시에 불상(塑像)을 조성하려고 하여 양쪽에서 한꺼번에 대사를 증명법사(證師)로 청하였다. 그러나 대사는 어느 쪽에도 가지 않고 각각 물건 하나씩을 주면서 증명단證明壇에 두어 운관運觀을 표表하는 데에 쓰게 하셨다. 그리고 이렇게 훈계하였다.

"그저 이렇게만 하면 두 절의 존상尊像은 반드시 다 잘 이루어질 것이다. 그리고 완성된 뒤로도 부디 경솔하게 개금改金을 하지 말라."

또 경계하며 말하였다.

"더구나 무량사의 화주 스님은 점안點眼을 하기 전에는 절대 산문 밖에

---

53 송광사松廣寺 : 전북 완주군 소양면 대흥리 종남산終南山에 있는 절.
54 무량사無量寺 : 충남 부여군 외산면 만수리 만수산萬壽山에 있는 절.

나가는 것을 삼가하여라."

송광사에는 주장자를 보내 증명단에 세워 두게 하였는데 밤낮 꼿꼿이 서서 넘어지지 않았고, 무량사에는 염주를 보내 증명석證明席에 올려 두게 하였는데 염주가 항상 딸각딸각 저절로 돌아갔다.

홍산鴻山 사람 가운데 3천 금金을 내어 삼존불의 불상을 조성하는 비용을 혼자서 다 감당한 사람이 있었다. 그런데 그는 항상 와서 참례하겠다고 말만 하면서 기한이 다 지나도록 오지 않았다. 화주 스님은 그를 기다리면서 저도 모르게 산문 밖에까지 나가고 말았다. 그러자 갑자기 어떤 갑사甲士[55]에게 맞아 죽었다고 한다.

대사는 일찍이 이런 게송을 읊었다.

> 하늘은 이불이요 땅은 자리이며 산은 베개라네
> 달은 촛불이요 구름은 병풍이며 바다는 술통일세
> 크게 취해 벌떡 일어나 춤을 추노라면
> 기다란 소매에 곤륜산崑崙山[56]이 걸려 귀찮다네

어느 날 대사가 목욕을 하고 머리를 감고 옷을 갈아입은 뒤에 지팡이를 끌고 산문을 나갔다. 시냇가를 따라 거닐다가 지팡이를 세워 놓고 물가에 서서 손으로 물속에 비친 자기 그림자를 가리키면서 시자에게 말하였다.

"저것이 바로 석가부처님이니라."

시자가 말하였다.

"저것은 스님의 그림자입니다."

대사가 말하였다.

---

[55] 갑사甲士 : 조선 시대 각 고을에서 서울에 올라와 숙박하며 지키던 군사를 말한다.
[56] 곤륜산崑崙山 : 중국의 전설 속에 나오는 신성한 산. 중국의 서쪽에 있으며 황하黃河의 발원지라고 한다.

"너는 단지 가짜 스님만 알 뿐 진짜 석가는 모르는구나."

그러고는 바로 방으로 들어가서 가부좌를 하고 앉아 제자들을 불러 놓고 말하였다.

"나는 이제 떠나련다. 그대들은 무엇이든 물어보라."

제자들이 물었다.

"화상께서 돌아가신 뒤에는 누가 종승宗乘을 이어받습니까?"

대사는 대답하였다.

"종승이 어디에 있다는 거냐?"

제자들은 재삼 가르쳐 주시기를 청하였다. 대사는 하는 수 없어 대답하였다.

"명리승名利僧이지만 우선은 정靜 장로에게 부촉한다."

그러고는 편안히 세상을 떠나시니, 세속 나이 72세였고 법랍은 52년이었다. 그때가 바로 계유년(인조 11, 1633) 10월 28일이었다.

봉서사鳳棲寺에 스님의 영정을 모신 영상각影像閣이 있고, 또 어록을 새긴 판목板木이 있다. 초의 의순草衣意恂과 제산 운고霽山雲皐 스님이 교정하여 간행하였다.

震默祖師傳

祖師。名一玉。號震默。萬頃佛居村人也。母調意氏。生時。佛居草木。三年萎枯。人咸曰。間氣而生也。生而不喜葷腥。性慧心慈。又曰。佛居生佛也。年七歲。歸全州西方山鳳栖寺。始讀內典。若刃迎觸解。過目成誦。不可師授。故衆不知。而小沙彌視之。住持者。命燒香禮神衆。久之。住持夢。神衆齊謝曰。吾儕小神。安敢受佛禮乎。願勿復燒香。得晨夕自便也。於是。衆噪而爲佛再世也。鳳栖寺之五里許。有若鳳谷金先生。沙溪先生之高弟也。相與往來。爭席爭竈。爲方外之交。皆一時魁偉之人也。先生借與綱目。使一奚隨之。師於路信手披閱而了一号。輒抛之。奚從而拾之。比及寺。盡覽一部。他日先生。謂師曰。借書而抛之何也。曰得魚忘筌。先生抽卷試之。無一字錯焉。一日先生。使女奴。餽饌。路見師望空而立。奴致命。師曰。汝欲有孕乎。奴不應。則師歎其福薄。而恐靈氣之妄泄。遠屛空外。歸語於先生。其過從之頻數。情誼之默契。類多如此。師沙彌時。過昌原馬上[1]浦。有童女。見愛而勢不得相從。故遂死而爲男子。會師於全州之大元寺。而爲侍童。名曰奇童。[2] 師愛之。與之遊戲於離樂三昧之中。經有離樂三昧。誰能認眞於居塵獨耀之際。所以無眼衆僧。尙乞師爲奇春洗麵。師許。命衆僧。同坐展鉢。令侍者。各投一針於鉢水中。師鉢之針。變爲細麵。飣飣滿鉢。喫之自若。諸僧之鉢。依舊是一針而已。師居日出庵。母居倭幕村。以蚊爲苦。師屬山靈。敺蚊於他方。永無蚊子之苦。母沒。歸葬於萬頃北面維仰山。有掃除醉侑者。輒得農利。故遠近村人。爭先恐後。至今數百年。封域宛在。香火不絶。師尙喜飮。然穀茶則飮。酒云則不飮。有僧漉酒。酒香入鼻。徃問曰。汝漉甚麼。曰漉酒。師默然退。又徃問曰。汝漉什麽。答之如前。無聊而返。又徃問之。答以下酒。遂斷望而返。俄有金剛力士。以鐵棒。打漉酒僧。師棲於邊山【扶安】月明庵。侍者有忌。故徃俗家。先判齋供。置卓上而啓之曰。供養在此。時至自齋。時師在方丈內。推窓而坐。以手加闌。而閱楞嚴經。侍者宿家而來。坐如昨日。風戶噬指而血。忘却收手。閱經自若。卓供如舊。侍者問候。師曰。汝不叅祀而徑來耶。盖入首楞三昧。不知夜之已經也。每夜。自東燈光來照。尋得。乃淸涼山木鳧庵【全州地】佛燈也。師遂移錫。改爲遠燈庵。十六羅漢常與師侍奉。燈光之遠照於日[3]明者。府有一吏。素與師善。欠逋數百。而將欲逃之。來辭於師。師曰。負逋逃走。豈男兒事。但歸家。判數斗米。却來。供養羅漢。有好道理。吏去。依敎而來。供養羅漢。謂吏曰。府有闕窠麼。曰。獄刑吏闕。而甚薄無聊。師曰。勿謂無聊。亟徃自請爲之。而幸無過三十日。吏去。師入羅漢堂。以杖。次第打羅漢頭曰。某吏事善助之。羅漢現夢於吏曰。儞有所求。就我言之。何以枉扣於師傅。致我苦耶。以汝則不顧。師命不可不遵。故視汝事而後無如此。吏知有助。請爲獄吏。旣已獄訟繁興。囚徒盈陛。[4] 三十日內。刷了所連。[5] 讓任他吏。未幾新吏。拘於徵賂之罪。師獨行途中。遇一沙彌。同至樂水川邊。啓曰。小僧先渡。測其淺深。遂輕輕而涉。師將厲之。身淹水中。沙彌。徑來扶出。始知羅漢見戲。一偈記之曰。寄汝靈山十六愚。樂村齋飯幾時休。神道[6]妙用雖難及。大道應問[7]老比丘。師値泉[8]少年川獵。烹鮮于溪邊。師俯視沸鼎曰。好箇魚子無辜。而受鑊湯之苦。一少年曰。師欲沾魚羹麽。師曰。善喫。小[9]年曰。這一沙鑼盡喫。師擡銅沙鑼。灌口頓呼。[10] 衆人[11]佛戒殺生。豈僧耶。師曰。殺則非我。活之在我。解衣背水瀉之。無數銀鱗。從後門出。活躍水面。曰。好個魚子。遠游江海。勿再罹鑊湯之苦。衆人解網而去。師喚侍者。送鹽于寺南婦谷中。侍者曰。送與阿誰。曰去當自知。侍者持鹽下谷。獵士數人。方膾獐肉。思鹽。不飮而坐。致鹽于前。皆喜。此必玉老。憐我之飢。活人之佛。谷谷有之者。正謂此也。師索水。侍者進溫泔水。接之。含數口。向東方噀之。後聞陝川海印寺失火。將至沒燒。一陣驟雨。西[12]而至。注滅之。其雨滴白濁。粘物成瘢。其寺失火之日。乃師噴水之時也。師住上雲菴。神足輩。以乞粮遠出。月餘乃返。師面上蛛網。膝間塵堆。爲之掃塵掇絲。通名拜謁。師曰。儞還一何速耶。師住大元寺【全州地】。每齋。惟以麥[13]和水而食。諸僧厭薄之。又䵃汚其麩。俄有一僧。持飯盂。自空而來。進於師。師曰。送飯則可。何必親來。僧言小衲。見住大芚【海南】。方食。飯盂自動。惟而執之。爲神力推引。到此。師方說請齋之由。僧大異之。請願朝夕供養。拜辭而出。不霎時。還其寺。自是。飯供盂來者。四年。師語諸僧曰。汝寺。當遭七世之厄。果至今貧寠云。天啓壬戌。完府松廣。鴻山無量。同時塑像。並請證師。皆不住。各授一物。置證壇。以桎[14]運觀之用。曰必當善成。後勿率爾改塗。且戒曰。量寺化僧。點眼前。愼勿出沙[15]門外。松寺送柱杖。卓證壇。日夜孤立不倚。量寺送數珠。安證席。珠常呱呱自轉矣。鴻山以三千金。獨當三尊之塑費者。常言來叅而過期不來。化僧。因其俟[16]望。不覺出於門外。忽被甲士打之而死。師吟偈曰。天衾地席山爲枕。月燭雲屛海作樽。大醉居然仍起舞。却嫌長袖掛崑崙。一日沐浴。淨髮更衣。曳杖出門。沿溪而行。植杖臨流而立。以手指水中己影。而示侍者曰。這箇是釋迦佛¹⁷⁾子也。侍者曰。是和尙影。師曰。汝但知和尙假。不識釋迦眞。遂入室而坐。召弟子曰。吾將逝矣。恣汝所問。弟子曰。和尙百歲後。宗乘嗣誰。師曰。何宗乘之有。再乞垂示。師不得已而曰。名利僧也。且屬靜老長。遂怡然順寂。世壽七十二。法臘五十二。癸酉十月二十八日。鳳棲寺。有影像閣。又有語錄板。草衣意恂霧山雲臯校正刊行。

---

1) ㉝ '上'은 '山'의 오자이다. 2) ㉝ '童'은 '春'의 오자이다. 3) ㉝ '日'은 '月'의 오자이다. 4) ㉝ '陞'는 '甦'의 오자이다. 5) ㉝ '連'은 '浦'의 오자인 듯하다. 6) ㉝ '道'는 '通'의 오자이다. 7) ㉝ '問'은 '詢'의 오자이다. 8) ㉝ '泉'은 '家'의 오자이다. 9) ㉝ '小'는 '少'의 오자이다. 10) ㉝ '呼'는 '吸'의 오자이다. 11) ㉝ '人' 뒤에 '曰'이 있는 본이 있다. 12) ㉝ '西' 앞에 '自'가 있는 본이 있다. 13) ㉝ '麥'은 '麩'의 오자이다. 14) ㉝ '桎'은 '旌'의 오자이다. 15) ㉝ '沙'는 '寺'의 오자이다. 16) ㉝ '侯'는 '候'의 오자이다. 17) ㉝ '佛' 뒤에 '影'이 있는 본이 있다.

편양종사전

스님의 법명은 언기彦機이고 호는 편양鞭羊이며, 속성은 장張씨이고 죽주竹州(경기도 안성군 죽산)에서 출생한 사람이다.

만력萬曆(明 神宗의 연호) 9년 신사(선조 14, 1581) 7월에 태어났다. 어려서 현빈玄賓(서산 대사의 제자 印英)에게 구족계를 받았고, 장년이 되어 서산 대사께 귀의하여 그의 심법心法을 모두 전수받았다. 남쪽으로 여러 지방을 두루 돌아다니며 여러 선노禪老들을 참배하고 그들의 학문으로 자신을 채웠다. 항상 풍악산楓嶽山에 머물렀고, 혹은 묘향산에 주석하기도 하면서 법을 강하고 선을 증득하였다.

갑오년(효종 5, 1654)[57] 5월 10일에 적멸을 보이시니, 세속 나이는 74세이고 법랍은 53년이었다.

편양의 문도로는 풍담楓潭의 계열이 가장 번창했으며, 법을 이은 제자(拈香)도 30여 명이나 되었다. 금강산 백화암白華庵에 비석이 있는데 백주白洲 이명한李明漢[58]이 지은 것이다.

鞭羊宗師傳

師名彦機。號鞭羊。姓張氏。竹州人。萬曆九年辛巳七月生。幼從玄賓。受具。壯歸西山。盡傳心法。南遊徧叅諸禪老。以充其學。常住楓岳。或住妙香。講法證禪。甲午五月十日。示寂。世壽七十四。法臘五十三。鞭羊之門。楓潭最昌。拈香者。凡三十餘人。金剛山白華庵有碑。白洲李明漢撰。

---

57 다른 기록들에는 한결같이 편양의 열반 연도를 갑신년(인조 22, 1644)이라고 하였다.
58 이명한李明漢 : 조선 인조 때의 문신. 1595~1646. 자는 천장天章. 호는 백주白洲. 이괄의 난 때 왕을 공주로 호종하여 팔도에 보내는 교서를 작성하였다. 벼슬은 예조판서와 공조판서를 지냈다. 성리학에 밝았고, 시와 글씨에도 뛰어났다. 저서에 『백주집』이 있다.

소요종사전

스님의 법명은 태능太能이고 호는 소요逍遙이며, 속성은 오吳씨이고 담양에서 출생한 사람이다. 가정嘉靖(明 世宗의 연호) 41년 임술(조선 명종 17, 1562) 9월에 태어났다.

진眞 스님에 의지하여 백양사白羊寺에서 머리를 깎고, 황벽黃檗에게서 불법의 오묘한 의미를 터득했으며, 억조億兆처럼 많은 사람들에게 그 이름이 알려졌다.

남쪽 지방을 두루 돌아다니다가 부휴浮休에게서 대장경을 배웠으며, 서산 대사를 다시 찾아가 본래의 근원은 청정하다는 것을 깨달았다.

기축년(인조 27, 1649) 11월 21일에 열반에 드니, 그의 세속 나이는 88세이고 선랍禪臘은 73년이었다.

그에게서 선종禪宗을 전수받은 제자는 침굉 현변枕肱懸辯이고, 교종敎宗을 전수받은 제자는 해운 경열海運敬悅이며, 염향拈香하여 법을 이은 제자만도 30여 명이나 된다. 그의 탑비塔碑는 연대蓮臺(지금의 김제 금산)에 있는데 그 비명은 백헌白軒 이경석李景奭[59]이 지었고, 부도는 보개산 심원사深源寺와 지리산 연곡사燕谷寺, 두륜산 대둔사大芚寺에 있다.

逍遙宗師傳

師名大[1]能。號逍遙。姓吳氏。潭陽人。生於嘉靖四十一年壬戌九月。依眞師於白羊祝髮。服玄旨於黃檗。億兆知名。歷叅南國。受大藏於浮休。再訪西山。悟本源之淸淨。己丑十一月二十一日。示寂。行年九旬小二。禪臘七袠加三。得其禪宗者曰。枕肱懸辯。傳其敎宗者曰。海運敬悅。拈香嗣法者。

---

59 이경석李景奭 : 조선 중기의 문신. 청나라의 침략으로 인한 위기에서 국가를 구하는 데 큰 공을 세웠으나, 송시열 등 명분을 앞세우는 인물들에 의해 삼전도 비문 작성 등으로 비판받기도 했다.

凡三十餘人。碑在蓮臺。白軒李景奭撰。浮屠在寶盖山溟源寺。智異山燕谷寺。頭輪山大芚寺。

1) [원] '大'는 '太'의 오자이다.

풍담종사전

스님의 법명은 의심義諶이고 호는 풍담楓潭이며, 속성은 유柳씨이고 통진通津에서 출생한 사람이며 어머니는 정鄭씨이다.

어머니 정씨가 일찍이 구슬을 삼키는 꿈을 꾸고 나서 임신을 하였으며, 만력萬曆 20년 임진(선조 25, 1592)에 아이를 낳았다.

스님은 16세에 출가하여 성순性淳 대사에게서 머리를 깎았고, 원철圓徹 스님을 참알參謁하고 계戒를 받았으며, 편양鞭羊 대사를 알현하고 그의 법을 이었다. 편양 대사는 바로 청허淸虛 대사의 법을 이었다.

대둔사에서 큰 법회가 열렸는데, 그 법회에 모인 대중들이 무려 250명이나 되었다.

강희康熙 4년 을사(현종 6, 1665)에 금강산 정양사正陽寺에서 세상을 떠나려 할 무렵에 게송 한 편을 읊었다.

> 신기하여라. 이 영물靈物이
> 임종에 더욱 상쾌하다니
> 나고 죽음에 변한 모습 없으니
> 가을 하늘에 달만 밝게 비추네

그러고는 편안한 모습으로 돌아가시니, 세속의 나이는 75세이고 법랍은 58년이다. 돌아가시던 날 안색이 평소와 같았다. 그의 제자들이 영골靈骨을 받들어 은색銀色 사리 5과顆를 얻어 부도를 건립하고 탑비塔碑를 세웠다. 정관재靜觀齋 이단상李端相[60]이 금강산 백화암白華庵에 세운 비문을

---

[60] 이단상李端相 : 대간臺諫과 부제학 등을 지낸 조선 후기의 문신. 1628~1669. 사후 이조판서에 추증되었다. 주요 저서에 『大學集覽』과 『四禮備要』 등이 있다.

지었고, 백주白洲 이명한李明漢이 백화암에 세운 편양당의 비문을 지었으며, 월사月沙 이정구李廷龜가 백화암에 세운 서산 대사의 비문을 지었다. 이씨 3대가 서산 3대의 비문을 지었으니 좋은 인연의 소중함을 가히 상상할 만하다.

편양의 문인 준기俊機와 도안道安 등이 또 남쪽 지방을 유람하면서 주석하였던 곳에 그윽한 광명을 천발闡發하여 스님의 생애와 업적이 영원히 썩어 없어지지 않기를 도모하여 대둔사에 탑비와 부도를 세웠다. 비문은 예문관 직제학直提學 김우형金宇亨[61]이 지었다. 문인은 47명이다.

楓潭宗師傳

師法名義諶。號曰楓潭。俗姓柳氏。通津人。母曰鄭。鄭嘗夢含珠而妊。生師於萬曆二十年壬辰。十六出家。從性淳師而落髮。叅圓徹師而受戒。謁鞭羊師而得法。鞭羊。即淸虛之法嗣。設大會於大芚。衆二百五十人。康熙四年乙巳。示寂于金剛山正陽寺。臨化。吟一偈曰。奇恠這靈物。臨終尤快話。[1]) 死生無變容。皎皎秋天月。怡然而化。行年七十五。法臘五十八。化[2])之日。顏色如常。弟子等奉靈骨。獲舍利五枚。如銀色者。建浮屠豎碑。靜觀齋李端相作金剛山白華庵碑。白洲李明漢作白華庵鞭羊碑。月沙李廷龜作白華菴西山碑。李氏三代作西山三代碑。緣誼之重。可想也。門人俊機道安等。又於南維住錫之處。闡發幽光。衣[3])圖不朽。立碑浮屠。於大芚寺。碑。藝文舘直提學金宇亨撰。門人四十七。

1) ㉲ '話'는 '活'의 오자이다. 2) ㉲ '化' 앞에 '火'가 있는 본이 있다. 3) ㉲ '衣'는 '永'의 오자이다.

---

61 김우형金宇亨 : 조선 후기의 문신. 1616~1694. 효종 때 벼슬길에 올라 여러 요직을 두루 지냈으며, 글씨에 능하였고, 특히 예서에 뛰어나 숙종 때 보책寶冊을 자주 썼다.

해운선사전

다산茶山[62] 옹翁이 말하였다.

"해운海運 선사가 세상을 떠난 지 지금 이미 169년이나 지났다. 그의 성씨와 고향 마을에 대해서는 그 어디에서도 상고해 볼 만한 데가 없다. 다만 연파 혜장蓮坡惠藏(1772~1811)이 일찍이 스님의 문중에서 옛 기록을 본 적이 있다고 하였는데 그 내용은 이러하다.

'청련 원철靑蓮圓徹 대사가 대둔사에서 큰 법회를 열었을 적에 소요 태능逍遙太能 또한 대둔사에 왔다. 해운 경열海運敬悅은 이 해에 태능에게서 의발을 전해 받았으니, 그때 그의 나이 28세였으며, 67세에 입적하였다.'"

지금 상고해 보니 청련 대사가 법회를 연 해는 곧 만력萬曆 36년 정미(선조 40, 1607) 겨울이었다. 그렇다면 경열은 만력 8년 경진(선조 13, 1580)에 태어나 숭정崇禎 갑신년(1644)에서 3년째 되는 병술년(인조 24, 1646)에 입적했다.

그가 태능 대사에게서 의발을 전해 받았을 때는 소요 대사의 나이 46세 때였고, 경열이 입적한 해는 소요 대사의 나이 85세 때였다. 소요 대사가 88세에 세상을 떠나셨으니 경열이 그보다 먼저 세상을 떠난 셈이다. 이들 스승과 제자 두 사람이 서로 관계를 가짐이 마치 '상대의 훌륭한 점을 보면 그와 같이 되기를 생각한다(見賢思齊)'[63]는 가르침과 같았으니 그의 소소한 기록은 비록 일실되고 없으나 그것이 어찌 슬픈 일이겠는가?

소요 대사의 문도들이 수백 명이나 되지만, 오직 경열만이 그의 종통宗

---

62 다산茶山 : 정약용丁若鏞, 조선 후기 학자 겸 문신. 1762~1836. 사실적이며 애국적인 많은 작품을 남겼고, 한국의 역사·지리 등에도 특별한 관심을 보여 주체적 사관을 제시하였다. 주요 저서로 『목민심서』와 『경세유표』 등이 있다.

63 이 말은 『논어』 「里仁」 편에 나오는 말이다. 즉 "공자가 말하기를, '어진 이를 보면 그와 같아지기를 생각하고, 어질지 못한 사람을 보면 안으로 자기를 돌아보라'고 하였다.(子曰, 見賢思齊焉. 見不賢而內自省也.)"

通을 이었으니 그런 까닭으로 그의 호를 해운海運이라고 한 듯하다. 해운이란 붕鵬새가 남쪽 바다로 옮겨 간다는 의미이고, 붕새가 남쪽으로 옮겨 간다는 의미는 유유히 소요逍遙함을 뜻하니 소요 대사의 전법傳法이 곧 해운이 아니겠는가?[64] 그런 까닭에 소요 스님이 해운 스님에게 마음을 전하고 법을 전하면서 읊은 게송은 이러했다.

> 우뚝한 기봉機鋒은 흐르는 별이요 폭죽爆竹이며
> 높은 기상은 돌이 갈라지고 벼랑이 무너지는 듯하네
> 사람을 대함에 죽이고 살림은 군왕의 칼 같고
> 늠름한 위풍威風은 오호五湖에 가득하네

해운에 대하여 또 한 수의 시를 읊으니 이러했다.

> 쇠방망이 그림자에 허공이 찢어지니
> 놀란 진흙소가 바다 동쪽 지나가네
> 산호珊瑚와 밝은 달이 서로 냉랭하게 비추고
> 고금에 천지는 한바탕 웃음 속에 있네

염화미소拈花微笑의 소식이 아마도 여기에 있지 않겠는가? 경열이 시를 지어 읊으면 소요 대사가 반드시 화답하곤 하였다. 그 시는 이러하다.

> 가슴속 법의 바다 너무 깊어 헤아릴 길 없고
> 시편詩篇의 현묘한 이치 너무 멀어 갚을 수 없네

---

64 소요 태능逍遙太能과 해운 경열海運敬悅이란 당호와 법명으로 볼 때 이 두 스님은 장자莊子의 도교 사상을 수용한 단면을 엿볼 수 있다. '소요逍遙'라는 말과 '해운海運'이라는 단어는 모두 장자가 지은 『南華經』「逍遙遊」 편에 나오는 말이다.

또 이렇게 읊기도 했다.

> 선의 강요綱要와 교의 뼈 그 누가 대적하랴
> 중국의 달, 동이東夷의 바람 아무도 짝할 수 없네

또 이렇게 읊었다.

> 물거품 같은 대지에 유진遺塵이 일어나고
> 봄꿈 같은 부질없는 몸에 망식妄識만 이는구나

또 이렇게 읊었다.

> 위음불威音佛 저쪽 가시 저쪽 변두리에
> 눈에 가득한 아름다운 광경 물속에 잠겼어라
> 생사와 열반이 미몽迷夢에 막혀 있고
> 잘난 모습 못난 모습 병든 눈의 소치라네

이 시의 전편은 『소요집逍遙集』에 수록되어 있는데, 이 시로써 해운의 인물됨을 엿볼 수 있으리라.

해운의 법을 이은 제자들은 취여 삼우醉如三愚이고 삼우의 법을 이은 제자는 화악 문신華岳文信이다. 문신의 법을 이은 제자는 설봉 회정雪峰懷淨이고 회정의 법을 이은 제자는 송파 각훤松坡覺喧이며, 각훤의 법을 이은 제자는 정암 즉원晶巖即圓이고 즉원의 법을 이은 제자는 연파 혜장蓮坡惠藏이다. 아! 종맥宗脈이 이러하다.

명銘은 다음과 같다.

붕새의 큰 날개 남쪽 바다 옮겨 갈 때
파도는 삼천리를 치고 난다
해운이 아니면 뉘라서 저리 놀까?
이 뒤로도 그의 법 전해지되
흐르는 별, 폭죽처럼 터져서
드넓은 하늘에 광명이 찬란하네
진리의 등불 여섯 번 켜지더니
마침내 정암과 연파에 이르렀네
진실로 진리를 찾고자 하면
문집에 새긴 글을 보아라

문인은 17명이나 되었는데, 그중에 취여醉如가 그 우두머리이다. 정공
丁公(정약용)이 추기追記하여 논론하였다.

海運禪師傳

茶山翁曰。海運禪師之沒。今已百六十九年矣。其姓氏鄕里。皆無可考。惟蓮坡惠藏。嘗見師門古記曰。靑蓮圓徹大師。大芚大會之時。逍遙太能亦至芚寺。海運敬悅。以是年。受衣鉢於太能。時年二十八。至六十七而寂。今考靑蓮大會之年。乃萬曆三十六年丁未之冬也。然則敬悅。而[1]萬曆八年庚辰生。崇禎甲申之越三年丙戌寂。其受衣也。逍遙之年四十六。其歸寂也。逍遙之年八十五。遙[2]遙八十八而終。則敬悅其先逝矣。其師弟二人。相與之際。猶如見賢。其小事雖逸。奚傷焉。逍遙門徒。數百餘人。惟敬悅。獨得其宗。故號之曰。海運。海運者。鵬從[3]也。鵬徒[4]者。逍遙也。逍遙之傳。非即海運乎。故其傳心傳法之偈曰。飛星爆竹機鋒峻。裂石崩崖氣象高。對人殺活如王劍。凜凜威風滿五湖。又曰。金鎚影裡裂虛空。驚得泥牛過海東。珊瑚明月冷相照。古今乾坤一笑中。拈花微笑。顧不在是乎。敬悅有詩。

逍遙必和之。其詩曰。胷中法海幽難測。篇內玄樞遠莫酬。又曰。禪綱教骨誰能敵。華月夷風孰敢酬。又曰。水泡大地遺塵起。春夢空身妄識興。又曰。威音那畔更那畔。滿目烟光入水皆。生死涅槃迷夢隔。劣形殊相病眸乘。[5] 其全篇。皆載逍遙集中。斯可以徵海運也。海運有法嗣曰。醉如三愚。三愚之嗣曰。華岳文信。信之嗣曰。雪峰懷淨。淨之嗣曰。松坡覺暄。暄之嗣曰。晶巖即圓。圓之嗣曰。蓮坡惠藏。噫。宗在是矣。銘曰。大翼南徙。水擊三千。匪運昌遊。是後是傳。星飛竹爆。光燭長天。六燃其燈。遂至晶蓮。苟求眞諦。視彼梓鐫。門人十七人。醉如居首。丁公追記而論之。

1) [원] '而'는 '以'의 오자이다. 2) [원] '遙'는 '逍'의 오자이다. 3) [원] '從'은 '徙'의 오자이다. 4) [원] '徒'는 '徙'의 오자이다. 5) [원] '乘'은 '來'의 오자이다.

취여종사전

스님의 법명은 삼우三愚이고 호는 취여醉如이며, 속성은 정鄭씨이고 전남 강진군 보암방寶岩坊 구정자九亭子 마을에서 출생한 사람이다.

어린 나이에 출가하여 만덕산 백련사白蓮社에서 머리를 깎고 스님이 되었다. 여러 선사들을 두루 참알參謁하고 내전內典(불경)을 널리 섭렵하였다. 해운 경열의 조실에서 향을 뽑아 사르고 법통을 이었으니 경열은 소요 태능의 제자이다.

취여는 얼굴이 붉고 윤기가 흘렀기 때문에 해운이 '술에 취한 듯한 사람(醉如子)'이라는 호를 붙여 주었으니, 장난삼아 그랬던 것이다. 그를 살펴보면 그는 담론談論을 잘하여 듣는 이로 하여금 심취하게 했다고 한다.

일찍이 대둔사大芚寺(대흥사) 상원루上院樓에서 화엄의 종지를 연설하였는데 강론을 듣는 이가 수백 명이나 되었다고 한다. 이때 어떤 스님이 밭을 가는 기구를 지고 누각 아래에서 쉬다가 한두 구절을 엿듣고는 그 자리에서 단박에 깨닫고, 지고 있던 농기구를 벗어 던지고 당堂에 올라 눈물을 비 오듯이 흘리며 울었다. 그러면서 자신이 지은 죄를 다 말하여 참회하고 미묘한 불법의 진리를 가르쳐 달라고 간청하였다. 스님은 그를 쓰다듬으면서 가르쳐 주고 마침내 의발을 전해 주었으니, 이분이 바로 화악 문신華岳文信이다. 옛날 육상산陸象山[65]이 아호鵝湖 화상의 강석講席에서 의義와 이利 두 글자에 대하여 강론하자 사방에 앉아 있던 사람들이 눈물을 흘린 일이 있었다. 또 육조六祖 대사 혜능慧能이 본래는 방앗간에서 방아를 찧다가 마침내 5조의 의발을 전해 받은 일이 있었다. 그러니 이 일도 충분히 저들의 아름다웠던 일과 비교할 만하다.

---

[65] 육상산陸象山 : 육구연陸九淵. 남송의 사상가이다. 1139~1192. 자는 자정子靜, 호는 상산象山, 시호는 문안文安이다. 무주撫州 금계현金谿縣 사람으로 형인 구소九韶(자는 子美), 구령九齡(자는 子壽, 復齋先生)과 함께 학문으로 이름을 남겼다.

취여 대사는 천계天啓 2년 임술(광해군 14, 1622)에 태어나 강희康熙 23년 갑자(숙종 10, 1684) 6월 5일에 적멸을 보였으니, 세속 나이는 63세였다. 진영은 둘이 있으니 하나는 백련사에, 하나는 대둔사에 있다.
비명은 이러하다.

> 세상 사람 다 취하니 스님도 취했구나
> 취한 듯 취한 게 아니요 어리석은 듯 어리석지 않네
> 용의 굴에 맑은 기풍 여유가 있고
> 눈물 흘린 법석法席은 아호 스님 같아라
> 방아 찧다 발우 받은 이는 노盧 행자인데
> 취한 술 깨어나니 구름 수레 아득하네
> 옥 무늬 찬란한 돌 거북 받침 화려하고
> 비명을 청한 사람 법손法孫인 기어旗魚라네

탑명塔銘은 도승지都承旨 한치응韓致應[66]이 지었고, 문인은 화악華岳 등 10여 명이다.

醉如宗師傳

師名三愚。號醉如。姓鄭氏。康津寶岩坊九亭子人也。幼年出家。落髮於萬德山白蓮社。歷叅諸師。淹過內典。拈香於海運敬悅之室。敬悅。逍遙太能之親徒。師也。顔如渥丹。故海運錫號曰。醉如子。盖戲之也。顧善談論。聽者心醉。甞於大芚之上院樓。演說華嚴宗旨。聽講者。數百人。有一僧。負田器。歇樓板下。窃聽一二句。立地頓悟。捨擔昇堂。泣下如雨。陳其罪悔。

---

[66] 한치응韓致應 : 조선 후기의 문신. 1760~1824. 대사성과 대사간, 병조판서 등을 거쳐 함경도 관찰사가 되었다.

請受妙詮。師撫而誨之。卒傳衣鉢。是爲華岳文信。昔陸象山。於鵝湖講席。講義利二字。四座垂泣。六祖慧能。本於槽廠下舂米。六十[1]授五祖衣鉢。斯足以匹美也。師生於天啓二年壬戌。卒於康熙二十三年甲子。壽六十三。六月五日。示寂。有影二本。一在白蓮社。一在大芚寺。銘曰。世人皆醉師亦如。如而不醉[2]愚不愚。龍穴淸風猶有餘。流涕之席稍鵝湖。春而受鉢行者盧。醉之旣醒邀雲車。璘霱者石華龜跌[3]乞銘者誰孫騎魚。塔銘。都承旨韓致應撰。門人華岳等十人。

---

1) ㉮ '六十'은 '卒'의 오기이다. 2) ㉮ '不醉'는 '醉不'의 오기이다. 3) ㉮ '跌'은 '趺'의 오자이다.

월저종사전

스님의 법명은 도안道安이고 호는 월저月渚이며, 속성은 유劉씨이고 기도箕都(평양)에서 출생한 사람이다. 아버지는 보인輔仁이고 어머니는 김金씨이다.

스님은 숭정崇禎 11년 무인(인조 16, 1638)에 태어났으며, 강희康熙 54년 숙종 을미(숙종 41, 1715)에 세상을 마쳤으니, 세속의 나이로는 78세이고 승랍僧臘은 69년이다.

월저는 처음에는 천신天信 장로로부터 계를 받고 풍담楓潭 대사를 참알參謁하여 서산 대사의 비밀한 전법傳法을 모두 터득했다.

갑진년(현종 5, 1664)에 묘향산으로 들어가 『화엄경』의 대의를 강구講究하니 세상에서는 그를 화엄종주華嚴宗主라고 불렀다. 늘 종풍宗風을 거양擧揚할 때마다 자리 아래 모여드는 청중이 항상 수백 명을 밑돌지 않았으니, 법석法席의 성대함이 근세에는 없는 것이었다.

대승의 여러 경전들을 간행하여 불문과 세속에 유포하였다.

기축옥사己丑獄死[67] 때 사람들의 무고誣告를 당해 옥에 갇혔으나 임금이 본래부터 월저 대사의 명성을 소문으로 들은 터라 특별히 명을 내려 풀어 주게 하였다. 그로부터 더욱 자기 자신을 숨기려 하였으나 그의 명성은 더욱 성대하게 알려져서 온 나라를 뒤흔들었다. 그리하여 월저 대사의 문하에 몰려드는 자들이 마치 목마른 사람이 강을 향해 달려가는 것 같아 배불리 마시고 돌아가지 않은 사람이 없었다.

세상을 떠나던(歸眞) 날 상서로운 광명이 하늘을 밝혀 백 리 바깥까지 그 광경을 보지 못한 이가 없었다. 다비를 하고 나서 사리 3과를 얻어 보

---

[67] 기축옥사己丑獄死 : 조선 선조宣祖 22년(기축, 1589)에 동인 정여립의 모반 사건으로 일어난 옥사.

현사普賢寺 서쪽 산기슭에 탑을 세우고 봉안하였으며, 또 2과는 기성箕城(평양)과 해남에 나누어 봉안하였다. 해남의 석법명釋法明은 월저 대사의 고족高足인데, 빈양濱陽(한양)으로 나를 찾아와 대사의 비명을 써달라고 간청하였다. 월저 대사의 전법傳法 제자인 추붕秋鵬이 일찍이 나에게 자기 스승에 대하여 이렇게 말하였다.

"스승님은 경을 해석할 때 세세한 구절과 항목에 구애받지 않고 그 대지大旨를 잘 파악할 수 있도록 가르치셨으며, 저 제자백가諸子百家에 이르기까지 모두 통달하여 크건 작건 빠뜨리는 일이 없으셨습니다."

이렇게 말했으니 이것이 월저 대사를 대사답게 하는 까닭이라 하겠다.

대사의 비문은 홍문관 대제학大提學 이덕수李德壽[68]가 지었다. 일찍이 대둔사에서 연 큰 법회의 『강회록講會錄』에 실려 있는 그의 문인만도 39명이나 되었다. 대사의 비석은 대둔사에 있다.

月渚宗師傳

師名道安。號月渚。姓劉氏。箕都人也。父輔仁。母金氏。崇禎十一年戊寅生。康熙五十四年。肅廟乙未終。世壽七十八。僧臘六十九。初從天信長老。受戒叅楓潭。盡得西山密傳。甲辰。入妙香山。講究華嚴大義。世稱華嚴宗主。每擧揭[1])宗風。座下聽衆。常不下數百人。法席之盛。近世所未有也。刊大乘諸經。印布道俗。己丑之獄。爲人所誣。上素聞其名。特命釋之。自是。益自韜晦。然其名殷殷動一國。望門而趨者。如渴赴河。莫不滿腹而歸。歸眞之夕。祥光燭天。百里之外。無不見者。茶毘。得舍利三顆。塔于普賢之西麓。又分藏於箕城海南。海南釋法明。師之高足也。訪余濱陽。求爲師銘。

---

68 이덕수李德壽 : 조선 후기의 문신. 1673~1744. 자는 인로仁老. 호는 서당西堂·벽계蘗溪. 문장이 출중하여 홍문관과 예문관의 관직에 여러 차례 올랐으며 성품이 근후하여 영조의 두터운 신임을 받았다. 『女四書』를 언해하였고 『국조오례의』의 수정 작업에도 참여하였다. 저서에 『西堂集』 등이 있다.

師之傳法弟子秋鵬。嘗爲余言。師於解經。不拘細節瑱2)目。而善括其大旨。其於諸子百家。兼包並貫。巨細不遺。斯所以爲師也。碑。弘文舘大提學李德壽撰。曾於大芚寺大會。載在講會錄。門人三十九人。碑在大芚寺。

1) ㉘ '揭'는 '揚'의 오자이다. 2) ㉘ '瑱'은 '項'의 오자이다.

신해·보정합전

신해信海와 보정普淨은 중국 용검산聾劒山 옥천사玉泉寺의 스님들이다. 그 절에는 운장雲長 관우關羽의 목상木像을 모신 사당이 있었는데, 신해와 보정 두 스님이 이를 수호하고 있었다. 또 수복守僕 홍洪씨도 있었는데 관운장 생존 시에 가신家臣이었던 사람의 후손이다.

그런데 임진왜란을 당하여 선조가 명나라에 사신을 보내 도움을 요청하자 명나라에서는 장군 형개邢介와 도독都督 진린陳璘 등에게 군사를 거느리고 가서 구원해 주도록 했다. 이때 신종神宗 황제의 꿈에 운장이 나타나 원군과 함께 조선으로 가서 조선을 구하겠다고 자청하자 신종이 이를 허락하고 나서 깨어보니 꿈이었다.

신종이 여러 장수들에게 칙령勅令을 내려 옥천사의 관운장상을 싣고 함께 가도록 했다. 신해와 보정 그리고 종 한 명이 뒤따라 운장의 목상을 같이 모시고 따라갔다. 이들은 고금도古今島 앞바다에 이르러 왜군을 만나 크게 싸워 대승을 거두었으니, 이는 틀림없이 관공關公의 힘이었을 것이다. 목상 관운장을 모시고 함께 온 세 사람이 육지에 내려 사당을 세우고 그 목상을 봉안하여 비바람을 피할 수 있게 하였다. 그러고는 예전 옥천사에서 했던 대로 수직守直하게 하였다.

명나라에서 온 장군들은 바다와 육지로 함께 진군하여 북쪽으로 왕성王城을 향해 나아가면서 난리를 평정하고 군사를 이끌고 본국으로 돌아갔다. 그 무렵은 난리를 겪은 뒤라서 국왕의 교화가 멀리까지 미칠 수 없는 시기였으므로 공을 세운 사람들과 열사烈士들이 은전恩奠을 입지 못하고 있었다.

홍씨는 관운장의 사당에 남아 그 곁에서 사당을 지켰고 보정은 정수淨水[69]로 들어갔으며, 신해는 만흥산萬興山으로 떠나갔다. 만흥산 기슭에 특별히 한 암자를 짓고 편액을 '서전西殿'이라 붙였다. 서전이라고 한 것은 서쪽에서 왔다는 뜻을 나타내기 위한 것이었다.

그는 천문과 지리는 물론 인사人事와 귀신에 이르기까지 모든 술법에 통달하지 못한 것이 없었다. 그에게는 상좌 세 사람이 있었는데, 첫째 명간明侃은 본사에 있었고, 둘째 재정再靜은 나주 쌍계사雙磎寺로 들어갔으며, 셋째 정휘靜輝는 진도 쌍계사로 들어갔다.

신해 대사의 먼 법손 중에 지환智還이라는 스님이 있었으니 그의 호는 용악龍岳이며 승려 중에 걸출한 인물이었다. 만흥산의 법풍이 쇠퇴하자 만덕산으로 옮겨 갔으며, 다시 만덕산의 법풍이 쇠미해지자 대둔사로 이주하였다. 그때 그의 나이는 59세였는데 가을 달처럼 해맑은 기상이 있었다.

보정 스님의 후예로는 의준義俊 스님이 있었는데 강진군 칠량면 봉황리에 사는 김씨의 아들이었다. 호를 봉성鳳城이라고 한 이 스님도 범상치 않은 사람이었다. 운장의 사당에 제전祭奠을 돌보는 일을 소홀히 하는 것에 분개하여 한탄한 나머지 현감 이면행李冕倖 공과 함께 마음을 같이하고 힘을 합하여 노력하였다. 문하에 차윤국車潤國이란 동자가 있었다. 그는 마치 옛날 궐당闕黨 동자처럼 일찍이 벼슬에 올라 운장의 제향을 함께 추진하기 위하여 서울로 올라가서 내외內外에 명을 내리니 스승보다 나았다.

한번 임금의 윤허(龍墀)를 얻고 나니 삼정승들이 구름처럼 따라주어 편액扁額과 제향에 필요한 물품을 하사하는 한편 완벽하고 엄숙하게 제사를 올리게 하였다. 그리하여 얼마 지나지 않아 사당을 건립하여 지금까지 천추千秋를 내려오도록 제향이 받들어지고 있다. 의준은 스스로 일을 총괄하는 총섭摠攝이 되어 힘을 다해 사당을 보호하였으나 불행하게도 만년에

---

69 정수淨水 : 우리나라에 정수라는 이름이 붙여진 고찰은 강화도 마니산에 있는 절과 전남 강진군 대구면 용운리에 있는 절이 유명하다. 여기에서 정수란 아마 강진의 정수사 (옛 이름은 雙磎寺)를 말하는 듯하다.

속가로 귀환하여 생애를 마쳤다고 한다.

아! 슬픈 일이로다. 두 스님이 바다를 건너와서 우리나라에서 죽은 몇 가지 일과 두 곳 사찰의 일이 뚜렷하게 기록되어 있으나 두 스님의 강생降生(탄생)과 유성踰城(출가) 등 그 두 부분의 사실에 대해서는 경계가 너무 멀어 듣지 못하니, 모쪼록 저승에 가서 서로 만나면 알아보아야 하겠다.

信海普淨合傳

信海普淨者。上國聳劒山玉泉寺僧也。其寺有木像關雲長{羽}廟。二師守護。又有守僕洪氏。雲長生時。家臣之後孫也。壬辰倭亂。宣廟使使。求救於上。上使將軍邢介。都督陳璘等。率軍救之。是時。神宗皇帝夢雲長。自請同徃救之。上許之。覺而勅諸將。載與俱救。二師一僕。亦陪行隨之。到古今島前洋。逢倭師。大戰勝之。此必關公之力也。關公及偕來三人。下陸。建祠奉安。以避風雨。以古玉泉例守直。西來諸將。水陸並進。北向王城。平亂班師。時喪亂之後。王化不能遠及。功臣烈士。未蒙恩奠。洪氏守在祠側。靜[1]入淨水。海入萬興。萬興山麓。別搆一庵。扁曰西殿。西殿者。表西來之意也。天文地理。人事鬼神。凡諸術數。無不通達。有上佐三人。一曰明侃。在本寺。二曰再靜。入羅州雙溪。三曰靜輝。入珍島雙溪。海之雲仍。有智還者。號龍岳。僧之傑出者也。萬興之衰也。移住於萬德。萬德之衰也。移住於大芚。時年五十九。有秋月氣像。普淨之後裔。有義俊者。康津七良鳳凰里金氏子也。號稱鳳城。亦非凡者也。慨然歎雲長之無恤奠。與縣監李公冕倖。同心協力。門下。有童子車潤國者。速成若闕黨之類。同事上京。將命內外。藍茜沮色。一稟龍墀。三台雲從。賜額節目。萬分申嚴。不日成建。千秋行香。自爲揔攝。有力有護。不幸晚節。歸俗云亡。嗚呼。二師。越海就木之數事。兩寺事顯。且載降生踰城之兩端。絶域無聞。會須有九原相逢知。

---

1) ㉡ '靜'은 '淨'의 오자이다.

송파대사전

스님의 법명은 각민覺敏이고 호는 송파松坡이며, 속성은 노盧씨이고 충주에서 출생한 사람이다. 어머니는 서徐씨인데, 어느 날 달이 품속으로 들어오는 꿈을 꾸고 나서 아이를 잉태하여 만력萬曆 24년 병신(선조 29, 1593) 3월 3일에 스님을 낳았다.

어려서부터 용모와 행동이 단아하였고 용모가 빛나서 그를 보는 사람마다 기이하게 여겼다. 하루는 여러 아이들을 따라 길거리에서 놀고 있었는데, 충청도 안찰사按察使가 그를 보고 사랑스러운 생각이 들어 수레에 태워 가지고 함께 돌아와 영내營內에 머물게 하였다. 인하여 그 아이를 서울로 데리고 가서 수년 동안 같이 지냈다. 그 아이는 어느 날 노모를 뵙기 위하여 하직인사를 하고 본가로 돌아왔다.

집에 이르러 집 안을 살펴보니 방이라곤 마치 허공에 달려 있는 듯하였고, 어디에 가서 공부를 할 만한 데도 없었다. 그리하여 눈물을 흘리면서 어머니에게 다음과 같은 청을 드렸다.

"사람이 이 세상에 태어나 선비(士)·농부(農)·기술자(工)·상인(賈)이 되지 못할 바에는 차라리 산에 들어가 도를 닦아서 세속을 벗어난 사람이 되는 것이 낫지 않겠습니까?"

어머니가 눈물을 흘리면서 허락하자 소년은 곧바로 치악산 각림사覺林寺로 들어가 송운松雲(泗溟)의 큰 법제法弟인 한계寒溪 대사에게 머리를 깎고 스님이 되었다. 그러고는 다시 가야산으로 들어가 『치문緇門』과 『선요禪要』 등의 기초적인 교학을 배우고, 소요逍遙 대사의 문하에서 하안거를 하였으며, 비슬산琵瑟山 호구虎丘 대사에게 경전을 배웠다.

또 벽암 호연碧岩浩然 대사에게서 의문이 나는 대목을 물어 배우고 다시 무주 구천동으로 임성任性 대사를 찾아뵙고 7년 동안 머물면서 유·불·선 삼교의 깊은 이치를 강구하여 이를 약간 권의 책으로 만들고, 그 책의 이름을 『해의解疑』라 하여 세상에 전하였다.

계미년(인조 21, 1643) 봄에 금강산으로 들어가 송월당松月堂 대사를 배알하고 학업을 마쳤다. 이로 말미암아 도는 더욱 높아졌고 명성 또한 더욱 알려지게 되었다. 그러나 송파 대사는 아예 도에 대한 스승이라 자처하지도 않았으며, 더욱더 삼교에 정진하였으므로 당시의 종장宗匠들이 그에게 찾아와 묻지 않는 이가 없었다.

이로부터 10여 년간 때로는 소백산에 가기도 하고, 어떤 때는 용문사龍門寺와 해인사海印寺 등을 찾기도 하였다.

을묘년(숙종 1, 1675)에 조용하게 저 세상으로 선화仙化하였다. 스님은 임성 대사의 법제자이고 정관靜觀 대사의 법손이며, 청허淸虛 대사의 증손이다. 문인으로는 동운東雲과 반운伴雲 등 10여 명이 있다.

비문은 이월사李月沙의 아들인 현주玄洲의 아들 동리東里 이름은 은상殷相이 지었고, 김우형金宇亨이 글씨를 썼으며, 김만중金萬重[70]이 전액篆額을 썼다. 이월사 선생은 청허당의 비명을 짓기도 하였다.

松坡大師傳

師名覺敏。號松坡。姓盧氏。忠州人也。母徐氏夢月入懷。有娠。以萬曆二十四年。丙申三月三日生。容止端雅。眉宇焖然。見者奇之。一日隨群兒。戱於街上。忠淸按察使。見而愛念。載與俱歸。留置營中。仍與入京者數年。爲見老母。辭歸至家。見室如懸磬。出無所恃受業。乃垂涕而請於母曰。人生斯世。不爲士農工賈。則寧入山而修道。爲出世人。可乎。母泣而許之。乃入雉樂[1]山覺林寺。祝髮於松雲大法弟寒溪大師。又入伽倻山。受緇禪等書。結夏於逍遙大師之門。受經於琵琶山虎丘大師。又質於疑[2]碧岩浩然大

---

70 김만중金萬重 : 조선 시대의 문신이며 소설가. 1637~1692. 소설 『구운몽』과 『사씨남정기』 그리고 『서포만필』 등의 작품이 있다.

師。又謁任性大師于九泉³⁾千洞。留七年。講究三敎奧旨。錄成如干。名曰解疑。而傳于世。癸未春。謁松月堂于金剛山。而卒業焉。由是。道彌高而名益彰。未甞以師道自處。尤精於三敎。一時宗匠。莫不就正焉。自此。十餘年間。或至小白。或至龍門海印等處。乙卯。泊然而化。師任性之子。靜觀之孫。淸虛之曾孫也。門人。東雲伴雲等十餘人。碑。李月沙之子。玄洲之子。東里名殷相作。金宇亨書。金萬重額。李月沙作淸虛碑。

---

1) ㉔ '樂'은 '岳'의 오자이다. 2) ㉔ '於疑'는 '疑於'의 오기이다. 3) ㉔ '泉'은 연자이다.

동사열전 제3권
| 東師列傳 第三 |

두륜산인 구계 선집 편차
頭輪山人 九階 選集 編次

백암종사전

종사의 법명은 성총性聰이고 호는 백암栢庵이다. 취미翠微 스님의 법제자이고 백곡 처능白谷處能 스님의 조카 제자이며, 무용 수연無用秀演의 스승이다. 조계산에서 출가하였다.

기사년(숙종 15, 1689) 봄에 낙안 징광사澄光寺로 가서 『화엄연의초華嚴演義鈔』・『대명법수大明法數』・『간정기刊定記』・『정토보서淨土寶書』・『영험록靈驗錄』 등의 책을 간행하여 인천人天의 안목眼目을 틔워 주려고 애를 썼다.

임신년(숙종 18, 1620) 봄에 화엄법회를 성대하게 열자 사부대중들이 노루를 쫓듯이 밀려들었다. 그해 겨울에 방호方壺[1]로 옮겨 갔다.

경진년(숙종 26, 1700) 7월에 지리산 신흥사神興寺로 들어가 7월 25일 밤 자정이 채 못 되어 홀연 열반에 들었다. 대사가 열반에 든 뒤 연일 밤마다 상서로운 광명이 서리더니 7일째 밤 다비식(火浴)을 하는데 그 상서로운 기운이 더욱 커져 한 줄기 하얀 빛으로 변하였다. 그것은 마치 한 필의 하얀 비단이 남북으로 뻗어 있는 것 같았다. 멀고 가까운 곳에서 모두 그 광경을 보았다.

그 후 3일이 지난 뒤 영골靈骨을 수습할 때에 소나무 가지 위에서 한 조각 영골을 얻어 그 절의 백호白虎(오른쪽으로 뻗은 산) 바깥쪽 높다란 봉우리 언덕 위에 탑을 세우고 봉안하였다.

스님이 남긴 원고는 거의 10여 편에 이르지만 다 흩어져 없어지고 겨우 몇 편을 거두어 판목에 새겼는데 그 서문은 최상국崔相國이 썼다. 스님의 가르침을 전해 받은 제자 중에 무용無用 대사와 석실石室 대사 등 23명이 여러 지방에서 뛰어난 활약을 하여 사방의 산을 뒤덮었다.

---

[1] 방호方壺 : 신선이 산다는 곳인데, 여기에서는 방장산方丈山, 즉 지리산을 말한다.

栢庵宗師傳

宗師。名性聰。號栢庵。翠微之子。白谷處能之侄。無用秀演之師也。出家於曹溪山。己巳春。赴澄光寺。刻華嚴演義鈔及大明法數刊定記淨土寶書靈驗等書。欲開人天眼目。壬申春。大設華嚴法會。四部之衆。逐磨相至。冬。移入方壺。庚辰七月。徃智異山神興寺。七月二十五日。夜未半。奄然歸盡。時連夜有光瑞。而第七日。火浴之夜。其瑞益大。一道白氣。如一匹練。亘于南北。遠近皆覩。越三日。收骨之時。得一片靈骨于松樹上。樹塔于寺之白虎外高峰原上。遺稿幾至十餘篇。而散亡之餘。僅得數篇授梓。崔相國作序文。傳敎者。有無用石室等二十三人。雄於諸方。覆於四山。

무용법사전

 법사의 법명은 수연秀演이고 자字는 무용無用이다. 멀고 가까운 곳의 스님들과 속인들이 모두들 무용이라고 불렀으므로 마침내는 이를 헌호軒號로 삼았다. 속성은 오吳씨이고 용안龍安(전북 익산군)에서 출생한 사람이다. 고려 때 태위太尉 벼슬을 지낸 문양공文襄公 오연총吳延寵[2]의 후손으로서 대가 끊이지 않고 우리 조선조에 이르렀다.

 그의 증조부 하몽下蒙은 벼슬이 통훈대부通訓大夫[3] 행정의현감行旌義縣監[4]과 행무안현감行務安縣監에 이르렀고, 할아버지 응정應鼎은 벼슬이 통정대부通政大夫[5] 행순천부사行順天府使에 이르렀으며 가선대부嘉善大夫[6] 한성부漢城府 좌윤左尹에 추증되었다. 아버지 섬무暹武는 절행벽단첨사絶行碧團僉使를 역임하였다.

 아버지가 어느 날 누런 무늬를 띤 호랑이(大蟲)가 꿈틀거리며 공중으로 올라갔다가 얼마쯤 지나자 다시 내려와서 집을 여러 바퀴 도는 꿈을 꾸고 난 뒤 부인에게 태기가 있어 순치順治(淸 世祖의 연호) 8년 신묘(효종 2, 1651) 3월 13일에 옥동자를 분만하였다. 어린아이는 탄생할 때부터 특이하였으며 몸뚱이는 곱고 깨끗하였고 이마가 각이 진 게 오뚝하게 생겼었다.

 어려서부터 총명하고 슬기로웠고 말수가 적었으며, 나이 겨우 여덟 살

---

[2] 오연총吳延寵 : 고려 시대의 문신. 1055~1116. 송나라에 사신으로 갔다가 『태평어람』을 구해 왔다. 한림학사·승지·형부상서 등을 지내고 여진을 소탕하여 상서좌복야·참지정사가 되었다.
[3] 통훈대부通訓大夫 : 조선 시대 정3품 당하관의 관계官階.
[4] 행정의현감行旌義縣監 : 행行은 고려와 조선 시대에 품계와 관직이 상응하지 아니하는 벼슬아치를 구별하여 붙이던 칭호. 관직이 품계보다 낮은 경우에는 관직명 앞에 행行을, 그 반대의 경우에는 수守를 붙였다. 여기에서 행行 자를 붙인 것은 품계보다 관직이 낮았기 때문이다. 정의旌義는 남제주 지역의 지명이다.
[5] 통정대부通政大夫 : 조선 시대 문관·종친·의빈의 정3품 관계.
[6] 가선대부嘉善大夫 : 조선의 관계, 종2품으로 문·무반·종친이 받았다.

에 경사經史를 배우기 시작했다. 열세 살 때 갑자기 부모를 여의고 오직 형에게 의지하여 지내다가 열아홉 살에 우연히 조계산 송광사松廣社에 들렀다가 혜관惠寬 노스님을 의지해 출가한 후 혜공慧空 대사에게 구족계를 받았다.

그 후에 침굉枕肱 스님을 알현하고 선지禪旨를 들었으며, 다시 조계산 은적암隱寂庵으로 백암栢庵 스님을 배알하고 경전의 어려운 부분을 물었다. 그 뒤에 용문산龍門山 금화동金華洞 신불암新佛庵, 팔영산八影山 칠불암七佛庵 등을 유유자적 돌아다녔고 수석정水石亭을 짓기도 하였다. 10월 17일 가부좌를 한 채 열반에 드니, 세속 나이는 69세이고 법랍은 51년이었다. 7일이 지난 뒤에 절의 백호白虎(오른쪽으로 뻗은 산) 바깥에서 다비식을 거행하였다.

문집 두 권이 세상에 유포되었다. 진도「쌍계사사적雙磎寺事蹟」과 영암「도갑사수미왕사비문道甲寺守眉王師碑文」과 전주「송광사사적비문松廣寺事蹟碑文」은 모두 대사가 직접 지은 것이다.

문인으로는 영해 약탄影海若坦과 두륜 청성頭輪淸性 등 모두 22명이 있다.

無用法師傳

法師。名秀演。字無用。逎邐緇素。咸稱以無用。遂爲軒號。姓吳氏。龍安人也。高麗太尉文襄公延寵之裔孫。世不絕。逮至我朝。曾祖下蒙。官至通訓大夫行旌義及務安等縣監。祖應鼎。官至通政大夫行順天府使。贈嘉善大夫漢城左尹。父暹武。節行碧團僉使。夢一黃章大蟲。蜿蜒上空。少選還墜。繞室數匝。因以有娠。以順治八年辛卯。三月十三日。誕生而有異。體軀鮮潔。頭角巋然。幼而聰慧。少言語。年甫初八。始入書史。十三。奄違考妣。惟兄是依。十九。偶入曹溪之松廣社。依惠寬老師出家。受具於慧空大師。謁枕肱。聽禪旨。謁栢庵于曺溪之隱寂。執經問難。優遊於龍門山金華洞新佛庵八影山七佛庵。築水石亭。十月十七日。趺坐而寂。報年六十九。坐夏五十一。越七日。茶毘於寺之白虎外。文集二卷行于世。珍島雙溪寺事蹟文。靈岩道甲寺守眉王師碑文。全州松廣寺事蹟碑文。皆其手選。門人影海若坦頭輪湛性等。凡二十二人。

화악조사전

조사의 법명은 문신文信이고 호는 화악華岳이며, 속성은 김씨이고 해남 화산華山에서 출생한 사람이다.

대둔사로 출가하여 머리를 깎고 스님이 되었다. 돌아보건대 그는 바탕이 노둔하여 글을 몰랐다. 농사 기구를 팔아서 겨우겨우 생계를 이어갔는데 하루는 너무도 피곤해서 상원루上院樓 밑에 이르러 짐을 벗어 놓고 쉬고 있었다. 때마침 그 누각에서는 취여 삼우醉如三愚 선사가 대중들을 모아 놓고 『화엄경』의 종지를 강론하고 있었다.

화악 대사는 누각 아래에서 한두 구절을 엿듣고는 그 자리에서 단박에 깨닫고, 지고 있던 농기구를 같이 장사하던 친구에게 넘겨주고 누각으로 올라가 꿇어앉아 눈물을 비 오듯이 흘리면서 불법의 진리를 가르쳐 달라고 간청하였다. 삼우 대사는 매우 기특하게 여겨 그의 소원을 허락하였다. 그날 사방에서 몰려와 강론을 듣던 대중들은 쇄연灑然해졌다.

화악 스님은 매일 밤마다 주워 온 솔방울로 불을 밝히고 오경五更이 될 때까지 글을 읽기를 3년이나 하였다. 그와 같이 공부하던 도반들은 모두 뒤로 처지고 말았다. 스님은 대둔사를 떠나 여러 지방으로 구름처럼 전국 명산을 돌아다니며 선지식들을 참배하고 그들로부터 인가를 받았다.

학문이 완성되자 마침내 취여醉如 스님의 조실에서 염향拈香[7] 의식을 거행하였다. 그러자 그의 문전에는 배우려는 사람들이 폭주하였다. 대둔사에서 강론 법회를 여는 날이면 모여드는 대중들이 수백 명에 달했다고 한다. 그 당시 북쪽에서 명성을 떨치던 월저月渚(1638~1715) 선사가 남쪽으로 대둔사에 왔다. 화악은 그와 더불어 선지禪旨를 토론하고 나서 그를 종주

---

[7] 염향拈香 : 향을 향로에 사르는 것을 말하는데, 때로는 법통을 이어받을 때나 불사佛事를 할 때 행하는 의식을 말하기도 한다. 여기에서는 법사로부터 법통을 이어받는 의식을 말하는 듯하다.

宗主로 삼을 만한 인물이라 여겨 거느리고 있던 모든 대중들을 월저 대사에게 양보하고 물러났다. 그러자 대중들은 매우 놀라며 만류하였다. 대사가 대중들을 타일러 말하였다.

"너희들이 알 바가 아니니라."

그러고는 스스로 작은 방으로 들어가 문을 걸어 잠그고 월저 대사의 화엄법회가 끝날 때까지 면벽面壁에 들어갔다. 월저 대사는 법회를 마치고 묘향산으로 돌아가서 사람들에게 이렇게 말하였다.

"내가 남쪽 지방에 갔다가 육신보살肉身菩薩을 친견하였다."

화악 스님은 숭정崇禎(明 毅宗의 연호) 2년 기사(인조 7, 1629)에 태어나서 강희康熙(淸 聖祖의 연호) 16년 정해(숙종 39, 1707) 6월 26일에 적멸을 보였으니, 세속 나이로는 79세였다. 막 열반에 들었을 때에 두륜산에 우렛소리가 울렸다고 한다. 다비식을 마치고 나서 사리 2매를 얻었다. 스님의 비명은 이러하다.

> 농기구 파는 이의 울음소리
> 저 숲 속에 울려 퍼졌네
> 매미 우는 소리 맴맴
> 이미 허물 벗고 노래를 읊네
> 황매산黃梅山 홍인 대사의 법
> 방아 찧던 사람에게 주었네
> 산림山林에서의 면벽으로
> 마침내 고비皐比[8]를 거두셨네
> 이를 일러 능양能讓이라 하나니

---

8 고비皐比 : 호피虎皮를 말한다. 옛날 스승이 앉는 자리에는 반드시 호피를 깔고 앉았으므로 후대에 강석講席 또는 사석師席을 고비라 칭한다.

그가 아니면 뉘라서 하랴

일찍이 그를 뛰어넘을 수 없기에

그를 일러 산부처라 불렀네

설봉 회정雪峰懷淨과 송파 각훤松坡覺喧

정암 즉원晶巖即圓과 연파 혜장蓮坡惠藏

진리의 등불 서로 이어오더니

5대에 이르러 융창하였네

백세百歲(세상을 마침) 뒤에

비로소 비석에 새기노니

이 가타伽陀[9]가 계속되어

후세 사람 깨우치게 함이니라

비문은 한치응韓致應이 지은 것이다. 문인으로는 설봉雪峰과 벽하碧霞 등 21명이 있으며, 스님의 진영은 대흥사大興寺 상원上院의 영각影閣에 모셔져 있다.

華岳祖師傳

祖師。名文信。號華岳。姓金氏。海南華山人。出家於大芚寺。落髮。顧椎鹵不識字。爲賞田器。且行且鬻以取飽。一日憊甚。至上院樓下。捨擔而休焉。時醉如三愚禪師集大衆。講華嚴宗旨。師在樓板下。竊聽之。立地頓悟。悉以所負田器。付其伴。升樓而跪涕簌簌。請受課程。三愚大奇之。許其所願。是日。四座灑然。每夜。拾松子爲燎。讀書達五更。旣三年。同列皆殿。雲遊四方。參伍印證。學旣成。遂於醉如室中。拈香。於是。學者輻輳。芚師[1]講

---

[9] 가타伽他 : ⑤ gatha의 음역. 풍송·게·게송으로 한역한다. 법회 때에 일정한 가락으로 풍송하는 게송.

會之日。衆至數百人。時北方月渚禪師。南遊至芚師*與論禪旨。知其可宗。悉以所領大衆。讓于月渚。學者大駭。師喩之曰。微爾等之所知也。自歸一室。杜門面壁。俾終其會。月渚歸語人曰。吾至南方。見肉身菩薩云。師生於崇禎二年己巳。以康熙四十六年丁亥。六月二十六日。示寂。壽七十九。方示寂之時。頭輪雷鳴。旣茶毘。得舍利二枚。銘曰。有嗢買鍦。鳴彼中林。有嚖者蟬。旣蛻旣唫。黃梅依法。舂者受之。山林有壁。遂撤皐比。是謂能讓。匪伊有出。早不可踰。號爲生佛。惟淨惟暄。惟圓惟藏。燈燈相繼。五世其昌。百歲之後。始刻貞珉。繫茲伽陀。以詔後人。碑。乃韓致應所撰也。門人有雪峰碧霞等二十一人。安眞影于上院影閣。

1) [원] '師'는 '寺'의 오자이다. 이하도 동일하다.

설암종사전

　종사의 법명은 추붕秋鵬이고 호는 설암雪巖이며, 속성은 김씨이고 강동江東(평안남도)에서 출생한 사람이다.

　스님은 가냘프고 여윈 모습에 위의 또한 빼어난 데가 없었으나 두 눈동자만큼은 형형炯炯한 빛이 사람을 쏘았다. 계행戒行이 매우 높았지만, 사람들을 대할 때에는 신분의 귀천에 관계없이 평등하게 대하였다.

　사람들과 담론할 때의 예봉銳鋒은 불꽃이 일어나듯 정열적이었으며, 샘물이 솟아나듯 그칠 줄 모르고 쏟아져 나왔다. 처음에 종안宗眼 장로에게서 머리를 깎고 스님이 된 뒤 벽계 구이碧溪九二 선사를 찾아가 참배하고 몸소 물을 긷고 절구질을 하면서 경론을 배워 통달하였다.

　설암이 월저 도안月渚道安 대사를 찾아가 예를 올리자 그 둘은 침개針芥[10]가 서로 투합하듯이 서로 뜻이 맞지 않는 부분이 조금도 없었다. 도안은 설암이 특이한 법기法器임을 알아차리고 제자로 받아들여 의발을 전해 주었다. 설암은 곧 남쪽 지방을 유람하니 남방의 모든 스님들은 높은 명망을 듣고 우러러 사모하여(望風) 그의 가르침에 깊이 심취하였다.

　스님은 병술년(숙종 32, 1706) 8월 5일에 입적하였다.【강희康熙 45년】스님은 신묘년(1651)【순치順治 8년, 우리 효종 대왕 2년】 8월 27일에 태어났으니 세속의 나이로는 56세였다.

　다비를 하여 사리 5과를 얻었는데 나누어서 낙안 징광사澄光寺와 해남 대둔사大芚寺에 각각 탑을 세워 봉안하였다. 사명泗溟 존자가 입적한 지 8년 되던 해인 무오년(광해군 10, 1618)에 문인들의 호소로 인하여 임금이 특명을 내려 밀양 재약사載藥寺(표충사)에 사당을 세우게 하고 '표충表忠'이라는 편액을 하사하였다.

10　침개針芥 : 개자투침芥子投針의 준말. 극히 만나기 어려움을 뜻함.

그 후 137년이 지나서 그의 5세 법손 남붕南鵬이 표충사가 퇴락한 것을 민망하게 여겨 재물을 모아 중건하고 여러 군자들에게 간청하여 『시문집詩文集』 1권과 『분충서난록奮忠紓難錄』 1권을 지었다.

그의 저술로 『선원제전집도서과평禪源諸詮集都序科評』과 『법집별행록절요法集別行錄節要』 2집집의 과문科文과 사기私記 2권이 세상에 전해진다.

언젠가 대둔사 백설당白雪堂에서 큰 법회를 열었는데 그 『강회록講會錄』에 내용이 실려 있다. 홍문관 대제학大提學 이덕수李德壽가 스님의 비문을 지었다. 문인은 34명이다.

雪巖宗師傳

宗師。名秋鵬。號雪巖。姓金氏。江東人。師纖癯無威儀。而雙眸炯炯射人。其戒行甚高。其接人平等無貴賤。其談鋒若焱。至泉湧而不可窮也。初從宗眼長老剃落。叅碧溪九二禪師。躬執井臼。淹通經論。徃禮月渚道安大師。針芥相投。無不脗合。安公深加器異。授以衣鉢。乃遊南方。南方諸釋望風心醉焉。丙戌八月初五日。示寂【康熙四十五年】。距其生辛卯【順治八年我孝宗二年】。八月二十七日。世壽五十六。茶毘。得舍利五顆。分塔於樂安澄光及海南大芚。泗溟尊者入寂後。八年戊午。因門人之呼訴。特命立祠于在[1]藥寺。賜額曰表忠。後一百三十七年。五世孫南鵬。愍其傾圮。鳩村重建。請諸君子詩文。作爲一卷。幷奮忠錄一卷。序要二集科文。私記二卷。行于世。甞大會於大芚寺白雪堂。載在講會錄。弘文舘大提學李德壽撰碑。門人三十四。

---

1) ㉮ '在'는 '載'의 오자이다.

환성종사전

선사先師의 법명은 지안志安이다.

스님이 춘주春州(춘천) 청평사淸平寺에 머물고 계실 때 일이다. 경내의 누각 아래에 영지影池라는 연못이 있었는데 진흙이 그 연못을 메운 지가 이미 오래되었다. 그래서 그 연못을 복구하는 도중에 작은 비석을 발견하였는데, 그 비석에 '유충관부천리래儒夷冠婦千里來'라는 글이 새겨져 있었다. 그 글을 해석하면 이러하다.

'선비의 마음(儒夷)'이란 '지志' 자를 의미하고 '부인이 관을 썼다(冠婦)'는 것은 '안安' 자를 뜻하며 '천리千里'란 '중重' 자를 의미하니, 이를 풀이하면 '지안志安이라는 이름을 가진 이가 이곳에 다시 온다'는 뜻이었다. 그 때문에 환성의 법명이 지안으로 된 것이다.

환성이 해남 대둔사에 머물고 있으면서 부처님께 공양을 진설할 때, 공중에서 세 번 부름을 받았고, 그때마다 환성도 역시 세 번 응답한 사실이 있어 마침내 호를 환성喚醒이라 하고 자字를 삼낙三諾이라고 하였다.

스님의 속성은 정鄭씨이고 춘주에서 출생한 사람이다. 현종顯宗 5년 갑진(1664)【강희康熙 3년】에 태어났다.

15세에 출가하여 미지산彌智山 용문사龍門寺에서 머리를 깎고 쌍봉 정원雙峰(霜峰)淨源 스님으로부터 구족계를 받았다. 17세에 월담月潭 스님에게 법을 구하니 월담 스님은 그가 큰 그릇이 될 것을 알고 의발을 그에게 전했다.

스님의 골상은 맑고 엄숙하였으며 음성은 신령스럽고 밝았다. 말은 간략하였고 안색은 늘 온화하였다. 부처님의 경전(內典) 연구에 몰두하느라 아예 침식을 모두 잊기가 예사였다.

27세 때에는 모운 진언慕雲震言(1622~1703) 대사가 금산金山(김천) 직지사直指寺에서 법회를 개설했다는 말을 듣고 그곳에 갔는데, 모운이 그의 학덕을 보고 크게 감동하여 탄복하고 수백 명의 학인들에게 말하였다.

"내 이제 사자좌獅子座를 거두고 떠나니 너희들은 스승의 예로 이 스님을 섬기도록 하라."

이런 당부를 하고는 자리를 물려준 후 아무도 모르게 다른 산으로 떠나갔다. 환성은 마침내 대중들 앞에 나아가 종縱으로 설법하고 횡橫으로 설법하였는데, 털을 나누고 실을 가리듯 그 호연浩然함이 마치 강물이 콸콸 흘러가는 듯하여, 대중들이 그의 설법을 듣고 활연豁然히 다 깨달았다. 그로 말미암아 사방의 승려들이 바람에 쏠리듯 구름처럼 몰려들었다.

언젠가 지리산에 머물고 있을 때의 일이다. 어떤 도인이 앞에 나타나 말하였다.

"스님께서는 속히 이 자리를 떠나십시오."

과연 며칠이 지나자 화재를 만나 그곳이 다 타버렸다.

또 금강산 정양사正陽寺에 머물고 있을 때의 일이다. 하루는 하늘에서 큰비가 내렸는데 대사가 행장을 꾸려 그곳을 떠났다. 산 아래 부잣집에서 초청하였으나 스님은 그 집에 가지 않고 인근 작은 집에 들어가 투숙하였다. 그런데 그날 밤에 사찰과 부잣집은 모두 물에 떠내려가고 말았다.

을사년(영조 원년, 1725)에 금산사金山寺에서 큰 법회를 베풀었는데 대중들이 무려 1,500여 명이나 모였다. 옹정雍正(淸 世宗의 연호) 7년 기유(영조 5, 1729)에【대사 66세 때】마침내 그 법회의 일로 인하여 그를 시기하던 이가 무고誣告하여 지리산에서 체포되어 호남의 옥사에 갇히게 되었다. 그 뒤 얼마 되지 않아 풀려나게 되었으나 그 도道의 고위 관리가 석방 불가를 고집하여 마침내 탐라耽羅(제주도)로 유배되었다.

제주도에 도착한 지 7일 만인 7월 7일에 그곳에서 별안간 적멸을 보였으니 3일 동안 산천이 울고 바닷물이 끓어올랐다. 그러자 그곳 사람들은 예전에 세 성현이 탐라에 온다는 예언이 있었는데 환성이 그 한 분이라고들 말했다. 세 분 성현에 대해서는, 한라산 꼭대기에 돌부처가 있는데 그 돌부처 등에 새겨진 글이 있었으니 그 내용은 이러했다.

"세 분 성현이 입적할 곳으로서 한 분은 중국의 정법正法 보살로서 이곳에 와서 살다가 입적할 것이요, 또 한 분은 동국의 허응虛應 존자로서 이곳에 들어와 살다가 입적할 것이며, 다른 한 분은 환성 종사로서 이곳에 유배되어 살다가 입적하게 될 것이다."

저술로는 『선문오종강요禪門五宗綱要』 1권과 『문집文集』 3권이 간행되어 세상에 전해지고 있으며 문인은 33명이 있다. 세속 나이는 66세이고 법랍은 51년이다.

이조판서 홍계희洪啓禧[11]가 비문을 지었고, 그의 비탑碑塔은 두륜산 대둔사에 있다.

喚醒宗師傳

先師。名志安。住春州清平寺。樓下有影池。淤塞已久。濬之。得短碑。刻曰儒乘[1)]冠婦千里來。解之者曰。儒乘*志也。冠婦。安也。千里。重也。謂志安重來。仍名焉。住海南大芚寺。設淨供。空中三呼。醒亦三應出。遂號曰喚醒。字曰三諾。姓鄭氏。春州人。顯宗五年甲辰【康熙三年】。十五出家。落髮於彌智山龍門寺。受具於雙峰淨源。十七求法於月潭。潭大器之。以衣鉢托焉。師骨相清嚴。音韻靈朗。言簡而色和。精研內典。寢食俱忘。二十七聞慕雲震言大士。設法會於金山直指寺。徃從之。暮[2)]雲大敬服。語其衆數百人曰。吾今輟獅子座。汝等禮事之。乃潛出居他山。遂進大衆。橫說竪說。毫分縷柝。[3)] 浩然若江河之決。衆開[4)]豁然開悟。[5)] 由是四方緇徒。靡然雲集。甞於智異山。有一道人前言。願師速去。果數日火灾。住金剛山正陽寺。一日。天甚大雨。師促裝去。山下富家請師。不入。投宿矮舍。其夜。寺及富

---

[11] 홍계희洪啓禧 : 조선 후기 문신. 1703~1771. 1750년 병조판서로 균역법 시행에 힘썼다. 『列聖誌』를 증보하는 한편, 왕명으로 『海東樂』을 지었다. 저서로 『三韻聲彙』, 편서편서에는 『瀋川事實』 등이 있다.

家。俱沒水去。乙巳。設大法會於金山寺。衆凡一千五百人。雍正七年己酉【六十六】。竟以會事。有誣捏者。自智異。逮繫湖南獄。未幾蒙宥。道臣執不可。竟流於耽羅。到彼七日。爲七月七日也。忽示寂。山鳴三日。海水沸騰。驗三聖之讖矣。三聖者。漢挐山上有石佛。有文在背曰。三聖入寂處。一中國正法菩薩。來居入寂。二東國虛應尊者。入居示寂。三喚醒宗師。流居示寂。五宗綱要一卷。文集三卷。刊行於世。門人三十人。世壽六十六。法臘五十一。吏曹判書洪啓禧撰碑。碑塔。幷在頭輪山大芚寺。

---

1) ㉮ '乘'은 '寅'의 오자이다. 이하도 동일하다. 2) ㉮ '暮'는 '慕'의 오자이다. 3) ㉮ '柝'은 '析'의 오자이다. 4) ㉮ '開'는 '聞'의 오자이다. 5) ㉮ '寤'는 '悟'인 듯하다.

벽하종사전

스님의 법명은 대우大愚이고 호는 벽하碧霞이다. 속성은 박씨이고 전남 영암에서 출생한 사람이며 어머니는 이씨이다.

어느 날 스님의 어머니는 푸른 새들이 어깨 위로 모여들고 푸른 노을이 품안으로 들어오는 꿈을 꾼 뒤에 잉태하여 대사를 낳았다고 한다. 스님은 뒷날 새들의 울음소리를 듣고 출가할 마음을 내었고 호 또한 벽하로 지었다.

스님은 조연照淵 장로에게 머리를 깎고 화악華岳 대사에게서 경전을 배웠으며, 환성喚醒 대사에게서 선법을 이어받고 고압孤鴨 선사에게서 계율을 전해 받았으니(懺悔), 이들 모두는 서산 대사의 5대 법손이다.

스님은 기상이 높고 준엄해서 사람들이 쉽게 범접할 수 없었으며, 어떤 어려움에 부딪혀도 굽힘이 없이 의연함을 잃지 않고 정직하게 대처했다고 한다. 비록 사나운 호랑이가 목전에 나타나도 마음이 조금도 흔들리지 않았다.

경교經敎를 공부하고 틈틈이 남는 시간을 활용하여 제자백가諸子百家와 역사서를 섭렵해 두루 통달했다. 만년에는 선송禪頌을 즐겨 보아 그런 책을 손에서 놓지 않았다. 일찍이 구곡龜谷 스님의 『선문염송설화禪門拈頌說話』에 간간이 잘못된 곳이 있다고 말하면서 손수 붓과 말로써 늙음에 이르도록 그치지 않고 그것을 바로잡아 나갔다.

환성 스님은 일찍이 다음과 같은 시를 지어 주었다.

> 동국의 큰 종장宗匠은
> 벽하 장로가 바로 그분이네
> 서쪽 강 만 리 물을
> 한 입에 다 삼켰구나

스님의 양미간에는 하얀 털이 나서 그걸 보는 사람들마다 기이하게 여겼다. 스님의 얼굴 모양은 반듯반듯 모가 나서 쳐다보는 이들로 하여금 두려워 떨게 하였으며, 그에게 참례하고 학문을 구하는 사람들로 하여금 자신도 모르게 부질없는 생각을 떨쳐 버리게 하였다.

임종에 즈음하여 직접 붓을 들어 게송을 지었다.

    인생의 삶은 타향에 잠시 몸을 붙인 것이요
    죽음이란 내 고향으로 돌아가는 것이라네
    오고 가는 흰 구름 속에
    터득한 일 평상平常함일세

시를 다 쓰고 붓을 놓고는 조용히 앉아서 세상을 떠났다. 스님은 병진년 성조聖祖 강희康熙 15년 숙종대왕 2년(1676)에 태어나 건륭乾隆 28년 영조 39년[12] 계미(1763) 6월에 생애를 마치니 세속 나이는 88세였다.

다비를 하여 정골頂骨 한 조각에서 사리 1과를 얻었다. 세자익위사世子翊衛司 부솔副率 이의경李毅敬[13]이 대사의 비명을 지었다. 문인들은 현암玄岩과 채미采微 등 네다섯 명이 있다.

碧霞宗師傳

師名大愚。號碧霞。姓朴氏。靈岩人。母李夢。靑鳥集肩。碧霞入懷。娠而生師。師後來。聞鳥鳴聲。發出家心。且以碧霞爲號。薙髮于照淵長老。受敎于華岳大師。承禪于喚醒大師。懺悔於孤鴨禪師。皆於西山爲五世孫也。氣

---

[12] 원문에는 '순조대왕십일년純祖大王十一年'으로 되어 있는데 건륭 28년은 영조 39년이고, 또한 순조 11년은 신미辛未이니 원문의 표기가 잘못인 듯하여 고쳐 번역하였다.
[13] 이의경李毅敬 : 호는 낙천樂天이며 선계仙溪 망룡望龍의 후손이다. 천품이 밝고 높으며 언론이 바르고 준엄하였다.

岸高峻。人不得攀援。遇事直前無回撓。雖猛虎當前。心不少動。經敎之。[1]
傍通子史。晚喜禪頌。手不釋卷。甞言龜谷說話。間有誤處。自爲筆說。至
老不輟。喚醒老師贈詩曰。東國大宗匠。碧霞長老其。西江萬里水。一口能
呑之。眉間有白毫。見者異之。面貌稜稜。瞻望悚然。諸叅問者。不自覺妄
念之消落。臨終。執筆書偈曰。生來寄他界。去也歸吾鄉。去來白雲裡。且
得事平常。放筆泊然坐逝。生於丙辰聖祖康熙十五年。肅宗大王二年。乾隆
二十八年。純祖大王十一年癸未六月卒。壽八十八。茶毘。得頂骨一片。舍
利一顆。世子翊衛司副率李毅敬撰碑。門人玄岩采薇等四五人。

---

1) ㉘ '之' 뒤에 '暇'가 있는 본이 있으나, '暇'인 듯하다.

설봉종사전

　스님의 법명은 회정懷淨이고 자는 윤중允中이며 호는 설봉雪峯이다. 속성은 조曺씨이고 낭주朗州(영암)에서 출생한 사람이며 어머니는 김金씨이다.
　대사의 어머니는 평생 산목숨을 죽이지 않았으며 한창 자라나는 것을 꺾지 않았다. 그러면서 말하기를, "사물이나 나나 매 마찬가지이다."라고 하였다. 하루는 꿈에 신인神人이 밝은 구슬 하나를 주는 꿈을 꾸었는데 그러고 나서 아이를 가져 숙종 4년【강희康熙 16년】무오(1678) 상원上元(정월) 15일에 아이를 낳았다.
　스님은 골격이 맑고 밝았다. 나이 겨우 아홉 살에 달마사達摩寺의 조명照明 장로에게 몸을 의지하고 열여섯 살 되던 해 그곳에서 머리를 깎고 스님이 되었다. 그 후에 화악 문신華岳文信 대사를 찾아가 대사로부터 법을 받았다. 이미 그의 법을 전해 받고 또 여러 경전을 참구하여 깨달음을 얻어 걸림이 없었으며, 글을 분석함에 있어서도 정밀하고 미세하였다.
　그리하여 남쪽 지방의 모든 비구들과 '선림의 종주(禪林宗主)'라고 불리던 많은 스님들도 설봉 스님의 설법을 한번 듣고는 경복敬服하지 않는 이가 없었다. 설봉 스님은 본디 성품이 박애博愛하여 사람들과 더불어 근심과 즐거움을 같이하였으며, 평소에는 입을 닫고 적묵寂黙함으로써 스스로를 지켜 나갔다.
　그러므로 사람들은 스님의 깊은 속을 들여다볼 수가 없었고, 또한 겉치레를 좋아하지 않아 의복이 남루해도 기워 입지 않았으며, 머리칼과 수염이 자라도 어떤 때는 깎지 않아 덥수룩할 때가 많았다. 사람들이 간혹 나무라면 문득 시 한 수를 낭랑하게 읊곤 하였다.

　　평소에 소탈하여 거리낌 없어
　　술집 다방을 소신껏 드나든다

한漢나라도 거둬 주지 않고 진나라도 모른 체하니
다시 나귀 타고 양주楊洲를 지나간다[14]

이 시를 보면 가슴 속이 얼마나 큰가를 엿볼 수 있다.

설봉은 간간이 외딴 섬에 들어가 토굴을 짓고 '야은野隱'이라는 편액을 달아 놓고 기거하곤 했다. 스님은 병을 치료하기 위해 요양하는 것이라고 핑계를 대었으나 실은 이름을 감추고 자취를 감추려고 그랬던 것이다.

무오년(영조 14, 1738)은 스님이 회갑을 맞은 해인데, 이 해 6월 8일에 입적했다. 스님은 입적하기 전날 밤에 게송 한 편을 읊었다.

뜬구름은 온 곳이 없고
갈 때도 역시 자취가 없다
구름이 오가는 걸 자세히 보면
다만 하나의 허공일 따름이네

사유闍維(다비)를 마치고 사리 1립粒과 영골靈骨 1매枚를 얻어 미황사美黃寺로 가지고 가서 탑을 세우고 비석을 세워 봉안하였다. 비문은 홍문관 부제학 김진상金鎭商[15]이 지었다.

스님의 문인은 송파松坡와 진봉珍峰 등 16명이 있다.

---

[14] 이 게송은 『禪門拈頌』 제2권 61번째 칙則에 있는 보령용保寧勇의 염송이며, 원문에는 네 번째 글귀인 '양주지시이불소변楊州之詩而不少變'이 '우기려자과양주又騎驢子過楊州'로 되어 있다.

[15] 김진상金鎭商 : 본관은 광산光山. 자는 여익汝翼, 호는 퇴어退漁이다. 1699년(숙종 25) 진사가 되고 1712년(숙종 38) 정시 문과에 급제했고, 설서說書·지평持平 등의 관직을 두루 역임했다. 1722년(경종 2) 신임사화申壬士禍 때 무산茂山에 유배당했으며, 영조가 즉위하자 풀려나 다시 등용됐다. 글씨에 능해서 많은 비문을 썼다. 저서로는 『退漁堂遺稿』가 전한다.

雪峯宗師傳

師名懷淨。字允中。號雪峯。姓曺氏。朗州人。母金氏。平生不殺生。又不折方長曰。物我一般。一日夢神人。授一顆明珠而已有娠。以肅廟四年【康熙十六年】戊午上元日生。骨格淸朗。甫九歲。投達摩之照明長老。十六落髮。就華岳文信大師。受法。旣密傳其旨。又叅互諸經。證悟無碍。辨析精微。南方諸比丘。號爲禪林宗主者。一聽師言。莫不敬服。素性博愛。同人憂樂。而平居塞兌。寂默自持。人不能窺其涯岸。又不屑於飾外。巾衲檻褸而不補綴。髭髮有時不剪鬖鬆如也。人或譏之。輒朗吟。生平踈逸無拘檢。酒肆茶坊信意遊。漢地不收秦不管。楊州之詩而不少變。此可見胸懷之落落。間入海島。結幕而居。扁曰野隱。盖托以養痾。而實藏名晦跡也。歲戊午。師回甲也。六月八日示寂。前夕吟一偈曰。浮雲來無處。去也亦無蹤。細看雲來去。只是一虛空。闍維得舍利一粒。靈骨一枚。就美黃寺。建塔立碑。碑。弘文舘副提學金鎭商撰。門人松坡珍峰等十六人。

상월종사전

스님의 법명은 새봉璽篈이고 호는 상월霜月이며, 속성은 손孫씨이고 순천에서 출생한 사람이다. 숙종 정묘년(1687)에 태어났다.

11세에 조계산 선암사仙巖寺 극준極俊 장로에게 의지하여 출가하였다. 16세에 문신文信 대사에게 구족계를 받았고, 18세에 설암雪巖 화상을 찾아뵙고 학문을 참구하다가 도가 이미 통하자 의발을 전해 받았다.

이어서 벽허碧虛·남악南岳·환성喚醒·연화蓮花 등을 두루 참알參謁하고 그들로부터 모두 심인心印을 받았다. 27세에 고향 조계산으로 돌아오니, 사방에서 승려들이 상월 스님에게 밀려들었다. 대사는 강론할 때 항상 분명하고 군더더기 없는 해석을 하여 마음으로 지증智證을 실천하는 것으로 법문法門을 삼았다.

스님은 처음 배우는 사람이라 해서 깨달음의 길(覺路, 禪)을 소홀히 하지 않도록 했으며, 재주가 뛰어나다 하여 계율을 등한히 하지 않도록 하였다. 더욱이 옛사람들의 주석과 해설에 얽매이는 것을 걱정하여 반드시 배우는 이로 하여금 문자에 얽매이지 말고 그 이치를 취하여 본원本源을 환히 보도록 지도하였다.

갑인년 봄에 선암사에 기거하면서 화엄강회華嚴講會를 열었다. 이 상황을 기록한 『대회록大會錄』에 이렇게 기록되어 있다.

"건륭乾隆 19년 갑술(영조 30, 1754) 3월 16일에 상월당霜月堂 선암사 큰 법회에 모인 대중들의 현황은 이러하다.

상실上室 : 종사宗師 19, 학인學人 56, 어산魚山 3, 소동小童 16.
지장전地藏殿 : 종사 24, 학인 56, 어산 2, 동자童子 9.
선당禪堂 : 종사 24, 학인 93, 어산 1, 동자 7.
승당僧堂 : 종사 16, 학인 60, 어산 1, 동자 15.

동상실東上室 : 종사 12, 학인 49, 어산 1, 동자 2.
명경당明鏡堂 : 종사 33, 학인 78, 어산 7, 동자 18.
관음전觀音殿 : 종사 23, 학인 180, 어산 2, 동자 5.
칠전七殿**16** : 종사 7, 수좌首座 217.
천불전千佛殿·무우당無憂堂 : 도합 어산 50.
독락당獨樂堂 : 우바이優婆夷 도합 150.
배면당背面堂 : 비구니 44.

이상 종사 158, 학인 519, 어산 69, 동자 74로서 대중을 모두 합하면 1,287명이었다.

강론 과목(講目)은 다섯인데, 첫째는 『화엄경』「세주묘엄품世主妙嚴品」으로 화일 현간華日玄偘이 담당하였고, 둘째는 「십지품十地品」으로 연담 유일蓮潭有一이 담당하였으며, 셋째는 『선문염송』으로 용담 조관龍潭慥冠이 담당하였고, 넷째는 『묘법연화경』으로 용암 증숙龍岩增肅이 담당하였으며, 다섯째는 『금강경』으로 두월 청안斗月晴岸이 담당하고 있었다.

이 강회講會는 3월 16일에 개경開經하여 4월 3일에 마쳤다. 또 대둔사大芚寺 청풍료淸風寮에서도 큰 법회를 열었다.

영조 정해년(1767)【건륭 32년】 10월에 상월 스님은 몸에 가벼운 질병 증세가 있자 입으로 게송 한 수를 읊었다.

    물은 흘러 본래 바다로 돌아가고
    달은 져도 하늘을 떠나지 않는다

그러고는 기쁜 모습으로 순세順世(입적)하니 세속 나이로 81세였다.

---

16 칠전七殿 : 칠성전七星殿의 잘못이 아닌가 생각된다.

다비식을 하였으나 아무것도 나오지 않았다. 그런데 승려 탁준卓濬이 유골을 받들고 관서關西의 묘향산에 가서 초제醮祭를 지내려고 할 때 구멍이 있는 구슬 3개를 얻었다. 마침내 오도산悟道山에 부도를 세우고 그중 하나를 봉안하였고, 나머지 둘은 선암사와 대둔사에 각각 봉안하였다.

규장각 제학提學 번암樊巖 채제공蔡濟恭[17]이 비문을 지었으며, 비석은 두륜산에 세웠다. 문인은 32명이 있었는데 세상에 이름을 떨친 이는 용담龍潭·해월海月·화월華月 세 사람이다.

霜月宗師傳

師名璽笻。號霜月。姓孫氏。順天人也。肅宗丁卯生。十一。投曹溪山仙巖寺極俊長老出家。十六。受具於文信大師。十八。叅雪巖和尙。道旣通。受衣鉢。編叅碧虛南岳喚醒蓮花。皆獲心印。二十七。歸故山。四方緇流。多歸之。師常以講明眞[1)]解。心踐智證。爲法門。不以初學。而忽覺路。不以高才。而畧戒律。尤以注說之桎梏爲憂。必使學者。離文取義。洞見本源。甲寅春。在仙巖寺。設華嚴講會。大會錄云。乾隆十九年甲戌三月十六日。霜月堂仙岩寺大會大衆。上室。宗師十九。學人五十六。魚山三。小童十六。地藏殿。宗師二十四。學人五十六。魚山二。童子九。禪堂。宗師二十四。學人九十三。魚山一。童子七。僧堂。宗師十六。學人六十。魚山一。童子十五。東上室。宗師十二。學人四十九。魚山一。童子二。明鏡堂。宗師三十三。學人七十八。魚山七。童子十八。觀音殿。宗師二十三。學人一百八十。魚山二。童子五。七殿。宗師七。首座二百十七。千佛殿無憂堂。合魚山五十。獨樂堂。優婆夷合一百五十。背面堂。比丘尼四十四。已上宗師一百五十八。學人五百十九。魚山六十九。童子七十四。衆合一千二百八十七。講目五。

---

17 채제공蔡濟恭 : 본관은 평강平康. 자는 백규伯規, 호는 번암樊庵·번홍樊翁. 1735년(영조 11) 15세로 향시에 급제한 뒤 1743년 문과정시에 급제하고는 관직에 나갔다. 이후 영조대에 이르기까지 요직을 두루 거치면서 영의정까지 지냈다.

一世主妙嚴品。當機華日玄侃。二十地品。當機蓮潭有一。三拈頌。當機龍潭慥冠。四蓮華經。當機龍岩增肅。五金剛經。當機斗月晴岸。三月十六日。開經。四月初三日終。又大芚寺淸風寮設大會。英宗丁亥【乾隆三十二年】十月。有微疾。口授一偈曰。水流元去海。月落不離天。怡然順世。壽八十一。及茶毘。無所得。僧卓濬奉骨之關西之香山。將設醮。得有孔珠三。遂起浮屠悟道山。以其一安焉。以其二安於仙岩大芚。奎章閣提學樊巖蔡濟恭撰碑。立於頭輪山。門人三十二。出世者。龍潭海月華月三人。

─────────────
1) ㉮ '眞'은 '直'의 오자이다.

호암종사전

스님의 법명은 체정體淨이고 호는 호암虎巖이며, 속성은 김金씨이고 흥양興陽(전북 고창군)에서 출생한 사람이다. 숙종 정묘년(1687)에 태어나 상월霜月 종사와 같고, 무진년(영조 24, 1748)에 입적하니 세속 나이는 62세이고 법랍은 47년이다.

환성喚醒 스님의 법통을 이어받았고 합천 해인사와 양산 통도사에서 주로 주석했는데 가르침을 받기 위해 따르는 스님들이 늘 수백 명에 달했다. 늙음에 이르러서는 대중들을 물리고 편안히 앉아 마음을 관觀하곤 하였다.

무진년(영조 24, 1748) 3월에 강원도 장구산長丘山에서 오십삼불을 조성하고 스님을 증명법석에 앉기를 청하니 스님이 허락하였다. 떠날 때 유일有一을 불러 부촉하여 말하였다.

"기구箕裘[18]를 이어 내 법을 잘 보전하도록 하라. 너는 부디 부지런히 배우고 행업行業을 신중히 하여 우리 법통이 끊어지지 않게 하라. 이번 행차는 기약이 되어서 가는 것이니, 너에게 손도끼(鈯斧子)[19]를 주는 것이다."

그러고는 금강산 표훈사 내원통암內圓通庵에 들어가 게송 하나를 썼다.

강의한 법에는 잘못도 너무 많아

---

18 기구箕裘 : 아비의 유업을 잘 계승한다는 뜻이다. 『禮記』의 「學記」 편에 "활을 잘 만드는 집 자식은 틀림없이 키 만드는 법을 배우고, 풀무질을 잘하는 집 자식은 틀림없이 갖옷 짓는 법을 배운다.(良弓之子。必學爲箕。良冶之子。必學爲裘。)"라는 말이 있다. 활을 잘 만드는 집 자식은 그 아버지가 나무를 부드럽게 휘어서 활 만드는 것을 보았기 때문에 틀림없이 버들가지를 휘어서 키를 만들 것이고, 대장장이 아들은 그 아버지가 단단한 쇠를 녹여 솥 만드는 것을 보았기 때문에 틀림없이 부드러운 짐승의 가죽을 모아 갖옷을 만든다는 뜻이다.
19 손도끼(鈯斧子) : 鈯은 무디다는 의미이고 斧는 도끼인데, 지혜를 비유한 말이다.

서쪽 가리키며 동쪽이라 우겼다
　　오늘 아침 크게 웃고 풍악산의
　　중향성衆香城으로 떠나가노라

　그러고는 붓을 던지고 서거하였다.
　스님은 겨우 걸음마를 배울 때 집안에 불이 나서 사면이 다 타버리고 말았다. 누가 구해 내는 사람도 없었는데 스스로 불 속에서 걸어 나왔으며, 조금 자라서는 큰 강을 건너다가 물에 빠졌는데 그때도 물 위로 솟아올라 살아났으며, 또 한번은 산길을 가다가 호랑이를 만나 돌로 된 굴에 숨어 무사히 살아났으니, 이러한 삼재를 벗어나게 된 것은 틀림없이 환성의 의발을 전해 받고 청허의 금탕金湯[20]을 보호할 중요한 인물이었기 때문에 그랬던 것 같다. 두륜산 정진당精進堂에서 크게 『화엄경』 강회를 열기도 하였다.
　부도와 비석을 세웠는데, 비문은 이조판서 홍계희洪啓禧가 지었고, 진영眞影이 남아 있는데, 제자 유일이 찬문贊文을 지었다.

　　몸은 광명의 깃발이요
　　마음은 신통의 창고로다
　　눈은 맑아 큰 바다 같고
　　눈썹은 3천 길이나 되네
　　손에는 하늘에 펼쳐진 그물을 잡고
　　백만 용상龍象을 얽어매었네
　　하루아침에 크게 웃고 금강산으로 떠나니

---

20 금탕金湯 : 쇠로 만든 성과 끓는 물로 된 참호(金城湯池)의 준말로 견고한 성지城池, 또는 산하山河의 견고함을 말한다. 여기에서는 청허 스님의 법풍法風을 비유한 말이다.

1만 2천 봉우리가 진신眞身이로구나

문인은 31명이 있었는데, 그중에 이름이 강산을 뒤흔든 사람은 10여 명이다.

虎巖宗師傳

師名體淨。號虎巖。姓金氏。興陽人。肅宗丁卯生。與霜月同年。戊辰歿。世壽六十二。法臘四十七。得法於喚醒。多住於陜之海印。梁之通度。緇徒徃從者。常數百人。老而捨衆。宴坐觀心矣。戊辰三月。江原道長丘山。造成五十三佛。請師坐證席。師許赴。臨行。招有一而囑曰。紹箕裘吾保。汝能勤學問。謹行業。以世吾家。此行當期。期而還付汝鉏斧子。入金剛山表訓寺內圓通庵。書一偈曰。講法多差失。指西喚作東。今朝大笑去。楓岳衆香中。擲筆而逝。師僅學步時。家中失火。四面皆焚。無引自出。稍長。涉大江。沒而踊出。山路逢虎。隱岩穴。得免脫此三灾。必是爲傳喚醒之衣鉢。護淸虛之金湯而然也。頭輪山精進堂。設大華嚴講會。有浮屠立碑。碑。乃吏曹判書洪啓禧所撰。有眞影。弟子有一撰賛曰。身是光明幢。心是通神藏。目淸四大海。眉毛三千丈。手把漫天網子。羅籠百萬龍象。一朝大笑金剛去。萬二千峯眞身相。門人。三十一名。動江山者。十餘人。

함월종사전

스님의 법명은 해원海源이고 자字는 천경天鏡이며, 호는 함월涵月이다. 속성은 이씨이고 본관은 완산完山이며 함흥에서 출생한 사람이다. 어머니는 조趙씨인데, 큰 물고기 꿈을 꾸고 잉태하여 열 달이 훨씬 지나서야 아이를 낳았다고 한다.

나이 14세에 도창사道昌寺에서 출가하여 머리를 깎고 물들인 옷을 입고 스님이 되었다. 그 뒤 명성이 높은 덕 있는 선지식을 두루 찾아다니며 학업을 익혔다. 뒷날 환성喚醒 스님을 섬겨서 그 종문宗門의 미묘한 진리(妙銓)를 모두 터득하였다. 아침저녁으로 부처님의 가르침을 닦아 지녔는데 닭이 울기 전에 일어나곤 했다.

해마다 남쪽으로 가서 교화를 펼치곤 하여 마치 기러기가 계절 소식을 알리듯 하였으니 이것이 스님의 믿음이며, 사람들이 배고파하고 추워하는 것을 보면 자기의 옷과 음식을 나누어 입히고 먹여 주었으니 이것이 스님의 자비이다. 스님은 질병이 들자 대중들을 불러 모아놓고 게송 한 수를 써서 주고는 부처님의 명호를 부르고 편안하게 세상을 떠나셨으니, 이것은 스님의 통달함이다.

스님은 신미년(숙종 17, 1691)【강희康熙 31년】에 태어나 경인년(영조 46, 1770)【건륭乾隆 35년】에 세상을 마쳤으니, 세속의 나이는 80세였다.

스님은 환성 지안喚醒志安의 의발을 이어받아 전한 분이다. 환성 스님의 입실 제자가 된 이래 40여 년 동안 정진精進을 게을리하지 않았으며 교학을 강론하는 것을 더욱 부지런히 하였다. 생존 시에 어금니가 빠지면서 사리가 나온 일도 있었다.

다비를 마치고 초골超骨을 얻어 그 제자들이 석왕사에 탑을 세우고 봉안하였으며, 대둔사 화엄대회를 펼쳤던 도량에 스님의 비석을 세웠다. 비문은 영의정 김상복金相福[21]이 지었다.

문인은 24명이나 있었는데 완월玩月 스님과 영파影波 스님의 향기가 사방 산을 뒤덮었다. 스님의 진영은 설봉산과 두륜산 두 곳에 모셔져 있는데 해마다 기일이 되면 제향을 올리곤 한다.

涵月宗師傳

師名海源。字天鏡。號涵月。姓李。係完山咸興人。母趙氏夢大魚而孕。過期而乳。年十四。出家于道昌寺。落髮染衣。歷叅名宿。後事喚醒。盡得其宗門妙詮。修持朝夕。起居先乎鷄鳴。行化南地。來徃曁乎鴈侯。[1] 是信也。見人之饑寒者。以己之衣食。衣食之。是慈也。疾病。召大衆。書偈唱佛。恬然而逝。是達也。生於辛未【康熙三十一年】。卒於庚寅【乾隆三十五年】。壽八十。是唯喚醒志安衣鉢之傳也。入室四十餘年。精進不怠。講敎益勤。牙落而出舍利。茶毘。得超骨。其徒建塔于釋王寺。立碑于大芚寺華嚴大會之道場。碑則領議政金相福撰。門人有二十四。玩月影波香襲四山。雪峯頭輪兩山。掛眞影時享。

1) ㉗ '㑄'는 '候'의 오자이다.

---

21 김상복金相福 : 조선 후기 문신. 1714~1782.

만화강사전

스님의 법명은 원오圓悟이고 호는 만화萬化이며, 속성은 이씨이고 해남 우수영右水營에서 출생한 사람이다. 갑술년(숙종 20, 1694) 9월에 태어나 무인년(영조 34, 1758) 8월 7일에 적멸을 보였으니 세속의 나이는 65세였다.

어릴 때에 수군영水軍營의 공생貢生(校生)이 되어 관아를 출입하였으나 성품이 본디 과묵하고 침착하며 고요하여 명리名利를 영위하는 일 따위에는 관심이 없었다. 어느 날 대둔사大芚寺에 이르러 머리를 깎고 스님이 되었다. 결국에는 환성喚醒 스님과 호암虎巖 스님을 참알하고 경론을 배워 나이 30세에 여러 경전의 깊은 이치를 두루 통달하였다.

묘향산과 오대산 등지를 돌아다녔으며, 인허 해안印虛海岸에게 계(懺)를 받았다. 학식과 계행 둘 다 완전하게 갖추었는데, 그중에서도 화엄에 더욱 정통하였으므로 당시 사람들은 그를 '화엄보살華嚴菩薩'이라 부르기도 하고 또한 산부처라고 일컫기도 하였다.

스님의 명성(腥羶)이 먼 데까지 날아가 쟁쟁한 스님들(律虎義龍)이 스님의 법풍法風을 흠모하여 구름처럼 몰려들었다. 스님은 늘 "제 자신의 업業도 아직 밝히지 못한 처지에 어떻게 남을 가르치겠느냐?"고 사양하다가 마침내 깊은 산속으로 들어가 자취를 감추고 말았다. 게다가 사는 장소마저 일정하지 않았으니, 천지 사이에 한가한 도인이라고 말할 만하다.

스님은 다시 상원암上院庵으로 돌아와 머물면서 『화엄경』 39품品의 종지를 밝혔다. 그때 스님을 모시고 학문을 배우던 사람들은 80~90명에 이르렀다. 만년에는 선禪을 통한 깨달음으로 구경법究竟法을 삼기도 했다. 스님이 일찍이 게송 한 편을 지었는데, 그 내용은 이러하다.

> 모든 행行이 다 환幻과 같음을 알고는
> 법法을 보아도 오직 마음인지라 마음 절로 한가하네

끝 간 데 없는 공空한 성품에 지혜의 해 가득하니
고요함도 없고 작용도 없이 홀로 둥글둥글하구나

대둔사에 탑을 세웠는데, 세자익위사世子翊衛司 부솔副率 이의경李毅敬이 탑명塔銘을 짓고 동해상인東海上人 조병민趙炳敏이 글씨를 썼다. 영각影閣은 만일암挽日庵 동국선원東國禪院에 있으며, 문인 80여 명이 있다. 스님의 행장은 『해남여지승람海南輿地勝覽』에 실려 있으며, 순천 송광사松廣寺에서 입적하였다.

萬化講師傳

師名圓悟。號萬化。姓李氏。海南右水營人。甲戌九月生。戊寅八月初七。示寂。壽六十五。幼時。隷水軍營貢生。出入衙門。而性本寡默沈靜。不以名利爲營。一日。赴大芚寺。薙髮。遂叅喚醒虎岩。三十。通諸經義。出遊妙香五臺。受懺於印虛海岸。學行兩全。尤精於華嚴。人稱華嚴菩薩。亦謂生佛。腥蘞遠飛。律虎義龍。望風雲趍。每以己業未明爲辭。晦迹深山。居無定處。可謂天地間一個閒道人也。還住上院庵。明三十九品宗旨。從學者八九十人。晩年。以禪悟。爲究意[1]法。甞作偈曰。了知諸行皆如幻。見法惟心心自閒。無際性空智日滿。無靜無作獨團團。建塔于大芚寺。世子翊衛司副率李毅敬撰塔銘。東海上人趙炳敏書。影閣在挽日東國禪院。門人八十餘人。行狀載在海南輿地勝覽。入寂於順大[2]廣[3]寺。

---
1) 원 '意'는 '竟'의 오자이다. 2) 원 '大'는 '天'의 오자이다. 3) 원 '廣' 앞에 '松'이 있는 본이 있다.

연해강사전

스님의 법명은 광열廣悅이고 호는 연해燕海이며, 해남에서 출생한 사람이다.

두륜산에 들어가 머리를 깎고 스님이 되었는데, 성격이 호매豪邁하고 이야기 나누기를 좋아하였으며, 형식에 구속되지 않고 소탈하였다. 그릇과 도량이 깊고 원대하여 사람들이 그 마음속을 알지 못했다고 한다.

환성喚醒 스님과 호암虎岩(1687~1748) 스님의 문을 드나들면서 그들의 미묘한 법을 다 터득하였으므로 배우는 이들이 폭주하였는데, 빈손으로 와서는 실속을 챙겨 가지고 돌아가곤 했다. 스님의 선강禪講과 교강敎講은 한 시대의 종맹宗盟으로서 강론하는 자리마다 크게 성황을 이루었는데 근래에 있지 않은 일이었다. 스님은 강설을 하고 난 여가에 또 염불로 업을 삼기도 하였다.

호암 선사의 법통을 이었고, 자암 전평慈庵典平에게서 심인心印을 전해 받았다. 전평은 이름에 걸맞게 자비의 실천을 저버리지 않은 스님이다.

문인은 12명이 있었고, 탑비는 두륜산 비전碑殿에 안치되어 있다.

燕海講師傳

師名廣悅。號燕海。海南人。落髮於頭輪山。爲人豪邁。善談笑。無拘束。器度深遠。人莫知崖岸。出入喚醒虎巖之門。盡得其妙。學者輻輳。空徃實歸。其禪講敎講。爲一時之宗盟。講席之盛且大。近古未有。講說之餘。又以念佛爲業。受法於虎岩禪師。傳印於慈庵典平。平之名不負其慈行。門人十有二人。安塔于輪王[1]碑殿。

---
1) ㉮ '王'은 '山'의 오자이다.

영곡강사전

스님의 법명은 영우永愚이고 호는 영곡靈谷이며, 무장茂長(전북 고창군) 선운사禪雲寺 인근 마을에서 출생한 사람이다.

호암虎巖의 법통을 이은 제자로서 연담蓮潭의 법형이다. 일찍이 대둔사 지장전地藏殿에서 경전을 강독하는 큰 법회를 열었는데, 그 법회에 모인 대중이 수백 명이나 되었으므로 사람들이 이를 두고 "영산회상靈山會相이 두륜산에서 다시 일어난 것 같다."라고 말했다.

연담 대사의 연보에 이렇게 기록되어 있다.

"건륭乾隆 기미년(영조 15, 1739) 봄에 벽하碧霞 노장이 대둔사에서 논강을 할 적에 학인들이 그 법회에 많이 모였다. 그때 나[유일有一]는 그 법회에서 벽하 스님께 『능엄경』을 배웠고, 여름 안거를 마친 뒤에 보림사寶林寺에 가서 용암龍岩 스님[법명은 증숙增肅이다.]으로부터 『기신론』을 배웠으며, 경신년(1740)에 취서사鷲棲寺를 방문하여 영곡靈谷 스님에게 『원각경』을 배웠는데 그때 내 나이 스물한 살이었다."

스님의 문인은 11명인데 모두 북쪽 지역에 있었으며, 현해 모윤懸解慕潤 일파는 두륜산에 있었고, 또 다른 일파는 월출산月出山에서 이름을 떨쳤다. 문인 두 사람이 스님의 탑비塔碑를 수호하고 있다.[스님은 2월 8일에 입적하였다.]

靈谷講師傳

師名永愚。號靈谷。茂長禪雲寺人也。虎巖之嗣。蓮潭之兄。甞於大芚寺地藏殿。設大講會。會衆數百人。人稱靈山會上復興輪山云。蓮潭年譜云。乾隆己未春。碧霞大老設講大芚寺。學人多會。余【有一】從之。學楞嚴。夏滿。向寶林寺。從龍岩【增肅】師。學起信論。庚申。訪鷲棲寺。從靈谷寺[1] 學圓覺經時。余【有一】年。二十一也。門人十一。皆在北域。懸解慕潤一派在頭輪山一派在月出山。門人二人守護塔碑【二月初八日卒】。

---

1) ㉄ '寺'는 '師'의 오자이다.

나암강사전

스님의 법명은 승제勝濟이고 호는 나암懶庵이며, 능주綾州(화순군 능주면) 쌍봉사雙峯寺 인근 마을에서 출생한 사람이다. 설담 자우雪潭自優의 법통을 이은 제자로서 모은 지훈暮隱智薰의 손자 제자이고 화월 현옥華月玄玉의 종손 제자이며, 제월 수일霽月守一의 현손 제자이며, 소요 태능逍遙太能의 후예이다.

일찍이 두륜산 정진당精進堂에서 화엄대강회를 열자 사부대중 수백 명이 모였다. 자홍慈弘이 말하였다.

"나암 선사는 설담[법명은 자우自優이다.]에게서 사교四敎『원각경』·『반야경』·『기신론』·『능엄경』]를 배웠고, 설파雪坡[법명은 상언常彦이다.]에게『화엄경』을 배웠다. 나암 선사는 설파 스님으로부터 인가를 크게 받았는데 스승과 제자 사이는 마치 침개針芥가 서로 투합하듯이 의기가 투합하였다."

스님은 우연히 본사本寺(대둔사)에 들렀다가 설담의 입실 제자가 되어 법통을 이었다. 이런 인연으로 뒷날 대둔사에서 강론 법회를 열게 되었는데 배우려고 하는 이들이 많이 모였다. 이른바 삼담三潭이라 불렸던 춘담 몽인春潭夢忍과 화담 영규花潭永圭와 운담 대일雲潭大日도 모두 그의 문하에서 배출되었다. 만년에 나암은 설파 스님을 잊지 못해서 다시 지리산으로 갔는데, 그때 스승이 훌쩍 떠나버리자 삼담은 모두 설담에게 귀의하여 입실 제자가 되었다.

얼마 뒤에 나암은 병을 얻어 서쪽으로 돌아와 문정門庭에서 쓸쓸히 입적했다. 이것을 삼담 스님들은 매우 슬프게 여겼다. 나암이 교학을 가르치는 기술은 여느 스님들보다 훨씬 뛰어났다는 것을 후세 사람들은 마땅히 알아야 할 것이다.

저술로는 일명 『몽유록夢遊錄』이라 불리는 『설담집雪潭集』 1권이 총림叢林에 유포되어 있다.[22] 삼담은 모두 큰 강사로서 당시 사람들은 "삼남三南

의 학인들이 모두 삼담에게 귀의했다."라고 말하기까지 했다.

문인 5명이 있는데 춘계 적암春溪翟庵은 두륜산 사람이다.

懶庵講師傳

師名勝濟。號懶庵。綾州雙峯寺人。雪潭自優之嗣。暮隱智薰之孫。華月玄玉之曾。霽月守一之玄。逍遙太能之裔。甞於頭輪山精進堂。設華嚴大講會。四衆數百餘人。慈弘曰。懶庵禪師。受四敎【圓覺般若起信楞嚴】於雪潭【自優】。受華嚴於雪坡【常彦】。大蒙雪坡印可。若針芥之相投。偶歸本寺。入室於雪潭。轉作大芚之會。學者大集。春潭夢忍。花潭永圭。雲潭大日。皆出其門。晩年。未忘雪坡。再遊智異山。於是三潭。皆歸於雪潭入室。而懶庵得病西還。門庭冷落。此三潭之所深悲也。若其經術。超越諸方之上。後人宜知之。雪潭集一卷。一名夢遊錄。行于鼓林。三潭。皆大講師。時稱三南學人。盡歸三潭云。門人五人。春溪翟庵。頭輪山人也。

---

22 이 문장은 나암의 스승 설담 자우雪潭自優에 관한 것이다.

영파강사전

스님의 법명은 성규聖奎이고 호는 영파影波이다. 함월涵月의 법통을 이은 제자이고 환성喚醒의 법손이다. 합천 해인사 인근 마을 출신이다.

스님은 어려서부터 지략이 뛰어나 구류九流[23]를 두루 열람하였고 글씨도 뛰어나 이원교李圓嶠[24]의 문하로 참예할 정도였는데, 그의 필법은 용이 하늘을 날듯 뱀이 앞으로 내달리듯 하였다. 스님은 또 여래선如來禪과 조사선祖師禪을 거침없이 말하였는데 방약무인하기가 마치 금산원金山元과 부산원浮山遠[25]처럼 대범하고 거리낌이 없으므로(頡頏), 대중들은 부르지 않아도 물이 바다로 모여들듯 밀려오고 명성을 팔지 않아도 늘 문전은 저자를 이루었다.

산을 넘고 물을 건너 어느 절이든 주석住錫하지 않은 곳이 없었으며, 두륜산 약사전藥師殿에서 크게 법회를 열기도 하였다. 법회를 마친 뒤에 신월암新月庵에서 하안거를 결제하였고 진불암眞佛庵에서 동안거를 결제하였다. 침계루枕溪樓와 진불암眞佛庵에 시를 지어 써 붙이기도 하였다.

영파 대사가 시오始悟 대사에게 시와 그 시 앞의 서문을 써서 주었는데 그 서문과 시는 이러하다.

"호남 대둔사 오 상인悟上人이 완호玩虎 스님의 방으로 좇아와서 그를 보게 되었다. 그때 그는 소매 속에서 연담蓮潭 노스님의 율시律詩를 꺼내 보여 주면서 화답하는 시를 지어 달라고 하기에 나는 노쇠한지라 지어 주

---

23 구류九流 : 한漢나라 때 분류된 제자백가諸子百家의 아홉 유파. 반고班固의 『漢書』 「藝文志」에서 분류한 유가儒家·도가道家·음양가陰陽家·법가法家·명가名家·묵가墨家·종횡가縱橫家·잡가雜家·농가農家의 9학파를 말한다.
24 이원교李圓嶠 : 이광사李匡師(1705~1777)의 호가 원교圓嶠이다. 조선 후기의 서예가이자 양명학자. 정제두에게서 양명학을 배워 아들 영익에게 전수하였으며, 원교체라는 특유한 필체를 이룩하였다.
25 부산원浮山遠 : 송나라 승려. 부산 법원浮山法遠.

지 못하고 선게禪偈 하나를 그에게 보여 주었으니 그 시는 이러하다.

> 7일 동안 관중關中(서울)에서 설법이 있었으니
> 위엄스런 음성 우레 같아 천지를 진동했네
> 말없이 전한 천고千古의 진리 알고 싶으신가?
> 가을밤 싸늘한 종만 절 문에 걸려 있구나

갑자년(순조 4, 1804) 가을에 낙동洛東 문인 성파聖坡(影波)가 쓰다."
또 제자弟子(雪虛)가 시오 스님에게 써 드린 시도 있는데 이러하다.

> "호남의 좋은 벗이 영남에 와서 노닐더니
> 소산小山으로 날 찾던 날 누각엔 눈이 가득했지
> 만 이천 금강산 끝없이 펼쳐진 경치
> 붉은 해당화 진 길에서 졸고 있는 갈매기에게 묻노라

경오년(순조 10, 1810) 맹춘孟春(초봄)에 영남의 설허가 쓰다."
문인은 11명이 있었는데 설허 스님이 그중에 으뜸이었다. 대종사 두운 斗芸이 말하였다.
"연담 대사가 입적하신 후 명성과 덕행이 영파 스님보다 더 뛰어난 사람은 없다."
스님의 비석은 은해사銀海寺에 있다.

影波講師傳

師名聖奎。號影波。涵月之嗣。喚醒之孫。陜川海印寺人也。少有智畧。編¹⁾ 覽九流。筆叅李圓嶠。龍蛇飛走。說如來禪祖師禪。旁若無人。金山元浮山遠。頡之頏之。衆不召而水歸。聲不沽而市聚。轉山涉川。無不住錫。設大法會於頭輪山藥師殿。會罷。結夏於新月。結冬於眞佛。題詩於枕溪樓眞佛庵。贈悟大師詩幷序曰。湖南大芚寺悟上人。隨玩虎室來見。袖出蓮老律。示之。求和而老不能究。以禪偈示之曰。七日關中亦有言。威音雷若震乾坤。欲聆無說傳千古。秋夜寒鍾掛寺門。甲子秋。洛東門人聖波書。弟子贈詩曰。湖南勝友嶺南遊。訪我小山雪滿樓。萬二金剛無限景。紅棠去路問眠鷗。庚午孟春。嶺南雪虛稿。門人十一人。雪虛居首。大宗師斗芸曰。蓮潭沒後。名德之盛。無出波之右。碑在銀海寺。

---

1) ㉔ '編'은 '徧'의 오자이다.

두륜대사전

스님의 법명은 청성清性이고 호는 두륜頭輪이다. 또는 명주明畫로 부르기도 하며 속성은 김씨이고 해남 화산방華山坊 석전石田 마을에서 출생한 사람이다.

일찍이 두륜산으로 들어가 인원印元 노스님을 의지하여 머리를 깎고 스님이 되었다. 학문이 이미 이루어지자 스님은 화악華岳 · 환성喚醒 · 설암雪岩 등 여러 대선백大禪伯들을 참알參謁하였다. 스님은 문장이 문채 있고 풍부해서 크고 작은 절에서 쓰이는 여러 가지 글(行文)이 대부분 그의 손에서 나왔는데, 문집 한 권이 후손들의 손에 있으니 많은 말을 할 필요가 없다.

무용無用 선사에게서 법인法印을 받고 영해影海 스님, 금파金波 스님과 함께 동림東林으로 갔다.

옹정雍正(清 世宗의 연호) 정미년(영조 3, 1727)에 무주로 가서 희암希庵 채팽윤蔡彭胤[26]을 만나 「대둔사사적비大芚寺事蹟碑」를 받았는데, 절에 기증한 글에 이렇게 기록되어 있다.

"청성 스님은 처음부터 열심히 노력하여 비석을 세우는 일에 큰 공이 있다. 더구나 그의 소탈하면서도 담담한 마음 씀씀이는 매우 아름답고 사랑스럽기까지 하다."

또 비석의 칭송하는 글에는 이렇게 기록되어 있다.

구슬을 꿴 듯한 아름다운 문장
덕은 이웃들 많다고 했으니[27]

---

[26] 채팽윤蔡彭胤 : 조선 후기의 문신이다. 1669~1731. 승지 · 대사간 · 병조참판 · 동지의금부사 등을 역임하였다. 문장에 뛰어나 이수대 · 오상렴과 함께 당대의 삼문장이라 일컬어졌다.
[27] 덕은 이웃들 많다고 했으니 : 『논어』 「里仁」 편에 "덕이 있는 사람은 외롭지 않고 반드

그 스님은 바로 청성 스님이라네

또 희암이 두륜 스님에게 시를 써 주었는데, 그 시는 이러하다.

기수祇樹[28]의 처음 설법 언제였던가?
사군使君[29]도 염한拈翰도 모두 잊었구려
부질없이 스님을 번거롭게 오라 가라 하니
구름 같은 자취 시비에 굽힘이 괴이하구나
계관溪舘에서 불자 흔들며 3일간 설법하고
해문海門에서 학鶴처럼 지팡이를 날리네
지금 전송하면 다시 만날 기약 아득하니
전원에 물든 가을빛 따라 나도 가련다

그러자 두륜 스님도 화답하는 시를 지어 희암에게 주었으니 그 시는 이러하다.

대저 인생이 오교시五敎時의 뒤에 태어나나
온갖 일의 기미를 일찍이 깨닫느니만 못하리
만약 산골에서 이 몸 편안하게 살려 하면
어찌 신선 늙은이에게 시비를 따지겠는가?
매헌梅軒에 술 가져다 단약丹藥을 만들고

시 이웃이 있다.(德不孤。必有隣。)"라는 구절을 인용한 것이다.
28 기수祇樹 : 기수급고독원祇樹給孤獨園의 준말. 기타 태자의 동산이라는 뜻. '기수'는 절이 서 있는 숲의 주인이었던 기타 태자의 이름을 딴 것이며, '급고독'은 재물을 내어서 이 절을 세운 급고독 장자의 이름을 딴 것이다.
29 사군使君 : 임금의 명령을 받들고 파견된 사신使臣의 경칭. 군수나 현령 등 지방관을 지칭하기도 한다.

은행잎에 시를 쓰니 새는 짝지어 날아가네
도원동桃園洞 속에서 이별하며 서로 전송하니
사군使君은 북으로 가고 나는 남으로 간다

정사년(정조 21, 1797) 중추仲秋(9월)에 무이 유일無二有一 스님도 이 시의 운을 따서 시 두 수를 지었다.

頭輪大師傳

師名淸性。號頭輪。又曰明畫。姓金氏。海南華山坊石田村人。早投頭輪山。落髮於印元老師。學旣成。叅於華岳喚醒雪岩諸大禪伯。文章彬蔚。大小行文。多出其手。文集一卷在於後孫。不可多說。得法印於無用禪師。與影海金波。並驅東林焉。雍正丁未。徃茂朱。見希庵蔡彭胤。受大芚寺事蹟碑。寄寺中。書曰。性師。自初勤勞。有功於碑役不細。況其簡淡心事。極可嘉愛。又碑頌曰。珠騈璧聯。其德有鄰。越有淸性。希庵贈詩曰。祇樹開山問幾時。使君拈翰兩忘機。虛敎雪衲煩來往。實恠雲蹤枉是非。溪舘拂蠅三日語。海門如鶴一節飛。此回相送前期濶。秋及田園我亦歸。師次呈曰。大抵人生後五時。無如萬事早知機。若將身世安丘壑。豈向仙翁定是非。酒引梅軒丹九轉。詩題杏葉鳥雙飛。相送桃源洞裏路。使君歸北我南歸。丁巳仲秋。無二有一。亦次二首。

묵암종사전

종사의 법명은 최눌最訥이고 호는 묵암默庵이다.

조계산에서 머리를 깎고 스님이 되었다. 응암 벽담應庵碧潭의 법형法兄이고 풍악 세찰楓岳世察의 법통을 이은 제자이며, 영해 약탄影海若坦의 손자 제자이고 무용 수연無用秀演의 증손 제자이며, 백암 성총栢庵性聰의 현손玄孫 제자이니, 법문法門의 가풍이 높고 우뚝하여 많은 석덕碩德들이 배출된 집안이다.

묵암은 당대의 큰 스님들(義龍)을 두루 찾아다니며 학문을 쌓으니, 마치 꼭두서니에서 붉은 물감이 나왔으나 꼭두서니보다 더 붉어 빛을 잃게 하듯이 스승들보다 더 뛰어난 경지를 열어 보였다.

많은 학인들을 맞이할 때에는 노파심이 간절하였으며, 『화엄경』의 대의를 총괄하여 이해하기 쉽도록 분합分合하여 『화엄품목華嚴品目』 1권을 만들었고, 사교四敎의 행상行相을 널리 채집하여 『제경문답반착회요諸經問答盤錯會要』 1편을 만들었으니, 이 책은 식수識數의 요체(肯綮)로서 학자들의 안목이 되어 주는 중요한 저술이다.

또한 연담 스님과는 성리학에 대한 대의를 함께 앉아 토론하기도 하였으며, 사자후를 토하여 천지를 진동시키기도 하였다. 나이 60세 무렵에 율시 한 수를 읊으니 그 시의 내용은 이러하다.

저물어 가는 늙은이라 귀울림병 생겨나고
60년 흘러간 세월에 맑던 정신 줄어졌네
병이 들어 계율조차 자주 거르게 되고
선학禪學을 깊이 생각해도 뜻을 알지 못하겠네
부질없이 해탈을 떠들면서 백 년이나 흘렀고
졸음 못 이겨 잠 속에서 삼경이 지나가네

병 속의 거위를 꺼내는 약을 얻을 수만 있다면
　　도규刀圭[30]를 나누어 주어 기사회생시키련만

연담은 묵암의 시운을 따서 화답하는 시를 지어 보냈다.

　　대숲을 흘러가는 맑은 냇물 눈 아래서 우는데
　　홀로 선궤禪几에 기대어 이근耳根을 맑히네
　　수리 날고 물고기 뛰니 천기天磯가 동하고
　　녹색 물 푸른 산 조사의 뜻 분명하네
　　지극한 도 어렵잖아 누구나 배울 수 있다는
　　이 말은 결함 있어 서둘러 고쳐야 하리
　　묵암 노인 근자에 시 짓기 즐긴다 하니
　　행여 고심하다 몸 상할까 염려되오

스님은 74세에 세상을 떠났다. 연담이 만사挽詞를 지으니 그 글은 이러하다.

　　70년 세월에 또 4년을 더하도록
　　경을 강론하고 질병에 시달리기 번갈아 하셨구나
　　평생토록 많은 경 읽은 데다 총명하기까지 하니
　　어느 종사宗師인들 이 스님과 비교할 수 있으리

연담 스님은 또 한 수의 시를 읊었다.

30　도규刀圭 : 의술醫術.

한스러운 일은 늘그막에 소식이 뜸한 것이었으나
그래도 언젠가는 다시 만난다고 생각했었소
오늘 아침 나보다 먼저 가실 줄 어찌 알기나 했겠소?
눈물이 앞을 가려 고개를 돌릴 수도 없다오

문집 2권이 간행되었고, 문인은 15명이다.

默庵宗師傳

宗師。名最訥。號默庵。落髮於曹溪山。應庵碧潭之法兄。楓岳世察之嗣。影海若坦之孫。無用秀演之曾。伯[1]庵性聰之玄。門風高峻。碩德草偃。編[2]叅義龍。藍西[3]失色。提接衆人。老婆心切。揔括華嚴大義。分合品目一卷。博採四敎行相。編*集會要一篇。此是識數之冐繁。學者之眼目。又與蓮潭。共論性理之大義。獅吼震天。六十之年。吟一律曰。衰暮頹齡耳又鳴。流光六十減神淸。律儀因病成踈逸。禪學多思未發明。虛說脫空消百歲。耽眠昏黑過三更。願將出得甁鵝藥。分施刀圭起死生。蓮潭次之曰。竹裡寒泉目下鳴。獨憑禪几耳根淸。鳶飛魚躍天機動。水綠山靑祖意明。至道無難皆可學。斯言有玷急須臾。嘿翁近日耽佳句。或恐愁肝太瘦生。七十四示寂。蓮潭挽曰。七十星霜又四年。講經吟病遞相連。平生博覽兼聰慧。那箇宗師敢比肩。又曰。衰年却恨隔音容。猶謂前頭得重逢。誰識今朝先我去。不堪回首淚無從。文集二卷印行。門人十五人。

---

1) ㉔ '伯'은 '栢'의 오자인 듯하다. 2) ㉔ '編'은 '徧'의 오자이다. 이하도 동일하다. 3) ㉔ '西'는 '茜'의 오자이다.

금주강사전

스님의 법명은 복혜福慧이고 호는 금주錦洲이며, 속성은 권씨이고 나주에서 출생한 사람이다.

기개가 호걸스러웠으며 권모술수가 뛰어났기 때문에 사람들은 혹 그를 권도장權都將이라고 부르기도 하였다. 아암兒庵은 그를 이렇게 평하였다.

"금주 대사는 몸집이 크고 걸출하며 특출난 사람이다. 말법 시대에 부처님의 법이 쇠미한 때를 만나 금주 대사는 어디에도 얽매이지 않고 호탕하기 때문에 종풍宗風을 떨칠 만한 인물이다."

어디를 가든지 유나維那나 주지들까지도 모두 몸을 구부려 대접하였으며, 마을에 사는 선비들도 나이가 많은 사람들은 벗으로 대하였고 나이가 젊은 사람들은 제자의 예로써 섬겼다. 혹 지방 관청의 수장守長으로부터 부름을 받았을 경우에도 말을 타지 않고는 가지 않고 부름에 응하지 않았다.

경전을 강론하는 자리에서도 대의를 통하는 데에 힘썼기 때문에 그를 따르는 학인들이 매우 많았다. 일찍이 두륜산에 기거하고 있을 때에 용화당龍華堂에서 『화엄경』 강독회를 열었는데, 대중들의 수효가 100여 명이나 되었다.

금주 스님은 화악 문신華岳文信의 증손 제자이고 벽허碧虛 선사의 손자 제자이며, 월파月坡 대사의 법을 이은 법제자이다.

스님의 문인은 서너 명이 있다.

錦洲講師傳

師名福慧。號錦洲。姓權氏。羅州人。氣豪[1]權數。故人或嘲之曰。權都將。兒庵曰。錦洲大師。魁梧傑特人也。末法衰微。而錦洲。以豪*邁不羈之故。能復振宗風。所至維那住持之等。皆屈躬供獻。鄕中士族。年高者友之。年少者待之以侍生。或官長見招。非騎馬。不往。經講務通大義。故從學者衆。嘗於頭輪山。設大華嚴講會於龍華堂。衆數百餘人。華岳之曾孫。碧虛之孫。月坡之嗣。門人三四人。

1) [원] '毫'는 '豪'의 오자이다. 이하도 동일하다.

서암선사전

선사의 법명은 일화日華이고 호는 서암瑞巖이며, 장흥 지제산支提山 천관사天冠寺 인근 마을에서 출생한 사람이다. 부용 영관芙蓉靈觀의 문하에 두 파가 있는데, 한 파는 청허 휴정淸虛休靜이고 다른 한 파는 부휴 선수浮休善修이다. 부휴의 법을 이은 제자는 벽암 각성碧巖覺性이고 벽암의 법제자는 취미 수초翠微守初이며, 취미의 법제자는 설파 민기雪坡敏機이고 설파의 법제자는 빙곡 덕현氷谷德玄이며, 빙곡의 법제자는 서암 일화瑞巖日華이고 서암의 법제자는 석담 만의石潭萬宜이며, 석담의 법제자는 호봉 성관虎峰聖舘·포암 덕정蒲庵德政·선월 행정船月幸政이다.

일화는 불가佛家의 명필이다.

스님의 글씨체는 이원교李圓嶠의 필법과 같아서 병풍을 만들어 거기에 새겨 넣는 등 치백緇白(僧俗) 간에 다투어 낙관落款을 받아 표구를 잘해서 간직하려고 했다. 그 뒤에 영남의 영파 성규影波聖奎와 호남의 영파 덕수永坡德壽의 필법이 서암 스님과 같았다.

옛날 진晉나라 왕우군王右軍[31]은 『유교경遺敎經』을 써서 후대에 전하였고, 송나라 도긍道肯은 『금강경』을 썼으며, 원나라 조송설趙松雪[32]은 「증도가證道謌」를 썼다. 백옥봉白玉峯[33]의 병풍의 글씨와 김추사金秋史[34]의 『심경心經』과 서산 대사의 『사가록四家錄』과 윤낙서尹洛西·서학로徐學老·이창암

---

[31] 왕우군王右軍 : 왕희지王羲之를 말함. 진대晉代의 저명한 서예가로 일찍이 우군장군右軍將軍을 지냈기 때문에 왕우군이라 부른다.
[32] 조송설趙松雪 : 원나라 때 명필 조맹부趙孟頫. 송설은 호. 그의 서체를 송설체松雪體라고 한다.
[33] 백옥봉白玉峯 : 옥봉은 조선 중종中宗 때 사람 백광훈白光勳의 호. 그는 당시에 시로 이름을 날렸는데 얼굴이 아주 못생겨서 이름만 듣고 만난 사람들이 실망하였다고 한다.
[34] 김추사金秋史 : 조선 말기 금석학金石學과 서예書藝 등에 크게 뛰어났던 김정희金正喜의 호이다.

李蒼岩의 편액扁額, 연천 용운蓮泉龍雲 스님이 기둥에 쓴 주련柱聯과 초의 스님의 범서梵書와 철선鐵船 스님의 간독簡牘과 원기元奇 스님의 책서冊書는 모두 서예가(筆家)에서 이름 있는 것들이다.

일화 스님의 글씨는 고금의 명필들에 비하여 조금도 부끄럽지 않을 정도여서 그 당시 사람들은 모두 다 칭송하였다. 이 책의 편자(覺岸)도 한번 병풍에 쓴 서암 스님의 글씨를 본 적이 있는데, 마치 용이 하늘을 날고 뱀이 달려 나가는 듯하여 그 시작과 끝을 알 수가 없었다.

瑞巖禪師傳

禪師。名日華。號瑞巖。長興支提山天冠寺人。芙蓉靈觀下有二派。一淸虛休靜。一浮休善修。浮休之嗣。碧巖覺性。碧岩之子。翠微守初。翠微之子。雪坡敏機。雪坡之子。氷谷德玄。氷谷之子。瑞岩日華。瑞岩之子。石潭萬宜。石潭之子。虎峰聖舘。蒲庵德政。船月幸政。日華佛家之名筆也。其體若李員嶠。而作屛入刻。緇白爭印裝潢者也。其後。嶺[1]之影波聖奎。湖南之永坡德壽。筆法如也。昔者。晋王右軍。書遺敎經。傳之于後。宋道肯。書金剛經。元趙松雪。書證道謌。白玉峯之屛書。金秋史之心經。西山大師之四家錄。尹洛西徐學老李蒼岩之額。蓮泉龍雲之楹聯。草衣之梵書。鐵船之簡牘。元奇之册書。皆是筆家之有名。日華之筆。亦不愧於古今。伊時人皆稱道之。岸亦一見屛書。若龍蛇飛走。莫知其始終也。

1) [원] '嶺' 뒤에 '南'이 빠진 듯하다.

몽월영홍전

스님의 속성은 이씨이고 창평군昌平君 창敞의 12세손으로 회양淮陽(강원도 지명)에서 출생한 사람이다. 스님의 어머니가 달을 품 안에 안는 꿈을 꾸고 낳았다고 한다. 스님은 어릴 때부터 불도佛道를 찾아 사방의 산을 두루 돌아다니며 삼교三敎(유불선)를 통달하였으며, 만년에는 선禪의 진리를 터득하는 데에 마음을 돌렸다.

스님은 뽕나무 밑에서 잠을 자고 하루에 한 끼니만 먹으면서 수행하였으며, 간성군에 있는 건봉사乾鳳寺 만일회萬日會에 들어가 염불삼매念佛三昧에 빠져들었다가 편안한 표정으로 열반하였다.

열반에 들던 날 스님의 몸에서 불꽃 같은 광명이 뿜어져 나왔으며, 사유闍維(다비)하던 날 무지개 같은 서기가 어렸다. 소나무와 삼杉나무도 시름겨워하였고 새와 짐승들도 소리를 감추었다. 사리 48과顆를 얻어 돌을 다듬어 부도를 세우고 봉안하였다.

스님의 신령하고 기이한 행적은 이루 다 기술할 수가 없으며, 스님의 기연機緣을 드러낸 어구들은 부도 도량에 새겨진 탑명塔銘에 소상하게 갖추어 기재되어 있으니 거기에서 상고해 보면 될 것이다. 스님의 세속 나이는 80세이고 승랍은 65년이다. 그의 문인 등이 스승의 자취가 파묻히지 않게 하기 위하여 전국 선찰禪刹에 두루 알려 비록 지혜가 없는 사람이라 하더라도 보고 듣지 못한 이가 없었다.

夢月泳泓傳

師姓李氏。昌平君敵之十二世孫。淮陽人。母夢抱月而生。幼尋佛道。周遊四山。達通三敎。晩節回心禪詮。桑下一宿。日中一食。投入杆城之乾鳳萬日會。入念佛三昧。怡然而化。涅槃之日。放光如火。闍維之時。瑞氣如虹。松杉加愁。鳥獸匿聲。得舍利四十八顆。伐石立浮屠藏之。靈異之跡。不可盡述。其機椽¹⁾語句。備載塔銘于浮屠道場之識。於此可尙。世壽八十。僧臘六十五。其門人等。不埋其迹。編²⁾告於八域禪刹。雖聾盲于智者。無不見聞。
----

1) ㉯ '椽'은 '緣'의 오자이다. 2) ㉯ '編'은 '徧'의 오자이다.

동봉욱일전

스님의 속성은 지池씨이고 홍천에서 출생한 사람이다. 전생에 선근善根을 심었던 탓에 일찍이 불도佛道에 들어가 수행 생활을 하였다. 쌀겨와 보리싸라기 같은 음식도 달게 먹었고 해진 옷들을 즐겨 입었다. 처음 보는 사람도 옛 친구를 만난 듯 반갑게 대하였고 험난한 일에 부딪혀도 마치 평탄한 길을 가듯이 태연하였다.

선지식이 있다는 소리를 들으면 꼭 참례하였고 가난한 사람을 만나면 반드시 구제해 주곤 하였다. 그러니 옛사람이 이르기를 '알았으면 실천하지 않는 일이 없어야 한다'고 한 것은 이를 두고 한 말일 것이다.

여러 지방을 유람하던 일을 여기에서 중지하고 다시 건봉사乾鳳寺로 들어갔다. 스님은 다른 사람이 하기 어려워하는 것도 자신은 반드시 쉽게 해내고, 혹은 한 끼도 먹지 않고 하루를 보내기도 하고, 혹은 눕지도 않고 밤을 지새우기도 하였으니, 사람들은 스님이 겪는 구도의 괴로움(苦節)을 헤아릴 수 없었다.

어느 날 갑자기 조용하게 앉아서 입적하니 상서로운 기운이 여섯 번이나 비추고 광명을 방출한 것이 두 번이나 되었다. 사리 50개를 얻어 돌을 다듬어 탑을 세우고 그 안에 봉안하였다. 스님이 입적할 당시 신령한 자취와 살아 계셨을 때 기이한 행적이 털끝만치도 차이가 없었으니 기이한 일이며 신령한 일이다. 사람들이 어떻게 숨길 수 있겠는가?

가경嘉慶(淸 仁宗의 연호) 경진년(순조 20, 1820)에 태어나 함풍咸豊 무오년(철종 8, 1858)에 입적하였으니, 세속 나이는 39세이고 승년僧年은 23년이다. 건봉사 서쪽 산기슭에 부도를 세웠다. 살아 있었을 적의 기록은 탑명에 자세하게 기록되어 있다.

東峰旭日傳

師姓池氏。洪川人。夙植善根。早入佛道。食甘糠麧。衣好粗踈。見人如舊。遇險如夷。聞善知識。必叅。逢貧窶人。必救。古所謂。知無不爲。遊方玆已。旋入乾鳳。人所難。己必易。或不齋而過日。或不卧而達夜。人不可測其苦節。一日。泊然而坐寂。六瑞氣。二放光。得舍利五十箇。伐石安塔。其入寂靈跡。與生時行能。毫釐不差。異哉靈哉。人焉瘦[1]哉。嘉慶庚辰生。咸豊戊午寂。俗壽三十九。僧年二十三。樹浮屠於西麓。時順間行蹟。備載塔銘。

---

1) [원] '瘦'는 '廋'의 오자이다.

대인등전전

스님의 속성은 김씨이고 황해도 황주에서 출생한 사람이다. 어린 나이에 시집을 갔다가 홀로되어 철저하게 절개를 지키는 한편, 떠돌면서 거친 풀을 헤치고 조사의 가풍을 우러러 보아(撥草瞻風) 비구와 비구니가 계신 곳을 찾아다니며 가르침을 받아 어떤 말을 듣건 그 뜻을 다 깨달아 마음이 넉넉해지자 그 밖에 다른 소원은 아무것도 없었다.

그녀는 청신녀淸信女로서, 즉 재가보살로서의 훌륭한 행실이 찰 만큼 채워지자 비로소 몸을 버릴(脫身) 때가 되었다고 생각하고, 금강산 건봉사로 급히 들어가 늙지도 않고 병들지도 않은 상태에서 앉은 채로 조용히 열반에 들었다.

그녀는 만약 지지보살地持菩薩이 아니면 필시 관세음보살일 것이다. 그녀의 자비 실천은 사람으로서는 따라 하기가 어려웠다. 그의 나이는 41세였고 수행한 세월은 22년이었다. 사유闍維를 마치고 사리 17개를 얻어 돌을 다듬어 탑을 세우고 봉안하였으며, 재곡在鵠 스님이 지은 탑명에 그의 행적이 자세하게 기록되어 있다.

大印燈傳傳

師姓金氏。黃州人。童年出家。極守冷節。櫛風沐雨。撥草瞻風。叅比丘比丘尼之堂。耳順心飽。更無餘願。淸信女在家菩薩之行。已滿。脫身時。急入於金剛山乾鳳寺。不老不病而坐化。若非地特。[1] 必是觀音。其所慈悲。人所難行。年四十一。臘二十二。闍維。舍利十七箇。伐石樹塔。具在鵠著塔銘。

---

1) ㉮ '特'은 '持'의 오자이다.

해봉성찬전

스님은 전주에서 출생한 사람이며 원암산猿岩山 원등암遠燈庵에 살았다. 원등암의 옛 이름은 목부암木鳧庵이다.

진묵震默 조사(1562~1633)가 부안 월명암月明庵에 있을 때의 일이다. 매일 밤 등불 빛이 휘황찬란하게 비치자 그 등불이 어느 곳에 있는지를 찾아보았더니, 목부암에서 그 불빛이 나오는 것이었다. 목부암 법당에 열여섯 분의 응진應眞(아라한)을 모셔 놓았는데 그 응진이 신통력으로 등불을 허공에 매달아 멀리 월명암까지 비추어 주는 것이었다. 그런 까닭에 목부암을 원등암으로 고쳐 부르게 된 것이다.

그 산의 굴속에 나한당羅漢堂을 세우고 응진을 봉안한 지는 이미 오래 전의 일이다. 어떤 어리석은 스님이 굴 밖으로 나한당을 옮겼는데, 임오년(고종 19, 1882)에 그 절에 불이 나자 사람들은 나한당을 옮긴 데 대한 신벌(祟)이라고 말했다.

계미년(1883) 가을에 다시 굴속으로 옮겨 지으려고 옛터를 닦다가 글이 쓰인 돌을 발견했다.

"나는 예전에 늘 원암산을 유람했었는데
그림자가 한양에 떨어져 재상의 몸 되었네
내가 떠난 지 50년이 지나면
호남의 관찰사가 되리니
갑오년 이전에는 해봉이란 스님이다가
갑오년 이후에는 김성근金聲根[35]이 되리라

---

[35] 김성근金聲根 : 조선 후기의 문신·서예가. 1835~1919. 자는 중원仲遠, 호는 해사海士. 철종 13년(1862)에 정시 문과에 급제하고, 이조판서·전라도 관찰사·탁지부 대신을 지냈다. 서예에 뛰어났는데, 특히 미남궁체米南宮體를 잘 썼다.

갑오년 5월 13일 원암산 원등사의 중 성찬聲贊이 쓰다."

이런 글의 내용이 16간間 석함石函 속에 간직되어 있었다.
갑신년(고종 21, 1884) 6월 길일吉日을 택해서 전주 위봉사威鳳寺 승통僧統 윤륜輪 스님이 도내道內에 다음과 같은 통문通文을 돌렸다.

"원암산 원등암은 곧 열여섯 분 응진을 모신 굴입니다. 당초에 원등암 굴속에 처음 십육나한을 모신 스님이 이런 예언을 하였다고 합니다. '뒷날 축전竺典이라 하는 외도外道가 굴 밖으로 십육나한을 옮길 것이다'라고 했는데, 뒷날 과연 축전이 굴 밖으로 옮겨 모시고 절이 불에 타버렸습니다. 금년에 다시 굴 안으로 봉안하기 위해 옛터를 중수하던 중에 돌에 새겨진 글에 위와 같은 내용이 있었습니다. 그런데 지금 감사監事의 성은 김 씨이고 이름은 성근聲根이며, 아이 때의 이름은 암우岩宇이고 호는 해사海士인데다가 태어난 해도 을미년(1853) 3월입니다. 이러한 여러 가지 일을 감사에게 보고합니다."

이 보고를 받은 감사가 그곳에 직접 가자 상서로운 기운이 하늘에 사무쳤다. 감사는 나한당을 중건하는 일을 힘써 도왔으며, 용운龍雲 스님을 도감都監으로 임명하여 공사를 독려하게 하고 직접 상량문까지 지어 주었다. 공사가 완공되었다는 보고를 받은 뒤에 화주化主의 직책을 맡았던 호산 해봉湖山海峯이 그 절에 살면서 잘 관리하고 있다.

원근암 가까운 마을에 사는 사람들은 지금까지도 그 일을 알고 있는 이가 많다. 김성근 감사는 을유년(고종 22, 1885) 봄에 임기를 마치고 체직되어 서울로 돌아갔다.

海峯聲贊傳

師。全州人。居猿岩山遠燈庵。遠燈舊名。木梟庵。震默祖師嘗[1]在扶安月明庵。每夜燈光晃朗。尋其燈光所自。則自木梟庵來照。安十六應眞於法堂。應眞以神力。懸燈遠照也。故改遠燈。其山窟中。建羅漢堂。安應眞者。
舊矣。有愚僧。移建于穴外。壬午寺災。人謂移建之祟。癸未秋。更欲還建
于穴內。修其舊址。有石文曰。我昔常遊遠岩山。影落漢陽作宰身。我去
五十年。湖南觀察使。甲午以前海峯僧。甲午以後金聲根。甲午五月十三
日。遠岩山遠燈寺僧贊書。藏于十六間石凾中。甲申六月吉日。全州威鳳
寺僧統輪。回通文于道內曰。遠岩山遠燈庵。即十六應眞窟也。當初安窟內
曰。後有竺典外道。移安窟外云。後果竺典移安於外。今年。欲更安內。重
修舊基。則有書。云云如上。今監使。姓金。名聲根。兒名岩字贊遠。[2] 號海
士。乙未三月生。以此告于使。使徃則瑞氣徹天。助力建堂。以龍雲差都監
薰。[3] 親作上樑文。告功。化主湖山海峯。在其寺勤修。近村之人。今知其事
者。多矣。金公乙酉春。遞歸京師。

---

1) ㉈ '當'은 '甞'의 오자이다. 2) ㉈ '贊遠'은 연자이다. 3) ㉈ '薰'은 '董'의 오자이다.

동사열전 제3

東師列傳第三

원본原本은 조선사편수회朝鮮史編修會에 소장되어 있다.
소화昭和 16년(1941) 7월에 등사謄寫한 것이다.

原本。朝鮮史編修會藏。
昭和十六年七月謄寫。

동사열전 제4권
| 東師列傳 第四 |

두륜산인 구계 선집 편차
頭輪山人 九階* 選集 編次

* ⓔ 저본의 다른 권과 달리 제4권에는 '九堦'로 표기되어 있다.

연담종사전

종사의 법명은 유일有一이고 자字는 무이無二이며 호는 연담蓮潭이다. 속성은 천千씨이고 화순에서 출생한 사람이다. 일찍이 아버지를 여의고 어머니를 의지하고 살았다.

열여덟 살에 법천사法泉寺 성철性哲 스님에게 의지하여 출가하였으며, 심잠(安湛) 스님에게 구족계를 받았다. 그 후 해인사海印寺 호암虎岩 화상을 찾아가 여러 해 동안 시봉하면서 그의 비밀한 종지를 다 터득했다.

연담은 영허靈虛·벽하碧霞·용암龍岩·영곡靈谷·호암虎岩·설파雪坡·풍암楓岩·상월霜月·용담龍潭·영해影海, 이상 10대 법사들을 참알參謁하고 그들에게 교리를 배워 통달하였다. 또 동문수학을 한 설파 상언雪坡常彦과 함께 서로 학문을 갈고 닦았다. 『화엄경』 강석에 강주講主가 된 뒤 30여 년 동안 무릇 15차례나 강론 법회를 열었는데 늘 따르는 학인들이 100여 명에 근접했다.

강희康熙 59년, 즉 숙종 46년 경자(1720) 4월 30일에 태어나서 가경嘉慶 4년, 즉 정조 23년 기미(1799) 2월 3일 미시未時(오후 1시~3시)에 장흥 보림사寶林寺 삼성암三聖庵에서 열반에 들었으니, 세속 나이는 80세이고 승랍은 62년이다.

미래의 학자들을 위하여 사집四集 수기手記 각 1권, 『기신사족起信蛇足』 1권, 『금강하목金剛鰕目』 1권, 『원각사기圓覺私記』 2권, 『현담사기玄談私記』 2권, 『화엄유망기華嚴遺忘記』 5권, 『제경회요諸經會要』 1권, 『염송착병拈頌着柄』 2권, 『임하록林下錄』【자신의 문집】 4권을 저술하여 모두 간행, 세상에 유포하였다.

연담 대사의 부도는 대둔사大芚寺·미황사美黃寺·법천사法泉寺에 각각 세워져 있다. 그 이유는 경진년(영조 36, 1760)에는 대둔사에서 큰 법회를 열었고, 무자년(영조 44, 1768)에는 미황사에서 큰 법회를 열었기 때문이다.

스님은 사람 됨됨이가 질박하고 정직하며 탁 트이고 소탈하여 비록 한 시대에 종주로서 추앙을 받는 몸이긴 하지만, 조금도 교만하게 굴거나 자신을 과시하는 법이 없었다. 그는 어려서부터 총명하고 영특함이 남보다 뛰어나 온갖 서적을 널리 읽었는데 한번 눈이 지나가기만 하면 다 기억할 정도였다.

교학을 널리 유통하였으며, 의미가 오묘하여 이해하기 어려운 부분이나 난해한 곳을 명쾌하게 해석하여 학인들이 의심하고 어려워하는 곳을 풀어 주곤 하였다. 대사가 직접 쓴 시문은 모두가 붓만 들었다 하면 자연스럽게 나오기 때문에 일부러 꾸미고 수식하기를 일삼지 않아도 천기天機가 난만爛漫하게 드러났다.

학인들을 대할 때에도 상대방의 근기를 따라 설법해 주었으므로 두루 응하여 모두 다 들어맞게 하였으니 그것은 덕이 있는 이의 말임을 알 수 있다.

나[이충익李忠翊][1]는 연담 스님의 얼굴을 본 적은 없지만, 그 스님을 따르고 좇는 제자들을 자주 만나 스님에 대해 많은 것을 들어 알고 있다. 늦게나마 연담 스님의 문집을 얻어 연담이 직접 쓴 글들을 읽어 보니 자기의 좋은 면만 부각시키지도 않았고 자신의 허물을 숨기지도 않아 스님의 속마음을 소상하게 보는 것 같았다. 덕이 그 재주보다 뛰어났고 잘난 인품 또한 도를 손상하지도 않았다. 그는 또한 주공周公과 공자를 존경하였고 윤리와 의리를 돈독하게 하는 등 어떤 특정한 법에 얽매이지 않고 널리 유통시킨 인물이다.

대사의 비석은 두륜산에 세웠는데 비명은 수관 거사水觀居士 이충익이

---

[1] 나[이충익李忠翊] : 이충익이 쓴 글을 그대로 전제한 부분이다. 이충익은 조선 후기의 학자. 1744~1816. 그는 정제두鄭齊斗의 학통을 계승, 연구하였고, 공안파公安派의 성령문학에 기본을 두고 있다. 또 유학 이외에 노장老莊·선불禪佛에도 해박하였으며, 시와 음악 및 서화에도 상당한 조예가 있었다. 저서로 『答韓生書』와 『椒園遺稿』가 있다.

지었다. 선법禪法을 전수받은 제자가 42명이고 교법敎法을 전수받은 제자는 33명이다. 스님의 진영眞影은 두륜산과 백양사에 각각 봉안되어 있다. 정승 번암樊巖 채제공蔡濟恭과 교리校理 이담원李聃園이 스님의 진영 찬문을 지었다.

蓮潭宗師傳

宗師。名有一。字無二。號蓮潭。姓千氏。和順人。早失父。依母而居。十八。投法泉寺性哲師。出家。受戒於諶師。投海印寺虎岩和尙。隨侍累年。盡得其密旨。叅於靈虛碧霞龍岩靈谷虎岩雪坡楓岩霜月龍潭影海十大法師。通敎理。又從同門雪坡常彥。琢磨。主華嚴講席。三十餘歲。凡十五周。常隨者。恒近近[1]百人。康熙五十九年。肅宗四十六年庚子四月三十日生。嘉慶四年。正宗二十三年己未二月初三日未時。示寂于長興寶林寺三聖庵。世壽八十。僧臘六十二。爲來學者。述[2]四集手記各一卷。起信蛇足一卷。金剛鰕目一卷。圓覺私記二卷。玄談私記二卷。華嚴遺忘記五卷。諸經會要一卷。拈頌着柄二卷。林下錄【文集】四卷。幷行於世。建浮屠於大芚美黃法泉。庚辰。大會於大芚。戊子。大會於美黃。師爲人。質直通簡。雖爲一世所宗仰。不自矜持尊重。自幼。聰悟絕人。博覽群書。過目悉記。流通敎海。觿解奧結。沛然無疑難。所著詩文。皆信手爲之。不事藻飾。而天機爛熳。隨機說法。泛應曲當。知其爲有德者。言也。余【李忠翊】未見師面貌。屢從遊方者。耳之。晩獲文集。睹其所自叙。不讓[3]善。不隱過。曠然如見其衷。德勝其才。俊不傷道。尊周孔。敦倫義。不縛於法而弘通之者也。碑立於頭輪山。水觀居士李忠翊所撰。傳禪弟子。四十二人。傳敎弟子。三十三人。眞影。在頭輪白羊。樊庵蔡相國。聃園李校理并撰贊。

---

1) [원] '近'은 연자이다. 2) [원] '述'은 '述'의 오자이다. 3) [역] '讓'은 '揚'의 오자인 듯하다.

정암선사전

스님의 법명은 즉원卽圓이고 자字는 이우離隅이며, 속성은 김씨이고 변한弁韓 임금의 후손이다. 대대로 영암 송지방松旨坊에서 살았다. 건륭乾隆 무오년(영조 14, 1738)에 태어나 3세가 되던 해에 어머니를 여의고 9세 때부터 절에서 키웠으니 미황사美黃寺 재심再心 스님의 은혜였다.

16세에 머리를 깎고 스님이 되었으며 20세 때부터 여러 지방을 두루 다니면서 사집四集과 사교四敎는 송파 각훤松波覺喧 스님의 가르침을 받았고, 대교大敎와 『현담玄談』은 연담 유일蓮潭有一 스님에게 배웠다.

점점 자라 30세가 되어 송파 스님의 법통을 이어받고, 불혹不惑의 나이인 40세에 설봉雪峰 스님에게서 선禪을 참구했다. 정암 스님에게는 제자가 되어 학문을 배우겠다고 하는 이들이 구름처럼 안개처럼 많았으며 호를 받은 이만도 볏짚처럼 삼대처럼 많았다.

건륭乾隆 갑인년(정조 18, 1794)에 궁복도弓福島 중암中庵에서 적멸을 보이셨다. 5년 뒤에 아암 혜장兒庵惠藏이 궁복도에 들어가 정암 선사의 영정을 모셔 놓고 향을 사르고 제향祭享을 올렸으니 아암은 바로 정암의 법을 전해 받은 적자嫡子였기 때문이다.

정암 스님이 비록 많은 대중들을 거느리고 경을 강설하기는 했지만, 그의 마음은 오로지 자비를 실천하는 일에 힘썼고 사시舍施로 업을 삼았다. 늘 찌그러진 모자에 해진 옷을 입고 다녔으므로 팔꿈치가 보이기 일쑤였다. 그런 스님을 바라보노라면 마치 춥고 배고픈 거지 모습 같았다.

그러나 친척 또는 제자들이 어쩌다가 비단옷을 선물로 주면 흔쾌하게 받기는 하나 얼마 못되어 밖으로 나가기만 하면 헌옷으로 바꿔 입고 돌아오곤 하였다. 시봉했던 스님에게 물어보면 추위 떨고 있는 이에게 벗어 주었다고 한다.

하루는 어떤 거지가 절에 찾아왔는데 그에게 이가 많다 하여 대중들이 문밖으로 쫓아냈다. 그런데 정암 스님이 그를 데리고 방장실로 가서 그에게 따뜻한 자리를 내어주고 같은 이불을 덮고 잤다. 무릇 사람으로서 명예를 위하는 자가 스님 앞에서 입을 한번 열면 그가 구하는 것을 얻지 못하는 일이 없었다. 그런 까닭으로 옷 궤에 남은 옷이 없었고 항아리에 남은 곡식이 없었다. 이에 거지 수십 명이 송지松旨의 저자에 모여 약속하며 말했다.

"어느 누구를 막론하고 정암 스님이 계시는 방에 가서 곡식을 얻어 오는 사람이 있으면 우리 대중들이 다 같이 그를 쫓아내 우리들 축에 들지 못하게 할 것이다."

정암 스님이 보시하여 남을 돕는 명성이 이와 같았다.

일찍이 날이 저물려고 할 적에 혼자서 산사로 돌아오는데 숲속에서 호랑이(於菟)가 튀어나와 스님의 옷자락을 발로 거머잡고 마치 집에서 기르는 개가 집주인을 반갑게 맞이하듯 하였다. 그래서 정암 스님이 지팡이를 휘둘러 못하게 했지만, 호랑이는 계속 스님의 뒤를 따라서 절 문 앞까지 이르러서야 꼬리를 흔들며 돌아갔다. 스님의 자비 실천이 저 동물까지 감동시킨 것이 또한 이와 같았다.

부처님의 가르침에는 육근六根(눈·귀·코·혀·몸·뜻)을 베어 내는 것을 귀하게 여기고 있다. 그런 까닭에 세존께서도 '말라빠진 똥 막대기(乾屎橛)'라 하였으니, 이미 불법을 터득했으면 호연浩然히 다 잊어버리는 것이 상례常例이다.

그러나 일단 정암 스님의 문하에서 가르침을 받았던 사람들은 몸이 마치도록 그를 애모愛慕하여 스님에 대한 이야기가 나오면 틀림없이 슬픈 기색을 띠고 눈물을 글썽이면서 스님의 자비심에 대하여 예찬해 마지않았으니 스님에 대한 애모의 정이 뿌리 깊다는 것을 알 수 있는 대목이다.

정암 스님은 또 편지를 잘 써서 반 글자 한 구절로도 충분히 사람들의 마음을 감동시키곤 했다. 스님은 글씨에도 조예가 깊어 필체가 구불구불

기괴하여 속류俗流의 솜씨로는 미칠 수 없는 경지에 올라 있었다.

 제자들 중에 이름이 알려진 사람은 연파 혜장蓮坡惠藏이다. 매년 5월 12일 스님의 기일을 맞으면 재齋를 베풀고 모여 의논하곤 했다. 그러던 어느 기일에 정암 스님의 탑비를 세우기로 결의하고 그로 인해 천 리 먼 길에 사람을 보내 나(정약용)에게 비문을 지어 달라고 간청하기에 내가 그 비명을 지어 주었다.

  여섯 창문(六牖, 육근) 단속 못하자 주인이 치달리니
  오탁五濁 세계에서 탐貪·진嗔·치癡에 빠지는구나
  범은 조복이 가능하나 사심은 조복하기 어려워
  팔만 해조음海潮音² 있건만 행실은 비뚤어지네
  그 누가 실천하나? 즉원卽圓 선사가 실천하니
  자신은 추워도 남을 입히고 당신은 배고파도 남을 먹이셨네
  맹수도 순종하고 걸인들도 자비심 가졌거늘
  아! 네거리 길 가지 않고 굽은 길로 가시었네
  슬퍼하고 아쉬워하면서 겨우 비명을 지었네

비명은 열수洌水 정약용丁若鏞이 지었다. 문인은 대여섯 명이 있다.

晶岩禪師傳

師名卽圓。字離隅。姓金氏。弁故王之裔。世居靈岩松旨坊。以乾隆戊午生。三歲而喪其母。九歲而穀於寺。美黃再心之恩也。十六。薙而名。二十。遊而學四集四敎。松坡覺暄之誨也。大敎玄談。蓮潭有一之授也。長而立。授法於松坡。卽不惑。叅禪於雪峰。弟子之從學者。如雪¹⁾如霧。受號者。如稻

---

2 해조음海潮音 : 부처님이 설법하는 음성을 해조음이라 한다.

如廁。乾隆甲寅。示寂于弓福島之中庵。後五年。兒庵惠藏。設像而拈香。是其嫡傳也。晶岩。雖領衆說經。乃其心。專以慈悲爲務。舍施爲業。破帽壞衣。捉襟見肘。望若寒乞。然親戚弟子。或贈以袍襧。欣然受之。未幾出遊。以故衣還。問之從者。施於寒矣。一日。有丐者。至性多虱。衆共出之戶外。晶岩。引入丈室。與之溫處。同衾而宿焉。凡以人爲名者。一開口。無不獲其所求。以故。笥無餘衣。瓶無儲粟。於是。乞人數十。會于松旨之市。約曰。有徃得穀於晶岩禪師之室中者。衆共棄不齒。其以舍施名如此。嘗日暮獨歸。有於菟隨之。攀衣爲戱。一似畜狗之迎。其主者。晶岩。以杖撓止之。及門彷徨。搖尾而去。其慈悲感物。又如此。佛法。貴割根故。以世尊。爲乾屎橛。旣得法。浩然相忘例也。乃一遊晶岩之門者。終身愛暮。[2] 語及之。必戚色含涕。說其慈不已。有深根焉。晶岩。又善尺牘。隻字半句。有足以感動人心。筆體。紆回奇恠。非俗流可及。弟子。知名者。曰蓮坡惠藏。每五月十二日。以忌設齋而會議。立晶岩之碑。是以。遣人千里。乞余銘。余銘曰。六牖不局主人馳。五濁胥汨貪嗔痴。貙虎可伏猶有私。潮聲八萬行則陂。疇其力行圓禪師。寒自煖他飢救飢。攫者來攀鄙夫慈。嗟于曲經不于逵。是悼是惜鑱丁碑。碑。洌水丁若鏞撰。門人五六人。

---

1) ㉮ '雪'은 '雲'의 오자이다. 2) ㉮ '暮'는 '慕'의 오자이다.

백련선사전

　스님의 법명은 도연禱演이고 호는 백련白蓮이며, 속성은 이씨이고 왕가(璿潢)의 후예이다. 조선 태조太祖대왕의 손자인 덕천군德泉君 후생厚生의 후예이고 운수군雲水君 효성孝誠의 13세손이다. 할아버지는 해선海仙이고 아버지는 춘정春鼎이며, 강진 백도방白道坊 갈두리葛頭里에서 출생한 사람이다. 그의 백부伯父는 두륜산으로 출가하였는데, 법명은 총오聰悟이다.

　백련 스님은 13세에 큰아버지 총오 스님을 좇아 머리를 깎고 물들인 옷을 입고 스님이 되었다. 16세에 만화萬化 선사를 따라 구족계를 받았고, 응성應星 스님을 참알參謁하고 외전外典[3]을 익혔으며, 동강桐江 이李 선생【이름은 의경毅敬이다.】을 뵙고 의문이 나는 점을 물었으며, 연담蓮潭 법사에게서 사교四敎를 배웠다.

　선암사仙巖寺로 상월霜月 선사를 참알하고 그곳에서 열린 큰 법회의 법연法筵에 참석하였다가 상월 스님으로부터 법기法器임을 인정받았다. 18세 때부터 여러 지방을 마음대로 소요逍遙하며 선사들을 찾아뵙기도 하고 학문을 배우기도 하다가 안목이 푸르러지고 견해가 밝아지자 연담 법사에게 나아가 전법게傳法偈를 받았다. 그 게송은 이러하다.

　　만 길 연못 물 위에
　　하얀 연꽃 한 가지 피어올랐네

　이 게송으로 인하여 그의 호를 백련白蓮이라고 하였지만, 그것은 스님이 일생 동안 한 일이 하얀 연꽃의 정백精白(티 없이 맑음)함과 다름이 없었기 때문이기도 하다. 스님은 한 산문을 열고(開山) 대중들을 거느리고서

3　외전外典 : 불교 이외의 전적을 가리킨다.

20여 년 동안 법장法藏을 열어 보였다.

건륭乾隆 2년 정사(영조 13, 1737)에 태어나 가경嘉慶 12년 정묘(순조 7, 1807) 4월 3일 진불암眞佛庵 조실에서 입적하니, 세속 나이는 71세이고 승랍은 55년이다.

조정에서는 백련 스님에게 '해남 표충사수호 겸팔도승풍규정 선교양종 화엄강주 대각등계보제존자 도총섭海南表忠祠守護兼八道僧風糾正禪敎兩宗華嚴講主大覺登階普濟尊者都摠攝'이라는 승직을 추증追贈하였다.

스님은 소박하고 진실하였으며 거짓이 없었고 자신을 자랑하거나 밖으로 겉치장하는 일을 하지 않았다. 제자 네 명이 있었으니 평월 계형平月戒馨·송악 우신松岳佑信·인담 의철仁潭義哲·완호 윤우玩虎倫佑이고, 상자上資(上佐) 두 사람이 있었으니 정지正持 스님과 설현雪賢 스님이며, 계를 받은 제자로는 시오始悟·승일勝一·승헌勝憲·승환勝還·승현勝賢·지홍智弘 등 20여 명이나 된다.

대둔사 서쪽 산기슭에 탑을 세웠으며, 탑명은 감역監役 정학연丁學淵[4]이 지었다.

白蓮禪師傳

師名禱演。號白蓮。姓李氏。系出璿潢。太祖大王孫德泉君厚生之裔。雲水君孝誠之十三世孫。祖海仙。父春鼎。康津白道坊葛頭里人。其伯父。出家於頭輪山。名聰悟。十三。從悟師零染。十六。從萬化禪師受具。叅應星師。習外典。謁桐江李先生【毅敬】質疑。從蓮潭法師。受四敎。叅仙岩寺霜月禪師。大會之法筵。師深器之。十八。任性逍遙。叅之學之。眼已靑。見已白。就蓮潭法師。受傳法偈。偈曰。萬丈蓮潭水。白蓮抽一枝。仍號白蓮。一生所作之事。無異白蓮之精白也。開山領衆。開示法藏。二十餘年。乾隆二年

---

[4] 정학연丁學淵 : 아명은 학가·무장. 호는 유산. 1783~1859. 다산 정약용의 맏아들이다.

丁巳生。嘉慶十二年丁卯四月三日。示寂于眞佛庵祖室。世壽七十一。僧臘五十五。贈海南表忠祠守護兼八道僧風糾正禪敎兩宗華嚴講主大覺登堦[1]普濟尊者都摠攝。師朴實無僞。不矜外飾。有弟子四人。曰平月戒馨。松岳佑信。仁潭義哲。玩虎倫佑。上資二人。曰正持雪賢。傳戒者。曰始悟勝一勝憲勝還勝賢智弘等。二十餘人。建塔于大芚寺之西麓。塔銘。監役丁學淵撰。

---

1) [원] '堦'는 '階'의 오자이다.

현해선사전

스님의 법명은 모윤慕閏이고 호는 현해懸解이며, 속성은 이씨이고 해남 온수동溫水洞에서 출생한 사람이다.

두륜산으로 출가하여 영곡靈谷 스님에게서 계를 받았다. 스님은 세속의 일에도 밝아서 세속에 출입하면서 절 밖에 모아 둔 재물도 풍족하였다. 조정에서는 '가선대부嘉善大夫'를 증직하였으며, 대둔사 주지의 직책을 수행하다가 세속 나이 70세에 갑자기 세상을 떠났다.

다비를 하던 날 초골超骨이 나오자 이는 실로 기이한 일이라 하여 산문의 대중들이 일제히 모였으며 스님의 권속들은 환희하였다. 계를 받을 때 스님은 영곡靈谷 스님의 영전에 향을 사르고 호를 받았다.

다산茶山 정약용丁若鏞 선생에게 비명을 써 달라고 청하자 다산은 이렇게 비명을 지어 주었다.

> 살아서는 가선대부의 벼슬을 했고
> 죽어서는 현해라는 호를 받았으니
> 바로 두륜산 모윤慕閏 스님이로다
> 살아서는 풍족한 생활을 하셨고
> 죽어서는 사리를 남기시니
> 여기 모인 모든 사람 기이하다 하네

스님으로부터 깊은 은혜를 입은 제자는 표운表雲·율견律堅·색성賾性·도우道祐·도익道益 등이 있는데, 이 제자들이 돌을 캐어다가 사리탑을 세우고 탑에 올라가는 계단도 돌로 장식했다.

또 스님에게서 법을 받은 제자인 화성 문암花城聞庵은 스승의 영정을 제작해 봉안하고 재를 올렸다. 정약용 선생이 스님의 상찬像贊을 지었다.

懸解禪師傳

師名慕閏。號懸解。姓李氏。海南溫水洞人。出家於頭輪山。受戒於靈谷禪師。出入世諦。外財饒足。贈嘉善大夫。行住持。年至稀歲。奄然順世。茶毘之日。得超骨。是實異矣。山中齊會。眷屬歡喜。向受戒師。靈谷靈前。拈香受號。請茶山丁先生塔銘。銘曰。生而嘉善其爵。死而懸解其號者。頭輪山僧慕閏也。生而豟肥。死而超骨。論[1]者奇之。受其恩者。表雲律堅蹟性道祐道益。攻石封層墖。受其法者。花城聞庵。設像奉奠。丁先生。亦撰像贊。

1) ㉠ '論'은 '輪'의 오자이다.

완호강사전

스님의 법명은 윤우倫佑이고 자는 삼여三如이며, 호는 완호玩虎이다. 아버지는 시택時澤이며, 속성은 김씨이고 해남군 별진別津에서 출생한 사람이다.

13세에 출가하여 두륜산 서일瑞日 장로에게 의탁하여 머리를 깎고 물들인 옷을 입어 스님이 되었다. 17세에 구족계를 받은 뒤 백련白蓮 법사로부터 내전內典(불경)을 배웠고, 연담蓮潭 조사를 참알하고 선참禪懺을 배웠으며, 백련 법사의 의발을 전해 받았다.

을묘년(정조 19, 1795)에 불호사佛護寺의 일봉암日封庵에 주석하였고, 병진년(정조 20, 1796)에 나주 쌍계사雙磎寺 보현암普賢庵에 머물렀으며, 그해 겨울에는 서운암瑞雲菴에 가서 살았다. 정사년(정조 21, 1797) 여름에는 도갑사道甲寺 하동암下東庵에 옮겨 가서 살았다.

무오년(정조 22, 1798) 가을에는 본사本寺(대둔사)의 경을 강론하는 큰 법회를 맡아 달라는 요청을 받고, 10월에 본사에 와서 청풍료淸風寮에 머물면서 겨울을 나는 동안 스님이 지도한 학인들이 100여 명이나 되었다.

기미년(정조 23, 1799) 정월 보름이 지난 뒤에 상원암上院庵으로 옮겨 가서 거주하였는데, 그 무렵 은암銀岩 대사가 새로 입실入室하였기 때문에 강석을 은암 대사에게 물려주었다. 그해 9월에는 미황사美黃寺의 초청을 받고 중암中庵으로 가서 거주하였고, 경신년(정조 24, 1800)에는 다시 본사의 초청을 받고 남암南庵으로 가서 대보전大寶殿의 단청을 고쳤다.

신유년(순조 1, 1801)에는 일봉암에 거주하였고, 임술년(순조 2, 1802) 3월에 함평 용천사龍泉寺로 가서 용문암龍門庵에 머물렀다. 12월에는 남평南平 운흥사雲興寺 관음전觀音殿으로 이주하였고, 계해년[5](순조 3, 1803) 봄에는

---

5 원문에는 계미癸未로 되어 있는데, 문맥상 앞에 임술壬戌이 나오고 바로 뒤에 갑자甲子

환봉煥峯 스님과 미황사의 여척如倜 스님과 함께 서울(京師)로 올라가 석재를 사다가 연담 대사 비석을 세웠다.

갑자년(순조 4, 1804)에는 나주 쌍계사雙磎寺 은선암隱仙庵으로 이주하였고, 그해 여름에는 문수암文殊庵에 머물렀다. 을축년(순조 5, 1805) 겨울에는 보림사寶林寺 동암東菴에 머물렀고 정묘년(순조 7, 1807) 봄에는 청운당靑雲堂에서 가사불사袈裟佛事를 하였다.

같은 해 4월 3일에는 법사였던 백련 화상이 입적하자 스님은 장례식에 참석해서 곡을 했다. 무진년(순조 8, 1808) 겨울에는 대둔사 낭암朗岩 화상에게서 강경講經 법회에 참석해 달라는 초청을 받고 일봉암에서 내려와 겨울을 지낸 뒤, 기사년(순조 9, 1809) 정월에는 다시 일봉암으로 돌아가 머물렀다.

경오년(순조 10, 1810)에는 창평昌平에 있는 용흥사龍興寺 보현암普賢庵에서 머물렀고, 신미년(순조 11, 1811) 2월에는 가리포加利浦 첨사僉使가 이경二更에 절에 들어왔는데 세 사람의 보좌관들이 횃불을 들고 창고에 들어왔다가 불씨가 떨어진 줄을 몰라서 그로 인해 불이 났다. 불은 가허루駕虛樓에서 일어나 가허루는 물론 천불전千佛殿·대장전大藏殿·용화당龍華堂·팔해당八解堂·적조당寂照堂·지장전地藏殿·약사전藥師殿·향로전香爐殿 등 아홉 채의 요사가 하룻밤에 다 타버렸다. 스님은 손수 권선문勸善文을 가지고 다니면서 권선하여 이 건물들을 차례로 중건하였다.

임신년(순조 12, 1812) 봄에는 호의縞衣 스님이 조실로 입실하는 의례를 거행하였다. 정축년(순조 17, 1817)에는 서울로 올라가 그림 그리는 화가를 찾아 경주 기림사祇林寺로 내려가 크게 불사를 하였다. 그 무렵 석 달 사이에 세 번 방광放光을 하였고 세 번 서기瑞氣가 어렸다. 그해 10월에 1천 불상을 조성하여 점안식까지 마친 뒤에 11월 16일 불상을 배로 옮겨 실

가 나오니, 그렇다면 그 중간은 계미가 아닌 계해癸亥가 옳다.

없는데 700구軀는 큰 배에 싣고 그 배에는 증명법사인 인봉仁峰 스님과 그림 그리는 스님 풍계楓溪 대사가 함께 타고, 300구는 작은 배에 싣고 그 배에는 호의 스님이 같이 탔다. 동래 오륙도에 이르렀을 때 태풍을 만났는데 작은 배는 연안으로 돌아갔으나 큰 배는 표류하다가 11일 만에 일본국 장기도長崎島 축전주筑前州에 도착했다.

이듬해인 무인년(순조 18, 1818) 6월 17일에 배를 타고 일본을 떠나 11일 만에 부산진釜山鎭 앞바다로 돌아왔다. 7월 14일에 완도 원동院洞 대진강大津江에 이르렀다. 15일에 절로 올라와서 8월 15일에 새로 지은 법당에 천불을 봉안하였다. 천불 중에 태풍을 만나 표류하여 일본에 갔던 불상들은 그 어깨 위에 모두 '일日' 자를 써서 표시해 놓았다.

완호 스님은 일선에서 물러나 한산전寒山殿에 주석하다가 병술년(순조 26, 1826) 가을에 꿈을 꾸었는데, 어떤 스님 열여섯 명이 와서 말하기를 "들으니 스님께서 어디론가 떠나신다고 하기에 특별히 와서 작별 인사를 나누려고 합니다."라고 하였다. 꿈에서 깨어나 말하였다.

"응진應眞(나한)들이 와서 작별 인사를 하는 걸 보니 삶의 인연이 다 되었구나."

그러더니 과연 8월 23일에 한산전에서 적멸을 보이니, 세속 나이는 69세이고 승랍은 53년이었다.

일찍이 영원사에 머물 때 꿈속에서 이런 말을 하는 소리를 들었다.

"과거도 여여하고(過如) 현재도 여여하며(現如) 미래도 여여하다(未如)."

이 말을 듣고 나서 완호 스님은 자를 삼여三如라고 하였다. 그것은 아마도 스님이 선근善根의 힘으로써 모든 부처님의 진여인眞如印을 얻어 미래의 중생들을 위하여 나타내 보인 것임을 의심할 여지가 없다. 스님은 평생 토지를 구한 적이 없었고 죽는 날까지 음식을 가려 먹지 않으셨다.

스님이 선학을 전해 준 제자는 20여 명이고, 교학을 전해 준 제자는 10여 명이며, 계를 설해 준 제자는 무려 80여 명이나 된다.

나라에서 스님에게 '선교양종 화엄강주禪敎兩宗華嚴講主'라는 승직을 추증追贈했는데, 그런 직분에 조금도 부끄러움이 없을 정도로 위대한 강백이었다.

우선 두륜산 왼쪽에 부도를 세웠다가 얼마 후에 탑 오른쪽에 비석을 세웠다. 비명은 정승(相國) 권돈인權敦仁[6]이 지었다. 대둔사 동쪽 산골짜기에 영각影閣을 세우고 스님의 영정을 모셨다. 스님의 호는 완호玩虎가 아니라 본래는 완호玩湖였다.

玩虎講師傳

師名倫佑。字三如。號玩虎。父時澤。姓金氏。海南別津人。十三出家。依頭輪山瑞日長老。薙髮染衣。十七受具。從白蓮法師。受內典。叅蓮潭祖師。受禪懺。受白蓮法師衣鉢。乙卯。住佛護之日封。丙辰。住羅州雙溪之普賢。冬住瑞雲菴。丁巳夏。移住道甲之下東。戊午秋。受本寺大會之淸。[1] 十月。來住淸風寮。過冬。學人百餘人。己未正月望後。移住上院。銀岩大師。新入室故。傳講於銀岩。九月。受美黃寺請。徃住中庵。庚申。又受本寺請。來徃南庵。改大寶殿之金曝。辛酉。居日封。壬戌三月。赴咸平龍泉寺。住龍門庵。臘月。移住南平雲興之觀音殿。癸未[2]春。送煥峯及美黃如偶。偕徃京師。買石。刻蓮潭祖師碑。甲子。移住羅州雙溪之隱仙。夏。住文殊庵。乙丑冬。住寶林之東菴。丁卯春。設袈裟佛事于靑雲堂。四月三日。哭法師白蓮和尙之寂。戊辰冬。自日封。受大芚寺朗岩和尙大會之請。下來過冬。己巳正月。還住日封。庚午。住昌平龍興之普賢。辛未二月。加利劍使。二更入寺。三補。取炬入庫。不知火落。因而火起駕虛樓千佛殿大藏殿龍華堂八解堂寂照堂地藏殿藥師殿香爐殿等。九寮。一夜燒燼。師自荷勸軸。以

---

6 권돈인權敦仁 : 조선 후기 헌종 때의 문신. 1783~1859. 우의정·좌의정·영의정을 지냈다. 원상으로 잠시 국정을 맡았다. 철종 때 경의군을 추존하고, 위패를 영녕전으로 옮길 때, 헌종을 먼저 모시도록 주장해 파직되었다.

次起立。壬申春。設縞衣入室。丁丑。上京。得畫師。下慶州祇林寺。大作佛事。三朔之間。放光者三。瑞氣者三。十月。千佛造成。點眼訖。十一月十六日。運佛以船。七百軀。載以大船。仁峰證師。楓溪畫師同乘。三百軀。載以小船。縞衣禪師同乘。至東萊五六島。逢大風。小船則沿岸而還。大船漂流。凡十一日。至日本國長崎島筑前州着焉。翌戊寅六月十七日。自日本發船。凡十一日。還泊釜山鎭前洋。七月十四日。到莞島院洞之大津江中。十五日。上寺。八月十五日。奉安千佛于新造法堂。凡遭漂流之佛。其肩上。皆書日字以志之。退居寒山殿。丙戌秋。夢有僧十六人。來告曰。聞師有行。特來相別。覺曰。應眞來辭。生緣盡矣。果於八月二十三日。示寂于寒山殿。世壽六十九。僧臘五十三。甞於靈源得夢。曰過如現如未如。遂以三如字之。師以善根力。得諸佛眞如印。爲未來示現。且無疑矣。師。生無田地料理。死無衣食分別。傳禪弟子二十餘人。傳敎弟子十餘人。傳戒者八十有餘。贈禪敎兩宗華華[3]講主云云。不愢[4]心底。先立浮屠于輪山之左。後立碑于塔之右。碑。權相國敦[5]仁之撰。建影閣于大芚之東峽。玩虎。本是玩湖也。

---

1) ㉠ '淸'은 '請'의 오자이다. 2) ㉡ 한국불교전서와 저본에 癸未로 되어 있으나 문맥상 癸亥가 타당하다. 3) ㉠ '華'는 '嚴'의 오자이다. 4) ㉠ '愢'는 '愧'의 오자이다. 5) ㉠ '敦'은 갑본에는 '郭'으로 되어 있다(㉡ 번역은 敦에 따른다).

낭암강사전

　스님의 법명은 시연示演이고 호는 낭암朗巖이며, 영암에서 출생한 사람이다. 달마산達摩山에서 출가했으며, 설봉雪峰 스님과 벽하碧霞 스님의 문하에서 내전과 외전을 모두 배웠고, 송암松庵 스님의 조실에 들어가 향을 사르어 올리고 게偈를 받아 법통을 이은 제자가 되었으니, 스님은 백월白月 스님과는 법형제가 되고 송파 스님의 손자 제자가 된다.

　스님은 두륜산 대둔사 약사전藥師殿에서 화엄법회를 열었는데 학인들이 100여 명이나 모였다고 한다. 을축년(순조 5, 1805)에 능주 개천사開天寺 백련암白蓮庵에 머물렀다. 그는 널리 배우고 깊이 사색하였으나 일찍이 글자에 얽매여 열람하지는 않았다.

　사람들을 대하여 토론을 하면 마치 겹겹이 닫혔던 문이 하나하나 열리듯이 명확하게 밝혀 주었다. 스님의 성품은 소박하고 신실하여 털끝만큼도 꾸밈이 없었다. 계율을 엄정하게 지켰으며 교학의 바다가 수정처럼 맑게 비추었다.

　눈을 감으면 동원東園의 꽃을 잊고 입을 열면 서강西江의 물을 다 마시는 기상을 지녔다. 스님의 명성을 듣고 찾아드는 이들이 너무 많아 문을 가득 메우고 주변에 피해를 입힐 지경이었다. 뿌리가 서리고 가지가 엉겨있는 것처럼 복잡한 내용(盤錯)을 풀고자 몰려드는 이들이 손뼉을 치고 힘차게 뛰어오르면서 달마대사가 다시 나타났거나 사명 스님이 얼굴을 바꾸어 나타나신 게 아니냐고 하였다.

　위에는 두 소나무(兩松, 松庵과 松坡)의 그늘이 드리웠고 아래에는 세 달(三月, 月 자 이름의 세 제자)이 밝게 비추고 있으니 산은 비록 운이 물러갔으나 인걸은 간간이 태어나는가보다.

　연주蓮舟가 월화月華의 못에 닻을 내리고 혼허渾虛가 철산鐵山의 자리에 꽃을 뽑아 들었네.

낭암 스님에게서 선禪과 교敎와 계戒를 전해 받은 제자는 손꼽아 이루 다 헤아릴 수 없을 정도로 많다. 출가한 동기와, 스님이 되어 생활한 일과, 세상을 떠난 일 등은 비석에 상세하게 기록하였으니 어찌 군말을 하겠는가? 낭암 스님의 비석은 달마산에 세워져 있으며, 그 비문은 감역監役 정학연丁學淵이 지었다.

스님의 제자는 일곱 명이 있다.

朗巖講師傳

師名示演。號朗巖。靈岩人。出家於達摩山。習內外典。於雪峰碧霞之門。拈香。受偈於松庵之室。與白月比肩。松坡之孫。設華嚴法會於頭輪山之藥師殿。學者。數百餘人。乙丑。住綾州開天寺白蓮庵。博學深索。曾不苟閱。對人討論。如開重門。性本朴實。毫無餙華。戒器嚴淨。敎海晶照。閉目絶東園之花。開口吞西江之水。聞腥鄕而至者。實門籟域。解盤錯而歸者。抃手蹈足。達摩重現。泗溟換面。上垂兩松之蔭。下照三月之明。山雖運退。人則間生。蓮舟。下碇於月華之潭。渾虛。拈花於鐵山之席。禪傳敎傳律傳。指不勝屈。出家作家棄家。碑在何贅。碑豎達摩山。監役丁學淵撰。門人七人。

연파강사전

　스님의 법명은 혜장惠藏이고 호는 연파蓮坡이며, 또는 아암兒庵이라고도 한다. 연파 스님은 설봉雪峰 스님의 증손 제자이고 송파松坡 스님의 손자 제자이며 정암晶岩 스님의 법을 이은 사법嗣法 제자이다.
　일찍이 두륜산 청풍료淸風寮에서 화엄대법회를 열었는데, 그 당시 나이가 겨우 30세였다.
　다산茶山이 쓴 비명에는 이렇게 기록되어 있다.
　"아암의 본래 호는 연파이다. 대둔사 12종사宗師 중에 연담 대사가 맨 끝인 열두 번째이고, 또 그 뒤 12강사講師 중에는 연파 대사가 맨 끝인 열두 번째이다. 그런데 끝이란 것은 뒤처진다는 말이 아니고 꽃을 피웠다는 의미이다. 연담 노장은 대련大蓮이고 연파 공은 소련小蓮이다."
　탑명塔銘에 말하였다.
　"아암은 본래 김金씨이고 혜장은 그의 법명이다. 자字는 무진無盡이고 본래의 호는 연파이다. 새금현塞琴縣 화산방華山坊에서 태어난 사람이며, 어려서 출가하여 대둔사에서 머리를 깎고 스님이 되었다. 월송 재관月松再觀 스님에게 구족계를 받았고 춘계 천묵春溪天默 스님으로부터 학업을 연마했다. 천묵 스님은 외전外典도 두루 꿴 석학이었고, 아암은 지혜가 출중하였으므로 그에게 학업을 닦은 지 수년 만에 스님들 사이에 그 명성이 자자했다.
　이미 장성해서는 불서를 널리 배우고 연담 유일蓮潭有一과 운담 정일雲潭鼎馹을 차례로 섬겼다. 스님은 나이 27세에 정암 즉원晶巖卽圓 스님 아래에서 향을 뽑아 사르고 그의 법통을 이었으니, 정암 스님은 곧 소요逍遙 스님의 종통을 계승한 분으로 화악 문신華岳文信의 적전嫡傳이다.
　아암 스님은 여러 스승들로부터 경전을 배웠는데, 비록 머리를 숙이고 강설을 듣곤 하였으나 문밖을 나설 때에는 자기도 모르게 소리 내어 말하기를 "틀렸다.(呸)"라고 말하곤 하였다. '비呸'란 '비웃는 말(哂)'이다. 그러나 오직 연담 스님의 글이나 가르침에 대해서는 틀렸다는 말을 하지 않았다. 나이 겨우 30에 두륜산 큰 법회에 주맹主盟이 되었는데 그 법회에 모인 학인이 100여 명이나 되었다.

아암은 외전에 대해서는 『주역』과 『논어』를 매우 좋아하였는데, 그 지취旨趣를 연구할 때는 그 깊은 이치를 놓치지 않으려고 애를 썼다. 그는 또 기윤期閏의 수, 즉 율력律曆과 율려律呂(음률)의 법과 성리학 등 모든 책에 대하여 그 정핵精核을 모조리 연마하였다. 그러므로 웬만한 세속의 유생들은 그에 미칠 사람이 없었다.

스님은 성품이 시 짓기를 좋아하지 않아서 그가 지은 시는 매우 적었고, 게다가 운운韻을 부르면 그 운을 따라 즉석에서 시를 짓는 것은 잘 못했지만, 누가 시를 지어 주면 반드시 화답和答을 하곤 하였는데 그때마다 곧 사람들을 놀라게 했다. 그는 특히 병려駢儷와 율격律格에 재능이 있었다.

스님은 불서에 대해서 지독하게도 『수능엄경』과 『기신론』을 좋아했으며, 『조왕경竈王經』이나 「측주厠呪」따위는 아예 입에 올리지도 않아 다른 스님들로부터 비난을 받기도 하였다. 스님에게는 유명한 제자 세 명이 있었으니, 수룡 색성袖龍賾性·철경 응언掣鯨應彦·침교 법훈枕蛟法訓이 스님의 의발을 전해 받았다.

아암 스님도 어느새 늙어 신미년(순조 11, 1811) 가을에 병을 얻었다. 9월 16일 북암北庵에서 적멸을 보였으니 세속 나이는 마흔 살이다."

두륜산에 비석을 세웠는데 비명은 열수洌水 정약용이 지었다. 스님의 문집 1권이 세상에 유포되었으며 상원암上院庵에 영각影閣을 지었다.

蓮坡講師傳

師名惠藏。號蓮坡。又曰兒庵。雪峯之曾孫。松坡爲孫。晶岩之嗣。甞於頭輪山淸風寮。設華嚴大法會。時年甫三十。碑銘曰。兒庵本號。蓮坡也。大

苞之十二宗師。蓮潭。居其末焉。又其後。十二講師。蓮坡。居其末焉。非末
也。華也。蓮老。大蓮也。坡公。小蓮也。塔銘曰。兒庵。本金氏。惠藏。其法
名。字曰無盡。本號蓮坡。塞栗縣之華山坊人。幼而出家。落髮於大芚寺。
受月松再觀具。從春溪天默學。天默。淹貫外典。而兒庵警慧出衆。學之數
年。名噪緇林。旣長。廣受佛書。歷事蓮潭有一雲潭鼎馴。年二十七。拈香
於晶岩卽圓。卽逍遙之宗。華岳文信之嫡傳也。兒庵。從諸師受經。雖低首
聽說。及出戶外。覺口中有聲。曰吽。吽也者。哂之也。唯蓮潭手劄口授。則
不吽也。年甫三十。主盟於頭輪之會。會者。百有餘人。兒庵。於外典。酷好
周易論語。究索旨趣。期不遺蘊。若期閏之數。律呂之度。及性理諸書。皆
精核硏磨。非俗儒可及。性不喜詩。所作絶少。又不能副。急有贈。必追和
之。乃驚人。尤工騈儷律格。精嚴於佛書。篤好首楞嚴起信論。而竈經厠呪。
未或被屑。髡者病之。有三徒曰。袖龍頤性。製[1]鯨應彥。枕鮫[2]蛟法訓。旣
授衣鉢。兒庵乃老。辛未秋。得病。九月旣望。示寂于北庵。其壽四十。立碑
于頭輪山。碑。洌水丁若鏞撰。文集一卷。行于世。建影閣于上院庵。

---

1) ㉄ '製'는 '掣'의 오자이다. 2) ㉄ '鮫'는 연자이다.

백파강사전

스님의 법명은 긍선亘璇이고 호는 백파白坡이며, 거주하던 방의 당호堂 號는 구산龜山이고 무장茂長(전북 고창군)에서 출생한 사람이다.

선운사禪雲寺에서 출가하여 사방의 산문을 유람하면서 오교五敎를 두루 열람하였다. 순창 구암사龜巖寺에 주석하면서 문을 활짝 열어 놓고 학인 승려들을 맞이하여 강론한 지 30여 년이 지나자, 그는 일선에서 물러나 별원別院에 거처하면서 변별辨別하기가 불편한 책들을 개선하는 일에 대부분 시간을 보냈다.

말하자면 『기신론사기起信論私記』는 글자가 너무 작아서 강학講學을 하기에 편리하지 못한 것을 큰 글자로 고쳐서 개간開刊하였고, 따로따로 간행되어 있던 불교의식(齋儀)을 한데 모아 편집해서 『작법귀감作法龜鑑』 2권을 간행하였으며, 『선문강요禪門綱要』의 이해하기 어려운 부분에 주석을 달아 편집하여 『선문수경禪門手鏡』을 만들었고, 내전은 물론 외전의 사기 私記까지도 학인들이 배우기 편리하도록 정리하는 등 매우 많은 책을 저술하였다.

백파 스님이 적멸을 보이자 문도들이 그의 행장을 수집하여 추사秋史 김정희金正喜[7]에게 올려 서문을 받았다. 추사의 서문은 이러하다.

"우리 동방의 나라에는 근래에 율사律師의 한 종사宗師가 없었는데 오직 백파만이 그에 해당하는 스님이다. 그런 까닭에 나는 백파 스님을 율사라고 쓰는 것이다. '대기대용大機大用'[8]은 바로 백파 스님이 80 평생 가장 힘

---

[7] 김정희金正喜 : 조선 후기의 서화가·문신·문인·금석학자. 1786~1856. 1819년(순조 19) 문과에 급제하여 성균관 대사성·이조참판 등을 역임하였다. 학문에서는 실사구시를 주장하였고, 서예에서는 독특한 추사체를 대성시켰는데, 특히 예서와 행서에서 새로운 경지를 완성시켰다.
[8] 대기대용大機大用 : 깨달음이 원숙한 경지에서 나오는 자유자재한 경지를 말한다.

을 쏟았던 부분이다.

혹 어떤 이들은 기용機用과 살활殺活을 두고 백파 스님의 논리가 갈피를 잡을 수 없다고 하거나 너무 천착한 부분이라고들 말하지만 이는 절대로 그렇지 않다. 무릇 보통 사람들을 그 사람의 수준에 맞추어 가르칠 수 있는 것이라면 어느 것이든 살활殺活과 기용機用 아닌 것이 없을 것이다. 비록 대장경이 팔만이나 되지만 어느 한 가지 법도 살활기용을 벗어난 것이 없다. 다만 사람들은 이 이치를 알지 못하고 백파 스님이 살활과 기용에 집착하고 있다고 함부로 오해를 하고 있으니, 이는 비유하면 마치 하루살이가 나무를 흔들려고 하는 것과 같다. 이런 이들이 어찌 족히 백파를 안다고 하겠는가?

지난날 백파 스님과 함께 여러 차례 편지를 주고받으며 논란을 벌인 일이 있는데, 그것은 세상 사람들과 더불어 함부로 논의하지 않았던 것과는 크게 다르다. 어떻게 다른가 하는 구체적인 내용에 대해서는 오직 백파와 나만이 알 수 있는 일이다.

아무리 온갖 일을 다 동원하여 입에 단내가 나도록 설한다 해도 사람들은 다 이해하고 깨달아 알지 못할 것이다. 어떻게 하면 백파를 다시 살아나게 하여 서로 마주하고 앉아서 크게 한번 웃어 볼 수 있을까?

지금 백파 스님의 비석을 세운다 하니 그 비석의 앞면에 만약 '대기대용'이라는 한 구절을 크게 새기지 않는다면 백파의 비석이라고 할 수 없을 것이다. 그런 까닭에 백암白巖과 설두雪竇 등 여러 문도들에게 글을 써서 보여 주는 것이다."

추사는 큰 글씨 한 줄로 '화엄종주백파대율사대기대용지비華嚴宗主白坡大律師大機大用之碑'라고 써 주었다.

비명은 이러하다.

가난하여 송곳 꽂을 땅도 없었으나

늠름한 기상은 수미산을 누르고
어버이 섬기기를 부처님 섬기듯 하니
가풍은 가장 진실하여라
그 이름은 긍선亘璇이지만
그러나 그를 전전轉轉한다 말할 순 없네[9]

스님이 자찬自贊한 글은 이러하다.

머리는 더부룩하고 눈은 툭 불거졌으니
그 모습이 이 늙은이의 진면목이라네
위로는 하늘을 버티고 아래로는 땅을 버티고 있는 것을
부처님도 조사祖師도 원래 찾아내지 못했네
하하하! 도대체 그게 무어란 말인가?
남북동서에 오직 나뿐이로세

문인들이 선운사에 비석을 세웠으며, 비문은 참판을 지낸 김정희【추사】가 지었다. 백파 스님은 설봉雪峰의 법을 이은 사법 제자이고 퇴암退庵의 손자 제자이며, 설파 상언雪坡常彦의 증손 제자이고 호암 체정虎岩體淨의 현손 제자이다. 그의 제자로는 구봉龜峰·도봉道峰·정관定觀·백암白岩·영산影山·혜암惠庵 등이 있다. 문집 4권이 세상에 유행하고 있다.

白坡講師傳

師名亘璇。號白坡。室曰龜山。茂長人。出家於禪雲寺。遊學四山。徧覽五

---

[9] 그 이름은~순 없네 : '긍선亘璇'이란 '돈다'는 의미이므로, 비록 법명은 구른다는 뜻이지만 생사에 전전轉轉하는 것은 아니라는 의미이다.

敎。住錫於淳昌之龜岩。開門接乘。講者。三十餘年。退處別院。辨別於不
便者。居多。曰起信之記細小。難便於講學者。以大字開刊。齋儀之散行者。
會集開刊。名曰龜鑑集二卷。禪門綱要之難解者。集註開刊。曰禪門手鏡。
內外之私記。任便學者。甚多矣。師示寂。收集行狀。上金秋史。秋史。序之
曰。我東。近無律師一宗。惟白坡。可以當之故。以律師書之。大機大用。是
白坡八十年。藉手着力處。或有以機用殺活。支離穿鑿。是大不然。凡對治
凡夫者。無處非殺活機用。雖大藏八萬。無一法。出於殺活機用之外者。特
人不知此義。妄以殺活機用。爲白坡拘執着相者。是皆蜉蝣撼樹也。是爲
足以知白坡也。昔與白坡。徃復辨難者。即與世人不忘[1]議者。大異。此個
處。惟坡與吾知之。雖萬般苦口說。人皆不解悟者。安得再起師來。相對一
笑也。令[2]作白坡碑面字。若不大書特書於大機大用一句。不足以爲白坡碑
也。書示白岩雪竇諸門徒。大書一行曰。華嚴宗主白坡大律師大機大用之
碑。銘曰。貧無卓錐。氣壓須彌。事親如事佛。家風最眞實。厥名兮亘璇。不
可說轉轉。師自贊曰。頭鬅鬆兮眼卓朔。此其老僧眞面目。上柱[3]天下柱*
地。佛祖元來覓不得。呵呵呵是甚麽。南北東西唯是我。立碑于禪雲寺。碑。
叅判金正喜【秋史】撰。雪峯之嗣。退庵之孫。雪坡彥之曾。虎岩淨之玄。弟
子。有龜峰道峰定觀白岩影山惠庵等。文集四卷。行于世。

---

1) ㉎ '忘'은 '妄'의 오자이다. 2) ㉎ '令'은 '今'의 오자이다. 3) ㉎ '柱'는 '拄'의 오자이
다. 이하도 동일하다.

양악선사전

스님의 법명은 계선啓璇이고 호는 양악羊岳이며, 속성은 오吳씨이고 창평昌平(전남 담양군)에서 출생한 사람이다.

장성 백양산으로 출가하여 □□ 선사에게서 머리를 깎고 스님이 되었다. 설파雪坡와 운담雲潭 스님에게 내전과 외전을 배웠다. 학문의 바다가 넓어지고 교학의 눈이 맑아지자 문장의 가풍을 크게 떨치고 덕이 많기가 남들보다 뛰어나 백암이 다시 온 것인지 각진覺眞이 다시 이 세상에 태어난 것인지 의심할 정도였다.

스님은 학문이 이미 이루어지고 도가 이미 완숙한 경지에 오르자 연담 법사의 조실에서 향을 사르고 법통을 이은 제자가 되었다. 연담 스님의 저서 중에 『비망기備忘記』 5권이 있다. 그런데 그 책을 손수 2본을 써서 한 본은 강설하는 자리에 놓아두고 다른 한 본은 양악 스님에게 주어 보게 하였는데 영남 지방에서 온 학인이 강력하게 간청하여 가져가 버렸다.

양악 스님은 일찍이 『고문사기古文私記』 1권을 지었는데 강론하는 도량에 전해지고 있다. 조정에서는 '해남 표충사수호 겸팔도승풍규정 선교양종 화엄강주 대각등계보제존자 도총섭海南表忠祠守護兼八道僧風糾正禪教兩宗華嚴講主大覺登階普濟尊者都摠攝'이라는 직첩을 추증하였다.

표충사表忠祠에 머물고 있을 때 마침 송광사松廣寺의 형암荊庵 화상과 함께 살게 되자 사람들은 스님 문장가가 다 모였다고들 말하였다. 누가 간혹 글에 대하여 물어 오면 형암 화상은 말하기를, "양악 노장님이 계신데 제가 어찌 감히 글에 대해 말하겠습니까?"라고 하였다. 당시 사람들은 '오른쪽에는 양악 스님, 왼쪽에는 형암 스님'이라고 말했다.

일찍이 시를 짓는 자리에서 양악 스님이 '하사何事'라는 글귀를 '저사底事'라고 고친 이후로 사람들은 양악 스님을 '일자사一字師'라고 불렀다. 스님은 청류암淸流庵에 오래 머물러 살았다.

스님께 계를 받은 제자는 20여 명이고 수은受恩 제자의 이름은 범운梵雲
이며, 법을 전해 받은 제자로는 침송 성순枕松聖詢·문곡 치성文谷致成·침
월 윤성枕月允成·해운 신영海雲愼英·인암 의준仁岩儀俊·석암 익진石岩翼振
등이 있다.

지금 양악 스님의 법맥은 제4대까지 이어져서 보경寶鏡·응운應雲·금해
錦海 등이 서로 돌부鉏斧(법통)를 지켜 오고 있으며, 영각을 세워 영정을 봉
안하고 제사를 지내 천신薦新하고 있다.

문집 2권이 그의 문중에 소장되어 있으며, 부도는 두륜산에 세워졌다.

羊岳禪師傳

師名啓璇。號羊岳。姓吳氏。昌平人。出家於白羊山。落髮於□□禪師。學內
外典於雪坡雲潭。學海汪洋。敎眼淸明。文風大振。德量過人。白岩之應歟。
覺眞之興歟。學已成。道已熟。拈香於蓮潭法師。師。所述條忘記五卷。手書
二本。一本留講筵。一本授師看。自嶺南來學人。力請抱去。甞記古文私記
一卷。行于講場。贈海南表忠祠守護兼八道僧風紏正禪敎兩宗華嚴講主大
覺登堦[1]普濟尊者都摠攝。住於表忠祠。適會松廣荊庵和尙。同住。人[2]僧
文章並會云。人或問書。荊曰。羊老之時。何敢言耶。當時右羊岳。左荊庵
故也。甞於詩席。改何事爲底事。人稱一字師。師。久住淸流庵。有受戒弟
子。二十餘人。受恩弟子。名梵雲。傳法弟子。松[3]聖詢文谷致成枕月允成
海雲愼英仁岩儀俊石岩翼振等。至今其四世。寶鏡應雲錦海等。相守鉏斧。
建閣設像。行祭薦新。文集二卷。藏於門中。浮屠。立於頭輪山。

---

1) 원 '堦'는 '階'인 듯하다. 2) 원 '人' 뒤에 '稱'이 있는 본이 있다. 3) 영 '松' 앞에 '枕'
이 누락된 듯하다.

은암강사전

스님의 법명은 정호正浩이고 호는 은암銀岩이며, 속성은 송宋씨이고 해남군 용당龍塘에서 출생한 사람이다. 어린 시절에 두륜산으로 들어가 머리를 깎고 스님이 되었다. 처음 돌아다니면서 학문을 익힐 때에는 솔잎을 먹고 풀로 지은 옷을 걸치고 다녔으나 나중에는 법재法財가 풍족하였다.

가경嘉慶 4년 기미(정조 23, 1799) 가을에 의암 창인義庵暢印 선사의 조실에서 향을 사르고 법통을 이은 제자가 되었다. 이어 완호 종사玩虎宗師의 회하會下에서 강학講學을 전해 받고 산내 암자인 상원암上院庵에서 강석講席을 여니 학인들이 30여 명이나 되었으며, 총섭摠攝의 직책을 맡아 보기도 하였다.

을유년(순조 25, 1825)에 명적암明寂庵을 중창하였다. 명적암은 일찍이 명안明眼 스님이 화주化主를 하여 중창하였던 절인데, 절이 너무 퇴락한 곳이 많아서 보수한 것이다. 중건할 때에 연담 조사의 영각影閣을 함께 지었으니 그것은 은암 스님이 그의 법손이었기 때문이다.

은암 스님은 도광道光(淸 宣宗의 연호) 갑오년(순조 34, 1834) 3월 22일, 자신이 중수한 명적암에서 적멸을 보였다. 사유闍維(다비) 의식을 할 때에 무차대회無遮大會를 베풀었더니 여러 산문에서 대중들이 구름처럼 모여서 스님이 세상 떠난 것을 애도하였다. 스님의 혼령을 천도하는 절차가 고금을 통해 보기 드물 정도로 장엄하였다.

문인으로는 경월鏡月·수월水月·포운浦雲·연호蓮湖 등이 있으며, 부도는 두륜산 왼쪽 산기슭에 세웠다. 스님으로부터 계를 받은 제자 20여 명이 있다.

銀岩講師傳

師名正浩。號銀岩。姓宋氏。海南龍塘人。早入頭輪山。剃染。遊學初。乃食松衣草。後則法財具足。嘉慶四年己未秋。拈香於義庵暢印禪師之室。仍受傳講於玩虎宗師會下。開講於上院庵。學人三十餘。行摠攝之職。乙酉。重剏明寂庵。庵。曾經明眼化主之重剏。以其有頹落處也。重建之時。附蓮潭祖師之影閣者。爲其法孫故也。道光甲午三月二十二日。示寂于明寂。闍維之時。設無遮大會。諸山雲集。群眞降臨。薦靈之節。古今希覯。門人。有鏡月水月浦雲蓮湖等。立浮屠於輪山之左麓。傳戒弟子。有二十餘人。

설곡화상전

스님의 법명은 윤훤允喧이고 호는 설곡雪谷이며, 속성은 장張씨이고 해남 현산縣山에서 출생한 사람이다. 두륜산으로 출가하여 찰탄察坦 선사에게서 머리를 깎고 물들인 옷을 입고 스님이 되었다. 뒷날 응성 민훈應星旻訓 스님의 조실에서 향을 사르고 법통을 이은 제자가 되었다.

도광道光 정유년(헌종 3, 1837) 9월 8일 백설당白雪堂에서 적멸을 보였다. 다비식을 하던 날 멀고 가까운 곳의 스님들과 속인들이 그 도량에 구름처럼 몰려들었으며, 범패와 법악法樂이 저 하늘 범천궁梵天宮에까지 사무쳤다. 다비를 할 적에 옥 알 같은 구슬이 나와 사람들의 안목을 놀라게 하였으며, 천발薦拔 의식의 성대하기가 당송唐宋 시대에 비교할 만하였다.

설곡 스님은 사람됨이 풍후豊厚하고 말을 했다 하면 반드시 사람들을 감동하게 하였으니 부드러운 얼굴로 설법을 하는 것임을 여기에서 알 만하다. 스님은 또 수행이나 사찰의 행정(理事)을 모두 잘하였으며, 공적인 일이나 사사로운 일을 모두 민첩하게 처리하였는데 공적인 일을 우선 처리하고 사사로운 일은 뒤에 처리하는 가르침을 이 스님에게서 증명할 수 있다.

겨울철에는 모든 사미들을 모아 놓고 밤낮없이 글을 가르쳤다. 작법作法은 온화하고 기품이 있었으며, 글귀를 읽는 것이 매우 정확하여 합리적이었으며, 옛날 옥천사玉泉寺의 아름다웠던 범패 소리가 다시 남방 세계에 떨치는 듯한 느낌이 들 정도로 범패에도 능했다.

일찍이 조정으로부터 '가선嘉善'이라는 직급을 받았고 만년에는 종주宗主의 자리에 앉기도 하였다. 그리하여 의식衣食이 모두 풍족하였으며, 법자와 법손들도 매우 많았으니 진실로 당대에 뛰어난 인물임을 알 수 있다.

수은受恩 제자는 다섯 명이고 계를 받은 제자는 열 명이며 법을 받은 제자는 두 명이다. 스님은 당시 이름을 떨치던 제성濟醒·우현佑玄·근적根

續·표운表雲·호훈好訓 등과 명성을 나란히 하였으므로 사람들은 이 여섯 스님을 육도六度(육바라밀)에 비교하여 말하곤 하였다.

雪谷和尙傳

師名允暄。號雪谷。姓張氏。海南縣山人。出家于頭輪山。剃染于察坦禪師。拈香于應星旻訓之室。道光丁酉九月八日。示寂于白雪堂。闍維之齋。遠近緇素。雲集道場。梵唄法樂。徹天梵宮。玉粒珠粟。驚人眼目。薦拔之盛。侔於唐宋矣。師。爲人豊厚。言必感人。緩頰之說。於此可覺。理事並行。公私雙敏。先公後私之戒。於師可證。冬則會諸沙彌。晝夜訓導。作法雍容。句讀吻合。玉泉餘響。復振於南方世界矣。早授嘉善。晚坐宗席。衣食具足。子孫衆多。誠一時人物也。受恩者五人。受戒者十人。受法者二人。師。與當時之濟醒佑玄根續表雲好訓。齊名。人之言。比之六度云。

용암선백전

　스님의 법명은 혜언慧彦이고 호는 용암龍岩이며, 율봉 청고栗峰靑杲의 사법 제자이고 월송 성일月松性日과는 법형제지간이며, 청봉 거안晴峯巨岸의 손자 제자이고 호암 체정虎岩體淨의 증손 제자이다.

　스님은 일찍이 율봉栗峯 노장과 청봉晴峯 스님의 문하에 참례하여 가르침을 받았다. 그는 산이란 산은 모두 밟았고 물이란 물은 다 마셨으며, 경전이란 경전은 모두 읽었고 율서律書란 율서도 모두 보았으며, 가르침을 잘 듣고 계율도 엄격하게 지켰다.

　완숙하게 경전을 다 읽고 익숙하게 법을 다 들은 다음 그는 율봉 스님의 당堂에서 돌부鋤斧(법통)를 이어 받았다. 누구든지 그를 초청하면 문득 가서 그들이 구하는 것을 다 이루게 해 주었다.

　동쪽으로는 통도사와 해인사, 서쪽으로는 구월산과 묘향산, 남쪽으로는 조계산과 지리산, 북쪽으로는 금강산과 오대산, 중앙으로는 삼각산과 용문사龍門寺에 이르기까지 머물러 살지 않은 곳이 없어서 그의 교화는 고루고루 베풀어진 셈이다.

　스님이 두륜산 만일암挽日庵에 머물자 만일암 도량이 오히려 좁아서 백운당白雲堂으로 옮겼으나 바깥의 장기瘴氣가 더욱 침범했다. 스님은 오직 보광당普光幢에서의 법회와 『원각경』 산림山林법회에만 열정을 기울였다.

　스님에게는 두 제자가 있었으니 설월 원민雪月圓旻과 포운 윤경布雲閏褧이다. 포운 스님의 제자로는 화운 관진華雲寬眞·보봉 이선寶峰利善·응허 보신應虛普信·우담 유언雨潭有彦이 있다.

　용암 스님이 세상을 살아온 행장은 그의 문중 법손들에게 있다.

龍巖禪伯傳

　師名慧彦。號龍岩。栗峰靑杲之嗣。與月松性日。鴈行。晴峯巨岸之孫。虎岩淨之曾孫。早叅栗老晴師之門。山山水水。履之飮之。經經律律。聽之持之。眼已碧。耳已熟。受鉏斧於栗峰之堂。請則便到。有求皆邃。東則通度海印。西則九月妙香。南則曹溪智異。北則金剛五臺。中則三角龍門。無不息捿。敎化均被。住挽日庵。物情猶隘。移白雲堂。外瘴益侵。普光幢會圓覺山中。爲其投向。有二弟子曰。雪月圓旻。布雲閏奲。布雲有弟子曰。華雲寬直。[1] 寶峰利善。應虛普信。雨潭有彦。其時順間行狀。在於門孫處。

---

1) 옌 '直'은 '眞'의 오자인 듯하다. 권6에도 寬眞으로 나온다.

금계선사전

선사의 법명은 근적根績이고 호는 금계錦溪이다. 영암 금강錦江에서 출생하였고 속성은 이씨이다.

금계 스님은 영조 46년 경인(1770)에 태어나서 철종哲宗 5년 갑인(1854) 11월 27일에 대흥사 산내 암자인 명적암明寂庵에서 입적하였다. 사유闍維(다비) 의식을 거행함에 있어서 한결같이 옛 법도에 맞게 하였다. 스님의 다비식을 즈음하여 일기가 너무도 추워서 고금에 보기 드문 강추위가 몰아치자 사람들은 "영산靈山법회가 이곳으로 옮겨 온 것인가, 설사雪師(석가모니)가 정말 강림한 것인가?"라고 하며 수군거렸다. 이런 일이 있은 이래로 해마다 이날만 되면 춥지 않은 날이 없으므로 세속 사람들은 이 무렵의 강추위를 '금계당錦溪堂 추위'라고 말했다. 금계 스님의 세속 나이는 85세이고 법랍은 69년이다.

스님은 두륜산으로 출가하여 필조弼照 장로를 은사로 삼고 뒷날 지월필희智月弼熙 법사에게 향을 사르고 법통을 이은 제자가 되었다.

스님은 어릴 때부터 지략이 뛰어났는데 장성해서는 권모술수까지 갖추었다. 사물과 현상의 겉모양에 빠져서 아까운 세월만 다 흘려보냈으므로 공적인 명예는 대단하였으나 개인적인 생활에는 별로 유익함이 없었다.

스님은 대흥사 주지를 역임하였으며 벼슬은 가선대부嘉善大夫의 직위를 받았으니 작위와 명예는 영광을 얻었으나 자기 자신의 삶에는 오히려 손해였다.

스님에게 계를 받은 제자는 스무 명이고 학업을 전한 제자는 다섯 명이었으며, 법을 전한 제자로는 월연月淵 스님이 있다.

錦溪禪師傳

禪師。名根績。號錦溪。靈岩錦江人。姓李氏。英宗庚寅生。哲宗甲寅十一月二十七日。寂于明寂。闍維之齋。一準古法。日氣沍寒。前後初見。靈山之會移來歟。雪師之眞降臨歟。自此以後。無年不寒。方俗謂之錦溪堂寒。世壽八十五。法臘六十九。出家于輪山。受恩于弼照長老。拈香于智月弼照法師。師少有智畧。長行權數。溺於事相之窠臼。閱盡光陰之春秋。公名有優。私生無益。行住持。位受嘉善。爵名則榮矣。已乃損也。授戒者。二十人。傳業者。五人。傳法者。月淵。

은봉대사전

스님의 법명은 두운斗云이고 호는 은봉隱峰이다. 두륜산으로 출가하였으며, 오파鰲坡 선사의 조실에서 향을 사르고 법통을 이어받았으니, 형암 자옥荊庵自玉 스님과는 법형제 사이이다. 은봉 스님에게서 법을 전해 받은 제자로는 묵화 준훤默和俊喧·취암 찬영鷲岩贊永·여여 서심如如瑞心이 있고, 손자 제자로는 벽해 채홍碧海采弘이 있다.

가경嘉慶 4년(정조 23, 1799)에 스님은 자암 전평慈庵典平 스님과 함께 만일암挽日庵을 중건하였다.「만일암중건기」의 내용에 이런 말이 있다.

"10일 만에 버리는 것은 누에고치이고, 6개월 만에 버리는 것은 제비집이며, 1년 만에 버리는 것은 까치집이다. 그런데도 둥지를 경영하여 지을 때에는 혹 뱃속에서 실을 뽑아 얽기도 하고, 혹은 침을 뱉어 진흙을 개기도 하며, 혹은 열심히 나뭇가지를 물어다가 제 살 집을 짓느라 부리는 병이 들고 마음은 타들어 가지만 정작 제 자신이 병들어 가는 줄은 모른다.

이러한 것을 보는 사람들은 미물들의 지혜가 얕다는 것을 알고 얕은 지혜 때문에 몸이 고달플 수밖에 없는 저들의 삶에 대하여 비애를 느끼곤 한다. 이는 사람에 있어서도 마찬가지이다. 비록 붉게 단청한 정자나 푸른 단청을 한 높은 누각이라 하더라도 손가락 한 번 튀길 사이에 잿더미가 되고 만다는 것을 생각하면 우리 사람들이 집을 짓는 일 역시 이와 다를 게 없다는 사실이다.

가령 우리 인간들이 반드시 100년을 살고 버린다 할지라도 오히려 족히 할 짓이 못되거늘 하물며 머리를 깎고 승복을 입은 이들이겠는가? 중이 되어 집을 수리하는 것은 자기 자신만을 위해 도모하는 것이 아님을 알 수 있으리라. 두운斗云 스님이 그 집을 새로 짓고 넓혀 이미 준공을 마친 다음 다산茶山의 집으로 나(정약용)를 찾아와서 이렇게 말하였다.

'우리나라에 들어서 있는 사찰이 마치 바둑돌을 늘어놓은 것 같고, 종소리와 북소리가 절과 절에서 서로 들려 어디를 가든지 내 집 아닌 데가 있겠습니까? 더구나 나의 머리털은 어느새 숱이 적어지기 시작했는데(種種)[10] 내 비록 어리석긴 하지만 내 자신을 위해 어찌 이런 일을 했겠습니까? 그저 무너져 가는 절을 수리해서 뒷사람들에게 물려주려는 것이었습니다.'

나는 두운 스님의 그 말이 훌륭하다 여겨 그대로 기록해 두는 것이다. 고쳐 지은 집에 대해 물어보았더니 그것은 바로 두륜산 만일암이었다. 다산 정약용은 기록한다."

완호 윤우玩虎倫佑 스님도 역시 기문을 썼으며, 연파 대사는 상량문을 지었다.

두운 스님이 입적하여 다비의식을 치를 때 정약용이 기원하는 글을 지었는데, 그 내용은 이러하다.

> 육신이 순박하고 아름다웠는데 버리고 가셨으니, 슬프구나!
> 집이 깨끗하고 널찍한데 버리고 가셨으니, 슬프구나!
> 산이 빙 둘러싸고 돌았는데 버리고 가셨으니, 슬프구나!
> 법고法鼓 소리 사라져 적막하여 들을 수 없으니, 슬프구나!
> 목탁 소리 또한 사라져 적막하여 들을 수 없으니, 슬프구나!
> 연화세계蓮華世界는 도대체 어디 있는고, 슬프구나!

스님의 수은受恩 제자로 세관世寬이 있다.

隱峰大師傳

師名斗云。號隱峰。出家於頭輪山。拈香於鰲坡禪師。與荊庵自玉。爲法兄

---

[10] '종종種種'이라는 말은 '가끔'이라는 의미가 있으니 머리털이 드물어졌다는 말이다.

弟。有傳法弟子曰。默和俊暄。鷲岩贊永。如如瑞心。孫曰。碧海采弘。嘉慶四年。師。與慈庵典平。重建挽日庵。記曰。十日而棄者。蚕之繭也。六日[1]而棄者。燕之窠也。一年而棄者。鵲之巢也。然方其經營而結搆也。或抽腸爲絲。或吐涎爲泥。或拮据茶租。[2] 口瘏尾譙。[3] 而莫之知瘦。人之見之者。無不淺其知而哀其生。雖紅亭翠閣。彈指灰塵。吾人室屋之計。無異星[4]也。使吾人。必百年而棄之。猶不足爲。矧剃染爲僧者哉。僧而繕室屋者。其非自爲身謀。可知也。浮屠斗云。新其室而大之。旣竣。過余于茶山之舘而語之曰。蘭若之在域中者。如棊布。鍾皷之聲。相聞。無適而非吾室也。而吾之髮已種種。吾雖愚。豈爲是哉。聊繕之以遺後人。余善其言而識之。詢其室曰。頭輪山之挽日庵也。茶山丁若鏞記。玩虎倫佑。亦有記。蓮坡。作上樑文。師。入寂茶毘。丁若鏞。祝之曰。瞉純美棄而去。噫。屋精敞棄而去。噫。山回包棄而去。噫。鼓寂寂不復鼓。噫。鐸寂寂不復語。噫。蓮花世界在何處。噫。受恩弟子。有世寬。

---

1) [원] '日'은 '月'의 오자이다. 2) [원] '茶租'는 '苟且'의 오자이다. 3) [원] '尾譙'는 '心焦'의 오자이다. 4) [원] '星'은 '是'의 오자이다.

환봉대사전

스님의 법명은 섭민攝旻이고 호는 환봉煥峯이며, 속성은 임任씨이고 옥천 가치加峙에서 출생한 사람이다. 영조 43년 정해(1767)에 출생하여, 철종 원년 경술(1850) 2월 3일 대흥사 명적암明寂庵에서 입적하니, 세속의 나이는 84세이고 승랍은 68년이다.

가경嘉慶 8년 계해(순조 3, 1803)에 스님의 나이 37세 때 선사先師를 따라 남평南平 운흥사雲興寺 관음전觀音殿에 있다가 완호玩虎 법사의 입실 제자가 되어 법을 이었다. 이어서 미황사美黃寺 여척如倜 화상과 함께 경성京城으로 올라가 연담 노장님의 비석에 쓸 석재를 사서 다듬어 비문을 새겨 가지고 돌아왔다.

환봉 스님은 두루 넓은 안목으로 인하여 사람들이 알지 못하는 것을 마침내 알게 하였을 뿐만 아니라, 더욱이 말재주까지 뛰어나 서로 뜻이 맞지 않는 사람들을 조화調和하여 주곤 하였다. 만나는 사람이 수없이 많았으면서도 한 번만 보거나 들으면 빠뜨리거나 잊는 법이 없었다. 100여 명이나 되는 강론을 듣는 학인들의 이름이나 그 밖의 사항들을 갖추어 열거하여 조금도 틀리는 일이 없을 정도였다. 스님은 이 세상에 90세가 되도록 살면서도 마음속에 나쁘다고 생각하는 이가 하나도 없었다.

신미년(1811)에 절이 큰 화재를 만났을 때 멀리 영주瀛洲(제주도)에까지 건너가 재물을 화주하여 절을 복원하는 데에 큰 공을 세웠다. 호의縞衣 스님을 데리고 기림사祇林寺로 가서 불상을 조성하여 공역工役을 마치기도 하였다.

선사先師가 강론하던 자리에서 함께 공부를 한 문하생들 중에 덕행德行에는 성묵聖默·호의縞衣·하의荷衣이고, 언어에는 환봉煥峰·중화中和·영서靈瑞이며, 정사政事(행정사무)에는 설암雪岩·치암癡庵이고, 문학에는 화담華潭·초의草衣가 있었다. 이는 마치 공부자孔夫子를 따르던 제자들 중에

네 부류로 나눈 십철+哲의 경우와 같다.

환봉 스님은 석가모니 부처님의 72세 제자이고 태고太古의 16세 제자이며, 청허淸虛의 10세 제자이고 연담蓮潭의 3세 법손이다.

스님의 법을 이은 제자는 퇴연 축인退淵竺仁이고 손제자는 견향 상훈見香尙薰이며 증손曾孫 제자는 금성 보헌錦城普憲이다. 보헌은 진양晋陽 강姜씨이고 낭주朗州(전남 나주) 금성산錦城山 아랫마을에서 출생한 사람이다. 또 현손玄孫 제자는 능암 세환楞庵世煥인데, 세환은 청해淸海(전남 완도) 숙승봉宿僧峯 아랫마을에서 출생한 사람이다. 스님에게 계를 받은 제자는 30여 명이다.

煥峯大士傳

師名攝旻。號煥峰。姓任氏。沃州加峙人。英宗四十三年丁亥生。哲宗元年庚戌二月三日。入寂于明寂庵。世壽八十四。僧臘六十八。嘉慶八年癸亥。時年三十七。隨先師。在南平雲興寺觀音殿。入室於玩虎法師。仍與美黃寺如偶和尙。偕徃京城。買[1]蓮翁碑刻之而來。師偏多眼致。人不知者。卒知。尤有口辯。人不意者。調和。閱人甚多。一有見聞。更不遺忘。百餘講徒。纖悉條擧。無所違戾。在世九十。人無心非者。辛未。寺灾。深入瀛洲。化財而告功。率縞衣。徃祇林。造佛而竣役。門下之從先師於講肆者。德行聖默縞衣荷衣。言語煥峰中和靈瑞。改[2]事雪岩痴庵。文學華潭草衣。如從夫子者之四科十哲也。釋迦文之七十二世。太古十六世。淸虛十世。蓮潭三世孫也。嗣法退淵竺仁。孫見香尙薰。曾錦城普憲。憲。晋陽姜氏。朗州錦城山下人。玄孫楞庵世煥。煥。淸海宿僧峯下人。受戒者。三十餘人。

---

1) 웹 '買' 뒤에 '石'이 빠진 듯하다. 2) 웹 '改'는 '政'의 오자이다.

철우선덕전

스님의 법명은 표운表云이고 호는 철우鐵牛이며, 강진 백도白道 마을에서 출생한 사람이다. 어려서 양친을 여의고 두륜산으로 들어가 먹고 살기 위해 적지 않은 고생을 하다가 스님이 될 생각을 하였다.

스님은 현해 모윤懸解慕閏 선사에게 머리를 깎고 스님이 되었다. 수룡袖龍 스님과 화성花城 스님의 법형法兄이고 문암聞庵 스님의 은사恩師이다. 작용이 없는 넉넉함을 지으셨고 가선대부嘉善大夫의 직품을 받았으며, 자신을 내세우지 않는 자비를 실천하셨고 종사宗師의 호를 받으셨다.

신미년(순조 11, 1811) 화재를 만났을 때 물건을 꺼내려 하지 않고 불을 끄는 데 주력하였으며, 임인년(헌종 8, 1842) 화재에는 스스로 방석을 잘라 그것으로 불을 껐다. 스님은 쌀을 낼 때에는 항상 기준보다 큰 말이나 되를 사용하였으므로 쌀을 사려는 사람들이 단壇을 만들고 제祭를 올리며 말하기를, "스님의 쌀을 살 수 있게 해 주십시오."라고 하며 빌기까지 하였다고 한다.

어느 과객過客이 벽에 게송을 써 붙여서 스님의 행적을 칭송하였다.

"대둔사 표운 보살은 공역公役이 있으면 대중들보다 앞장서고 빌러 온 사람이 있으면 자기의 쌀을 퍼다 주며, 비가 내리면 경내를 돌면서 비가 새는 곳이 없나 살펴보았다가 날이 개면 반드시 지붕을 고치고 손상된 곳이 있으면 목수가 오기를 기다렸다가 그에게 수리해 줄 것을 청했다네. 추위에 떠는 사람을 보면 입고 있던 옷을 벗어 그에게 입혀 주고 배고파 하는 사람을 보면 음식을 주어 그에게 먹였다. 남을 꾸짖는 소리는 걱정된다는 말을 벗어나지 않았으며 사람들에게 성을 낼 적에 그의 얼굴색은 성내는 빛이 전혀 없었다. 자비가 방안에 가득 넘쳤는가 하면 승려나 속인들이 모두 스님의 위엄에 두려움을 가졌다네. 공적인 일을 먼저 하고 사적인 일은 뒤로 미루었으며, 자신을 책망하고 남을 칭찬하였다네. 옷은 꼭 필요한 것만 갖추고 음식은 여러 가지 곁들여 차리지 않으셨네. 멀고 가까운 데를 막론하고 모두들 말하기를 '포운 보살'이라고 칭송해 마지않았다네."

철우鐵牛 스님을 기리는 게송과 서문에는 이렇게 기록되어 있다.

"이러한 이야기를 나는 들었다. 사대四大(地水火風)가 변화하여 어떤 물질과 접촉하여 형체를 이루었다. 헛것의 본바탕은 비록 아름다우나 본체는 더욱 존귀하다네. 그런 까닭에 흙 소(土牛)는 겨울을 보내고 돌 소(石牛)는 비를 부르며, 나무 소(木牛)는 검각劍閣으로 양곡을 실어 나르고 쇠 소(金牛)는 험한 동정호洞庭湖를 건너가나니, 반드시 털이나 피 따위로 된 소가 그런 것이 아니라 신령한 소이기 때문이다.

그러므로 소요 태능逍遙太能이 시에서 '뿔 없는 쇠 소가 하늘에 오르매, 꼬리 치고 머리를 흔드니 눈 덮인 고갯마루 바람이 이네'라고 읊었으니 미묘한 깨달음을 얻고 한 말이로다. 사문 표운表云은 본성이 질박하고 진실하며 꾸밈이 없기에 그 본바탕을 보존할 수 있었으니 비구 대중들이 그에게 호를 붙여 철우鐵牛 선사라고 하였다. 게송은 이러하다.

머리는 황하 남쪽에 있고
꼬리는 황하 북쪽에 있네
천 사람의 채찍에도 끄떡 안하고
여섯 장정이 잡아당겨도 끌려오지 않네
참으로 기이한 짐승이로고
색色이 공空이요 공이 곧 색이라네
이름도 없고 또 뿔도 없건만
등에는 1천 균鈞을 짊어질 힘이 있었네
진흙 소 본체와는 같지 않으나
물속에 들어가면 물 따라 갈라지네

이李 장군의 머리와 같지 않으나
두 번 호령하니 회오리바람이 이네
아미타불을 염하지 않고
극락국 가기 원하지 않네
고개 돌려 자하산紫霞山 바라보니
흠모하는 정 그지없구나

다산茶山 정 승지丁承旨가 짓다."

가경嘉慶 갑술(순조 14, 1814)에 조정으로부터 호를 받았다. 도광道光 병오년(헌종 12, 1846) 3월 27일에 적련암赤蓮庵에서 입적하였다. 스님의 법자法子는 영유永愈이고 손자 제자는 회일會日이다.

鐵牛禪德傳

師名表云。號鐵牛。康津白道人。幼失怙恃。入頭輪山。力作衣食。仍發爲僧之心。剃染於懸解慕闇禪師。袖龍花城之兄。聞庵之恩師也。作無作之饒。奉嘉善之資。行無相之慈。受宗師之號。辛未之火。不救物而救火。壬寅之燒。自剪席而壓塵。恒用大斗升。貿米之人。設壇而祭曰。願得云同知。過客之人。書壁而頌曰。大芚云菩薩。有公役則先衆人。有丐者則出己米。有雨則行點雨漏處。陽必改瓦。有傷則固待匠人來。請坐修補。見寒者。解衣衣之。見飢者。推食食之。責人之聲。不出阿耎。嗔人之色。不現阿睹。慈悲滿室。緇素畏威。先公而後私。責己而贊他。衣不必脩。食不兼味。無論遠行。[1] 皆曰。云菩薩。鐵牛序偈曰。如是我聞。四大之變。觸物成形。幻質雖美。本體更尊故。土牛送寒。石牛招雨。木牛輸量於劍閣。金牛蹋險於洞庭。不必毛血者。爲靈牯也。故逍遙太能之詩曰。鐵牛無角陟虛空。擺尾搖頭雪嶺風。妙悟之言也。沙門表云。樸實無華。保其本質。比丘大衆。號之曰。鐵牛禪師。偈曰。頭在黃河南。尾在黃河北。千人鞭不動。六丁挽不得。

是爲奇異獸。色空空則色。無號又無角。背負千鈞力。不似泥牛體。入水隨水泐。不似李軍頭。再號旋風黑。不念阿彌陁。不願極樂國。回看紫霞山。欣慕無窮極。茶山丁承旨撰。嘉慶甲戌。受號。道光丙午三月二十七日。卒于赤蓮庵。子永愈孫會日。

1) [원] '行'은 '近'의 오자이다.

화담강사전

　스님의 법명은 영원靈源이고 호는 화담華潭이며, 속성은 박朴씨이고 무안 중화리中和里에서 출생한 사람이다. 건륭乾隆 병신년(영조 52, 1776)에 태어나 도광道光 기유년(헌종 15, 1849) 9월 13일에 적련암赤蓮庵에서 적멸을 보였으니, 세속의 나이는 74세이고 법랍은 58년이다.

　어려서 승달산僧達山 법천사法泉寺에서 출가하였다. 그 후 계룡산에 들어가기도 하고 혹은 지리산을 유람하기도 하였으며, 혹은 조계산·백양산·가지산·두륜산·달마산 등 여러 산에서 머물기도 하였다.

　이렇게 선지식들을 두루 찾아다니면서 공부에 전력하여 학문이 내전과 외전 모두를 달통하였다. 필체는 이왕二王(王羲之와 王獻之)의 필법을 배웠다.

　스님은 완호玩虎 법사의 조실에서 향을 살라 예를 올리고 법을 이어받았다. 그 후 두륜산에 머물면서 문을 활짝 열어젖히고(打開八字) 여러 지방에서 몰려오는 학인들을 맞아 학문 가르치기를 20여 년 동안 하였다. 찾아드는 학인들을 거절하지 못하다가 병이 들어 자리에 눕고서야 비로소 그만두었다.

　계를 받은 제자와 수참受懺 제자와 법을 받은 제자가 법천사法泉寺에도 있고 대둔사에도 있다. 대응大應·학능學能·회암悔庵·심훈心訓 등 스님은 법을 이은 제자이고, 지찬志贊 스님과 지영志永 스님은 계를 받은 제자이며, 인파印波·영해映海·득훤得烜 등은 손자 제자이다. 화담 스님의 진영은 보련각寶蓮閣에 안치되어 있다.

華潭講師傳

　師名靈源。號華潭。姓朴氏。務安中和里人。乾隆丙申生。道光己酉九月十三日。示寂于赤蓮庵。世壽七十四。法臘五十八。幼而出家於僧達山法泉寺。或入鷄龍山。或遊智異白。[1] 或住曹溪山。羊[2] 伽智頭輪達摩諸山。優遊編[3] 叅。學通內外。筆師二王。拈香於玩虎法師之室。止於頭輪山。打開八字。接其方來者。二十餘年。拒之不得。至於老臥。乃已。受戒受懺受法者。在法泉。在大芚。大應學能悔庵心訓。受法者。志賛志永。受戒者。印波映海得烜等。孫弟子也。安眞影于寶蓮閣。

―――――――
1) ㉐ '白'은 '山'의 오자이다. 2) ㉐ '羊'은 '白' 뒤에 있어야 한다. 3) ㉐ '編'은 '徧'의 오자이다.

설암선사전

스님의 법명은 의성義誠이고 호는 설암雪岩이며, 또는 영주靈珠라고도 했다. 속성은 김씨이고 무안 석진石津에서 출생한 사람이다. 총지사摠持寺[11]로 출가하여 해암海庵 선사에게서 머리를 깎고 스님이 되었다.

뒷날 총지사의 주지와 승통僧統의 직책을 역임했으며, 용흥사龍興寺로 이주한 뒤에도 다시 그곳의 승통 직책을 역임하였다. 설암 스님은 완호 법사에게 선참禪懺을 받았으며, 그 후 대둔사로 이주하였다. 주로 대둔사 경내에 있는 만일암挽日庵·남미륵암南彌勒庵·은적암隱寂庵 등에서 주석하다가 마침내는 완호 법사의 조실에 들어가 향을 사르고 예를 올린 후 법통을 이어받았다.

기해년(현종 5, 1839) 9월 9일에 한산전寒山殿에서 적멸을 보였으니 세속 나이는 82세이고 법랍은 67년이었다. 스님의 신장은 여덟 자나 되었으며 말은 조용하게 하였다. 선지식을 찾아다니며 참례하고 가르침을 청해 듣고 돌아와서는 선나禪那를 찬양하였다. 스님은 연담 대사의 3대 법손이며, 그에게 법을 받은 제자로는 석호 녹일石虎祿一이 있고, 녹일 스님 아래에는 금파 응신金波應信이 있다.

雪岩禪師傳

師名義誠。號雪岩。又曰靈珠。姓金氏。務安石津人。出家於摠持寺。剃髮於海庵禪師。行住持。行曾統。移住於龍興寺。又行僧統。受禪懺於玩虎法師。移住大芚寺。住挽日南彌勒隱跡等庵。更拈香於玩虎法師之室。己亥九月九日。示寂寒山殿。世壽八十二。僧臘六十七。身長八尺。口門從容。徃而叅善知識。還而讚禪那。蓮潭之三世。受法者。石虎祿一。一下。有金波應信。

---

11 총지사摠持寺 : 무안 승달산에 있는 절.

수룡강사전

스님의 법명은 색성賾性이고 호는 수룡袖龍이며, 속성은 임任씨이고 해남의 관촌館村에서 출생한 사람이다. 건륭乾隆 정유년(정조 원년, 1777)에 태어났다.

어릴 때부터 남달리 총명하더니 마침내 두륜산에서 출가하여 모윤慕閏 스님의 조실에서 머리를 깎고 물들인 옷을 입고 스님이 되었다. 외전外典을 충분하게 듣고 배운 것은 수시로 익혔다. 여러 곳을 유람하면서 선지식을 참알參謁하고 불교 경전을 참구하였으며, 이성理性의 이치에 대하여 깊이 몰입하여 연구를 거듭하였다. 그러고는 다시 연파蓮坡 법사를 찾아가 뵙자 연파 스님은 정법안장正法眼藏을 전해 주고 법인法印을 부촉하면서 '수룡'이라는 호까지 내려 주었다. 그리고 그 문서에 서문을 지어 주었으니, 그 서문의 내용은 이러했다.

"용의 직분은 신령하고 괴이한 힘을 부려 구름을 일으키고 비를 내리게 하여 아래 땅을 윤택하게 하는 것이다. 어떤 용이 게으름만 피우고 그 직분을 소홀히 하므로 태백太白이라는 호승胡僧(인도 스님)이 그 용을 소매 속에 가두고 그 죄를 다스렸다 하니 이는 해학적인 이야기이다. 그러나 용은 신통변화가 황홀한 것이어서 사람들이 보통 동물처럼 다루지는 못한다. 이렇게 신령한 용도 하루아침에 게으름을 피워 저렇게 갇혀 치죄를 당하는 수모를 겪었는데 하물며 사람이 게으름을 피워서야 되겠느냐? 용이 소매 속에 갇혔다는 해학적인 이야기의 진정한 의미는 게으름을 꾸짖기 위한 것이지 구차스럽게 그냥 해 본 농담만은 아니니라."

색성 스님은 해남 새금현塞琴縣에서 출생한 사람이다. 어릴 적에 연파 스님을 따라 보살(大士)이 되는 학문을 배웠는데, 연파 스님이 학습이 이미 익숙해진 것을 보고 당호堂號를 내려 주고 자신의 법통을 전해 주었다. 법을 전해 주는 자리에서 연파 스님은 주장자로 탁상을 내려치면서 색성 스님에게 말했다.

"색성아, 너는 게으르다. 게으르면 남에게 통제를 받게 되지 않겠느냐? 만약 게으른 버릇을 고친다면 장차 신통력 있는 용이 될 것이다. 그래서 그대에게 '소매 속에 갇힌 용(袖龍)'이라는 당호를 내리나니 그대는 언제고 이 점을 명심하여 게으름을 피우지 말지어다."

삿갓 쓴 나그네가(籜皮旅人) 그 말을 듣고 기뻐하면서 짤막한 게송 한 편을 지어 주었다. 그 게송의 내용은 이러하다.

요숙안鼴叔安의 자손이 용을 기르고
종이豢夷의 자손도 용을 길들였다네
누가 그 발자취를 이을 것인가?
경산庚山의 스님이 그분이로세
그러나 코 고는 소리만 들릴 뿐
맡은 일에는 전혀 관심이 없구나
아! 선남자 색성이여
언제나 이 점을 귀감으로 여기게

다산茶山 정 승지丁承旨가 이 시를 지었다.

8월 15일에 북암北庵에서 열반에 드셨으며, 그의 문집 1권이 있다. 문인으로는 서주 의수犀舟懿修·철선 혜즙鐵船惠楫·태호 세관太湖世觀이 있다.

袖龍講師傳

師名賾性。號袖龍。姓任氏。海南舘村人。乾隆丁酉生。幼而穎悟。出家於頭輪山。剃染於慕閒之室。飽聞外典。學而時習之。遊衆經學。深入理性。徃謁蓮坡法師。師。以正法眼藏。傳附法印。以袖龍賜號。繼之以序。序曰。龍之職。所以役靈恠。興雲雨以降。茲[1]下土也。有龍焉。懶不職。太白胡僧。

囚之袖以罪之。此諧之言也。然龍。神變恍惚。人不能物之。一朝坐於懶。而遘此辱而懶哉。諧之意。所以策懶。非苟爲是諧謔也。浮屠賾性。塞琴縣人也。少從蓮坡。藏大士學。曹習旣熟。將錫之號。以傳其法。以杖。叩其卓而告之曰。賾性女懶。懶。爲人所制。改之。將神龍也。堂女曰。袖龍。女尙鑑于茲。毋懶哉。籜皮旅人。聞其說而悅之。爲小偈而遺之曰。颺裔其衾。鬷夷擾之。孰紹厥武。庚山之緇。胡皐之聲。怠棄厥司。咨善男賾。尙鑒于茲。茶山丁承旨撰。八月十五日。示寂于北庵。有文集一卷。門人。犀舟懿修。鐵船惠楫。太湖世觀。

1) ㉠ '玆'는 '滋'의 오자인 듯하다.

철경강사전

스님의 법명은 응언應彦이고 호는 철경掣鯨이며, 속성은 김씨이고 영암에서 출생한 사람이다. 만덕산에서 출가하여 스님이 되었다.

철경 스님은 어릴 때부터 강개慷慨[12]한 의지가 있어서 '차라리 맑고 깨끗한 경지에 들어가 적묵寂黙의 도를 닦다가 바위 굴 속에서 세월을 헛되이 보내는 한이 있더라도 맹세코 말장난이나 일삼는 학문의 세계에는 노닐지 않으리라'고 다짐하고는 마침내 집에 하직 인사를 드리고 산문에 들어갔다. 스님은 내전과 외전을 모두 통달하고 스승을 찾아 예불을 올리고 유학자(東家丘)[13]는 찾아다니지 않았다.

연파蓮坡 법사를 찾아가서 배알하였더니 법사가 말하였다.

"어찌하여 우리 서로 만남이 이리도 늦었는고? 기다린 지 오래되었네."

그러면서 자리를 나누어 앉게 하자 철경 스님이 꽃을 뽑아 드니(分座拈花)[14] 마침내 가부좌跏趺坐하고 앉아 법을 전하는 의식을 마쳤다. 연파 스님이 의발을 미루어 그에게 전하고 가풍을 전하여 가통家統을 잇게 하니, 배우는 학인들이 마치 물이 낮은 곳으로 흐르고 불이 마른 나무로 번지듯이 철경 스님의 회상으로 몰려들었다. 방장실이 비록 넓었으나 학인들이 너무 많아 오히려 좁았고 강당에는 해조음海潮音(설법하는 소리)이 울려 퍼지며 부엌에는 깨끗한 음식이 풍성하였다.

이에 자하거사紫霞居士(정약용)가 그의 말을 듣고 장하게 여겨 철경 스님에게 게송을 써 주며 그를 드높여 말하였다.

---

12 강개慷慨 : 의롭지 못한 것을 보고 의기가 북받쳐 원통하고 슬픔.
13 동가구東家丘 : 동쪽 집의 공구孔丘라는 뜻으로, 즉 노나라 사람으로서 공자의 서쪽 이웃에 살던 한 어리석은 자가 공자가 성인인 줄을 모르고 "저 동쪽 집의 공구를 내가 안다."라고 한 데서 온 말이다. 『孔子家語』「本姓解」, 『傳習錄』.
14 부처님께서 법회의 자리에 늦게 도착한 가섭에게 자신의 자리를 나누어 앉게 하고, 가섭이 꽃을 들어 보여 법을 전했던 것을 말한다.

"'경鯨'은 굳세다는 의미이니 그 힘이 굳셈을 말하는 것이며, '경鱷'은 강하다는 의미이니 그 등뼈가 강한 것을 말한다. 고래가 바다를 휘젓고 달릴 때에 숨을 토하면 우렛소리가 나고 물을 뿜으면 무지개처럼 뻗힌다. 큰 배를 삼킬 때에는 마치 물고기가 먹이를 삼키는 것 같고 큰 파도를 헤치며 나아가는 모습은 흡사 날아가는 새가 허공을 능멸하는 것과 같다. 한번 거동하면 만 리를 가는데 바닷물이 들끓어 바람이 일어난다. 그때를 당하면 비록 용백龍伯15이 낚시를 던지고 소열蘇烈16이 낚싯줄을 잡는다고 해도 그 누가 끌어서 되돌아오게 할 수 있겠는가? 모든 존재의 현상을 살펴보면 육근六根은 앞에서 끌고 오탁五濁은 뒤에서 밀며, 온갖 번뇌가 일어나 하늘을 가리고 마군魔軍이 좌우에서 온갖 유혹을 다하고 있는데 걸음이 일정하지 못하고 더디게 나아가되 용감하게 가는 것이 마치 큰 고래가 곧장 내닫는 것과 같다. 아! 이러한 형편에서 진여眞如가 미약하다면 끌어서 제자리로 돌려놓을 수가 있겠는가? 가령 끌어서 되돌아오게 할 수 있다면 이것은 용사勇士였던 분육賁育17도 짝이 될 수 없을 것이다."

사문 응언應彦은 아암 혜장兒庵惠藏 스님의 문도이다. 이 스님은 용감하게 팔뚝을 걷어붙이고 대중들을 모아 놓고 큰소리로 외쳤다.

"우리 스님에게는 좋은 비결이 있다. 내가 그 비법을 전해 받았으니 나야말로 무턱대고 앞으로만 질주하는 것을 끌어다 되돌려 놓을 능력이 있다."

대중들은 이 스님의 말을 따라 '철경掣鯨' 스님이라고 불렀다. 자하산인紫霞山人도 그 말을 듣고 장하게 생각하여 게송을 지어 주었으니, 그 게송

---

15 용백龍伯: 옛날 대인국大人國 사람으로 키가 30길이 되는데, 몇 걸음에 오산五山에 이르러 한 번에 여섯 마리의 거오巨鼇를 낚았다고 한다. 그 여섯 마리의 큰 자라는 알고 보니 바다 밑에서 지구를 떠받치고 있던 것들이었다고 한다.

16 소열蘇烈: 당나라의 무장 소정방蘇定方.

17 분육賁育: 옛날의 용사勇士 맹분孟賁과 하육夏育. "힘에는 오획烏獲, 날래기는 경기慶忌, 용맹은 분과 육."이라는 말이 있다. 『漢書』.

은 이러하다.

 생물 중에 고래보다 더 큰 것은 없나니
 이는 설산雪山 같고 지느러미는 금성金城 같네
 코를 들어 숨을 쉬니 바닷물이 뒤집히고
 지느러미 펄떡이니 벽력 같은 소리 나네
 포뢰浦牢[18]도 두려워하고 바다도 놀란 듯
 파도의 산 곧게 서니 지축도 기우네
 수척한 대장부 모골毛骨이 깨끗한데
 언덕 위에 홀로 서서 시름에 잠기네
 머리칼 같은 눈썹 얼레에 감아
 바람에 불리니 가볍게 날아가네
 고래 꼬리에 붙어도 서로 얽매임 없으나
 고래가 아이처럼 묶여서 끌려오네
 용을 사로잡고 호랑이 묶는 것이 비교나 되랴
 호파瓠巴[19]와 장경長庚[20]에 손색이 없네
 본연本然이 미약하면 오온五蘊이 강하니
 능히 끌어당길 수 있다면 이가 호걸일레라

다산 정약용이 짓고 아울러 서문도 썼다.
스님의 문집 2권이 있다. 문인으로는 쌍련雙蓮과 성관性貫 등이 있다.

---

18 포뢰浦牢 : 용처럼 생겼으며, 울기를 좋아하고 고래(鯨)를 두려워한다고 한다.
19 호파瓠巴 : 거문고를 잘 탔던 사람으로 거문고를 이용해 짐승을 잘 다루었다고 한다. 춘추전국시대 초楚나라 사람이다. "호파가 거문고를 타면 새가 춤을 추고 물고기가 뛰어오르곤 했다.(巴鼓琴, 鳥舞魚躍.)"는 기록이 『列子』「湯問」 편에 나온다.
20 장경長庚 : 장경은 저녁 무렵에 보이는 태백성太白星의 별칭인데, 여기에서는 태백성의 정기를 받고 태어났다는 이태백李太白을 지칭한 듯하다.

掣鯨講師傳

師名應彦。號掣鯨。姓金氏。靈岩人。出家于萬德山。幼有慷慨之志。寧入清淨寂默之道。虛送光陰於岩穴之間。誓不遊於口學之中。辭家入山。通內外典。尋師禮佛。不叅東家丘。訪謁蓮坡法師。師曰。何相見之晩也。待之久矣。分座拈花。示趺傳法了。推衣衣之。傳家家之。學衆水就濕。火就燥。方丈雖寬。物情猶隘。堂聒潮音。厨豊淨食。於是。紫霞居士。聞其言而壯之。與之偈而揚之曰。鯨者。勍也。其力勍。鱷者。彊也。其脊彊也。鯨之奔於海也。吼氣成雷。歕水爲虹。呑巨艦。如游魚之仰餌。排洪波。如飛鳥之淩空。一擧萬里。溟渤生風。方其時也。雖龍伯投其釣。蘇烈操其縉。而誰能掣而還之哉。新薑之[1]見物也。六根挽乎前。五濁推乎後。塵勞堀堁以蔽天。魔障椰榆[2]而左右。踸踔勇往。若長鯨之直走。嗟。眞如之微弱。掣而還之否。能掣而還之。斯賁育弗能耦矣。沙門應彦。兒庵藏公之徒也。悍然攘其腕。而號於衆曰。吾師有訣。吾有所受之。吾能掣之。衆從之。呼曰掣鯨。紫霞山人。聞其言而壯之。授之以伽陀之詞。其辭曰。生物之大無如鯨。齒若雪山鰭金城。仰鼻嘘吸倒滄瀛。朱翹翕張霹靂聲。滿[3]牢震怖海若驚。濤山直立坤軸傾。有夫癯枯毛骨淸。獨立岸上愁屛營。有眉如髮籰車縈。因風歙去其飛輕。黏鯨之尾無相攖。順受捉掣如孩嬰。鉗龍絡虎不足幷。瓠巴長庚堪齊名。本然微弱五蘊勍。有能掣者斯豪英。茶山撰并序。有文集二卷。門人。有雙蓮性貫等。

---

1) [원] '新薑之'는 연자衍字이다. 2) [원] '椰榆'는 '揶揄'의 오자이다. 3) [원] '滿'은 '浦'의 오자이다.

해붕강백전

스님의 법명은 전령展翎이고 자는 천유天遊이며, 호는 해붕海鵬이고 순천에서 출생한 사람이다.

선암사仙岩寺에서 출가하였으며, 묵암 최눌嘿庵最訥 선사의 법인을 받았다. 풍암楓岩 스님의 손자 제자이고 영해影海 스님의 증손 제자이며 무용無用 스님의 현손 제자이다.

해붕 스님은 선禪과 교敎에 대하여 칼날을 맞듯이[21] 모두 쉽게 순리적으로 해결하였으며, 문장이 구슬을 꿰어 놓은 듯하여 덕은 총림叢林에 으뜸이었고 그 명성 또한 선비들에게 널리 알려졌다. 당시 호남 일대에 고매한 이름을 떨치던 일곱 명의 벗(湖南七高朋) 가운데 한 사람이다.

일곱 명의 고매한 벗이란 첫째는 노질盧質이니, 자는 수이秀爾이고 호는 하정荷亭이며 함양咸陽에 살았다. 둘째는 이학전李學傳이니, 자는 계명季明이고 호는 복재復齋이며 남원에 살았다. 셋째는 김각金珏이니, 자는 태화太和이고 호는 운와雲臥이며 함양에 살았다. 넷째는 심두영沈斗永이니, 자는 칠지七之이고 호는 영교永橋이며 곡성에 살았다. 다섯째는 이삼만李三萬이니, 자는 십천十千이고 호는 강재强齋이며 창암蒼岩에 살았다. 여섯째는 석전령釋展翎이니, 자는 천유이고 호는 해붕이며 선암사에 살았다. 일곱째는 석의순釋意恂이니, 자는 중부中孚이고 호는 초의草衣이며 대둔사에 살고 있었다. 세속에서는 흔히 백곡栢谷·무용無用·해붕을 승가의 문장가라고 일컫는다.

도광道光 7년 병술(순조 26, 1826) 10월 6일에 열반에 들었다. 스님이 살아 계셨을 때의 세간사는 그의 행장과 연보에 수록되어 있다.

---

21 칼날을 맞듯이 : 원문 '인영刃迎'은 '영인이해迎刃而解'의 줄임말로서 '대나무가 칼날이 닿자마자 쉽게 쪼개지다, 문제나 일이 순리적으로 처리되다'라는 뜻이다.

海鵬講伯傳

師名展翎。字天游。號海鵬。順天人。出家於仙岩寺。受嘿庵最訥禪師之法印。楓岩之孫。影海之曾。無用之玄也。師禪敎刃迎。文章珠聯。德冠叢林。名聞士路。湖南七高朋之一也。七高朋者。一盧質。字秀爾。號荷亭。居咸陽。二李學傳。字李[1]明。號復齋。居南原。三金珏。字太和。號雲臥。居咸陽。四沈斗永。字七之。號永橋。居谷城。五李三萬。字十千。號强齋。居蒼岩。六釋展翎。字天遊。號鵬海。居仙岩。七釋意恂。字中孚。號草衣。居大芚。俗稱栢谷無用海鵬。僧家文章云爾。道光七年丙戌。十月初六日。寂。時順間事。載在行狀及年譜中。

1) [원] '李'는 '季'의 오자이다.

호의대사전

　대사大士의 법명은 시오始悟이고 호는 호의縞衣이며, 어릴 적 이름은 계방桂芳이고 속성은 정丁씨이며, 동복同福(화순군) 적벽赤壁에서 출생한 사람이다. 아버지는 삼달三達이고 할아버지는 이순以順이며, 증조할아버지는 언세彦世이고 고조할아버지는 남강南康이다. 5대 할아버지는 림琳이고 6대 할아버지는 병자창의장丙子倡義將 적송공赤松公 지준之儁이며, 7대 할아버지는 임진창의장壬辰倡義將 군자감軍資監 주부主簿 공조참의工曹參議 유성有成이고 8대 할아버지는 성균진사成均進士 효자임진창의장孝子壬辰倡義將 창랑공滄浪公 암수岩壽이며, 어머니는 정鄭씨이다.

　대사의 아버지가 말이 계수나무 잎을 먹는 꿈을 꾸고 아이를 낳았다고 한다. 대사는 정조 2년 무술(1778) 7월 16일에 태어나 15세 되던 해 아버지를 여의고, 16세 때에 어머니를 저세상으로 보낸 뒤에 처음에는 화순 만연사萬淵寺로 들어갔다. 대사는 만연사 스님들과 기피하거나 싫어하지 않고 매우 다정하고 친하게 지냈는데 그것은 그가 문장에 대한 안목을 지니고 있었기 때문이다.

　9월에 그 절에 화재가 일어났다. 이듬해인 갑인년(1794) 봄에 절을 다시 수리하는 역사役事에 전국의 목수들이 다 모였는데, 이때 선사先師 경관慶冠【통정대부通政大夫】이 도료장都料匠의 직책을 맡아 일을 지휘하였다. 소년은 모집에 응하여 와서 역사를 마친 뒤에 그곳을 떠나는 경관 스님을 따라가서 가경嘉慶 병진년(정조 20, 1796)에 경관 스님을 은사로 하여 머리를 깎고 스님이 되었다. 이어 백련白蓮 선사에게 구족계를 받고 20세(1797) 때 대둔사 명적암明寂庵으로 연담蓮潭 스님을 찾아가 사집四集을 공부했다. 8월에는 미황사美黃寺 영침대靈沈臺로 갔다.

　호의 스님은 21세 때에 대둔사 상원암上院庵의 백련 선사를 참알參謁하고, 3월에는 장흥 보림사寶林寺 서쪽에 있는 부도암浮屠庵으로 연담 조사를 찾아가 뵙고, 6월에는 송대松臺로 옮겨 가서 살다가 그해 가을에 삼성암三聖庵으로 옮겼으며, 10월에는 대둔사에서 완호玩虎 법사가 강론 법회를 열었는데 거기에 참예하여 『능엄경』을 공부하였다.

기미년(정조 23, 1799) 봄에는 완호 법사가 머물고 계시는 상원암에 가서 머물렀으며, 9월에는 완호 스님을 따라 미황사 중암中庵으로 가서 『기신론』을 배웠다. 경신년(정조 24, 1800)에는 또 완호 스님을 따라 대둔사 남암南庵으로 갔다가 12월에는 일봉암日封庵으로 갔다.

임술년(정조 26, 1802) 봄에는 함평 용흥사龍興寺 용문암龍門庵으로 가서 『반야경』을 공부하였으며, 12월에는 남평 운흥사雲興寺에 있는 관음전에 가서 『원각경』을 공부하였다. 갑자년(순조 4, 1804)에는 나주 쌍계사雙磎寺에 있는 은선암隱仙庵에 머물다가 여름에 문수암文殊庵으로 옮겨가 살면서 『화엄현담華嚴玄談』을 공부하였다.

을축년(순조 5, 1805) 겨울에는 능주 개천사開天寺의 산내 암자인 백련암白蓮庵 낭암朗岩 스님의 처소로 가서 『통감通鑑』・『사기史記』・『고문진보古文眞寶』를 배우고, 병인년(1806) 가을에는 약사전에 기거하면서 서기書記 소임을 맡아 보았다.

정묘(1807) 4월에는 계사戒師인 백련 스님의 상을 당하여 다비식에 참예하고, 무진년(1808) 4월에는 서암西庵에 머물다가 겨울에는 약사전에서 열린 낭암 대사의 큰 법회에 참예하여 색성賾性 스님 등과 함께 『화엄경』초회初會를 공부하였다.

기사년(1809)에는 일봉암으로 가서 법사에게 『화엄경』 2회를 공부하였으며, 가을에는 무주 구천동・지례知禮 봉곡사鳳谷寺・금산 직지사直指寺・상주 남장사南長寺를 순례하였으며, 경오년(1810)에는 풍기 희방사喜方寺로 일지一指 법사를 찾아가 뵙고, 이어 부석사浮石寺・갈래사葛來寺・각화사覺華寺・월정사月精寺 등 여러 사찰을 두루 돌아다녔다.

영동의 아홉 고을을 관람하고 금강산에 들어가 각 사찰을 순례한 다음

정양사正陽寺에 이르렀다. 이곳에서 5월 5일 오시午時(오전 11시~오후 1시)에 마가목馬柯木을 취하여 얼음 녹인 물에 넣고 달여서 고약을 만들었다. 7월에 스님은 이 고약을 가지고 제주도로 돌아가 대정현 모슬포로 은사 스님을 찾아뵈었다.

이보다 앞서 은사 스님이 5월 5일 오시午時에 나무에서 떨어져서 거의 죽을 뻔하다가 겨우 살아났으나 머리를 깎지 못해서 더부룩하였고 허리와 등이 구부정하게 되었다. 마침내 그 고약을 드렸더니 은사는 3개월 동안 꾸준히 복용하자 병이 다 나아 평소처럼 되었다. 경관 스님이 나무에서 떨어진 때와 호의 스님이 고약을 만든 그 시기가 우연히도 일치한 것에 대하여 사람들은 효성이 극진하여 감응이 온 것이라고들 했다.

신미년(순조 11, 1811) 봄에 다시 기실記室 소임을 맡아 보다가 임신년(1812) 봄에는 완호 스님의 조실에서 향을 사르고 법을 이어받았다. 그 당시 정다산은 마침 강진에 있으면서 인근 지역 스님들과 두터운 교분을 맺고 있었는데, 호號에 대한 게송과 서문을 지어 주었다.

정축년(순조 17, 1817)에 시봉하던 법사 완호 스님을 따라 기림사祇林寺로 가서 천불千佛을 조성하여 배에 싣고 돌아오던 길에 표류하여 일본 장기도長崎島 축전현筑前縣에 도착하였다. 무인년(순조 16, 1816)에 일본에서 돌아와 7월 15일에 본사에 돌아왔다.

신사년(순조 21, 1821) 10월 1일에 은사인 경관 스님의 입적을 당하여 곡을 하고 임오년(1822)에 도장사道藏寺에 머물다가 무인년(순조 30, 1830)에 선실禪室로 돌아와 머물렀으며, 경자년(현종 6, 1840)에 북암에 머물렀다.

계묘년(현종 9, 1843)에 일로향실一爐香室에 머물렀으며, 무신년(현종 14, 1848)에 만일암挽日庵에 머물렀고, 신해년(철종 2, 1851)에 십육나한전에 머물렀으며, 계축년(철종 4, 1853)에 남암南庵으로 옮겨 주석하다가 갑인년(1854)에 진불암眞佛庵에 거주하였으며, 무오년(철종 9, 1858)에 초의 선사와 함께 법사인 완호 스님의 비석을 세웠다.

무진년(고종 5, 1868) 9월 15일 축시丑時(오전 1시~3시)에 조용히 입적하시니, 세속 나이는 91세이고 하랍夏臘(법랍)은 72년이다.

스님은 사대부 집안의 자제로서 산문에 들어간 이후에는 유가의 문장과 과문科文 장구章句를 돌아보지 않고 분발하여 학습하지 않았으며, 지극한 효성과 한결같은 마음의 가풍이 은사에게 옮겨 온 것을 보고 많은 사람들이 그의 예절 바른 가풍을 본받았다. "효자는 다함이 없나니, 길이 대대로 효자가 있을 것이다.(孝子不匱, 永錫爾類。)"[22]라고 한 말을 호의 스님에게서 볼 수 있었다.

스님은 사람들의 비리를 보면 결코 용서하는 법이 없었기 때문에 사람들이 모두 스님을 두려워하였다. 또한 스님은 천한 일이나 힘든 노역을 몸소 앞장서서 하였기 때문에 이를 본 사람들로부터 비웃음을 산 적도 많다.

글씨는 명필은 아니었으나 모두 스님의 쉬운 글씨를 배웠으며, 스님의 문장은 또한 문장가는 아니었으나 사람들은 모두 스님의 정직한 문장을 배우려고 하였다. 항상 의식이 넉넉하였으며 그를 따르는 권속들도 매우 많았는데 그들의 나이는 대부분 80 내지 100세 사이가 많았다. 스님은 기로耆老에 참예하였으며, 효성은 대를 이어 전해 내려갔다.

열수 정약용이 호의 스님 호에 대하여 게송을 썼고, 해마海馬 홍현주洪顯周[23]가 그의 모습을 찬양하는 글을 썼으며, 백파白坡 신헌영申獻永이 스님의 진영에 대하여 찬미하는 글을 썼고 아울러 그의 탑명도 썼다.

스님의 저술로는 손수 쓴 『행장行狀』 1권과 『견문록見聞錄』 1권이 있다.

---

22 효자는 다함이~있을 것이다 : 『詩經』 「大雅」 〈生民之什〉 '旣醉'에 나오는 말이다.
23 홍현주洪顯周 : 1793~1865. 조선 정조의 사위. 본관은 풍산豊山. 자는 세숙世叔, 호는 해거재海居齋·약헌約軒. 인모仁謨의 아들이며, 우의정 석주奭周의 아우이다. 정조의 둘째딸 숙선옹주淑善翁主와 혼인하여 영명위永明尉에 봉하여졌다. 1815년(순조 15) 지돈녕부사가 되었다. 문장에 뛰어나 당대에 명성을 떨쳤다. 저서로는 『해거시집』이 있다. 시호는 효간孝簡이다.

법을 받은 제자와 수은受恩 제자 그리고 계를 받은 제자는 남보다 부끄럽지 않을 만큼 있었다.

縞衣大士傳

大士。名始悟。號縞衣。幼名桂芳。姓丁氏。同福赤壁人。父三達。祖以順。曾祖彦世。高祖南康。五世祖琳。六世祖。丙子倡義將。赤松公之僑。七世祖。壬辰倡義將。軍資監主簿。工曹叅議有成。八世祖。成均進士。孝子壬辰倡義將。滄浪公岩壽。母鄭氏。父夢馬食桂葉而生。正宗二年戊戌七月十六日生。十五父歿。十六母逝。初入和順之萬淵寺。僧不忌厭。每多狎近。粗有文眼故也。九月寺灾。甲寅春。重修之役。梓人大會。先師慶冠【通政大夫】。以都料匠。應募而來。役畢後。隨之而去。以嘉慶丙辰。剃染之。受具於白蓮禪師。二十。叅蓮潭師于明寂。讀四集。八月。隨徃美黃寺影沈臺。二十一。叅白蓮寺[1]于上院。三月。叅蓮潭祖師于寶林之西浮屠。六月。移松臺。秋。移住三聖庵。十月。叅玩虎法師于大芚寺之大會。閱楞嚴經。己未春。住上院玩虎法師處。九月。隨徃美黃之中庵。閱起信論。庚申。又隨徃大芚之南庵。十二月。徃日封。壬戌春。徃咸平龍興之龍門庵。閱般若經。十二月。徃南平雲興寺之觀音殿。閱圓覺經。甲子。住羅州雙溪之隱仙庵。夏。住文殊庵。閱華嚴玄談。乙丑冬。徃綾州開天寺之白蓮庵朗岩師處。覽通史古文。丙寅秋。居藥師殿。行書記。丁卯四月。遭戒師白蓮之喪。戊辰四月。住西庵。冬。叅藥師殿朗岩師之大會。與蹟[2]性等。閱華嚴初會。己巳。徃日封庵。閱華嚴二會於法師。秋。巡禮茂朱之九泉。知禮之鳳谷。金山之直指。尙州之南長。庚午。叅豊基喜方寺一指法師。歷浮石葛來覺華月精等諸寺。觀嶺東九邑。入金剛。巡禮各寺。到正陽寺。以五月五日午時。取馬柯木氷漸水。煎成膏藥。七月。歸到濟州。謁恩師於大靜之摹瑟浦。師以五月五日午時。落木。幾死僅生。頭髮鬖鬆。腰背彎曲。遂進其膏藥。長服三個月。病皆平復。盖其落木與煮藥。同其日時。人稱孝誠所感。辛未春。再受記室。壬申春。拈香於玩虎之室。時丁茶山。適在康津。敦其宗誼。作號偈及序文以贈之。丁丑。侍法師。徃祇林寺。造千佛。歸路。漂到日本長崎島筑前州。戊寅六月。自日本還。七月十五日。歸寺。辛巳十月一日。哭恩師。壬午。住道藏寺。庚寅。還住禪室。庚子。住北庵。癸卯。住一爐香室。戊申。住挽日庵。辛亥。住十六殿。癸丑。移南庵。甲寅。居眞佛。戊午。與草衣。建法師玩虎碑。戊辰九月十五日丑時。泊然而寂。世壽九十一。夏臘七十二。師。以士夫之裔。入山以後。不顧儒文科文章句。憤不學習。誠孝一心。自是家風。以孝移於師。人多效其禮。孝子不匱。永錫爾類。於師可覺[3]也。見人非理。一不忍之。人多畏之。賤役勞務。躬自行之。見者笑之。筆非名筆。皆學其易。文非文章。盡效其正。衣食用[4]饒。後屬蓍衍。壽躋期頤。叅於耆老。孝傳箕裘。洌水丁若鏞。偈其號。海馬洪顯周。贊其相。白坡申獻永。贊其影而銘其塔。有自述行狀一卷。見聞錄一卷。受法受恩受戒者。不愧於人。

---

1) ㉿ '寺'는 '師'의 오자인 듯하다. 2) ㉿ '寶'은 '匱'의 오자이다. 3) ㉿ '覺'은 '見'의 오자이다. 4) ㉿ '用'은 '周'의 오자이다.

하의대사전

　대사의 법명은 정지正持이고 호는 하의荷衣이며, 속성은 임林씨이고 전남 영암에서 출생한 사람이다. 어머니가 구슬을 받는 꿈을 꾸고 나서 아이를 잉태하였다고 한다. 태어나면서부터 화려한 것을 좋아하지 않았고 어릴 적부터 번거로움을 좋아하지 않았다. 그러니 과거 세상에 익혀 온 것을 사람이 어떻게 숨길 수 있겠는가? 또한 어릴 때에 원하는 것을 아버지가 어떻게 막을 수 있었겠는가?

　어려서 두륜산에 들어가 백련白蓮 선사의 조실에서 머리를 깎고 스님이 되었으며, 완호玩虎 법사의 계단戒壇에서 향을 사르고 구족계를 받았다. 남쪽으로 달마사達摩寺에 갔고 북쪽으로 덕룡사德龍寺를 찾아갔으며, 동쪽으로 능가사楞伽寺를 유람하고 서쪽으로 첨찰사尖察寺에 살았다.

　여러 지방을 유람하는 일을 마치고 문을 닫아걸고 부처님 가르침의 이치를 증득하기를 30여 년이나 하였다. 동문 수행을 한 사람이 비록 많으나 특별히 호의縞衣 스님과 초의草衣 스님과 더불어 서로 많이 좋아하였으므로 여러 산문에서는 이들을 삼의三衣라고 호칭하는 이들이 많았다. 그것은 마치 설담雪潭 스님 문하에 삼담三潭(雪潭·春潭·華潭)이 있는 것과 같은 맥락이었다.

　스님은 몸집이 풍후豊厚하고 입이 무거워서 사찰 행정을 함에 있어서 신중하게 하였으므로 다른 사람들에게 비난을 받는 일이 거의 없었다. 게송을 읊으면 구슬을 꿰어 놓은 듯하며 문장을 해석함에 있어서는 마치 칼날이 닿으면 대나무가 바로 쪼개지듯이 명석하게 풀이하였다. 음식을 먹을 때에는 맛있는 것을 구하지 않았으며 처신處身이나 도를 닦음에 있어서도 남들과 다른 점이 많았다.

　건륭乾隆 44년 정조대왕 3년 기해(1779)에 태어나서 함풍咸豊 2년 철종대왕 3년 임자(1852) 6월 11일에 대둔사 도반암導般庵에서 열반에 드셨으니, 세속 나이는 74세이고 법랍은 58년이었다.

어록語錄 1권이 있으며, 백파 신헌영이 그의 진영에 대한 찬贊과 서문을 지었다.

荷衣大士傳

大士。名正持。號荷衣。姓林氏。靈岩人。母夢受珠而娠。生不好華。幼不好煩。夙世所習。人焉瘦哉。幼時所願。父何靳也。幼入輪山。剃染於白蓮禪師之室。受具拈香於玩虎法師之壇。南徃達摩。北叅德龍。東遊楞伽。西棲尖察。遊方已罷。掩關證理者。三十餘年。門行雖多。特與縞衣草衣。互相鍾愛。諸山之稱三衣者。多矣。若雪潭門下之三潭也。師。地大豊厚。舌根默重。政無腹非者矣。偈頌則珠聯。訓解則刃迎。食不擇品。飮不求香。處身行道。多異於人。乾隆四十四年。正宗大王三年己亥生。咸豊二年。哲宗三年壬子六月十一日。示寂于大芚寺之導般庵。世壽七十四。法臘五十八。有語錄一卷。白坡申獻永。贊其影并書。

초의선백전

스님의 법명은 의순意恂이고 자는 중부中孚이며, 호는 초의草衣 또는 일지암一枝庵이라 불렸으며, 성은 장張씨이고 나주 삼향三鄕에서 출생한 사람이다. 어머니가 큰 별이 품안으로 들어오는 꿈을 꾸고 아이를 잉태하여 낳았다고 한다.

정조 병오년(1786) 4월 5일에 태어나서 동치同治 4년 을축(고종 2, 1865) 7월 2일에 쾌년각快年閣에서 열반에 드셨으니, 세속 나이는 80세이고 법랍은 65년이다.

5세에 급류에 휩쓸려 죽게 되었을 때 협객에 의해 목숨을 건졌으며, 15세에 홀연히 출가할 마음이 있어 남평 운흥사雲興寺로 들어가 벽봉 민성碧峰敏性 스님에게 머리를 깎고 물들인 옷을 입고 스님이 되었다. 19세에 월출산에 올라갔는데 마침 해가 지고 달이 떠올랐다. 밤에 앉아서 달을 바라보다가 심흉心胸이 탁 트이는 것을 경험하였다.

스님은 이때부터 선지식을 두루 찾아뵙고 삼장三藏을 통달하였으며, 완호玩虎 스님의 조실에서 향을 사르고 입실 제자가 되었으며, 금담金潭 조사에게 선법禪法을 받은 후에 금강산·지리산·한라산을 두루 유람하였다. 그리고는 열수洌水【정약용丁若鏞】·자하紫霞【신위申緯[24]】·해거海居【홍석주洪奭周】·추사秋史【김정희金正喜】·석오石梧【윤치영尹致英[25]】 등 당시 석학들과 교유를 가졌다.

초의 선사는 명성이 세상에 널리 알려져서 숨길 수 없게 되었고 점점

---

24 신위申緯 : 시詩·서書·화畫의 삼절三絶이라 불렸던 조선 후기 문신 겸 시인, 서화가. 1769~1845. 저서로는 『警脩堂全藁』와 『紫霞詩集』 등이 있다.
25 윤치영尹致英 : 자는 관여觀汝, 호는 석오石梧, 본관은 해평海平이다. 아버지는 참판을 역임한 윤명렬尹命烈이다. 1836년(헌종 2) 북부도사北部都事를 시작으로 주부主簿, 공조와 호조 낭관郎官, 토산 현감 등을 거치고 1847년(헌종 13)에 문과에 급제하였으며, 이후 전적典籍·부교리副校理·규장각 직각·부수찬·형조참의·승지를 역임하였다.

꼬리가 드러나게 되자 비로소 은신하여 살 처소를 마련하였는데, 그곳이 일지암一枝庵이다. 나중에 또 하나의 작은 토굴을 마련하였으니 그곳은 용마암龍馬庵이며, 다시 몸을 마칠 움막을 세웠으니 그곳이 바로 쾌년각快年閣이다.

초의 스님에게 사미계를 받은 제자가 40여 명이고 보살계를 받은 제자는 70여 명이나 되며, 선교禪敎와 잡공雜工을 받은 제자는 수백 명에 달한다. 대둔사 남쪽 산기슭에 부도를 세웠는데, 송파松坡 이희풍李喜豊[26] 공이 그 탑명塔銘을 지었고, 탑 오른쪽에 비석을 세웠는데 양석養石 신관호申觀浩[27]가 그 비문을 지었다.

문집 4권과 『사변만어四辨漫語』 1권이 세상에 전해지고 있다.

草衣禪伯傳

師名意恂。字中孚。號草衣。又曰。一枝庵。姓張氏。羅州三鄕人。母夢大星入懷。仍有娠。正宗丙午四月初五日生。同治四年乙丑七月初二日。示寂于快年閣。世壽八十。法臘六十五。五歲。墮悍流中。有挾而出者。十五。忽有出家之志。投南平雲興寺。剃染于碧峰敏性師。十九。登月出山。適日落月出。夜坐望月。心胸開通。編[1)]叅知識。學通三藏。拈香於玩虎法師。受禪于金潭祖師。遊覽金剛知異漢挐之仙界。飽叅冽水【丁若鏞】紫霞【申緯】海居【洪奭周】秋史【金正喜】石梧【尹致英】之文藪。不可匿者。名聲也。猶可露者。巴尾

---

[26] 이희풍李喜豊 : 자는 성부盛夫, 호는 송파松坡, 본관은 연안延安이다. 1813~1886. 병원炳元의 아들이며 무주茂朱 출신이다. 평생을 시골에 은거하면서 독서와 시문詩文 작성 및 후진 교육에만 힘썼다.

[27] 신관호申觀浩 : 자는 국빈國賓, 호는 위당威堂, 본명은 헌櫶, 본관은 평산平山이다. 1810~1888. 훈련대장 홍주鴻周의 손자이고, 의직義直의 아들이다. 금위영대장禁衛營大將이 되어 1849년(철종 즉위년) 헌종이 위독할 때 사사로이 의원을 데리고 들어가 진찰한 죄로 섬에 위리안치圍籬安置되었는데, 1854년(철종 5)에 무주로 이배移配되었다가 1857년에 풀려나왔다.

也。始構隱身之巢。一枝庵也。後結容膝之窟龍馬庵也。復立終身之幕。快年閣也。受沙彌戒者。四十餘人。受菩薩戒者。七十餘人。受禪教雜工者。數百餘人。立浮屠於大芚之南麓。李松坡喜豊。作其銘。建碑于塔之右。申養石觀浩。述其文。文集四卷。四辨漫語一卷。傳于世。

---

1) ㉮ '編'은 '徧'의 오자이다.

송암대사전

스님의 법명은 최흠最欽이고 호는 송암松庵이며, 속성은 허許씨이다. 아버지는 허주許珠이고 할아버지는 허규許珪이며, 경기도 광주에서 출생한 사람이고 어머니는 이씨이다.

15세에 출가하여 능학能學 선사의 문하에서 머리를 깎고 스님이 되었으며 내전은 물론 외전까지 두루 다 배웠다. 학문이 견실堅實해지고 나이가 많아지자 남악 영오南岳暎晤 선사의 조실에서 향을 사르고 법통을 이어 받았으니, 스님은 쌍운 금화雙運錦華 스님의 손자 제자이고 송매 성원松梅省遠 스님의 증손 제자이며, 포월 초민抱月楚旻 스님의 현손 제자이고 환성喚醒 스님의 5대 법손이다.

송암 스님은 개당開堂법회를 통해 푸른 눈의 학인들에게 오교五敎를 가르쳐 주었으며, 문을 걸어 잠그고 승복 입은 선화禪和들에게 3구句를 창唱하였다. 스님은 동치同治 9년 경오(고종 7, 1870) 4월 26일에 열반하였다.

교학을 전해 받은 제자는 호성 긍준虎惺肯俊과 화월 보간華月普侃 등이 있고, 선법을 전해 받은 제자는 늑암勒庵과 치백緇白 등 20여 명이 있다.

松庵大師傳

師名最欽。號松庵。姓許氏。父珠。祖珪。廣州人。母李氏。十五出家。染衣於能學禪師。習內外典。學已實。年已深。拈香於南岳暎梧[1]禪師。雙運錦華之孫。松梅省遠之曾。抱月楚旻之玄。喚醒之五世。開堂示五敎於靑眼學者。掩關唱三句於緇衣禪和。示寂於同治九年庚午四月二十六日。受敎者。虎惺肯俊華目[2]普侃等。受禪者。勒庵緇白等。二十餘人。

---

1) ㉮ '梧'는 '晤'의 오자이다. 2) ㉮ '目'은 '月'의 오자이다.

철선강사전

스님의 법명은 혜즙惠楫이고 호는 철선鐵船이며, 속성은 김씨이고 전남 영암에서 출생한 사람이다. 아버지는 응손應孫이고 어머니는 윤씨이다.

어머니가 어떤 노인이 붓을 주는 꿈을 꾸고 나서 임신을 하였다고 한다. 건륭乾隆 56년 신해(정조 15, 1791)에 태어나서 함풍咸豊 8년 무오(철종 8, 1858) 정월 25일 미시未時(오후 1시~3시)에 상원암上院庵에서 적멸을 보였으니, 세속 나이는 67세이고 법랍은 55년이다.

을묘년(정조 19, 1795)에 부모를 잃고 갑자년(순조 4, 1804)에 출가하여 두륜산 성일性一 존숙에게서 머리를 깎고 물들인 옷을 입고 스님이 되었다. 열아홉 살에 완호玩虎 선사에게 나아가 『치문緇門』을 배웠고 연암蓮庵 조사에게로 가서 사집四集의 가르침을 받았으며, 철경 대운掣鯨大雲 스님을 참알하고 오교五敎를 배웠다. 그러고 나서 수룡 색성袖龍賾性 스님의 조실에서 향을 사르고 법통을 이어받았다.

스님은 이후에 각 산문을 돌아다니면서 개당開堂설법을 하기 시작하여 찾아오는 학인들을 맞아 가르치기를 20여 년 동안 하였으며, 아무 말 없이 앉아서 지관止觀을 수행한 지 20여 년이나 되었다.

스님의 문장은 우뚝하고 찬란하였으며 필법筆法 또한 걸출하여 당시 사람들이 '철필鐵筆'이라고 불렀다. 열수 정약용 선생도 찬탄하여 마지않았으며, 스님에게 편지를 보내 격려하며 다음과 같이 말하였다.

"『대둔사지大芚寺誌』를 살펴보았더니 '철선 스님의 글씨는 조려藻麗하면서도 소략하고 속되고 촌스러운 티를 벗어났다. 겸하여 스님의 문장을 보면 마음자리가 고요하고 탁 트임을 볼 수 있다'고 하였습니다. 나는 후배들 중에 출중한 인물이 있어서 참으로 기쁩니다. 말이 치달리는 것처럼 세월이 빠르니 시간을 허비하지 마시고 내전과 외전을 열심히 공부하시기 바랍니다.

스님은 어릴 때부터 꽃다운 이름을 드날려 아암兒庵의 광명을 이은 인물입니다. 그러므로 스님에 대한 기대는 깊고도 깊으며, 수년이 지난 뒤에 귀족들과 선비들이 틀림없이 스님의 명성을 듣고 찾아들 것이니, 그때를 당해서 어떻게 찾아오는 사람들을 막겠습니까?"

문집 1권이 남아 있다. 스님은 청허淸虛 스님의 9대 법손이고 연파蓮坡 스님의 손자 제자이며, 서주犀舟 스님, 태호太湖 스님과는 백중伯仲(형제) 관계이다.

스님에게 계를 받은 제자는 32인이고 법을 받은 제자는 일곱 명이다. 비석은 두륜산 왼편 산기슭에 세웠으며, 판서判書 남병철南秉哲[28]이 비문을 지었다.

鐵船講師傳

師名惠楫。號鐵船。姓金氏。靈岩人。父應孫。母尹氏。夢老人授筆。仍以有娠。乾隆五十六年辛亥生。咸豐八年戊午正月二十五日未時。示寂于上院庵。世壽六十七。法臘五十五。乙卯。失怙。甲子。出家。剃染於頭輪性一尊宿。十九。就玩虎禪師。學緇門。就蓮庵祖師。受四集。叅挈鯨大雲。受五教。拈香於袖龍贖性之室。開幢轉山。接來叅者。二十餘年。默坐止觀者。二十餘年。文章卓犖。筆法鉤傑。時稱鐵筆。洌水丁先生。贊歎不已。書以勸之曰。觀寺志。筆力藻麗。脫暑蔬筍之氣。兼見心地靜廓。深以後塵。有人爲喜。光陰如駛。幸勿忙[1)]偈。劬心內外之典。早歲蜚英。以紹兒庵之光。深冀深冀。數年之後。肯遊薦紳先生。必尋鐵船之聲迹。當此時。何以塞之。有

---

28 남병철南秉哲 : 본관은 의령宜寧이고, 자는 자명子明 또는 원명原明이며, 호는 규재圭齋·강설絳雪·구당鷗堂·계당桂塘 등 여러 개가 있으며, 시호는 문정文貞이다. 1817~1863. 1837년(헌종 3) 정시문과庭試文科에 급제하였고, 안동 김씨 세도 때 중용되어 1851년(철종 2) 승지承旨가 되었으며, 1856년 예조판서, 이조판서 겸 대제학 등의 요직을 지냈다.

集一卷。淸虛之九世。蓮坡之孫。犀舟太湖伯仲之間。受戒者。三十二人。
受法者。七人。立碑于頭輪之左麓。判書南秉哲撰。

---

1) ㉮ '忨'은 '玩'의 오자이다.

대은선백전

스님의 법명은 낭오朗旿이고 호는 대은大隱이며, 속성은 배裵씨이고 낭주朗州(전남 영암)에서 출생한 사람이다. 건륭乾隆 경자년(정조 4, 1780)에 태어났다.

스님은 영암 월출산으로 출가하여 금담金潭 선사의 문하에서 머리를 깎고 물들인 옷을 입고 스님이 되었다. 금담 선사는 연담蓮潭의 제자이다. 대은 스님은 연담·백련白蓮·의암義庵·낭암朗岩·완호玩虎·연파蓮坡 등 여러 용상龍象[29]들을 참알參謁하고 학문을 익혔다.

도가 이미 이루어지자 향을 뽑아 사르고 개당開堂하여 설법을 하면서 후학들을 맞아 학업을 가르치니 찾아오는 사람들이 너무 많아 오히려 자리가 비좁을 지경이었다. 정신은 일월日月처럼 밝고 굳은 절개는 송백松栢처럼 곧았다. 손으로는 삼장三藏을 베끼고 주변 사람들을 편안하게 해 주었으며, 하루 세 때 부처님께 예배하며 공양을 올리되 향과 차와 집기들을 신심信心을 가지고 장만하곤 하였다.

앉으나 누우나 항상 그가 하는 정공精功은 아무도 따라 행하기 어려울 정도였다. 교학敎學을 버리고 선학禪學으로 들어가자 여러 지방에서 수행하는 사람들이 스님에게로 개미떼처럼 밀려와 하루 한 번만 자고 한 끼니만 먹는 계율을 따랐다. 유명한 절에서 스님을 초청했다가 스님이 거절하면 도리어 죄송스러워했다. 각 산문을 전전할 때는 업고 가겠다고 자청하는 이도 있었으며, 우리나라의 큰 선지식으로서 남산南山의 도선道宣 스님이 이 세상에 다시 오신 것이라고들 하였다.

도광道光 신축년(헌종 7, 1841) 윤3월 25일에 두륜산 만일암에 있으면서

---

[29] 용상龍象 : 덕 높은 스님을 가리키는 말. 용과 코끼리의 위력이 매우 높은 점을 비유로 삼은 것이다.

설법을 마치고 나서 조용히 앉아서 열반에 들었으니, 세속 나이는 62세이고 법랍은 47년이었다. 주인을 잃은 선림禪林의 법중法衆들은 오열하면서 목이 메어 했다.

대은 선사의 법을 이은 제자는 혜홍慧洪이고, 혜홍 스님의 아래에는 유진有眞 스님이 있었으며, 그 밖에 선법을 받은 제자와 교학을 받은 제자는 어느 문중도 이만큼 성대한 문중이 없었다.

월출산 상견암上見庵·두륜산 만일암挽日庵·달마산 지장암地藏庵·덕룡산德龍山 천축암天竺庵·반야산般若山 무량사無量寺·가지산 내원암內院庵·조계산 삼일암三日庵의 칠전七殿·동리산 미타암彌陀庵·쌍계사의 불일암佛日庵·칠불암七佛庵의 승당僧堂에는 아직도 대은 스님의 공손한 유풍과 성대한 규범이 보인다.

스님의 3대 법손 성연聖演이 말하였다.

"스님께서 손수 쓰신 장경藏經이 지금까지도 절의 문중 법손 제자들에게 전해 내려온다."

大隱禪伯傳

師名朗旿。號大隱。姓裵氏。朗州人。乾隆庚子生。出家於月出山。剃染於金潭禪師。禪師。蓮潭之弟子也。師。叅於蓮潭白蓮義庵朗岩玩虎蓮坡諸龍象。道已成。拈香開堂。提接物情猶隘。日月精神。松栢固節。手書三藏。左右分安。三時禮拜供養。香茶什器。信心備辦。坐臥常向。其所精功。人所難行。舍敎入禪。諸方蟻附。克從一宿一食之戒。有名之奇。[1] 以不得請邀爲罪。轉山之時。有自願背負之人。我東方大善知識南山道宣。重興於世云。道光辛丑後。三月二十五日。在頭輪山挽日庵。說法了。泊然坐寂。世壽六十二。夏臘四十七。禪林失主。法衆如咽。有受法弟子慧洪。洪之下有有眞。其餘受禪受敎。孰如其門。月出之上見。輪[2]之挽日。達摩之地藏。德龍之天竺。般若之無量。伽[3]智之內院。曹溪之三日七殿。桐裡之彌陁。雙溪之佛日。七佛之僧堂。尚見其遺風欽欽。餘規濟濟。三世孫聖演曰。手書藏經。至今相傳於玉果[4]寺之門孫弟子處云。

---

1) [원] '奇'는 '寺'의 오자이다. 2) [원] '輪' 앞에 '頭'가 있는 본이 있다. 3) [원] '伽'는 '迦'의 오자이다. 4) [원] '玉果'는 연자이다.

성담선백전

　스님의 법명은 수의守意이고 호는 성담性潭이며, 전남 해남군 죽음竹陰에서 출생한 사람이다. 어릴 때부터 세속을 좋아하지 않았고 마음속에 출가할 것을 서원하더니, 몰래 집을 나가 두륜산으로 가서 담연湛演 장로에게 머리를 깎고 물들인 옷을 입고 스님이 되었다.

　스님은 학문이 이미 성숙되자 인곡仁谷 법사의 조실에 들어가 향을 사르고 법통을 이어받았으니, 연담蓮潭 스님의 증손 법제자이다. 스님은 기골이 장대하고 지식이 바다처럼 넓었으며, 성대한 의식이나 작은 행동에 이르기까지 우바국다憂婆國多 존자보다 밑돌지 않을 정도였다. 스님은 참선에 들어 화두話頭를 참구함에 있어서 대은大隱 스님과 인암忍庵 스님과 더불어 모두 우리 동방에 한 발 앞선 스님이었다.

　일찍이 초의草衣 스님과 함께 힘을 합해 작은 암자 하나를 짓고 정진하다가 얼마 되지 않아 혼자 수행하리라고 스스로 기약하고 찾아오는 사람들조차 거절하고 받아들이지 않았으나 스님을 찾아오는 사람들이 마치 나비가 모여들듯 개미떼가 밀려오듯 하였다. 스님은 지팡이 하나와 표주박 하나로 혹은 앉아서 혹은 걸어가면서도 조금도 두려워함이 없었다. 전도顚倒된 망상도 모두 여의고 나무 밑에서 하루 한 번만 잠을 자고 온종일 한 끼니만 먹었다.

　스님은 성격이 엄격하고 냉담하였으며 청렴하고 담담하였으므로 사람들이 모두 그를 꺼려하였다. 잘못은 조금도 숨겨 주지 않았으므로 사람들이 더러는 스님에게 앙갚음을 하려고 하는 이도 있었다.

　일찍이 아버님 기일에 참예하였다가 집안사람들이 닭을 잡으려 하자 말렸으나 듣지 않으므로 그 뒤로는 발길을 끊고 다시는 참예하지 않았다. 언젠가는 또 목이버섯 요리를 막 먹으려고 하는데 어떤 사람이 고기 같다고 하자 다 버리고 먹지 않았다. 그가 진실로 얼마나 계율을 지키려고 했는지 여기에서 알 수 있다.

도광道光 26년 정미(헌종 13, 1847) 9월 29일에 가지산 내원암內院庵에서 적멸을 보이셨다. 스님이 입적하신 뒤로부터는 묵언黙言이 고성高聲으로 변하였다.[30]

性潭禪伯傳

師名守意。號性潭。海南竹陰人。幼不好俗。心願出家。暗投輪山。染衣於湛演長老。學已成。拈香於仁谷法師。蓮潭之曾孫。氣骨長大。知識汪洋。盛儀細行。不下於波離㔉多。叅禪話頭。與大隱忍庵。並驅東方。曾與草衣。同結草庵。未幾。以獨行自期。拒之而來者。若蝶聚而蟻附。一杖一瓢。或坐或行。無有恐怖。遠離顚倒。一宿樹下。一食日中。性嚴冷枯淡。人皆畏忌之。少不隱過。人欲報復者。有之。嘗叅親忌。家內殺鷄。止之不聽。絶不更叅。嘗辦木耳。人言似肉。渾棄不喫。其信愼如此。道光二十六年丁未九月二十九日。示寂于伽智山內院庵。自此黙言爲高聲。

---

[30] 묵언黙言이 고성高聲으로 변하였다 : 이 말은 무슨 의미인지 정확히 알 길은 없으나 아마도 묵언 정진하던 분위기가 사라지고 말았다는 의미인 듯하다.

인암선백전

스님의 법명은 의한意閑이고 호는 인암忍庵이며, 속성은 박朴씨이고 전남 영암에서 출생한 사람이다. 스님은 일찍이 부모를 잃은 후 의지할 친척이 아무도 없었다. 어린 나이에 단지 입고 먹을 것을 찾아 나섰으니, 어찌 승려들이 사는 절이나 속가를 따졌겠는가?

우연히 미황사美黃寺에 들렀다가 완해 견현玩海見賢 선사에 의지하여 먹고 자고 하면서 학문을 익히게 되었는데, 그런 중에서도 계율을 한결같이 잘 지켰다. 나이가 이미 장성해서는 완해 스님의 조실에서 의발을 전해 받았으니, 곧 완해 스님의 법통을 이은 제자이며 연담 스님의 손자 제자이다.

인암 스님은 여러 산문의 납자衲子들을 교화하고 이어 선관禪關에 들어가 정진하였다. 스님은 행장을 꾸려 허리에 차고 나무 아래에서 하루 한 번만 자고 온종일 한 끼니만 먹으면서 정진하였으며 계율을 엄정하게 지켰다.

장흥 보림사寶林寺 수남암水南庵에 거주하면서 선화자禪和子들을 맞아 가르침을 주다가 대둔사 적련암赤蓮庵으로 옮겨 여러 해를 머물러 계시면서 경론에 대하여 묻고 답하기를 오랫동안 하였다.

스님에게 교학을 받은 제자와 선법을 받은 제자와 계를 받은 제자는 이루 다 기록할 수조차 없을 정도로 많다.

스님은 인곡仁谷 선사에게 수참受懺(禪懺)을 받고 영허 의현靈虛義玄 선사에게 계참戒懺을 전해 주었다. 선사의 세속 나이는 51세이고 법랍은 36년이다.

문인으로는 능화 필언能化必彦이 있는데, 그는 비록 인암 스님만은 못하지만 스승의 자취를 계승하였다. 인암 스님의 크고 작은 공덕과 업적에 대해서는 행장 1축軸에 자세히 기록되어 있다.

忍庵禪伯傳

師名意閑。號忍庵。姓朴氏。靈岩人。早失怙恃。無依親戚。但知衣食。何論僧俗。望門投宿。偶入美黃。依玩海見賢禪師。衣食學業。一遵約束。年既長成。入室受衣。即玩海之嗣。蓮潭之孫。敎化諸山衲子。仍入禪關。腰包行裝。樹下一宿。日中一食。嚴持戒律。住於寶林之水南庵。提接禪和子。多年住於大芚之赤蓮庵。問難經綸[1]者。久矣。受其敎者禪者戒者。不可悉錄。受懺於仁谷禪師。授戒懺於靈虛義玄禪師。世壽五十一。法臘三十六。門人。有能化必彥。雖不如師。師迹繼矣。大小功業。備在行狀一軸。

1) [원] '綸'은 '論'의 오자이다.

영허강백전

　스님의 법명은 선영善影이고 자는 무외無畏이며, 호는 영허映虛이고 거주하던 방의 당호堂號는 역산櫟山이다. 속성은 임林씨이고 아버지는 득원得元이며 어머니는 조趙씨이다. 어머니가 불상에서 서광瑞光이 비치는 꿈을 꾸고 아이를 잉태하여 왕성王城인 서울의 운현현雲現峴에서 낳았다. 그때가 건륭乾隆 57년 정조 16년 임자(1792) 3월 23일이며, 광서光緒(淸 德宗의 연호) 6년 경진(고종 17, 1880) 5월 7일에 설봉산雪峰山 내원암內院庵에서 적멸을 보였으니, 세속 나이는 89세이고 하랍夏臘은 77년이다.

　열두 살 때 용운 승행龍雲勝行 선사를 좇아가 경기도 양주 학림암鶴林庵에서 머리를 깎고 물들인 옷을 입고 스님이 되었다. 성암 덕함聖岩德函 선사로부터 계戒를 받았고, 이어 화악 지탁華岳知濯 대사에게 선법禪法을 받았으며, 스물한 살에 인봉 덕준仁峯德俊 스님의 문하에서 건당建幢하고 법통을 이었으니, 청허淸虛 선사의 계파이고 환성喚醒의 5대 법손이다. 영허 스님은 어릴 때에는 주로 남쪽 지방에서 지내다가 늦게야 석왕사釋王寺 내원암에 들어갔다.

　스님은 풍채가 우람하고 음성音聲이 웅장하고 명랑하였다. 특히 강론을 잘하여 강론하는 도량에 두루 돌아다니며 강론하였으므로 명성이 남북을 뒤흔들 지경이었다. 재능의 그릇이 이미 가득 채워지자 강당 문을 열고 미혹한 중생들을 교화하기 시작하니 여러 지방에서 물이 바다로 모여들듯 많은 사람이 모여들었다.

　영허 스님이 강단에서 물러나 별원別院에 머물렀다. 그러나 스님에게 글귀와 게를 받기 위해 찾아오는 사람이 마치 여름 구름이 일어나는 것처럼 많았으며, 의발을 전해 받고 법을 얻은 제자는 마치 겨울 고갯마루에 우뚝 솟아 있는 소나무와 같았다.

　특히 문담文潭과 용암庸庵 같은 걸출한 수행자는 호남과 관서 지방에서 총섭總攝을 지낸 바 있다.

영허 스님의 탑비는 설봉산 동편 기슭에 세웠으며, 진영은 석왕사와 대둔사의 영각影閣에 걸려 있다. 비석은 영허 스님이 살아 계실 때에 세운 것이다. 그런 까닭에 한 줄로 된 큰 글씨로 '유명조선국 조계종사 화엄강백 영허당대선사지비有明朝鮮國曹溪宗師華嚴講伯映虛堂大禪師之碑'라고 쓰여 있는데, 그 글씨는 임금이 직접 써서 하사한 것이다.

영허 스님의 비석 뒷면에 귤산橘山 가오실嘉梧室 이유원李裕元[31]이 쓴 다음과 같은 글이 있다.

"헌종憲宗 기유년(1849) 봄에 나의 선대부先大夫 문정공文貞公께서 대종백大宗伯(예조판서)으로 계시면서 왕명을 받아 관북 지역에 있던 왕릉을 살펴보기 위하여 안변 석왕사釋王寺에 들렀다가 마침 그곳에서 역산櫟山 스님을 만났다고 한다. 선친의 말에 의하면, 스님은 모습이 고박古朴하고 언행과 논변이 시원스럽고 달변이었으며 선친과 나이가 같았으므로 스님과 깊이 친분을 맺었다고 한다.

그 무렵 소자小子(이유원)는 의주 부윤府尹으로 만부灣府(의주)를 수비하고 있었는데, 선대부先大夫께서는 연공사年貢使가 되어 중국에 다녀오다가 만부에 머무셨다. 이때 영허 스님이 선친에게 편지를 보내 안부를 묻곤 하였는데 그때마다 선친께서는 직접 답장을 써서 보내곤 했다. 소자는 그 당시 아버님을 측근에서 모시고 있었으므로 오가는 편지의 내용을 통해 스님의 어진 인품을 알 수 있었다.

그 후 14년이 지난 뒤에 내가 관북關北(함경도)의 관찰사가 되어 철령을 넘었을 때 공사公事가 워낙 촉급하여 설산雪山을 지나가지 못했다. 갑자년(고종 1, 1864)에 외람되게도 비상非常의 명을 받아 조정의 부름이 지엄하고

---

[31] 이유원李裕元 : 조선 시대의 문신. 1814~1888. 자는 경춘景春이고 호는 귤산橘山·묵농默農이다. 영의정을 지냈으며 1882년 전권대신으로서 일본과의 제물포조약에 조인하였다. 저서에 『林下筆記』와 『嘉梧藁略』이 있다.

급박해서 두 번째로 산문山門(석왕사)을 지났으나 영허 스님을 찾아뵐 겨를이 없었다.

그리고 다시 10년이 지나 벼슬에서 물러나 고향 산천에 머물고 있을 적에 봉선사奉先寺를 찾아갔다가 용암庸菴 석전우釋典愚 스님으로부터 그의 스승인 역산 스님의 탑명을 지어 달라는 부탁을 받았다. 나는 이렇게 탑명을 기록하였다.

역산 스님은 나의 선대부와는 이념을 초월한 공문空門의 벗이다. 어찌 한 말씀 올리지 않을 수 있겠는가? 스님의 법명은 선영이고 자는 무외이며, 호는 영허이고 역산은 스님의 맨 처음 호이다. 속성은 안동 임林씨이고 아버지의 성함은 득원得元이며 어머니는 한양 조趙씨이다.

어머니가 불상에서 서광이 비치는 기이한 꿈을 꾸고 아이를 잉태하여 왕성인 서울의 운현현에서 스님을 낳았으니, 그때가 정묘正廟(정조) 임자년(1792) 3월 23일이다.

나이 열두 살에 용운 승행 선자를 좇아가 양주 학림사에서 머리를 깎고 스님이 되었으며, 성암 덕함 선사에게 계법戒法을 받았으며, 화악 지탁 대사에게서 선법禪法을 받았다. 스물한 살에 인봉 덕준 스님의 문하에서 건당建幢하고 법통을 이었으니, 그 연원을 소급해 살펴보면 청허 선사의 계파이고 환성 스님은 5대 조사이다. 이것이 스님의 내력이다.

영허 스님은 어릴 적에는 주로 남쪽 지방에서 지내다가 늦게야 석왕사 내원암에 들어갔다. 그의 학문은 8만 모든 경전을 근본으로 하여 정법안장正法眼藏을 확립하여 단전單傳의 계통을 이었다. 그리하여 여러 지방의 사문들이 '조계종사 화엄강백曹溪宗師華嚴講伯'으로 존경하였다.

나는 탑명에 대하여 본디 명문銘文을 써 주는 것에 아주 인색하지만, 영허 스님은 선친 때부터 교분이 있었던 데다가 과거에 함주咸州(함경도)에 있으면서 살펴본 바 헛된 명성과 상相을 드러내지 않았던 것으로 미루어 보아 그 사람됨이 명銘의 글에 부합함을 알 수 있기에 명문을 짓고 게송을 붙인다.

> 한 가지 종법宗法이 해동海東으로 흘러오니
> 구름은 푸른 하늘에 있고 물은 그 속에 있네
> 돌 호랑이 아기 안고 잠이 막 깊어지는데
> 솔바람 솔솔 부니 온갖 인연 비어지네

성상聖上(고종) 10년 계유(1873) 가을에 대광보국숭록대부 영중추부사 원임규장각 직제학大匡輔國崇祿大夫領中樞府事原任奎章閣直提學 월성月城 이유원李裕元이 짓고, 통정대부 안변도호부사通政大夫安邊都護府使 전의全義 이희준李熙準이 쓰다."

스님에게 법을 받은 제자는 13명이고 수참受懺 제자는 80여 명이며, 문집 2권이 남아 있다.

映虛講伯傳

師名善影。字無畏。號映虛。室曰櫟山。姓林氏。父得元。母趙氏。母夢見佛像之瑞。生於王城之雲現峴。乾隆五十七年。正宗十六年壬子三月二十三日也。光緒六年庚辰五月初七日。示滅于雪峯山內院庵。世壽八十九。夏臘七十七。十二。從龍雲勝行禪師。祝髮于楊州鶴林庵。受戒于聖岩德函禪師。受禪于華岳知濯大師。二十一。建幢于仁峯德俊之門。清虛之派。喚醒之五世。早年。由南土。晚入釋王寺內院庵。自[1]相豐厚。音聲雄朗。周遊講場。名動南北。才器已滿。開門化迷。諸方水歸。退處別院。乞句受火者。若夏雲之多。傳衣得法者。如冬嶺之秀。文潭庸庵之傑行。湖南關西之摠攝。建塔碑于雪峯山之東麓。掛眞影於釋王大芚之影閣。碑則生時所立。故大書一行曰。有明朝鮮國曹溪宗師華嚴講伯映虛堂大禪師之碑。御書所賜。橘山嘉梧室李裕元書。碑後曰。憲宗己酉春。我先大夫文貞公。以大宗伯。

承命奉審北陵。行安邊之釋王寺。遇櫟山。師。見形貌古朴。言論曠達。且嘉其爲同庚。托契甚厚。時小子守灣府。先大夫。以年貢使留灣。師。專指馳函。先大夫手書以答。小子。侍左右。知師之賢。後十四年。余伯關北蹛嶺。公事促。不得歷雪山。甲子。猥承非常之命。馹召嚴急。再過山門。無暇尋眞。又十年。退居鄕山。遊奉先寺。庸菴釋典愚。以其師櫟山塔銘。屬余。余曰。櫟山。吾先大夫之空門交也。安得無一言贈乎。師。法名善影。字無畏。號映虛。櫟山其初號也。俗姓。安東林氏。父曰得元。母漢陽趙氏。有夢佛之異。生師於王城之雲現峴。王²⁾廟壬子三月二十三日也。年十二。從龍雲勝行禪者。祝髮于楊州鶴林寺。受戒法于聖岩德函大師。叅禪于華岳知濯大師。二十一。建幢于仁峯德俊之門。溯其淵源。乃淸虛派而喚醒。爲五世祖。此師之來歷也。師。早年由南土。晚入釋王寺內院。其學宗八萬諸經。立於正法眼藏。得單傳之統。諸路沙門。尊爲曹溪宗師華嚴講伯。余於塔銘。素靳爲銘。而映虛世交也。粤在咸州。不以名相聞。於此。可知其爲人。而合於銘也。偈曰。一枝宗法海之東。在雲³⁾青天水在中。石虎抱兒眠正熟。松風瑟瑟萬緣空。聖上十年癸酉秋。大匡輔國崇祿大夫領中樞府事原任奎章閣直提學月城李裕元撰。通政大夫安邊都護府使。全義李熙準書。受法弟子十三人。受懺弟子八十餘人。有文集二卷。

---

1) ㉮ '自'는 '身'의 오자이다. 2) ㉮ '王'은 '正'의 오자이다. 3) ㉮ '在雲'은 '雲在'의 오기이다.

낙파선사전

스님의 법명은 인성印性이고 호는 낙파洛波이며, 동래에서 출생한 사람이다. 어릴 때 금정산으로 들어가 머리를 깎고 법을 받았다.

24세~25세 무렵 그 절의 기실記室 소임을 맡아보고 있었는데, 하루는 낮잠을 자다가 꿈을 꾸었다. 꿈에 그의 친구였던 죽은 스님이 와서 안부를 묻고 앉아서 말하였다.

"그대가 서기 소임을 맡았는가?"

낙파 스님이 대답하였다.

"그렇다."

그가 말하였다.

"서기 소임을 맡지 마라."

스님이 되물었다.

"왜 그런 말을 하는가?"

친구 스님이 말하였다.

"우리들이 과거에 서기 소임을 맡아보면서 죄를 지은 까닭에 모두 뱀의 몸을 받아 현재 이 도량에 살고 있다. 그대가 만일 믿지 못하겠거든 누각 옆으로 와서 한번 살펴보게."

홀연히 놀라 깨고 보니 꿈이었다. 스님은 곧 누각 옆으로 가서 살펴보니 수없이 많은 구렁이들이 우글거리고 있었는데 마치 굵기가 서까래만 하였다. 너무도 놀라서 곧바로 그 직책을 사임하고 자신이 지니고 있던 약간의 사물私物을 팔아 절에 헌납하였다. 그러고는 다만 옷가지와 발우만 가지고 금강산 마하연摩訶衍으로 들어가니 그때 스님의 나이가 27세였다. 그 이후 스님은 다시는 산문 밖을 나오지 않았다.

스님은 마침내 홍명 궤관鴻鳴軌觀 선사의 조실에서 향을 사르고 법통을 이어받았으니, 홍명은 응파 태인凝波兌仁의 법제자이다. 응파 스님은 용파

도주龍波道周의 법제자이고, 용파 스님은 호암虎岩 조사의 법제자이니 낙파 스님은 곧 호암 스님의 4대 법손이다.

스님은 옷 한 벌과 발우 하나로 하루 종일 한 끼의 식사를 하면서 수행에만 전념하였다. 마음 쓰지 않아도 옷이 이르고 생각하지 않아도 먹는 것이 저절로 해결되었다. 스님은 율신律身 섭생攝生의 도가 함께 수행을 하던 도반들에 비하여 단연 뛰어났다. 그 당시 사방 산문 가운데 낙파 스님이 제일가는 선지식이라고 모두들 칭송이 자자했다.

스님은 광서光緖 정축년(고종 14, 1877)에 마하연에서 적멸을 보이셨다. 사유闍維 의식을 하던 날 밤낮없이 광명이 비추자 사람들은 모두 우러러보면서 찬탄하였다. 세속 나이는 84세이고 하랍夏臘은 68년이었다.

洛波禪師傳

師名印性。號洛波。東萊人。幼入金井山。剃髮受法。二十四五時。行其寺記室之任。一日晝眠。其友僧。已死者來。問訊而坐曰。君爲書記乎。曰然。曰莫作書記。曰奚爲也。曰我等已作書記之罪。皆爲蛇身。現在此道場。君若不信。來見樓側。因忽驚起。即往樓側。無數蟒蚢。[1] 蜿蜒若椽梠。大驚之。仍辭其職。放賣若干己物。納之于寺。但持衣鉢。奔入金剛山摩訶衍。時年二十七。更不出山門外。拈香於鴻鳴軌觀禪師之室。鴻鳴。凝波兌仁之子。凝波。龍波道周之子。龍波。虎岩祖師之子。乃虎岩之四世。一衣一鉢。日中一食。不意而衣至。不念而食至。律身攝生之道。并出自儕輩。乃於四山之中。皆稱爲第一善知識云。光緖丁丑。示寂于摩訶衍。闍維之日。光透晝夜。人皆歎仰。世壽八十四。夏臘六十八。

1) [원] '蚢'은 '蚖'의 오자이다.

설월대사전

스님의 법명은 봉준奉準이고 호는 설월雪月이며, 속성은 윤尹씨이고 전남 낭주朗州에서 출생한 사람이다. 달마산으로 출가하여 은묵 만정隱默萬正 스님에게서 머리를 깎고 물들인 옷을 입고 스님이 되었으며, 미봉眉峰 대사의 조실에서 향을 사르고 법제자가 되었다.

스님은 성품이 준엄하여 사람들의 허물을 용납하지 않았으며, 마음에 삿되고 굽음이 없어서 사람들이 모두 그를 두려워하였다. 학식과 덕행이 모두 성취되자 깃대를 세우고(建幢) 대중들을 교화하기 시작했다.

스님은 만년에는 제자에게 자리를 물려주었으며, 스님에게 계를 받은 제자는 22명이다. 스님은 낭호朗湖 스님과는 백중伯仲의 관계이고 인암忍庵 스님, 보문普門 스님과는 같은 문하의 종형제 관계이니 모두 연담 조사의 법손이다.

스님의 제자로는 청연淸淵 스님과 응운應雲 스님 등이 유명하다. 응운 스님이 적멸을 보이자 사유闍維 의식을 거행하던 날 밤에 밤새도록 방광하였다. 초골超骨을 얻어 그의 법형法兄 청연 스님이 달마산 오른편 산기슭에 두 개의 부도를 세웠는데, 하나는 법사法師이신 설월雪月 스님의 부도이고 다른 하나는 법제法弟인 응운 스님의 부도이다.

雪月大師傳

師名奉準。號雪月。姓尹氏。朗州人。出家於達摩山。剃染於隱默萬正。拈香於眉峰大師之室。性峻嚴。不容人過。心無邪曲。人皆畏之。學行并成。建幢領衆。晚節推柄於弟子。受戒者。二十二人。師與朗湖。爲伯仲。與忍庵普門。爲門從行。皆蓮祖法孫。弟子。有淸淵應雲等。及應雲。示寂。闍維之夜。放光徹夜。得超骨。其兄淸淵。爲立二浮屠於達摩山之右麓。一則法師雪月之浮屠。一則法弟應雲之浮屠。

제봉선백전

　스님의 법명은 운봉雲峯이고 호는 제봉霽峰이며, 또 다른 칭호로는 제산운사霽山雲史라고도 하는데, 본래는 영남 지방에서 출생한 사람이다.
　중간에 전주 위봉사威鳳寺로 옮겨 주석하면서부터 뛰어난 문장력으로 그 명성이 초의草衣·해붕海鵬·초엄草广 등과 이름을 나란히 하였다. 제봉 스님은 초의 스님과 함께 『서방산진묵조사어록西方山震默祖師語錄』을 교정하여 간행 유포기도 했다.
　스님은 지식이 심원深遠하고 문장이 웅장하고 호방豪放하였으며, 초대하면 언제고 나아가 설법을 해 주었고, 사람이 찾아가면 항상 놀아 주었으므로 자취를 숨기고 살 수가 없었다. 전주 종남산 송광사松廣寺 대웅전 동쪽 벽에 스님의 영상影像(진영)이 있다. 스스로 찬양하는 게송을 지었는데 그 내용은 이러하다.

　　인간의 온갖 일 꿈속의 인연인데
　　자성미타自性彌陀가 눈앞에 있네
　　넓은 바다 시원한 바람에 구름 이미 흩어지고
　　돛배 하나가 바람에 불려 서천西天으로 향해 가네

　제봉 스님의 제자 중에 유명한 스님은 용허 서운龍虛瑞雲이 있는데 불명산 화엄사華嚴寺에 살고 있다.
　제봉 스님의 스승은 구담 전붕九潭展鵬 스님이고 할아버지는 의봉 유영義峰有英 스님이며, 증조는 동운東雲 스님이고 5대조는 영주靈珠 스님이며, 6대조는 송계松溪 스님이고 7대조는 대암大岩 스님이며, 8대조는 용암龍岩 스님이고 9대조는 환성喚醒 스님이다.

霽峰禪伯傳

師名雲峯。號霽峰。一稱霽山雲史。本是嶺南之人也。中間。住錫於全州威鳳寺。文章聲名。與艸衣海鵬艸广齊名。與艸衣。校正西方山震默祖師語錄而刊布。師。知識深遠。文章雄豪。招之而語。尋之而遊。不可匿跡。終南山松廣寺大雄殿東壁。有霽峰影像。自贊曰。人間萬事夢中緣。自性彌陀在目前。海濶風淸雲已散。一帆風送向西天。弟子。有龍虛瑞雲。在佛明山華嚴寺。師之師。九潭展鵬。祖義峰有英。曾祖東雲。五世靈珠。六世松溪。七世大岩。八世龍岩。九世喚醒也。

허주선백전

스님의 법명은 덕진德眞이고 호는 허주虛舟이다.

스님은 과거 세상에서 선근善根을 심었기 때문에 어려서부터 출가하기를 서원하다가 조계산으로 들어가 홀로 절개를 지키며 스님이 되었다. 학업을 이룩하고 도를 통달하자 스승으로부터 인가를 받고 소임을 맡아 대중들을 교화하기 시작했다.

허주 스님은 대중들을 물리치고 홀로 정진하기를 좋아하여 사람을 피했으나 그럴수록 학인學人들은 더욱 몰려들었으며, 자취를 숨기려 하면 할수록 자취가 더욱 드러났다.

혹은 송광사松廣寺에 머물기도 하고 혹은 선암사仙岩寺에 머물기도 했으며, 혹은 동리산 칠불암七佛庵에 머물기도 했고 혹은 불일암佛日庵과 능가사楞伽寺에 머물기도 하였다. 이후로도 백운암白雲庵에 머물다가 두륜산에 머물기도 하였고, 달마사達摩寺·도갑사道甲寺 상견성암上見性庵·가지산 내원암內院庵·백양산 물외암物外庵·화엄사華嚴寺 구층탑九層塔·연곡사燕谷寺 문수암文殊庵·용흥사龍興寺 보현암普賢庵·내장산 원적암圓寂庵·선운사禪雲寺 도솔암兜率庵·서방산 상운암上雲庵·운문사雲門寺·금당사金塘寺·화암사華嚴寺·안심사安心寺·문수사文殊寺 등이 모두 허주 스님이 주석하였던 곳이다.

스님은 다시 경산京山에 들렀다가 운현궁雲峴宮(흥선대원군)의 부름에 응하여 철원에 있는 보개사寶蓋寺와 고산 운문사雲門寺에서 대원군을 위하여 기도 축원을 하였다.

스님이 가는 곳마다 사부대중들이 구름처럼 몰려들었으며, 하루에 한 끼니만 먹으니 오관五觀[32]이 샘물 솟아오르듯 하였다. 또한 스님은 옷을

---

32 오관五觀 : 스님이 밥 먹는 때에 자기의 공·덕행德行·허물·도업성취 등을 위하여 약

입지 않아도 늘 옷이 이르고 음식을 먹지 않아도 공양거리가 다 이르곤 하였으니, 이것이 과거 세상에 심은 선업善業이 아니라면 어찌 이와 같을 수가 있겠는가?

계율을 받은 제자와 선법을 받은 제자, 그리고 법을 받은 제자와 가르침을 받은 제자들이 비구·비구니·우바새·우바이·사미·사미니·식차마나式叉摩那·신남信男·신녀信女를 따질 것 없이 모두 자리에서 일어나 합장하고 가르침을 청하는 모습은 마치 영산회상靈山會上에서 부처님께서 꽃을 뽑아 대중들에게 보이며 가르침을 주셨던 그 모습과 같았다.

설법을 마치고 나면 감격해서 우는 이도 있고 웃는 이도 있었으며, 모두 보배를 얻어 가지고 돌아가 믿음으로 받고 받들어 실천하였다. 그러나 백옥白玉에도 티가 있는 법, 허주 스님에게 한 가지 결함이 있다면 자기 자신보다 나은 이를 싫어하는 것이 당연한 이치임을 살피지 못했다는 점이다. 구름이 끼어 해와 달을 가린다 해도 해와 달이 무슨 손상을 입겠는가?

광서光緒 무자년(고종 25, 1888) 10월 13일에 입적하였다. 그가 입적하자 한창 떨치던 선풍禪風도 서서히 쇠잔해 가기 시작하였다.

虛舟禪伯傳

師名德眞。號虛舟。夙植善根。幼願出家。投入曹溪。獨守孤節。學成道達。受仰[1]行職。退衆樂獨。避人而人來。匿跡而跡露。或住松廣。或住仙岩。或住桐裡七佛。或住佛日楞枷。住白雲。住頭輪。住達摩。道甲之上見性。伽智之內院。白洋之物外。華嚴之九層。燕谷之文殊。龍興之普賢。內藏之圓寂。禪雲之兜率。西方之上雲。雲門金塘華岩安心文殊。皆其住錫處。再遊京山。應雲峴之召。祈祝於鐵原之寶盖。高山之雲門。到處四衆雲集。一食

으로 생각하고 먹으며 마음을 닦는 일을 말한다.

五觀泉湧。不着之衣自至。不食之供並臻。非夙直之善。豈能若是。受戒者。受禪者。受法者。受業者。不論比丘比丘尼。優婆塞優婆夷。沙彌沙彌尼。式蹉摩那。信男信女。卽從坐[2]起。合掌啓請。如在靈山拈華示衆。泣者笑者。皆得寶而歸。信受奉行。然白玉之玷。師之未察。勝己者厭。理之常也。雲蔽日月。日月何損。光緖戊子十月十三日。示寂。禪風遂寁寁。[3]

---

1) ㉠ '仰'은 '卬'의 오자이다. 2) ㉠ '坐'는 '座'의 오자이다. 3) ㉠ '寁寁'는 '寥寥'의 오자이다.

영산선백전

스님의 법명은 경순敬淳이고 호는 영산影山이다. 어린 시절 출가하여 물들인 옷을 입고 구족계를 받았다.

스님은 고창 선운사禪雲寺에 다시 나타난 선지식善知識이다. 설파雪坡·영곡靈谷·백파白坡·영산影山이 서로서로 계승하여 이어 온 명현名賢들이다.

스님이 통도사通度寺에 살 때에는 가까이에서 섬기고 싶어 하는 이가 많았고, 관음사觀音寺에 머물 때에는 스스로 찾아와서 선등禪燈을 이은 이가 있었다. 또 송광사松廣寺에 머물 때에는 가난한 사람들을 위해 화주化主가 되었고, 해인사海印寺에 머물 때에는 절에 구경을 온 사람들에게 찬贊이나 인引의 글을 지어 주기도 했다.

범해암梵海庵 앞에서 진불眞佛을 세 번 불렀고, 추사秋史의 마당에 들어가 정직한 답변을 하고 도량으로 돌아왔다. 스님은 또 옷을 벗어 남들에게 주었으나 몸은 춥지 않았고 음식을 미루어 아이들에게 먹였으나 배는 고프지 않았다. 잠은 하루에 두 번 자지 않고 뽕나무 아래에서 한 번만 자는 계율을 지켰고, 밥은 때가 아니면(午時) 먹지 않고 하루 종일 점심 한 끼니만 먹는 재법齋法을 지켰다.

'천하가 태평한 봄이니 사방에 아무 일이 없다(天下太平春。四方無一事。)고 한 말은 나를 두고 한 말이 아니겠는가?

산자락 노을로 아침밥 삼고 송라松蘿에 걸린 달로 등불을 삼았다(山霞朝作飯。蘿月夜爲燈。)고 한 말은 나를 가리켜 한 말일 것이다.

추위가 오고 더위가 가니 옥산玉山이 무너지려고 하고 기쁨이 다하고 슬픔이 오니 직철直裰[33]이 앞에 이르렀구나.'

---

33 직철直裰: ① 수를 놓지 아니한 옷. ② 승려가 입는 옷의 하나. 편삼偏衫과 군자裙子를 합하여 하나로 만든 옷으로, 아래에는 주름을 많이 잡았다.

스님은 관음고사觀音古寺에서 단정하게 앉아서 적멸을 보이시니, 밤중인데도 밝기가 불이 타오르는 듯하였고 땅이 흔들려 지진이 일어난 듯하였다. 광서光緒 계미년(고종 20, 1883) 11월 24일의 일이다.

수은受恩 제자와 수법受法 제자가 다비의 재를 올리자 사부대중들이 모두 모여들었다.

影山禪伯傳

師名敬淳。號影山。幼而出家。染衣受具。禪雲寺重現之善知識也。雪坡靈谷。白坡影山。相繼名賢也。住於通度。有自願近事者。住於觀音。有自續禪燈者。住於松廣。爲貧窶者化主。住於海印。爲觀玩者贊引。梵海庵前。三呼眞佛。入秋史庭。上直答。道場來。解衣與人身不寒。推衣[1]施兒腹不飽。宿不再宿。桑下一宿之戒。食不非時。日中一食之齋。天下太平春。四方無一事。非我而誰。山霞朝作飯。蘿月夜爲燈。指我而言。寒來暑徃。玉山將頹。興盡悲來。直綴臨前。觀音古寺。端坐示滅。夜光如火。地動如雷。光緒癸未十一月二十四日也。受恩者。受法者。設茶毘之齋。四衆齊會。

---
1) ㉠ '衣'는 '食'의 오자인 듯하다.

원암선백전

스님의 법명은 득원得圓이고 호는 원암圓庵이다. 승주 조계산으로 출가하여 머리를 깎고 계를 받았다.

스님은 옛 법을 한결같이 지켰으며 공적인 업무나 사적인 일에 대하여 털끝만큼도 다른 생각을 하지 않았으며, 공부를 하고 제자를 가르치는 일에 대해서도 마치 명경대에 달린 거울을 보듯이 환하게 비추어 사람들의 마음에 꼭 맞게 하였다.

원암 스님에게 학업을 배운 제자들은 사람들로부터 풍류가 있다고 칭송을 받았고 법을 전해 받은 제자들은 스승에게 전해 받은 내재內財를 아끼곤 하였다. 스님은 세속의 번잡함을 피하여 자주 거주지를 옮겨 다녔으며, 조용하여 수행하기 좋은 곳이 있다는 말을 들으면 반드시 찾아가고, 깨끗하고 뛰어난 사람이 있다는 이야기를 들으면 꼭 찾아가서 참알參謁하였다. 마음은 소심하게 가져 조심하면서도 도에 대해서는 한껏 키우려고 하였으며, 자기 자신은 춥게 하고 남을 따뜻하게 해 주려고 하였다.

머물고 있는 곳에서는 손수 나무를 해다가 불을 지폈으며, 가는 곳마다 길을 소제하고 물길을 터 주는 등 부지런히 일을 했다. 스님은 선방에서 참선을 한 지가 오래되었으나 수행하기 적합한 한가한 곳 찾는 일을 자신의 소임으로 여겼다.

지리산 연곡사燕谷寺에 토굴이 두 개 있었는데 하나는 문수굴文殊窟이고 다른 하나는 용수굴龍樹窟이었다. 문수굴에는 수행하는 주인이 있었으나 용수굴에는 아무도 없었다. 그리하여 취운翠雲 스님을 도반으로 삼아 용수굴에 들어가 하루에 한 끼니 밥만 먹고 수년 동안 용맹정진하였다. 하루는 두 손님이 용수굴로 스님을 찾아와 문밖에서 큰소리로 외쳤다.

"스님을 모시러 왔으니 행장을 꾸리십시오."

스님은 방으로 들어와서 이러이러하게 하라고 말하고는, 조금 있다가 편안한 자세로 열반에 드시니 그때가 을유년(고종 22, 1885) 12월이었다.

스님은 평생 죽을 때까지 일을 함에 있어서 시작을 했으면 반드시 결과를 보고야 말았다. 스님의 법을 이은 제자들도 스승의 뜻을 저버리지 않았다. 이들은 이른바 안국사安國寺의 덕암德菴 스님과 대둔사大芚寺의 순우順祐 스님과 더불어 스승의 뜻을 잘 받든 효자의 문 안에 함께 노닐었던 분들이니, 어찌 세염洗染(원진 국사)만을 효성스럽다고 말하겠는가?

圓庵禪伯傳

師名得圓。號圓庵。出家于曹溪山。下髮上戒。一準古道。公務私産。毫無異念。師受敎授。如鏡當臺。煥如合心。有受業者。人稱風流。有傳法者。自惜內財。屢遷居處。聞寂地聞必往。居人淸秀。期尋叅謁。心欲小而道欲大。己欲寒而彼欲溫。所止拾柴燒灶。所□[1]除路決水。叅院已久。覔閒爲任。智異山燕谷。有土窟。一曰文殊。二曰龍樹。文殊。有主者。龍樹。無主者。與翠雲爲禪侶。日中一食。居做數夏。有二賓來。呼戶外曰。奉邀來。治行焉。入戶言如此如此。良久。恬然而寂。乙酉十二月也。終身行事。有始有終。繼其後者。不負先志。可謂與安國之德菴。大芚之順祐。同遊於孝經之內者也。何必洗染之旌也。

---

1) [원] □는 '到'이다.

하은선백전

스님의 법명은 예가例珂이고 호는 하은荷隱이며, 구월산 패엽사貝葉寺의 대화상이다.

스님의 명성은 해서海西에 자자하였으며, 점점 넘쳐흘러 사방 산문에 퍼졌다. 그래서 그 당시에는 학인이 하은 스님의 문하에서 학업을 받지 않으면 학인들 축에 끼지 못할 정도였으며, 은사隱士랍시고 하은 스님을 알지 못하면 은사 축에 들지 못할 정도였다.

스님은 강당 문을 활짝 열어 놓고 여래의 가르침을 20여 년 동안 거침없이 강설하였으며, 문을 닫아걸고 조사선祖師禪을 참구하며 20여 년 동안 안거를 마쳤다.

홍보살弘菩薩이란 하은 스님을 지칭하는 말이고 안처사安處士란 저 예가例珂를 칭송하는 말이다. 최오장崔五將이란 그의 증명證明을 천양하는 것이고 영허사映虛師란 그의 기망欺罔을 탄식한 말이다.

스님은 사부대중들에게 빙 둘러싸여서 오분五分의 법장을 연설하여 가르침을 폈고, 팔삼八衫으로 몸을 가리고 육수六銖가 어깨를 뚫었다. 법인을 전한 뒤에 문을 닫고 생生을 마치니, 원숭이와 두루미도 그 맹주盟主를 잃음에 슬퍼했고 시냇물과 푸른 산도 그 법왕을 잃음에 오열하였다.

그러나 영원히 썩어 없어지지 않는 것은 그의 문장이요 높이 드러나는 것은 그의 탑비塔碑이다. 스님은 도광道光 무자년(순조 28, 1828)에 태어나 광무光武(조선 고종의 연호) 무술년(1898)에 입적하였으니, 세속 나이는 71세이고 법랍은 58년이었다.

스님의 행장과 어록은 그의 문중에 간직되어 있으며, 제자로는 기룡騎龍 등 여러 스님이 있다.

荷隱禪伯傳

師名例珂。號荷隱。九月山貝葉寺大和尚也。聲滿海西。溢流四山。學人不叅荷隱。非學人。隱士不知荷隱。非隱士也。開門弄如來敎者。二十許春秋。掩關究祖師禪者。二十餘結解。弘菩薩。指其荷隱。安處士。誦其例珂。崔五將。揚其證明。映虛師。歎其欺罔。四衆圍繞。五分演暢。八衫掩身。六銖穿肩。傳印了。閉門了。猿鶴失其盟主。溪山咽其法王。不朽者文。高顯者塔。道光戊子生。光武戊戌寂。行狀語錄。藏在門中。弟子。有騎龍諸師。

용호강백전

스님의 법명은 해주海珠이고 호는 용호龍湖이며, 청화산 백련암白蓮庵의 대강사이다.

스님은 속가에 살고 있었을 때에는 학문과 예절의 가르침을 받았고(趨庭之訓),[34] 출가해서는 발을 씻은 한탄(洗足之歎)[35]을 끊어 버렸다.

스님은 입산하여 도를 수행하면서 좋은 인연을 맺어 나갔다. 축씨祝氏의 풀을 깎던 것을 본받고 설산의 법 구한 것을 흠모하였으며, 덕산德山 선사의 예분銳憤을 발發하고 무착無着의 참방參訪을 실천했다.

스님은 낙동강을 중심으로 동쪽과 서쪽 전 지역에 걸쳐 두루 노닐면서 고승 대덕들에게 질의質疑를 했고, 호남 지역과 호북 지역을 소요하면서 맺혔던 의문을 풀었다. 나라의 부름에 응해 갔다가 선물을 받들고 돌아왔으며, 초청하는 편지를 받고 가서는 선불장選佛場에서 입적하셨다.

스님이 세상에 살아 계셨을 때의 사적들은 선교禪敎의 옛 기록에 실려 있으며, 총림에서 펼쳤던 권교權敎와 현교現敎는 세워 놓은 비석에 기록되어 있다. 계를 받고 계를 전해 주며 법을 받고 법을 전해 주는 일들은 따지고 보면 한바탕 춘몽春夢에 지나지 않으니, 삼생의 정혼이 구한 것인가, 받은 것인가? 비석도 더럽혀지고 탑도 이지러지니 입으로 전하여 천년만년 이으리.

---

[34] 학문과 예절의 가르침을 받았고(趨庭之訓) : 백이추정伯鯉趨庭에서 나온 말로 『논어』의 "공자가 일찍이 혼자 서 있는데, 이鯉가 허리를 굽혀 절하고 뜰 앞을 지나가자 공자가 불러서, '시詩와 예禮를 배우라'고 하였다."라는 구절에서 응용한 말이다.
[35] 발을 씻은 한탄(洗足之歎) : 세속을 버린 한탄. 굴원屈原이 진세塵世를 떠날 때 「漁父詞」를 지어 "창랑의 물이 맑으면 갓끈을 씻고 창랑의 물이 더러우면 발이나 씻으련다.(滄浪之水淸兮。可以濯吾纓。滄浪之水濁兮。可以濯吾足。)"라고 한 데에서 응용한 말이다.

龍湖講伯傳

師名海珠。號龍湖。青華山白蓮庵大講士也。在家。受趍庭之訓。出家。絶洗足之歎。入山行道。逢因結緣。效祝氏之除艸。慕雪山之求法。發德山之銳憤。作無着之叅訪。洛東洛西。優遊質疑。湖南湖北。逍遙解結。應召而徃。奉賚而歸。請狀而赴。選佛而寂。時順事迹。禪敎古紙。權現叢林。空竪頑石。受戒傳戒。受法傳法。一場春夢。三生精魂。求之歟。與之歟。碑以之累。塔以之岾。口之傳之。千世萬世。

지봉강백전

스님의 법명은 우기祐祈이고 호는 지봉智峯이며, 경기도 양주에서 출생한 사람이다.

삼각산 도선암道詵庵으로 출가하여 인파 축현仁坡竺絃 스님에게 머리를 깎고 물들인 옷을 입고 스님이 되었으며, 이 인연으로 뒷날 향을 사르고 인파 스님의 법통을 이은 제자가 되었다. 스님은 효성스럽고 어질며 자애하기로 이름이 나서 산중은 물론 일반인들에게까지 널리 알려졌다. 일례로 스님은 한 개의 커다란 놋차관을 만들어 가지고 언제나 거동할 일이 있으면 반드시 그 안에 물을 가득 담아가지고 나갔다가 목마른 사람들에게 베풀어 주곤 했다.

언젠가 운현군雲峴君(흥선대원군)도 그에게 물 한 잔을 얻어 마시고 고마운 마음에 그에게 참서參書의 직책을 주었으나 사람들은 그렇게 부르지 않았다. 대원군은 다른 날 다시 스님을 불러 말하였다.

"지봉 판서, 물 한 잔만 주시오."

이렇게 말한 이후로 사람들은 모두 지봉 판서라고 부르게 되었다. 지봉 스님은 해남 대흥사大興寺 표충사表忠祠의 총섭摠攝과 적멸궁寂滅宮 총섭이란 승직을 역임했다. 표충사를 중수할 때 전라도 안찰사按察使가 용운龍雲과 지봉 두 스님에게 임명장을 주고 그 일을 지휘 감독하는 도감동都監董의 직책을 주었다. 두 스님의 감독 아래 표충사 중수는 무사히 마쳤다.

스님이 입적한 지 수년이 지난 뒤에 본국本國의 세공사歲貢使가 연경燕京(북경)으로 들어갔는데, 그때 중국의 큰 벼슬아치 한 사람이 사신을 데리고 자기 집으로 들어가 어린 손자를 보여 주며 이렇게 말했다.

"이 아이의 팔뚝 위에 '해동지봉海東智峯'이라는 네 글자가 쓰여 있는데 이것이 조선의 산 이름입니까? 아니면 사람의 이름입니까?"

사신이 대답하였다.

"우리 동국東國 경산京山에 살았던 스님의 이름입니다."

고관이 말했다.

"그 스님의 나이가 얼마나 되었습니까?"

사신이 대답했다.

"세상을 떠난 지 이미 3~4년이나 되었습니다."

고관이 말하였다.

"그 스님의 덕행은 어떠하였습니까?"

사신이 대답했다.

"스님들 중에 제일가는 분이라 사람들이 그 스님을 보살이라고 부르곤 했습니다. 그뿐만 아니라 스님에게 판서의 직책까지 증직할 정도였습니다."

큰 벼슬아치는 기쁨을 이기지 못해 극진하게 대접하고 전송했다.

스님의 제자 중에는 운구雲句 대사가 있었으며, 예천 용문사龍門寺에서 선불장選佛場을 시설하고 스스로 화주化主가 되어 화엄 조사 일곱 분의 영정을 모셔 놓고 봄가을로 예향禮享을 올렸는데, 그 역시 성대한 일이었다.

추사 김정희와는 아주 가깝게 지내던 사이라 추사가 스님에게 운구雲句라는 호를 지어 주었다.

지봉 스님에게 선과 교의 가르침을 받은 제자와 기연機緣의 어구語句들은 그의 어록에 자세하게 갖추어 기록되어 있다.

智峯講伯傳

師名祐祈。號智峯。楊州人。出家於三角山道詵庵。剃染於仁坡竺絃師。仍以拈香。孝仁慈愛。夙著山野。鑄一大錫罐。每當擧動時。必負水。施渴人。雲峴君。飮一盃。贈叅書職。人不稱之。他[1]日。更呼曰。智峯判書。取一盃水來。自後。人皆呼以智峯判書。行表忠祠摠攝。行寂滅宮摠攝。表忠祠重瓶時。全羅按察使。授都監董。差帖於龍雲智峯二師。遂得告功。示寂後數年。本國歲貢。使入燕京。有大官。引入其宅。示其幼孫曰。此兒臂上。有海東智峰四字。此是山名耶。人名耶。曰東國京山僧名也。曰早晚幾許。曰去世已三四年。曰德行何如。曰僧中第一。人稱菩薩。贈判書職。大官喜不自勝。欵待而別。其弟子。雲句大師。設選佛瞗於醴泉龍門寺。自爲化主。設華嚴七祖影。春秋禮享。亦盛事也。金秋史狎之。而贈號雲句。其禪教門人。機緣語句。備載語錄。

1) [원] '他'는 '也'의 오자이다.

침명강백전

스님의 법명은 한성翰醒이고 호는 침명枕溟이며, 속성은 김金씨이고 아버지는 이혁以爀이며 어머니는 맹孟씨이다. 경북 흥양興陽 남양방南陽坊 장담촌長潭村에서 출생한 사람이다. 스님은 가경嘉慶 신유년(순조 1, 1801) 4월 9일에 태어났다.

어릴 때부터 총명하고 영특하였는데 마음속에 출가할 것을 서원하다가 홀연히 부처님께서 왕성王城을 넘어 출가하신 것을 기억하고, 곧바로 팔영산 선계禪界(楞伽寺)로 가서 권민權敏 장로에게 머리를 깎고 스님이 되었으며, 춘파春坡 대사에게 구족계를 받았다.

그 뒤 백파白坡 선사에게 선참禪懺을 공부하였으며, 영봉 혁원影峯奕源 법사에게 법인을 전해 받았다. 침명 스님은 부휴浮休 스님의 10대 법손이고 영해影海 스님의 5대 법손이다.

스님이 계를 준 제자와 선법禪法을 전해 준 제자는 한가하게 논할 필요가 없을 정도로 많았다. 법을 전해 준 제자로는 보운 기준普運箕準·화산 오선華山晤善·영암 상흔影岩尙欣·만암 대순萬岩大淳 등이 있다.

스님은 광서光緖 병자년(고종 13, 1876) 10월 1일에 대중들을 불러 모으고 적멸을 보였으니, 세속 나이는 76세이고 법랍은 61년이었다.

스님은 여러 산문을 두루 돌아다니면서 선지식을 참알하고 내전은 물론 외전까지 모든 전적을 널리 달통하였다. 그리하여 한 지방의 종사가 되어(把茅盖頭) 예전 현인의 자리를 물려받아 강설하는 자리를 활짝 열어 젖히고 배움을 위해 찾아오는 학인들을 거절하지 않고 가르침을 주었다.

스님은 때로는 동리산에 거처하기도 하였고 혹은 조계산에 머물기도 하면서 배우기 위해 찾아오는 정성 어린 학인들을 맞아 가르치기를 20여 년이나 하였다. 만년에는 선암사 대승암大乘庵에 머물면서 갖가지 유발 학인들을 가르치기를 또 수십 년 동안 하였다.

노 행자盧行者[36]가 신주新州로 돌아간 해는 과거에 있었던 일이요, 왕양명王陽明이 전각殿閣 문을 걸어 잠갔던 날은 언제 다시 열릴지 기약할 길이 없다. 발걸음이 빠른 사람에게 권한을 미루어 주듯이 다리를 죽 펴고 잔 사람이 부끄럽지 않았다.

하하하 우습구나. 천하에 한가한 스님은 바로 이 스님이로구나.

枕溟講伯傳

師名翰醒。號枕溟。姓金氏。父以爀。母孟氏。興陽南陽坊長潭村人。嘉慶辛酉四月初九日生。幼而穎悟。志願出家。忽念踰跡。[1] 徑詣八影禪界。祝髮於權敏長老。受具於春坡大師。受禪懺於白坡禪師。得法印於影峯奕源法師。浮休之十世。影海之五世。傳戒傳禪。不可暇論。而傳法弟子。則有普運箕準華山晤善影岩尙欣萬岩大淳等。光緒丙子十月一日。召衆示寂。山愁日曠。人感川咽。世壽七十六。法臘六十一。編[2]叅諸方。博通內外典籍。把茅盖頭。奪古賢席。開說話門。不拒來者。或住桐裡。或住曹溪。接憧憧之躅者。二十餘年。晩住於仙岩之大乘庵。養種種之髮者。又數十年。盧行者。歸新州之年在前。王陽明。閉殿門之日無期。推柄於疾足者。不慙於伸脚人。阿呵呵。是甚麽。天下間[3]人有是僧。

1) [원] '跡'은 '城'의 오자이다. 2) [원] '編'은 '徧'의 오자이다. 3) [원] '間'은 '閒'의 오자이다.

36 노 행자盧行者 : 노능盧能, 즉 육조 혜능의 행자 시절 명칭.

경월선사전

스님의 법명은 영오寧遨이고 호는 경월鏡月이며, 속성은 배裵씨이고 전남 무안에서 출생한 사람이다.

스님은 우연히 두륜산에 들어갔다가 속세와 영원히 인연을 끊고 머리를 깎고 스님이 되었다. 스님은 3년간의 관학官學을 이수하고 경전의 깊은 이치를 탐구한 다음 은암 강백銀岩講伯의 조실에서 향을 사르고 법통을 이었으니, 수월水月·포운浦雲·연호蓮湖 스님과는 동문 법형제이다.

스님은 화운化運·견향見香·무위無爲·영호靈湖 스님과 함께 초의草衣 선사에게 대승보살계大乘菩薩戒를 받았으며, 승직으로 팔도도총섭八道都摠攝을 역임했다. 스님은 법사인 은암 스님의 탑을 대둔사 왼편 산기슭에 세웠다.

경월 스님의 문하에서는 큰스님으로 불리는 20여 명의 스님이 배출되었는데, 이 가운데 영담 지명影潭智明·혜운 보정惠雲普淨·수성 근헌壽星謹憲·수암 석근壽庵碩謹 등이 법인을 받은 제자이다. 스님의 진영 1축軸이 있는데 연담각蓮潭閣에 봉안되어 있다.

스님은 함풍咸豊 정사년(철종 8, 1857) 3월 10일 입적하니, 숲속에서는 새소리가 끊어지고 냇물에서는 고기들이 오열했다.

스님의 성품은 본래 낙천적이고 간이簡易하였으며, 행동은 활협闊狹한 데가 있었다. 스님의 상호相好는 원만하였고 일을 만나면 완협緩頰하게 진행하였으며, 어려운 일을 당해도 반드시 인내하면서 풀어 나갔고 남의 고통을 들으면 꼭 위로해 주었다. 그리하여 온 사찰 안이 화목하고 순박하였으며 산중 권속들도 모두 다 평안하였다.

그런데도 베풀어 준 이에게 반드시 잃는 게 있고 믿는 이에게 속임을 당했다. 어진 사람은 바보가 되고 악한 사람은 잘되었다. 공자가 말하기를, "도가 같지 않으면 서로 함께 일을 도모하지 말라.(道不同。不相爲謀。)"[37]

라고 하였으니, 이는 서로 뜻이 맞는 사람끼리 어울릴 수밖에 없다는 말이다.

스님은 모든 사람들에게 평등하게 자비로운 마음을 베풀었는데, 다른 사람들로부터 도리어 평등하지 못하다는 오해를 받았으니 어찌 애석한 일이 아니겠는가?

스님의 일기日記 1권이 전해 온다.

鏡月禪師傳

師名寧遨。號鏡月。姓裵氏。務安人。偶入頭輪。永絶鄕曲。剃髮稟戒。[1] 官學三年。探經大義。拈香於銀岩講伯之室。與水月浦雲蓮湖。爲洞[2]門兄弟。與化運見香無爲靈湖等。受大乘菩薩戒於草衣禪師。行八道都摠攝。立法師銀岩之塔於大芚之左麓。度碩字僧二十許人。授弟子印於影潭智明惠雲普淨壽星謹憲壽庵碩謹等。有眞影一軸。安于蓮潭閣。咸豊丁巳三月初十日。示寂。林無禽聲。澗有魚咽。性本樂易。多行濶狹。相好圓滿。見事緩頰。臨難必忍。聞苦必慰。寺內和淳。山中同安。與者。必也失之。信者。必也誑之。仁者拙之。惡者興之。子曰。道不同。不相爲謀。亦各從其志也。師。以平等之慈行。於人。反受其不平等之謀。豈不惜哉。有日記一卷。

1) [원] '稟戒'는 연자이다. 2) [역] '洞'은 '同'의 오자인 듯하다.

37 『논어』「衛靈公」편에 나오는 말이다.

회산강백전

스님의 법명은 보혜普慧이고 호는 회산晦山이며, 동래 금정산 범어사梵魚寺 인근 마을에서 출생한 사람이다.

유년 시절 범어사로 들어가 머리를 깎고 계를 받아 스님이 되었으며, 이후로 전국의 유명한 강론 자리를 찾아다니며 불교경전은 물론 유가·도가의 전적들까지 두루 배우고 익혔다.

또한 조계산·가지산·두륜산·달마산·백양산 등 여러 산문의 선지식들을 찾아다니면서 학문의 깊이와 폭을 늘려 갔다. 그 후 일봉암日封庵에 주석하고 있던 인곡仁谷 선사가 강론하는 자리에서 대둔사의 수언守彦 스님, 법천사法泉寺의 학능學能 스님, 도갑사道甲寺의 회성會成 스님과 함께 『화엄경』을 공부하였다. 이때 초의草衣 스님이 운흥사雲興寺 반야대般若臺에 머물고 있었으므로 이들은 서로 오가며 시를 주고받았다.

경전 공부를 마치고 나서 울암 경의蔚庵敬儀 법사의 조실에서 향을 사르고 법통을 이어받았으니, 효암 윤찰孝庵允察·해월 보선海月普宣·은봉 지척隱峰志倜·평암 연정平庵涓定·해성 금찰海城錦察·성허 지찰性虛志察·영송 영선影松永善 등과 법형제가 되자고 결의한 사이이며, 낙성 취규洛城就奎와는 숙백叔伯 관계이고 금파 임추金坡任秋의 손자 법제자이며, 용파 도주龍波道周의 증손 법제자이고 호암虎岩의 4대 법손이다.

스님은 성품이 호걸스러웠고 모습은 풍후豊厚하였으며, 재주는 문장과 글씨 두 가지를 겸했고 덕德은 삼남三南에 으뜸이었으니, '봉황의 꼬리가 길어 배를 지나간다(鳳尾跨肚)'는 사실을 여기에서 징험할 수 있었다.

스님의 문집 1권이 그의 문중에 남아 전해지고 있다.

낙성洛城에 세 명의 제자가 있었으니, 보월 한엽寶月漢曄·동학 병준東鶴丙俊·덕운 화문德雲和紋이 바로 그들이다.

사람들은 말하기를, "낙파 스님은 선문禪門의 선지식이고, 비연秘演 스님은 모든 산문의 보살이며, 회산 스님은 승려 중에 문장가이다."라고 하였으니, 아마도 저들은 지역의 특별한 영기靈氣를 받은 때문이 아닌가 생각된다.

晦山講伯傳

師名普慧。號晦山。金井山梵魚寺人。幼入梵魚。下髮上戒。周遊講肆。習內外典。叅曹溪伽智頭輪達摩白羊諸山。詣日封仁谷禪師講下。與大芚之守彥。法泉之學能。道甲之會成。同學華嚴。時草衣。在雲輿之般若臺。往來和韻。看經已畢。拈香於蔚庵敬儀法師。與孝庵允察。海月普宣。隱峰志個。[1]平庵涓定。海城錦察。性虛志察。影松永善。結爲法兄弟。洛城就奎。爲叔伯仲。金坡任秋之孫。龍波道周之曾。虎岩之四世。管性傑豪。相豊貌厚。才供二筆。德冠三南。鳳尾跨肚。至此可驗。有文集一卷。留傳于門中。洛城。有三弟子曰。寶月漢曄。東鶴丙俊。德雲和紋。人謂洛波。禪門之善知識。秘演。諸山之菩薩。晦山。僧中之文章。盖其地靈之所感。

---

1) [원] '個'는 '偶'의 오자이다.

이봉선백전

스님의 법명은 낙현樂玹이고 호는 이봉离峯이며, 나주에서 출생한 사람이다.

인근의 덕룡산 쌍계사雙溪寺로 출가하여 머리를 깎고 구족계를 받았다. 스님은 먼저 외전外典을 배웠으며, 뒤에 선경禪經을 보았다. 여러 선지식들을 찾아다니며 학문 배우기를 마치고 법통을 전해 받은 다음 팔八 자로 활짝 열고 종설宗說까지 겸하여 달통했다.

스님은 가지산 송대松臺로 옮겨가 살다가 다시 대원산과 조계산으로 옮겨 다니며 거주하였다.

가경嘉慶 갑자년(순조 4, 1804)에 태어나 광서光緖 경인년(고종 27, 1890) 2월 12일 조계산 송광사松廣寺에서 입적하니, 세속 나이는 77세[38]이고 하랍夏臘은 62년이었다. 스님의 나이 비록 고희古稀를 넘겼으나 정신은 가을 달처럼 맑았으며, 모든 상호相好를 구족具足하였고, 지식 또한 크게 빛났으며 자비와 지혜를 함께 실천하신 분이었다.

모습에 집착하여 그것을 근간으로 삼아 사는 미혹한 사람들도 한번 보고 설법을 들으면 마음속에 쌓였던 의혹이 얼음 녹듯 풀리고, 명성을 듣고 찾아오는 이들도 스님의 설법을 듣고는 머물러 떠나지 않는 이들의 수효가 늘어나 손가락을 꼽아 셀 수 없을 정도였다.

막힘없는 설법은 마치 설법제일이었던 부루나富樓那 존자처럼 변화무쌍하였으며, 읊는 게송은 부산 법원浮山法遠이 다시 온 듯하였다. 보림寶林(禪風)이 울창하게 일어남은 마치 위산潙山의 영우靈祐와 조계산의 용운龍雲 스님과 같아 계의 향기가 방안에 가득하고 선의 가풍이 총림을 뒤흔들었다.

---

38 간지로 보면 87세가 된다.

이봉 스님에게 법인을 얻은 제자가 20여 명쯤 되었고, 계율의 향기가 몸에 밴 제자는 40여 명이나 되었으며, 선등禪燈에 비추어진 제자는 무려 200여 명에 이른다.

나라에서는 스님에게 '팔도 대각등계 보제존자 도총섭八道大覺登階普濟尊者都摠攝'이라는 승직을 제수하였다. 문집 2권과 행장 1권이 스님의 법제자에게 소장되어 전해 오고 있다.

离峯禪伯傳

師名樂珎。號离峯。羅州人。出家于德龍山雙溪寺。祝髮受具。學外典。看禪經。衆訪了。受法了。打開八字。宗說兼通。移居伽智山松臺。復移大原曹溪。嘉慶甲子生。光緖庚寅後。二月十二日。示寂于松廣寺。世壽七十七。夏臘六十二。師年雖過稀。而秋月精神。諸相具足。知識卓犖。悲智雙運。肯綮于着相者。一見而聞語。心累氷解。聞名而至者。聽說而留者。數難屈指。說則富樓羅變化。偈則浮山遠重來。寶林蔚興。若譌[1]山之於靈祐。曹溪之於龍雲。戒香滿室。禪風動林。得其法印者。二十許。薰其戒香者。四十零。照其禪燈者。二百數。贈八道大覺登塔[2]普濟尊者都摠攝。文集二卷。行狀一卷。留藏于法弟子。

---

1) ㉮ '譌'는 '潙'의 오자이다. 2) ㉮ '塔'는 '階'의 오자인 듯하다.

벽파선사전

스님의 법명은 찬영贊英이고 호는 벽파碧波이며, 옥주沃州(전남 진도) 벽파정碧波亭에서 출생한 사람이다.

스님은 어릴 때부터 과묵한 성격이었다. 두륜산으로 출가하여 척잠陟岺 스님에게서 머리를 깎고 물들인 옷을 입고 스님이 되었으며, 연하緣何 스님에게 구족계를 받은 다음 가지산으로 옮겨 가서 살았다. 그러자 사찰의 재정도 자족自足할 수 있게 되었고, 몸속에 있는 구슬도 탐득探得할 수 있었다.

조정에서는 스님에게 '팔도도총섭八道都摠攝'의 승직을 제수했고, 삼성三聖을 지키는 임무도 맡겼다. 스님은 뒤늦게나마 "한 번 이상 잠을 자지 않는다.(一宿)"[39]라고 한 계율에 대한 참뜻을 깨닫고 조계산에 편지를 보내 선암사로 주석처를 옮기고 그곳 연서蓮棲 대사의 조실에서 향을 사르고 법통을 이어받았다.

연서 대사는 해암 청윤海岩淸潤 스님의 법통을 이었고 청윤 스님은 낭송 유화朗松有華 스님의 법통을 이었으며, 유화 스님은 설파 상언雪坡常彦 스님의 법통을 이었고 상언 스님은 호암虎岩 조사의 법통을 이었으니, 벽파 스님은 곧 호암 선사의 5대 법손이 된다.

문인으로는 신봉 청호信峯淸浩 스님 등이 있다. 벽파 스님은 나이가 중년쯤 되었을 무렵 해가 한낮이 되자 조용히 열반에 드시니 사람들은 물론 신神까지도 슬퍼하는 것 같았다. 다비식을 마치자 상서로운 재(사리)가 한 움큼 나왔는데, 인근의 벌들도 꿀을 품고 와서는 스님의 영전에 세 번 바쳤다.

---

[39] 『四十二章經』에 나오는 말이다.

碧波禪師傳

師名贊英。號碧波。沃州碧波亭人。幼而性默暗然。出家於頭輪山。剃染於陟岑。受具於緣何。移住於長興伽智山。外財自足。內珠探得。摠攝八道。守在三聖。晚覺一宿之戒。移札曹溪。住錫仙巖。拈香於蓮棲大師。蓮棲。嗣海岩清潤。潤。嗣朗松有華。華。嗣雪坡常彦。彦。嗣虎岩祖師。即虎岩之五世。門人有信峯清浩等。年將中壽。日可亭午。泊然而寂。人神俱悲。祚[1]灰一掬。蜂蜜三獻。

1) [원] '祚'는 '作'의 오자이다.

용운선백전

스님의 법명은 처익處益이고 호는 용운龍雲이며, 당호堂號는 경암敬庵이고 속성은 이씨이다. 곡성 석곡방石谷坊 용계龍溪에서 출생한 사람이다.

가경嘉慶 계유년(순조 13, 1813) 10월 7일에 태어나서 광서光緒 무자년(고종 25, 1888) 5월 5일에 입적하였으니, 세속 나이는 76세이고 법랍은 61년이다.

15세에 조계산 송광사로 출가했으며, 17세에 남일南日 장로에게 머리를 깎고 스님이 되었다. 이어 기봉奇峯 선사에게 구족계를 받고 제봉霽峰 선사에게 선참禪懺을 받았으며, 27세에 보봉寶峰 선사의 조실에서 향을 사르고 법통을 이어받았다.

스님의 문정門庭은 높고 넓었으며, 법계의 연원을 살펴보면 성대하게 일어났음을 알 수 있다. 내전과 외전을 두루 배워 다 통달하였고 글씨는 당대의 명필인 이李【이름은 삼만三晩】와 견줄 만하였으며, 문장은 종단에 으뜸이었다.

스님의 인품은 소박하고 진실하였고, 지혜는 거울처럼 맑고 원만하였다. 도道는 선원禪苑에 우뚝 높았고 명성은 유림儒林에까지 알려졌으니, 목서의 향기를 맡았는가(聞木犀香乎)? 매화 열매 익은 것을 보았다네(看梅子熟矣).[40]

스님은 침명枕溟 스님을 찾아뵙고 모든 경론을 배웠고, 인파仁坡 스님을 찾아가서 모든 선학과 교학에 대해 강의를 들었으며, 옛 현인賢人의 법석

---

[40] 목서의 향기를~것을 보았다네 : '목서의 향기를 맡았는가(聞木犀香乎)?'라는 말은 황정견黃庭堅이 회당 조심晦堂祖心에게 도를 물었을 때 '목서의 향냄새를 맡았는가?' 하고 대답한 데서 유래하였고, '매화 열매 익은 것을 보았네(看梅子熟矣)'라는 말은 어느 스님과 대매大梅 화상의 '즉심즉불卽心卽佛' 등에 대한 문답을 듣고 뒷날 대매의 스승 마조馬祖가 대매의 공부가 성숙되었음을 인가하면서 '매실이 익었음을 알겠구나'라고 한 말에서 유래된 것으로서 용운 스님의 도가 무르익었음을 말한 것이다.

을 물려받아 신참新參한 학인들을 가르치다가 조수처럼 구름처럼 밀려드는 대중들을 버려두고 홀로 선정禪定을 닦는 관문關門으로 들어갔다.

조정에서는 스님에게 '호남 표충사 도총섭湖南表忠祠都摠攝'의 관직을 제수하였고, 또 '영남 표충사 도총섭嶺南表忠祠都摠攝'의 관직도 제수했으며, 다시 도내道內의 '도총섭' 직위까지 받아 직무를 수행했다. 을유년(고종 22, 1885) 중하仲夏에는 스님에게 특별히 '판서判書'의 교지도 내렸다.

또 스님은 봉은사奉恩寺에서 경전을 간행하는 일을 했고 해인사海印寺에서도 경전을 간행하는 일을 했으며, 통도사通度寺에서는 계단戒壇을 시설하였고 태고사太古寺 중수를 하였으며, 갈래사葛來寺에 석탑 세우는 불사를 하였고 회암사檜岩寺에서는 산문의 송사를 처리하였으며, 임인년(1842)에는 본사本寺(송광사)의 회록回祿(화재) 중창에 화주化主의 임무를 수행하였다.

경신(철종 11, 1860)과 신유(1861) 양년에는 지봉智峯 스님과 함께 해남 표충사를 중수하였고, 전주 송광사松廣寺의 삼존불 개금불사를 하였으며, 이어서 보성의 대원암大原庵, 곡성 도림사道林寺의 길상암吉祥庵에 있는 나한전羅漢殿, 운봉雲峯의 백장암百丈庵, 곡성谷城의 천태암天台庵, 금산사金山寺의 큰 법당과 본사의 용화龍華·보제普濟·도성道成 등의 전각을 모두 중수하였으니, 몸소 노동을 해서 모든 일을 잘 마무리 지은 스님의 힘을 누가 당할 수 있겠는가?

안팎의 재물이 모두 넉넉했으며 법시法施로써 중생들을 구제하고 재시財施로써 생전예수재生前豫修齋를 봉행하는 등 아끼고 탐하는 마음을 깨뜨려 없애는 삶을 살았음을 우리 스님에게서 볼 수 있다.

그런즉 스님은 백암栢庵 스님의 법풍法風과 묵암黙庵 스님, 벽담碧潭 스님의 기개가 감로사甘露寺[41] 보조普照 스님의 도량에서 다시 떨친 것이다.

---

[41] 감로사甘露寺 : 천은사泉隱寺의 옛 이름. 전라남도 구례군 광의면에 있는 절. 통일신라 시대인 828년(흥덕왕 3)에 덕운 선사德雲禪師와 인도에서 온 승려 스루가 창건하였고, 경내에 이슬처럼 맑고 찬 샘이 있어 이름을 감로사甘露寺라 하였다고 한다. 조선 시대

스님에게 계참戒懺을 받고 선참禪懺을 받은 제자들은 이루 헤아릴 수 없을 정도로 많았고, 교학을 배우고 법을 전해 받은 제자들도 볏짚처럼 삼대처럼 열을 이룰 정도로 많았다.

문집과 그의 행장이 문인들에게 남겨져 소장되고 있으며, 문인으로는 응해 성홍應海晟弘·한운 한오漢雲漢悟·구연 법선九淵法善 등이 유명하다. 한운漢雲 스님의 제자 중에 법해 봉주法海琫注 스님이 있는데, 그는 기골氣骨이 있고 경학에 밝아 봉황의 꼬리로 지칭되고 있다.

龍雲禪伯傳

師名處益。號龍雲。室曰敬庵。姓李氏。谷城石谷坊龍溪人。嘉慶癸酉十月初七日。生。光緒戊子五月初五日。寂。世壽七十六。法臘六十一。十五。出家於曹溪山。十七。祝髮於南日長老。受具戒於奇峯禪師。受禪懺於霽峰禪師。二十七。拈香於寶峯禪師。門庭高廣。淵源蔚興。學通內外。筆叅李【三晚】。文孟宗。基¹⁾局朴實。智鑑圓明。道高禪苑。聲傳儒林。聞木犀香乎。看梅子熟矣。叅枕溟師。受諸經綸。²⁾訪仁坡師。聽諸禪敎。奪古賢席。領新叅衆。捨衆海雲集之席。入獨修禪定之關。贈湖南表忠祠都揔攝之職。又贈領南表忠祠都揔攝之職。又受道內都揔攝之位。乙酉仲夏。特下判書敎旨。若夫奉恩寺之刊經。海印寺之印經。通度寺之戒壇。太古寺之重修。葛來寺之石塔。檜岩寺之山訟。壬寅之本寺回祿重剏。皆爲化主。庚申辛酉兩年。與智峰。重修海南之表忠祠。全州松廣之三佛改金。寶城之大原。谷城道林之吉祥庵羅漢殿。雲峯之百丈庵。谷城之天台庵。金山之大法堂。本寺之龍華

에 임진왜란으로 피해를 입어 불탄 뒤 중건할 때, 샘에 큰 구렁이가 자꾸 나타나 잡아 죽였더니 샘이 솟아나지 않았다고 한다. 그래서 이름을 샘이 숨었다는 뜻으로, 천은사라고 바꾸자 그 뒤로 원인 모를 화재와 재앙이 끊이지 않았다. 사람들은 절을 지키는 구렁이를 죽였기 때문이라고 두려워했다. 이 소식을 들은 조선 4대 명필의 한 사람인 이광사가 '지리산 천은사'라는 글씨를 물 흐르는 듯한 서체로 써서 일주문 현판으로 걸었더니 그 뒤로 재앙이 그쳤다고 한다.

普濟道成諸堂。皆其重修。則勞身成功之力。人誰當之。內外之財幷足。法施以濟人。財施以顧³⁾修。破除慳貪。吾於師見之。然則栢庵之風。默庵碧潭之氣。更振於甘露普照之道場。受戒受禪之輩。項背相望。受學得法之徒。稻麻成列。文集行狀。留藏于門人。門人。有應海晟弘。漢雲漢悟。九淵法善。漢雲。有弟子。法海琫注。有氣骨。有經學。鳳尾之稱。

---

1) ㉯ '基'는 '其'의 오자이다. 2) ㉯ '倫'은 '論'의 오자이다. 3) ㉯ '顧'는 '預'의 오자이다.

화운선사전

스님의 법명은 은철銀哲이고 호는 화운化運이며, 속성은 이씨이고 전남 해남 화산에서 출생한 사람이다.

스님은 두륜산으로 출가하여 온곡 영택溫谷永澤 스님에게 머리를 깎고 물들인 옷을 입고 스님이 되었으며, 만우萬愚 스님에게 계를 받고 침교枕蛟 스님의 조실에서 향을 사르고 법통을 이어받았으며, 초의草衣 선사의 법좌法座에서 보살대승계菩薩大乘戒를 받았다.

스님은 성품이 엄숙하고 행동이 평등하였으며 지혜가 바다처럼 넓었다. 연파蓮坡 스님의 손자 제자이고 화악華岳 스님의 6대 법손이다. 등운 무가等運無可 스님과는 백중伯仲 사이이다.

스님에게 법등을 전해 받은 제자는 두 명이 있었다. 하나는 설허 지연雪虛智演이니, 속성은 박씨이고 반남潘南에서 출생한 사람이며 조정으로부터 '총섭摠攝'의 직책을 제수받았다. 다른 하나는 찬율贊律 스님이니, 속성은 김씨이고 영암 홍해洪海에서 출생한 사람이며 조정으로부터 '자헌대부資憲大夫'의 증직을 받았다. 계를 받은 제자는 세원世元·예운禮云·도홍道弘 등 21명이 있다.

스님은 동치同治 3년 갑자(고종 1, 1864) 4월 5일 술시戌時(오후 7시~9시)에 대흥사 상원암上院庵에서 적멸을 보였다.

손자 제자 중에 유명한 스님으로는 석주 익운石舟翼雲이 있는데, 영암에서 출생한 사람이고 속성은 고高씨이며, 이는 곧 설허 지연雪虛智演 스님의 법을 계승한 제자이다.

化運禪師傳

師名銀哲。號化運。姓李氏。海南華山人。出家於頭輪山。剃染于溫谷永澤之室。受戒於萬愚之壇。拈香於枕蛟[1]之堂。受菩薩大乘戒于草衣禪師之座。性行肅均。智海汪洋。蓮坡之孫。華岳之六世。等運無可爲伯仲。傳燈者。有二人。曰雪虛智演。姓朴氏。潘南人。贈摠攝。曰贊律。姓金氏。靈岩洪海人。贈資憲大夫。受戒者。有世元禮云道弘等二十一人。同治三年甲子四月初五日戌時。示寂于上院庵。孫弟子。有石舟翼雲。靈岩人。姓高氏。卽雪虛智演之嗣。

---

1) ㉔ '蚊'은 '蛟'의 오자이다.

방월선백전

스님의 법명은 의연義演이고 자字는 백련白蓮이며, 호는 삼담三潭이고 선호禪號는 방월傍月이다. 속성은 차車씨이고 나주 자은慈恩에서 출생한 사람이다.

스님은 출가 이전 속가에 있었을 적에 안례雁禮(혼례)를 치렀고 부인과의 사이에 아이도 낳았으나 어느 날 갑자기 부처님께서 왕성王城을 넘어 출가하였다는 고사古事를 듣고 자기의 권속들에게서 떠나 두륜산의 춘담양옥春潭養玉 선덕禪德에게 몸을 의탁하여 머리를 깎고 계를 받았다.

구름처럼 이름난 산문을 돌아다니면서 선지식들을 두루 참방參訪한 끝에 양산 통도사通度寺 보광전普光殿 용암龍岩 스님의 선회禪會에서 소비燒臂 의식을 치르고 대승보살계大乘菩薩戒를 받았다.

스님은 그 뒤로 가야산·팔공산·지리산·금강산·묘향산·구월산·용문산·계룡산·백양산·월출산 등지에서 각각 한 철씩 결하結夏(안거)를 마치고, 만년에는 첨찰산으로 들어가 은사인 춘담春潭 스님의 조실에서 향을 사르고 법통을 계승하였다.

스님은 비교적 오랜 세월 동안 쌍계사雙溪寺에 머물면서 짚신을 삼아 의지할 데 없는 사람들에게 나누어 주었으며, 나물을 캐다가 주리고 병든 이들을 도와주었다. 사람을 만나면 염불과 불경 공부하기를 권유하였으며, 낮에는 활동하고 밤에는 좌선을 하면서 출가의 본분을 잊지 않았다.

스님은 장소를 가리지 않고 거처하여, 사람들이 거주하는 곳이 너무 나쁘다고 말하면 스님은 웃으면서 말하기를, "이곳이 제일 좋은 도량이다."라고 하고, 사람들이 장소가 너무 시끄럽다고 말하면 스님은 또 말하기를, "이곳이 나에게는 극락세계이다."라고 하곤 했다.

나이도 많아지고 법랍도 늘어가던 어느 날 편안한 모습으로 앉은 채 세상을 떠나시니, 쌍갈래 흐르는 냇물도 오열하는 것 같았고 삼보도 주인을 잃고 말았다. 부녀자들은 스님이 열반했다는 말을 듣고 눈물을 흘렸으며, 초동樵童들도 그 소식을 듣고 슬퍼하였다.

스님은 운봉雲峯 스님의 4대 법손이고 진봉珍峰 스님의 3대 법손이며, 금담金潭 스님의 손자 제자이고 춘담 스님의 법자法子이다. 호연浩然 스님은 불문의 형이고 청하靑霞 스님과는 종형제지간이다. 그러나 그 문손門孫들이 번성하지 못하고 스님의 대에서 그치고 말았으니, 아! 슬픈 일이로구나.

傍月禪伯傳

師名義演。字白蓮。號三潭。禪號傍月。姓車氏。羅州慈恩人。在家成雁禮。亦有已出。忽聞踰城古事。離其己屬。投入頭輪春潭養玉禪德。下髮上戒。雲遊名山。叅訪知識。住通度寺普光殿龍岩禪會。燒臂受大乘菩薩戒。伽倻八公智異金剛妙香九月龍門鷄龍白羊月出。一一結夏。晚入尖察山。指[1]香於恩師。久居雙溪寺。織屨而施無告者。采蔬而救飢病者。逢人則勸念通經。盡[2]行夜坐。不忘本分。不擇處而處之。人言處卑。則曰此是第一道場。人言紛擾。則曰此是極樂世界。年高臘長。怡然坐化。雙溪如咽。三寶失主。婦女。聞之而泣。樵童。聽之而悼。於雲峯爲四世。珍峰之三世。金潭之孫。春澤[3]之子。浩然之門兄。靑霞之從兄弟。而其孫不振。嗚呼局哉。

---

1) ㉮ '指'는 '拈'의 오자이다. 2) ㉮ '盡'은 '晝'의 오자이다. 3) ㉮ '澤'은 '潭'의 오자인 듯하다.

자행선사전

스님의 법명은 책활策活이고 호는 자행慈行이며, 속성은 장張씨이고 영암 옥천에서 출생한 사람이다.

스님은 해남 두륜산 □□ 선사에게 출가하여 스님이 되었으며, 완호玩虎 선사에게 구족계를 받고 중화 덕홍中和德弘 대사의 조실에서 향을 사르고 법통을 이었다.

또 삼여三如 대사의 법단法壇에서 계율과 선법禪法을 전해 받았고, 호훈好訓 화상에게서 범음梵音의 가르침을 받았다.

스님은 동치同治 원년 임술(철종 13, 1862) 정월 3일 유시(오후 5시~7시)에 승당僧堂에서 입적하였으니, 세속 나이는 81세이고 법랍은 65년이었다.

스님은 몸은 비록 작았으나 지혜와 덕행은 넓고 컸다. 게다가 범패를 잘하여 코를 쥐고 흉내를 내면 옥천사玉泉寺 진감 국사의 음향이 이 시대에 이르러 다시 살아난 것 같았다. 그리하여 오묘한 불교음악을 배우기 위하여 향을 사르고 가르침을 청하는 제자들이 문을 메우고 길을 가득 채웠다.

스님은 언제나 자애로운 마음으로 사람들을 대하였으며, 일찍이 신분이 높고 귀하다 하여 친하게 지내려고 하거나 신분이 낮고 천하다 하여 소홀하게 대하지 않았으므로 모든 사람들이 그를 자행慈行 대사라고 불렀으며, 비단 스님의 법사께서 내려 준 호라고 해서 그렇게 부른 것만은 아니다.

스님에 의해 득도得度된 제자는 경은 부인敬恩富仁 등 21명이나 되었으며, 범패를 배우기 위해 스님에게 득도된 제자는 용연龍淵과 운파雲坡 등 수백 명이나 된다. 또한 돌부鍦斧를 전해 받은 제자는 응암 학성應庵學性 등 세 명이 있다.

스님의 제자 중에 스님보다 먼저 열반한 제자가 있었으니 법명은 유원

有元이고 속성은 한韓씨이며 옥주沃州에서 출생한 사람이다. 사유闍維식을 한 다음 사리 1과顆와 영주靈珠 1립粒과 초골超骨 한 조각을 얻었다.

스님의 제자 중에는 또 도안 대윤到岸大允이 있는데 범패로는 한 지방에 으뜸이었으며, 가지산에서 입멸하였다.

慈行禪師傳

師名策活。號慈行。姓張氏。靈岩玉泉人。出家於頭輪山□□禪師。受具於玩虎禪師。拈香於中和德弘大師。受律禪於三如大師之壇。受梵音於好訓和尚。同治元年壬戌正月初三日酉時。入寂于僧堂。世壽八十一。法臘六十五。法相短小。智行博大。尤善於梵唄。掩鼻之規。玉泉之響。重興於一時。炷香而請益者。賓[1]門塞路。見人慈愛。未嘗以尊卑貴賤親疎之人。皆謂之慈行大師。非但法師賜號也。其所度人。有敬恩富仁等二十一人。以音聲得度者。有龍淵雲坡等數十百人。其所傳鉏斧者。有應庵學性等三人。有先亡弟子曰。有元姓韓氏。沃州人。闍維得舍利一顆。靈珠一粒。超骨一片。有到岸大允者。梵唄甲于一方。入滅於伽智山。

---

1) 편 '賓'은 '塡'의 오자이다.

청해대사전

스님의 법명은 혜운惠雲이고 호는 청해淸海이며, 속성은 김씨이고 청해 당인塘仁 고을에서 출생한 사람이다.

스님은 두륜산으로 출가하여 인담 의철仁潭義哲 선사에 의하여 양육되는 은혜를 입고 스님이 되었다. 인담 선사는 백련白蓮 스님의 사법嗣法 제자이고 연담蓮潭 스님의 손자 법제자이다.

청해 스님은 본래 가진 재물이 아무것도 없어서 탁발로 학문의 비용과 식량을 마련하였다. 그러면서도 종장宗匠들을 두루 찾아뵙고 결국에는 선문의 실학實學을 터득하였다.

그런 다음 스님은 본사의 공무公務를 맡아 임무를 잘 수행하였다. 너그럽고 활달한 성품으로 최고인 청해 스님은 절의 서기書記의 직책을 맡기도 하였고 수승首僧에 차출되기도 하였으며, 원院의 간사도 역임하였고 주지의 자리에 오르기도 하였으며, 사찰 안의 유나維那 소임도 맡아 본 적이 있다.

청해 스님은 이처럼 사찰의 중요한 소임을 두루 거쳐 마침내는 종사宗師의 지위에까지 잠깐 올랐는데, 얼마 뒤에 작은 질병의 증상을 보이더니 함풍咸豊 신해년(철종 2, 1851) 10월 16일 대흥사 만월당滿月堂에서 반열반般涅槃에 들었다. 소나무와 삼나무도 슬픈 기색을 띠었는데 그의 문하 제자들이야 말할 필요가 있겠는가?

스님의 세속 나이는 57세이고 법랍은 41년이다. 청해 스님은 죽음을 두고 말하기를, "각문覺文이 몸을 버리고 태홍太弘이 집으로 돌아가니 남은 재산은 어디다 보시할 건가? 사람이 죽으면 돌아오기 어렵나니 이 말을 귀감으로 삼을지어다."라고 하였다.

淸海大士傳

師名惠雲。號淸海。姓金氏。淸海塘仁人。出家於頭輪山。受養育之恩于仁潭義哲禪師。師。白蓮之嗣。蓮潭之孫。小無資財。乞備學糧。徧叅宗匠。終作實學。揔察公務。寬濶居最。任書記。差首僧。行院幹事。居住持位。內行維那。乍登宗席。微示病相。以咸豊辛亥十月十六日。船涅槃於滿月堂。松杉含悲。况門下弟子乎。壽五十七。臘四十一。師之云亡。覺文棄身。太弘歸家。餘財何施。人亡則難追。此可鑑。

완파대사전

스님의 법명은 위규瑋珪이고 호는 완파玩坡이며, 속성은 권權씨이고 경북 안동에서 출생한 사람이다.

어릴 때 용담사龍潭寺로 출가하여 머리를 깎고 물들인 옷을 입고 스님이 되었다. 스님이 된 뒤에 불경 공부를 마치고 설봉 완첨雪峰玩沾 선사의 조실에서 향을 사르고 법통을 이어받았다.

스님의 종파를 미루어 살펴보면 곧 환성 지안喚醒志安·용암 신감龍岩信鑑·대암 국탄大岩國坦·회암 나식檜岩懶湜·영허 성엽暎虛聖曄·금파 긍잠錦波兢箴·웅파 위성雄波偉性·경월 유성慶月有成·설봉 완첨雪峯玩沾·완파 위규玩坡瑋珪·포련 취환布蓮就洹으로 이어져 왔으니, 스님은 환성 스님의 9대 법손이고 포련布蓮 스님의 스승이 된다.

포련 스님 아래에 도영道榮 상인이 있는데, 도영 스님의 속성은 김씨이고 문경에서 출생한 사람이며, 오래도록 서울 근교 산문에 살고 있었다.

완파 스님은 나이 47세에 전주 위봉사威鳳寺에 머물러 있으면서 사원의 집들을 중수하였고 염불회念佛會를 개설하였다. 55세 때에는 조정으로부터 '팔도승풍규정 대각등계 보제존자 도총섭八道僧風紏正大覺登階普濟尊者都摠攝'이라는 직첩의 임명장을 받았으며, 갑술년(고종 11, 1874) 봄에는 포련 스님도 역시 스승과 똑같은 직첩을 받았다.

신미년(고종 8, 1871)에 조정에서 표충사에 올리던 제향을 철폐하라는 명령에 완파 스님은 무한하게 온 힘을 다하여 주선하여 원우院宇의 제향 문제를 회복하는 데 주력하였다. 병자년(고종 13, 1876)에 열린 법회에 포련 스님이 무진 애를 쓰기도 했다.

스님은 가경嘉慶 병자년(1816)에 태어났다.

玩坡大師傳

師名瑋珪。號玩坡。姓權氏。安東人。早投龍潭寺。出家剃染。經學方畢。拈香於雪峯玩沾禪師之室。追其宗派。則喚醒志安。龍岩信鑑。大岩國坦。檜岩懶湜。暎虛聖曄。錦波兢箴。雄波偉性。慶月有成。雪峯玩沾。玩坡瑋珪。布蓮就洹。喚醒之九世。布蓮之師。布蓮之下。有道榮上人。姓金氏。聞慶人。久居京山。年四十七。住全州威鳳寺。重修院宇。開念佛會。五十五。受八道僧風糾正大覺登堦[1]普濟尊者都摠攝。甲戌春布蓮。亦受其職。辛未。有表忠撤享之令。師。乃無限周旋。有力於院宇。丙子之會。布蓮有力。嘉慶丙子生。

---

1) [원] '堦'는 '階'가 아닌가 한다.

만휴선백전

스님의 법명은 자흔自欣이고 호는 만휴萬休이며, 속성은 서徐씨이고 영암 금강錦江에서 출생한 사람이다.

만휴 스님은 가경嘉慶 9년 갑자(순조 4, 1804)에 태어나서 광서光緖 원년 을해(고종 12, 1875) 정월 28일 신시申時(오후 3시~5시)에 대둔사大芚寺 신월암新月庵에서 적멸을 보이셨으니, 세속 나이는 72세이고 승랍은 56년이다.

스님은 어릴 때 부모를 모두 잃고 추위에 떨고 굶주렸으며 몸은 의지할 데가 없었다. 마음속으로 출가할 것을 서원하다가 곧바로 두륜산에 몸을 던져 거기서 살았다.

열여섯 살 때에 탁권卓權 대사에게 무명초無明草(머리카락)를 깎고 스님이 되었다. 그 후 형암荊庵 원장에게 사미계를 받고 설곡雪谷 선사의 조실에서 향을 사르고 법통을 이어받았으며, 초의草衣 화상으로부터 선참禪懺을 받고 승달사僧達寺의 화담華潭 스님과 운흥사雲興寺의 대운大雲 스님, 그리고 불호사佛護寺의 인곡仁谷 스님으로부터 경론을 배워 경·율·론 삼장을 모두 달통하였다.

만휴 스님은 만일암挽日庵 법회 때에는 주맹主盟이 되어 오종五宗의 가르침을 자유롭게 드러내 보이며 후학들을 가르쳤다. 스님의 몸집은 매우 크고 원만하였고 생각은 깊고 원대하였다.

스님이 계를 전해 준 제자는 예암 광준禮庵廣俊 등이 있고, 의발을 전해 준 제자로는 덕암 영준德庵永俊 등이 있다.

스님의 진영이 남아 있으며 그 진영을 찬미하는 게송과 서문은 백파 신헌영申獻永이 지었다.

萬休禪伯傳

師名自欣。號萬休。姓徐氏。靈岩錦江人。嘉慶九年甲子生。光緖元年乙亥正月二十八日申時。示寂于大芚之新月庵。俗壽七十二。僧臘五十六。早失怙恃。最苟衣食。身無聊賴。志願出家。徑投頭輪。因居焉。十六。除無明草於卓權大士。受沙彌戒於荊庵院長。拈香於雪谷禪師。叅禪於草衣和尙。受經論於僧達之華潭。雲興之大雲。佛護之仁谷。明通三藏。主盟於挽日。弄現五宗。地大圓滿。意根深遠。傳戒者。禮庵廣俊等。傳衣者。德庵永俊等。有眞影。白坡申獻永。贊幷書。

응화강백전

스님의 법명은 유한有閑이고 자字는 심한心旱이며 호는 응화應化이다.
어렸을 때 달마산으로 들어가 머리를 깎고 물들인 옷을 입고 스님이 되었다. 송월松月 대사의 조실에서 향을 사르고 법통을 전해 받았으며, 낭암朗岩·침명枕溟·대운大雲 등 여러 스님을 찾아뵙고 학문을 연마하여 내전은 물론 외전까지 두루 섭렵하여 통달하고는 깃발을 세우고 학인들을 가르치니 일문一門이 협소할 정도로 학인들이 많이 몰려들었다. 대둔사 북암北庵, 보림사寶林寺 서쪽에 있던 부도암浮屠庵, 송광사 보조암普照庵 등은 모두 스님이 주석하면서 강석을 열어 학인들을 가르쳤던 곳이다.

스님은 해인사에서 경전을 간행할 때 증명법사가 되었고 다시 대둔사에 돌아와 진불암眞佛庵과 상원암上院庵에서 각각 한 철씩 안거를 마쳤다. 이어 도성암道成庵에 머물러 계시면서 암자를 중건한 뒤 낭암朗岩 스님의 비석을 세우는 일을 하였고, 송월松月 스님의 탑을 세우는 일을 하였다.

스님은 세상의 온갖 일에는 무심無心하여 사대四大(地水火風)로 이루어진 몸뚱이가 흩어지려고 하였다.

스님은 가경嘉慶 18년 계유(순조 13, 1813)에 태어나서 광서光緒 11년 을유(고종 22, 1885) 4월 2일 인시寅時(새벽 3시~5시)에 편안한 모습으로 적멸을 보이셨다. 적멸을 보이시던 날 아침에 몸에서 광명이 방사되었고 사유闍維 의식을 치르던 날에는 서기가 하늘까지 뻗쳤다. 그러자 스님은 물론 속인들까지 모두 기뻐하였고 늙은이나 젊은이들이 다 같이 우러러 찬탄하였다. 스님의 세속 나이는 73세였고 하랍夏臘은 57년이었다.

스님은 몸 전체가 풍만하였고 언어는 웅대하고 낭랑하였다. 말법 시대에 웅장한 문장가였고 지략이 매우 컸으며, 남쪽 지방에서 명성을 떨친 큰스님이었다.

소요逍遙 스님 때에 활짝 피운 선禪의 꽃이 설봉 스님에 이르러 결실을 보게 된 것이다. 낭암 스님이 그(응화)의 할아버지이고 금곡錦谷·신월信月·벽해劈海 스님은 그의 숙부뻘이 되고 붕명 준진鵬溟準眞·완송 의순玩松意淳·휴암 선일休庵善日·취암 금환翠庵錦還 스님 등은 그의 형제지간이 되며, 경담 두원鏡潭斗元·인담 두인仁潭斗印·경운 화윤敬雲華允·훈허 상능渾虛尙能 스님은 모두 스님의 법제자들이다. 그 외에 응화 스님에게 은혜를 받은 제자와 계를 받은 제자, 그리고 선참禪懺을 받은 제자들은 너무 많아 줄을 지어 어깨를 서로 바라볼 지경이었다.

스님의 부도는 남암南庵 오른편 산기슭에 세웠으며, 스님의 문집 1권과 일기 1권이 문인들에게 소장되어 있다.

應化講伯傳

師名有閑。字心埠。號應化。幼入達摩。祝髮染衣。拈香於松月大師之室。叅學於朗岩枕溟大雲諸師。學通內外經籍。建幢度人。一門狹小。大芚之北庵。寶林之西浮屠。松廣之普照。皆其住錫開講之處。證海印之印經。回入大芚眞佛上院。各結一夏。住於成道。重建其庵。竪朗岩碑。立松月塔。萬事無心。四大欲散。嘉慶十八年癸酉生。光緖十一年乙酉四月初二日寅時。怡然示寂。示寂之辰。放光。闍維之日。亘氣。緇白皆喜。老少歎仰。世壽七十三。夏臘五十七。全體豐滿。語言雄朗。季世之雄文巨擘。南方之金聲玉振。逍遙之開花。雪峯之結實。朗岩。爲其祖。錦谷信月劈海。爲其叔。鵬溟準眞玩松意淳休庵善日翠庵錦還。爲其兄弟。鏡潭斗元。仁潭斗印。敬雲華允。渾虛尙能。爲其弟子。受其恩者。受其戒者。受其禪者。項背相望。立浮屠於南庵之右麓。文集一卷。日記一卷。門人藏之。

동사열전 제5권
| 東師列傳 第五 |

두륜산인 구계 선집 편차
頭輪山人 九階 選集 編次

벽담선백전

스님의 법명은 도문道文이고 호는 벽담碧潭이며, 속성은 정鄭씨이고 경산京山(서울) 영도사永道寺에서 출생한 사람이다.

주상전하主上殿下(고종)의 파계派系를 살펴보면 이러하다.

숙종肅宗대왕에게 여섯 아들이 있었다. 첫째는 경종景宗대왕이고, 둘째 아들과 셋째 아들은 일찍 죽었다. 넷째 아들이 영조英祖대왕이고, 다섯째 아들은 일찍 죽었으며, 여섯째 아들은 연령군延齡君이다.

연령군의 아들은 낙천군洛川君 온薀이고【본종本宗은 선조宣祖 임금의 아홉째 아들 경창군慶昌君 유瑠이다.】, 낙천군의 아들은 은신군恩信君이며【본종은 장헌세자莊獻世子 계파로 영조의 둘째 아들이다.】, 은신군의 아들은 남연군南延君 구球이다【본종은 인평대군麟平大君 요瀉 계파로 인조仁祖의 셋째 아들이다.】.

남연군에게 네 아들이 있었으니, 첫째는 흥녕군興寧君 응창昌應이고, 둘째는 흥원군興完君 정응最應이며, 셋째는 흥인군興仁君 최응最應이고, 넷째는 흥선군興宣君 하응昰應이다. 하응에게 세 아들이 있었으니, 첫째는 재면載冕이고, 둘째가 현 주상인 재황載晃이니 어릴 때의 이름은 개동開東이었고 아이 때의 이름은 명복命福이었는데, 관례를 올릴 때에 형㷗【음은 형迥이다.】으로 바꾸었다.

고종은 함풍咸豊 2년 임자(철종 3, 1852) 7월 25일에 태어나서 동치同治 2년 계해(철종 14, 1863) 12월 17일에 왕위에 오르니, 그 당시의 나이는 12세였다. 이 무렵 고종은 한양 영도사 벽담 대선사 도문道文의 처소에서 주로 양육되고 있었다.

소년은 언젠가 영도사에 가서 놀다가 절의 벽에 성명을 써 놓았는데, 뒷날 보위寶位에 오른 다음 그 절의 이름을 개운사開運寺로 고쳤다. 이는 주상의 어서御書인데다 벽담 스님을 존중하는 뜻에서 취한 조치이다.

그 뒤에 덕산德山(충남 예산군)의 상왕산象王山에 있는 일명 '가야산 보덕사保德寺'를 '생왕산生王山 보덕사報德寺'라고 고쳤다.[1] 새로 터를 잡아 새 절을 짓고 옛 절터에는 남연군의 묘를 면례緬禮(이장)한 뒤 벽담 대사로 하여금 남연군의 묘를 수호하게 하고 '수호일품대승守護一品大僧'이라는 품계를 주었다.

벽담 대사가 적멸을 보인 뒤에 스님의 제자들이 계속해서 그 묘를 수호하였다.

벽담 스님의 제자는 한 명이 있는데 평택 망한사望漢寺를 중창하고 남연군의 묘를 수호하기도 하였다. 스님의 어록 2권이 문인들에 의해 전해지고 있다.

碧潭禪伯傳

師名道文。號碧潭。姓鄭氏。京山永道寺人。主上殿下派系。肅宗大王。有六男。一景宗大王。二男三男。早卒。四英宗大王。五男。早卒。六男。延齡君。子洛川君薀【本宗宣祖第九子慶昌君珣】。子恩信君【本宗莊獻世子派英宗二男】。子南延君球【本宗麟平大君渲派仁祖第三子】。有四子。一興寧君昌應。二興完君㝡應。三興仁君最應。四興宣君昰應。有三子。一載晃。二主上載晃。幼名開東。兒名命福。冠名㷞【音逈】。咸豊二年壬子。七月二十六[1)]日生。同治二年癸亥。十二月十七日。即位。時年十二。定養於永道寺碧潭大禪師道文處。有出遊永道寺。寺壁題姓名。登寶位。改其寺名。曰開運寺。謂[2)]主上御書及碧潭尊師故也。其後。德山象王山。一名伽倻山保德寺。改名曰。生王山報德寺。移建新基舊寺址。緬禮南延君墓。使碧潭大師。贈階守護一品

---

1 『新增東國輿地勝覽』에 의하면 "덕산현 서쪽 11리쯤에 가야산이 있고, 북쪽 13리에는 상왕산이 있다. 이 두 산은 덕산현과 해미현海美縣에 걸쳐 있으며 서로 연이어져 있다."고 하였다. 게다가 절의 당초 이름도 가야산 보덕사가 아니라 가야산 가야사였는데 흥선대원군이 '절이 있는 자리에 묘를 쓰면 2대 왕을 지낼 자리이다'라고 하는 풍수의 말을 듣고 1844년(헌종 10) 가야사를 헐고 남연군의 묘를 이장하고, 인근 골짜기에 절을 새로 지어 보덕사라 이름하고 초대 주지에 영도사 주지였던 벽담 선사를 임명하였다.

大僧大師。示寂。弟子繼守。弟子一人。平澤望漢寺。重創守護。師。語錄二卷。在傳門人。

1) [원] '六'은 '五'의 오자이다. 2) [원] '謂' 뒤에 '有'가 있는 본이 있다.

퇴은선백전

스님의 법명은 여훈如訓이고 호는 퇴은退隱이며, 머물던 방의 현판은 향적정사香積精舍이다. 금강산 표훈사表訓寺 정양암正陽庵에 퇴은 스님이 은거하면서 일생을 마친 방이 있으니 바로 향적정사이다.

그 뒤 스님이 세상을 떠난 후에도 제자들이 그 방을 지키고 있으면서 무너지면 보수하곤 하였다. 스님은 화문化門 스님·영암靈岩 스님 등과 더불어 금강산 내원통암內圓通庵 및 나한전羅漢殿을 중수하기도 하였다.

스님은 한번 금강산에 들어간 뒤로 사방 산의 절을 두루 유람하면서 사찰을 중수하고 흩어진 유물들을 모아 정리 보존하였다. 또한 스님의 문장력은 사적을 기록하는 데 충분하였고 선禪은 미혹한 중생들을 교화하기에 충분할 정도였다. 물질은 하늘로부터 얻지 않아도 낡은 것을 고쳐 새롭게 지을 수 있었고 손수 일을 하지 않아도 성대한 모습으로 다시 지어지곤 하였다.

스님은 손수 누에를 치지 않고도 옷을 입을 수 있었고, 직접 농사를 짓지 않아도 음식을 먹을 수 있었다. 멀리서 스님을 찾아오는 사람들도 많았고 아무것도 얻은 게 없이 빈손으로 돌아가는 이는 아주 적었다.

학문을 배우기 위하여 달밤에 문을 두드리는 이들은 날로 많아졌으며, 삼매三昧에 떨어져서 수행하는 사람들도 자리를 가득 메웠다. 대승의 교리(大空)를 참구하거나 소승의 교리(小空)를 공부하거나 모두들 오라 가라 부르곤 하였다. 스님은 또 상근기上根機이든 중근기中根機이든 모두를 막론하고 앉아서 맞이하고 일어나서 전송하였다. 스님에게 율전律典을 전해 받고 경학經學을 전해 받은 이는 먹물로는 이루 기록할 수 없으며, 법法을 받고 계戒를 전해 받은 제자 역시 손꼽아 헤아릴 수 없을 정도로 많았다.

스님은 온갖 풀과 나무까지도 한 권속으로 여기셨으며, 모든 남자나 여자들까지 나의 부모처럼 생각하였다. 인간의 수명은 한계가 있고, 이 세계도 이룩되고 무너짐이 있거니 죽어서 수고우水牯牛[2]가 된다 한들 무엇이 부끄러울 것이며, 또한 김대성金大城처럼 다시 환생할 것을 어찌 바랄 필요가 있겠는가?

退隱禪伯傳

師名如訓。號退隱。室曰。香積精舍。金剛山表訓寺正陽庵。有師隱居終老之室。曰香積精舍。其後。塵世守補廢。師。與化門靈岩等。重修內圓通及羅漢殿。一入金剛。周遊四山寺。補闕拾遺。文足以記事。禪足以化迷。物不天來。而改舊營新。手不役作。而輪焉奐焉。不蚕之衣着身。不耕之食糊口。遠尋者衆。空去者小。推敲月下之門。日多。落昧修行之人。滿座。大空小空。喚來喚去。上根中根。坐迎起送。傳律傳經。無墨可點。受法受大。[1] 無指可屈。盡草木。爲我眷屬。擧男女。爲我父母。壽有分限。世有成壞。何愧水牯牛。何望金大城。

1) [원] '大'는 '火'의 오자이다.

2 수고우水牯牛 : 남전 보원南泉普願(748~834) 선사가 임종에 즈음하여 제자와 나눈 문답에서 유래한 것이다. 조주가 남전에게 묻기를, "유有를 안 사람이 죽은 뒤에 어디로 갑니까?"라고 하자, 남전이 "산 앞의 신도 집에 한 마리의 수고우가 되어 가나니라."라고 하였다.

인곡강백전

스님의 법명은 영환永奐이고 호는 인곡仁谷이다.

덕룡산 불호사佛護寺에서 출가하였고 혜월 제해慧月濟海 선사의 조실에서 향을 사르고 법통을 이어받았으니, 인곡 스님은 연담蓮潭의 손자 법제자이다. 일찍이 두륜산 완호玩虎 스님과 달마산 낭암朗巖 스님을 찾아뵙고 학문을 익혔으며, 그 후에 대둔사大芚寺 청풍료淸風寮에서 강경 법회를 크게 열었는데, 참예하여 학문을 배운 사람들의 수효가 100여 명에 달했다.

스님은 일봉암日封庵에 주석하면서 사방에서 밀려드는 학인들을 맞아 학문을 가르치다가 어느 날 갑자기 몸을 떨치고 일어나 강론을 중단하고 전국 명산과 옛 도읍지 네 곳을 두루 유람하였다. 이런 일이 있은 이래로 낮에는 사천四天에 예배하고 밤에는 구성九聖에 예배하며, 도량을 돌고 어려운 일이나 고달픈 일들은 혼자 도맡아 하곤 하였다.

그런 스님을 두고 세속에서는 이렇게까지 말했다.

"도량 80리는 인곡당仁谷堂이요, 만경창파萬頃蒼波는 낭암당朗巖堂이로구나."

인곡 스님의 동문同門 형제로는 영파 덕수永坡德壽 선사가 있는데, 선강禪講과 교강敎講으로 명성이 자자하여 그 누구도 까마귀의 암수를 가릴 줄 모르듯이 우열을 분간하지 못했다.

스님은 필력筆力도 경간勁幹하여 수많은 서책을 손수 베껴 썼다. 심지어는 옥편玉篇과 자휘字彙까지도 하나하나 베끼곤 하였다. 스님의 글씨는 용과 뱀이 비등飛騰하는 것처럼 힘차고 생동감이 있었으며, 마사麻絲가 가지런하듯이 정연하였다.

인곡 스님과 영파 스님이 글씨까지 구비具備하여 서로 우열을 가릴 수 없었으니 이에 대해서도 가히 숭상할 만한 인물들이었다.

스님의 제자 중에서는 성담 수언性潭修彦 스님이 특히 유명하다. 성담 스님은 교학을 배운 뒤에 놓아 버리고 선문禪門에 들어가 하루 한 번만 자고 한 끼니만 먹으면서 행리行李가 엄격하였으니, 푸른 물감이 쪽에서 나왔지만 쪽보다 더 푸르다고 한 말은 이 스님을 두고 한 말이 아니겠는가?

그 밖의 제자로는 지봉 유홍智峰有洪과 인허 혜한印虛惠閒 등 수레에 실을 만큼, 말로 되어 헤아려야 할 만큼 이루 다 헤아릴 수 없이 많다.

스님의 문집 1권이 있다.

영파 스님에게도 제자가 있었으니 경암 승정鏡庵勝正·백암 정헌白庵正軒·용담 한일龍潭漢日·백인 선길白印善吉이다. 용담 스님 아래에는 백월 태순白月台淳이 있었는데, 백월 스님은 문장과 글씨는 물론 지식까지 아울러 갖춘 스님이었다. 그는 광서光緒 갑오년(고종 31, 1894) 현재 일봉암日封庵에 머물고 있다.

仁谷講伯傳

師名永夐。號仁谷。出家於德龍山佛護寺。拈香於慧月濟海禪師。蓮潭之孫。甞叅於頭輪之玩虎。達摩之朗岩。設大會於大芚淸風寮。叅學之數。百餘人。住日封庵。提接四來學者。一朝奮身。周遊四山。四都以來。日禮四天。夜禮九聖。周匝道場。難行苦行。諺言曰。道場八十里仁谷堂。萬頃滄波朗岩堂。同門兄弟。有永坡德壽禪師。禪講敎講。誰知烏之雌雄。師筆力勍幹。許多書册。手皆謄書。至於玉篇字彙。一一書寫。披[1]師筆畫勍彊。龍蛇飛謄。[2] 麻絲叅差。此二師文[3]具備。難兄難弟。於此可尙。有弟子。性潭守彥。捨敎入禪。一宿一食。行李嚴冷。靑出於藍。非師而誰。其餘智峰有洪。印虛惠閒等。車載斗量。不可勝數者。有文集一卷。永坡。有弟子。鏡庵勝正。白庵正軒。龍潭漢日。白印善吉。龍潭下。有白月台淳。白月。有文筆知識。光緒甲午。在日封庵。

---

1) ㉙ '披'는 '坡'의 오자이다. 2) ㉙ '謄'은 '騰'의 오자이다. 3) ㉙ '文' 뒤에 '筆'이 있는 본이 있다.

남호선백전

스님의 법명은 영기永奇이고 호는 남호南湖이며, 삼각산 북한北漢에서 출생한 사람이다.

어렸을 때부터 속세(火宅)를 싫어하더니, 성장하자 결국에는 영원히 공문空門에 들어가 머리를 깎고 물들인 옷을 입고 스님이 되었다. 스님은 계율을 철저하게 지켰고 경전을 열심히 염송하였으며, 게다가 경전을 베끼는 사경과 경전을 큰소리로 읽는 독경으로 소일하였다.

스님은 자비로운 마음으로 중생들을 섭수攝受하였으며, 겉은 비구의 몸을 나타냈으나 속마음은 보살의 행을 품고 있었다. 또 문방사우文房四友를 구비하여 법신法身 1천 부처님께 찾아가 예를 올리기 위하여 곧 함풍咸豊 임자년(철종 3, 1852) 겨울에 보개산寶盖山(철원에 있는 산)에 들어가서 『아미타경』을 사경하였다.

자신의 몸을 찔러 피를 내어 먹물에 섞어서 맹세하는 마음으로 붓을 잡고 글자 한 자를 쓸 때마다 부처님을 세 바퀴 돌고 세 번 예배하고 세 번 부처님의 명호를 부르곤 하였다.

한 점 한 획에 담긴 극진한 마음은 법계法界 중생의 비원悲願에서 흘러나온 것 같았으며, 한 글귀·한 소절마다 마땅히 온 대지大地의 좋고 나쁜 것 위에서 발현한 것처럼 보였다.

스님은 사경을 함에 있어서 한결같이 옛날 조사님들의 규범을 따랐으며, 손가락을 찔러 피를 내면서도 아픔을 잊었던 일 등은 예전 성념省念 스님의 발자취를 그대로 따른 것이다.

송宋나라 때 원정圓淨 법사가 있었는데 법명은 성념이고, 속성은 안顔씨이다. 17세에 출가하여 구족계를 받았는데 계행이 매우 청청하였다. 송나라 순화淳化(宋 太宗의 연호) 연간(990~994)에 남소경사南昭慶寺에 주석하면서 서호西湖 지역 불자들과 결사結社를 하여 화엄으로 종요宗要를 삼았던 스님이다.

 이때에 성념 스님은 스스로 제 자신의 손가락을 찔러 피를 짜서 먹물에 섞어 경을 베껴 쓰면서 늘 한 글자를 쓸 때마다 세 번 절하고 세 바퀴 돌고 부처님의 명호를 세 번 칭념稱念하곤 했었다. 그렇게 하여 베껴 쓴 경전을 판목에 새겨 1천 권을 간행하여 세상 사람들에게 나누어 주었다. 사람들은 그때부터 성념 스님이 머물던 연사蓮社의 이름을 바꾸어 정행사淨行社로 불렀으며, 사경 법회에 참예했던 사람들을 정행淨行의 제자라고 불렀다. 천희天禧(宋 眞宗의 연호) 3년(1019) 정월에 단정하게 앉아서 염불을 하며 입적했는데, 사람들은 성념 스님을 연종蓮宗의 7대 조사로 삼았다. 성념 스님의 꽃다운 발자취는 불법을 위해 육신을 잊은 거룩한 표본이라 하겠다.

 남호 스님은 계축년(1853) 초여름 삼각산 내원암內院庵으로 들어가 피를 섞어서 쓴 경전을 판목板木에 새겨 간행하여 세상 사람들에게 배포하는 동시에 『무량수경』도 함께 간행하였다.

 그 당시 사경대회寫經大會에는 전국의 용상대덕龍象大德들이 많이 참여하였다. 인허 성유印虛性惟·혼성 취선渾性就善·금계 장환錦溪壯奐·대연 수찰大演守察·혜봉 최성慧峰最性·제월 보성霽月寶成·예봉 학윤禮峰學潤·동화 축전東化竺典·중봉 혜호中峰慧皓·성봉 성호聖峰性顥 등 모든 선사들이 모두 증명법사의 자리에 모였다.

 함풍咸豊 3년 계축(철종 4, 1853) 여름에 삼각산 내원암의 사경불사재寫經佛事齋를 거행하는 데 들어간 비용은 모두 남호 스님이 화주가 되어 시행한 자비의 원력이었다.

南湖禪伯傳

師名永奇。號南湖。三角山北漢人。幼厭火宅。長入空門。薙髮染衣。守律念經。書寫讀誦。慈悲攝受。外現比丘身。內含菩薩行。乃具文房四友。徃禮法身千佛。乃於咸豊壬子冬。入寶盖山。書寫阿彌陀經。刺血和墨。誓心秉筆。凡寫一字。三統[1]匝。三禮拜。三稱佛名。一點一劃。盡心等。法界悲願中流出。一句一讀。宜乎盡大地善惡上發現。一遵古祖師垂範。指血忘痛。實踵省念者。宋圓淨法師。名省念。錢[2]顔氏。十七出家。受其[3]戒。行嚴謹。淳化中。住錫昭慶。結社西湖。以華嚴爲宗要。自刺指血。和墨書之。每書一字。三拜三圍繞。三稱佛名。刊板印施千卷。易蓮社。爲淨行社。預會者。皆稱淨行弟子。天禧三年正月。端坐念佛之[4]寂。爲蓮[5]七祖云。省念師芳躅。爲法忘軀。越癸丑夏初。三角山內院庵。刊板印布。同時同刊無量壽經。時會龍象大德。印虛性惟。渾性就善。錦溪壯渙。大演守察。慧峰最性。霽月寶成。禮峰學潤。東化竺典。中峰慧皓。聖峰性顒等。諸禪師。皆會證席。咸豊三年癸丑夏。三角山內院庵。佛事齋場。南湖化主慈願力。

---

1) [원] '統'은 '繞'의 오자이다. 2) [원] '錢'은 '姓'의 오자이다. 3) [원] '其'는 '具'의 오자이다. 4) [원] '之'는 '入'의 오자이다. 5) [원] '蓮' 뒤에 '宗'이 있는 본이 있다.

문암강백전

스님의 법명은 영유永愈이고 호는 문암聞庵이며, 속성은 이씨이고 영암에서 출생한 사람이다.

어린 시절에 출가하여 표운表雲 장로의 문하에서 머리를 깎고 물들인 옷을 입고 스님이 되었으며, 현해懸解 조사의 조실에서 향을 사르고 법통을 이었다. 그 후에 화담華潭·수룡袖龍·대운大雲 스님을 두루 찾아다니며 참학하였다. 여러 지방을 유람하면서 선지식을 참방參訪하여 공부의 수준을 인정받아 스승의 방에 들어갈 수 있었다.

스님은 강당에 앉아 강론을 할 때에는 가르치기를 게을리하지 않으셨으며, 대둔사의 상원암上院庵과 북암北庵, 수인사修仁寺의 석문암石門庵, 보림사寶林寺의 동암東庵 등에 인연을 따라 거주했다.

말년에는 스님도 비로소 교학은 거두고 선문에 들어가 보림사의 내원암과 송광사의 삼일암三日庵, 태안사의 미타암彌陀庵, 지리산의 칠불암七佛庵과 불일암佛日庵, 대둔사의 만일암挽日庵과 남미륵암南彌勒庵 등의 선방에서 성품대로 소요逍遙하였다.

스님은 심적암深寂庵에서 머물러 계시다가 미미한 질병 증세를 보이더니 열반에 드셨다.

스님에게 법을 받은 제자로는 기봉 장선奇峰壯善이 있고, 손자 제자로는 남하 성현南河性衒과 환명 경운煥溟敬雲이 있으며, 수은受恩 제자로는 주지의 직을 맡고 있는 회일會日이 있다.

동문수학을 한 법형法兄 중에는 화성 도우花城道祐가 있으며, 화성 스님의 제자로는 은곡 봉신銀谷奉信과 학봉 선일鶴峰仙一 등이 있다. 스님에게서 계를 받은 제자로는 보헌普憲 등 21명이 있다.

스님은 성품이 본래 유순하였다. 특히 살생을 하지 않고 도둑질을 하지 않으며 사음邪婬을 하지 않고 거짓말을 하지 않는다는 계율을 철저하게 지켰으니, 이 네 가지 바라이波羅夷 중에 어느 한 가지라도 범한 것이 있는지를 저마다 숨김없이 드러낼 때에 한 가지 죄도 드러나지 않는 이는 백 명에 한 명 정도 있을 정도였다. 선실禪室의 문안에 들어간 이후에도 다른 대중들과 서로 수순隨順(화합)한 예는 근래에는 없었던 일이다.

스님이 시작부터 마칠 때까지 손수 쓴 책이나 글들은 이루 다 헤아릴 수 없을 정도로 많은데, 선방에 들어간 이후에 모두 다 흩어지고 잃어버려 남아 있는 게 없으니, 그의 문하생들의 불초不肖함을 짐작할 수 있겠다.

聞庵講伯傳

師名永愈。號聞庵。姓李氏。靈岩人。幼年出家。剃染於表雲長老。拈香於縣解祖師。叅學於華潭袖龍大雲。遊方入室。坐講堂。誨之不倦。大芚之上院北庵。修仁之石門。寶林之東庵。隨緣居住。末乃捨敎入禪。寶林之內院。松廣之三日。太安之彌弛。[1] 智異之七佛佛日。大芚之挽日南彌。任性逍遙。住深寂。示微疾而寂。受法弟子。有奇峰壯善。孫弟子。南河性衙。煥溟敬雲。受恩業者。有行住持會日。同門兄。有花城道祐。花城弟子。有銀谷奉信。鶴峰仙一等。受戒者。有普憲等二十一人。性本柔順。不殺庄。[2] 不偸盜。不邪淫。不妄語。此波羅夷中。發露之時。無一露罪者。百中之一也。入禪室門。隨順大衆。近古所無者也。自初至終。手書之文。數不可筭而入禪以後。散失無遺。門下人之不肖可想。

---

1) ㉈ '弛'는 '陀'의 오자이다. 2) ㉈ '庄'은 '生'의 오자이다.

영암선백전

스님의 법명은 취학就學이고 호는 영암靈岩이며, 본래 전남 영암에서 출생한 사람이다.

스님은 무정한 세월이 길 위에서 덧없이 흘러가 버리는 것을 애달프게 생각한 나머지 심지心志에 서원을 세워 산중에 몸을 의탁하여 머리를 깎고 물들인 옷을 입고 스님이 되었다. 이런 과정은 다른 스님들과 별반 다르지 않으나 스승을 찾아가 은사를 정하고 법을 받은 이후로는 완연히 생불生佛과 같았다.

스님은 금강산을 토굴로 삼고 '법기法起 보살이 나를 불러 제자로 삼았다'고 하였다. 1만 2천 봉을 가슴속에 간직하고 53부처님이 눈앞에 줄지어 서 있는 가운데, 금강수金剛水·감로수甘露水·장군수將軍水를 마시며 마군의 구름을 씻어 내고 상서로운 기운을 길러 내는 등 청정한 삶을 영위하였다.

스님은 주로 금강산에 있었던 불지암佛地庵·정양암正陽庵·영원암靈源庵에 앉아서 뜨거운 번뇌를 녹여 없애고 청량함을 얻는 일에 몰두하였다.

스님은 또 수불암須佛庵과 내원통암內圓通庵 등을 중수하였는데, 수불암 중수하는 일은 강명철姜明哲이 화주를 맡았고 내원통암은 퇴은退隱 스님과 힘을 함께하여 일을 잘 성사시켰다.

스님은 팔도의 강과 산을 총괄해서 『토굴가土窟歌』 1권을 지었는데, 그것을 베끼느라 시전市廛의 종이가 품절되었고, 산야山野에는 그 노래를 불러 귀가 시끄러울 지경이었다.

퇴은 스님이 세상을 떠나자 영암 선백도 석실石室에서 세상을 떠나니, 도를 같이 닦던 도반들은 비로소 두 분이 막상막하라는 것을 알게 되었다. 비로봉毘盧峰 중향성衆香城 안으로 들어가고 말았으니 누구를 칭찬하고 누구를 헐뜯을 것인가?

靈岩禪伯傳

師名就學。號靈岩。本是靈岩人。無情歲月。過去于路上。有願心志。依托於山中。削髮被緇。元同他人。尋師受恩。完如生佛。金剛爲我窟宅。法起召我弟子。萬二千峯。飽藏心中。五十三佛。森立眼前。喫金剛水甘露水將軍水。洒洗[1]濯魔。雲生瑞氣。坐佛地庵正陽庵靈源庵。消除熱惱。獲淸凉。重修須佛庵。化主姜明哲。成內圓通。退隱同力。括盡八垓江巒。作一卷土窟歌。市廛紙絶。山野耳眈。退隱化門。石室幻空。同道方知。頡之頑之。誰毀誰譽於毘盧峰頭衆香城理。[2]

---
1) 원 '洗'는 연자이다. 2) 원 '理'는 '裡'의 오자이다.

혼성선백전

스님의 법명은 취선就善이고 호는 혼성混性이며, 묘향산 보현사普賢寺 극락전極樂殿 사람이다.

스님은 타고난 천품天稟이 호연浩然하여 자질구레한 절차에 구애받지 않았으며, 학문은 구류九流를 골고루 섭렵하여 모든 학문을 한 몸에 지니고 있었다. 삼장三藏과 오교五敎를 두루 열람하였다.

다섯 도의 법회도량을 끊임없이 오가면서 교학을 가르치고 사방 산문의 선원禪苑을 두루 다니면서 명패를 걸어 놓고 결제안거를 하였다. 책궤를 짊어지고 배우기 위해 대사를 찾아온 학인들이 바람으로 머리를 빗고 빗물로 목욕을 하면서까지 모여들었다. 보배를 가슴에 품고 그 가치를 점검하려고 찾아오는 이들은 스님을 찾아와서 나무를 하고 물을 긷는 일까지 자처하는 지경에 이르렀다.

연연演 보살【비연秘演 스님】과 천天 수좌【관천觀天 스님】는 먼 지방에서 스님을 찾아와서 훌륭한 가치를 인정받은 스님이다. 또 이李 처사【이름은 동환東煥이다.】와 안 한량安閒良【이름은 기선箕仙】은 스님 앞에서 재齋를 접수하여 묘당廟堂에 오른 대표적인 사람이다.

하은荷隱【구월산】, 용선龍船【천불산】, 낙파洛波【금강산】, 허주虛舟【조계산】, 환종幻宗【고령古寧】 등 당대의 선지식들과 막역한 친구 관계였다.

청북淸北과 청남淸南【청淸은 청천강淸川江을 말한다.】, 관북關北과 관남關南 지역의 사람들이 한형주韓荊州를 한번 만나보기를 간절히 소원했던 것(識荊之願)처럼 스님을 간절히 만나보기를 소원했다.

남호南湖 스님【법명은 영기永奇이다.】이 사경한 경전을 간행하는 법회 자리에 증명법사로 단상에 올랐으며, 쌍월雙月 스님【법명은 성활性潤이다.】의 법회를 여는 자리에 초청을 받아 멀리서 그 도량에 가서 참예하기도 하였다.

삼재三才인 하늘·땅·사람 중에 오직 사람이 가장 존귀하며, 사시四時
【봄·여름·가을·겨울】의 순서에서 소임을 다 이룬 것은 물러가는 법이다.『범
수전范睢傳』에서 나온 말이다.】 귀한 것을 버리고 떠나가는 것은 하늘 법도의
떳떳한 이치이니 반열반般涅槃에 드는 것도 똑같은 이치이다. 부처님을
본받아 반열반에 드셨으니 스님은 틀림없이 안락한 가문에 태어나셨을
것이다.

混性禪伯傳

師名就善。號混性。妙香山普賢寺極樂殿人。天禀浩然。不拘小節。學覽九
流九[1])帶。經閱三藏五敎。五道法場。往復無際。四山禪苑。掛牌結臘。負笈
從師者。櫛風沐雨而至。懷寶求價者。負薪汲水而歸。演菩薩【秘演】。天首座
【觀天】。遠訪而求善賈【與價同】。李處士【東煥】。安閒良【箕仙】。攝齊[2])而昇廟
堂。荷隱【九月】。龍船【千佛】。洛波【金剛】。虛舟【曹溪】。幻空【古寧】。以爲莫逆
之交。淸北淸南【淸川江】。關北關南。切識荊之願。南湖【永奇】之刊經。貴在
證壇。雙月【性濶】之設會。遙臨道場。三村[3])天地人之中。惟人寂貴也。四時
【春夏秋冬】之序。成功者去矣【范睢傳出】。棄貴而去。天道之常也。般涅【悅】槃
同也。效佛而般涅槃。必庄[4])安樂家。

1) ㉔ '九'는 '凡'의 오자이다. 2) ㉔ '齊'는 '齋'의 오자이다. 3) ㉔ '村'은 '才'의 오자이다. 4) ㉔ '庄'은 '生'의 오자이다.

원담선사전

스님의 법명은 내원乃圓이고 호는 원담圓潭이다.

회운 진환會雲振桓의 법통을 이은 제자이고 서월 거감瑞月巨鑑의 손자 법제자이며, 규암 낭성圭岩朗誠의 증손 법제자이고 용담 조관龍潭慥冠의 4대 법손이며, 상월霜月의 5대 법손이다. 스님의 제자로는 풍곡 덕인楓谷德仁이 있고 손자 제자로는 함명 태선涵溟太先이 있다.

스님은 무등산 원효암元曉庵에 오랫동안 머물렀는데, 그림을 잘 그리기로 이름이 나서 가르침을 받으러 스님을 찾아오는 사람들이 뜰 안을 가득 메웠고 집 안에 가득 찰 정도였다. 이들 중에는 혹 불모佛母(불화를 그리는 사람)로 이름이 난 사람도 있었고, 혹은 병풍 그림을 잘 그리는 사람도 있었으며, 혹은 건물·단청·소상塑像·도금鍍金 등에 조예가 깊은 사람도 있었다.

원담 스님에게 그림을 그려 달라고 간청하는 사람들의 그림자가 냇물에 연이어졌으며, 스님에게 학문을 익히려는 사람들은 볏짚처럼, 삼대처럼 열을 이루었다.

이는 마치 도덕道德에 있어서는 정자程子[3]와 주자朱子[4] 같았고, 문장에 있어서는 반고班固[5]와 사마천司馬遷[6] 같았으며, 병가兵家에 있어서는 손자孫子[7]와 오기吳起[8] 같았고, 화가畫家에 있어서는 오도자吳道子[9]와 미불米芾[10]

---

[3] 정자程子 : 송나라 유학자 정호程顥와 정이程頤 형제를 높여 이르는 말.
[4] 주자朱子 : 송나라 유학자. 1130~1200. 주자학을 집대성하였다.
[5] 반고班固 : 후한 초기 역사가. 32~92. 표彪의 아들, 서역도호 초超의 형이다. 『한서』 편집 중, 국사를 개작한다는 중상모략으로 투옥되기도 하였으나, 20여 년에 걸쳐 완성하였다. 『백호통의』를 편집하였다.
[6] 사마천司馬遷 : 전한 시대의 역사가이며 『사기』의 저자이다. 기원전 145~86. 무제의 태사령이 되어 『사기』를 집필하기 시작하여 기원전 91년 완성하였다. 중국 최고의 역사가로 칭송된다.
[7] 손자孫子 : 손무孫武. 춘추 시대 병법兵法의 대가. 저서에 『손자』가 있다.

같았다.

 풍계風溪 스님은 원담의 스승이고 해운海雲은 그의 벗이며, 풍곡楓谷은 그의 법을 이은 제자이고 금암金庵·용완龍玩·운파雲玻·화담華潭은 모두 서남쪽에 사는 그의 절친한 벗들이다.
 원담 스님은 「화보畫譜」에 꽃다운 이름이 올라 있으며, 성품이 사람 길러 내기를 좋아하여 많은 법을 받은 자손들이 끊이지 않고 이어져 있으며, 오이처럼 덩굴이 한없이 뻗어나가 오이가 주렁주렁 열리듯이 배출하였다. 존귀한 불상을 단장하여 장엄한 공덕으로 원담 스님은 대대로 쾌락을 느끼게 될 것이다.

圓潭禪師傳

師名乃圓。號圓潭。會雲振桓之子。瑞月巨鑑之孫。圭岩朗誠之曾孫。龍潭愭冠之四世。霜月之五世。弟子有楓谷德仁。孫有涵溟太先。師。久住無等山元曉庵。以盡¹⁾鳴世。來受業者。滿庭盈室。或鳴於佛母。或馳騁屏障。或屋或丹艧。塑像塗金。請之者。影綴岩溪。學之者。稻麻成列。若道德之程朱。文章之班馬。兵家之孫吳。畫家之吳米也。楓溪我師。海雲我友。楓谷我嗣。金庵龍琓。雲玻華潭。皆我之西南得朋。畫譜聯芳。性好種樹。子孫綿綿。瓜瓞靚莊。尊像功德。世世快樂。

----

1) ㉮ '盡'은 '畫'의 오자이다.

----

8 오기吳起 : 춘추 시대 병법의 대가. 저서에 『吳子』가 있다.
9 오도자吳道子 : 당나라 때의 화가인 오도현吳道玄를 말한다. 도자는 곧 오도현의 자이다.
10 미불米芾 : 송나라 때의 서화가. 그는 특히 고서화古書畫를 매우 좋아하여 고서화를 대단히 많이 수집하였으므로, 그를 미가서화선米家書畫船이라고 일컬었다.

문담강백전

스님의 법명은 원장元長이고 호는 문담文潭이며, 한수漢水 이북에서 태어나 자랐다.

영허映虛(善影) 스님에게로 출가하여 스님이 되었다. 어릴 적에는 공자와 노자의 학문을 배웠고 성장해서는 불교의 산문으로 들어가 불경과 여타 학문을 탐구한 지 4, 5년이 지나 스승으로부터 자격을 인정받아 깃발을 세우고 강론을 펼친 것이 7, 8년이다. 그 무렵 삼각산三角山에 머물고 있었는데 법문을 듣기 위해 스님을 모셔 가려고 하는 신도들이 많았다.

스님은 황주黃州(황해도) 서원사西院寺에 머물며 2년 동안 표충사총섭表忠祠摠攝을 역임하였다. 만년 시절에는 북쪽으로 설봉산 석왕사釋王寺에 들어가 은법사恩法師의 일상생활을 시봉하면서 도량을 소제하고 지내다가 법사인 영허 스님보다 먼저 입적하였다. 이치로 보아서는 거스른 것이지만 천명의 길고 짧음을 어찌하겠는가?

문담 스님의 제자들은 마음을 합하여 의논한 나머지 할아버지 스승인 영허 스님과 은사 스님의 비석 두 개를 동시에 세우기로 하였으니, 할아버지인 영허 스님의 비는 생전에 세운 것이고 은사의 비석은 돌아가신 뒤에 세운 것이다. 석왕사 동쪽 산기슭에 두 개의 비석을 나란히 세워 아름다운 인연을 증명해 주고 있으니 이 얼마나 성대한 일인가?

은사는 영허 스님의 법을 이어받은 법제자이고 인봉 덕준仁峯德俊의 손자 제자이다. 뇌묵 등린雷默等麟 스님의 증손 제자이고 완월 궤홍玩月軌泓 스님의 4대 법손이며, 함월 해원涵月海源 스님의 5대 법손이고 환성 지안喚醒志安 스님의 6대 법손이다.

스님의 제자로는 용연 혜흔龍淵慧昕이 있고 손자 제자로는 경연 철구鏡淵哲球가 있다. 문담 스님의 동문 형제 중 용암 전우庸庵典愚가 있는데 항상 서울 근교의 수락산 흥국사興國寺에 살았다. 흥국사는 일명 덕사德寺라고 부르기도 했다. 용암 스님의 제자로는 성곡 유척聖谷惟偲과 취은 기순翠隱奇淳이 있으며, 두 명의 손자 제자가 있으니 영실永實과 의직義直이다.

수은受恩 제자로는 정운 채규定雲彩奎가 있으며, 스님의 영정 두 본이 전해진다. 은사 영허 스님은 경진년(고종 17, 1880)에 입적하였다.

文潭講伯傳

師名元長。號文潭。生長漢北。出家映虛。幼學孔老。長入佛仙。[1] 通方學人者。四五秋。建幢大師者。七八歲。住三角山。迎接檀氏者。多矣。住黃州西院寺。行表忠祠摠攝[2]兩手。[3] 晩節。北入雪峯山釋王寺。恩法師。若侍餠錫。掃道場。先法師。示寂。理則逆。命之延促。何也。弟子等。同心豎議[4] 祖師恩師兩碑。同寺成主。[5] 祖師生前之碑。恩師死後之碑。雙立于寺之東麓。盛事之大者也。恩師映虛之嗣。仁峰德俊之孫。雷默等仁[6]之曾。玩月軌泓之四世。涵月海源之五世。喚老之六世。弟子。有龍淵慧昕。孫。有鏡淵哲球。同門兄弟。庸庵典愚。常居京山水落山興國寺。一名德寺。其弟子。有聖谷惟偲。翠隱奇淳。有二孫曰。永實義直。受恩者。有定雲彩奎。有影子二本。恩師。後庚辰入寂。

---

1) ㉮ '仙'은 '山'의 오자이다.   2) ㉮ '攝' 뒤에 '者'가 있는 본이 있다.   3) ㉮ '手'는 '年'의 오자이다.   4) ㉮ '豎議'는 '議豎'의 오기이다.   5) ㉮ '主'는 '立'의 오자이다.   6) ㉮ '仁'은 '麟'의 오자이다.

쌍월선백전

스님의 법명은 성활性濶이고 호는 쌍월雙月이다.

스님은 학식이 넓고 심원深遠하였고 지행知行이 뛰어났다. 그런 스님에게 조정에서는 '남북표충수충총섭南北表忠酬忠摠攝'이라는 직첩을 주었다. 쌍월 스님은 산문 밖을 나서면 두타행頭陀行을 실천하였고, 절로 돌아오면 선방에 들어가 선나禪那에 몰입하였다.

깊은 산골짜기에 난蘭이 피면 아무도 찾아오는 이가 없다 하여 향기롭지 않을 리가 없고, 소나무가 무성하여 숲을 이루면 소나무와 비슷하게 생긴 혼자 우뚝 솟아 있는 잣나무가 기뻐하는 법이다.

임자년(철종 3, 1852) 봄에 재물을 모으고 장인匠人을 불러『유마경』3권·『관경觀經』1권·『아미타경』등을 유성종劉聖鍾의 집에서 간행했다. 오민수吳旻秀가 경전을 쓰는 일을 맡았으며, 보월 혜소寶月慧昭·혜봉 최성慧峯最性·벽담 도문碧潭道文 등 여러 대존숙大尊宿들께서 증명법사의 자리에 참예하였다.

계축년(철종 4, 1853)에 경전 간행불사를 마쳤다. 동화 축전東化竺典과 화은 호경華隱護敬이 지혜를 다투어 서문과 발문을 썼으며, 간행한 경전을 보개산 성주암聖住庵에 간직해 두었으니 훌륭한 일 중에서도 가장 훌륭한 일이라 하겠다.

쌍월 스님의 제자로는 승주 선암사仙巖寺에 머물고 있는 철경鐵鏡 스님이 있는데, 그의 속성은 최씨이고 순천에서 출생한 사람이다.

그 나머지 인연을 맺은 일과 법등法燈을 이어간 일 등은 스님의 문집과 일기에 수록되어 후세에 전해지고 있다.

雙月禪伯傳

師名性濶。號雙月。學識曠遠。知行挺特。贈南北表忠酬忠摠攝帖。出則頭陀。入則禪那。蘭開幽谷。無人。不可不芳。松茂盛林。同類而孤秀栢悅。於壬子春。鳩集傛功。刊注維摩經三卷。觀經一卷。彌陀經於劉聖鍾家。吳旻秀書。寶月慧昭。慧峯最性。碧潭道文。諸大尊宿。來坐證席。於癸丑告功。東化竺典。華隱護敬。爭智序跋。藏於寶盖山聖住庵。善事之首也。有弟子。鐵鏡。在仙岩。姓崔氏。順天人。其餘結緣續燈者。文集及日記錄之而傳後。

호봉선백전

스님의 법명은 응규應奎이고 호는 호봉虎峰이며, 서울 인근 광주 봉은사奉恩寺에 거주하였던 사람이다.

경오년(고종 7, 1870)에 호남표충사총섭湖南表忠祠摠攝의 직을 수행하였다. 스님은 문장과 글씨 둘 다 갖추었으며, 재주와 덕까지 겸비하였다. 온갖 정성을 다 기울여서 손수 『화엄경』 1부를 사경한 뒤에 널리 팔도에 명성이 있는 법사들을 초청하여 모두 증명법사의 자리에 앉게 하고, 이 경전들을 간행하여 인출하는 한편 전각을 짓고 판목을 그 안에 간직하였으니, 해인사에 소장되어 있는 대장경 판목과는 비교할 수 없겠지만, 영각사靈覺寺의 훌륭했던 업적과는 동일하다 말할 수 있을 것이다.

추사 김정희 공도 호봉 스님이 베낀 『화엄경』 80권을 보고 그의 필력筆力과 공로를 크게 칭찬하고 직접 서문을 쓰고 찬문贊文을 지어 주었으니 그 찬문은 이러하다.

"'수보리須菩提여, 선남자와 선여인이 항하恒河의 모래알처럼 많은 몸을 가지고 보시하되, 이와 같이 무량無量 백천억겁百千億劫 동안 몸으로써 보시한다 하자. 그런데 만약 어떤 사람이 이 경전의 가르침을 듣고 믿는 마음이 생겨 가르침에 거스르지 않고 따른다면, 그 복은 위에서 몸으로써 보시한 것보다 훨씬 나을 것이다. 하물며 손수 경을 베껴 쓴 것이겠는가?' 이 말은 『금강반야경金剛般若經』에 나오는 말로서 여래께서 이미 증명하신 것이거늘 지금 호봉 스님이 손수 『화엄경』을 베껴 썼으니 그 복이 어떠하겠는가? 승련勝蓮 노인이 강변의 절[11]에서 써서 보이노라."

호봉 스님은 전각 안에 있는 판각을 가지고 인쇄 출간하여 산문의 스님들과 세속 신도들에게(山野) 유포하였으니, 그 훌륭한 신심은 남호南湖 스

---

[11] 강상사江上寺 : 봉은사를 일컫는다.

님이 손수 『아미타경』을 써서 세상에 유포한 것과 공덕이 같을 것이다.

그 당시 큰 법사들이 모두 그 자리에 와서 증명법사의 자리에 올라 지켜본 것 또한 남호 스님 때와 비슷하다 하겠다. 판각版閣의 액제額題는 김정희 공이 임종할 무렵에 쓰고 나서 붓을 끊어 버렸으니 그 인연 또한 크다고 하겠다.

스님에 대한 기연機緣과 어구語句들은 모두 스님의 문집과 행장에 자세히 갖추어 수록되어 있다.

虎峰禪伯傳

師名應奎。號虎峰。京山廣州。奉恩寺人也。庚午。行湖南表忠祠摠攝。文筆具足。才德兼全。克誠致齋。手書華嚴經一部。廣募八道。有名法師。並坐證席。開印出。開閣藏板。海印大藏。不可比肩。而靈覺勝事。同日而語矣。秋史金公。[1] 虎峰所書。華嚴經八十卷。筆力功勞。大加稱贊。作序作贊。[2] 作贊曰。須菩提。善男子善女人。以恒河沙等身布施。如是無量百千億劫。以身布施。若復有人。聞此經典。信心不逆。福其[3]勝彼。何況書寫。此是金剛般若經。如來之所已證者。今虎峰之手寫。華嚴經八十卷。其福當如何。勝蓮老人。書示虎公於江上寺。閣中板刻。印出流布。山野。其所善信與南湖。手書彌陁經。同功。時諸大法師。皆來證席如也。板閣額題。金公臨終。書而絶筆。其緣大矣。機緣語句。具載文集行裝。[4]

1) [원] '公' 뒤에 '見'이 있는 본이 있다. 2) [원] '作贊'은 연자이다. 3) [원] '福其'는 '其福'의 오기이다. 4) [원] '裝'은 '狀'의 오자이다.

철요선백전

스님의 법명은 사문師文이고 호는 철요鐵鷂이며, 거처하는 방의 당호는 단파檀波이다. 속성은 조趙씨이며, 함남 안변에서 출생한 사람이고 어머니는 문文씨이다.

어머니는 일찍이 남편을 여의고 홀로 살면서 아이를 절로 들여보냈다. 그러고는 죽은 남편을 위해 여성으로서의 절개를 지키며 살았다. 스님이 이미 장성했으나 어머니의 절개를 잊지 못해 서울로 올라가 주선하던 끝에 김 만호金萬戶[12]로 인하여 임금이 거둥하는 길에서 기다렸다가 단자單子를 올렸다. 임금이 특별히 교지를 내려 열녀려烈女閭를 세우게 하였으니, 어머니는 열녀가 되었고 그 자식은 효자가 되었다. 이 두 모자의 이야기는 세상에 아주 드문 일이다.

신미년(고종 8, 1871) 봄에 김 만호가 이진梨鎭 만호가 되어 부임하였다. 그가 부임할 때 스님은 그와 함께 남쪽으로 내려왔는데, 그때 스님은 그 문적文蹟(임금의 교지)을 가지고 나(梵海)를 찾아와서 숙식을 함께하며 이진으로 가서 진장鎭長을 만나곤 하였다. 그러다가 김 만호가 서울로 올라갈 때 스님도 곧바로 떠나갔다.

그 뒤 5년이 지난 을해년(고종 12, 1875) 봄에 내가 석왕사로 가서 내원암의 영허映虛 노덕老德이 계신 곳으로 들어갔는데 그때 조실로 있던 철요 스님을 만났다. 두 사람은 서로 2천 리 밖에 떨어져 살고 있다가 여기에서 다시 만났으니 참으로 희유한 일이다.

철요 스님이 나에게 절구 한 수를 지어 주기에 나도 아래와 같은 시를 지어 주었다.

---

[12] 만호萬戶 : 종4품 무관직이다.

본시 동문인데 천 리 밖에 살고 있어
　　고개 들어 북쪽 하늘 두우성斗牛星을 바라봤지
　　한 번 만남도 다행인데 두 번씩이나 만났으니
　　법담 마치자 산은 맑고 잠자리도 편안하네

그 원운原韻(철요) 스님의 시를 부쳐 넣었으니 이러하다.

　　삼존三尊의 한 길 북쪽 바람 맑고
　　……운운云云……

뒷날 경연鏡淵 스님이 오니, 피차간에 오고감이 있었다. 그 뒤 추사 김참판金參判의 시집에 추사가 사문師文(철요)에게 증정한 절구시 한 수가 있었으니, 그 내용은 다음과 같다.

　　다섯 천축국天竺國 손바닥 안에 있고
　　팔수八水와 삼봉三峰을 오고 가네
　　관 밖에 발 드리운 것으로 조사의 심인心印 삼지 마시게
　　부처님은 아무 탈 없이 석란산錫蘭山(스리랑카)에 계신다네

또 나중에 추사의 문집을 얻어 보았는데 거기에 이렇게 쓰여 있었다.
"명나라 이우李祐가 서역에 사신으로 갔다가 사자후국獅子吼國에 이르렀는데 그때 마침 석가모니부처님께서 제자들과 사자좌獅子座에 앉아서 설법을 하고 있었다."
문집의 주석에 "석란산은 사자후국의 옛 이름이다."라고 되어 있었다.
김정희는 철요 스님과 친밀하게 지낸 정이 백파白坡·초의草衣·호봉虎峰과 마찬가지로 똑같은 교분이 있었다.

철요 스님은 영허 노스님으로부터 선법을 전해 받았다.

鐵鷂禪伯傳

師名師文。號鐵鷂。室曰檀波。姓趙氏。安邊人。母文氏。早失父獨居。送子于寺。烈於亡夫。盡於女節。師旣長成。不忘母節。徃京周旋。因金萬戶。呈單子于殿下擧動之路。特下敎旨。立烈女閭。母爲烈女。子爲孝薦。母子之事。世所稀罕。辛未春。金萬戶。爲梨鎭萬戶。到任後。師與其下來時。持其文蹟。尋予宿食。徃見鎭長。上去時直去。後五年乙亥春。予徃釋王寺。入內院庵映虛老德處。鐵鷂。在祖室。相距二千里之外。再逢。稀有之事。贈予一絶。予次贈曰。本是同門千里外。擧頭北望斗牛淸。一之爲幸況逢再。談罷山空夢寐淸。附其原韻曰。三尊一路北風淸云云。後鏡淵之來。彼此有徃復。後得見秋史金叅判詩集。贈師文詩一絶曰。五天竺在掌中間。八水三峰徃復還。莫把示趺傳祖印。金身無善[1]錫蘭山。後得見文集曰。明李祐。使西域。至獅子吼國。釋迦文佛。與弟子。坐獅子座說法。注錫蘭山。獅子吼國古號也。金公。與鐵鷂。情好日密。與白坡草衣虎峰無異也。師受禪於映虛老云。

---

1) ㉮ '善'은 '恙'의 오자이다.

한양선백전

스님의 법명은 용주龍珠이고 호는 한양漢陽이며, 또는 붕명 한익鵬溟漢翊이라고도 한다. 양주楊州에서 출생한 사람이다.

스님은 용주사龍珠寺로 들어가 머리를 깎고 스님이 되었다. 얼마 되지 않아 백양산으로 옮겨 가서 내전은 물론 외전까지도 다 열람하고, 선종과 교종의 학문까지 참구하였다.

스님은 경을 보는 안목이 원만하게 밝아지고 범패를 읊는 소리도 청아해지자 덕운德雲 법사의 조실에서 향을 사르고 법통을 이어받았다.

한양 스님은 침송枕松 스님의 법을 이은 제자이고 양악羊岳 스님의 손자 제자이다. 스님의 범궁梵宮 음악이 삼남 지방까지 알려지자 코를 움켜잡고 흉내를 내며 본받으려고 하는 이들이 길을 메우고 문지방이 닳아 빠질 지경이었다.

스님은 더욱 부지런히 공부를 하고 영령英靈들에게도 정성을 다해서 어떤 때는 영험을 얻은 적도 있고, 어떤 때는 복을 받은 적도 있다. 그러니 이것은 응진應眞(아라한)이 영험을 내려 단나檀那(신도)들이 귀의한 것이라 생각된다. 살아 있을 때에는 옷과 음식이 넉넉하여 여유가 있었으며, 죽어서는 의심할 여지 없이 극락에 왕생할 것이다.

스님이 적멸을 보이시던 날 밤에 붉은 광명이 서렸고 사유闍維 의식을 거행하던 날에는 하얀 기운이 하늘까지 뻗쳤다. 이 광경을 본 스님들과 신도들은 찬탄하여 마지않았으며, 먼 곳이나 가까운 곳이나 할 것 없이 이를 보고 감동하지 않은 이가 없었다.

스님에게 법을 받은 제자는 보경 응운普鏡應雲 등이 있고, 스님의 영각影閣은 청류암淸流庵에 시설되어 있는데, 거기에는 연담蓮潭 대사 이래로 5대 내지 6대에 이르는 스님들을 봉안하고 봄가을로 제향을 올린다. 여기에는 스님의 진영 1축軸도 봉안되어 있는데, 찬문은 다음과 같다.

기운은 화산花山에 모였고
법등은 양산羊山에 이어졌네
옥천玉泉의 영광 되살아나
어산魚山이 그대로 옮겨 왔네
어느 때나 재를 받들어 올려
단나檀那들을 감응케 했네
암자에서 적멸에 들어가니
임시 선교방편 보이셨네
경전 독송에 온 정성 다하고
임종을 하고 나니 상서를 드리웠네
밝은 대낮에 우렛소리 들리고
캄캄한 밤에 광명이 솟아올랐네
이에 제자들은 날로 늘어나고
방 안엔 계수나무 향기 가득하였네
본래는 분단分段이 없건만
사람들은 한양漢陽이라 불렀네
그 누가 단청에 덧칠을 할 건가?
영원히 갱장羹墻[13]을 보이리라

병술년(1886) 봄 3월에 종제從弟는 삼가 짓는다.

---

[13] 갱장羹墻 : 선왕의 거룩한 업적을 사모하며 좋은 정치에 매진하는 것을 말한다. 옛날 요堯임금이 죽은 뒤에 순舜이 3년 동안이나 앙모仰慕한 나머지, "앉아 있을 때에는 담벼락에 요임금이 보이고 식사를 할 때에는 국그릇 속에 보였다.(坐則見堯於墻。食則覩堯於羹。)"는 고사가 있다.『後漢書』「李固傳」에 나온다.

漢陽禪伯傳

師名龍珠。號漢陽。又鵬溟漢翊。楊州人。入龍珠寺。祝髮。未幾。移入白羊山。閱內外典。叅禪敎。師經眼圓明。梵唄淸雅。拈香於德雲法師。師枕松之子。羊岳之孫。梵宮音樂。淸徹於三南。掩鼻而效者。闃路甁闠。尤勤於轉經。誠於英靈。有時以得驗。有時以受福。應眞降靈。檀那歸依。生而衣食有餘。死而徃生無疑。示寂之夜。有赤光。闍維之日。亘白氣。緇素贊歎。遠近觀感。受法弟子。普鏡應雲等。設影閣於淸流庵。奉蓮潭以來。五六世。春秋時享。有眞影一軸。賛曰。氣鍾花山。燈續羊山。重顯玉泉。全移魚山。奉事那時。感應檀那。庵入寂滅。權示漚和。克誠誦經。臨終呈祥。白日震雷。昏夜亘光。寔繁有徒。滿室桂[1]香。本無分段。人穪漢陽。誰打丹靑。永見羮墻。丙戌春三。從弟謹撰。

---

1) ㉘ '桂'는 '炷'의 오자이다.

서암강사전

스님의 법명은 선기善機이고 호는 서암恕庵이며, 속성은 조曺씨이고 전남 나주 금마金馬에서 출생한 사람이다.

어린 시절 운흥사雲興寺의 대운大雲 스님에게 몸을 의탁하여 스님이 되었다. 그 이후에 불호사佛護寺의 인곡仁谷 스님과 영파永坡 스님, 대둔사大芚寺의 화담華潭 스님·문암聞庵 스님·용연龍淵 스님, 보림사寶林寺의 인암忍庵 스님, 선암사仙巖寺의 침명枕溟 스님, 미황사美黃寺의 붕명鵬溟 스님 등 당대의 선지식들을 두루 찾아다니며 학문을 익혔다.

서암 스님은 마침내 은사에게 향을 사르고 법통을 이어받았으며, 또 은사에게 비구계와 보살계도 받았다.

스님은 이어 운흥사雲興寺 동암東庵에서 강석을 열고 찾아와 묻는 학인들을 지도한 지 몇 년이 지나 대둔사로 들어가서 선정禪定을 일생의 중대한 일로 삼아 정진하였다.

스님은 본래 성품이 교리敎理를 좋아하여 일찍이 말하기를, "유가의 글은 원래 맛을 붙일 곳이 없다."라고 하면서, 찾아와 유교의 글에 대하여 묻는 이가 있으면 절대로 응대하지 않았으니, 이는 본래 세속적 이익에 대한 마음이 없었기 때문이다.

스님의 필력은 추사의 글씨 중에 아주 잘 쓴 부분에서 심오한 법을 터득하였으며, 문장 또한 끊어져서 간간이 단절된 곳이 있기는 하지만 반복해서 재삼 음미해 보면 전영雋永[14]하고 정중鄭重하여 마치 문자삼매文字三昧에 들어간 듯하였다.

스님은 또 지식이 탁월한데다 도의 이치마저 깊이 탐구하였으니, 스님

---

[14] 전영雋永 : 살져 맛이 좋은 고기라는 뜻으로, 의미심장하여 깊은 뜻이 있음을 이르는 말이다.

에게서는 참으로 글자나 헤아리는 공부를 한 흔적을 찾아볼 수 없었다.
일찍이 양반 선비들이나 벼슬아치들과 교유한 적이 있었는데 언어에 법
도가 있고 행동이 항상 여일如一하였으니 산림의 대장부라고 할 만하다.

덕언德彦 등은 계를 전해 받은 제자이고, 상운 응혜祥雲應惠·쌍수 송원
雙修松源 등은 법등을 전해 받은 제자이다.

광서光緒 병자(고종 13, 1876) 가을 8월 28일에 비봉산 낙서암樂捿庵에서 단
정하게 앉아 세상을 떠났으니, 세속 나이는 65세이고 법랍은 50년이었다.

스님의 문중 아우 자여 범인自如梵寅이 법사의 비석과 부도를 대둔사 왼
편 산기슭에 세웠다. 탑명은 송파松坡 이희풍李喜豊이 지었으며, 비명은 양
석養石 배헌裵櫶이 지었다. 아직 비석에 새겨 세우지는 못하고 있다.

恕庵講師傳

師名善機。號恕庵。姓曺氏。羅州金馬人。幼投雲興之大雲。佛護之仁谷永
坡。大芚之華潭聞庵龍淵。寶林之忍庵。仙庵之枕溟。美黃之鵬溟。拈香於
恩師。又受比丘戒菩薩戒於恩師。開講於雲興之東菴。接誨來問者。幾年。
移入大芚。以禪定。爲一生㯕[1]柄。性好敎理。嘗曰。儒文。元無着味處。有
來問者。絶不應對。本無世利之心故也。筆力。深得秋史眞好處。文有斬截
問[2]斷處。反復再三。雋永鄭重。如入文字三昧。知識卓越。深究道理。眞無
尋行數墨之究工夫處也。嘗遊鷹[3]紳冠帶之門。言語有度。進止恒一。山林
之太[4]夫也。有德彦等。傳戒之徒。有祥雲應惠。雙修松源等。傳燈之流。光
緒丙子秋。住飛鳳山樂捿庵。八月二十八日。端坐而逝。雲鎖洞門。谿咽斜
陽。世壽立[5]六十五。法臘五十。與其門弟目[6]如梵寅。立法師碑。浮屠於大
芚之左麓。塔銘。松坡李喜豊撰。碑銘養石囊[7]櫶撰。尙未刻立。

1) ㉱ '㯕'는 '柄'의 오자이다. 2) ㉱ '間'은 '間'의 오자이다. 3) ㉱ '鷹'는 '薦'의 오자인
듯하다. 4) ㉱ '太'는 '大'의 오자이다. 5) ㉱ '立'은 연자이다. 6) ㉱ '目'은 '自'의 오자
이다. 7) ㉱ '囊'은 '裵'의 오자이다.

침월선사전

스님의 법명은 경순景淳이고 호는 침월枕月이며, 속성은 고高씨이고 전남 영암에서 출생한 사람이다.

어릴 때에 만덕산萬德山(강진)에 들어가 머리를 깎고 계를 받아 스님이 되었다. 스님은 절의 일에 골몰하였건만, 절은 동쪽이 무너지고 서쪽 벽이 헐리는 등 퇴락해 갔으며, 화살처럼 빠른 세월은 늘 절이 무너지고 스님이 흩어지기를 재촉할 뿐이었다. 스님은 종가宗家가 장차 망하려고 하는 꼴을 차마 눈 뜨고 볼 수가 없었다.

스님은 마침내 해남 은적사隱跡寺로 옮겨 갔고, 그 후 얼마 안 되어 다시 나주 다보사多寶寺로 옮겨 갔다. 스님은 갑자기 노 행자盧行者(육조 혜능)가 신주新州로 돌아갔던 일을 기억하고 다시 만덕산으로 들어갔다. 들어가 보니 남은 건물이라곤 오직 노전爐殿만 있을 뿐이었다. 스님은 노전에 기거하면서 수년 동안 절을 지키다가 아무 질병도 없었는데 입적하고 말았다.

스님이 열반하자 구름은 골짜기 입구에 가로놓이고, 노을은 옛 전각을 떠나 사라지고 말았다. 스님의 제자 완주 기원玩珠奇元이 삼베옷을 입고 삼년상을 거행하다가 훌쩍 세상을 뜨고 마니 풀과 나무도 빛을 잃고 새들과 짐승들도 슬픔을 머금은 듯하였다.

손자 제자인 화산 인선華山仁善 스님은 장례와 제례祭禮 절차를 옛 법에 따라 엄숙하게 거행하였다. 스님은 천불산 화엄암華嚴庵에 살고 있었는데, 절을 나갈 때는 반드시 가는 곳을 알리고, 돌아와서는 꼭 보고하곤 하였다. 그는 절에서 빈둥빈둥 놀면서 아무것도 안하고 밥이나 축낸다는 비방을 면하기 위해 재물을 모아 중수 불사를 시작하였다.

열여섯 채의 옛 건물을 넓히고 수리하는 한편 나한전을 새로 우뚝하게 지으니, 마치 봉황 한 쌍이 마주 서 있는 것 같았고 원앙 한 쌍이 같이 나는 듯하였다. 그러자 소나무도 부성해지고 잣나무도 기뻐하는 것 같았다.

스님은 천성이 온화하고 단아하였으며 사람을 대할 때에는 자애가 넘쳐흘렀다. 사람들의 초청이 있으면 꼭 나가서 만나 주고 무엇을 빌려 달라고 하면 빚을 내어서라도 꼭 주곤 하였으며, 뒷날 빌려 준 것을 되돌려 주지 않으면 자신이 대신 갚아 주었다. 사람들이 스님을 속이는 말을 해도 반드시 진실이라고 믿어 조금도 의심하는 일이 없었다. 그런 까닭에 늘 낭패를 보곤 하였다.

세상에 살아 있는 육신보살로서 보살행 때문에 도리어 집안을 망치자 사람들은 말하기를, "남의 재물을 빼앗아 자기 재산을 늘리는 사람들의 자손들은 귀하게 잘되고 영화를 누린다."라고 하는 이도 있었다. 이는 순생順生 순후順後의 업보業報[15]라고 하겠다.

「백이전伯夷傳」을 숙독하면서도 정작 자기의 행실에 대해서는 깨닫지 못하는 이들이 이 세상에는 많다. 이는 귀를 막고 방울을 훔치는 것이요, 뒷걸음질 치면서 앞으로 나가기를 바라는 것과 같다.

스님의 손자 제자 중에 사심을 극복하고 공적인 일을 봉행하여 그 명성을 멀고 가까운 곳에 떨친 이가 있었으니, "선한 일을 많이 한 집안에는 틀림없이 경사가 있다.(積善之家。必有餘慶。)"[16]라고 한 말을 여기에서 깨달을 수 있다.

枕月禪師傳

師名景淳。號枕月。姓高氏。靈岩人。幼入萬德山。下髮上戒。汨沒寺中事。東破西壁。年矢每催。寺敗僧散。不忍見宗家之將亡。移住於海南隱跡寺。復移於羅州多寶寺。忽念盧行者。歸新州之事。還入萬德山。但存爐殿。守

---

15 순생順生 순후順後의 업보業報 : 순생의 업이란 현세에 선악의 업을 지어 다음 생에 그 보를 받는 것이고, 순후의 업이란 현세에 지은 업을 제3생 이후에 받는 과보를 말한다.
16 『주역』「坤卦」에 나오는 말이다.

在數年。無疾而寂。雲橫谷口。烟消古殿。有弟子。玩珠奇元。麻衣三年。奄然示寂。草木無色。飛走含愁。孫弟子。華山仁善。喪葬祭禮。一遵古道。寄住千佛山華嚴庵。出必顧。[1] 反必面。欲免尸位素饌之誹談。鳩聚僝功。廓掃十六舊舍。突兀羅漢新堂。鳳凰對峙。鴛鴦比翼。松茂栢悅。從此可覺。師。天性溫雅。見人慈愛。人有請則期於出。債而應之。後必失之。自當報給焉。人有詭言。師。必信實無疑。以此。必見致敗。在世肉身菩薩。以菩薩行。必見敗家。人之言曰。奪之人[2]物肥己者。有子孫。爲貴榮云。此順生順[3]之報也。熟讀伯夷傳。而不覺己行者。世多有之。此掩耳偸鈴。退步求進者也。孫。有克有[4]己。奉公。名於近遠者。積善之家。必有餘慶。於此可覺也。

───────────────
1) ㉈ '顧'는 '告'인 듯하다. 2) ㉈ '之人'은 '人之'의 오기이다. 3) ㉈ '順' 뒤에 '後'가 있는 본이 있다. 4) ㉈ '有'는 연자이다.

금월선사전

스님의 법명은 의관誼寬이고 호는 금월錦月이며, 속성은 송宋씨이고 전남 낭주朗州(영암) 금강錦江에서 출생한 사람이다.

어려서 양친을 여의고 집안에 작은 분량(儋石)의 양식도 없어서 곧장 두륜산으로 들어가 성묵 지원聖默志遠 대사의 조실에서 머리를 깎고 물들인 옷을 입고 스님이 되었다. 이후에 만허 색척萬虛賾陟 선사의 계단에서 구족계를 받고, 초의草衣 법사의 선관禪關에서 선법을 받았다. 그 후에도 철선鐵船 화상에게 불교의 경전과 유가·도가의 전적까지 두루 다 배웠다.

이어 문암聞庵·화담華潭·용연龍淵 등 여러 강사들로부터 대승경전을 공부했으며, 마침내 먼저 돌아가신 은사 성묵 스님의 조실에서 향을 사르고 법통을 이어받았다.

스님은 가경嘉慶 16년 신미(순조 11, 1811)에 태어나서 광서光緖 16년 무자(고종 25, 1888) 4월 25일에 적멸을 보이셨으니, 세속의 나이는 78세이고 법랍은 62년이었다.

스님은 일에 있어서는 걸림이 없는 법계法界에 들고 나고 하면서 기실記室의 소임을 역임했고 수승首僧의 소임도 역임하였다. 주지의 직첩을 받기도 했고 유나維那의 소임도 보았으며, 도총섭의 직에 임명되어 그 소임을 맡기도 하는 등 어려운 일이나 고달픈 일 할 것 없이 도맡아 하셨다. 또한 이치에 있어서는 걸림이 없는 실제의 자리에 들어가 능오能悟 스님과 문오文悟 스님 등 21명을 득도시켰으며, 염불과 참선에 있어서는 걸림 없는 선문禪門에 들어가 보리암菩提庵 석문石門을 비롯하여 조계산의 삼일암三日庵과 칠전七殿, 두륜산의 만일암挽日庵과 적련암赤蓮庵 등지에서 안거를 거듭하다가 명적암明寂庵에 머물던 중 조용히 적멸을 보이시니, 사람과 귀신들은 눈물을 흘리고 물과 산도 빛을 잃었다.

스님은 설곡 윤훤雪谷胤烜의 족손族孫이고 연담蓮潭의 4대 법손이며, 용연 유정龍淵有正·대연 미순大淵美淳·해월 도홍海月道弘은 동문의 형제지간 이다. 스님의 제자로는 완파 창기玩坡昶基가 있었으니, 속성은 김씨이고 영암에서 출생한 사람이며, '표충사 어서각 수호 겸도내승풍규정 도총섭 表忠祠御書閣守護兼道內僧風糾正都摠攝'을 역임하였다. 또 다른 제자 덕언德彦 은 성이 조曺씨이고, 손자 제자 인환仁煥 스님은 속성이 정鄭씨이고 영암 에서 출생한 사람이다.

錦月禪師傳

師名誼寬。號錦月。姓宋氏。朗州錦江人。幼失怙恃。家無儋石之貯。徑入頭輪山。剃染於聖默志遠大師之室。受具於萬虛磧陟禪師之壇。受禪於草衣法師之關。受內外典於鐵船和尙。受大乘經於聞庵華潭龍淵師。拈香於先恩師。嘉慶十六年辛未生。光緒十六年戊子四月二十五日示寂。世壽七十八。法臘六十二。出入事無碍之法界。行記室行首僧。受住持帖。受維邦。[1] 差行揔攝職。難行苦行。回入理無碍之實地。度能悟文悟等二十一人。入念佛叅禪無碍之禪門。結夏於菩提之石門。曹溪之三日七殿。頭輪之挽日赤蓮。住明寂庵。泊然示寂。人神含淚。山水變色。雪谷胤烜之族孫。蓮潭之四世。龍淵有正。大淵美淳。海月道弘。爲門兄弟。弟子。有玩坡昶基。姓金氏。靈岩人。贈表忠祠御書閣守護兼道內僧風糾正都摠攝者。德彦。姓曹氏。孫弟子。有仁煥。姓鄭氏。靈岩人。

---

1) ㉣ '邦'은 '那'의 오자인 듯하다.

포운선사전

스님의 법명은 응원應元이고 호는 포운浦雲이며, 속성은 김씨이고 전남 강진에서 출생한 사람이다.

어린 나이에 고향을 떠나 해남에서 타향살이를 하였다. 우연히 대둔사에 들어갔다가 갑자기 스님이 되고 싶은 마음이 생겨 은암銀岩 선사의 조실에서 머리를 깎고 물들인 옷을 입고 스님이 되었다. 이후에 연하 간순緣何侃淳 대사의 계단에서 구족계를 받고 학업도 받았으며, 은암 정호 선사의 조실에서 법통을 이어받았다.

두루 돌아다니면서 학문 익히기를 비로소 마치고 절의 소임을 맡아보았는데, 혹은 수승首僧과 주지의 문첩文牒을 담당하는 서기의 직책을 맡아보기도 했고, 혹은 가선대부嘉善大夫의 품계를 받고 총섭의 직책으로 정각政閣을 담당하는 역할을 맡기도 했다. 만년에는 곧바로 여래의 자리에 들어가서 금은을 흙덩이처럼 하찮게 여기고 마음을 진상眞常에 부합하는 수행자의 생활을 하였다.

병인년(고종 3, 1866) 가을에는 움막을 짓고 홀로 앉아 큰 서원을 세우고 자성 부처를 직시直視하는 선법을 수행했으며, 정묘년(1867) 봄에는 월출산 상견성암上見性庵에서 홀로 이리저리 다니면서 두타행頭陀行을 하였다. 그러고는 계룡산 동악東岳에서 하안거 결제에 들어가 "마음도 아니요 부처도 아닌 것이 곧 마음이요 곧 부처라네.(非心非佛。即心即佛。)"라는 게송을 쓰고는 붓을 던지고 누워서 평온한 모습으로 입적하니, 세속 나이는 61세이고 법랍은 45년이었다.

사유闍維(다비) 의식을 하던 날 상서로운 광명이 하늘을 떠다니고 붉은 노을이 골짜기를 감쌌다. 이때가 동치同治 6년 정묘(고종 4, 1867) 5월 29일이었다.

스님은 태고太古(普愚)의 15대 법손이고 청허淸虛 스님의 9대 법손이며,

의암義庵 스님의 손자 제자이다. 스님에게 법을 받은 제자로는 예암 광준 禮庵廣俊이 있으니, 광준 스님은 속성은 최씨이고 낭주朗州에서 출생하였다. 손자 제자로는 육파 기운六波奇雲 스님이 있으니, 속성은 金씨이고 영암에서 출생한 사람이다.

스님의 소조小照(眞影) 1축軸이 있는데 소치小癡 허련許鍊[17]이 그리고 만휴 자흔萬休自欣이 찬문을 지었다.

浦雲禪師傳

師名應元。號浦雲。姓金氏。康津巴尾人。早年離鄕。作客海南。偶入大芚。忽發僧心。銀岩禪師室。剃染。緣何侃淳大師壇。受具受業。師室入室。遊學方畢。執寺任之柄。或行首僧住持之文牒書記。或坐嘉善。摠攝之欽差政閣。晩節。直入如來之地。塊視金銀。心合眞常。丙寅秋。結幕獨坐。立大誓願。直佛視祥。[1)] 丁卯春。居於月出山上見性庵。獨作遊方抖撒之行。結夏於鷄龍山東岳。書偈曰。非心非佛。即心即佛。投筆而臥。怡然而寂。世壽六十一。夏臘四十五。闍維之日。祥光騰空。紫氣鎖谷。時同治六年丁卯五月二十九日也。太古十五世。淸虛九世。義庵之孫也。受法弟子。有禮庵廣俊。俊。崔氏。朗州人。孫弟子。有六波奇雲。金氏。靈岩人。有小照一軸。小癡許鍊描。萬休自欣贊。

---

1) ㉠ '祥'은 '禪'의 오자이다.

---

17 허련許鍊 : 조선 후기의 서화가. 1809~1893. 추사 김정희의 제자로 글, 그림, 글씨에 모두 능하여 삼절三絶이라 불렸다. 〈하경산수도〉 등의 작품이 있다.

보운선사전

스님의 법명은 석일碩一이고 호는 보운寶雲이며, 속성은 이씨이고 청해淸海(완도) 망리望里에서 출생한 사람이다.

어려서 두륜산에 들어가 풍암 의례豊庵宜禮 선사로부터 머리를 깎고 물들인 옷을 입고 스님이 되었으며, 경월 영오鏡月寧傲 율사에게서 계를 받았다. 스님은 가선대부嘉善大夫라는 품계를 받고 승통僧統의 직책을 받기도 했다. 주지의 직책을 역임하고 수승의 자리에 앉기도 했다.

보운 스님은 공무를 집행하고 사찰 행정을 함에 있어서 일을 잘 해결하고 결함을 잘 보충하였다. 몸집은 우람하고 과묵한 성격이었다.

가경嘉慶 18년 순조純祖 13년 계유(1813)에 태어나 광서光緖 9년 계미(고종 20, 1883) 3월 3일에 조용히 세상을 마치니, 세속 나이는 71세이고 승랍은 56년이었다. 스님은 70 평생 동안 덕행을 쌓았고 자비는 구곡九曲(전국)에 흘러 퍼졌다. 조금도 나이를 아끼지 않았으므로 세상 사람들은 스님의 죽음에 슬픔을 머금었다.

스님은 철선鐵船 스님의 손자 제자이고, 풍암豊庵 스님의 법제자이다. 남파 교율南坡敎律과 팔굉 관홍八紘寬弘의 동문 법형이고 부헌富憲 화상의 같은 스승을 모신 법형이다. 제자로는 호은 경은虎隱敬恩·해은 처율海恩處律·용은 계언龍隱戒彦이 있고, 손자 제자로는 응허 성안應虛聖按·능허 계종凌虛戒宗·익환翼煥·재민在敏·근종謹宗이 있으며, 증손 제자로는 취운 혜오翠雲慧悟·정찬 태우晶贊泰祐가 있다. "너의 조상에 염려를 끼치는 일 없으니 그래서 자손이 번성한다."라고 한 말은 이들 말고 그 누구에게 할 수 있단 말인가?

스님에게 계를 받은 제자는 자연慈演 등 열두 명이 있으며, 스님의 진영 1축이 있는데 화악영각華岳影閣에 배향되어 있다.

寶雲禪師傳

師名碩一。號寶雲。姓李氏。淸海望里人。早投輪山。從豊庵宜禮禪師。剃髮染衣。向鏡月寧傲律師。受火禀戒。贈嘉善資。賜僧統職。行住持。令坐首僧席。行公治政。解事補闕。軀榦茂碩。口吻默重。嘉慶十八年。純祖十三年癸酉生。光緖九年。癸未三月初三日。泊然而逝。世壽七十一。僧臘五十六。德行七十。慈流九曲。小不惜年。人多含哀。鐵船之孫。豊庵之子。南坡敎律八紘寬弘之同門兄。富憲和尙之同師[1]兄。弟子。有虎隱敬恩。海恩處律。龍隱戒彦。孫弟子。有應虛聖按。凌虛戒宗。翼煥在敏謹宗。曾孫弟子。有翠雲慧悟。晶贊泰祐等。無念爾祖。寔繁有徒。捨此誰謂也。受戒者。有慈演等十二人。有眞影一軸。配享于華岳影閣。

---

1) ㉄ '師'는 '時'의 오자이다.

일여선백전

스님의 법명은 신순信淳이고 호는 일여一如이며, 속성은 이씨이고 전남 청해淸海 망리望里에서 출생한 사람이다.

가경嘉慶 12년, 순조 7년 정묘(1807)에 태어나서 16세에 두륜산으로 출가하여 경월 영오鏡月寧傲 선사의 조실에서 머리를 깎고 스님이 되었다. 스님은 과거 세상에 선근을 심어 그 성품이 자애롭고 스승을 정성으로 모셨다. 가난한 사람을 보면 자기 재물을 덜어 그 사람에게 주고 헌 옷 입은 사람을 보면 빨고 꿰매어 갈아입히곤 하였다.

19세에 화담華潭 선사의 강석에서 『능엄경』과 『기신론』을 배우고, 20세에 가지산으로 옮겨 가는 화담 스님을 따라가 그곳에서 『원각경』을 배웠다. 인하여 동문수학하던 백인白印 스님과 함께 이름 있는 산들을 돌아다니면서 선지식을 참례하였다.

25세 되던 신묘년(1831)에 풍악산으로 들어가 만회암萬灰庵에서 발길을 멈추니, 암자는 텅 비어 있고 눈은 한 길 남짓 쌓여 있었다. 암자 뒤에는 관음봉觀音峰이 있고 암자 앞과 좌우에는 남순봉南巡峰과 해상봉海上峰 두 산이 있었다. 표훈사表訓寺 위쪽 산줄기이고 마하연摩訶衍과는 아주 인접해 있는 곳이었다. 중향성衆香城의 오른쪽 계곡이고 비로봉毘盧峰의 내룡來龍이며, 백운대白雲臺와는 같은 계곡에 있고 금강산의 제일 아름다운 봉우리 중 하나이다. 그런 까닭에 절 이름을 만회암이라고 하였다.

스님은 그곳에서 발심하여 서원하였다.

"백 일 동안 기한을 정해 놓고 관음봉에서 기도를 하되 불이 없는 차가운 재만 담은 화로를 시설해 놓고 백 일 안에 그 향로에서 연기가 일어나면 기도를 마치고, 연기가 일어나지 않으면 이 몸을 태워 부처님께 공양하리라."

스님은 날마다 나무를 베어다가 햇볕에 말려 차곡차곡 쌓아 놓고 공양을 올리고 정근하였다. 하루는 백인 스님에게 말하였다.

"백 일을 가득 채웠는데도 향로에 연기가 일어나지 않으니 내 정성이 부족한 탓이다. 내 마땅히 이 몸을 불로 태워 공양하리라."

백인 스님이 깜짝 놀라면서 말했다.

"그대에게는 부모님과 스승이 계시지 않은가? 그대는 유독 그대의 부모와 스승이 그대를 끔찍하게 생각하는 마음을 생각하지 않는가?"

신순信淳(일여) 스님은 말하였다.

"나는 이미 끝났네."

그러고는 마침내 옷을 추켜올리고 밖으로 나갔다. 백인 스님이 따라가며 만류했지만 힘으로는 그를 말릴 수가 없었다. 백인 스님은 암자로 들어가서 좋은 방법이 없을까 하고 찾아보다가 밖으로 나가 보니 장작더미 위에 불이 일어나고 있었는데 신순 스님이 그 위에 서서 합장한 채 관음봉을 향하여 낭랑한 목소리로 관세음보살을 외치고 있었다.

백인 스님이 큰소리로 불렀다.

"그대는 도대체 왜 그러는가?"

그러나 신순 스님은 듣지 못한 듯이 염불을 그치지 않았다.

백인 스님은 황급하여 두 손으로 눈을 뭉쳐 불을 꺼 보았으나 너무 뜨거워서 가까이 갈 수조차 없었다. 신순 스님이 말하였다.

"그대는 '사대四大로 이루어진 몸이 각각 흩어지면 마치 꿈과 같다(四大各離如夢中)'는 이 게송을 모르는가? 나는 극락으로 왕생할 것이다."

불길 속에 얼굴은 이미 타서 문드러져 알아볼 수가 없었다. 백인 스님은 어찌해 볼 도리가 없자 울면서 신순 스님에게 말했다.

"그대가 만약 이 산에서 죽는다면 장차 극락세계에 가지 못할 것이다."

신순 스님이 엄숙한 목소리로 되물었다.

"어째서 극락세계에 가지 못한다는 건가?"

백인 스님이 말했다.

"우리 승가의 의상義湘 조사께서도 행여나 큰 도량을 더럽게 할까 봐 이 산에서 죽지 못하셨기 때문이다. 그대도 속히 불 속에서 나오게."

신순 스님은 비로소 마음이 움직여 백인 스님 쪽을 향하여 몸을 굴렸다. 백인 스님이 신순 스님을 끌어안고 나와서 눈 위에 올려놓고 급히 인근 절로 달려가서 여러 스님들에게 도움을 청하였다. 대중들이 급히 달려가서 살펴보니 신순 스님이 눈 위에 앉아 있는데 그 몸뚱이가 먹빛처럼 새까맣게 타 있었다. 그러나 아직 기도가 막히지는 않아 입속으로 그때까지 중얼중얼 염불하는 소리가 났다.

대중 스님들은 크게 놀라서 백인과 신순 두 스님이 화목하지 못해서 백인 스님이 신순 스님을 불구덩이로 밀쳤을 것이라고 생각했다. 그리하여 백인 스님에게 신랄하게 따지고 들었다. 그러자 신순 스님이 말했다.

"내가 스스로 이런 짓을 하게 된 것은 극락세계에 가려고 함일 뿐입니다."

그날 밤 표훈사 스님은, 많은 스님들이 가사를 입고 갖가지 채색 연꽃으로 꾸며진 수레를 메고 가는데 만폭동萬瀑洞 골짜기에 음악 소리가 진동하는 가운데 하늘로 올라가는 꿈을 꾸었다.

어떤 스님은 꿈에 오색구름이 만회암 위에 엉겨 있는 광경을 보고 꿈에서 깨어나 서로 이야기를 하였다. 그러던 중 어제 불에 탄 그 스님이 죽었다는 말을 듣고 모두들 이상한 일이라고 한마디씩 했다.

그때 모든 절의 스님들이 큰 법회를 열고 그 스님의 다비식을 하던 날 밤에 산속을 바라보니 마치 산불이라도 난 듯이 환하게 밝아 대낮과 같았다. 이러한 현상은 사흘 밤낮이나 계속되었다. 이 같은 사실은 당시 전국으로 퍼져 나갔는데 신순 스님이 성불하여 하늘에 태어난 것을 의심할 여지가 없다고들 입을 모았다.

곧 도광道光 12년(순조 32, 1832) 정월 10일 술시戌時(오후 7시~9시)에 금강산 표훈사 만회암에서 입적하였으니, 세속 나이는 26세이고 승랍은 10년이었다.

　백인 스님은 사유闍維 의식을 마친 뒤에 일여 스님의 기연機緣을 기록하여 표훈사 주지의 인장과 편지를 받아 가지고 와서 고하였다. 또한 오고 갈 때 사례할 선물을 장만하여 일여 스님의 삼촌 되는 스님인 연익 전서 演益錢絮 스님으로 하여금 납의衲衣를 입고 가서 일여의 영혼을 위로하고 죽은 후에 호를 내리게 하였으니, 그의 시호는 일여一如라 했다.

　그의 어머니 김씨는 신순 스님이 와서 공양거리를 갖추어 가지고 가시자고 하는 기이한 꿈을 꾸고 그날 사시巳時(오전 9시~11시)에 베를 짜던 일을 멈추고 베틀에서 내려와 자리에 눕더니 일어나지 못하고 세상을 떠났다.

　산천山泉 거사 김명희金命喜[18]가 『행장록行狀錄』 1권을 지었는데 그 문중에 전해지고 있다.

一如禪伯傳

師名信淳。號一如。姓李氏。淸海望里人。嘉慶十二年。純祖七年丁卯生。十六。出家于頭輪山。薙髮于鏡月寧傲禪師之室。宿植善根。性本慈愛。侍師典座。見人貧窶。損己與人。見人垢衣。洗縫更着。十九。投華潭禪師講下。學楞嚴經起信論。二十。從轉山於伽智山。學圓覺經。仍與同學白印。遊名山。叅知識。二十五。辛卯入楓岳。止萬灰庵。庵空虛積雪仍餘。庵後。有觀音峯。前右左。有南巡海上二峰。表訓寺之上軙。摩訶衍之隣近。衆香城之右峽。毘盧峰之來龍。白雲臺之同峽。金剛山之第一。故名曰。萬灰庵。於此發心誓願。日[1)]定百日。祈禱於觀音峰。設冷灰爐。百日內。起烟則已。

---

18 김명희金命喜 : 본관은 경주. 자는 성원性源, 호는 산천山泉. 1788~?. 노경魯敬의 아들이며, 추사 정희의 아우이다. 1810년(순조 10) 진사에 급제하여 홍문관직제학·강동현령 등을 지냈다. 1822년 동지 겸 사은사冬至兼謝恩使인 아버지를 따라 자제군관子弟軍官으로서 연경燕京에 가서, 청나라의 금석학자 유희해劉喜海에게 우리나라의 금석학본을 기증하여 『海東金石苑』을 편찬하는 데 도움을 주었다.

不烟則燒身供養。日復日。伐木積曝。設供精勤。一日告百[2]印曰。滿百日
而香不烟起。吾誠不足。吾當燒身作供。印驚曰。爾有父母及師。獨不念爾
父母師念爾乎。淳曰。吾止矣。遂拂衣而出。印從而挽之。力不能挽之。入
庵覓索而出。視之。木火大發。淳立其上。合掌向觀音峰。琅琅誦觀音聲也。
印大呼曰。爾何爲此。淳若不聞者。念佛不已。印遑急。兩手拱雪撲火。熱
不可近。淳曰。四大各離如夢中。爾不識此偈[3]乎。吾欲往生極樂耳。面目
已焦爛。不可相識也。印無不奈何。泣曰。爾死於此山。將不住生。淳厲聲
曰。何不住生。印曰。吾家義湘祖師。恐汙大道場。不死於此山。爾速出。淳
始心動。轉身向印。印抱之而出。急走隣寺。乞請衆僧。急趍視之。淳坐雪
上。其黑如墨。氣尚不塞。口中尙喃喃作聲念佛。衆僧大愕。以爲兩僧不睦。
而印毆之火中也。詰之其[4]急。淳曰。吾自爲此。欲往生極樂耳。是夜。遂入
寂。其夜。表訓寺僧夢。衆僧被袈裟。荷彩轝鼓。樂聲振萬瀑洞。向上而去。
一僧。夢五色雲。凝萬灰庵上。覺而相告語。及聞死事。咸大異之。於是。諸
寺僧大會。其茶毗之夜。見山中。若有火起。晃朗如晝。如是者。三日盛傳。
淳。成佛生天無疑也。卽道光十二年正月初十日戌時。入寂于金剛山表訓
寺萬灰庵。世壽二十六。僧臘十。白印闍維後。記其機緣。受表訓寺住張。
印簡而來告。卽辨[5]回謝。往來之物。使其叔師演益錢絮。衲衣而徃。慰勞
而來。贈死號曰。一如。其母金氏。夢淳來設供具而請徃。其日已時。織布
而下。仍臥不起。山泉居士金命喜。作行裝[6]錄一卷。留傳門中。

---
1) ㉠ '日'은 '曰'의 오자인 듯하다. 2) ㉠ '百'은 '白'의 오자이다. 3) ㉠ '倡'은 '偈'의
오자이다. 4) ㉠ '其'는 '甚'의 오자이다. 5) ㉠ '辨'은 '辦'의 오자이다. 6) ㉠ '裝'은
'狀'의 오자이다.

종암강사전

　스님의 법명은 백인白印이고 호는 종암鍾庵이며, 속성은 조趙씨이고 해남 현산방縣山坊 고담古潭에서 출생한 사람이다.

　스님은 두륜산에서 출가하여 복한福閒 상인에게 머리를 깎고 물들인 옷을 입고 스님이 되었다. 화담華潭 선사로부터 『능엄경』과 『기신론』을 배웠으며, 신순信淳·석훈碩訓 스님과 함께 『원각경』을 익혔다. 백인·신순·석훈 세 스님은 도반이 되어 유학을 떠나 묘향산으로 들어갔다가 석훈 스님은 구월산으로 들어갔고 신순 스님과 백인 스님은 풍악산으로 들어가 표훈사 만회암에 기거하였다. 신순 스님이 자신의 몸을 불살라 소신공양을 하고 나자 백인 스님은 금강산을 내려와 철선鐵船 대사의 조실에서 향을 사르고 법통을 이어받았다.

　그 후에 지리산으로 들어갔는데 그의 은사도 어떤 사람(철선)에게 건당建幢하였다가 얼마 안 되어 환속하여 물러나며 종암 스님을 자기 대신 잇게 하고는 속가로 내려갔다.

　백인 스님은 태백산으로 들어가서 하루에 한 끼니만 먹고 대중들을 모아 강설을 하는 등 괴로운 수행 절차를 굳게 지켜 나갔다. 그 후 얼마 지나지 않아 병에 걸려 태백산에서 적멸을 보였으니, 영혼은 옛 절로 돌아갔을 터이나 조문할 친한 사람 하나 없어 그 발자취는 일여一如 스님과 같았다.

鍾庵講師傳

師名白印。號鍾庵。姓趙氏。海南縣山坊古潭人。出家於頭輪山。剃染於福閒上人。從華潭禪師。學楞嚴起信。與信淳碩訓。講圓覺經。白印信淳碩訓。作伴遊學。入妙香山。訓入九月。淳印。入楓岳。居表訓寺萬灰庵。信淳。自己燒散。師下來。拈香於鐵船大師。後入智異山。其恩師。亦建幢於何人。

未幾。還退。鍾庵立己代追後。其師下俗。印。入太白山。一日一食。聚衆設講。執守苦節。未幾。以經病。示寂於太白山。魂歸古寺。吊無親。跡同一如。

회암선백전

스님의 법명은 심훈心訓이고 호는 회암悔庵이며, 속성은 박朴씨이고 옥주沃州(전남 진도) 의신義新에서 출생한 사람이다.

첨찰산尖察山으로 출가하여 평철 동지平哲同知 스님에게서 머리를 깎고 스님이 되었다. 하의荷衣 대사에게 구족계를 받고 화담華潭 선사의 조실에서 향을 사르고 법통을 이어받았으며, 초의草衣 율사에게서 대승보살계大乘菩薩戒를 받았다.

스님은 가경嘉慶 무진년(순조 8, 1808)에 태어나 광서光緒 13년 정해(고종 24, 1887) 2월 6일에 심적암深寂庵에서 입적하니, 세속의 나이는 80세이고 승려 생활을 한 해는 65년이었다.

스님은 화담 스님과 인곡仁谷 스님에게서 학업을 닦고, 불갑사佛甲寺·정방사井芳寺·은적암隱寂庵·대둔사大芚寺와 미황사美黃寺의 미타암彌陀庵·보림사寶林寺의 내원암內院庵·송광사松廣寺의 삼일암三日庵·선암사仙巖寺의 칠전七殿에서 주석하였다. 또한 네 도읍지와 팔방 전국을 두루 돌아다니면서 세 가지 관법觀法과 다섯 종파의 종지宗旨를 증득하였고, 세속에 얽매임을 초탈하여 마음의 부처님을 잘 보호하였다.

간성의 만일회萬日會에 참예하였고 순천 수선사修禪寺에 있었던 수선결사修禪結社에 참예하기도 했으며, 대둔사의 무량회無量會 결사에도 참예하였고 장춘長春 고을 무량회에도 동참하는 등 수선에 힘쓰니, 나무들도 기뻐하며 영화로운 빛을 발하고 시냇물도 소리 내어 흐르기 시작했다. 스님은 오래 사는 것을 원하지 않았고 불국토에 나기를 기대하지도 않았다.

스님에게서 계를 전해 받은 제자는 경운敬雲 등 21명이고, 선참禪懺을 전해 받은 사람은 승려와 속인을 통틀어 모두 30여 명에 이른다. 대응大應 스님의 사형師兄이고 인파印波 스님의 사숙師叔이며, 득훤 유은得烜遺恩 스님의 상족上足이다.

悔庵禪伯傳

師名心訓。號悔庵。姓錦城朴氏。沃州義新人。出家於尖察山。薙髮於平哲同知。受具於荷衣大師。拈香於華潭禪師。受大乘菩薩戒於草衣律師。嘉慶戊辰生。光緖十三年丁亥。二月初六日。入寂於深寂庵。世壽八十。僧年六十五。叅學於華潭師仁谷師。住於佛甲井芳隱跡大芚。美黃之彌陀。寶林之內院。松廣之三日。仙岩之七殿。徧行四都八域。證得三觀五宗。脫屐[1]世名。精護心佛。念杆城之萬日會。依順天之修禪寺。結無量會於大芚之陽。念無量壽於長春之洞。木欣欣而向榮。川涓涓[2]始流。壽命不願。佛國不期。傳戒者。敬雲等二十一人。傳禪者。緇素。並三十有餘。大應之兄。印波之叔。得烜遺恩上足。

---

1) 원 '屐'은 '屣'의 오자이다. 2) 원 '涓' 뒤에 '而'가 있는 본이 있다.

연호대사전

스님의 법명은 승정勝正이고 호는 연호烟湖이며, 속성은 강씨이고 보길도에서 출생한 사람이다.

어릴 때 보리산으로 들어가 스님이 되었다. 배우고 또 때때로 익혀 벗이 먼 곳에서 찾아올 지경이 되자 은사의 방에 들어가 호를 받았으며, 성품은 남이 알아주지 않아도 불만을 가지지 않았으니 이 또한 대사大師가 아니겠는가?

스님은 환양 도우喚羊禱祐 선사로부터 법통을 이어받았으며, 환양 선사는 회운 덕윤會雲德潤 스님의 법통을 이은 제자이다. 회운 스님은 도암 복환道庵復還 스님의 법을 이은 제자이고, 동연洞然(智演) 스님의 속가 동생이며 또한 출가한 승가의 법제이기도 하다. 도암 스님은 영허 성준靈虛性俊 스님의 법을 이은 제자이고, 영허 스님은 원조圓照(碧虛) 스님의 법을 이은 제자이며, 벽허 스님은 설암 추붕雪岩秋鵬 스님의 법을 이은 제자이고, 설암 스님은 월저 도안月渚道安 스님의 법을 이은 제자이다. 연호 대사의 수은受恩 제자로는 □□□ 스님 등이 있다.

연호 스님은 뜻이 크고 호매豪邁하여 조그만 절차에 구애받지 않았으며, 보림사寶林寺·송광사松廣寺·백양사白羊寺·화엄사華嚴寺·지리산·가야산·계룡산 등지에 머물면서 선참禪懺을 구하는 이에게는 선참을 주고 계를 받고자 하는 이에게는 계를 설해 주었으며, 차를 만나면 차를 마시고 주린 이를 만나면 같이 굶주리며, 힘으로 겨루면 힘으로 이기고 말로 논쟁하면 말로 이겼다. 그런 까닭에 사람들이 연호 스님을 기피하는 경향까지 있었다. 그러나 스님은 태연하여 마치 천하가 태평한 봄날과 같았다.

스님은 저 천하태평수좌天下太平首座와 일장춘몽선객一場春夢禪客과 더불어 삼한 천지를 나란히 달리는 선객禪客이었다.

가경嘉慶 병자년(순조 16, 1816)에 태어났으며 광서光緒 갑오년(고종 31,

1894)에 천은사泉隱寺에 주석하고 있다. 그의 세속 나이는 79세이건만 마치 48세 비구의 모습 같다.

烟湖大師傳

師名勝正。號烟湖。姓姜氏。甫吉人。幼入菩提山。學而時習之。有朋自遠來。入室贈號。人不知而不慍。不亦大師乎。嗣法於喚羊禱祐禪師。喚羊。會雲德潤之子。會雲。道庵復還之子。洞然之家弟。亦出家弟。道庵。靈虛性俊之子。靈虛。圓照之子。碧虛。雪岩秋鵬之子。雪岩。月渚道安之子。有受恩弟子。曰□□□等。師。偶儻豪邁。不拘小節。住寶林松廣白羊華嚴智異伽倻鷄龍。求懺與懺。求戒與戒。逢茶喫茶。遇飢同飢。力戰力勝。口爭口勝。人則忌之。泰然。若天下太平春也。與彼天下太平首座。一場春夢禪客。幷驅三韓天地也。嘉慶丙子生。光緒甲午。住泉隱。年則七十九。若四十八化¹⁾丘像然也。

---
1) ㉠ '化'는 '比'의 오자인 듯하다.

영허선백전

스님의 법명은 의현義玄이고 호는 영허靈虛이며, 속성은 박씨이고 전남 영암에서 출생한 사람이다.

달마산으로 들어가 머리를 깎고 물들인 옷을 입고 스님이 되었다. 이후로 마음이 가는 대로 발길 닿는 대로 찾아다녔다. 선암사와 송광사를 두루 지나서 운흥사雲興寺와 불호사佛護寺를 오가면서 선재善財동자가 53 선지식을 찾아다니며 학습한 것처럼, 설산雪山동자가 설산에 들어가 수행한 고풍古風처럼 학문과 수행을 겸하여 닦았다.

영허 스님은 고로추古老錐[19]를 모두 참알參謁하고 찾아드는 학인 도반들을 편안하게 결집하더니 보월寶月 법사의 조실에서 향을 사르고 법통을 이어받았으며, 인암忍庵 율사의 계단에서 선참禪懺을 받았다. 혹은 영침影枕에 주석하면서 강론을 펼치기도 하였고, 혹은 북암北庵에 머물면서 학인들을 맞아 공부를 가르치기도 했다.

미타암彌陀庵에서 미타회彌陀會를 개설하니 안온함이 마치 안양국安養國의 세계와 같았으며, 달마사에서 달마선達磨禪을 증명하니 완연하기가 마치 백화도량白華道場 같았다. 그런 소문이 나자 풀숲을 헤치고 불조佛祖의 가풍을 우러러 찾아오는 학도들이 방 안을 빽빽하게 메우고 돈을 내놓고 지팡이 짚고 떠나가는 이들로 길이 좁았다.

이 세계는 성주괴공成住壞空의 겁劫이 있고 세월은 춘하추동의 변화가 있는 법이다. 스님은 어느 날 대중들을 불러 간단한 법을 설한 다음 문을 닫고 적멸을 보였다. 사유闍維 의식을 거행하던 날 서기가 상서로움을 드리우고 봉송奉送할 때에는 감로의 비가 먼지를 잠재웠다.

---

[19] 고로추古老錐 : 노고추老古錐를 바꾸어 한 말로 노고는 존경한다는 뜻이고, 추는 송곳처럼 예민함을 뜻하는 말로서, 즉 노대원숙老大圓熟함을 의미한다.

스님에게서 계를 받고 가르침을 받은 제자와 선참禪懺을 받고 법을 받은 제자를 하필 누구누구라고 지적할 필요가 있겠는가?

스님은 가경嘉慶 병자년(순조 16, 1816)에 태어나 동치同治 갑술년(고종 11, 1874)에 입적하니, 세속 나이는 59세이고 승하僧夏는 43년이었다.

충파忠波 · 천학天學 · 권종權宗은 백어白魚와 같은 법제자이고, 환명幻溟 · 근정謹定 · 환봉幻峰 · 성준性俊은 자사子思와 같은 손자 제자이다.

靈虛禪伯傳

師名義玄。號靈虛。姓朴氏。靈岩人。投達摩山。剃髮染衣。從心所如。入衆所意。仙松徧歷。雲佛去來。善財餘習。雪山古風。盡謁古老錐。稔結來集伴。拈香於寶月法師之室。愛[1]禪於忍庵律師之壇。或住於影沈講論。或住於北庵提接。設彌陀會於彌陀。隱然若安養世界。證達摩禪於達摩。完然如白花道場。跂草瞻風而來者。密室。腰包手錫而去者。狹路。世界。有成住壞空之劫。光陰。有春夏秋冬之變。召衆才訣。閉門示寂。闍維之日。瑞氣呈祥。奉送之時。甘雨滌塵。受戒受敎。受禪受法者。何必持某。嘉慶丙子生。同治甲戌寂。俗年五十九。僧夏四十三。忠波天學權宗。白魚之子。幻溟謹定幻峰性俊。子思之孫。

---
1) ㉮ '愛'는 '受'의 오자이다.

무위선백전

스님의 법명은 안인安忍이고 호는 무위無爲이며, 속성은 김씨이고 청해淸海 세포細浦에서 출생한 사람이다.

11세에 보타산으로 출가했다가 16세에 두륜산으로 옮겨가 호의縞衣 선사의 조실에서 머리를 깎고 물들인 옷을 입고 스님이 되었다. 완해玩海 대사의 계단에서 구족계를 받고 신월信月·철선鐵船·문암聞庵·용연龍淵·화담華潭·초의草衣·인암忍庵·성담性潭·호의縞衣 등 9대 법사의 법연法筵에서 교학을 배웠다. 이어 호의 스님으로부터 법인을 전해 받고 초의 스님에게 대승보살계를 받음으로써 연꽃 향기 피어오르고 매실도 익었다.

스님은 호남총섭湖南摠攝의 직에 올라 표충사 수호 임무를 역임하였으며, 성담 스님과 인암 스님의 선석禪席을 물려받고 초의 스님의 다양한 기능을 배워 익혔다. 스님은 입을 열었다 하면 1천 부처님의 1만 게송이 차례로 흘러나왔고, 손을 움직였다 하면 10목目의 8자字가 부러워하고 경탄하여 마지않았다. 스님이 가장 싫어한 것은 점괘(爻象)를 뽑는 것이요, 좋아한 것은 적정寂靜에 드는 것이었다.

조신암趙信庵이 스님의 탑명을 짓고 신백파申白坡가 그의 진영에 찬미하는 글을 지었다. 가경嘉慶 21년 순조대왕 16년 병자(1816) 12월 10일 술시戌時(오후 7시~9시)에 태어나 광서光緖 12년 병술(고종 23, 1886) 8월 15일 축시丑時(오전 1시~3시)에 적멸을 보였으니, 세속 나이는 71세이고 법랍은 55년이었다.

법등을 전해 받은 제자는 두 명이니, 복암 관준福庵寬準 스님은 속성이 박씨이고 노호路湖 포전蒲田에서 출생한 사람으로 표충사도총섭表忠祠都摠攝의 직책을 역임하였으며, 석담 치일石潭致一 스님은 속성은 박씨이고 자헌대부資憲大夫의 품계를 받고 주지의 소임을 역임하였다. 계를 받은 제자는 복헌福憲과 복운福雲 등 15명이고, 스님의 작은 영정 1축軸이 전해 온다.

無爲禪伯傳

師名安忍。號無爲。字眞如。姓金氏。淸海細浦人。十一。出家於補弛[1]山。十六。移入頭輪山。剃染於縞衣禪師室。受具於玩海大師壇。受敎於信月鐵船聞庵龍淵華潭草衣忍庵性潭縞衣等。九大法師法筵。受法印於縞衣師。受大乘菩薩戒於草衣師。蓮香已矣。梅且熟也。摠攝湖南。守護表忠。奪性潭忍庵之禪席。照草衣之工巧。開口則千佛萬偈。次第而流出。動手則十目八字。健羨而驚怛。所憎者。爻象。所樂者。寂靜。趙信庵。銘其號。申白坡。賛其象。嘉慶二十一年。純祖大王十六年丙子十二月十日戌時生。光緖十二年丙戌八月十五日丑時。示寂。世壽七十一。法臘五十五。傳燈弟子。有二。福庵寬準。姓朴氏。路湖蒲田人。行表忠祠都摠攝。石潭致一。姓朴氏。贈資[2]大夫。行住持。受戒弟子。福憲福雲等十五人。有小照一軸。

1) [원] '弛'는 '陀'의 오자이다. 2) [원] '資' 뒤에 '憲'이 있는 본이 있다.

혜봉선사전

스님의 법명은 이순爾順이고 호는 혜봉惠峰이며, 속성은 노盧씨이고 낭주朗州(영암) 통호通湖에서 출생한 사람이다.

어릴 때 달마산으로 들어가 호기好奇 장로의 조실에서 머리를 깎고 물들인 옷을 입고 스님이 되었으며, 쌍연雙連(性貫) 대사의 계단에서 구족계를 받았다. 스님은 학문이 원만해지고 도의 경지가 높아지자 쌍연 성관雙蓮性貫 대사의 조당祖堂에 들어가 향을 사르고 법통을 이어받았다. 혜봉 스님은 설봉雪峯 스님의 6대 법손이고 연파蓮坡 스님의 3대 법손이다.

가경嘉慶 21년 순조純祖대왕 16년 병자(1816)에 태어나 광서光緒 7년 신사(고종 18, 1881) 정월 17일 해남 대둔사 남미륵암南彌勒庵에서 조용히 적멸을 보이시니, 소나무와 삼나무도 슬픔을 띠고 구름도 노을도 오열하였다. 세속 나이는 66세이고 법랍은 51년이었다.

스님에게 계를 받은 제자는 12명이고 법등을 전해 받은 제자로는 지월智月·능환能環·원월圓月·세영世英·보응普應·응오應悟 등이 있다.

스님의 천성은 따뜻하고 어질었으며 덕망德望은 멀리까지 알려졌다. 말을 하면 감미로웠고 몸을 움직이면 착한 일을 하였다. 분노에 찬 기색이 전혀 없고 늘 자애롭고 인자한 표정으로 사람을 대하였다. 몸집은 근간이 풍후豊厚하고 모발은 검푸른 빛을 띠었다. "너의 조상에 염려를 끼치는 일이 없으니 이에 자손이 번성한다.(無念爾祖。寔繁有徒。)"라고 한 옛말을 여기에서 징험할 수 있었다.

스님의 법제자 지월은 만덕산에 머물고 있었고 원월은 금강산에 머물고 있었으며, 보응 스님은 보은報恩에 머물고 있었다. "영리한 토끼는 굴 세 개를 파놓고 위기를 모면한다."라고 하였는데, 이 세 명의 제자가 우연하게도 저절로 그런 모습을 이루고 있었다.

惠峰禪師傳

師名爾順。號惠峰。姓盧氏。朗州通湖人。幼入達摩。剃染於好奇長老之室。
受具於雙連大師之壇。學圓道高。拈香於雙蓮性貫之堂。雪峯之六世。蓮坡
之三世。嘉慶二十一年。純祖大王十六年丙子生。光緒七年辛巳正月十七
日。海南大芚寺南彌勒庵。泊然而示寂。松杉帶愁。雲烟感咽。世壽六十六。
法臘五十一。受戒者。十二人。傳燈者。智月能環圓月世英普應應悟。師賦
性溫良。德望遠達。言吐則甘。身動則善。無忿怒之色。每發慈仁之談。軀
榦豊厚。毛髮甘¹⁾綠。無念爾祖。寔繁有徒。於斯可驗。智在萬德。圓在金剛。
普在報恩。狡兔三穴。偶然自成。

---

1) 劉 '甘'은 '紺'의 오자이다.

운파선사전

스님의 법명은 익화益化이고 호는 운파雲坡이며, 속성은 문文씨이고 청해淸海 장자리長者里에서 출생한 사람이다.

14세에 두륜산으로 들어가 속세를 떠날 뜻을 굳히고, 16세에 영철永哲 장로에 의하여 머리를 깎고 스님이 되었으며, 지허知虛 선사에게서 계를 받았다. 스님은 은사인 영철 스님이 일찍 입적하자 할아버지 스승(祖師)의 양성養性에 전적으로 의지하였으며, 동서로 돌아다니며 공부를 하긴 했지만 그저 성명姓名이나 쓸 정도였다.

진불암眞佛庵으로 철선鐵船 스님을 찾아 배알하고 사집四集과 선교禪敎의 연원을 깊이 탐구하고, 북암北庵의 문암聞庵 스님을 참문參聞하고 사교四敎의 깊고 옅은 계제階際를 광범위하게 들었다.

다시 이사무애理事無碍의 속제俗諦에 들어갔으니, '만약 산중에서 종자기鍾子期를 만났더라면 어찌 누런 나뭇잎을 가지고 산 아래로 내려왔겠는가?'라는 의미와 같은 격이요, 오래도록 사사무애事事無碍의 법계法界에 놀았으니, '나고 죽는 고통의 바다에서 자비로 뗏목을 만들고 번뇌의 산 앞에서 지혜로 등불을 만든다'는 격이다.

용파 영훤龍坡永烜 스님의 조실에서 향을 사르고 법통을 이었는데, 용파 스님은 만허 색척萬虛賾陟 스님의 법제자이고 만허 스님은 명진 진봉明眞珎峰 스님의 법제자이며, 진봉 스님은 설봉雪峯 스님의 법제자이다.

운파 스님의 제자로는 동화 경운東化敬雲 스님이 있으니 속성은 임林씨이고 영암에서 출생한 사람이며, 손자 제자로 원응 계정圓應戒定 스님이 있으니 속성은 허許씨이고 해남 녹산방鹿山坊에서 출생한 사람이다. 손자 제자 원응 스님은 문장과 글씨가 모두 뛰어나고 교화敎化의 문을 활짝 열어 '쪽에서 푸른 물감이 나왔으나 그 색이 쪽보다 더 진하다'는 것과 같으니 사람이 어찌 숨길 수 있겠는가?

스님은 성품이 엄격하고 냉정하며 고담枯淡하여 삿되고 왜곡된 것을 용
납하지 않았다. 더욱이 범음을 잘하여 그것을 배우려는 이들이 방 안을
가득 채웠으니, 범음은 자행慈行 스님과 대호大湖 스님의 유풍遺風이다.
　스님은 주로 서동사瑞桐寺・보적사寶積寺・은적사隱跡寺 등에 주석하였으
며, 수인사修仁寺에 머물 때에는 당우堂宇를 보수하였고 낙서사樂捿寺에 머
물 적에는 암자와 전당殿堂을 새로 짓기도 하였다. 삼각산에 들어가서 혜
봉惠峰 스님과 나이를 잊고 교제하였고 도총섭의 직첩을 받기도 하였다.
익윤翼允 스님이 운파 스님에게 코를 잡고 흉내를 내는 범패의 가르침을
받았는데, 정묘년(1867) 겨울에 혜慧 자를 받고 갑술년(1874) 봄에는 민敏
자를 받았다.
　운파 스님은 가경嘉慶 23년 무인(순조 18, 1818)에 태어나 광서光緒 원년
을해(고종 12, 1875) 12월 20일 사시巳時(오전 9시~11시)에 조용히 입적하였으
니, 세속 나이는 58세이고 법랍은 41년이었다. 스님의 작은 진영이 있는
데 용완龍玩 스님이 그리고 석치石痴가 색칠을 고쳤으며, 백파白坡가 찬문
과 서문을 지었다.

雲坡禪師傳

師名益化。號雲坡。姓文氏。淸海長者里人。十四。入頭輪山。堅志厭俗。
十六。染衣於永哲長老。受戒於知虛禪師。早哭恩師永哲長老。全恃祖師養
性。僉知遊學東西。惟記姓名。尋鐵船師於眞佛。深探四集禪敎之淵源。叅
聞庵師於北庵。博聞四敎淺深之階際。還入理事無碍之俗諦。若也山中逢
子期。豈將黃葉下山下之意也。長遊事事無碍之法界。死生海內悲爲栿。煩
惱山前智作燈之格也。拈香於龍坡永炬之室。龍坡。萬虛贐陟之子。明眞
珎峰之子。珎峰。雪峰之子。師有弟子。東化敬雲。姓林氏。靈岩人。孫弟子。
有圓應戒定。姓許氏。海南鹿山坊人。文筆雙運。開敎化門。靑藍絳茜。人
焉廋[1])哉。師。性嚴冷枯淡。不忍邪曲。尤能梵聲。效者盈室。慈行大湖之遺

風。住瑞桐寶積隱跡。住修仁。改修堂宇。住樂捿。改作庵堂。入三角山。慧峯爲忘年交。行都揔攝。翼允受掩鼻傳。度慧字於丁卯冬。度敏字於甲戌春。嘉慶二十三年戊寅生。光緖元年乙亥十二月二十日巳時。泊然而寂。世壽五十八。法臘四十有一。小照龍琓描。石痴改彩。白坡賛幷書。

1) [원] '瘦'는 '廋'의 오자이다.

보경선사전

스님의 법명은 혜경慧璟이고 호는 보경寶鏡이며, 용담龍潭(진안군 용담면)에서 출생한 사람이다. 가경嘉慶 기묘년(순조 19, 1819)에 태어났다.
16세에 불명산으로 들어가 머리를 깎고 물들인 옷을 입고 스님이 되었으며 구족계를 받았다. 그 뒤에 여러 강당을 참예하며 두루 경학經學을 공부하였으며, 지방으로 돌아다니기를 겨우 마치자마자 춘담 대연春潭大演 선사의 조실에서 법위法位를 이어받았다.
스님의 계파를 말하자면 청허淸虛에서 정관靜觀, 정관에서 임성任性, 임성에서 원응圓應, 원응에서 추계秋溪, 추계에서 무경無竟, 무경에서 운봉雲峯, 운봉에서 반룡蟠龍, 반룡에서 낙암樂庵에 이르고 다시 낙암에서 임성천성任城天性, 임성에서 낙봉 대인樂峰大仁으로 이어졌으니, 춘담 대연은 곧 서산西山 대사의 13대 법손이 된다.
스님은 뒷날 불명산 화암사華庵寺로부터 공주 마곡사麻谷寺로 거주처를 옮겨 스승과 제자가 함께 살았으며, 내재內財(學德)와 외재外財(財物)를 구족하였다. 스님은 『식화전殖貨傳』을 많이 읽었다. 갑오년(1894) 현재 보경 스님은 살아 계시며 그의 나이는 76세이다.

寶鏡禪師傳

師名慧璟。號寶鏡。龍潭人。嘉慶己卯生。十六投拂[1]明山。剃染受具。叅諸講堂。遊方才畢。受法位於春潭大演禪師堂。言其派系。則淸虛靜觀任性圓應秋溪無竟雲峯蟠龍樂庵。及任城天性樂峰大仁。春潭大演。乃西山之十三世也。自佛山華庵寺。移居公州麻谷寺。師子并居。外內財具足。多讀貨殖傳。甲午生。存年七十六。

---
1) ㉘ '拂'은 '佛'의 오자이다.

우담강백전

스님의 법명은 우행禹行이고 자字는 홍기洪基이며, 호는 우담優曇이고 속성은 권權씨로, 안동에서 출생한 사람이다. 아버지는 중국重國이고 어머니는 조趙씨이다. 도광道光 임오년(순조 22, 1822) 3월 3일에 태어났다.

태어날 때부터 영특하고 숙성하였고 어려서부터 민첩하고 영리하며 공부하기를 좋아하였다. 지학志學(15세)의 나이에 마음으로 출가할 것을 맹세했으나 부모가 선뜻 마음이 내키지 아니하여 허락하지 않으므로 석가모니부처님이 몰래 왕성을 넘어 출가한 인연을 가만히 생각하다가 어느 날 집을 나서 순흥 희방사喜方寺를 찾아가 자신自信 장로에게 의지하여 머리를 깎고 장삼을 입고 스님이 되었다.

우담 스님은 스스로 보조普照 스님의 초심장初心章(誡初心學人文)과 원효元曉 스님의 발심장發心章(發心修行章)과 야운野雲 스님의 자경장自警章(自警文) 등을 열람하였다. 그러고는 마음이 맞는 도반들과 팔공산으로 혼허渾虛 선사를 찾아가 사교四教를 배우다가 홀연히 여러 지방을 돌아다니면서 선지식들을 만나 볼 마음이 생겨 고찰과 유적지 등을 두루 돌아보았으니, 호연浩然한 기상이 마치 구름이 용을 좇아 일어나고 바람이 호랑이를 따라 일어나는 것과 같았다.

스님은 옛 수선사에 이르러 지봉智峰 선사의 조실에 발길을 멈추고 머물면서 침명枕溟 화상이 강론하는 자리에서 교학을 공부하였다. 인파仁坡 율사의 계단에서 선을 배웠으며, 연월蓮月 선사의 도량에서 향을 사르고 의발을 전해 받은 뒤 개당開堂하고 설법을 시작했다.

우담 스님이 강당 문을 열고 앉으니 영동·영서·호서·호남 지방에서 책궤를 짊어지고 자신의 가치를 알아보려고 풀숲을 헤치고 불조佛祖의 가풍을 우러러 찾아오는 학도들이 밀려들었다. 스님은 마치 크게 치면 크게 울리고 작게 치면 작게 울리는 것처럼, 오랑캐가 거울 앞에 서면 오랑캐가 보이고 한인漢人이 거울 앞에 서면 한인이 보이듯이 상대의 근기에 맞추어 자재自在하게 법을 설했다.

고려조에 진정 부암眞靜浮庵이 『선문강요禪門綱要』 1권을 지었는데, 이로 인하여 백파白坡 노장이 『선문수경禪門手鏡』 1권을 지었으며, 다시 이로 인하여 초의草衣 노장이 『선문사변만어禪門四辯漫語』 1권을 지었고, 이로 인하여 설두雪竇 스님이 『해정록楷正錄』 1권을 지었으니, 이 네 분 스님이 지은 네 권의 책은 장차 이 세상에 크게 드러날 것이다.

스님의 문인 제자로는 담화 관훈曇華寬訓이 있다. 스님은 도광道光 2년 임오(순조 22, 1822)에 태어나 광서光緒 6년 신사(고종 18, 1881) 9월 8일에 입적하였으니, 세속 나이로는 60세이고 승랍은 45년이었다.

優曇講伯傳

師名禹行。字洪基。號優曇也。姓權氏。安東人。父重國。母趙氏。道光壬午三月三日生。生而穎達夙成。幼而敏悟好學。志學之年。誓心出家。父母。靳持不許。窃念踰城之緣。尋順興希芳[1]寺。依自信長老。圓頂方袍。自閱普昭初心章。元曉發心章。野雲自警章。與心友道伴。訪八公山渾虛禪師。受四敎。忽有叅師。遊方之意。人之眞必[2]跡之古。必諸[3]浩然若雲從龍風從虎之氣。依止於古之修禪社。智峰禪師室中。受敎於枕溟和尙講筵。受禪於仁坡律師戒壇。拈香開堂於蓮月禪師道場。開門而坐嶺東西湖西南。負笈售賈[4]之人。跋草瞻風而至。應大小叩。窺胡漢鏡。麗朝眞靜浮庵。作禪門綱要一卷。因此。白坡老。作禪文手鏡一卷。因此。草衣老。作四辨漫語一卷。因此。優曇師。作禪門證正錄一卷。因此。雪竇師。作楷正錄一卷。此四師四卷。將顯於世也。門人弟子。曇華寬訓。道光二年壬午生。光緒六年辛巳九月初八日。入寂。世壽六十。僧臘四十五。

1) ㉯ '希芳'은 '喜方'의 오자이다. 2) ㉯ '必' 뒤에 '尋'이 있는 본이 있다. 3) ㉯ '諸'는 '詣'의 오자이다. 4) ㉯ '賈'는 '價'의 오자이다.

화월선사전

　스님의 법명은 숙홍淑紅이고 호는 화월化月이며, 속성은 김씨이고 영암에서 출생한 사람이다.

　어릴 때에 해남 두륜산에 들어가 서주犀舟 선사의 조실에서 머리를 깎고 스님이 되었으며, 철선鐵船 선사의 계단에서 구족계를 받은 뒤 산내에 있는 암자인 북암北庵·진불암眞佛庵·상원암上院庵의 강석을 돌아다니며 경전을 독송하고 베껴 쓰고 보느라 하루 종일 한가한 틈이 없었다.

　마침내 은사恩師(犀舟)의 책상 앞에서 향을 사르고 법통을 이어받은 후 강진 보리산으로 들어가 솔잎을 먹고 풀옷을 걸친 채 보낸 세월이 30여 년이었다. 스님에게서 많은 신남信男과 신녀信女들도 오디를 먹은 이가 많았으며, 사미와 비구로 계를 받은 이도 많았다.

　스님은 어진 사람을 친근히 하고 좋은 이들을 이웃으로 하여 그 명성이 널리 퍼졌으니, 이는 가히 '명성을 피할수록 명성은 더욱 따르고 이름을 감출수록 이름이 나를 따른다'고 한 말과 같다고 하겠다. 지난 날 솔잎을 양식으로 삼고 지난 날 풀을 엮어 옷으로 삼았던 까닭에 네 가지 인연【토지土地(수행 장소)와의 인연, 납자衲子(도반)들과의 인연, 시주施主와의 인연, 외적 시설과의 인연】이 구족具足한 것임을 알 수 있겠다.

　화월 스님은 가경嘉慶 경진년(순조 20, 1820)에 태어나 광서光緒 병술년(고종 23, 1886)에 입적하였으니, 세속의 나이로는 67세이고 승랍僧臘은 51년이었다.

　스님은 평소 행실과 일을 처리함에 있어서 한결같이 옛 법을 기준으로 삼았으며, 글씨도 잘 썼고 말재주도 뛰어나 닥치는 경계마다 막힘이 없었다. 스님은 사중寺中의 재물을 함부로 쓰지 않았고 옷 또한 화려하게 입지 않았으므로 어릴 때부터 죽는 날까지 사람들에게 비난을 받은 적이 없었다.

스님에게 법을 전해 받은 사람은 34명이고 계를 받은 사람은 20여 명 남짓하였으며, 선법을 전해 받은 사람은 31명이고 수은受恩 제자는 한두 명이었으며, 사숙私淑한 이는 매우 많았다.

化月禪師傳

師名淑䂓。號化月。姓金氏。靈岩人。幼入海南頭輪山。剃頭於犀舟禪師室。受具於鐵船禪師壇。從遊北庵眞佛上院講席。讀誦書寫。看經日不暇給。拈香於受恩師榻。移入於康津菩提山。食松草衣。送月迎日者。三十餘年。信男信女之食薑者。多矣。沙彌比丘之受火者。衆也。親仁善隣。聲名溢高。可謂避聲聲我隨。逃名名我逐者也。前日之松爲栗。前日之草爲衣。四緣【土地緣衲子緣施主緣外設緣】具足。以此可覺也。嘉慶庚辰生。光緒丙戌寂。世壽六十七。僧臘五十一。師行身處事。一準古法。善筆善談。適當境界。財不濫用。衣不濫着。自幼至終。人無至非。傳法人。三四座。傳戒人。二十有餘。傳禪人。三十一人。受恩者。一二人。私淑衆多。

기봉선사전

스님의 법명은 장선壯善이고 호는 기봉騎峯이며, 속성은 □씨이고 전남 동복同福에서 출생한 사람이다.

일찍이 월출산으로 들어가 자원하여 스님이 되었으며, 침송 회성枕松會聖 대사의 조실에서 구족계를 받고 문암聞庵 강주의 강당에서 법인을 전해 받았다. 스님은 강론 방법에 있어서 깊이 궁리하였고 그림 그리는 솜씨가 정교하였다. 화법畫法은 도현道玄[20]과 원장元章[21]의 기교를 본받았고, 지혜는 율호律虎 스님과 의룡義龍 스님을 참방參訪하여 터득했다.

스님은 혹은 표충사의 수호총섭 직책을 맡아 주관하였으며, 보리산의 전좌典座를 맡아보기도 하였다. 원효암元曉庵·유마사維摩寺·수인사修仁寺·정관암鼎觀庵은 스님이 주석했던 곳이고, 도갑사道甲寺와 대둔사大芚寺는 무구無口의 고향[22]이다.

스님에게는 제자 두 명이 있는데 남하 성연南河性衍은 불갑사佛甲寺, 환명 경운煥溟敬雲은 도갑사 스님이다. 계를 준 제자와 선법을 준 제자들은 매우 많으니 어떻게 누구누구라고 이름을 들어 말할 수 있겠는가.

騎峯禪師[1)]

師名壯善。號騎峯。姓□氏。同福人。早入月出山。自願爲僧。受具於枕松

---

20 도현道玄 : 당나라 때의 화가인 오도현吳道玄을 말한다. 궁중에 들어가 인물·산수·초목·조수鳥獸 등을 그렸으며, 제자들을 많이 거느리고 사원과 도관道觀의 벽화를 그리기도 했다.
21 원장元章 : 송나라 미불米芾(1051~1107)의 자인데, 천성이 기이한 것을 좋아하였다. 무위군無爲軍을 맡아보게 되어 처음으로 주해州廨에 들어가자 입석立石을 보고 자못 기이하게 여겨 곧 포홀袍笏을 가져오라 하여 그 돌에 절하고 늘 석장石丈이라 불렀다고 한다.
22 무구無口의 고향 : 입을 닫고 선지禪旨를 참구하였다는 의미인 듯하다.

會聖大師之室。得法印於聞庵講主之堂。尋竊講伯。術精畫法。往效於道玄元章之巧。叅訪於律虎義龍之智。或表忠祠之主管。或菩提山之典座。元曉維摩修。仁鼎弗住錫之地。道甲大芚。無口之鄉。弟子有二人。南河性衍。佛甲人。煥溟敬。道甲人。傳戒傳禪。何必名某。

1) [원] '師' 뒤에 '傳'이 있는 본이 있다.

환허강백전

스님의 법명은 봉규奉奎이고 자字는 문일文一이며, 호는 환허幻虛이고 전주에서 출생한 사람이다.

어린 나이에 불명산으로 들어가 머리를 깎고 구족계를 받았다. 지식이 남보다 뛰어나고 문장이 남보다 월등하였다. 강론하는 자리면 어디든 참예하여 학문을 익혔으며, 뒤에 용선龍船 선사로부터 불조佛祖의 법인을 받았으니, 곧 영파 성규影波聖奎 대사의 6대 법손이다.

환허 스님은 대중들을 불러 모으지 않아도 대중들이 저절로 찾아왔으니 유마의 방(維摩之室)은 오히려 좁았고,[23] 중향성衆香城의 음식이 부족할 지경이었다.[24] 삼장三藏의 가르침을 열어 보였고 삼학三學의 이치를 찾아 보여 주었다. 스님은 고기도 고기를 잡는 통발도 모두 버리고 몸과 마음을 친구로 삼아 마음을 다스려 반려伴侶로 삼았다.

스님은 임오년~계미년(1882~1883) 사이에 포련布蓮·용운龍雲·용명龍溟 등 대종사들과 더불어 화주를 하여 돈을 모아 금산사金山寺 장육금신丈六金身의 개금불사를 돕기도 하였다.

불명산 화암사華岩寺는 일명 보당산寶幢山 정혜사定慧寺라고도 한다. 지금 환허 스님이 이 절에 있는데, 나이가 63세이다. 스님에게 선등禪燈을 전해 받은 제자들은 그 이름이 무엇인지 자세히 알 수 없다.

---

23 유마의 방(維摩之室)은 오히려 좁았고 : 유마의 방은 여기에서는 방장실方丈室을 의미한다. 옛날 유마 거사가 사방 열 자 되는 방에 3만 2천 사자좌를 시설해 놓았다는 고사에서 유래된 말이다.
24 중향성衆香城의 음식이 부족할 지경이었다 : 담무갈曇無竭이 중향성의 주인이 되어 항상『般若波羅蜜多經』을 설하니 대중들이 몰려왔고, 심지어는 상제常啼보살도 와서 들었다고 하는 고사에서 나온 말이다.

幻虛講伯傳

師名奉奎。字文一。號幻虛。全州人。早入佛明山。剃髮受具。知識卓犖。文章超等。尋諸名山。叅於講肆。得佛侯印於龍船禪師。即影坡聖奎大師之六世孫也。不召衆而衆自至。維摩之室。猶嗛衆香之飯不足。開三藏之敎。覓三學之理。魚筏俱離。心身作友。治心。爲作伴侶。壬午癸未之間。與布蓮龍雲龍溟。諸大宗師。化財補金於金山丈六金身之事。佛明山華岩寺。一名寶幢山慧定寺。時師在此寺。年六十三。受戒禪燈者。未詳名某。

함명강백전

스님의 법명은 대현台現이고 호는 함명涵溟이며, 속성은 박씨이고 화순읍에서 출생한 사람이며, 어머니는 동복同福 오吳씨이다. 어머니가 범승梵僧 만나는 꿈을 꾸고 낳았다고 한다.

어릴 적부터 비린 음식을 싫어하였고 성장해서는 스님 되기를 소원하더니, 마침내 14세에 장성 백양산으로 출가하여 풍곡 덕인豊谷德仁 선사의 조실에서 머리를 깎고 스님이 되었다. 도암道菴 선사의 계단에서 구족계를 받았고, 침명枕溟 강백이 강론하는 자리에서 선참禪懺을 받았으며, 풍곡 법사의 조당祖堂에서 향을 사르고 법통을 이어받았다.

스님은 천성적으로 똑똑하기가 어느 누구도 비교할 수 없었으며, 경전을 이해하는 지식이 널리 통하였다. 공부를 함에 있어서 세월을 헛되이 보내지 않았고 말에 있어서는 남을 속이거나 화려하게 꾸며 대어 말하는 일이 없었다. 새로 제자가 되어 공부를 하겠다는 사람을 만나면 예전부터 알던 사람을 만난 듯이 반겼으며, 다른 곳으로 옮겨 갈 때에는 항상 향등香燈을 보여 주곤 하였다.

강의하는 규칙은 엄격하면서도 명백하였으며 재齋를 올리는 법에 대해서도 역시 엄숙하면서도 조용하였다. 학인들을 지도한 지 30여 년이 되자 스님의 명성이 여러 지방에까지 퍼져서 전국에서 많은 스님들이 몰려와 한마음이 되어 공부를 하였다. 이는 아마도 백암栢庵 스님과 무용無用 스님의 유풍遺風인 것 같기도 하고, 설암雪岩 스님과 상월霜月 스님의 여향餘香인 것 같기도 하다.

예전에는 왼쪽에는 형암荊庵이요 오른쪽에는 양악羊岳이라 하였고, 중간 시대에는 오른쪽에 백파白坡요 왼쪽에는 침명枕溟이라 하더니, 지금은 오른쪽에는 설두雪竇요 왼쪽에는 함명涵溟이라고들 말한다. 마치 옛날 중국에서 북쪽에는 신수神秀요 남쪽에는 혜능慧能이라고 하던 때를 연상케

한다. 이런 이야기를 들으면 귀가 가렵고 이런 말을 하면 혀가 매끄러우니 어찌 사람들로 하여금 이다지도 흠모하게 한 것인가?

스님의 제자로는 경붕 익운景鵬益運이 있다. 석옥石屋 화상이 태고太古 스님에게 의발을 전하면서 말하기를, "늙은 중이 오늘 발을 뻗고 잘 수 있겠구나."라고 했던 옛일이 생각난다.

경붕 스님에게도 제자가 있었으니 경운 원기擎雲元奇이다. 일찍이 일행 一行 선사가 말하기를, "골짜기의 물이 거꾸로 흐르면 내가 도를 전해 줄 사람이 올 것이다."라고 예언을 한 적이 있었는데, 도선道詵 스님이 홀연히 와서 그의 술법術法을 다 배워가지고 가게 되자 일행 스님이 이별하면서 말하기를, "나의 도가 동쪽으로 가는구나."라고 하였던 것이 바로 이를 두고 한 말인 듯하다.

저들이 산문에 들어와서 스님이 된 이래로 단 한 가지도 증득하여 깨달음이 없이 도리어 부처님의 가르침을 비방하고 강론을 훼방하는 한편 받기만 하고 전해 주지 못하는 자들은 이러한 법 전한 이야기를 듣고 어찌 부끄러운 마음이 없겠는가? 백파·침명·응화應化·우담優曇이 차례로 적멸을 보이자 함명·설두·경담鏡潭·연주蓮舟·퇴은退隱·휴암休庵이 두려워하는 것은 향방처向榜處가 없어서이니, 애석한 일이다.

스님은 도광道光 4년 갑신(순조 24, 1824) 9월 9일에 태어났다. 그의 계파를 살펴보면 청허 휴정淸虛休靜에서 편양 언기鞭羊彥機, 편양에서 풍담 의심楓潭義諶, 풍담에서 월저 도안月渚道安, 월저에서 설암 추붕雪岩秋鵬, 설암에서 상월 새봉霜月璽篈, 상월에서 용담 조관龍潭慥冠, 용담에서 규암 낭성圭岩朗城, 규암에서 서월 거감瑞月巨鑑, 서월에서 회운 진환會雲振桓, 회운에서 원담 내원圓潭乃圓, 원담에서 풍곡 덕인豊谷德仁, 풍곡에서 함명 태선涵溟太先, 함명에서 경붕 익운景鵬益運, 경붕에서 경운 원기擎雲元奇로 이어져 왔다.

涵溟講伯傳

師名台現。號涵溟。姓密陽朴氏。和順邑人。母同福吳氏。母夢梵僧而生。幼而厭腥。長而願僧。十四。出家於長城白羊山。剃染於豊谷德仁禪師之室。受具足戒於道菴禪師之壇。受禪懺於枕溟講伯之座。拈香於恩師豊谷法師之堂。師。性敏悟絶倫。知解博達。工不虛送天日。言不謾餙綺語。新見請益者。如舊相識。每送移去者。常見香燈。講規嚴明。齋法爾[1]靜。三十年開導。聞於諸方。八方來衆僧。合於一心。栢庵無用之遺風歟。雪岩霜月之餘香歟。古有左荊庵右羊岳。中有右白坡左枕溟。今有右雪竇左涵溟。如昔之北秀南能。聞之耳痒。言之舌滑。何其令人之欽慕哉。有弟子曰。景鵬益運。石屋。傳衣於太古曰。老僧今日。展脚而睡矣。是也。景鵬。有弟子曰。擎雲元奇。一行甞曰。洞水逆流。則傳吾道者來。道訖忽來。盡得其術而去。別曰。吾道東矣。是也。彼入山披緇。一無證悟。毀教謗講。有受而不傳者。不愧夫心哉。白坡枕溟應化優曇。輪次示寂。涵溟雪竇鏡潭蓮舟退隱休庵。可畏者。無向榜處。惜哉。道光四年甲申九月初九日生。派系清虛休靜。鞭羊彥機。楓潭義諶。月渚道安。雪岩秋鵬。霜月璽篈。龍潭慥冠。圭岩朗城。瑞月巨鑑。會雲振桓。圓潭乃圓。豊谷德仁。涵溟太先。景鵬益運。擎雲元奇。

---

1) ㉔ '爾'는 '肅'의 오자이다.

설두강백전

스님의 법명은 봉기奉琪이고 호는 설두雪竇이며, 속성은 완산完山 이씨이고 옥과玉果에서 출생한 사람이다.

17세 때에 장성 백양산으로 출가하여 정관 쾌일正觀快逸 대사의 조실에서 머리를 깎고 물들인 옷을 입고 스님이 되었다. 이어 백암 도원白岩道圓 율사의 계단에서 구족계를 받고 침명枕溟 강주의 탑상榻床 아래에서 선참禪懺을 받았으며, 백암白岩 계사의 조당에서 향을 사르고 법통을 이어받았다.

일찍이 속가 서당(齋舍)을 찾아가서 태사사太史史(司馬遷)의 『사기』와 소미서少微書(『通鑑節要』)를 배웠는데, 그때 고추古錐(서당 선생님)에게 사집四集과 삼경三經의 의미를 판별해 달라고 떼를 써 간청하여 스승을 당혹하게 한 적도 있었다. 침명 스님이 강론하는 자리를 찾아가서 사교四敎의 의문점을 증득하였고, 백파 스님의 회상을 참알하고 대교大敎의 관문을 해결하였다. 이 회상에서 한 가닥 담병談柄(화두)을 받고 일곱 자의 포단蒲團(방석)에 앉아 탐구하였다.

설두 스님은 불갑사佛甲寺에 머물러 있으면서 황폐한 사찰의 면모를 일신시킨 다음 용흥사龍興寺에 옮겨 가서 사찰의 낡은 곳을 뜯어내고 새롭게 짓는 일을 하였다. 또한 대기대용비大機大用碑(백파 긍선 스님의 비석)를 세우고 어제어필御製御筆의 전각을 지었으며, 큰 글자로 간행한 『기신론起信論』의 예를 본받아 『선문염송집禪門拈頌集』 판목板木을 주선하였다.

사계절도 제 할 일을 마치면 물러가는 법인가? 월주越州의 탑이 건립되자 허현도許玄度[25]가 세상을 버렸던가? 하늘에서 큰소리로 알려 주지 않

---

25 허현도許玄度 : 동진東晋 시대 허순許詢을 말한다. 『續晉陽秋』에 이르기를, "허순의 자는 현도이다. 고양 사람이며 위나라 중령군 윤현의 현손玄孫이다. 어려서부터 남달리 총명하여 모두들 신동이라고 말했다. 자라서는 풍정이 간소하고 사도연으로 발탁되었

앉더라면 그 누가 김대성金大城이 다시 온 것과 지안志安 스님이 다시 온 줄을 알겠는가?

스님의 저서인 『해정록楷正錄』 1권은 문장이 엄밀하고 그 뜻이 정확하여 일단 대단한 논리임은 분명하나 백옥白玉에도 흠집은 조금 있는 법이다. 자신의 글 중에 잘못된 곳에 자평自評을 달아 놓은 것을 모아 내게(각안) 보내왔으니 "어떻게 하면 다시 스님을 살아나게 하여 마주 앉아서 한바탕 웃어 볼까?"라고 했던, 추사가 쓴 「백파 선사 비명」 마지막 장의 내용과 정녕 비슷한 심정이구나.

스님의 저술인 『통방정안通方正眼』・『선원소류禪門溯流』・『시집詩集』・『사기私記』는 문인들의 처소에 남아 있다.

백파의 법맥은 구봉 인유龜峰仁裕에서 도봉 국찬道峰國燦, 도봉에서 정관 쾌일正觀快逸, 정관에서 백암 도원白岩道圓으로 전해 내려왔으며, 설두의 동문형제로는 보월 만익普月萬益과 영월 경문影月鏡文이 있으며, 문인은 어떤 이들이 있는지 자세하지 않다

雪竇講伯傳

師名奉琪。字有炯。號雪竇。姓完山李氏。玉果人。十七。出家於長城白羊山。剃染於正觀快逸大師室。受具於白岩道圓律師壇。受禪懺於枕溟講主楊。拈香於白岩戒師堂。早訪饔舍。學太史史少微書。強請古錐。辨四集義三經。謁枕溟席。證四敎之疑。叅白坡會。決大敎之關。傳一枝談柄。坐七尺蒲團。住佛甲寺。補闕拾遺。居龍興寺。掃舊迎新主[1]大機大用之碑。建禦[2]製禦*筆之閣。效起信論之大刊。設拈頌集之板役。四時之序。成功者去歟。越州之塔。許玄度去歟。天不唱告。誰知金大城之重來。志安之重來也。楷正錄一卷。辭嚴義直。一段大論。而少有白玉之玷。會自評送。安得再起。

으나 벼슬에 나아가지 않고 일찍 죽었다."라고 하였다.

帥來。相對一笑也。此是碑銘。卒章意正同也。通方正眼。禪門溯流。詩集。
私記。在門人處。白坡門人。有龜峰仁裕。道峰國燦。正觀快逸。白岩道圓
師。門兄弟。有普月萬益。影月鏡文師。門人。未詳誰某。

---

1) ㉠ '主'는 '立'의 오자이다. 2) ㉠ '禦'는 '御'의 오자이다. 이하도 동일하다.

경담강사전

스님의 법명은 서관瑞寬이고 호는 경담鏡潭이다.

백양산으로 출가하여 머리를 깎고 계를 받았다. 구암사龜岩寺(순창)의 백파 선백白坡禪伯을 찾아가 내전은 물론 외전까지 두루 섭렵하였다. 스님은 또 선암사仙巖寺에 머물러 계시던 침명枕溟 강백을 찾아가 계를 받고 선법을 전해 받았다.

스님은 선지식 참방을 마친 뒤부터 선배들보다 도리어 앞 좌석에 앉게 되었고, 찾아오는 학인들이 먼 곳에서까지 몰려들었는데 스님은 항상 즐거워하면서 관대하게 대해 주었다. 나이가 점점 많아지고 힘이 차차 빠져서 학인들을 거절하였으나 그래도 물러가지 않고 남아 있자 마침내 어떤 제자에게 강석을 물려주었다. 제자가 강석을 물려받아 학인들을 제접提接하고부터 찾아오는 이를 거절하지 않고 떠나가는 이를 붙잡지 않아 손님과 주인이 모두 꺼리는 일이 없어졌다.

이때부터 예를 올려야 할 때에는 예를 올리고 주문을 독송해야 할 때는 주문을 염송하며 자기의 일을 편안하게 할 수 있었고, 다른 사람들과의 관계도 화목하고 원만하게 되었다. 입고 먹을 것 때문에 애쓰지 않아도 옷과 음식이 저절로 풍족했고 특별히 오래 살게 해 달라고 기도를 올리지 않아도 스님의 나이는 고희古稀를 이미 지났다. '하늘은 먹고 살 것이 없는 사람을 내지 않는다(天不生無祿之人)'고 한 말을 스님에게서 증험할 수 있다.

법손들도 많이 번성하였고 머리는 이미 백발이 되었으며, 몸은 편안하였고 도는 높아졌으니 사람들이 맨발로 따라간다 해도 스님에게는 도저히 미칠 수 없었다. 선법을 전해 주고 법통을 전해 준 제자들에 대해서와 언제 나서 언제 입적했는지에 대해서는 미리 앞서 기록할 수가 없다.

鏡潭講師傳

師名瑞寬。號鏡潭。出家於白羊山。祝髮受戒。叅龜岩白坡禪伯。學內外典。住仙[1] 枕溟講伯。受戒禪。叅訪乃了。反坐先席。有朋自遠來。樂而寬待之。年深力亡。拒而不退者。有之。遂傳講於人。而人受柄而提接之。來者不拒。去者不追。賓主無憚也。於是。禮之時禮之。呪之時呪之。自家之事。穩便。爲人之方。雍容。甚非所以料理。而衣食滋生。別不所以祝壽。而稀年已過。天不生無祿之人。從此可驗。諸孫詵詵。頭髮皤皤。身爲之安。道爲之高。人無脫足而及者。傳禪傳法。年之始終。不可預先述作。

---

1) ㉘ '仙' 뒤에 '岩'이 있는 본이 있다.

용명선사전

스님의 법명은 각민覺敏이고 호는 용명龍溟이며, 속성은 정鄭씨이고 전주부全州府에서 출생한 사람이다.

스님은 성품이 대범하고 호탕하여 조그만 절차에 구애됨이 없고 마음자리는 호연浩然하며, 기질은 산과 강을 압도하였고 서원이 견고하였으며, 다스리는 기강은 엄격하고 장엄하였다.

태산을 옆구리에 끼고 북쪽 바다를 뛰어넘는 일은 불가하나 그래도 해 보려고 노력하였고, 힘으로 산을 뽑고 기운이 세상을 덮는 것 또한 할 수 있는 일이 아니나 그래도 해 보려고 애를 썼으니 기이할 정도이다. 우리 태조太祖대왕 이래로 나라는 팔도로 나뉘었고 매 도마다 좌도左道와 우도右道로 나뉘어 총 16개 지역으로 되었다. 이에 조정에서는 각 지역마다 십육종정 총섭규정十六宗正摠攝糾正을 두어 상사上司의 뜻을 받들게 하고 승가의 풍속을 바로잡게 하였다.

전라도 금구金溝 금산사金山寺에는 여래의 사리를 봉안한 탑이 있었으므로 이를 수호하기 위하여 수호승통守護僧統을 두었는데 이를 우규정右糾正이라고 하였다. 광양 옥룡사玉龍寺에는 국사國師(道詵)의 비석과 탑이 봉안되어 있었으므로 이를 수호하기 위하여 수호공원守護公員을 두었는데 이를 좌규정左糾正이라고 하였다. 이들 승직僧職은 승가의 풍속을 바로잡기 위한 것이었는데, 세월이 오래됨에 따라 그 법이 느슨해져서 도리어 승려들의 폐단이 되고 있었다. 그러자 전라좌도와 전라우도에서 모의하여 규정소糾正所를 없애고 해남 표충사 승통僧統이 겸하도록 했는데, 겸행하는 승통이 일이 많고 업무가 번거롭다는 이유로 곧바로 예조禮曹에 보고하여 소임을 아예 없애 달라고 하였다.

이에 각민 스님은 본도 우어사右御史를 통하여 서울로 올라가 머물면서 앞서 없애 버린 직책의 관인官印을 다시 만들어 가지고 돌아와 스스로 승통이 되어 좌우左右에 영을 시행하였으니 사람 중에 큰 인물이라 하겠다.

그러니 누가 감히 용의 비늘을 거스를 것이며, 호랑이의 머리를 감싸 잡을 것인가? 승단에서는 용명 스님의 행위를 처음에는 못마땅하게 여겼으나 종내에는 잘한 일이라고 하였다.

스승의 법통을 이어받아 입실하면서 받은 호칭이 용명이다. 스님은 그 승통의 관인을 다른 사람에게 전하고 물러나 별실別室에 기거하였다. 스님은 뜻을 세워 일을 처리함에 있어서 대종장大宗匠의 권한을 활용하였으니 겉모양만 보고 사람을 취할 일이 아니다. 옛날에 공자도 "겉모습만 보고 사람을 취하였다면 자우子羽[26] 같은 인물을 잃을 뻔했다."라고 했는데, 이제 여기에서 그 전례를 볼 수 있다.

스님에게는 선법과 계를 전해 준 제자들이 많았다. 속인들과 스님들이 우러러 '스님 중에 용상龍象'이라고 찬탄했다. 더구나 스님은 국가의 명을 받들어 국태민안을 위하여 금산사金山寺에서 기도를 올렸고, 한라산에서도 기도를 하였으며, 백양사白羊寺에서도 기도를 올렸으니 훌륭하고 위대하다.

龍溟禪師傳

師名覺敏。號龍溟。姓鄭氏。全州府人。性偶黨豪邁。不拘小節。心地浩然。氣壓岳瀆。志願堅固。經紀嚴莊。挾太山。超北海。不能而欲爲之。力拔山。氣盖世。不能而欲爲之。異哉。自我太祖以來。國分八域。域分左右。每域贈二八。十六宗正揔攝糾正。所以奉上司。以正僧風。而全羅道。金溝金山寺。有如來舍利安塔。置守護僧統。稱右糾正。光陽玉龍寺。有國師碑塔奉安。置守護公員。稱左糾正。釐正僧風。歲久法弛。還爲僧弊。左右合謀輩。破糾正所。兼行於海南表忠祠僧統矣。兼行僧統。事多蝟務。直報禮曹。鎖

---

26 자우子羽 : 춘추시대 노魯나라의 담대멸명澹臺滅明이라는 사람의 호이다.

印永破。敏公。因本道右御史。留京周施。鑄印出差。自作僧統。行令左右。人之巨擘也。誰敢批龍鱗。扼虎頭哉。始則行螫。終乃食甚。嗣法入室。號稱龍溟。傳其印於他人。退處別室。立志行事。務用大宗匠之欛柄。以貌取人。失之子羽。以今可見。有傳法禪法戒弟子。緇素歎仰。僧中之龍象。以此言之。況奉命爲祝金山。爲祝漢拏。爲祝白羊。善哉偉哉。

영월선사전

스님의 법명은 윤영允英이고 호는 영월映月이다.

운흥사雲興寺로 들어가 대운大雲 스님 처소에서 머리를 깎고 물들인 옷을 입고 스님이 되었다. 학당學堂을 드나들며 불교의 경전과 논論 등을 열람하였다. 절의 크고 작은 모든 일과 암자의 크고 작은 모든 일을 빠짐없이 잘 살펴 처리하였다.

스님은 조당祖堂에 올라 스승의 법통을 이어받고 입실한 다음 강당의 문을 열고 후학들을 맞이하여 가르침을 폈다. 행실은 자비로웠으나 위엄을 잃지 않았으며, 기개는 호걸스럽고 몸은 항상 가벼웠다. 그러나 일의 기미를 한번 놓치고 나서는 지난 발자취를 회복하지 못했다. 텅 빈 산사에 아무도 없는데 냇물만 졸졸 흘러가고 꽃만 활짝 피어 있었다. 사찰의 운세가 막히고 선풍禪風도 고요하기만 했다. 표충사表忠祠를 주관하던 대흥사의 세력이 덕룡산德龍山(운흥사)을 기울게 하면서부터 해월海月 스님은 주석처를 옮겼고 청담淸潭 스님도 다른 산으로 옮겨갔다. 불각不覺에 기미가 미약해져서 후세 사람들의 비웃음을 샀으며, 대대로 옛 건물만 지키다가 낙엽처럼 마침내 뿌리로 돌아가고 말았다.

운흥사를 지날 때마다 타루비墮淚碑[27]와 멸망한 진秦나라 들판의 옹중翁仲[28]과 망한 진晉나라 조정의 동타銅駝[29]가 생각난다.

---

27 타루비墮淚碑 : 진晉나라 양호羊祜가 양양 태수襄陽太守로 있을 때 백성을 사랑하였으므로, 그가 노닐던 현산峴山에 백성들이 기념비를 세웠다. 그 비문 가운데 "우주가 생기면서 이 산도 생겼을 텐데, 그동안 우리들처럼 이곳에 올라와서 멀리 바라보았던 멋진 인사들이 얼마나 많았겠는가마는, 모두가 흔적 없이 사라지고 말았으니 생각하면 슬픈 일이다. 백 년 뒤에라도 나에게 혼이 있다면 혼령이라도 여기에 다시 찾아오리라."라고 했던 양호의 말이 쓰여 있어, 이 비문을 보고는 사람들이 눈물을 흘리자, 당양후當陽侯 두예杜預가 '타루비'라고 일컬었던 고사가 있다. 『晉書』「羊祜傳」.

28 옹중翁仲 : 옹중은 보통 능묘陵墓 좌우에 서 있는 석물石物을 말한다. 진秦나라 때의 키가 큰 사람이었는데, 뒤에 동상銅像이나 석상石像을 말하기도 한다. 그의 성은 완씨

映月禪師傳

師名允英。號映月。入雲興寺。剃染於大雲師處。出沒學堂。閱盡經綸。[1] 寺中事。庵中寺。[2] 摠察無遺。入室昇堂。開門迎賓。行慈振威。氣傑身輕。一失事機。未復覆轍。空山無人。水流花開。寺運丕泰。禪風寥寂。主管表忠。勢傾德龍。海月移錫。清潭轉山。不覺幾微。貽笑後人。世守舊物。落葉歸根。過雲興寺。思墮淚碑。秦野之翁仲。晉廷之銅馳。[3]

---

1) ㉄ '綸'은 '論'의 오자이다. 2) ㉄ '寺'는 '事'의 오자인 듯하다. 3) ㉄ '馳'는 '駝'의 오자이다.

阮氏였는데 키가 12척이나 되었다. 진나라는 천하를 통일하고는 그에게 임조臨洮를 지키게 하였다. 뒤에 그가 죽자 동상을 만들어 함양咸陽에 세웠다. 『山堂肆考』.

29 동타銅駝 : 진晉나라 색정索靖이 천하가 장차 어지러워질 것을 알고, 낙양洛陽의 궁문宮門 앞에 세워진 구리로 만든 낙타(銅駝)를 가리키며 탄식하여 말하기를, "네가 형극荊棘 속에 묻히는 것을 곧 보겠구나."라고 한 데서 온 말이다.

금곡강사전

스님의 법명은 장홍壯弘이고 호는 금곡錦谷이며, 전남 나주에서 출생한 사람이다.

스님은 쌍계사雙溪寺로 출가하여 머리를 깎고 염의染衣를 입고 스님이 되어 세속을 버리고 승가의 풍속을 따랐다. 스님이 된 뒤로 머리 위에는 흰 구름을 이고 발아래에는 맑은 냇물을 밟으며 허리에는 공화空花를 차고 다니거나 숨어 있었고, 세월 따라 장춘동長春洞에서 학문 연구에 몰입하였다.

스님은 신월 호윤信月好閏과 법문法門의 형제지간이 되어 함께 사부를 찾다가 낭암 시연朗岩示演 스님을 찾아가 법을 이은 제자가 되었다. 완호玩虎 스님에게 경론의 의문점을 풀었고, 백파白坡 스님으로부터 선정의 길을 증득하였다.

선대 스님들이 후학들에게 보여 주었던 가르침을 모아 꽃잎 떨어져 붉은빛 아롱진 나무 아래 자리를 잡으니 질문 있는 자들이 와서 의문점을 해결하곤 떠나갔다. 단상에 올라가 설법을 마치고 단상에서 내려왔으며, 반인飯人이 참예하고 강인講人이 돌아가곤 하는 사이에 해가 가고 달이 지나니, 나(금곡)도 게을러지고 학인들도 적어져서 휴강해도 별로 해로움이 없을 정도가 되자 덕 있는 제자에게 강석을 물려주었다.

금곡 스님은 이후 참선打眠하는 것을 옳게 여기고 진언眞言을 독송하는 것을 서원 삼아 정진을 계속하였다. 많은 제자들에게 법을 전하였으며 득도시킨 스님은 얼마나 되는지 알 수 없을 정도로 많았다.

인간은 올 때에 아무것도 가지고 온 게 없고 갈 때에 또한 빈손으로 가는 법이다. 그러나 예불을 하고 경전을 독송한 공덕은 세간에 가득하여 영원히 사라지지 않을 것이다.

錦谷講師傳

師名壯弘。號錦谷。羅州人。出家於雙溪。剃頭染衣。棄俗從僧。頭上所戴白雲。足下所履淸溪。腰包行藏空花。歲月入學長春。與信月好闉[1] 爲法門兄弟。徃覓師父。侍朗岩示演。爲嗣法弟子。解經。疑於玩虎。證禪。路於白坡。集先師。示後學。基落花斑紅樹底。間[2]者來。決者去。上壇了。下壇罷。飯人紊。講人歸。如是年。如是月。我亦懶。人亦少。休講無妨。傳講有德。打眠是可。誦呪是願。傳法有人。度僧無幾。來無一物來。去亦空手去。猶有禮佛轉經功德。滿世問[3]不滅。

---

1) ㉔ '闉'는 '聞'의 오자이다. 2) ㉔ '間'은 '問'의 오자이다. 3) ㉔ '問'은 '間'의 오자이다.

보문선사전

스님의 법명은 묘환妙煥이고 호는 보문普門이며, 속성은 문文씨이고 강진에서 출생한 사람이다.

달마산으로 출가하였으며 구족계를 받고 여러 지방을 두루 돌아다니며 학문을 익혔다. 학문의 눈이 통하여 밝아졌고 하는 일마다 정직하게 되자 영월 성신靈月誠身 스님의 계단에서 향을 사르고 법통을 이어받았다.

이어서 초의草衣 선백禪伯으로부터 비구 이백오십계와 보살 오십팔계를 받았다. 스님은 낭은 성순朗隱性順·낭운 영밀朗雲永密 등과는 동문이고 각해 재연覺海在演·성해 처진性海處眞 등은 법제자이며, 연담蓮潭(有一) 스님의 손자 제자이다.

스님은 대둔사의 만일암挽日庵, 보림사寶林寺의 내원암內院庵, 송광사松廣寺의 삼일암三日庵 등에 주로 주석했으며, 만년에는 담양 보리암菩提庵으로 주석처를 옮겼다가 거기에서 고요히 적멸을 보이시니, 하늘에 떠 있는 구름은 순수하게 하얗고 바위틈의 소나무도 다투어 우는 듯했다.

스님은 본래 세속 보통 사람들의 격식을 벗어나 세속적인 이익에 연연하지 않았고, 뜻이 한가하고 고요한 데 있어서 스님이 가는 곳이면 어디에나 토굴이 있고 소나무가 있었으며, 행장이라곤 옷 한 벌이요 도반이라곤 새 한 마리가 고작이었다. 그러나 문장과 글씨는 여유가 있었으며 목소리 또한 청아하였다. 그래서 사람들은 말하기를, "스님이 소리를 잘하는 것은 인암忍庵 스님의 유풍遺風 때문이고 낭암朗岩 노장님의 경훈警訓 때문이다."라고 하였다.

동쪽이 숨으면 서쪽이 드러나고 사람은 없어져도 도는 남는 법이다. 소림少林이 울창하니 어린 계수나무 그늘을 드리우듯 하였다.

스님은 가경嘉慶 병자년(순조 16, 1816)에 태어나 광서光緖 임진년(고종 29, 1892)에 입적하였으니, 세속의 나이로는 77세이고 승하僧夏로는 62년이었다.

스님이 법을 전해 준 제자와 손제자는 보림선찰寶林禪刹에 뿌리를 내리고 잘 지내고 있다.

普門禪師傳

師名妨[1]煥。號普門。姓文氏。康津人。出家於達摩。受具而遊方。學眼通明。行事正直。拈香於靈月誠身之壇。受比丘二百五十戒。及菩薩五十八戒於草衣禪伯之室。與朗隱性順朗雲永密。同門人。覺海在演。性海處眞等。爲弟子。蓮潭之孫。住於大芚之挽日。寶林之內院。松廣之三日。晩居於潭陽之菩提庵。泊然示寂。天雲精白。岩松爭鳴。師。本出格之[2]人。不戀世利。志在閒靖。投之所向。有窟有松。行裝一衣。道伴一禽。然文筆有餘。韵曲清雅。皆曰。忍庵師之遺風。朗岩老之警訓。東隱西顯。人亡道存。少林挺茂。嫩桂垂蔭。嘉慶丙子生。光緖壬辰寂。世壽七十七。僧夏六十二。傳法弟子及孫弟子。托根於寶林禪刹。

1) [원] '妨'은 '妙'의 오자이다. 2) [원] '之'는 '也'의 오자이다.

월여선백전

스님의 법명은 범인梵寅이고 호는 월여月如이며, 속성은 김씨이고 수로왕首露王의 후예이며, 해남 녹산방鹿山坊에서 출생한 사람이다. 도광道光 4년 갑신(순조 24, 1824) 10월 17일에 태어났다.

어린 시절에 두륜산에 몸을 던져 양악羊岳 선사의 조실에서 머리를 깎고 물들인 옷을 입고 스님이 되었다. 초의 스님의 계단에서 구족계와 보살계를 받았으며, 또한 화담華潭·문암聞庵·용연龍淵·운거雲居·응화應化 등 이름난 강사의 회상에서 경학經學을 공부하였다.

구도求道를 위한 참방을 마치고 학문을 위한 유력遊歷을 마친 뒤 일지산방一枝山房에서 향을 사르고 초의 선사로부터 법인을 전해 받았다. 스님은 이후부터 교학을 놓아 버리고 선방에 들어가 곳곳마다 찾아다니면서 하안거와 동안거를 결제하고 또 해제를 거듭하며 참선 수행에 힘썼다.

칠불암에 가서 결제를 마치고 흥국사興國寺에 와서 참학하였으며, 선암사에서 하안거를 하고 송광사에서 동안거를 하였으며, 대둔사 조사전祖師殿에서 무량회無量會 법회를 열었다.

미황사美黃寺에 거주하다가 첨찰사尖察寺에 머물기도 하였으며, 일성산日城山에 머물다가 서동사瑞桐寺로 옮겨서 살기도 하였고, 은적사隱跡寺와 비봉산飛鳳山에 살기도 했다. 신남과 신녀들 중 스님의 제자가 되기를 청원한 사람이 부지기수이다.

계를 전해 준 제자는 기운奇雲·기은奇隱·성학聖學 등 22명이고 법을 받은 제자와 수은受恩 제자는 운담雲潭과 성환性煥 등이 있다. 스님은 총섭의 직책을 역임하였고, 화주가 되어 왕실의 번영과 나라의 안녕을 기원하기도 하였다. 스님은 천성이 좋고 자비하고 어질었으며, 마음 씀이 온화하고 순박하여 사람들은 "도인 중에 사자왕獅子王이다."라고 칭송하였다.

月如禪伯傳

師名梵寅。號月如。姓金氏。首露王之裔。海南鹿山坊人。道光四年甲申十月十七日生。幼投頭輪山。剃染於羊岳禪師之室。受具戒於[1]菩薩戒[2]草衣法師之壇。受經學於華潭聞庵龍淵雲居應化講師之會。衆訪了。遊歷破[3]。拈香於一枝山房。捨放[4]入禪。結制解夏。在在處處。結徃七佛。徠來興國。結夏仙岩。過冬松廣。開無量會於大芚之祖師殿。居美美[5]黃[6]。住尖察山。住日城山。住瑞桐寺。住隱跡寺飛鳳山。信男信女之願爲師弟者。其數不知。爲傳戒者。有奇雲奇隱聖學等二十二人。受法受恩弟子。雲潭性煥等。行揔攝職。就化主權。主管爲祝。性好慈仁。心行和淳。人稱道人中之獅子王矣。

---

1) 갑 '於'는 '菩薩戒' 뒤에 있어야 한다. 2) 갑 '戒' 뒤에 '於'가 있는 본이 있다. 3) 갑 '破'는 '罷'의 오자이다. 4) 갑 '放'은 '敎'의 오자이다. 5) 갑 '美'는 연자이다. 6) 갑 '黃' 뒤에 '寺'가 있는 본이 있다.

금허선백전

스님의 법명은 세원世元이고 호는 금허錦虛이며, 속성은 천안 전全씨이고 나주 금마金馬에서 출생한 사람이다.

일찍이 아버지를 여의고 어머니를 모시고 살았는데 생계가 구차하고 어려웠다. 그러던 차에 큰아버지가 나주 쌍계사雙溪寺로 출가하여 금주 등혜錦洲等惠 강백의 처소에서 스님이 되었으니 바로 서주 의수犀舟懿修 선사라고 불렀다. 서주 스님이 해남 대둔사로 옮겨가서 살게 되자 소년도 숙부를 따라가서 글을 읽다가 홀연히 출세법出世法을 생각하게 되어 대둔사에 눌러앉아 속가로 돌아가지 않았다.

소년은 마침내 하의荷衣 선사의 조당에서 머리를 깎고 물들인 옷을 입고 스님이 되었다. 화운化運 선사의 계단에서 구족계를 받고, 이어 은사인 하의 스님에게서 법인을 전해 받았다. 그리고 다시 범해 각안梵海覺岸 스님의 강의실에서 비구 이백오십계와 대승보살 오십팔계를 받았다.

금허 스님은 성품이 청아하고 인자하였으며 사물을 보면 이해하여 밝게 통달하였다. 수승首僧과 유나維那의 직책을 맡아 일을 공정하게 처리하자 상하가 통명通明하게 되었으며, 주지와 총섭의 행정을 맡아 승풍의 규정을 바로잡으니 곡직曲直이 환하게 가려졌다.

이후 스님은 세속적인 일을 다 놓아 버리고 선의 관문 깊숙이 들어가서 잘못된 부분을 바로잡아 나갔다. 스님은 늘 공적인 일을 우선 처리하고 사적인 일은 뒤에 처리하였다. 스님은 또 세지염불문勢至念佛門에 들어가 관음참선도觀音叅禪道를 실행하였다.

스님은 연담蓮潭 스님의 4대 법손이고 백련白蓮 스님의 족손族孫이며, 제자는 두 명이 있었는데 서룡 성윤瑞龍性允 스님은 속성이 임林씨이고 낭주朗州에서 출생한 사람이며, 환운 대은幻雲大隱 스님은 속성이 김씨이고 청해淸海에서 출생한 사람이다. 계를 받은 제자는 준학 경문俊學敬文 스님 등

15명이 있다.

스님은 도광道光 4년, 순조대왕 24년 갑신(1824)에 태어나 광서光緖 20년 갑오(고종 31, 1894)에 대둔사 천불전千佛殿에서 입적하니, 세속 나이는 71세였다.

錦虛禪伯傳

師名世元。號錦虛。姓天安全氏。羅州金馬人。早孤偏侍。生計苟艱。俗伯叔。出家於羅州雙溪寺。錦洲等惠講伯處。號曰。犀舟懿修禪師。移居于海南大芚寺。從叔讀書。忽念出世法。因存不歸。遂投荷衣禪師堂。剃染。從化運禪師壇。受具。受恩師傳法印。受比丘二百五十戒及大乘菩薩五十八戒於梵海覺岸講室。雅性慈仁。見解通明。掌判首僧維那之事。上下通明。糾正住持摠攝之政。曲直炳煥。放捨世諦。深入禪開。[1] 補闕拾遺。先公後私。入勢至念佛門。行觀音叅禪道。蓮潭之四世。白蓮之族孫。有二弟子。瑞龍性允。林氏。朗州人。幻雲大隱。金氏。淸海人。受戒弟子。有俊學敬文等十五人。道光四年。純祖大王二十四年甲申生。光緖二十年甲午寂。年七十一。在千佛殿。

---
1) ㉮ '開'는 '關'의 오자이다.

호월선사전

스님의 법명은 관례寬禮이고 호는 호월湖月이며, 속성은 김씨이고 청해 淸海 두읍斗邑에서 출생한 사람이다.

어려서 해남 두륜산으로 들어가 보해 지영普海志英 선사의 조실에서 머리를 깎고 물들인 옷을 입고 스님이 되었다. 신월 호윤信月好潤 선사의 계단에서 사미계를 받았으며, 범해 각안梵海覺岸 강백의 강당에서 비구계 및 보살계를 받았다.

스님은 오랫동안 절 안의 각종 업무를 맡아보았고, 수승과 주지의 직책을 역임하였으며, 조정으로부터 '자헌대부資憲大夫' '도총섭'의 직첩을 제수받았다.

    떠올랐다가 가라앉고 나왔다 사라지곤 하는 생활 속에
    온갖 신산辛酸과 고초를 다 겪었다
    모든 물질은 변화를 겪지 않으면 재목을 이루지 못하고
    사람이 어려움을 겪지 않으면 도를 알지 못하는 법이다
    세상일을 두루 다 겪었으며
    티끌 구덩이 속에 빠져서 살았네
    세월은 흐르는 물처럼 흘러가고
    몸과 목숨은 헛꽃과 같아라
    일찍이 세상 명리에 빠졌다가
    뒤늦게 물거품 같은 것인 줄 깨달았다

먼저 작고하신 은사의 영단靈壇에서 향을 사르고 법통을 계승하고 선조의 영정 앞에 법손으로 자처하였으니, 연담蓮潭 조사의 5대 법손이요 치암癡岩 조사의 2대 법손이며, 태고太古 스님의 17대 법손이고 청허淸虛 스님의 11대 법손이다.

이미 종문의 계파를 이었으면 반드시 종정宗正을 실행해야 한다. '종宗'이란 16종을 의미하며 '정正'이란 자신의 행동을 규정糾正하는 것을 말한다. 이렇게 종정을 실행하는 이를 종사宗師라고 말한다. 이미 종문의 계파에 들어왔으면 부처님 법을 곧바로 전해 받은 사람이니 승려가 가야 할 큰 길을 실천해야 한다.

스님은 천성이 크고 대범하였으며 행실이 맑고 법도를 잘 지켰다. 행동은 신중하게 천천히 하였고 말은 어눌한 듯이 조심성 있게 하였으니, 참으로 상고上古 시대의 사람과 같다고 하겠다.

스님에게 제자가 두 명 있는데 능오能悟는 속성이 정鄭씨이고 해남에서 출생한 사람이며 수승의 직책을 역임하였다. 또 묘언妙彦은 속성이 최崔씨이고 영암에서 출생한 사람이며 그 역시 수승의 직책을 역임하였다. 손자 제자도 두 명이 있었으니 근우謹祐와 재익在益이다.

湖月禪師傳

師名寬禮。號湖月。姓金氏。淸海斗邑人。幼入海南頭輪山。剃染於普海志英禪師室。受沙彌戒於信月好潤禪師壇。受比丘菩薩戒於梵海覺岸講伯堂。久滯寺中事。行首僧住持事。贈資憲大夫都摠攝帖。浮沈出沒。辛酸苦楚。物不受變。則不成初。[1] 人不涉難。則不知道。歷盡世諦。汨沒塵臼。流水歲月。幻花身命。早溺世利。晚悟浮漚。拈香於先恩師靈壇。竪尾於先祖師小照。蓮潭祖之五世。癡岩祖之二世。釋迦文之七十四世。太古之十七世。淸虛之十一世。已繼宗派。必行宗正。宗者。十六宗。正者。糾正已行。宗正。必稱宗師。已入宗派。佛之直傳。爲僧之大道也。師。心性坦盪。行履淑準。行暹暹。語吶吶。眞上古之人也。有弟子二人。能悟。鄭氏。海南人。行首僧。妙彦。崔氏。靈岩人。行首僧。有孫弟子二人。謹祐在益。

---
1) ㉮ '初'는 '材'의 오자이다.

원화강백전

스님의 법명은 덕주德柱이고 호는 원화圓華이며, 속성은 정鄭씨이고 전남 담양에서 출생한 사람이다. 아버지는 기철基喆이고 어머니는 오吳씨이며, 도광道光 19년 기해(헌종 5, 1839) 5월 25일에 태어났다.

스님은 전생에 지혜의 종자를 뿌렸던 탓에 도리어 지혜가 총명한 남자의 몸을 받은 모양이다. 우담優曇·포허抱虛·응월應月 등 4대 종사를 참방하여 선교를 공부하였으며, 스님이 저술한 『회경록會鏡錄』 1권이 세상에 전해지고 있다. 자세한 내용들은 스님의 행장에 기록되어 있다.

17세가 되던 을묘년(철종 6, 1855) 지리산 화엄사華嚴寺에 들어가서 서우西藕 대사를 은사恩師로 삼고 두월斗月 대사에게 법을 받았으니, 스님은 곧 벽암碧岩 스님의 11세 법손이다.

> 일찍이 선원禪園에 들어가서
> 계戒의 향기를 실컷 맡고는
> 동쪽으로 찾아가고 서쪽을 참방하며
> 빈손으로 갔다가 실속을 얻어 돌아왔다
> 일곱 자 가죽 주머니는
> 겨자씨에 수미산을 수용하였으며
> 다섯 수레 책을 싣고
> 팔만 장경 다 읽었네
> 팔八 자로 문을 열고
> 사방 산을 기다리네
> 화엄사에서 『화엄경』을 강론하여
> 눈 어두운 이 눈 어두운 줄 알게 하였다
> 작은 집에 몸을 숨겼으나

그 존재 먼저 드러났다
사향노루 봄 동산을 지나가니
풀과 나무 더더욱 향기롭구나
우리 제자들에게 계를 전해 주고
우리 제자들에게 법인을 전해 주셨다
금명錦溟은 훈습薰習 제자이고
율암栗庵은 입실 제자이다
백악伯樂이 보니 값이 올라가고
장석匠石이 지목하니 재목인 줄 알아 준다
모든 미혹한 중생들을 위하여
일백 세나 장수하게 하였다

스님은 광서光緒 19년 계사(고종 30, 1893) 5월 30일에 적멸을 보이셨으니, 세속 나이로는 55세이고 법랍은 38년이다.

圓華講伯傳

師名德柱。號圓華。俗姓鄭氏。全□潭陽人。父基喆。母吳氏。道光十九年己亥五月二十五日生。夙植智慧之種子。反受智慧之男形。叅優曇抱虛應月四大宗師。所著會鏡錄一卷。行於世。詳在行裝[1]耳。十七歲乙卯。入智異山華嚴寺。西藕大師。爲恩師。受法於斗月大師。卽碧岩十一世孫也。早入禪園。飽聞戒香。東叅西訪。空住實歸。七尺皮囊。芥納須美。[2] 書轉五車。經閱八萬。開門八字。看待四山。說華嚴於華嚴。證昏眼於昏眼。隱身茆屋。巴尾先露。麝過春山。草樹益香。戒傳吾徒。印封我臣。錦溟熏臭。栗庵攝齋。[3] 伯樂憎賈。[4] 可[5]匠石禀材。爲諸群迷。壽躋期頤。光緒十九年癸巳五月三十日。示寂。世壽五十五。法臘三十八。

---

1) ㉘ '裝'은 '狀'의 오자이다. 2) ㉘ '美'는 '彌'의 오자이다. 3) ㉘ '齋'는 '齊'의 오자이다. 4) ㉘ '憎賈'는 '增價'의 오자이다. 5) ㉘ '可'는 연자이다.

상운선사전

스님의 법명은 응혜應惠이고 호는 상운祥雲이며, 속성은 박씨이고 해남에서 출생한 사람이다.

어려서 부모를 모두 잃고 홀로 의지할 데 없이 추위와 더위를 다 겪으면서 어렵게 지내다가 두륜산으로 들어갔으나 거기에서도 온갖 곤궁함을 다 겪었다. 가선대부嘉善大夫 승일勝日 대사의 처소에서 은혜를 받고 물들인 옷을 입고 스님이 되었다.

이후 호연浩然 선사의 처소에서 계를 받고, 금계錦溪 선사의 처소에서 법명과 계명戒名을 받았으며, 서암恕庵 선사의 처소에서 향을 사르고 법인을 이어받았다.

또한 범해梵海 교주敎主의 처소에서 비구 이백오십계와 보살 오십팔계 즉 대승계大乘戒를 받았으니, 연담蓮潭의 5대 법손이 되고 초의草衣의 손자 법제자이며, 쌍수雙修·송원松源과는 동문 형제가 된다.

상운 스님은 이미 주지와 유나維那의 인신印信을 차고 그 소임을 맡아보기도 했으며, 조정으로부터 특별히 '자헌대부규정총섭資憲大夫糾正摠攝'의 직첩을 제수받기도 했다.

행정은 깨끗하게 하였고 송사는 순리대로 해결하느라 치아는 듬성듬성하였고 머리는 번들번들해지니 창창한 갈대가 서리맞아 하얗구나. 몸을 가리는 도구와 입에 풀칠하는 방책, 나무 하는 무리들과 다리 펴고 의탁하는 일들은 크게 근심할 일 아니며 고생이 끝나면 기쁨이 오는 법이다.

스님은 도광道光 정해년(순조 27, 1827)에 태어나 광서光緒 갑오년(고종 31, 1894)에 심적사深寂寺 별실에 있는데, 세속 나이는 68세이다. 제자로는 처흔處欣·묘원妙元·법윤法允 등이 있다.

祥雲禪師傳

師名應惠。號祥雲。姓朴氏。海南人。早失怙恃。獨自伶仃。閱盡寒暑。投入頭輪。備閱窮困。嘉善大夫。勝日同知處。受恩染衣。浩然禪師處。受火聽戒。錦溪禪師處。作名授戒。恕庵禪師處。拈香受印。梵海敎主處。受比丘二百五十戒及。菩薩五十八大乘戒。蓮潭之五世草衣之孫。與雙修松源。門兄弟。已佩住持維那之印信。特贈資憲大夫糾正揔攝之差帖。政淸訟理。齒豁頭童。蒹葭蒼蒼。霜露爲雪。遮身之具。糊口之策。負薪之徒。展脚之托。甚非所以大憂。苦盡甘來歟。道光丁亥生。光緒甲午。在深寂別室。世壽六十八。弟子。有處欣妙元法允等。

덕송선사전

스님의 법명은 호의皓衣이고 호는 덕송德松이며, 속성은 임林씨이고 나주에서 출생한 사람이다.

우연히 백양산에 들어갔다가 양개良价 스님이 어버이에게 하직 인사를 하고 출가했던 뜻에 감동하여 그대로 거기에 머물러 있으면서 속가로 돌아가지 않았으며, 단하丹霞 스님이 무명초無名草(머리)를 깎고 귀를 막고 달아났던 일을 본받아 스님이 되었다.

덕송 스님은 수월 재인水月在仁 스님의 법인을 받았으니 침송 성순枕松聖詢 스님의 손자 법제자이고, 양악羊岳 스님의 증손 법제자이며, 연담蓮潭 스님의 현손 법제자가 된다.

스님은 본래 사대부 가문 출신이며, 문장은 아름답고 언어는 어눌한 듯 조심스럽게 하였으니, 장자長者의 덕행을 갖춘 분이었다. 한양漢陽 스님은 동문 형제이고, 응운應雲은 조카 제자이다.

울유欝攸[30]가 직무를 수행함으로 인하여 묵은 재를 쓸어버리고 건물을 새로 지었는데 웅장하고 화려하였다. 여덟 사람이 과거에 공장工匠을 독려하여 공사를 마쳤으니 건물이 큰 새가 날개를 펼친 듯 우뚝하였다. 어사御史가 시를 지으니 진사進士가 화답한다. 그 시는 아래와 같다.

생로병사가 길고도 머니
연월일시를 어찌 다 기록하랴
금강산 일만 이천 봉우리의 달은
눈을 뜨나 감으나 삼삼하게 눈앞을 비추네

---

30 울유欝攸 : 울유는 화신火神이다. 그가 직무를 수행했다는 말은 화재가 일어났다는 것을 말한다.

德松禪師傳

師名皓衣。號德松。姓林氏。羅州人。偶入羊山。有良价辭親之志。因存不歸。有丹霞除草掩耳之擧。佩水月在仁之印。枕松聖詢之孫。羊岳之曾。蓮潭之玄。本士夫之族。文章彬彬。言語訥訥。長者之德行也。漢陽。爲我之鴿。應雲。爲我之咸。欝攸行職。掃舊灰而新建。輪焉。[1] 八人過去。董工匠而竣狡。[2] 翼然褑[3]然。御史題詩。進士唱和。生老病死長在遠。年月日時豈該載。金剛萬二千峰月。開眼合目照森前。

1) [원] '焉' 뒤에 '奐焉'이 있는 본이 있다. 2) [원] '狡'는 '役'의 오자이다. 3) [원] '褑'는 '鼺'의 오자이다.

연주강백전

스님의 법명은 극현極玄이고 호는 연주蓮舟이며, 속성은 신申씨이고 해남에서 출생한 사람이다.

어린 나이에 두륜산에 들어가 신월信月 선사의 조실에서 머리를 깎고 스님이 되었다. 이후에 무하 시윤無何始允 선사의 계단에서 구족계를 받고 은사인 신월 스님의 조실에서 법인을 전해 받았다.

연주 스님은 달마산으로 응화應化 스님과 허령虛靈 스님의 도량을 찾아가 내전과 외전을 다 배우고, 조계산으로 침명枕溟 스님과 용운龍雲 스님의 강석을 찾아가 선교禪敎의 이치를 배웠다. 스님은 비로소 교화의 문을 열고 제자들에게 바른 진리를 가르치기 시작했다. 그러자 자신의 공부 수준을 평가받고자 하는 사람들이 몰려오기를 마치 대낮의 시장 바닥과 같았으며, 스님의 명성을 듣고 결하結夏(안거)를 일삼는 선객들이 찾아와 흡사 물이 동쪽으로 흘러 들어가듯 하였다. 그리되자 낭암朗岩의 법등은 다시 빛나고 설봉雪峯 스님의 달은 5대만에 원만해졌다.

스님이 계를 설하여 득도得度시킨 제자는 자연 법흔慈演法欣 등 10여 명이다. 스님이 옥리산과 비봉산에 머무니, 새와 짐승들도 모두 기뻐하였다. 지금은 진불암眞佛庵을 참알參謁하고 만일암挽日庵을 중수하고는 눈과 귀를 조용히 하고 참선 중이다. 도광道光 7년 정해(순조 27, 1827)에 태어나 광서光緒 20년 갑오(고종 31, 1894) 현재 만일암에 머물고 있는데, 세속 나이는 68세이다.

蓮舟講伯傳

師名極玄。號蓮舟。姓申氏。海南人。幼入頭輪山。薙髮於信月禪師室。受具戒於無何始允禪師壇。得傳法印於恩師信月師之堂。訪達摩山應化虛靈之道場。受內外典。叅曹溪山枕溟龍雲之講肆。受禪敎理。通開化門。打弄眞[1]詮懷寶售賈[2]之徒。若日中爲市。聞名結夏之士。如水流必東。郞[3]岩之燈。再傳惘。雪峯之月。五世圓滿。說戒度人者。慈演法欣等十餘人。住玉理山飛鳳山。鳥獸咸樂。叅眞佛。工挽日。耳目虛靜。道光七年丁亥生。光緖二十年甲午。在挽日庵。年六十八。

1) [원] '眞'은 '直'의 오자이다. 2) [원] '賈'는 '價'의 오자이다. 3) [원] '郞'은 '朗'의 오자이다.

화선전

화선華先은 세속에서의 이름이 성순性淳이고 성은 박씨이며, 황해도 수안遂安 방계방方契坊에서 출생한 사람이다.

도광道光 7년 정해(순조 27, 1827)에 태어나 네 살 되던 해에 학당에 들어가 공부를 하였으며, 열다섯 살에 경서를 모두 열람하였다. 소년은 차례로 부모를 잃고 두 형제는 춥고 배고픈 고난의 길을 걷게 되었다. 소년은 홀연히 강산江山의 고적이나 구경하리라 생각하고 구월산과 고달산高達山에 올라 감로甘露와 호암好岩의 유적을 관람하였으며, 송도松都와 한경漢京(서울)으로 들어가 궁궐과 부조府曹의 흥폐를 구경하였다. 서쪽의 나그네로 떠돌기도 하였고 또는 남방을 전전하였으며, 동쪽으로 오르락내리락 돌아다니면서 여덟 분 거룩한 스님이 도를 증득한 높은 발자취를 보았고, 지리산을 드나들면서 일곱 왕자가 득도한 기연機緣을 구경하였다.

일봉암日封庵에 들어가 천불탑을 조성한 것을 보고 만일암挽日庵으로 들어가서 두 미륵의 그림을 보기도 하였다. 마한馬韓의 옛 도읍지와 견훤甄萱이 쌓았다고 하는 큰 성곽, 그리고 백마白馬·주룡朱龍·구강九江·사포四浦의 강산을 두루 다니면서 유람하였다.

20세에 구곡九曲을 나와 선암사로 들어가서 비상非相의 게송과 '부처님의 경계로 즉입卽入한다'는 설법을 들었다. 22세에 밀홍 수좌蜜弘首座에게 출가하였고 침명 좌주枕溟座主에게 구족계를 받았으며, 청공靑空 스님과 우담優曇 스님의 문을 찾아가서 사교四敎를 배우고 화선이라는 법명을 받았다.

그 이후에 '하루에 한 번 자고 한 끼니만 먹는다'는 계율을 지키고 난행고행難行苦行의 가르침을 따랐다. 밀홍 스님은 전주 장불산으로 들어갔고 화선 스님은 회양 중향성衆香城으로 들어갔는데, 당시 나이가 28세이다.

華先傳

華先者。俗名性淳。姓朴氏。遂安方契坊人。道光七年丁亥生。四歲入學。十五。盡閱經書。父母輪次捐舍。兄寒弟薄。忽念江山之古跡。登九月高達。覽甘露好岩之遺躅。入松都漢京。觀宮闕府曹之興廢。迤邐西客。輾轉南方。浮枕[1]東京。見入[2]聖僧證道之高蹈。出入智異。玩七王子得道之機椽[3]。日封而千佛塔之成。挽日而兩彌勒之畫。馬韓之舊都。甄萱之大城。白馬朱龍。九江四浦之江山。周覽而徧行。二十。出九曲八[4]仙岩[5]。非相之倡[6]樂。即佛之說。二十二。出家於蜜弘首座。受具於枕溟座主。謁靑空優曇之門。受四敎。名曰華先。從一宿一食之戒。遵難行苦行之訓。弘入全州長佛。先入淮陽衆香。時年二十八。

---

1) ㉚ '枕'은 '沈'의 오자이다. 2) ㉘ '入'은 '八'의 오자인 듯하다. 3) ㉚ '椽'은 '緣'의 오자이다. 4) ㉚ '八'은 '入'의 오자이다. 5) ㉚ '岩' 뒤에 '聽'이 있는 본이 있다. 6) ㉚ '倡'은 '偈'의 오자이다.

용파선사전

스님의 법명은 기홍基弘이고 호는 용파龍坡이며, 속성은 □씨이고 낭주 朗州에서 출생한 사람이다.

일찍이 월출산으로 들어가 장선壯善 상인을 은사로 하여 출가 득도하였고, 침월枕月 대사에게서 계를 받았으며, 화암 성옥和岩性玉 스님으로부터 법인을 전해 받았다. 화암 성옥은 환양 팔원喚羊八元의 법을 이었고, 환양 팔원은 낭송 유화朗松有華의 법을 이었으며, 낭송 유화는 설파 상언雪坡常彦의 법을 이었고, 설파 상언은 호암虎岩의 법을 이었다.

스님은 두륜산 북암北庵의 운거雲居【도갑사道甲寺에 있었던 스님】화사火師와 달마산 중암中庵의 응화 대사, 가지산 동암東庵 대사의 강론 도량에서 경학을 공부하였다.

스님은 기골이 준수하였고 덕행이 훌륭하였으며, 항상 자신의 재물을 덜어 내 망가진 절을 보수하여 열세 채의 전각을 세웠다. 그러고는 보타산 도장사道藏寺의 시왕十王을 옮겨 봉안하니 상서로운 기운이 감돌고 광명을 방출하였다. 기계를 시설하고 군중을 모아 맨땅에 엎어져 있던 불상을 일으켜 세운 일도 있다. 이와 같이 스님은 불사佛事라면 몸이 고달프고 생각이 타들어가도 마음을 다하고 온 힘을 기울였지만, 도리어 무슨 일을 하기만 하면 구설수에 오르곤 했다. 한번은 사찰 소유의 산에 어떤 사람이 묘를 쓴 것을 소송을 하여 파서 옮기게 한 뒤 도리어 횡액을 당하기도 했다. 늘 일의 기미를 잘 살피지 못하여 역풍으로 먼지를 뒤집어쓰는 격이요, 도리어 더러운 오물이 자신의 얼굴에 튀긴 꼴이었다. 때가 이롭지 못하니 일을 성공하지 못하는 일은 너무나 당연한 일이다. 일을 이룩하고 나면 떠나가야 하는 것을 잊었던가? 기미를 보고 나면 그 시기를 넘기지 말아야 하는 법인데 겁劫을 지었던가?

龍坡禪師傳

師名基弘。號龍坡。姓□氏。朗州人。早投月出山。受壯善上人之恩。稟枕月大師之戒。得和岩性玉之印。老師主。[1] 玉。喚羊八元之嗣。元。朗松有華之嗣。華。雪坡常彦之嗣。彦。虎岩之嗣。學於頭輪山北庵雲居火師【道甲人】。達摩山中庵應化大師。伽倻[2]智山東庵大師之講場。氣骨俊秀。德行廣長。損己補廢。建十三殿。補陁山道藏寺十王移安。瑞氣放光。設機募軍。起立俯佛於露地。勞身焦思。盡心竭力。動輒得口。寺山。有犯葬者。呈訟掘移。反被橫厄。不察事機。逆風揚塵。反汙己面。時不利兮。事不成矣。魔[3]成功者去忘歟。見機而作劫歟。

1) [원] '老師主'는 연자이다. 2) [원] '倻'는 연자이다. 3) [원] '魔'는 연자이다.

이침산전

처사의 이름은 동환東煥이고 호는 침산枕山이며, 성은 이李씨이고 경북 상주에서 출생한 사람이다. 도광道光 정해년(순조 27, 1827)에 태어났다.

이 처사는 통도사의 관허觀虛 선사에게서 참회계를 받았고, 금강산 해명海溟 대사에게서 대승보살계를 받았다. 전주 봉서사鳳捿寺에 머물다가 무진년(고종 5, 1868) 8월에 옥주沃州(진도) 쌍계사雙溪寺로 들어갔다.

이때 나(각안)는 절구 시 한 수를 지어 이 처사에게 주었는데, 그 내용은 이러하다.

> 괴나리봇짐 속에 그 무엇이 있는가?
> 한 권 『금강경』이 우리 집 가보라네
> 방공龐公[31]의 사업이 곳곳에 나타나니
> 그대는 필시 유마거사 화신일레라

이 처사는 뒤에 순천 흥국사興國寺 만일회萬日會에 참석하였으며, 월여月如 스님이 찾아오자 보리수 열매로 만든 염주 1목目에 글을 써서 보내왔다. 다시 전주 봉서사로 가서 머물렀으며, 포련布蓮 총섭이 오자 『유마경』 1질을 서사書寫하여 보낸 적도 있다.

---

[31] 방공龐公 : 이름은 온蘊, 자는 도현이다. 중국의 형주 형양현 사람. 마조에게 가서 묻기를, "온갖 법으로 더불어 짝하지 않는 이가 무슨 사람입니까?"라고 하니, 마조가 "네가 서강의 물을 한 입에 마셔 버린 뒤에야 일러 주마."라고 하였다. 거사는 이 말에 의심을 가지고 2년 동안 정진하였다. 죽으려 할 즈음에 딸 영조를 시켜 해그늘을 보아서 오시午時가 되거든 말하라고 부탁하였다. 영조가 "지금 오시가 되었는데 일식을 합니다."라고 하니, 거사가 평상에서 내려와 문밖에 나가 보는 동안에 영조가 거사의 평상에 올라앉아 죽어 버렸다. 이를 보고 거사는 웃으면서 "내 딸이 솜씨가 빠르구나!"라고 하고는 7일 후에 숨을 거두었다.

이 처사는 또 『진불지眞佛志』 1권을 서사하고 그 책 말미에 발문을 직접 짓기도 하였다. 지식이 남보다 뛰어났고 자비의 실천도 구족하였으니, “믿음은 도의 으뜸이 되고 공덕의 어머니이다.”라고 한 게송의 내용에 부합되는 사람인 듯하다.

李枕山傳

處士名東煥。號枕山。姓李氏。尙州人。道光丁亥生。受懺悔戒於通度寺觀虛禪師。受大乘菩薩戒於金剛山海溟大師。住全州鳳捿寺。戊辰八月。入沃州雙溪寺。予贈一絶曰。尺布行裝何所有。金剛一卷自家珎。龐公事業頭頭現。應是維摩小化身。後順天興國寺萬日會居。菩提子念珠一目。月如師來。便作書送之。後全州鳳捿寺居。布蓮揔攝來。便作維摩經一秩。書送之。眞佛志一卷。書之。作跋尾。如[1]識超等。慈行具足。以應信爲道元功德母之偈哉。

1) [원] ‘如’는 ‘知’의 오자이다.

동사열전 제6권
| 東師列傳 第六 |

두륜산인 구계 선집 편차
頭輪山人 九階 選集 編次

우담강사전

스님의 법명은 유정有定이고 호는 우담雨潭이며, 속성은 □씨이고 포은은 운양布恩雲養의 제자이며, 경기도 양주에서 출생한 사람이다. 포은은 순천 선암사仙岩寺 스님이다.

스님은 용암 혜언龍岩慧彦 선사의 선실에서 향을 사르고 법통을 이어받았으니, 설월 원민雪月圓旻 스님과는 동문 형제지간이다. 여러 지방을 돌아다니면서 교화하다가 서울 근교의 산에 이르렀을 때의 일이었다. 어떤 단월檀越(신도)이 재齋를 올리기 위해 절에 들어왔는데, 어린아이 하나를 데리고 왔다. 그 아이는 나이가 겨우 대여섯 살 정도였지만 스님이 되고 싶다는 생각을 하고 그 어머니에게 고하였으나 어머니는 허락하지 않았다. 그러나 아이가 강하게 청하며 뜻을 굽히지 않으니 어머니는 어쩔 수 없어 허락하였다.

아이는 절에 남아 있으면서 절 일을 하였는데 어찌나 일을 잘하던지 건장한 아이나 다름이 없었으므로 사람들이 모두 감탄하였다. 그 뒤에 칠불암七佛庵 아장선방亞莊禪房(亞字房)에 있을 적에 홀연히 종환腫患[1]을 앓게 되었는데, 어떤 선객 한 사람이 자청하여 주문을 염송하자 홀연히 병이 나았다.

우담 스님은 어린 나이에 머리를 깎고 물들인 옷을 입고 스님이 되어 구족계를 받았다. 스님은 지극히 총명하여 한문과 한글은 물론 범어와 경經·논論·선禪·율律에 이르기까지 모든 글을 한 번만 보면 외울 정도였으며, 시詩·부賦·변려문에 이르기까지 모두 능하여 마치 미리 글을 지어 놓기라도 한 것처럼 신속하게 글을 짓곤 하였다.

포은布恩 스님의 선실에서 향을 사르고 법통을 이어받을 때 마치 10년

---

1 종환腫患 : 다리가 붓는 병, 즉 수중다리.

동안 하안거를 지낸 비구 같았다. 통도사 불사(通度佛事)에는 사부대중이 경향京鄕 각지에서 구름처럼 모였다. 모든 산중 스님들이 시위侍衛하여 괘불掛佛을 옮기는 이운작법移運作法을 마치고 우담 스님이 단상에 올라가 법을 설하니 마치 바다에 밀려드는 조수 소리처럼 진동하였으며, 병에서 물을 쏟아 내듯이 거침없이 법을 설하니 그때 스님의 법을 듣고 발심한 사람이 헤아릴 수 없을 정도로 많았다.

이때 용완龍玩이라는 사람은 본디 화사畵士였는데 이 법회에 가서 참예하여 스님의 설법을 듣고는 돌연 마음을 고쳐먹고 그림 그리던 붓을 버리고 강론하는 도량에 들어간 일까지 있었다. 그 당시 스님의 나이는 겨우 20세였다. 그 이후에 통도사 극락암極樂庵에서 강론하는 문을 크게 열자 여러 지방에서 학문을 익히려는 이들이 구름이 내닫듯 물이 흘러가듯 몰려들어 방장실이 꽤나 넓었는데도 오히려 좁은 것처럼 느껴졌다.

스님은 나이가 많아져 기운이 어느새 떨어지자 강당의 문을 닫고 선실禪室을 열었는데 거기에도 사부대중이 구름처럼 모여들어 팔八 자로 열어젖힌 선관禪關도 오히려 좁기만 했다.

취서산鷲棲山 백련난야白蓮蘭若의 수행 모습은 여산廬山의 백련결사白蓮結社의 모습과 다를 게 없을 정도로 흥왕하였다. "생하고 멸하는 것이 멸하고 나면 적멸이 낙이 된다.(生滅滅已, 寂滅爲樂。)"라고 한 부처님의 가르침 대로 병자년(고종 13, 1876) 여름에 조용히 적멸을 보이시니, 나무도 하얗게 변하고 시냇물도 오열하였다.

우담 스님은 율봉栗峯 스님의 3대 법손이고 호암虎巖 스님의 5대 법손이다. 화운 관진華雲寬眞·보봉 이선寶峯利善·응허 보신應虛普信과는 동문 법형제 사이이다.

백파白坡 신 판서申判書(申獻永)가 말하기를, "내가 관동 지방의 어사御史로 있었을 때 특별히 서래각西來閣(유점사에 있던 누각)을 찾아가서 대운 스님과 하룻밤 잔 적이 있는데 이야기를 하다가 끝날 무렵 '스님은 나보다 훌륭하다'고 농담을 한 적이 있었다. 후일을 기약하며 나온 지 3년 뒤에 대운 스님이 적멸을 보였다고 한다."라고 했다.

이 대운 스님이 바로 우담 스님의 사숙師叔 되는 스님이다. 우담 스님이 누구에게 법을 전해 주었는지, 남긴 책이 몇 질이나 되는지는 아물아물하여 알 수 없으니 어쩌겠는가?

雨潭講師傳

師名有定。號雨潭。姓□氏。布恩雲養弟子。楊州人。布雲。順天仙岩寺人。拈香於龍岩慧彦禪師之室。與雪月圓旻。爲門兄弟。遊化諸方。至于京山。有擅[1]越修齋次。入寺。率幼子至。其子。年才五六。以爲僧之意。告其母。母不許。强請不已。母不獲已許之。在寺行事。無異健兒。人皆欽服。後在七佛亞莊禪房。忽有瘴患。有一禪客。自請誦呪。因忽無患。早年。剃染受具。眞諦梵守[2]。經論禪律。一覽輒記。詩賦編儷。速如宿搆。拈香受印。如十夏比丘。通度佛事。四衆雲集。京鄕渾聚。詩[3]山侍衛。作法移運。登壇法說。震海潮音。如瓶注水。因此發心者。無數無量。時龍琓以畫士。徒衆見聞。頓然改心。棄猫[4]筆而入講場。于時師年。才二十。大開設話門於極樂庵。諸方學者。雲奔水至。方文[5]雖寬。物情猶隘。年已過高矣。氣已衰也。閉講堂門。開禪室關。四衆雲集。八字猶狹。鶩捷之白蓮蘭若。與廬山之白蓮結社。無異。其興也。生滅滅已。寂滅爲樂。丙子夏。泊然示寂。樹爲之白。澗爲之咽。栗峯之三世。虎岩之五世。與華雲寬眞。寶峯利善。應虛普信。同門兄弟。白坡。中[6]判書曰。關東御史時。特尋西來閣。與大雲。一夜同宿。言罷。勝己之誣。後期而出。後三年。示寂云。此師。師之叔師也。傳法之誰某。遺書之幾秩。[7] 茫然何。

---

1) 원 '擅'은 '檀'의 오자이다. 2) 원 '守'는 '字'의 오자이다. 3) 원 '詩'는 '諸'의 오자이다. 4) 원 '猫'는 '描'의 오자이다. 5) 원 '文'은 '丈'의 오자인 듯하다. 6) 원 '中'은 '申'의 오자이다. 7) 원 '秩' 뒤에 '奈'가 있는 본이 있다.

혼허강백전

스님의 법명은 상능尙能이고 호는 혼허渾虛이며, 속성은 최崔씨이고 낭주朗州에서 출생한 사람이다.

일찍이 현허玄虛에 뜻을 두어 달마산으로 들어가 의지해 살 곳을 찾다가 진학眞學 장로의 회상에서 머리를 깎고 가사장삼을 입고 스님이 되었다. 붕명鵬溟 선사의 계단에서 연비燃臂를 하고 계를 들었으며, 응화應化 강백의 강당에서 향을 사르고 법통을 계승하였다.

또 □□ 강백의 강석에서 교학을 버리고 선문에 들어갔다. 초의草衣 선백의 법회에서 대승계大乘戒를 받아 보살의 자리에 오르기도 하였다. 가지산 보림사寶林寺 수남암水南庵으로 인암忍庵 선사를 참방하여 사집四集을 배우고, 장춘동長春洞 북미륵암北彌勒庵으로 운거雲居 대사를 참알하고 사교四敎를 공부하였으며, 조계산 대승암大乘庵으로 침명枕溟 화상을 찾아가 대교大敎를 공부하고, 소림산 중봉암中峰庵에서 응화應化 법사를 모시고 염송拈頌을 깨우쳤으니, 가히 설산雪山동자가 다시 나찰羅刹에게 법을 들은 것이며, 선재동자가 문수보살을 다시 뵌 격이라 할 만하다.

선지식 참방하는 것을 마치고 나니 여러 산문의 학인들이 배우고자 모여들었다. 강당 문을 활짝 열고 학인들을 맞아 가르침을 연 지 수십 년이요, 강사의 자리에서 물러나 지관止觀을 수행한 지도 여러 해가 지났다.

월출산에서 국태민안을 위해 기도를 올렸고, 미황사美黃寺에 곡탑鵠塔(부도)을 세우기도 했다. 두 그루 어린 계수나무(嫩桂, 제자)에게 돌부鉏斧를 전하고 삼한三韓의 소림少林에서 연대蓮臺를 꿈꾸었다.

스님은 몸집이 풍후豊厚하고 언어는 둔한 듯 고풍스러웠으며, 내외의 재물을 갖추었고 절의 일이나 수행에도 두루 원융하였다. 어디에도 안주하거나 집착함이 없이 아무 곳에서나 일상생활을 하였으며 대둔사와 미황사 등지로 주석처를 옮겨 다니며 얼마나 많은 제자들을 득도시켜 이 의 조사義照寺를 지키게 했는지 알 수 없다.

스님은 도광道光 병술년(순조 26, 1826)에 태어났으며 광서光緖 갑오년(고종 31, 1894) 현재 적련정사赤蓮精舍에 머물고 있다.

渾虛講伯傳

師名尙能。號渾虛。姓崔氏。朗州人。幼厭腥葷。早發玄虛。入達摩山。窺依止處。眞學長老之室。圓頂方袍。鵬溟禪師之壇。受火聞戒。應化講伯之堂。拈香入室。□講伯[1]席。舍敎入禪。草衣禪伯之會。受大乘戒。登菩薩位。訪忍庵禪師於伽智山水南庵。學四集。叅雲居大師於長春洞北彌勒。開[2]四敎。謁枕溟和尙於曹溪山大乘庵。開*大敎。侍應化法師於少林山中峯庵。證拈頌。可謂雪山再開*羅利。善財再見文殊。叅訪已矣。諸山會也。開門提接者。數十年。退處止觀者。多春秋。奉爲祝於月出山。點鵠塔於美黃寺。傳鈯斧於二株嫩桂。夢蓮臺於三韓少林。師軀榦豐厚。言語鈍古。內外財具足。事理相圓融。以無住着回向。爲日用行履處。移缾鉢於大芚美黃。度箇幾多人。守斯義照寺。道光丙戌生。光緖甲午。住赤蓮精舍。

---
1) ㉘ '伯' 뒤에 '之'가 있는 본이 있다.　2) ㉘ '開'는 '聞'의 오자이다. 이하도 동일하다.

청연강백진

스님의 법명은 월영月影이고 호는 청연淸淵이며, 속성은 □씨이고 영암에서 출생한 사람이다.

달마산으로 들어가 머리를 깎고 물들인 옷을 입고 스님이 되었다. 가지산 보림사 수남암水南庵으로 인암忍庵 스님을 찾아가 사집四集을 배웠으며, 두륜산 북미륵암北彌勒庵으로 운거雲居 스님을 참배하고 『능엄경』과 『기신론』을 배웠으며, 응화應化 스님의 강석에 가서 참례하고 『반야경』과 『원각경』을 배웠다. 이어 운거雲居 스님을 참알하고 『화엄경』을 배워 마친 다음 곧 설월雪月 법사의 조실에서 향을 사르고 법통을 이어받았다.

설월 스님은 미봉 보한眉峰甫垾 스님의 법을 이은 제자이고, 미봉 스님은 연담蓮潭의 법을 이은 제자이며, 응운 영화應雲永化 스님과는 동문 형제이고, 낭호 승찰朗湖勝察 스님은 법사 설월 스님과 동문 형제이다. 미황사美黃寺 상수암上峀庵에서 강당 문을 열고 푸른 눈을 지닌 청년 학인들을 맞아들여 여래께서 49년 동안 설하신 경을 거듭 강설하였다. 그 뒤에 문을 닫아걸고 학인들의 방문을 거절한 채 백의거사白衣居士가 홀로 조사들의 1,700칙 공안을 참구하듯이 선문의 공안을 참구하였다. 청연 스님은 두륜산과 천개산에 머물기도 했고, 고금도古今島의 백운산에 머물기도 하였으며, 삼도사三島寺의 추정암樞正庵에 머물러 있기도 하였다.

정해년(고종 24, 1887) 가을에는 범해梵海 스님·혼허渾虛 스님과 함께 나라를 위한 기도 법회에 초대를 받아 증명법사의 자리에 나가기도 하였고, 여섯 달 동안의 추위가 풀리는 기간까지 월출산 상견성암上見性庵에서 결제를 하기도 했다.

신묘년(고종 28, 1891) 겨울에는 미황사 방부도원放浮屠園에 설월 스님과 응운 스님 두 스님의 부도를 세우기도 했다. 스님은 지식이 남보다 탁월하였고 원래 남에게 교만하게 대하는 일이 없었으며, 글쓰기를 신속하게 하였지만 글을 다시 고치는 일이 없었으며, 마음이 겸허하고 조용한 모습은 마치 물이 낮은 곳으로 흘러가듯이 사람들이 가장 싫어하는 곳에 처하였고, 밖으로 은연隱然한 모습은 마치 봄 동산에 사향노루가 지나가면 풀이 저절로 향기가 나듯 하였다.

법을 전한 제자는 성암性菴과 성일性日 등이 있는데 지금 삼도사 추정암에 머물고 있다.

淸淵講伯傳

師名月影。號淸淵。姓□氏。靈岩人。出家於達摩山。削髮染衣。尋忍庵師於伽智山水南庵。學四集。叅雲居師於頭輪山北彌勒庵。受楞嚴起信。謁應化師席。受般若圓覺。叅雲居師。了華嚴。乃拈香於雪月法師。雪月。眉峰甫埠之子。眉峰。蓮潭之子。與應雲永化。門兄弟。朗湖勝察。與法師雪月。門兄弟。美黃寺上峀庵。開門。迎納靑眼學人。重說如來。四十九年之說經。掩關杜絶。白衣居士。獨看祖師千七百則之看話。住頭輪山天蓋山。住於古今之白雲。住於三島之柩[1]正。丁亥秋。與梵海渾虛。應爲祝證座。請結六朔寒際。於月出山上見性庵。辛卯冬。立雪月應雲。兩浮屠於美黃之放浮屠園。知識卓越。元無施慢。製作神速。文不加點。中退然如水之處。衆人之所惡。外隱然若麝過。春山草自香。傳法弟子。有性菴性日等。今在三島寺柩*正庵。

---

1) [원] '柩'는 '樞'의 오자이다. 이하도 동일하다.

수성선사전

스님의 법명은 근헌謹憲이고 호는 수성壽星이며, 속성은 허許씨이고 청해 당인내塘仁內에서 출생한 사람이다.

어린 나이에 두륜산으로 들어가서 마음속에 출가할 것을 서원하고 취암鷲岩 스님에게 몸을 던져 물들인 옷을 입고 스님이 되었다. 그 후 □□ 스님을 참알參謁하고 계를 받았고, 경월鏡月 스님을 찾아뵙고 그의 법통을 이었으며, 초의 스님에게 예를 올리고 보살계를 받았다. 철선鐵船 스님의 처소에서는 『통감』·『사기』·『고문진보』를 배웠고, 문암聞庵 스님의 처소에서는 사집四集을 배웠으며, 침명枕溟 스님에게서는 경론經論을 두루 공부했다.

스님은 일천 산과 일만 냇물을 두루 구경한 다음 강당을 개설하여 문을 열고 학인들에게 널리 교학을 강설했다. 선암사 칠전七殿에서 네 번의 하안거를 마치고 송광사 삼일암三日庵에서 두 번의 하안거를 마쳤으며, 대둔사 만일암挽日庵에서 한 번의 하안거를 마치고 무량회無量會에서 한 번의 하안거를 마쳤다.

신유년(철종 12, 1861) 겨울에 동산東山·나운羅云·서현瑞賢 등 15명 스님에게 단자端字²를 건네주었다. 을유년(고종 11, 1885) 겨울 12월 26일에 원적圓寂을 보이시자 제자 이운理雲 스님은 스승의 영단 앞에서 법인을 이어 받고 호를 용허龍虛라 하였다. 용허 스님의 사법 제자인 종민宗敏 스님은 신묘년(고종 28, 1891)에 머리를 깎고 스님이 되었으며, 계사戒師는 동화東化 스님이다.

수성 스님은 연담蓮潭 스님의 4대 법손이고 은암銀岩 스님의 2대 법손이

---

2 단자端字 : 무슨 의미인지 알 수 없으나 다만 동산·나운·서현 등은 범해 각안梵海覺岸의 사법 제자인 점을 감안할 때 사제 간의 의식에 쓰이는 물건이 아닌가 생각된다.

며, 영담 지명影潭智明·혜운 보정惠雲普淨·수암 석훈壽庵碩訓 등과는 동문 형제이다.

壽星禪師傳

師名謹憲。號壽星。姓許氏。淸海塘仁內人。幼入頭輪山。志願出家。投鷲岩寺[1]染衣。叅□□師受戒。謁鏡月師嗣法。禮草衣師。受菩薩戒。鐵船師處。學通史古文。聞菴師處。解四集。枕溟師講經。綸[2]看千山萬水。設開當[3]普說。仙若[4]七殿。結四夏。松廣三日。結二夏。大芚挽日。結一夏。無量會。結一夏。度端字於辛酉冬。東山羅云瑞賢等十五人。示圓寂於乙酉冬十二月二十六日。理雲。受印於影壇。號穪龍虛。宗敏。削髮於辛卯。戒師東化。蓮潭之四世。銀岩之二世。與影潭智明。惠雲普淨。壽庵碩訓等。同門兄弟。

---

1) [원] '寺'는 '師'의 오자이다. 2) [역] '綸'은 '論'의 오자인 듯하다. 3) [원] '當'은 '堂'의 오자이다. 4) [원] '若'은 '岩'의 오자이다.

보제강백전

스님의 법명은 심여心如이고 호는 보제普濟이며, 거처하던 방의 당호는 포의蒲衣이다. 속성은 마馬씨이고 강진 백도방白道坊에서 출생한 사람이다.

스님은 도광道光 8년 무자(순조 28, 1828)에 태어나서 광서光緒 원년 을해(고종 12, 1875) 2월 30일 대둔사 상원암上院庵에서 적멸을 보이셨으니, 세속 나이는 48세이고 하랍夏臘은 33년이었다.

어린 시절에 두륜산 가선대부嘉善大夫 희문禧文 화상의 처소로 입산하여 머리를 깎고 스님이 되었다. 문암聞庵 강주의 계단에서 계를 받았고 철선鐵船 강백의 문하로 입실하였으며, 초의草衣 선백의 조당에서 보살계를 받았다. 그 뒤 철선·문암·용연龍淵·운거雲居·응화應化·영허靈虛·벽해擘海 등 7대 법사를 두루 찾아다니며 학문을 연마했다.

연꽃 향기 나고 매실이 익자 벼슬을 얻고 식록食祿이 생기게 되었다. 강당 문을 열고 삼남三南의 학인들을 맞아들여 경을 강설하고 선법을 설한 지 20여 년이나 흘렀다. 이후 스님은 풍악산·삼각산·태백산·가야산·지리산 등 이름난 산을 두루 유람하였으며, 한양·강릉·경주·공주·전주 등 큰 고을을 다니면서 철선 스님과 초의 스님의 게송을 읊고 열수洌水와 추사秋史의 글씨를 그대로 들고 다니기도 했다.[3]

스님은 청정한 데만 머무르지 않고 세속 먼지 속에 스며들었으며, 더럽든 깨끗하든 걸림이 없었고 좋든 나쁘든 구분하지 않았으니, 진실로 격식을 초월한 큰 인물의 마음 쓰는 방법이라고 하겠다.

금강산을 구경하고 와서 돌아다니면서 구경한 내용을 손수 기록한 「금

---

3 철선 스님과~다니기도 했다 : 철선과 초의의 문장과 열수와 추사의 글씨가 워낙 뛰어났으므로 자작시나 자필 글씨에 따로 신경을 쓰지 않았다는 말이다.

강산유산록金剛山遊山錄」1편을 보여 주자 박노하朴盧河가 글을 좀 고치고 서문까지 써서 붙이니 완연한 1권의 책이 되었다.

옛날 의상義湘 대사가 「서방가西方歌」를 지었고 도선道詵 국사는 「산수가山水歌」를 지었으며, 나옹懶翁 화상은 「서양가西養歌」를 지었고 청허淸虛 대사는 「회심곡回心曲」을 지었으며, 박자재朴自在는 「유산록遊山錄」과 「만고가萬古歌」를 지었고 임형산任荊山은 「선유가船遊歌」를 지었으며, 김매소金梅巢는 「유산록」을 지었고 영암靈岩 스님【법명은 취학就學이다.】은 「토굴가土窟歌」를 지었으며, 구계九階 스님은 「유산곡遊山曲」을 지었고 포의蒲衣 스님은 「금강록金剛錄」을 지었는데, 모두가 사물에 빗대어 자신의 뜻을 나타내기 위하여 지은 것이지 지니고 있는 재주를 쓰고 싶어 안달이 나서 지은 것이 아니다.

스님의 저서로는 문집 1권이 문인들에게 보관되어 있으며, 제자로는 만공 부정萬空富定과 월파 원준月坡圓俊 등이 있다.

普濟講伯傳

師名心如。號普濟。室曰蒲衣。姓馬氏。康津白道坊人。道光八年戊子生。光緒元年乙亥二月三十日。示寂于大芚之上院庵。世壽四十八。夏臘三十三。幼入頭輪山嘉善大夫禧文和尙處。剃頭。聞庵講主壇。受戒。鐵船講伯室。入室。草衣禪伯堂。受菩薩戒。叅學於鐵船聞庵龍淵雲居應化靈虛擘海七大法師。蓮香梅熟。封侯食祿。開開[1]接三南學人。講經說禪者。二十餘年。遊楓岳三角大白加耶智異之名山。履漢陽江陵慶州公州全州之雄州。吟咏鐵船草衣之偈頌。拖白洌水秋史之字書。不泥灰心。和光同塵。染淨無碍。好惡不分。實出格大人用心之道也。自金剛來。示其手記金剛山遊山錄一篇。朴盧河筆削序文。一册完然。昔義湘。作西方歌。道詵。作山水歌。懶翁。作西養歌。淸虛。作回心曲。朴自在。作遊山錄萬古歌。任荊山。作船遊歌。金梅巢。作遊山錄。靈岩【名就學】。作土窟歌。九階。作遊山曲。蒲衣。作金剛錄。皆託意而記。非技養[2]而作也。文集一卷。在門人。弟子。有萬空富定月坡圓俊等。

---

1) ㉰ '開'는 '關'의 오자이다. 2) ㉰ '養'은 '癢'의 오자이다.

금성선사전

 스님의 법명은 보헌普憲이고 호는 금성錦城이며, 속성은 강姜씨이고 영암 소완도小莞島에서 출생한 사람이다. 도광道光 을유년(순조 25, 1825)에 태어나 광서光緖 계사년(고종 30, 1893) 7월 1일에 입적入寂하였으니, 세속 나이는 69세이고 승랍은 53년이다.

 어릴 때 두륜산으로 들어가 송계당松溪堂에서 책을 읽다가 스스로 스님이 되겠다는 마음을 내어 어버이께 하직 인사를 하고 출가하였다. 그의 어머니는 늘 '출가한 아들을 생각하며 스님의 발을 씻어 주었다'는 옛이야기를 되새기며 한탄하면서 북쪽 하늘을 향하여 울기도 하고 혹 스님을 만나면 눈물을 흘리곤 하였다.

 소년은 견향見香 스님의 회상에서 물들인 옷을 입고 스님이 되었고 문암聞庵 스님의 계단에서 계를 받았으며, 뒷날 은사의 방에 들어가 향을 사르고 법통을 이어받았다. 또한 범해梵海 스님의 강당에서 비구 이백오십계와 대승보살 오십팔계를 받았고, 이어 운거雲居·문암聞庵·응화應化·범해 스님의 강론 자리에서 내서內書와 외서外書를 모두 배웠다.

 스님은 서기와 수승首僧의 직책을 역임하였고 주지와 총섭의 직인을 차고 다니기도 했으니, 행정에 숙련된 속된 관리였고 쓰고 지우기를 일삼는 아전 같은 노덕老德이었다. 그러나 금성 스님은 이러한 급류急流에서 용감하게 물러나 학처럼 흰 머리에 푸른 눈을 지니고 선지식의 본래 모습으로 돌아갔다.

 하늘에는 바람과 비가 있고 사람에게는 화禍와 복福이 있는 법이다. 사산四山(나고 늙고 병들고 죽음의 산)이 시시각각 다가와 핍박하고 오관五官(눈·코·귀·혀·몸의 다섯 감각기관)이 막히며, 사람娑嚩은 보이지 않고 알가關伽는 여유가 있다.[4]

 스님에게 계를 받은 제자는 두건을 쓰고 따르고 의발을 전해 받은 제자는 꽃을 들고 돌아다. 완함阮咸은 슬퍼하며 뛰면서 통곡하였고 가섭迦葉은 관 밖에 내민 발을 어루만졌다.

금성 스님은 천성이 질박하고 정직하였으며 언어는 자상하고 신중하였다. 또 들어가거나 나가거나 멀리 있거나 가까이 있거나 시종 한결같았다. 남쪽 영주瀛洲(제주도)에 들어가 지방 풍속을 실컷 탐문하고 북쪽으로 설봉산에 이르렀으며, 동쪽으로 금강산을 오르면서 풍토風土를 마음속에 간직하였다. 다시 한양에 이르러서 견문見聞을 웅장하게 키웠다. 그에게는 두 그루 어린 계수나무(嫩桂, 제자)가 있고, 스님의 진영 1축이 전한다.

錦城禪師[1]

師名普憲。號錦城。姓姜氏。靈岩小莞島人。道光乙酉生。光緒癸巳七月初一日寂。世壽六十九。僧臘五十三。幼入頭輪山。讀書于松溪堂。自發爲僧之心。辭親出家。其母。每發洗足之歎。向北而泣。見僧則泣。染衣於見香師室。聞戒於聞庵師壇。拈香於恩師室。受比丘二百五十戒及大乘菩薩五十八戒於梵海師講堂。學內外書於雲居聞庵應化梵海之肆。行書記首僧之役。佩住持摠攝之印。鍛鍊之俗吏。刀筆之老德。急流勇退。鶴髮靑眼。天有風雨。人有禍福。四山來逼。五官窒塞。娑囕不見。關伽有餘。受戒者。麻巾而隨之。受封者。拈花而繞之。阮咸踊地。葉迦[2]撫趺。師。賦性質直。言語詳愼。出入遠近。始終恒一。南入瀛洲。飽采方俗。北抵雪峰。東登金剛。風土點心。再到漢陽。聞見雄壯。二株嫩桂。一軸眞影。

──────────

1) ㉠ '師' 뒤에 '傳'이 빠진 듯하다. 2) ㉠ '葉迦'는 '迦葉'의 오자이다.

---

4 사람娑囕은 보이지~여유가 있다 : '사람娑囕'은 무슨 뜻인지 알 수 없고, '알가關伽'는 원래 '가치 있는 것'이라는 뜻으로 불전에 바치는 공양물을 말하나 여기에서는 스님의 입적과 관계된 것인 듯하다.

설우대사전

스님의 법명은 대운大雲이고 호는 한명漢明이며, 선호禪號는 설우雪藕이다. 속성은 도강道康 김씨이고 아버지는 추광秋光이며 어머니는 밀양 박씨이고, 해남 산일도山一道 산수동山水洞에서 출생한 사람이다. 도광道光 10년 경인(순조 30, 1830)에 태어나 동치同治 7년 무진(고종 5, 1868) 봄에 강진의 보리산 수인사修仁寺 청계암淸溪庵에서 적멸을 보이시니, 세속의 나이는 39세이고 승하僧夏는 26년이다.

스님은 13세에 월출산 도갑사道甲寺로 들어가 침송 회성枕松會成 대사에게 머리를 깎고 스님이 되었으며, 침월枕月 대사에게 계를 받았다.

갑자년(고종 1, 1864) 겨울에 진불암眞佛庵 범해梵海 스님의 강당에서 비구계와 보살계를 받았으며, 병인년(1866)에 은사의 조실에 들어가 향을 사르고 스승의 법통을 전해 받았으니, 연담蓮潭 스님의 5대 법손이 되고 월화 덕혜月華德惠 스님의 3대 법손이며, 도암 보언道庵保彦 스님의 2대 법손이 된다.

장흥 보림사寶林寺 송대松坮의 이봉离峯 스님, 남암南庵의 운거雲居 스님, 도갑사 남암의 침월枕月 스님, 대둔사 북암北庵의 운거雲居 스님, 만일암挽日庵과 진불암眞佛庵의 범해梵海 스님을 찾아다니며 학업을 익혔다.

그 후 수인사修仁寺로 자리를 옮겨 살다가 젊은 나이에 적멸을 보이니 참으로 애석한 일이다. 스님의 천성은 온화하고 청아하였으며 행동거지는 한가하고 조용하였다. 그래서 한 번만 만나 보면 도가 있는 사람임을 누구나 알 수 있었다.

雪藕大士傳

師名大雲。字平沄。號漢明。禪號雪藕。姓道康金氏。父秋光。母密陽朴氏。海南山一道山水洞人。道光十年庚寅生。同治七年戊辰春。示寂于康津菩提山修仁寺清溪庵。世年三十九。僧夏二十六。師十三。入月出山道甲寺。祝髮於枕松會成大師。受戒於枕月大師。甲子冬。受比丘及菩薩戒於眞佛庵梵海師講堂。丙寅。大拈香於恩師主。蓮潭之五世。月華德惠之三世。道庵保彥之二世。遊學於寶林之松坮离峯師。南庵雲居師。道甲之南庵枕月。[1] 大芚之北庵雲居師。挽日眞佛[2]梵海師。移居于修仁。早年示寂。惜哉。賦性溫雅。進止閒婧。一見可知其有道之人也。

---

1) [원] '月' 뒤에 '師'가 있는 본이 있다. 2) [원] '佛' 뒤에 '之'가 있는 본이 있다.

응룡선사전

스님의 법명은 문찬文贊이고 호는 응룡應龍이며, 순천 영취산 흥국사興國寺 출신이다. 스님의 종파를 말하면, 선암사 상월 새봉霜月璽篈의 법을 이은 제자가 응운 증오應雲證悟이고, 응운의 법을 이은 제자가 영취산 침룡 영원枕龍永源이며, 영원의 법을 이은 제자가 바로 응룡 문찬이다.

고려조에 보조 국사普照國師가 이 절(흥국사)을 창건했고 우리 조정(조선)의 정조대왕 때에 응운 스님이 중건하였음은 의심할 여지가 없다.

응운 스님은 당시의 문장가요 재사才士였다. 해남 표충사表忠祠를 처음 창건할 때에 조정에서 특별히 총섭의 직책을 주었다. 처음 창건 당시의 범례凡例를 살펴보면 스님이 예조禮曹에 보고하고 감영監營에 보고하여 복호復戶를 특별히 허락하고 보솔保率을 주도록 허락하는 법을 세워 일신一新하였는데, 그때 그 문서의 분량이 쌓여 책 1권을 만들 정도였으니, 이 모두가 응운 스님이 손수 작성한 문건들이다. 사원 불사에 공이 있기로 말하면 영남과 호남을 통틀어 승려들 중에 제일이다.

흥국사 중수의 일을 살펴보면 폐허가 된 것을 일으키고 무너진 곳을 보수한 일과 보조 국사의 구물舊物들이 지금까지 그대로 보전된 것도 모두 응운 스님과 침룡 스님의 위대한 자취이니, 큰 지략을 지닌 거벽巨擘이었다. 침룡 스님과 응룡 스님의 공로를 추앙하여 감영과 순천도호부에 보고하여 사찰을 우뚝하게 만들고 사찰로 들어가는 중요한 길을 닦기도 했으니, "네가 네 조상을 기억함으로 인해 이에 네 자손이 번성한다."고 한 옛말을 여기에서 볼 수 있다.

불일佛日(보조 국사) 스님께서 맨 처음 이 절을 창건하였고 응운 스님이 중수하였으며 응룡 스님이 잘 지켜내어 잃지 않았으니, 사람은 비록 셋이지만 그 공은 하나이다.

응룡 스님의 사제師弟인 재신在信 스님은 함께 나아가고 함께 물러나며 고락을 함께하였으니 스님의 날개 같은 존재이다.

應龍禪師傳

師名文贊。號應龍。順天靈鷲山興國寺人。言其宗派。仙岩霜月璽笒子。應雲證悟。應雲子。靈鷲山枕龍永源。源子。應龍文贊也。普照國師麗朝時。創建此寺。我朝正宗大王時。應雲師。重建此寺。無疑也。應雲。當時文章才師[1]也。一幷海南表忠祠。初創建時。特贈摠攝之職。初創凡例。報禮報營。復戶保率。特許特授。一新立法。其文其籍。積成卷軸。皆其手跡。有功於院事。兩南僧幕之第一也。一幷興國寺重修事。興廢補弊。普照之舊物。至今依舊者。亦皆應雲枕龍之雄蹈。俊畧之巨擘也。枕龍應龍。追仰先功。營告府報。寺利巋[2]要路安然。念祖爾祖。寔繁有徒。於此可尙。佛日。初荊[3] 應雲。重修。應龍。守而勿失。人雖三。功則一也。師弟在信。同進同退。師之羽翼哉。

---

1) ㉔ '師'는 '士'의 오자이다. 2) ㉔ '巋' 뒤에 '然'이 있는 본이 있다. 3) ㉔ '荊'은 '刱'의 오자인 듯하다.

금파선사전

스님의 법명은 응신應信이고 호는 금파金波이며, 속성은 김해金海 김씨이고, 청해淸海 세포細浦에서 출생한 사람으로서 도광道光 계사년(순조 33, 1833)에 태어났다.

두륜산으로 출가하여 석호石虎 선사의 조실에서 물들인 옷을 입고 스님이 되었다. 지허止虛 선덕의 계단에서 구족계를 받았고 은사인 석호 스님의 회상에서 향을 사르고 법통을 이어받았다. 스님은 또 범해 각안의 강당에서 비구계와 보살계를 받았으며, 범해·운곡雲谷·보제普濟·응화應化 스님이 강론하는 자리에서 경론을 공부하였다.

금파 스님은 사찰의 수승 소임을 맡아보았으며 나중에는 총섭의 인수印綬를 차고 사찰 행정을 총괄하기도 하였다. 스님은 지식이 탁월하였고 행장行藏이 청아하고 신중했다. 일을 함에 있어서 잘못 처리하는 일이 없었고 벗들 중에는 지기知己가 많았다. 공적인 일이나 사사로운 일에 있어서 최선을 다하고 열심히 하였다.

스님이 계를 주어 득도시킨 스님은 약간 명이 있고 양육하여 은혜를 입힌 제자도 두서너 명은 된다. 스님이 법을 이은 연대는 고금古今을 통해 소상昭詳하다.

우리 태조太祖대왕이 대명大明 홍무洪武 29년 임신(1392)에 즉위한 이래 대청大淸 광서光緖 20년 갑오(1894)까지는 503년이다. 우리 세존께서는 주周나라 소왕昭王 33년 임신에 적멸을 보이신 이래 대청 광서 20년 갑오까지 2,842년이다. 그러니 금파 스님은 석가문釋迦文의 74대 법손이고 태고太古 스님의 17대 법손이며, 청허淸虛 대사의 11대 법손이고 연담蓮潭 대사의 5대 법손이다.

스님은 완호玩虎 스님의 증손 법제자이고 석호石虎 스님의 법을 이은 제자이며, 인파印波·호월湖月·복암福庵·금성錦城·상운祥雲·응룡應龍·완파

玩坡 · 석담石潭 · 쌍련雙蓮 · 동산東山 · 서룡瑞龍 · 운담雲潭 스님과는 재종再從간이 된다. 금파 스님은 무위無爲 스님의 완함阮咸[5]이고 만파萬波 스님의 무착無着[6]이다. 또 스님은 봉언奉彦 · 봉환奉煥 · 월현月現 · 봉화奉和 스님의 화상和尙 아사리阿闍梨[7]이다.

金波禪師傳

師名應信。字弼文。號金波。姓金海金氏。淸海細浦人。道光癸巳生。出家於頭輪山。染衣於石虎禪師室。受具於止虛禪德壇。拈香於恩師室。受比丘戒及菩薩戒於梵海覺岸堂。受經論於梵海雲谷普濟應化師之講肆。受行首僧之後。高佩摠攝之印。知識卓越。行藏雅愼。擧無過事。朋有知己。於公於私。載務載勤。說戒度人者。若干數也。養育被恩者。二三人矣。嗣法年代。古今昭詳。我太祖。大明洪武二十九年壬申。即位。至大淸光緖二十年甲午。五百三年。我世尊周昭王三十三年壬申。示滅。至大淸光緖二十年甲午。二千八百四十二年。師釋迦文之七十四世。大古之十七世。淸虛之十一世。蓮潭之五世。玩虎之曾。石虎之弟子。與印波湖月福庵錦城祥雲應龍玩坡石潭雙蓮東山瑞龍雲潭。爲再從。無爲師之玩[1)]咸。萬波師之無着。奉彦奉煥月現奉和等之和尙阿闍梨。

1) [원] '玩'은 '阮'의 오자이다.

5 완함阮咸 : 진晉나라 때 죽림칠현竹林七賢의 한 명으로 완적阮籍의 조카이다. 호방하여 세속에 구애되지 않았으며 음률에 밝아 비파를 잘 탔다. 여기서는 '조카'의 의미로 사용되었다.

6 무착無着 : 4세기 때 북인도 바라문 출신의 유식불교 대성자. 범어로 아상가라고 한다. 음역해서 아승가阿僧伽라고 부르기도 한다. 무착無着, 무장애無障㝵로 의역한다. 유식학으로 유명한 세친世親의 형이다. 여기서는 법형法兄이라는 의미로 사용되었다.

7 화상和尙 아사리阿闍梨 : 아사리는 제자들의 행위를 바로잡아 주는 스승을 말하고 화상은 수계사를 지칭한다.

월화강사전

스님의 법명은 인학仁學이고 호는 월화月華이며, 속성은 윤尹씨이고 영암에서 출생한 사람이다.

일찍이 달마산達摩山으로 들어가 추담秋潭 스님으로부터 머리를 깎고 물들인 옷을 입고 스님이 되었으며, 영담靈潭 스님에게서 구족계를 받았다. 월화 스님은 남북으로 강당을 찾아다니며 명망 있는 승문에 몸을 던져 머물면서 교학을 배웠고, 선교禪敎의 법석을 마음 내키는 대로 돌아다니며 수행했다. 삼제三際[8]에 있어서 더위와 비와 추위를 피하지 않았으며, 사사四事[9]에 있어서 옷·음식·약·방사房舍에 집착하지 않았으며, 인연이 있는 곳이면 어디든 머물렀다. 초청한 것도 아닌데 홀연히 찾아와서 우리 은사 추담 스님의 법인을 전해 받고, 우리 조사 벽해擘海 스님의 법석을 물려받았다.

강당 문을 열어 무명無明의 풀숲을 헤치고 불조의 가풍을 우러러 찾아오는 학도들을 맞아들여 가르치는 한편, 결제에 들어가 기용살활機用殺活의 화두를 참구하기도 하였다.

월화 스님은 천성이 청렴강직하고 털끝만한 잘못도 범하는 일이 없었으며 행리行履가 정밀하고 부지런하여 밤이나 낮이나 늘 작용하였다. 벽해擘海 스님과 응화應化 스님이 연 법회의 자리에 참예하였고, 침명枕溟 스님과 우담優曇 스님의 회상을 찾기도 하였으며, 범해梵海 스님과 연주蓮舟 스님의 강당에서 강론을 듣기도 하였고, 두륜산 남미륵암南彌勒庵·북미륵암北彌勒庵·만일암挽日庵·상원암上院庵·진불암眞佛庵·남암南庵에서 낱낱이 하안거 결제를 마쳤으며, 조계산 대승암大乘庵과 보조암普照庵에서도

---

8 삼제三際 : 인도에서 열제熱際, 우제雨際, 한제寒際로 나누었던 것을 말한다.
9 사사四事 : 네 가지 공양 거리인 의복·음식·탕약·방사를 말한다.

모두 한 번씩 하안거 결제를 마쳤다.

스님은 가지산 보타補陁에 주석했고 소림少林에서 성장기를 보냈으며, 노년에는 주로 장춘동長春洞에서 보냈다. 산과 산은 운수행각의 도량이요 곳곳마다 공화空花 불사佛事의 도량이다. 스무 겹 큰 사찰들이 눈앞에 소삼昭森하구나. 72번 오고 가고 하였으니 그 형용形容이 마음속에 뚜렷하네.

스님은 도광道光 16년 병신(헌종 2, 1836)에 태어났으며 광서光緒 20년 갑오(고종 32, 1894)에 장춘동 첨성각瞻星閣에 살고 있는데, 나이는 59세이다.

月華講師傳

師名仁學。號月華。姓尹氏。靈岩人。早投達摩。從秋潭師。薙染。就靈潭師。受具。南北講堂。望門投止。禪敎法席。從心所如。三際。不避熱雨寒。四事。不着衣食藥舍。有緣則住。不速請也而來。受我恩師秋潭之印。奪我祖師擘海之。[1] 開門而迎。跋草瞻風之徒。結制而究機用。殺活之話。性禀廉直。無毫里[2]之錯。行履精勤。有晝夜之作。叅於擘海應化之筵。訪於枕溟優曇之會。講於梵海蓮舟之堂。頭輪之南北彌勒挽日上院眞佛南庵。一一結夏。曹溪之大乘普照。皆結一夏。住於伽智。住於補陁。長於少林。老於長春。山山雲水道場。處處空花佛事。二十重大刹。胎[3]森於目前。七十二徃復。形容於心上。道光十六年丙申生。光緒二十年甲午。居長春洞瞻星閣。年五十九。

---

1) ㉔ '之' 뒤에 '席'이 있는 본이 있다.　2) ㉔ '里'는 '釐'의 오자이다.　3) ㉔ '胎'는 '昭'의 오자이다.

호은강사전

스님의 법명은 축함竺函이고 호는 호은湖隱이며, 금강산 장안사長安寺 지장암地藏庵 사람이다.

스님은 본래 서울 부근에서 출생한 사람인데 금강산으로 들어가 거주했으며 현옹玄顒 선사의 제자이다. 금강산에는 함경도·강원도·경기도·충청도 등 네다섯 도의 학인들이 폭주하여 몰려들었으니, 비단 사람뿐만 아니라 또한 명산 가운데 있었기 때문에 명산의 물과 돌 따위를 관람하기 위해 내왕하는 사람들의 발길이 끊이지 않았다. 비단 절 이름이 장안長安일 뿐만 아니라 또한 산수가 장안이었다. 세상 사람들이 경성京城을 통상 장안이라고 불렀다. 진秦나라 왕이 관중關中에 도읍을 정했는데, 네 관문의 중심부에 있었기 때문에 서도西都를 일명 관중이라고 부르고, 일명 장안이라고도 하였다. 장안이라는 지명은 진나라가 천하를 통합하여 천자가 그곳에 살았기 때문에 이후로 수도를 통상적으로 장안이라고 부른 것이다.

이 절(장안사)은 산중의 장안과 같은 곳이다. 그런즉 사람들이 모두 왕성의 장안을 구경하고 싶어 하는 것처럼 산중의 장안인 금강산을 구경하고 싶어 하는 것이다.

당나라의 이위공李衛公【이름은 적績이다.】이 "내 소원은 고려 오랑캐 나라에 태어나 금강산을 한 번 구경하는 것(願生高麗國。一見金剛山。)"이라는 시를 읊었고, 해남의 은사隱士 매소梅巢 김세신金世臣은 금강산을 유람하고 『유산록遊山錄』 1권을 쓰고 그 책 이름을 '일견고一見藁'라고 하였다. 이는 곧 이위공의 '금강산을 한 번 구경했으면' 하는 시에서 빌려다가 붙인 이름이다.

내(각안)가 일찍이 금강산 지장암地藏庵에 들어갔더니, 어떤 삼베 두건을 쓴 선비가 『화엄경』을 펼쳐 놓고 스님과 강론하고 있었다. 또 영원암靈源庵에 올라갔을 때에는 그 삼베 두건을 쓴 선비가 혼자 앉아서 불경을 보고 있었는데, 내가 주지에게 물었더니 주지가 말하기를, "그 선비는 영남에서 온 선비인데 여기에 머물면서 경전을 읽고 염불을 하고 있다."라고 하였다.

봉우리면 봉우리, 돌이면 돌, 절이면 절, 사람이면 사람 모두가 다 별천지였고 인간의 세계가 아니었다. 일찍이 영주瀛州에 들어갔더니 산이면 산, 물이면 물, 집이면 집, 사람이면 사람 모두 다 물결 위의 건곤乾坤이요 우공의 산천이었다. 사람에 대하여 말하면, 본 자는 믿을 것이요, 보지 못한 자는 믿지 않을 것이니 "도가 같아야 바야흐로 알 수 있다."는 것을 여기에서 알 수 있을 것이다.

주인과 벗이 서로를 볼 수 없으니, 사바세계에 거처하면 시방세계가 다 그렇게 신령스럽고 기이한 것과 같다. 소요산 대자암大慈庵에 갔을 때 마침 지나가는 소년 수좌首座가 송낙松落으로 만든 승복을 입고 있었다. 그와 함께 구경을 다니게 되었는데, 사찰의 벽 위에 절구 시 한 수가 쓰여 있었다. 그 시는 다음과 같다.

  소요산 나그네가 소요산에 머무니
  해와 달도 수석水石 사이 소요하네
  수석이 소요하면 수석이 아니니
  소요함이 넘치면 일생이 한가하네

내가 이 시의 운을 따다가 시 한 수를 지으니 다음과 같다.

  원효元曉와 소요逍遙가 이어서 살았으며
  바위 사이에선 신령한 샘물 솟아나네
  안팎 성문을 신통의 힘으로 닫으니
  대비大悲 회상은 만년 동안 한가하네

수좌가 말하기를, "현웅 스님은 저의 은사입니다. 지금은 서울 근교의 산에 있는 지장암에 계시고, 호은湖隱 스님은 저의 사형師兄인데 저는 지금 사형이 있는 곳으로 가는 중입니다."라고 하였다. 현웅 노장은 아직도 석릉石陵에 머물면서 갑오년(1894) 여름을 보내고 있을 것이다.

湖隱講師傳

師名竺函。號湖隱。金剛山長安寺地藏庵人。師本京山人。入居金剛山。玄顥禪師弟子也。咸江京淸四五道學人。輻湊並臻。非但人也。抑亦有名山中故。以貪名山水石。來往不絶。非但寺名之長安也。抑亦山水之長安也。世人。以京城。通稱長安。秦王都於關中。四關之中故。西都。一名關中。一名長安。長安地名。以統合天下。天子所居故。因名京曰。長安。此寺。山中之如長安也。然則人皆願見王城之長安。如願見金剛之長安。此也。唐之李衛公【續】。有願生高麗【夷】國。一見金剛山之詩。而海南隱士。梅巢金世臣。遊金剛山。作遊山錄一卷。名曰。一見藁。卽李衛公。一見金剛山之詩。借作也。予曾入金剛山地藏庵。有一布巾士人。展華嚴經。與師講論。又上靈源庵。其布巾士人。獨坐看經。問其主人曰。嶺南士人來住。看經念佛云。峯峯石石。寺寺人人。皆別天地。非人間也。曾入瀛州。山山水水。家家人人。盡是波上乾坤。藕空¹⁾山川。對人言之。見者信之。不見者不信之。同道方知。於此可知也。主主伴伴不相見。若當娑婆處。十方悉亦然之靈異也。入逍遙山大慈庵。有一過去少年首座。緇衣松落。同步觀玩。壁上。有一絶詩曰。逍遙山客逍遙在。日月逍遙水石間。水石逍遙非水石。逍遙剩得一生閒。予次曰。天²⁾曉逍遙相繼住。靈泉湧出窟岩間。內外城門神力閒。大悲會上萬年閒。首座曰玄顥。我之恩師。在京山地藏。湖隱。我之師兄。今行師兄處云。玄顥老尙居石陵。甲午夏。

---

1) ㉘ '空'은 '孔'의 오자이다. 2) ㉘ '天'은 '元'의 오자인 듯하다.

원해강백전

스님의 법명은 문주文周이고 호는 원해圓海이며, 속성은 음陰씨이고 순천 흥양興陽(고흥군)에서 출생한 사람이다.

일찍이 조계산 송광사로 들어가 수산 원만守山圓滿 선사의 처소에서 물들인 옷을 입고 입실하여 법통을 계승하니, 묵암 최눌默庵寂訥의 4대 법손이고 보봉 맹섭寶峯孟涉의 증손 법제자이며, 계봉 기준繼峰琪俊의 손자 법제자이고 수산 원만의 법을 이은 제자이다.

두륜산 범해 각안 스님의 강당에서 비구 이백오십계와 대승보살 오십팔계를 받았다.

  수행은 마치 설산雪山동자가
  나찰을 다시 만난 것과 같고
  회향은 흡사 선재동자가
  문수보살을 다시 만난 것 같네
  두루 돌아다니면서 방외方外의 일을 다 겪었고
  일찍이 방랑자 되어 외롭고 가엾은 나그네 되었네
  백발 노장이 되어(把茅蓋頭) 문을 열고 앉았으니
  용과 뱀이 섞여 있고 범부 성인 참예하네
  계환戒環의 주석서『능엄경』주석서]를 다시 풀이하고
  마명馬鳴의 논서『기신론』]를 거듭 논하였네.
  면전面前에 마음을 집중하고 책상을 치며 논쟁하고
  대구對句가 같지 않아 생각을 일으키네[『반야경』과『원각경』]
  별처럼 늘어선 열 개의 문을 부수자
  삼관三觀에 달빛 가득하니 온 하늘이 밝구나[『화엄경』]
  선문禪門의 세 가지 보배를 차례로 설하매

1천2백 칙則 공안, 이름도 모양도 없네『선문염송』

열여덟 국사 상주常住하던 곳이요

열여섯 종사宗師가 계속해 나온 도량이네【팔도 좌우를 합하여 2×8 하여 16종사이다.】

돌부鈯斧를 전하고 삼매에 드니

백수아사白首阿師[10]가 몸 만지며 탄식하네【적멸을 보임】[11]

원해 스님이 어느 어느 스님에게 수업을 받았고 어느 어느 산중에서 글을 읽었는지에 대해서는 자세히 알 수가 없다. 스님의 천성은 건실하고 부지런히 노력하였으며, 어떤 일을 만나면 피하지 않고 다른 사람들보다 앞장섰다. 식사 때에는 나이 많은 사람이 먼저 먹고 나면 뒤에 먹었고 공적인 일은 먼저 하고 사적인 일은 뒤로 미루었으며, 말은 적게 하고 지혜가 뛰어났다.

보지 못했던 것을 배울 때에는 잠을 자고 밥을 먹는 것조차 잊고 탐구했으며, 참례하지 못했던 사람을 만나러 갈 때는 눈이나 비를 무릅쓰고 찾아가서 만나곤 했다. 일이 있어 초청하면 사양하지 않고 다 들어 주었으니 금고金鼓를 따라간 행동이 바로 이것이며, 마음에 있어서 찾아가 참례할 적에는 도반들을 물리치고 행장을 꾸렸으니 범해의 처소를 찾아온 것이 바로 그것이다.

착한 일을 보고 그것을 본받아 효행으로 옮기는 것은 멀리서 스승을 생각하여 대신 연비燃臂의식을 받들기 위해서이며, 어진 일을 당하여 사양하지 않은 것은 종문의 법통을 이어서 후사를 이으려고 하는 것이었다.

남쪽 지방을 지나갈 때에 사람들이 다 원해 스님을 한번 만나 보고 싶

---

10 백수아사白首阿師 : 머리 하얀 스님이란 뜻으로 아무 지위를 얻지 못한 스님을 지칭하는 듯하다.
11 이 운문체의 글은 정확하게는 모르겠으나 원해 스님의 행장을 말한 것 같다.

어 했으며, 서방세계 갈 때에는 사람들이 다 눈물을 흘리면서 스님께 이
별을 고하고자 하였으니, 어찌 사람들로 하여금 이와 같이 감동하고 흠모
하게 할 수가 있었을까? 채옹蔡邕이 말하기를, "내가 비명碑銘을 많이 썼
으나 모두 창피한 마음이 들더니 오직 곽유도郭有道의 비석만은 부끄러운
기색이 없다."라고 하였는데 나도 원해 스님의 전기를 쓰면서 그와 같은
심정이 든다.

圓海講伯傳

師名文周。號圓海。姓陰氏。順天興陽人也。早入曹溪山松廣寺守山圓滿禪
師處。染衣入室。默庵寂訥之四世。寶峯孟涉之曾孫。繼峰琪俊之孫。守山
圓滿之嗣。受比丘二百五十戒及大乘菩薩五十八戒於頭輪山梵海覺岸師
講堂。行如雪山。再逢羅利。回若善射。再見文殊。周遊歷盡方外事。曾爲
浪子偏憐客。把茅盖頭開門坐。龍蛇混雜凡聖衆。及[1]釋戒環釋【楞嚴經䟽】。
重論馬鳴論【起信論】。住對面念打床爭。句對不同思量起【盤[2]若圓覺】。星羅
十門破碎了。月滿三觀滿天明【華嚴】。禪門三寶次第說。千二百則無名相【拈
頌】。十八國師常住處。十六宗師道場續【八道左右合二八十六宗】。傳鈯斧入三
時。[3]白首阿師撫躬歎【示寂】。某某師處受業。何何山中讀書。不識。性健力
勤。臨事不避。役先衆人。食後高年。先公後私。小言多智。學所不見。忘寢
食而求見。禮所不衆。冒雨雪而當衆。有事召請。則不辭免而聽許。隨金鼓
之行。是也。有心徃衆。則退伴侶而治行。尋梵海之居。是也。見善移孝。遙
思師而代受火。當仁不讓。宗嗣師而預繼後。過去南方。人皆願欲師一見。
徃生西土。人皆泣。欲師一別。何令人之感慕如此哉。蔡邕曰。吾爲碑銘。多
矣。皆有慚色。惟郭有道碑。無慚色耳。圓海傳近理乎。

---

1) ㉮ '及'은 '反'의 오자이다. 2) ㉮ '盤'은 '般'의 오자이다. 3) ㉮ '時'는 '昧'의 오자이
다.

경운강백전

스님의 법명은 원기元奇이고 호는 경운擎雲이며, 속성은 김金씨이고 본은 김해金海이며 영남 웅천熊川(진해)에서 출생한 사람이다.

조계산 선암사 대승암【일명 남암南庵이라고 한다.】의 강주이다. 함명涵溟 스님의 손자 제자이고 경붕 익운景鵬益運 스님의 법통을 이은 제자이다. 어려서는 여러 지방을 유람하다가 자라서는 학덕으로 이름이 높았다. 배우고 때때로 익히니 그 또한 기쁘지 않을쏜가? 마음 내키는 대로 돌아다니다가 발길 닿는 곳에 머물곤 했다.

글씨 보기를 좋아하여 구미에 당기면 글씨를 쓰곤 했다. 글씨를 그리 잘 쓰는 편은 아니지만, 숙세夙世에 익힌 여경餘慶이었던지 부지런히 노력한 대가로 이룬 것은 아니었다. 이는 스스로 돕는 자를 하늘이 도와서 된 것이지 가르치고 인도하여 잘하게 된 것은 아니라는 의미이다. 강학은 3대에 전하여 솥의 세 발처럼 자처했고 필명筆名은 일신一身만이 홀로 드러났다.

사람들은 말하기를 '글씨를 쓰는 것은 형식(名)이고 문장을 익히는 것은 실속(實)이다. 그런데 형식과 실속을 모두 잘하는 이는 드물다'고 하였다.

성묘成廟(성종)가 어필로 글씨를 써서 김규金虯에게 주면서 말하기를, "예부터 문장에 능한 선비는 글씨를 잘 못쓰고, 글씨를 잘 쓰는 사람은 문장을 잘하지 못하거늘 너는 글씨도 잘 쓰고 문장도 잘하는구나. 너의 문장을 보면 네 아버지의 문체를 닮았고 네 글씨를 보면 네 아비 동료의 글씨체와 흡사하니 부모에 대한 효심을 옮겨 나라에 충성을 다하라."라고 하였다. 이때 김규의 나이 겨우 열세 살이었다.

옛날 공자께서 말씀하시기를, "겉모습만 보고 사람을 취하였다면 자우子羽 같은 인물【자우는 담대멸명澹臺滅明】을 잃을 뻔했다."라고 했다. 말하자면 문장과 글씨 두 가지 다 갖춘 사람은 드물다는 이야기이다. 그런데 스님은 둘 다 잘하였으니, '으뜸이며 기이한 인물(元奇)'이라는 법명을 가진 것은 미리 예언하여 붙여진 이름처럼 자연스럽다.

정해년(고종 24, 1887) 봄에 서울에 사는 거사 안기선安箕仙이 찾아와서 같이 잠을 자게 되었는데 그가 말하기를, "국가에서 지내는 재齋에서 경전을 서사書寫하였는데 원기 스님이 최고의 명필로 인정받았고 그 나머지 모였던 사람들은 모두 뒤처졌다."라고 하였다. 안安은 나를 위해 글씨 1편을 써 주었는데 글씨를 참 잘 썼다. 원기 스님은 문장과 글씨 둘 다 잘하는 스님이다.

擎雲講伯傳

師名元奇。號擎雲。俗姓金氏。本金海嶺南熊川人也。曹溪山仙岩寺大乘庵【一称南庵】講主也。涵溟之孫。景鵬益運之嗣。幼而遊方。長而高名。學而時習之。不亦悅乎。從心所如。湊泊則居。觀筆所好。着味則書。夙世餘慶。非勤力之所得。自天祐之。非敎導之所能。講傳三世鼎居。筆名一身獨露。人之言曰。書寫名也。文章實也。名實幷持者。小也。成廟御筆書紙。賜金虯曰。自古能文[1] 士不能書。能書之人不能文。爾能文又能筆。見爾文。放爾父。見爾書。放爾父之同僚。其移孝于忠。虯。時年十三也。子曰。以貌取人失之。子羽澹[2]【臺滅明字】言。文筆俱備者。其稀也。師能得之。元奇。自然之識名也。丁亥春。京居士人安箕仙。尋來同宿言。國齋書經。元奇。爲首筆。其餘。募聚人。皆殿。安。爲我書一篇。善書。師乃文筆兼。[3]

1) ㉯ '文' 뒤에 '之'가 있는 본이 있다. 2) ㉯ '澹'은 작은 글자로 써 있어야 한다. 3) ㉯ '兼' 뒤에 빠진 글자가 있다.

응운강백전

스님의 법명은 성능性能이고 호는 응운應雲이며, 장성 백양산 정토사淨土寺(백양사) 강원의 학인이다. 한양 용주漢陽龍珠 스님의 처소에 입실하여 법통을 이으니, 양악羊岳의 4대 법손이고 덕운德雲의 법손이며 보경寶鏡과는 동문 법형제가 된다.

스님은 영구산靈龜山·조계산·지리산의 강원 강주들을 찾아다니면서 내전은 물론 외전까지도 공부하는 데 몰입하였다. 강론의 향기를 맡고 산 기운에 취하며, 산봉우리를 감상하고 흰 구름을 읊으면서 정토사로 돌아왔다. 정토사에 돌아와 지혜의 향을 피우고 강당에 앉아서 경전을 가지고 의문 가는 부분을 묻기 위해 오고가는 학인들을 맞아 강론을 펼쳤다. 사방에 걸림이 없고 바람을 관찰하는 무리들도 물이 바다로 돌아가고 구름이 모여들듯 밀려들었다.

강당에서는 해조음海潮音으로 떠들썩했고 부엌은 정갈한 음식이 풍성하였으며, 행자는 돌을 지고 디딜방아 밟아 대고 소공小空은 땔나무를 해 오며 물을 길었다. 한 번 선다파仙茶婆를 부르니 사실四實이 구족하고 세 번 옴唵·아啊·훔吽을 송송誦하니 삼륜三輪이 성취된다. 사교四敎가 드러나고 일승一乘이 원만하게 밝아졌다.

문자에 깊이 들어가 다시 공적空寂을 이야기하고 정신을 가다듬어 네거리(康莊, 사통팔달의 큰 길)를 두루 돌아다녔다. 일천 마을 일만 가호家戶를 찾아다니며 청동靑銅과 백미白米를 모아 보경寶鏡 스님은 입암笠岩을 중건했고 덕송德松 스님은 약사전을 세웠다. 금해錦海 스님은 선방을 새로 열어 참선과 교학을 함께 운행하였고, 응운應雲 스님은 운문암雲門庵을 중흥시켜 강론과 독송을 아울러 정립하였다.

신선은 양羊을 타고 오르내리고 산은 허공을 능멸하며 푸르렀다 희었다 한다. 각진覺眞 국사는 뒤에서 먼지를 밟으면서 강림하였고 백파白坡

율사는 앞서 간 발꿈치를 이어서 찬양하였다.

백양산에 구름 걷히매 하늘가 산봉우리 고수高壽를 드리고 한강 물 거울처럼 열리매 파도 밑 어룡魚龍이 여주驪珠를 바친다. 용상龍象 대덕 끊이지 않고 문장文章들도 맑은 이름 떨쳤다. 인걸人傑은 간간이 나타나서 절의 풍속 길이 이어진다. 맑은 연못(鏡潭)에는 연꽃이 피어나고 소나무 아래 암자(松庵)엔 군자가 쉰다. 꽃 핀 연못(華潭)엔 산 그림자 비추고 비단 같은 바다(錦海)엔 신선이 떠가네. 이것은 모두 용운 스님의 동서東西에 사는 벗들이고 학문하는 바다의 옛 친구들이다. 인근 사람들과 일을 같이 하니 제각각 말할 수 없다. 뭉뚱그려 한꺼번에 보라.

應雲講伯傳

師名性能。號應雲。長城白羊山淨土寺講學人。入室於漢陽堂龍珠師處。羊岳之四世。德運之孫。與寶鏡。同門兄弟。遊於靈龜山曺溪山智異山講諸主處。沒受內外經典。臭講香。醉山氣。玩巒唱白雲而歸。爇香慧而坐。帶經問疑之人。來之去之。通方觀風之徒。水歸雲屯。堂聒潮音。厨豊淨食。行者負石踏碓。小空覔大[1)]擔泉。一呼仙茶婆。四實具足。三誦唵啊吽。 三輪成就。四教弄顯。一乘圓明。深入文字。還談空寂。抖擻精神。周遊康莊。過千村萬家。募靑銅白米。寶鏡重笠岩。德松建藥師。錦海新開禪房。禪敎雙運。應雲重興雲門。講誦並立。仙騎羊而陞降。山凌虛而靑白。覺眞國師。[2)]後塵而降臨。白坡律師。繼前武而贊揚。雲收羊山。天邊峯立[3)]獻高壽。鏡開漢水。波底魚龍呈驪珠。龍象蹴踏。文章淸振。人傑問[4)]出。寺風長吹。鏡潭蓮花開。松[5)]君子休。華潭映山照。錦海仙舟泛。此皆應雲之東西得朋。黌海古友。隣近同事。不可各說。電[6)]同一覽。

---

1) [원] '大'는 '火'의 오자이다. 2) [원] '師' 뒤에 '躡'이 있는 본이 있다. 3) [원] '立'은 '岳'의 오자이다. 4) [원] '問'은 '間'의 오자이다. 5) [원] '松' 뒤에 '庵'이 있는 본이 있다. 6) [원] '電'은 '雷'의 오자이다.

구연강백전

스님의 법명은 법선法宣이고 호는 구연九淵이며, 승주昇州(순천)의 옛 길상사吉祥寺(송광사) 강주이다. 속성은 박朴씨이고 순천에서 출생한 사람이다.

용운龍雲(1813~1888) 선백의 법통을 이었으니, 응해 성홍應海晟弘과 한운 한오漢雲漢悟와는 법형제가 되며, 법해 봉주法海琫注는 법문의 조카이다.

일찍이 지혜를 갖추었으며 어릴 적에 이미 세속의 전적을 모두 읽었다. 머리를 깎고 승복으로 갈아입은 뒤에 스승을 찾아 강론을 들었다. 스님이 찾은 산문은 지리산·조계산·백양산이고 배알한 사람은 침공枕公·백공白公·경사慶師·응사應師였으며, 벗은 삼남三南의 눈 푸른 학인들로 미래의 종장宗長들이었다.

마음이 가는 대로 따라서 동쪽에 갔다 서쪽에 갔다 하다가 백발노인이 되어서 향을 사르고 임금의 축수를 기원하니, 무명의 숲을 헤치고 불조의 가풍을 우러러 찾아오는 스님들이 곡절曲折을 묻지 않고 찾아왔으며, 일대사를 깨닫고 귀숙歸宿할 곳을 찾은 사람들이 도연徒然히 신을 신고 가버린다. 그리하여 홀방笏房은 오히려 좁아터지고 쇠문지방도 저절로 닳을 지경이었다. 초옥草屋에 물러나 시홀방장十笏方丈[12]에서 졸고 있다.

九淵講伯傳

師名法宣。號九淵。昇州古吉祥寺講主也。俗姓朴氏。順天人也。嗣法於龍雲禪伯。應海晟弘。漢雲漢悟。爲法兄弟。法海琫注。爲法門之阿咸。夙具智慧。幼閱世典。削髮改衣。尋師臭講。山則智異曹溪龜山羊山。人則枕公白公慶師應師。友則三南靑眼。未來宗長。從心所如。之東之西。把茅盖頭。

---

[12] 시홀방장十笏方丈 : 작은 방을 의미한다.

拈香祝上。跋草瞻風之師。不問曲折而至。了事歸宿之人。徒然納履而去。
笒房猶隘。鐵闑自甈。退隱草屋。坐睡十笒。

벽련선사전

스님의 법명은 인성仁性이고 호는 벽련碧蓮이며, 순천 조계산 송광사의 대사이다. 속성은 장張씨이고 순천군 월등면 주동珠洞에서 태어난 사람이다.

스님은 지봉 지안智峯之安 선사의 계단에서 법인을 받았다. 지봉은 성월 서유聖月瑞蕍의 법을 이은 제자이니 벽련 스님은 응암應庵의 5대 법손이다.

스님이 사는 절은 십팔공十八公[13]이 배출된다고 하는 옛 가람이요, 16종사가 계셨던 큰 도량이다. 법인은 바다에 그림자 드리우고(影海) 가을은 단풍 드는 바위에 미친다(楓岩). 침묵으로 대응하여 말이 없으니 삼한의 옛 산천에 사자후獅子吼를 떨치며, 향기 어린 백벽白碧이 동방의 크고 작은 사람과 신들에게 장광설長廣舌을 편다. 성월聖月은 더욱 밝으며 지봉智鋒은 빼어남을 다툰다. 벽련碧蓮에 이르러 실상實相의 묘법妙法을 머금었고 인과의 큰 법을 선설한다. 법제자도 있고 법손도 있으니, 그 이름 금명錦溟이로다. 학업의 땅에 그 이름 알려졌고 명성이 강당에 퍼지니, 스님은 "다리를 뻗고 잠을 잘 수 있다. 나의 도가 동쪽으로 갔구나."라고 말할 만하다.

나(범해)는 금명 스님의 노스님(벽련 선사)을 보지는 못했지만, 금명 스님의 훌륭한 됨됨이는 보았도다.

碧蓮禪師傳

師名仁性。號碧蓮。順天曹溪山松廣寺大師也。姓張氏。順天郡月登面珠洞人也。受法印於智峰之安禪師之壇。智峯。聖月瑞蕍之弟子。應庵之五世。寺乃十八公之古伽藍。十六宗之大道場。法印影海。秋及楓岩。默應無言。

---

[13] 십팔공十八公 : '十八公' 세 자를 조합하면 '松' 자가 되니 송광사를 의미하는 말이다.

振獅子吼於韓之古園山川。白碧有香。覆廣長舌於東之大小人神。聖月尤明。智鋒爭秀。至於碧蓮。含實相之好[1]法。宣因果之之[2]大典。有子有孫。[3] 曰錦溟。曰[4]名在學地。聲聞講堂。師可謂展脚而睡。吾道東矣哉。吾不見師祖。吾見錦溟之爲人可人哉。

---

1) ㊀ '好'는 '妙'인 듯하다. 2) ㊀ '之'는 연자인 듯하다. 3) ㊀ '有孫'은 '孫有'의 오자이다. 4) ㊀ '曰'은 연자이다.

법해강백전

스님의 법명은 봉주琫注이고 호는 법해法海이며, 옛 송광산 수선사修禪社의 강사이다. 속성은 김씨이고 낙천洛川 고을에서 출생한 사람이다. 한운 한오漢雲漢悟 선사의 처소에서 은혜를 받아 은사로 모셨고 뒷날 법인까지 전해 받았다. 법해 스님은 한운 스님의 이름난 제자 중에 한 사람이다.

이름 있는 종사宗師들을 찾아다니며 참례하고 내서內書(불경)는 물론 외서外書까지도 두루 배웠다. 이름난 산이면 반드시 찾아갔고 훌륭한 인물이면 기어이 방문하여 가르침을 청하였다. 동방의 산과 물을 보고 마시지 않은 곳이 없고 총림의 석덕碩德치고 훈습薰習하지 않은 이가 없었다.

스님의 성품은 본래 영걸英傑하고 호탕하였으며, 게다가 밝고 깨끗함마저 지니고 있었으며, 다시 웅호雄豪하고 투철한 기개까지 충만하였다. 기운은 산 형세처럼 솟아났고 말은 흐르는 물처럼 줄줄 흘러나왔다.

연꽃에 향기 어리고 매실이 익자 스승의 강석과 법인을 물려받아 사자좌에 올라 사자후를 토해 내니 귀머거리 말을 듣고 봉사가 눈을 뜨듯 듣는 이에게 새로움을 열어 주었다. 강당 문을 열고 학인들을 영접하니 날마다 쉴 겨를이 없었으며, 자리에 올라 질문에 응해 답하니 그 곁엔 마치 아무도 없는 것 같았다. 달을 대하여 시를 읊고 문장에는 수정을 가하는 일이 없었다.

남쪽으로 두륜산을 유람하다가 만일암挽日庵 삼보단三寶壇 앞에서 보살계를 받고, 북쪽으로 길상사吉祥寺에 이르러 보조암普照庵 세 가닥 서까래 아래[14]에서 깨달음의 언덕(覺岸)을 보았다. 그 후에 교학을 버리고 선방에 들어가 명패名牌를 걸고 공空의 실상을 증명하기 위하여 온갖 인연을 모두 쓸어버리고 오직 '하나의 참된 것'만 취했다.

---

14 세 가닥 서까래 아래 : 한 사람이 차지하는 길이 6척 너비 3척의 공간을 말한다.

나이가 높아지고 승랍이 길어지니 육신은 마른 나무 같고 마음은 꺼진 재와 같았다.

法海講伯傳

師名瑋注。號法海。古松廣山修禪社講師。俗姓金氏。洛川人也。受恩受印 於漢雲漢悟禪師處。漢雲師之高弟。遊叅有名宗師。講學內外書籍。山之 名必至。人之眞必訪。東方山水。無不見飮。叢林碩德無不熏矣。性本傑浩。 曠盪之餘。更充雄豪透徹之氣。氣踢山勢。言出川流。蓮香梅熟。傳斧封印。 據猊震吼。如聾若盲。開門迎接。日不暇給。登座酹答。傍若無人。對月唱 和。文不加點。南遊頭輪。受菩薩位於挽日三寶壇前。北歸吉祥。見覺岸形 於普照三條椽下。捨敎入禪房。掛牌證空。都掃萬緣。惟取一眞。年高臘長。 形枯心灰。

청담선사전

스님의 법명은 이현理玄이고 호는 청담淸潭이며, 속성은 원元씨이고 남평南平에서 출생한 사람이다.

운흥사雲興寺에 들어가 머리를 깎고 물들인 옷을 입고 스님이 되었다. 이곳저곳 마음 내키는 대로 찾아다니며 명패를 걸었다 거두곤 하였다. 두륜산에 가서 문암聞庵·용연龍淵·운기雲起 스님에게 학문을 익혔고, 이어 달마산의 응화應化·영허靈虛 스님과 조계산의 침명枕溟·청공靑空 스님들로부터 각각 가르침을 받았다.

스님은 깃발을 세우고 향을 사르고 스승으로부터 법통을 이어받았다. 옛것을 버리고 새것을 따르기 위하여 선암사로 옮겨 늙어 죽을 때까지의 계획을 정하였다. 책궤와 의발을 제자들에게 전해 주고 일곱 근 장삼(七斤衫)[15]과 여섯 수 옷(六銖衣)[16]만 가지고 산수를 두루 유람하면서 선교禪敎의 선지식을 참방하였다. 정처 없이 떠돌아다니는 모습은 마치 기러기 털이 순풍順風에 날리듯 거리낌이 없었으니, 이러한 선사의 뜻을 빼앗을 수 없었으며 그 형세를 막을 수 없었다.

스님은 말을 어둔한 것처럼 조심성 있게 하였고 성품은 느릿느릿 신중하게 하였다. 재를 올리는 자리를 만나면 옛 법을 설하고 시 읊는 자리에 가면 맑은 시로 화답하였으며 글씨를 쓰는 자리에 가면 전서篆書와 예서隸書를 쓰곤 했다. 붓글씨는 초의草衣에게서 익혔고 설법은 환월喚月 스님으로부터 배웠으며 율律은 선곡禪谷 스님에게 익혔다.

---

15 일곱 근 장삼(七斤衫) : 『禪門拈頌集』 408칙 「萬法」 조에 "조주趙州에게 어떤 스님이 물었다. '만법은 하나로 돌아가지만 그 하나는 어디로 돌아갑니까?' 선사가 말하였다. '내가 청주靑州에서 베 장삼(布衫) 하나를 지었는데, 무게가 일곱 근이더라.'"라고 한 데서 나온 말이다.

16 여섯 수 옷(六銖衣) : 1수銖는 1양兩의 4분의 1에 해당하는 무게로 여섯 수의 옷이란 아주 가벼운 옷을 말한다.

언대蓮坮에 머물기도 하였고 운흥사雲興寺에 머물기도 하였으며, 대둔사에 살기도 했고 선암사로 옮기기도 하였다. 마치 대붕大鵬이 거처를 옮겨 날아가고 기러기가 북쪽으로 돌아가며 제비가 찾아오는 것처럼 천성이 한곳에 계속 머물러 있지 않고, 음풍영월吟風咏月을 좋아하였다. 호연浩然하여 생각도 없고 근심하는 것도 없는 듯하였다.

淸潭禪師傳

師名理玄。號淸潭。姓元氏。南平人。入雲興寺。薙髮染衣。從心所如。掛牌收牌。學於頭輪山之聞庵龍淵雲起。達摩山之應化靈虛。曺溪山之枕溟靑空。建幢拈香。捨舊從新。移立於仙岩。定終老之計。傳檟托衣。七斤彩。[1] 六銖衣。周覽山水。徧叅禪敎。飄飄然若鴻毛遇順風。志不可奪。勢不可遏。口訥訥。性遲遲。逢齋說古法。遇吟和淸韻。見斫書篆隷。筆師草衣。說紹喚月。律依禪谷。住蓮坮。住雲興。居大芚。移仙岩。若鵬之徙。[2] 鴈之歸。燕之來。性不常住。好吟風咏月。浩然若無思無慮然也。

---

1) '彩'는 '衫'의 오자인 듯하다. 2) [원] '徙'은 '徙'의 오자이다.

예암선사전

스님의 법명은 광준廣俊이고 호는 예암禮庵이며, 속성은 최씨이고 영암에서 출생한 사람이다. 어릴 때 두륜산으로 들어가 포운浦雲 스님의 회상에서 물들인 옷을 입고 스님이 되었다. 이어 만휴萬休 스님의 계단에서 구족계를 받고, 은사의 문하에서 법인을 전해 받았으며, 범해梵海 스님에게서 대승보살계를 받았다.

이후, 스님은 범해 스님·응화應化 스님·보제普濟 스님·운곡雲谷 스님의 처소를 찾아다니며 경학을 공부하였다. 수승의 소임을 맡아보았고 총섭의 직첩을 받았으며, 자헌대부의 교지를 받기도 하였다.

스님은 전신이 장대長大하고 외재外財가 넉넉하였으며, 사찰 안의 일을 꾸려나감에 있어서도 남에게 원한을 사는 일이 없었다. 몸은 육중하고 말은 신중하였으며, 대인大人의 행리行履가 보이는 인물이었다. 사람들과 교제할 때에는 신용이 있었고 모든 일에 대하여 신중하게 하고 경솔하게 처리하는 일이 없었으며, 선조들을 받들 때에는 예절 바르게 하였다.

예암 스님은 연담 스님의 4대 법손이고 은암銀岩 스님의 손자 제자이다. 스님에게 계를 받은 제자는 재민在敏·재윤在允·재호在浩 등 15명이 있고, 법인을 전해 받은 제자는 육파六波·기운奇雲 등 23명이 있다.

스님은 도광道光 14년 갑오(순조 34, 1834)에 태어나 광서光緒 20년 갑오(고종 31, 1894)에 입적하였으니 세속 나이는 61세였다. 대둔사 명적암明寂庵 명조전明祖殿에 머물러 계셨다.

禮庵禪師傳

師名廣俊。號禮庵。姓崔氏。靈岩人。幼入頭輪山。染衣於浦雲師室。受具於萬休師壇。受法印於恩師席。受大乘菩薩戒於梵海師。重遊學於梵海師應化師普濟師雲谷師處。行首僧之役。贈摠攝之帖。贈資憲大夫敎旨。全身長大。外財有餘。用舍之間。無冤於人。體重語屯。有大人之行履處。與人交而有信。凡於事。有重不輕。奉先有禮。蓮潭之四世。銀岩之孫。受戒者。在敏在允在浩等十五人。受法印者。六波奇雲等二三人。道光十四年甲午生。光緒二十年甲午寂。年六十一。居大芚寺之明寂明祖殿。

운담선사전

스님의 법명은 희영喜永이고 호는 운담雲潭이다. 백하 근학白荷謹學 선사의 선실에 들어가 입실 제자가 되었다. 백하 스님은 망해 지일望海知一 스님의 법을 이은 제자이고, 망해 스님은 정암 즉원晶岩卽圓 스님의 법을 이은 제자이다.

운담 스님은 하담 찬홍荷潭贊弘 스님과 동문 형제지간이다. 하담 스님의 속성은 추秋씨이고, 그의 제자 서봉瑞峯 스님의 속성도 추씨이다. 지금은 청해淸海 관음암觀音庵에 살고 있는데 그 전에는 정수사淨水寺에 살았다.

세월이 흘러 말법 시대가 되어 절은 피폐해지고 승려들도 얼마 남아 있지 않아 절에는 절의 가풍이 없어졌고 승려에겐 승려가 해야 할 일이 사라졌다. 좋지 않은 일들만 계속해서 일어나 견디기 어려운 상황이었으나 스님은 이 어려운 일들을 잘 감당해 나갔다.

동쪽이 무너지고 서쪽 벽만 남아 있는 상태였으나 이 일을 처리해야 할 자리에 앉아서 일처리를 하느라 온종일 겨를이 없었다. 성품이 본래 순박하고 마음과 입이 무겁고 신중하였다. 스님은 한편으로는 일을 좋게 처리하기 위하여 노력하였고 한편으로는 선대 스님들의 은덕에 보답하고자 애를 썼다. 사람이 죽으면 산문도 절도 황폐화되고 마니 인재가 죽고 난 뒤에 어려움을 알 만하다.

계를 받고 법을 전한 사람을 다 논할 수 없지만, 제자 중에 으뜸인 찬일贊一 스님이 뒤를 이어 업적을 쌓아 나갔다.

자신의 일도 겨를이 없을 터인데 사찰의 일과 조사의 사당에 예를 올리는 일에 대하여 한결같이 옛 법도에 맞게 하였으며, 이리저리 버티어서 겨우 지탱해 가면서도 법도를 잃지 않았다. 바람으로 빗을 삼아 머리를 빗고 빗물로 머리를 감으면서 가서 구원하고, 와서 보수하였다. 원통함을 말하는 자가 많았지만 다 듣지 않고, 주선하기도 하고 끊어버리기도 하였다. 다른 이들이 맨발로 뛰어도 아무도 그를 따를 사람은 없을 것이다.

雲潭禪師傳

師名喜永。號雲潭。入室於白荷謹學禪師室。白荷。望海知一之嗣。望海。晶岩即圓之嗣。師。與荷潭贊弘。同門兄弟。荷潭。姓秋氏。弟子瑞峯。姓秋氏。今居淸海觀音庵。常¹⁾居淨水寺。世降俗末。寺敗僧殘。寺無寺風。僧無僧事。弊邊疊生。站時難耐。師能當之。東破西壁。²⁾ 坐防行處。日不暇給。性元淳朴。心口默重。一以善處之力。一以誕報廟之德。人之云亡。寺山殄瘁。人亡則難可知矣。受戒傳法之人。卒不可論。而元弟子贊一繼續。自己事不可暇。而寺事廟禮。一準古道。左枝右梧。不失規貌。櫛風沐雨。去救來補。稱冤者。多而不聽。周旋折旋。而補合之。人非脫足及者也。

---

1) ㉮ '常'은 '嘗'의 오자인 듯하다. 2) ㉮ '壁'은 '避'의 오자이다.

용월선사전

스님의 법명은 경언敬彦이고 호는 용월龍月이며, 나주 덕룡산 쌍계사雙溪寺 사람이다.

재능과 지식이 남음이 있어 기예를 배우기 위해 따르는 이가 많았다. 스님은 어려서는 내외의 전적을 두루 배우고 장성해서는 크고 작은 기술을 다 익혀 성취하지 못한 것이 없었으니, 이른바 재능과 기술을 모두 겸하여 갖추었다고 하겠다. 스님의 재주 중에는 바느질 솜씨가 뛰어나 선비들의 옷을 지음에 있어서 크고 작은 사람에 따라 재단하여 옷을 만들면 맞지 않는 법이 없었으며, 법의를 만드는 데 있어서도 마찬가지여서 품品이나 조條, 크고 작고 길고 짧음에 있어서 소밀疎密하지 않음이 없었다. 그런 까닭에 무리를 지어 그 재능을 배우려고 귀를 기울이고 신을 고쳐 신으면서 따르는 이들이 그 수를 헤아릴 수 없을 정도였다.

게다가 스님은 나무를 다루는 목공 일에도 조예가 깊었다. 스님은 기와집을 지음에 있어서 높낮이와 길이와 너비 등을 재어 짓고 싶은 집을 지었다. 완성되고 나서 살펴보면 새가 날개를 펴고 나는 것같이 아름답고 훌륭하였다. 멀리서 보면 사자가 걸음을 옮겨 놓는 것 같았고, 가까이서 보면 봉황의 머리와 원앙의 무늬처럼 아름다웠고 하늘을 가리고 땅을 누르는 듯하였다. 그리하여 스님의 건축법과 목공 일을 배우려고 도구를 메고 자를 끌면서 따르는 자들 또한 헤아릴 수 없었다. 스님은 얼마 뒤에 장흥 보림사寶林寺로 옮겨 주석했는데, 재능으로 당대에 이름을 떨쳤다.

저 도림사道林寺의 백련白蓮 스님【법명은 영해影海이다.】, 송광사松廣寺의 백순白淳 스님, 선암사仙岩寺의 상문尙文 스님, 보림사寶林寺의 대윤大允 스님【법명은 도안到岸이다.】, 대둔사大芚寺의 책오策悟 스님 등은 다 예전 장석匠石(장인)의 부류들이다.

관음암觀音庵의 혜원蕙元 스님【호는 송파松坡】, 보림사의 교화敎化 스님【호는 도월道月], 송광사의 취선就善 스님[호는 운파雲坡], 불호사佛護寺의 □□[17] 스님[호는 신월信月], 대둔사의 교율敎律 스님[호는 남파南坡] 등은 모두 다 옛적 아난阿難과 같은 벗[18]들이다.

미황사美黃寺의 진일眞一 스님[호는 창월蒼月], 대둔사의 보한普閑 스님, 만덕사萬德寺의 보인普印 스님, 보림사의 행준幸俊 스님은 모두 다 옛날 계환戒環 같은 무리[19]들이다.

용월 스님에게는 이러한 세 가지의 재주가 있었으니, 어찌 한 세대에 큰 이름을 떨치지 않을 수 있겠는가? 삼학三學[계·정·혜를 말한다.]이 전해질지 전해지지 못할지는 이로 인해 알 수 있을 것이다.

龍月禪師傳

師名敬彦。號龍月。羅州德龍山雙溪寺人。才知有餘。隨從戱藝者。衆矣。幼學內外典籍。長習大小巧工。無不成就。可謂兼并才工也。最能針線之工。儒服法制。隨大小裁作。無不允叶。諦當佛衣品條。大小長短。無不踈密。適中儕輩。受業者。傾耳納履。而從者。數不可量。又能掄木之匠。瓦家制度。高低長廣。從心所欲。翬飛鳥革。遠見而獅子移步。近見而鳳頭鴛畔。蔽天壓地。荷器曳尺。而隨者。其儷不意。[1)] 尋移寶林。以才鳴於世。彼道林之白蓮【影海】。松廣之白淳。仙岩之尙文。寶林之大允【到岸】。大芚之策悟。皆古匠石之類。觀音之蕙元【松波】。寶林之敎化【道月】。松廣之就善【雲坡】。佛護之□□【信月】。大芚之敎律【南坡】。皆古阿難之友。美黃之眞一【蒼月】。大芚之普閑。萬德之普印。寶林之幸俊。皆古戒環之等也。有此三才。豈不大名於一世哉。三學【戒定慧】之傳不傳。因此可覺也哉。

---

1) ㉔ '意'는 '億'의 오자이다.

---

17 호윤好潤이 아닌가 생각된다.
18 아난阿難과 같은 벗 : 학식이 아난처럼 다문多聞한 경지에 있었다는 것으로 생각된다.
19 계환戒環 같은 무리 : 경전 주석을 잘하는 스님이라는 의미인 듯하다.

원응강백전

스님의 이름은 계정戒定이고 호는 원응圓應이며, 속성은 이李씨이고 해남 녹산방鹿山坊에서 출생한 사람이다.

어려서 장춘동長春洞에 들어가 동화東化 스님에게서 물들인 옷을 입고 스님이 되었다. 영호 율간靈湖栗間 선사에게 구족계를 받고 보제普濟 강백講伯에게서 보살계를 받고 동화 은사恩師의 조실에서 향을 사르고 법통을 이었다.

스님은 어려서부터 영특하기 짝이 없었고 자라서는 지해知解가 보통 사람들을 뛰어넘었다. 글에 임하면 눈이 지나치기만 해도 줄줄 외웠고 그림을 모사하는데 종이만 바뀌었지 그림은 똑같았다.

보제普濟・범해梵海・연주蓮舟・응화應化・월화月華 등 5대 강사에게 참학하였고, 성호誠浩・보정寶鼎・찬의贊儀・원기元奇・화일化一・기운奇雲・세영世英 등 일곱 분의 고명한 벗과 우애가 깊었다.

영남과 호남을 전전하면서 경전을 강론하였고 시를 지어 산야山野를 찬미하기도 하였다. 비록 남복南服[20]에 있으나 북관北關에 조금도 부끄러움이 없었다. 스님은 남이 알아주지 않아도 불만을 품지 않으니 이 또한 참다운 불제자가 아니겠는가? 예부터 지금까지 소은小隱을 귀히 여겼다.

옛날 장구령張九齡[21]은 주애珠涯[22]에서 태어났고 소동파蘇東坡는 미주眉州에서 태어났으며, 강홍엽康弘曄은 제주에서 태어났고 장보고張保皐는 청해에서 태어났으며, 유미암柳眉岩(柳希春)과 윤고산尹孤山(尹善道)은 해남에서 태어났다. 난초가 재앙을 만나면 혜초蕙草가 탄식하고 소나무가 무성

---

20 남복南服 : 복服은 서울 밖 500리 되는 지역을 뜻한다.
21 장구령張九齡 : 당唐나라 현종玄宗 때의 명재상이며 뛰어난 문장가. 자는 자수子壽. 저서에는 『曲江集』이 있다.
22 주애珠涯 : 중국 최남단에 있는 지명.

하면 잣나무가 기뻐한다.

　옛날 사람들은 뒷세상의 사람들을 위해서 문자의 사이에 온 정성을 다 기울였건만 뒷세상 사람들은 그걸 깨닫지도 못하고 힘쓰지도 않으니, 먼저 깨달은 사람이 후세 사람들을 깨우치는 도리에 부합하지 못한다.

　우리 동국의 일로 살펴보면, 원효 대사의 『화엄경소』·『금강삼매경소』·『발심문』, 의상 대사의 『화엄약소華嚴略疏』·『산수기山水記』·『법성게』, 도선 국사의 『음양지리서』, 대각 국사의 『화엄』, 보조 국사의 『결사문』·『계초심학인문』, 진각 국사의 『염송』【30편】·『강요綱要』【1권】, 진정 국사의 『선문보장록』【3권】·『선문강요禪門綱要』【1권】, 부암浮菴 스님의 『석가여래행적송』【2권】, 함허涵虛 스님의 『금강경오가해설의金剛經五家解說誼』【2본】, 구곡龜谷 스님의 『선문염송설화禪門拈頌說話』【10권】, 야운野雲 스님의 『자경문自警文』, 청허 대사의 『선문귀감禪門龜鑑』·『선교석』·『운수단가사雲水壇歌辭』·『삼가일지三家一指』, 송파松坡 스님의 『해의解疑』, 허백虛白 스님의 『승가예의문僧家禮義文』, 회암 스님의 『화엄소과기華嚴疏科記』, 연담 스님의 『화엄유망기華嚴遺忘記』【5권】·『현담사기玄談私記』【2권】·『사집수기四集手記』【각 1권】·『기신사족起信蛇足』【1권】·『금강하목金剛鰕目』【1권】·『원각사기圓覺私記』【1권】·『염송착병拈頌着柄』【2권】, 나암懶庵 스님의 『증관문證觀文』【1권】, 묵암黙庵 스님의 『화엄품목華嚴品目』【1권】·『회요會要』【1권】, 백파白坡 스님의 『작법귀감作法龜鑑』【2권】·『선문수경禪門手鏡』【1권】·『사교사기四教私記』, 양악羊岳 스님의 『고문진보사기古文眞寶私記』【1권】, 구연九淵 스님의 『통감요해通鑑要解』【2권】, 초의 스님의 『선문사변만어禪門四辯漫語』【1권】, 우담優曇 스님의 『선문증정록禪門證正錄』【1권】, 설두雪竇 스님의 『해정록楷正錄』【1권】, 범해梵海 스님의 『삼경과유교평三經科遺教評』【1권】·『치문필담緇門筆談』【1권】 등 이 모든 저술은 강의를 하는 사람들의 안목이니 그 어찌 소홀히 할 수 있겠는가? 사서삼경은 주자朱子의 집주集註로 안목을 삼고 훈해訓解로 지남指南을 삼고 있으니, 유교와 불교가 무엇이 다르겠는가?

스님은 화악 문신華岳文信 스님의 8대 법손이고 명진 재엄明眞再嚴 스님의 5대 법손이며, 용파 영원龍坡永烜 스님의 3대 법손이다. 함풍咸豊 6년 병진(1856)에 태어나 광서光緒 20년 갑오(1894)에 세속 나이 39세로 심적암深寂庵 강당에 있다.

圓應講伯傳

師名戒定。號圓應。姓許氏。海南鹿山坊人。幼入長春洞。染衣於東化師。受具於靈湖栗間禪師。受菩薩戒於普濟講伯。拈香於東化恩師。幼而穎悟絶倫。長而知解超等。臨文過目成誦。摹畫移紙同本。叅於普濟梵海蓮舟應化月華五大講師。友於誠浩寶鼎贊儀元奇化一奇雲世英七處高朋。經轉嶺湖。詩贊山野。雖在南服。不愧北闕。以人不知而不慍。不亦佛子乎。自古及今。小隱爲貴。昔張九齡。生珠涯。蘇東坡。生眉州。康弘曄。生濟州。張保皋。生淸梅。柳眉岩尹孤山。生海南。蘭灾而蕙歎之。松茂而栢悅之。古之人。爲後人。拳拳懇懇於文字之間。後人不覺不務。甚非所以先覺覺後覺之道也。以我東見之。則元曉華。嚴疏三昧疏發心文。義湘。華嚴略疏山水記法性偈。道詵。陰陽地理書。大覺。華嚴。普照。結社文初心文。眞覺。拈頌【三十片】。綱要【一卷】。眞靜。寶藏錄【三卷】。禪門綱要【一卷】。浮菴。釋迦行蹟【二卷】。涵虛。金剛說教[1]誼【二本】。龜谷。拈頌說話【十卷】。野雲。自警文。淸虛。禪門龜鑑禪教釋雲水壇三家一指。松坡。解疑。虛白。僧家禮。晦庵。華嚴疏科記。蓮潭。華嚴遺忘記【五卷】。玄談私記【二卷】。四集手記【各一卷】。起信蚖[2]足【一卷】。金剛鰕目【一卷】。圓覺私記【二卷】。諸經要會【一卷】。拈頌着栖[3]【二卷】。懶庵。證觀文【一卷】。默庵華嚴品目【一卷】。會要【一卷】。白坡。龜鑑【二卷】。禪文手鏡【一卷】。四教私記。羊岳。古文私記【一卷】。九淵。通鑑要解【二卷】。草衣。四辯漫語【一卷】。優曇。禪門證正錄【一卷】。雪寶。楷正錄【一卷】。梵海。三經科遺教評【一卷】。緇門筆談【一卷】。此皆講人眼目。豈可忽哉。四書三經。以集註爲眼目。以訓解爲指南。儒釋豈異耶。師。華岳文信八世。明眞再嚴五世。龍坡永烜三世。咸豊六年丙辰生。光緖二十年甲午年三十九。在深寂庵講堂。

---
1) ㉰ '敎'는 '說'의 오자이다. 2) ㉰ '虵'는 '蛇'의 오자이다. 3) ㉰ '栖'는 '柄'의 오자이다.

호연선사전

스님의 법명은 유우有愚이고 호는 호연浩然이며, 속성은 김씨이고 청해 장자리長者里에서 출생한 사람이다.

달마산에 들어가 물들인 옷을 입고 스님이 되었으며, 두륜산으로 옮겨 가서 금담 새권錦潭璽卷 스님【해남 용정龍井에서 출생한 사람이다.】의 계단에서 향을 사르고 법통을 이었으니, 화악華岳(文信) 스님【해남 화산華山에서 출생한 사람이다.】의 4대 법손이고, 진봉珍峰(深祐) 스님【해남 이도방二道坊 진산리珍山里에서 출생한 사람이다.】의 2대 법손이며, 금담 양옥金潭養玉 스님【용정리에서 출생한 사람이다.】과는 동문 형제가 된다.

금담 스님에게 두 명의 제자가 있었으니, 하나는 설암說庵 스님【법명은 여홍汝弘이다.】이고 다른 하나는 삼담 의연三潭義演 스님이다. 호연 스님에게는 법제자 청하 미윤靑霞美允이 있으니 속성은 주朱씨이고 영암 옥천방玉泉坊에서 출생한 사람이다. 미윤 스님이 계를 전한 제자는 응허 성안應虛聖眼 등 15명이 있고, 수은受恩 상족上足으로 경윤慶允 스님이 있으니 속성은 최씨이고 영암 신풍新豊에서 출생한 사람이며 주지의 직책을 역임하였다.

경윤 스님에게는 상족 민오敏悟 스님이 있었는데 수인사修仁寺 주지의 직책을 역임하였다. 계를 전해 준 제자 상운 응혜祥雲應慧 스님은 조정에서 자헌대부의 품계를 받았으며 도총섭의 직책을 수행하였다. 종관 스님도 조정으로부터 자헌대부의 품계를 받았다.

호연 스님의 진영 1축이 있는데 선대 조사인 화악당華岳堂의 영각影閣에 배향되었다. 스님은 문장도 잘했고 덕망도 있었으며, 세 가지 썩지 않는 것【문文·공功·덕德을 말함】을 겸하여 지니셨고 불사佛事·법사法事·승사僧事로 일컬어지는 세 가지 보배【불·법·승】에 대한 일을 모두 통달하였다.

스님은 타고난 천성의 바탕이 남의 말을 잘 따라 주었으므로 남들과 교제를 하면 신의가 있었고, 골상骨相이 풍후豊厚하여 일반 사람들보다 출중하였으며, 말은 어눌한 듯 신중하였고 기개는 호연浩然하였으니 진실로 옛사람의 기상이라고 할 만하다.

浩然禪師傳

師名有愚。號浩然。姓金氏。淸海長者里人。投達摩山染衣。移入萬德山居生。移入頭輪山。拈香於錦潭璽卷【海南龍井人】師壇。華岳【海南華山人】文信四世。珎峯【海南二道坊珍山里人】師。深祐二世。與金潭【龍井里人】養玉。洞[1]門兄弟。金潭。有二弟子。一曰說庵【汝弘】。二曰三潭義演。師有弟子。靑霞美允。姓朱氏。靈岩玉泉坊人。允。有傳戒弟子。應虛聖眼等十五人。受恩上足。有慶允。姓崔氏。靈岩新豊人。行住[2]持。允。有上足敏悟。行修仁住[3]持。有傳戒弟子。祥雲應慧。贈資憲大夫。行都摠攝職。宗寬。贈資憲大夫。有眞影一軸。先祖師華岳堂影閣配享。有文有德。三不朽兼存【文劫[4]德】。佛事法事僧事。三寶並達【佛法僧】。天質隨順。與人交而信。骨相豊厚。出衆超等。語訥訥然。氣浩浩然。眞古人氣像也哉。

---

1) ㉄ '洞'은 '同'의 오자이다. 2) ㉄ '住'는 '徃'의 오자이다. 3) ㉄ '住'는 '任'의 오자이다. 4) ㉄ '文劫'은 '言功'의 오자이다.

팔굉선백전

스님의 법명은 관홍寬弘이고 호는 팔굉八紘이다.

가지산으로 입산하여 머리를 깎고 계를 받고 스님이 되었다. 여러 지방을 돌아다니면서 학업을 성취하였다. 고독한 단신單身으로 그림자와 몸뚱이가 서로 위로하면서 두륜산으로 들어가 갈포葛布로 만든 옷을 입고 솔잎을 따 먹으면서 수행에 전념하였다.

이후에 풍암豊庵 선사의 파계 계보派系系譜를 이었으니, 보운 석일寶雲碩一 스님과 남파 교율南坡敎律 스님은 스님의 동문 형제로서 우애가 날로 깊어 갔다. 이들은 모두 철선鐵船 스님의 법손이고 연파蓮坡 조사의 4대 법손이다.

스님은 성품과 행실이 엄숙하고 평등하였으며 언어는 과묵하고 신중하였다. 게다가 재능과 솜씨를 두루 갖추었고 문학도 남들보다 뛰어났다. 재를 올리거나 법회를 할 때에는 정성을 다하고 구차하게 굴지 않았다. 불경을 강론하고 불서를 풀이할 때에는 의심할 여지가 없이 풀어서 전해 주었으며, 바느질 솜씨가 좋아 스님이 지은 가사는 가치를 따지지 않았다. 또한 조화造花를 잘 만들었으나 공임을 계산하지는 않았다.

스님은 말을 빨리 하거나 얼굴빛을 붉히는 일이 없었다. 물건의 값을 깎는 일도 없었으며, 어른이라고 해서 어린아이들을 업신여기는 일이 없었고 자신은 이익을 취하고 남을 손해 보게 하는 일이 없었다. 세속의 이익을 경영한 적이 없었고 권속을 많이 늘리려고 애쓰는 일도 없었다. 장점과 단점, 옳고 그름을 따지는 일이 없었고 먼 곳이나 가까운 곳을 출입出入하지 않았고 의식衣食을 걱정하지 않았으며, 비가 오나 눈이 오나 걱정하지 않았다. 묻지 않으면 말하지 않았고 초대하지 않으면 가지 않았으며, 혼자 있어도 걱정하지 않았고 많은 대중들과 함께 있어도 괴로워하지 않았다.

인정仁定 스님이 환속하였어도【임진년에 떠나갔다.】 우려하지 않았고 화적
떼가 자주 침범했으나【국사암國士庵에 거주할 때의 일이다.】 두려워하지 않았
다. 10년 동안 동언문東彦文【쌍계사】에 살았으니 한 번도 게으른 적이 없었
고 천 리 길 평안도平安道를 다녀올 때도 한 번도 신음 소리(殿屎)를【전미殿
屎란 신음 소리이다.】 낸 적이 없었다.

나이가 높아지고 승랍이 길다 하여 객지에 나가기를 마다하지 않았고
온종일 한 끼니만 먹고 수행하여도 사지를 놀리지 않았다. 바랑에 한 되
한 홉의 쌀이 없어도 근심하지 않았고 가난하고 늙어서 따르는 이가 없어
도 외로워하지 않았으니, 참으로 홀로 세상을 초월한 삶이 남전 보원南泉
普願 스님의 큰 인물다운 삶을 연상케 하였다.

정수사淨水寺와 선암사仙岩寺에서 하안거를 마쳤고 쌍계사에 오래 머물
렀으며 칠불암에서도 오랫동안 있었다. 금년, 즉 갑오년(1894)에 지리산
아자방(亞房) 선실에서 하안거 결제에 들어갔는데 세속 나이로 71세이다.

八紘禪伯傳

師名寬弘。號八紘。投於伽智山。薙髮聽戎。[1] 遊方學成。孤獨單身。形影相
吊。移入頭輪山。衣葛食松。繼豊庵禪師。派系譜系。與寶雲碩一南坡敎律。
同門兄弟。友愛日深。乃鐵船禪師之孫。蓮坡祖師之四世。性行肅均。言事
默重。才工周具。文學超等。齋儀法事。精硏不苟經。講書訓解。傳無疑。善
線。[2] 不論價直。[3] 善造花。不計手切。[4] 無疾言劇[5]色。無物折閱。無以長凌
少。無利自損他。無世利經營。無多貪眷屬。無長短是非。不遠近出入。不
憂衣食。不憂雨雪。不問不言。不請不徃。獨在不患。稠中不苦。仁定下俗
【壬辰年去】。不爲慮。火賊數侵【居國士庵】。不爲恐。十年居東彦文【雙溪寺】。不
爲懈怠。千里行平安道。不爲殿屎【呻吟】。年高臘長。不厭作客。一食日中。
下[6]遊四肢。囊無外[7]合。不憂賓老。無隨從。不爲孤眞。獨超物外。南泉普
願之大人行履處也。結夏於淨水。結夏於仙岩。久居雙溪。長在七佛。今甲

午夏。結夏於智異山亞房禪室。年七十一。

---

1) ㉨ '戎'은 '戒'의 오자이다.　2) ㉨ '線' 앞에 '針'이 있는 본이 있다.　3) ㉨ '直'은 '眞'의 오자이다.　4) ㉨ '切'은 '功'의 오자이다.　5) ㉨ '劇'은 '遽'의 오자이다.　6) ㉨ '下'는 '不'의 오자이다.　7) ㉨ '外'는 '升'의 오자이다.

성담강백전

　스님의 법명은 의전儀典이고 호는 성담聖譚이며, 중고中古에 통도사通度寺에서 이름을 떨쳤던 큰 강백이다. 청담 준일淸潭俊一 스님의 법통을 이은 법제자이고, 도암 우신度庵宇伸 스님의 손제자이며 연파 덕장烟波德藏 스님의 증손 법제자이다. 응암 희유凝庵禧有 스님의 5대 법손이고 설송 연초雪松演初 스님의 6대 법손이며, 환성喚惺 스님의 5대 법손이다.
　어릴 때에 내전은 물론 외전까지 두루 다 배웠고 성장해서는 영남과 호남 지역의 강당을 찾아다니며 선교의 깊은 뜻을 공부하였다. 스님은 명성을 총림에 떨쳤으며, 비단 총림에만 명성을 떨쳤던 게 아니라 유림의 사대부들까지 한번 만나 보기를 소원할 정도였다.
　권일미權一味와 김추사金秋史는 편지를 보내 스님을 초대하기도 하였으며, 편지를 보내 찬미하기도 하였다. 백파白坡·초의草衣·제산霽山 스님 등과 더불어 한 시대를 풍미하였던 스님의 기연어구機緣語句는 비명과 탑명에 갖추어 실려 있으므로 다시 군말을 할 필요가 없다.
　스님은 수명이 수승한 덕에 미치지 못하였던지 일찍이 세상을 버렸으니, 선문에서는 자신을 비추어 볼 거울을 잃어버렸고 학자들은 눈을 잃어버렸다. 불가佛家의 기둥과 대들보가 부러지고 사림士林의 도로道路가 막혔으며, 새와 짐승은 주인을 잃었고 계곡의 물은 부질없이 흘러만 갔다. 거듭 스님에 대한 찬미하는 글을 쓰노니 다음과 같다.

　　인연 있어 왔다가
　　결과 맺고 떠나가셨네
　　오고 감은 정해진 기한이 있고
　　이르고 늦음은 피할 수 없네
　　발자취 삼한의 땅에 남기고

육신은 재가 되어 흩어졌네

세간의 정 만감이 교차하여

상어 구슬 같은 눈물 연달아 떨어진다

스님의 말소리 들려오는 듯하고

스님의 모습 앉아 있는 것 같네

제물 올리고 향 사르고 나란히 서서 기다리니

상승上乘보살 뛰어난 깨달음 도저히 미칠 수 없네

담담潭潭【성담聖潭과 우담雨潭】이 한결같이 일찍 가버리니

뼈 바꾸고 얼굴 바꾸면 그 누가 알겠는가?【누가 성담이고 누가 우담인지 어찌 알겠는가?】

聖潭講伯傳

師名儀典。號聖潭。通度寺之中古大講伯也。淸潭俊一之嗣。度庵宇伸之孫。烟波德藏之曾。凝庵禧有之五世。雪松演初之六世。喚惺之七世。幼學內外典。長叅嶺湖講場。名振叢林。非但名振叢林。儒林士夫。願一見之。權一味金秋史。折簡召之。寄書贊之。與白坡草衣霽山。并驅一時。機緣語白。¹⁾ 具載碑塔。更不贅說。壽不勝德。早棄世間。禪門失鑑。學者失眼。佛家之棟梁折。士林之道路塞。鳥獸無主。溪谷空流。從而重贊曰。來兮有緣。去兮有果。去來定限。早晩不躱。跡²⁾遺三韓。灰飛七火。世情交感。鮫珠連墮。言語似聞。形影如坐。設奠燒香並立待。上乘超悟都不可。潭潭【聖潭雨潭】來去一何早。換骨改面誰知那【誰知何聖何雨】。

----
1) ㉘ '白'은 '句'의 오자이다.   2) ㉘ '跡'은 '路'의 오자이다.

청악선백전

스님의 법명은 만하晚霞이고 호는 청악淸岳이며, 경산京山(서울 부근)에서 출생한 사람이다. 고향을 떠나 멀리 강진 보리산 수인사修仁寺에 우거하였다.

화월化月 선사의 처소에서 법인을 이어받았으니, 혜암惠庵 · 청봉淸峯과는 동문 형제지간이다. 스님은 타고난 성품이 호매豪邁하고 세세한 일에 구애받지 않았으며 사람을 만나면 기쁜 마음으로 접대하였다. 호연浩然한 기상을 지녔으며 작고 옹졸한 마음이 없어서 스님이나 속인을 막론하고 멀리 살든 가까이 살든 모두 한번 만나 보고 싶어 했다. 그래서 오고 가는 사람들이 날마다 그 수를 헤아릴 수 없었으나 대접하는 데 있어서 늘 변함이 없었다.

스님은 또 돌아가신 부모의 혼령을 위하여 천도재를 지내는 데 정성을 다하고 온 힘을 다 기울였으며, 참기 어려워하거나 감당하기 어려워하는 기색이 전혀 보이지 않았다. 법사의 상을 당해서는 장례와 제례에 있어서 정성을 다하고 효심을 다하여 시작과 끝이 한결같다는 이야기로 칭찬하는 말들이 자자했다.

스님은 석문암石門庵을 다시 짓고 염불당念佛堂을 개설하니 절에 들어와 이를 수용受用하는 사람들의 온갖 구차하고 어려운 일이 모두 해소되었다. 이어서 절 안의 공전公殿과 방사房舍를 다시 건립하기 위해서 무한한 노력을 다 기울였다. 동서 양쪽의 재각齋閣은 아직 작업을 다 마치지 못한 상태이다.

보수공사를 낙성한 이후에 자신이 단월에게 받은 사재私財까지 다 사용하였으니 무엇을 성취하지 못할 것인가? 그 소원하는 것이 효과가 있느냐 없느냐 하는 것은 부처님과 신장들에게 달려 있는 만큼 틀림없이 중생들이 감동하고 모든 부처님이 호응해 주실 날이 있을 것이다. 더디고 빠름을 어떻게 가볍게 말할 수 있겠는가?

스님은 다른 사람들과 사귐에 있어서 신용이 있었으므로 상대방이 만약 신용이 없을 경우에는 다시는 그와 상대하지 않았으니, 참으로 지모智謀가 있고 판단력과 수단도 좋고 마음도 잘 쓰는 이라고 말할 수 있을 것이다.

사람들이 말하기를, "한강물을 마시는 사람은 성품이 맑고 예리하며, 낙동강 물을 마시는 자는 성품이 탁하나 곧다."라고 하더니 청악 스님에게서 징험할 수 있었다. 스님의 그늘에서 혜택을 받은 제자들은 수없이 많고, 제도를 받은 제자도 일마다 특이한 일면을 갖고 있다.

스님은 광서光緒 갑오년(고종 31, 1894) 현재 강진의 보리산에 주석하고 있다.

淸岳禪伯傳

師名晩霞。號淸岳。京山人。寓居於康津菩提山修仁寺。受法印於化月禪師處。與惠庵淸峯。爲同門伯仲。行[1]賦性豪邁。不拘細務。見人欣待。有浩然之氣。無小拙之心。無論緇素。遠者近者。願一見之。人之來徃。日無其數。接之如常。爲父母亡靈。薦度之齋。盡心竭力。不見難忍[2]當之氣。哭法師。喪葬祭禮。盡誠盡孝。稱贊始終恒一之說。改作石門庵。設念佛堂。凡所受用。無諸苟艱。重建寺中公殿房舍。無限喫勞。東西兩齋。尙未畢役。繕工落成以後。以己檀越所需。何不成就。其所願也。有效無效。關在佛神。必[3]有衆生感。諸佛應之日。遲速何輕言哉。與人交而有信。彼若不信。更不從事。可謂有謀有斷之善手善心也。人之言曰。食漢水者性淸銳之。食洛水者性濁直之。於師可驗也。受其蔭者。多多有之。受其度者。事事異之。光緒甲午。住菩提山。

---

1) 웝 '行'은 연자인 듯하다. 2) 웝 '忍' 뒤에 '難'이 있는 본이 있다. 3) 웝 '必'은 '心'의 오자이다.

응암선사전

법명은 학성學性이고 호는 응암應庵이며, 속성은 김씨이고 영암에서 출생한 사람이다.

어린 시절에 해남 두륜산으로 들어가 자행 책활慈行策活 스님의 처소에서 물들인 옷을 입고 스님이 되었다. 서주 의첨犀舟懿沾 스님의 계단에서 구족계를 받았고, 은사인 자행 스님의 선실에서 향을 사르고 법통을 이었으며, 범해 각안梵海覺岸 스님의 강당講堂에서 대승보살계大乘菩薩戒를 받았다.

스님은 타고난 성품이 견고하여 승가僧家의 사무를 법도대로 따랐다. 스승을 받들어 모심에 있어서는 숙수菽水[23]의 예를 극진히 하였으며, 부리는 아랫사람에게는 오유吾幼[24]의 어진 마음으로 대하였다. 하기 어렵고 하기 괴로운 일들을 도맡아서 하였으며, 강수綱首와 동장洞長의 소임까지 행하였다.

주지의 직인을 차고 유나의 직책을 역임하면서 공적인 일이나 사적인 일을 합당하게 처리하지 않은 적이 없었다. 선대 조사들의 제사를 받들 때에는 정성을 다하고 온 힘을 기울였고 공적인 재물이든 사적인 물건이든 털끝만 한 부분까지 소상하게 살펴서 분명하게 처리하였으니, 이른바 "재산상에 있어서 분명하게 하면 그것이 바로 대장부이다."라는 옛말에 부합한다 하겠다.

---

[23] 숙수菽水 : 자로子路가 집안이 빈한해서 어버이에 대한 효도를 제대로 하지 못했다고 탄식을 하자, 공자가 "콩죽을 쑤어 먹고 물을 마시더라도 어버이를 기쁘게 해 드린다면 그것이 효이다.(啜菽飮水盡其歡。斯之謂孝。)"라고 위로했던 고사에서 나온 말이다. 『禮記』「檀弓」하.

[24] 오유吾幼 : 『맹자』「梁惠王章句」상편에 "내 어버이를 어버이로 섬겨서 남의 어버이에게까지 미치며 내 자식을 자식으로 사랑하여 남의 자식에게까지 미친다.(老吾老以及人之老。幼吾幼以及人之幼。)"라고 한 고사에서 나온 말이다.

맹자가 이르기를, "나는 자기 자신이 비뚤어진 사람으로서 남을 바로잡은 사람이 있다는 말은 듣지 못했다. 더구나 자기 자신을 욕되게 해서 천하를 바로잡는 일이겠는가.(吾未聞枉己而正人者也。況辱己而正天下者乎。)"라고 하였으며, 「백이전伯夷傳」에 이르기를, "몸가짐이 법도에 맞지 않고 오로지 꺼리고 기피하는 일만 하고도 종신토록 편안하고 즐겁고 부함을 누리면서 누대에 끊어지지 않는다. 혹은 땅을 골라 딛고 때를 만난 연후에 말을 하고 지름길을 가지 않으며 공정하지 않으면 발분하지 않았으나 재앙을 만난 사람이 이루 다 헤아릴 수 없다. 나는 매우 미혹됨이 있다."라고 하였다.

스님은 도광道光 10년 경인(순조 30, 1830)에 태어나 광서 12년 병술(고종 23, 1886) 3월 15일에 두륜산 청신암淸神庵에서 입적하였으니, 세속 나이는 57세이고 승하僧夏는 40년이었다.

應庵禪師傳

師名學性。號應庵。姓金氏。靈岩人。幼入海南頭輪山。染衣於慈行策活師處。受具於遲舟懿沾師壇。拈香於受恩師室。受大乘菩薩戒行於梵海覺岸師堂。賦性堅固。一準僧事。奉師盡菽水之禮。御下用吾幼之仁。歷盡難行苦行之役。舉行綱首洞長之任。佩住持印。行維那職。公政私事。無不允叶。奉先行祀。盡誠盡力。公私物情。察毫折里。[1] 所謂財上分明大丈夫者也。孟子曰。吾未聞枉己而正人者也。況辱己而正天下者乎。伯夷傳曰。操行不軌。專犯忌諱。而終身逸欲樂富厚。累世不絕。擇地而蹈時然後。出行言。不由經。非但公正。不發憤。而遇禍灾者。不可勝數。余甚或[2]焉。道光十年庚寅生。光緒十二年丙戌三月十五日。示寂于淸神庵。世壽五十七。僧夏四十。

---

1) ㉮ '折里'는 '析釐'의 오자이다. 2) ㉮ '或'은 '惑'의 오자이다.

청호강백전

법명은 화일華日이고 호는 청호靑湖이다. 장흥 가지산으로 출가하여 스님이 되었고, 벽파碧波 장로의 회상에서 은사이자 법사의 인연을 맺었다.

스님은 재능과 지혜로 이름이 났으며 성취할 사람의 원인을 소지하고 있는 사람이었다. 유가의 서적을 읽어 삼강三綱과 오상五常의 성리性理를 알았고, 불교경전을 강론하면서 삼장三藏과 오교五敎의 깊고 옅음에 통달하였다.

그릇도 이미 가득 찼고 지식도 또한 있게 되자, 스님은 스승의 강석을 물려받아 설법을 하니 시주하는 이들이 있어 재물도 넉넉해졌다. 그러니 연담 노장님이 말씀했던, "돌아가신 스승님의 강탑講榻에 다시 와서 앉은 이는 20년 전 시자 스님이더라.(先師講榻重來坐。二十年前侍者僧。)"라고 한 것이 참말임을 알겠다.

복전의福田衣(가사)를 입고 부처님의 가르침을 설하였으니 추사 늙은이가 말한, "두 발을 관 밖으로 내보여 조사의 법인 전했다고 말하지 말라. 부처님은 아무 탈 없이 석란산에 계신다네.(莫把示趺傳祖印。金身無恙錫蘭山。)"라고 한 것이 정도가 지나친 말임을 알겠다.

두륜산에 뿌리를 내리고 보림사에서 꽃을 피우고 조계산에서 결실을 맺었으니, 여래께서 세 곳에서 마음을 전한 것(三處傳心)과 같은 것이요, 대둔사에 거처하였고 보림사에서도 거주하였으며 선암사에서도 거주하였으니, 맹자의 어머니가 세 번 이사하여 자식을 가르쳤던 것과 비슷하다.

설화說話의 문을 열고 오랜 세월 강설을 하였고 간화看話의 문을 열고 명패를 걸어놓고 좌선에 들었으니, 여래께서 말씀하시기를, "끝내 한 글자도 설한 적이 없거늘 무엇을 다시 설한단 말인가.(終不說一字。何爲更說耶。)"라고 한 것이 바로 이것이요, 공자가 말하기를, "나는 말하지 않으려고 한다. 하늘이 무슨 말을 했으며 땅은 또 무슨 말을 했더냐?(吾欲無言。天何言

狀。地何言狀。)"라고 한 것이 바로 이것이다.

대공大空과 소공小空이 앞뒤에서 시위侍衛하고, 한 사미는 차를 달여 올리고 한 사미는 밥을 지어 올리니, "네 조상을 걱정하게 하지 않아 그 자손이 번창하는구나.(無念爾祖。寔繁有徒。)"라고 한 말이 바로 이것이다.

법을 전해 받아서 그 법을 다시 전해 주었으니, 태고太古 스님이 말하기를, "다리를 쭉 펴고 잘 수 있겠구나.(展脚而睡。)"라고 한 말과 일행一行 스님이, "내 도가 동쪽으로 갔다.(吾道東矣。)"라고 한 말이 바로 이것이다.

완전히 보림사로 옮기고 완전하게 선암사로 옮겼으며, 온전하게 보림사에 있었고 온전하게 대둔사에 있었으니, 마치 "화엄찰종華嚴刹種이 온전하게 저기에 있고 온전하게 여기에 있으며, 사바세계에서는 주인과 주인이 서로 보지 못하고 나그네와 나그네가 서로 보지 못하는 것이니 시방세계가 다 또한 그러하다."라고 한 것이 바로 이것이다.

이는 일을 마친 한가한 사람이요 천하에 태평한 수좌首座이며, 한바탕 춘몽春夢을 꾼 상인上人이로다. 한 조각 묻고 대답한 곳에 도가 같음을 비로소 알겠다.

스님의 종맥宗脈을 살펴보면, 호암虎岩 스님의 6대 법손이고 설파雪坡 스님의 5대 법손이며, 낭송 유화朗松有華 스님의 4대 법손이요 해암 청윤海岩淸閏 스님의 3대 법손이다. 연서蓮捿 스님의 손자 제자이고 벽파碧波 스님의 법을 이은 제자이다.

지금 갑오년(1894) 여름에 대각 국사 의천義天 스님이 머무셨던 큰 도량에 머물고 있다.

靑湖講伯傳

師名華日。號靑湖。出家於長興伽智山。結恩師法師於碧波長老祖室。有才智之名。得成人之因。學讀儒書。知三綱五常之性理。講論佛經。達三藏五教之淺淺。器已滿矣。識且有矣。奪先師席。施有餘財。蓮老所謂。先師講榻重來坐。二十年前侍者僧之眞談也。着福田衣。說金口文。秋翁所謂。莫把示趺傳祖印。金身無蟣錫蘭山之過量也。頭輪托根。寶林開花。曹溪結宗。如來三處傳心如也。居於大芚。居於寶林。居於仙岩。孟母三遷之敎如也。開說話門。長年講說。入看話門。掛牌而坐。如來曰。終不說一字。何爲更說耶。是也。孔子曰。吾欲無言。天何言哉。地何言哉。是也。大空小空。侍衛前後。一沙彌奉茶。一沙彌炊飯。無念爾祖。寔繁有徒。是也。受法傳法。太古。傳¹⁾脚而睡。一行。吾道東矣。是也。全移於寶林。全移於仙岩。而全在於寶林。全在於大芚。若華嚴利種。全在彼。全在此。當娑婆處。主主不相見。伴伴不相見。十方悉示然。是也。此是了事閒人。天下太平首座。一場春夢上人。一段問答處。同道方知。宗脉虎岩六世。雪坡五世。朗松有華四世。海岩淸聞三世。蓮捷孫。碧波弟子。今甲午夏。²⁾仙岩大覺國師義天僧統大道場。

---

1) ㉠ '傳'은 '展'의 오자이다. 2) ㉠ '夏' 뒤에 '在'가 있는 본이 있다.

청봉선백전

　법명은 세영世英이고 호는 청봉清峯이며, 속성은 박씨이고 영암에서 출생한 사람이다.

　해남 두륜산으로 출가하여 천계千偈 선사의 조실에서 머리를 깎고 물들인 옷을 입고 스님이 되었다. 설허 지연雪虛智演 선백의 계단에서 구족계를 받았고 화월 숙홍化月淑紅 선사의 강당에서 법인을 받고 법통을 이었으니, 화악華岳 스님의 8대 법손이고 연파蓮坡 스님의 4대 법손이며, 서주 의첨犀舟懿沾 스님의 손제자이고 청악清岳 스님·혜암薏庵 스님과는 동문 형제지간이다.

　대둔사 설허雪虛 스님·보제普濟 스님·연주蓮舟 스님·범해梵海 스님, 미황사美黃寺 응화應化 스님, 정토사淨土寺 경담鏡潭 스님·한양漢陽 스님, 보림사寶林寺 이봉离峯 스님, 구암사龜岩寺 설두雪竇 스님, 선암사仙岩寺 함명涵溟 스님에게서 경학經學을 배웠다.

　연꽃에 이미 향기 어리고 매실이 장차 익으려 하자 선후禪侯에 봉해진 뒤 주실籌室에 들어가 법통을 이어받았다.

　스님은 혹은 백양산에서 하안거 결제를 하기도 하였고 혹은 계룡산에서 하안거 결제를 하기도 하였으며, 몽성산夢聖山에서 여름 안거 결제를 하였고 조계산에서 하안거 결제를 하였다. 가지산에 살았고 보리산에서도 살았으며 만덕산에서도 살았다. 스님은 성품이 사리에 밝고 기질이 뛰어나 산악이 우뚝 솟은 듯하였다.

　한강의 흐름과 낙동강의 물결에서 호호탕탕浩浩蕩蕩함과 영대靈坮의 미만청정瀰滿清淨함을 배웠고, 금강산과 묘향산에서 외외락락嵬嵬落落한 경치를 구경하고 나니 염불 소리(梵響) 푸른 하늘에 낭랑하게 울려 퍼졌다. 스님의 몸은 영웅의 모습에 취했고 말은 웅변을 토했다.

　신묘년(1891) 가을에 무량회無量會의 옛 전통을 복구하였고, 계사년

(1893) 봄에는 용허龍虛 스님의 신병新柄을 전해 받았다. 삼전三殿을 수리하였으니 기도하는 법당이고, 사분四分을 시설하였으니 염불하는 선실禪室이다. 백양산 신선 경계에서 기도를 하는데 결계結界[25]를 하였고 승달산僧達山 목우암牧牛庵 낙성식의 초청에 응하기도 하였다.

산문 밖에서는 동학東學이 난리를 일으키고 서양 천주교들은 사회를 혼란하게 하므로 스님은 축성각祝聖閣에서 나라의 안녕을 위해 특별히 기도를 올려 백성(普率)[26]의 예를 다하기도 하였으며, 숲속에 사는 스님들을 더욱 빛나게 하기도 했다.

스님은 함풍咸豊 5년 을묘(철종 6, 1855)에 태어났으니 광서光緒 20년 갑오(고종 31, 1894) 현재 세속 나이 40세이다. 대둔사 적련암赤蓮庵에 기거하면서 무량회를 주관하고 있으며, 스님에게 계를 받은 제자는 상선相善·상복相福·선혜善慧 등 열 명이다.

淸峯禪伯傳

師名世英。號淸峯。姓朴氏。靈岩人。出家於海南頭輪山。薙染於千偈禪師之室。受具於雪虛智演禪伯之壇。受禪受[1]印於化月淑耔禪師堂之。[2] 華岳之八世。蓮坡之四世。犀舟懿沾之孫。與淸岳蕙庵。同門兄弟。受經學於大芚之雪虛師普濟師蓮舟師梵海師。美黃之應化師。淨土之鏡潭師漢陽師。寶林之离峯師。龜岩之雪寶師。仙岩之涵溟師。蓮已香矣。梅將熟也。封禪

---

[25] 결계結界 : Ⓢ sīmābandha. 반타야사만畔陀也死曼, 만타야사만滿駄也徙滿이라 음역. 제한된 경계라는 뜻이다. ① 불도를 수행하는 데 장애를 없애기 위해서 비구의 의·식·주를 제한하는 것. 곧 일정한 장소에 거처하는 것, 남은 음식을 간직하여 두지 않는 것, 옷을 벗지 않는 것을 말한다. ② 마군의 장난을 없애기 위하여 인명법印明法에 따라 제정한 도량의 구역. 이것은 밀교에서 쓰는 법으로, 주로 도량의 정결을 그 목적으로 한다.

[26] 백성(普率) : "넓은 하늘(普天) 아래 다스리고 있는 땅(率土)의 백성들이 모두 황제의 백성이다."라고 한 말에서 따온 말이다.

侯入籌室。或結夏於白羊山。或結夏於鷄龍山。結夏於夢聖山。結夏於曹溪山。住於伽智山。住於菩提山。住於萬德山。性理氣勝。山岳倒卓。學漢流洛波之浩浩蕩蕩。靈王³⁾坮瀰滿淸淨。玩金剛妙香之嵬嵬落落。梵響嘹喨碧霄。身醉英儀。口吐雄辯。辛卯秋。復無量會之舊轍。癸巳春。傳龍虛師之新柄。修三殿。爲祝之法堂。設四分。念佛之禪室。結界爲祝於白羊之物外。應請落成於僧達之牧牛。東學惹端。西笑渾動。更加別祝於祝聖閣。普率之禮。益彰於林下之髡衆。咸豊五年乙卯生。光緖二十年甲午。年四十。居大芚之赤蓮庵無量會。受戒者。相善相福善慧寺十人。

1) ㉘ '受'는 연자이다. 2) ㉘ '堂之'는 '之堂'의 오기이다. 3) ㉘ '王'은 연자이다.

취운강백전

법명은 혜오慧悟이고 호는 취운翠雲이며, 속성은 백白씨이고 영암에서 출생한 사람이다.

해남 두륜산으로 출가하여 응허應虛 선사의 회상에서 머리를 깎고 물들인 옷을 입고 스님이 되었다. 복암福庵 선사의 계단에서 구족계를 받고 범해 각안梵海覺岸 선사의 강당에서 비구 이백오십계와 대승보살 오십팔계를 받았으며, 법유法乳로 길러 준 은사 응허 스님의 법탑法榻에서 향을 사르고 법통을 이었으니, 화악 문신華岳文信 선사의 11대 법손이요 연파 혜장蓮坡惠藏 스님의 7대 법손이며, 철선 혜즙鐵船惠楫 스님의 5대 법손이고 호은 경은虎隱敬恩 스님의 손제자이다.

스님은 어릴 때 내전은 물론 외전까지 두루 다 배웠으며, 장성해서는 불교의 교리행과敎理行果[27]를 달통하였다. 대둔사의 연주蓮舟 스님과 범해梵海 스님, 미황사美黃寺의 혼허渾虛 스님과 월화月華 스님, 송광사松廣寺의 구연九淵 스님과 원해圓海 스님, 선암사仙岩寺의 경운擎雲 스님 등 여덟 분 고승들의 자리를 참방하여 가르침을 받았고, 선암사와 송광사 두 절을 소요하며 노닐기도 하였다.

여러 지방을 유람하는 것을 비로소 마치고 스승의 법석을 물려받아 강당 문을 여니, 스승과 부모와 벗이 미흡하다는 탄식(三常不足之歎)은 없었고 사방에서 벗들이 수없이 찾아오는 즐거움을 누렸다.

또한 스님은 글씨도 잘 써서 마치 용이나 이무기가 꿈틀대는 것처럼 쇠

---

27 교리행과敎理行果 : 사법四法이라 한다. 구경究竟 목적에 이르는 수양의 과정을 네 단계로 분류한 것이다. 교敎는 언어·문자로써 말하는 교설, 이理는 교의 내용인 도리, 행行은 그 도리에 따라 실천하는 수행, 과果는 수행의 결과로 체득하는 결과, 곧 깨닫는 것. 교는 이를 나타내고, 이는 행을 일으키고, 행은 과를 얻는 순서로 어떤 종의宗義에도 통용되며, 그중 교敎·리理·행行은 문聞·사思·수修에 배당된다.

못이 번쩍거리듯이 필력筆力이 힘차 보였다. 구당瞿塘[28]이 드넓은 것처럼 농판隴阪이 구불구불한 것처럼 스님의 문장에서는 웅장함이 느껴진다. 시운詩韻을 부르며 주는 잔은 사양하지 않았고 설법을 하는 법상도 사양하지 않았으니 종사宗師 중에 대종사요, 강사 중에 큰 강사이다.

입을 열었다 하면 부처님께서 49년 동안 설법하신 말씀이 흘러나오고 눈을 부릅뜨면 8만 4천 마구니가 순식간에 항복을 하였다. 절 일을 보는 데 있어서는【서기書記·수승首僧·결감結監의 직무】우활迂闊하거나 기승을 부리지 않았고 문자로 명성이 드높아도【강학講學과 음영吟詠 등을 말함】재주를 부리거나 교만에 빠지지 않았다. 산을 좋아하고 물을 좋아하여 몸이 활동하는 장소로 삼았고 성인의 경전과 현인의 전법으로 마음을 거울처럼 맑혔다. 소은小隱하는 것으로 몸을 마칠 움막으로 여겼으며, 부처님의 말씀으로 입을 다무는 경계로 삼았다.

스님이 되었다 하여 세속을 버려야 하는 게 아니기 때문에 부모에게 효도를 하였고, 속인이라 하여 스님을 떠나야 하는 것이 아니므로 형제간에 우애가 있었다. "그가 행하는 바를 보고 그가 종사하는 일을 관찰하며, 그가 즐기는 것을 살피면 사람이 어찌 숨기리오."[29]라고 한 말이 있다.

스님은 동치同治 5년 병인(고종 3, 1866) 12월 6일에 태어나 광서光緒 20년 갑오(고종 31, 1894) 현재 29세 나이로 대둔사 적련암赤蓮庵 강당에 있다.

翠雲講伯傳

師名慧悟。號翠雲。姓白氏。靈岩人。出家於頭輪山。薙染於應虛禪師室。受具於福庵禪師壇。受比丘二百五十戒及大乘菩薩五十八戒於梵海覺岸

---

28 구당瞿塘 : 장강長江의 삼협三峽 가운데 하나로, 사천성四川省 백제성白帝城에 있는데, 강물의 흐름이 아주 빠르고 산세가 몹시 험하기로 유명하여 서촉西蜀의 관문關門이라고 칭해진다.
29 『논어』「爲政篇」에 나오는 말이다.

禪師堂。拈香受法於法乳之恩師榻。華岳文信禪師十一世。蓮坡惠藏七世。鐵船惠楫五世。虎隱敬恩孫。幼學內外典。長通敎理行果。叅大芚之蓮舟梵海。美黃之渾虛月華。松廣之九淵圓海。仙岩之擎雲等。八高座。逍遙遊於仙松兩寺。遊方方罷。奪席開堂。無三常不足之歎。有四友餘饒之樂。龍蚖[1]蠢蠢。鐵釘磷磷。筆力之勃也。瞿塘之浩汗。隴阪之逶迤。作文之雄也。呼韻之盃。不辭。說法之床。不讓。宗師之大宗師。講肆之大講肆[2]。開口則四十九年之說。滿出阿憂。弩目則八萬四千之魔。瞬息降伏。看於寺事。而【書記首僧結監】不以逗闥氣勝。名於文字。而【講學吟咏】不以役才憍溢。樂山樂水。爲行身處。聖經賢傳。爲明心鑑。以小隱。爲終身幕。以金人。爲緘口箴。僧不離俗故。孝於父母。俗不離僧故。悌於兄弟。視其所以。觀其所由。察其所安。人焉瘦哉。同治五年丙寅十二月六日生。光緒二十年甲午。年二十九。在大芚寺赤蓮庵講堂。

1) ㉮ '蚖'는 '蛇'의 오자이다. 2) ㉮ '肆'는 '師'의 오자이다.

자운선사전

스님의 법명은 천우天祐이고 호는 자운慈雲이며 영암에서 출생한 사람이다.

월출산으로 출가하여 머리를 깎고 물들인 옷을 입고 계를 받았으며, 인허仁虛 선사에게서 법인을 전해 받았다.

자운 스님은 힘이 세고 기상이 호탕하며 모든 사무를 봄에 있어서 스스로 손수 나서서 하고 공적인 물건이든 개인 물건이든 함부로 쓰는 일이 없었다. 존귀한 손님이든 지위가 낮은 손님이든 찾아오면 기쁘게 영접하고 멀고 가까운 곳을 출입할 때에는 기한을 어기는 일이 없었다.

아침에 죽을 먹고 낮에는 재법齋法을 지켰으며, 오직 정밀하고 한결같이 하였고 대중들이 모인 곳에서 행사를 할 때에는 원로나 젊은 사람이나 음식을 달리하지 못하게 하였다. 어떤 일에 임해서는 자기 마음에 거슬리는 일이 있더라도 노여워하거나 독기를 품는 일이 없었으며, 나이가 높고 승랍이 오래되었다 하여 손발을 쉬게 하지도 않았다. 노장들을 보면 공경을 다하고 어린아이를 보면 자식처럼 진실하게 대하였으며, 거친 음식이라 할지라도 걱정하지 않았고 해진 옷이라 하더라도 창피스럽게 여기지 않았다.

선대 조상의 묘를 쓴 곳에 누가 몰래 묘를 쓴 것을 파내게 하고 끝내 머리를 숙이고 사과하게 하였으니, 의롭지 못한 것을 보고 의기가 북받쳐 원통해하는 지극한 효심이라 하겠다. 또한 본사本寺가 장차 패망하려 하는 것을 차마 보지 못하겠다고 하면서 얼굴을 가리고 다른 산으로 가버렸으니, 근본을 잊지 않는 의리를 보였다고 하겠다.

장성 하청사下淸寺에 머물면서 낡은 건물을 복구하여 낙성식을 할 때에 불사의 재를 올렸고, 함평 용천사龍泉寺에 머물면서 건물을 중수하여 낙성식을 할 때에 불사의 재를 올렸다. 영광 불갑사佛甲寺 사내 암자인 해불암海佛庵에 머물면서 퇴락한 건물을 중수하여 낙성식을 할 때에 불사의 재를 올렸으며, 무안 법천사法泉寺에 머물면서 낡은 건물을 복구하여 낙성식을 할 때에 불사의 재를 올렸다.

스님은 이렇듯 본사의 퇴락을 차마 보지 못하겠다는 생각으로 하청사·용천사·해불암·법천사 이 네 절에서 그 지혜를 힘써 실천하였으니 참으로 장하다.

스님에게는 수은受恩 제자 2명이 있으니, 월응 예순月應禮淳은 속성이 김씨이고 영암에서 출생한 사람이며, 처음에는 종사從師 소임을 보다가 나중에는 은사의 종좌從佐 소임을 보았다. 위의 서너 가지 일들은 모두 은사의 종좌 소임을 맡아볼 때에 한 일이다.

아! 애석하다! 월응 스님이 다른 사람의 법통을 이었다는 것이 흠이라 할 수 있겠다. 다른 제자 관신寬信은 영암에서 출생한 사람이며, 자운 스님의 법통을 이었으니 올바른 처사라 하겠다.

스님은 정축년(순조 17, 1817)에 태어났으니 지금 갑오년(고종 31, 1894) 현재 세속 나이 78세이고, 무안 법천사 목우암牧牛庵에 머물고 있다.

慈雲禪師傳

師名天祐。號慈雲。靈岩人也。出家於月出山。薙染受戒。受法印於仁虛禪師。力健氣浩。凡於作務。自手爲之。公私什物。無所濫用。尊卑賓客。欣然迎接。遠近出入。不失限。[1] 朝粥午齋。惟精惟一。衆處行事。俾無老少異粮。臨事逆情。不起忿毒。年高臘長。不休手足。見老恭敬。見幼子誘。糲飯不憂。鶉衣不愧。掘先山之偸葬。而終見屈首。慷慨之孝也。不忍見本寺之將亡。掩面向他山。不忘之義也。住長城下淸。復舊而落成佛事齋。住咸平龍泉。重修而落成。佛事齋。住靈光佛甲海佛。重佛[2]而落成。佛事齋。住務安法泉。復舊而落成。佛事齋。以本寺不忍見之智。移於下淸龍海[3]泉佛法泉四寺。力行其智。壯哉。有受恩者。二人。月應禮淳。姓金氏。靈岩人。初從師。後師[4]從佐。上之三四段事。皆師從佐之時事也。吁。月應嗣他人欠也。寬信靈岩人。嗣師宜也。師丁丑生。今甲午年七十八。在法泉寺牧牛庵。

1) [원] '限' 앞에 '期'가 있는 본이 있다. 2) [원] '佛'은 '修'의 오자이다. 3) [원] '龍海'는 '泉海'의 오자이다. 4) [원] '師'는 연자인 듯하다.

금월선덕전

　스님의 법명은 □□이고 호는 금월錦月이며, 경북 의성 고운사孤雲寺로 출가하였다.
　스님은 사교四教(『능엄경』·『기신론』·『금강경』·『원각경』)와 『화엄경』을 배우고 『사분율』과 『범망경』을 청문請聞하여 마침내 그 본원을 깨달았고 천진면목天眞面目을 통달하게 되었다.
　스님은 경지가 깊어져(昇堂入室) 개당하여 향을 사르고 법맥을 이으니, 곧 청허淸虛 스님의 11대 법손이다.
　연꽃에 향기 나고 매화 열매가 익자 마치 구름이 용을 좇고 호랑이가 바람을 일으키는 것처럼 선지식을 한 번 참알參謁하였고 두 번 참알하였으며, 심지어는 53번 선지식을 참알하였다. 그렇게 한 해가 지나고 두 해가 지나 병오년까지 세 해째 선지식을 찾아 학문을 익혔다.
　스님은 화개동花開洞·홍류동紅流洞·구천동九泉洞·만폭동萬瀑洞·수렴동垂簾洞·백탑동百塔洞·장춘동長春洞·용수동龍藪洞·청류동淸流洞·향린동香麟洞·청학동靑鶴洞 등에서 하안거 결제를 하였고, 강원도 간성 건봉사乾鳳寺 만일회萬日會에 참석하여 정진하였으나 1만 일을 다 채우지 못하고 매미가 허물을 벗듯 사라 숲이 하얗게 변화하듯 적멸의 세계로 떠났다.
　사유闍維 의식을 거행하던 날 상서로운 기운이 허공에 서리고 영혼을 전송하던 시간에는 설리라設利羅[30] 57개를 얻었으니, 이는 세간을 벗어난 수행인의 참다운 자취라 하겠다. 이러한 신령한 이적은 예전부터 드문 일이니 흠모하는 마음 더욱 새로워짐을 느낀다. 이것은 1천 부도浮屠의 예언을 위한 것인가? 화상의 신심을 징험하기 위한 것인가? 아니면 만일회의 염불로 인하여 감응이 나타난 것인가?

---

30 설리라設利羅 : [S] Sarira의 음역. 즉 사리舍利.

염불이란 곧 자기 부처님을 염하는 것이요 참선은 곧 자기 선禪을 참구하는 것이다. 나를 벗어나 저 밖에 따로 부처가 없고 나를 벗어나 저 밖에 따로 선정이 없으니, 동방東方이 곧 서방西方이요 건봉乾鳳이 곧 연봉蓮鳳이다.

스님은 동방 세계 건봉사의 화신불化身佛이다. 그 뒤에 몽월 영홍夢月泳泓·동봉 욱일東峯旭日·대인 등전大印燈傳 스님들도 금월 스님과 수행의 발자취가 비슷하였다. 이 네 스님의 발자취를 기록해 글을 통하여 세상에 알린다면 어느 누군들 흠앙欽仰하고 찬양하지 않겠는가?

錦月禪德傳

師名□□。號錦月。義城孤雲寺。出家修行。師受四教華嚴。請聞四分梵網[1]悟心本源。達天眞面。昇堂入室。開堂拈香。乃淸虛之十一世。聞香看梅。風龍雲虎。一衆二衆。至於五十三衆。一春二春。至於丙午三春。結夏於花開洞紅流洞九泉洞萬瀑洞垂簾洞百塔洞長春洞龍藪洞淸流洞香麟洞靑鶴洞。栖遲於杆城之乾鳳萬日會。未滿萬日。蟬脫鶴化。闍維之日。瑞氣盤空。送鬼之時。得設利羅五十七箇。此是出世之眞跡。靈異稀古。欽慕感新。千浮屠之識歟。微[2]和尙之信歟。萬日會之應歟。念佛即念我佛。衆禪即衆我禪。我外無佛。我外無禪。東方即西方。乾鳳即蓮鳳。師。東方世界乾鳳之化佛也。其後夢月泳泓。東峯旭日。大印燈傳。跡同一切。此四師之跡。通文於告諭於八方窟幕。[3] 誰不欽仰贊揚也哉。

---

1) ㉾ '網'은 '網'의 오자이다. 2) ㉾ '微'는 '徵'의 오자이다. 3) ㉾ '窟幕'은 연자이다.

환명선사전

스님의 법명은 경찬敬贊이고 호는 환명幻溟이다.

무장務長(고창) 선운사禪雲寺로 출가하여 스님이 되었다. 스님은 배우고 때때로 익히면서 승랍이 높아지자 스승의 방에서 향을 사르고 법통을 이어받았다. 그런 후에 전국의 명산을 전전하면서 부처님의 가르침으로 교화하였다. 창평昌平(담양) 막성산莫聖山 용흥사龍興寺에 머물기도 하였는데 그곳은 현종顯宗대왕 때 산신령이 임금님의 꿈에 나타나 기도하는 단壇을 만들고 장래 숙종肅宗대왕의 탄신을 기원한 절이다. 그런 까닭에 그 산 이름을 몽성산夢聖山으로 고치게 하였다. 숙종대왕이 즉위하자 절 이름을 바꾸어 용흥사라고 하였다.

영조대왕은 자기의 생모인 육상궁毓祥宮 최씨의 위패를 그 절에 봉안하고 30결結의 토지와 이 일을 감당할 민호民戶를 내려 봄가을로 제향을 올리게 하였다. 한편 양주楊州 효령원孝寧園 조포사造泡寺를 왕실의 안녕과 홍복을 기원하는 원당願堂으로 지정하기도 했다. 이와 같이 왕실에서조차 존경하고 숭배하던 절인데, 법 제도가 어떠하였기에 절이 망하고 승려들도 다 사라지고 얼마 남지 않았으며 좋지 않은 일들이 층층으로 발생하는지 모르겠다.

환명 스님이 용흥사 수호총섭守護摠攝을 맡아볼 때에 이러한 사실을 안타깝게 여겨 영읍營邑에 호소하여 폐단을 다 쓸어 없애고 제향의 소임을 다하지 않고 민호를 숨긴 이들을 탄핵하여 임금의 어머니 위패를 모신 거룩한 곳에 예를 다시 올릴 수 있게 되었고 사찰과 산문은 근심이 없게 되었다. 스님은 이와 같이 위엄과 덕을 병행하여 일처리를 하였으므로 스님이나 속인 모두 편안하게 살 수 있게 되었다.

그러자 인연 있는 시주들로부터 자금을 모아 용흥사에 선불장選佛場[31]을 시설하고 환명 스님을 입승立繩[32]으로 초청하여 정진하니, 도량이 엄정嚴

淨해지고 산문도 숙연하고 조용해졌다. 어느 누가 그 권력이 위대하고 웅대함을 흠앙하지 않겠는가?

幻暝[1]禪師傳

師名敬贊。號幻暝。* 出家於務長禪雲寺。學而時習。騰已高多。拈香封侯。轉山行化。住札於昌平莫聖山龍興寺。顯宗大王時。山靈現夢於玉枕。設祈壇而爲祝誕肅宗大王。改山名曰蒍[2]聖。肅宗大王即位。易寺名曰龍興。英宗大王。奉安毓祥宮崔。賜戶三十結。春秋享事。楊州孝寧園造泡寺。祈福及願當。[3] 其所尊崇。法制何如。而寺敗僧殘。獘刦層生。師。任守護揔攝。告訴營邑。獘刦掃除。隱戶彈劾。聖地有禮。寺山無憂。威德并行。僧俗俱安。募諸嚫緣。爰設選佛場。請師立繩。道場嚴淨。山門肅靖。誰不欣仰。其權力之偉雄哉。

---
1) ㉘ '暝'은 '溟'의 오자이다. 이하도 동일하다. 2) ㉘ '蒍'은 '夢'의 오자이다. 3) ㉘ '當'은 '堂'의 오자이다.

---

31 선불장選佛場 : 교학과 참선 수행을 하는 곳이라는 의미이다.
32 입승立繩 : 선방의 법규와 질서를 담당한다. 대개 선방의 회장 격인 셈이다.

회광강백전

스님의 법명은 유선有璿이고 호는 회광晦光이며, 속성은 이씨이고 강원도 양양에서 출생한 사람인데 뒤에 간성으로 옮겨가 살았다.

어릴 적에 '부처님께서 성을 넘어 출가하여 머리를 깎고 수행하여 새벽별을 보고 깨달았다'는 고사를 듣고 어버이에게 하직 인사를 하고 산문에 들어가 스승을 찾아다니다가 설악산 신흥가람神興伽藍의 설허雪墟 선사에게 머리를 깎고 물들인 옷을 입고 스님이 되었다. 뒷날 구족계를 받은 뒤에 전국 각지를 돌아다니면서 내전은 물론 외전까지 모두 배웠으니, 목서木樨의 향기를 맡았는가? 매화 열매 익은 것을 보았네. 네거리 술집에서 술에 흠뻑 취하여 집에 돌아오니 더 이상 갈 길을 물을 필요가 없었다.

그렇게 되자 스님은 마침내 보운寶雲【법명은 긍엽亘葉】 선사의 선실에서 향을 사르고 법통을 이어받았다. 종맥을 살펴보면 환성 지안喚醒志安에서 함월 해원涵月海源, 함월에서 영파 성규影波聖奎, 영파에서 낙허 치관樂虛致寬, 낙허에서 성원 의찰性圓宜察, 성원에서 경암 신묵鏡庵信默, 경암에서 진암 정우眞庵定旴, 진암에서 보운 긍엽, 보운에서 회광 유선으로 이어졌다. 그러므로 회광 스님은 환성 스님의 8대 법손이고 청허 스님의 12대 법손이며, 연파蓮坡 스님과 일봉日峯 스님과는 동문 형제지간이다.

회광 스님이 강당을 개설하고 설법을 시작하니 양서兩西와 삼남三南 지역의 학인들이 무명의 숲을 헤치고 불조의 가풍을 우러러 몰려들었다. 그리하여 일 년 사시四時 내내 귀에 입을 가까이하고 얼굴을 맞대고 가르쳐(提耳面命) 보내느라 쉴 겨를이 없었다. 스님의 명성은 드높을 대로 높아져서 피할 길이 없었다.

스님은 오대산과 건봉사乾鳳寺에 머물기도 하였고, 금강산과 삼각산에도 머물렀으며, 양산 통도사通度寺에서 하안거를 결제하고 성덕산에서 동안거를 결제하였다. 백양사白羊寺에 머물러 있다가 구곡九曲으로 들어가 수행을 하기도 했다. 스님이 하룻밤 자고 한번 지나가면 마치 봄 동산에 사향노루가 지나가면 풀이 절로 향기로운 것 같다는 말처럼 되었으며, 한 마디 말을 어떤 사람에게 주면 흡사 밝은 달빛이 선정에 든 스님을 오래도록 비추는 것과 같았다.

정신을 가다듬은 지 오래되지 않아 조규ㄱ圭를 사용하니 도가 높아지면 마魔가 왕성해지는 법인가? 좋은 일에 마장이 많은 법인가? 옛날 의상義湘 대사가 당나라에 들어가다가 요동 땅에서 어떤 사람의 무고를 당해 감옥에 갇힌 일이 있었고, 나옹懶翁 선사가 오대산에 머물 때에 홍건적의 침입으로 위기에 처했다가 가까스로 재앙을 면한 적이 있었던 것처럼, 스님에게도 왜인倭人의 복색을 한 이들이 성안에 가득하고 오랑캐들이 마을을 메워 숫양이 뿔을 울타리에 박고 이러지도 저러지도 못하듯이 앞으로 갈 수도 없고 뒤로 갈 수도 없는 처지가 되었다.

유성裕性 스님은 이렇게 말하였다.

"나(客)는 겨울에 한창 추울 적에 성덕산에서 동안거 결제를 마친 뒤 벗과 나 네 명이 도반이 되어 영주瀛洲(제주)로 들어가 여름을 보내기로 뜻을 세워 발원하였는데 병病이라는 큰 산이 길을 막아 경영하려던 뜻을 이루지 못하였다."

태완泰玩 스님은 또 이렇게 말하였다.

"내 나이 지금 열다섯 살인데 2년 동안 나그네로 떠돌아다니다가 보니 돌아가서 편안하게 쉬고 싶다는 마음이 밤낮으로 간절해져서 곧바로 영남으로 돌아갔다."

축념竺念 스님은 이렇게 말하였다.

"승려의 바랑이 바닥이 드러나고 시절 운수마저 막힌 데다 해마다 농사마저 심한 가뭄이 들어 쥐구멍에 머리만 내민 쥐가 나가지 못하고 눈치만 보듯이, 이리가 앞으로 가려 하면 턱살이 밟히고 뒤로 가려 하면 꼬리가 밟히는 것처럼(跋前疐後)[34] 이러지도 저러지도 못해 운명만 기다릴 뿐이다.

가고 싶어도 못 가는 처지가 되자 회광 스님은 게송 한 수를 지어 보여 주
었다. 그 게송에 '저 옛날 의상 대사와 나옹 대사의 사적事蹟과 꼭 같고 원
효 대사가 돌아온 발자취와 고금의 행적이 다르지 않으니, 어느 곳엔들
무릎 하나 용납할 만한 토굴이 없을 것이며 어느 산인들 하루 한 끼 먹
을 솔잎이 없겠는가?'라고 하였다. 그래서 나도 역시 한 장의 선게禪偈를
지어 주고, 받고 하는 한편 이 무렵의 기연機緣을 기록하여 빛을 감추어도
(晦光) 저절로 나타나는 것과 같은 흔적을 표하고자 이와 같이 한다."

  스님은 광서光緖 갑오년(고종 31, 1894) 현재 세속의 나이 33세로 강원도
간성 건봉사에 머물고 있다.

晦光講伯傳

師名有璿。號晦光。姓李氏。襄陽人。移居杆城。幼耳踰城出家斷髮見星之
古事。辭親入山覓師。剃染於雪岳山神興伽藍雪墟禪師。受具。遊歷四方。
學習內外典。聞木樨香乎。看梅子熟矣。滿醉於衢樽。歸家破問程。拈香於
寶雲【亘葉】禪師之室。宗脉則喚惺志安。涵月海源。影波聖奎。樂虛致寬。性
圓宜察。鏡¹⁾信默。眞庵定旰。寶雲亘葉。晦光有璿。凡喚惺之八世。清虛之
十二世。蓮波日峯。同門兄弟。開堂普說。兩西三南學人。跋²⁾草瞻風而至。
一年四時。提耳面命而送。聲已高矣。名難逃也。住五垧乾鳳。居金剛三角。
結夏於通度。結冬於聖德。卓錫白羊。結納九曲。一宿過去。若麝過春山草
自香。一言與人。如月明長照定中僧。抖撒非久。刁圭是用。道高魔盛歟。
好事多魔歟。義湘入唐。誣囚遼東。懶翁居臺。僅免紅賊。倭服滿城。弓人塞
鄕。牴³⁾羊觸藩。進退惟⁴⁾谷。裕性曰。客冬結寒際於聖德山。四友作伴。入
瀛過夏。次立志發願。病山遮路。所營未穩。泰玩曰。年今十五。作客兩歲。

---

33 발전치후跋前疐後 : 『시경』「豳風」〈狼跋〉에서 나온 말로, 이리가 앞으로 가려 하면 턱
    살이 밟히고 뒤로 가려 하면 꼬리가 밟히는 것처럼 진퇴양난進退兩難의 처지에 놓인
    것을 말한다.

故寧一心。日夜殊切。旋歸嶺南。竺念曰。僧槖到底。而時運丕[5]塞。年事亢旱。首鼠兩端。跋前疐後。以待命分。欲行不行。師作一偈。以示离中。[6] 義湘懶翁之事。適同事蹟。元曉之還歸。古今眞跡。何處無容膝之窟。何山無一食之松乎。予亦作一章禪偈。授受而記其機緣。以旌晦光自現之跡如此。

光緖甲午三十三甲。時在杆城乾鳳。

1) [역] '鏡' 아래에 '庵'이 결락된 듯하다. 2) [원] '跋'은 '撥'의 오자이다. 3) [원] '柢'는 '羝'의 오자이다. 4) [원] '惟'는 '維'의 오자이다. 5) [원] '丕'는 '否'의 오자이다. 6) [원] '离中'은 연자이다.

원본은 조선사편수회朝鮮史編修會에 소장되어 있다.

소화昭和 16년(1941) 7월 등사謄寫하다.

原本朝鮮史編修會藏

昭和十六年七月謄寫

찾아보기

가지산사迦智山寺 → 보림사
각림사覺林寺 / 55, 240
각승角乘 / 48
각안覺岸 / 294
각엄사覺嚴寺 / 100
각원覺圓 / 187
각진覺眞 / 579
각체覺體 / 83
각해 재연覺海在演 / 524
각화사覺華寺 / 363
각휴覺休 / 83
『간정기刊定記』 / 245
갈래사葛來寺 / 363, 419
감로사甘露寺 / 419
『강회록講會錄』 / 235
개운사開運寺 / 439
개천사開天寺 / 322, 363
건봉사乾鳳寺 / 295, 297, 622, 623, 626
견향 상훈見香尙薰 / 345, 410, 561
경관慶冠 / 362
경담 두원鏡潭斗元 / 435, 510, 613
경붕 익운景鵬益運 / 510, 577
경암敬庵 / 418
경암 승정鏡庵勝正 / 445
경암 신묵鏡庵信默 / 626
경연 철구鏡淵哲球 / 457, 464
경운 원기擎雲元奇 / 294, 510, 595, 616
경운 화윤敬雲華允 / 435

경월 영오鏡月寧傲 / 333, 478, 480, 556
경월 유성慶月有成 / 430
경윤慶允 / 599
경은 부인敬恩富仁 / 426
경의瓊儀 / 64
계봉 기준繼峰琪俊 / 574
계정 원응戒定圓應 / 35
『계초심학인문誡初心學人文』 / 104
계홍戒洪 / 194
고려사高麗寺 / 101
『고봉어록高峰語錄』 / 160
고압孤鴨 / 260
고저왕사古樗王師 / 157
『관경觀經』 / 459
관신寬信 / 620
관음고사觀音古寺 / 398
관음사觀音寺 / 397
관음암觀音庵 / 591
관천觀天 / 453
관촉사灌燭寺 / 34
관허觀虛 / 544
광명사廣明寺 / 119
광인匡仁 / 93
광제선사廣濟禪寺 / 117
광종廣宗 / 83
광지廣智 / 133
교율敎律(南坡) / 594
교화敎化(道月) / 593
구계九階 / 559
구곡龜谷 / 260, 596

구담 전붕九潭展鵬 / 392
구봉 인유龜峰仁裕 / 329, 513
구암사龜岩寺 / 327, 515, 613
구연 법선九淵法善 / 420, 596, 616
국사암國士庵 / 602
굴령崛嶺 → 범일
굴산사崛山寺 / 92
굴암窟庵 / 111
권민權敏 / 408
권종權宗 / 492
규암 낭성圭岩朗誠 / 455, 510
극준極俊 / 266
근우謹祐 / 532
근적根績 / 335
근정謹定 / 492
근종謹宗 / 478
『금강경』 / 267, 293, 461, 544
「금강경설의金剛經說誼(金剛經五家解說誼)」 / 155
『금강반야경金剛般若經』→『금강경』
『금강삼매경소金剛三昧經疏』/ 48
금강암金剛庵 / 118
『금강하목金剛鰕目』/ 305
금계 장환錦溪壯渙 / 447, 534
금곡錦谷 / 435
금담 새권錦潭璽卷 / 599
금담 양옥金潭養玉 / 377, 425, 599
금당사金塘寺 / 394
금명錦溟 / 533
금산사金山寺 / 34, 257, 419, 507, 517, 518
금선암金仙庵 / 189
금성 보헌錦城普憲 / 31, 345, 567
금암金庵 / 456
「금와기金蛙記」/ 29

『금자보장록金字寶藏錄』/ 194
금주 등혜錦洲等惠 / 528
금파金波 / 285
금파 긍잠錦波兢箴 / 430
금파 응신金波應信 / 352
금파 임추金坡(金波)任秋 / 28, 412
금해錦海 / 332, 579
금화錦和 / 32
기룡騎龍 / 401
기림사祇林寺 / 318, 344, 364
기봉 장선奇峰壯善 / 418, 449
『기신론起信論』/ 278, 325, 363, 480, 485, 512, 554, 574
『기신론사기起信論私記』/ 327
『기신사족起信蛇足』/ 305
기운奇雲 / 526, 589, 595
기은奇隱 / 526
길상사吉祥寺 / 103, 581, 585
김대성金大城 / 513

나암懶庵 / 596
나옹懶翁 / 129, 136, 204, 559, 627
나운羅云 / 35, 556
낙봉 대인樂峰大仁 / 500
낙서사樂捿寺 / 498
낙성 취규洛城就奎 / 412
낙암樂庵 / 500
낙파洛坡(洛波) / 33, 453
낙허 치관樂虛致寬 / 626
남붕南鵬 / 255
남소경사南昭慶寺 / 446

찾아보기 • 631

남악 영오南岳暎晤 / 266, 373
남장사南長寺 / 363
남파 교율南坡敎律 / 478, 601
남하 성연南河性衍(性衎) / 449, 505
남호南湖 / 453, 461
낭공朗空 / 72
낭송 유화朗松有華 / 416, 542, 611
낭암 시연朗岩示演 / 318, 363, 377, 434,
　　435, 444, 522, 524, 538
낭운 영밀朗雲永密 / 524
낭은 성순朗隱性順 / 524
낭호 승찰朗湖勝察 / 391, 554
내원암內院庵 / 189
내원통암內圓通庵 / 451
내은적암內隱寂庵 / 189
노선老善 / 93
뇌묵 등린雷默等麟 / 457
뇌묵당雷默堂 → 처영
늑암勒庵 / 373
능가사楞伽寺 / 368, 394, 408
능암 세환楞庵世煥 / 345
『능엄경』 / 278, 363, 480, 485, 554, 574
능오能悟 / 474, 532
능인암能仁庵 / 189
능학能學 / 373
능허 계종凌虛戒宗 / 478
능화 필언能化必彦 / 382
능환能環 / 495

ㄷ

다보사多寶寺 / 471
단하丹霞 / 536

달마사達摩寺 / 263, 368, 394
달마산 / 552, 554
담대멸명澹臺滅明 / 577
담연湛演 / 380
담화 관훈曇華寬訓 / 502
대각 국사 / 596
대교大敎 / 308
대둔사大芚寺 / 26, 54, 56, 194, 215, 222,
　　225, 226, 231, 250, 254~256, 267, 268,
　　273, 275, 276, 278, 280, 305, 317, 318,
　　322, 324, 346, 350, 352, 362, 368, 382,
　　400, 412, 432, 434, 444, 449, 469, 476,
　　487, 495, 505, 524, 526, 529, 563, 589,
　　593, 594, 610, 611, 617
「대둔사사적비大芚寺事蹟碑」 / 285
「대둔사입문방상량문大芚寺入門房上梁文」
　　/ 56
『대명법수大明法數』 / 245
대승암大乘庵 / 187
대암 국탄大岩國坦 / 392, 430
대연 미순大淵美淳 / 475
대연 수찰大演守察 / 447
대운大雲 / 432, 434, 449, 469, 520
대원사大元寺 / 208, 214
대윤大允 / 593
대은大隱 / 380
대응大應 / 350, 487
대인 등전大印燈傳 / 623
대자암大慈庵 / 33
대존암大尊庵 / 166
대지大智 / 101
『대혜어록大慧語錄』 / 160
대호大湖 / 498
대흥사大興寺 / 252, 339, 344, 405, 428

632 • 동사열전

덕룡사德龍寺 / 368
덕사德寺 / 31, 457
덕송德松 / 579
덕암 영준德庵永俊 / 400, 432
덕언德彦 / 470, 475
덕운 화문德雲和紋 / 412, 466, 579
도갑사道甲寺(道岬寺) / 78, 140, 394, 412, 505, 542, 563
「도갑사수미왕사비문道甲寺守眉王師碑文」/ 248
도리암桃李庵 / 45
도림사道林寺 / 419, 593
도봉 국찬道峰國燦 / 329, 513
도선道詵 / 92, 128, 510, 517, 559
도안道安 → 월저 도안
도안 대윤到岸大允 / 427
도암道菴 / 509
도암 보언道庵保彦 / 563
도암 복환道庵復還 / 489
도암 우신度庵宇伸 / 604
도영道榮 / 430
도우道祐 / 315
도의道義 / 86, 171
도익道益 / 315
도장사道藏寺 / 364, 542
도창사道昌寺 / 273
도홍道弘 / 422
독초물외獨超物外 / 602
돈도암頓道庵 / 33
동봉 욱일東峯旭日 / 623
동산東山 / 34, 556, 568
동암東庵 / 469, 542
동연洞然(智演) / 489
동운東雲 / 241, 392

동학 병준東鶴丙俊 / 412
동화東化 / 556
동화 경운東化敬雲 / 497
동화 축전東化竺典 / 447, 459
두륜 청성頭輪淸性 / 248
두운斗芸(斗云) / 283, 341
두월 청안斗月晴岸 / 267, 532
득훤 유은得烜遺恩 / 350, 487
등운 무가等運無可 / 422

ㅁ

마곡 보철麻谷寶徹 / 65
마곡사麻谷寺 / 34, 500
만공 부정萬空富定 / 559
만덕사萬德寺 / 594
만암 대순萬岩大淳 / 408
만연사萬淵寺 / 104, 362
만우萬愚 / 422
만일암挽日庵 / 276, 337, 341, 364, 556, 585
만파萬波 / 568
만허 색척萬虛賾陟 / 474, 497
만화萬化 / 312
만휴 자흔萬休自欣 / 30, 477, 589
망한사望漢寺 / 34, 440
망해 지일望海知一 / 591
명안明眼 / 333
명적암明寂庵 / 333, 339
명진 재엄明眞再嚴 / 597
명진 진봉明眞珎峰 / 497
모운 진언慕雲震言 / 256
모윤慕閏 / 353

모은 지훈暮隱智薰 / 280
목부암木鳧庵 / 211, 300
목우암牧牛庵 / 620
몽월 영홍夢月泳泓 / 623
『몽유록夢遊錄』/ 280
묘각 수미妙覺守眉 / 158
묘길상암妙吉祥庵 / 160
『묘법연화경』/ 267
묘언妙彦 / 36, 532
묘원妙元 / 534
묘적암妙寂庵 / 112
무경無竟 / 500
무량사無量寺 / 215
『무량수경』/ 447
무상無相 / 72
무업無業 / 190
무염無染 / 83, 92
무용 수연無用秀演 / 245, 285, 288, 360, 509
무위無爲 / 410, 568
무의자無衣子 혜심惠諶 / 103
무이 유일無二有一 / 287
무하 시윤無何始允 / 538
무학無學 / 129, 155, 204
묵암 최눌嘿庵最訥(默庵寂訥) / 360, 419, 574, 596
묵호자墨胡子 / 45
묵화 준훤默和俊暄 / 26, 341
문곡 치성文谷致成 / 332
문담文潭 / 384
문수사文殊寺 / 394
문수암文殊庵 / 175
문신文信 / 266
문암聞庵 / 346, 469, 474, 493, 497, 526,

556, 558, 561, 587
문오文悟 / 474
미봉 보한眉峰甫埠 / 391, 554
미황사美黃寺 / 264, 305, 308, 317, 318, 344, 382, 469, 487, 526, 552, 554, 594, 613, 616
민오敏悟 / 599
밀홍 수좌蜜弘首座 / 540

반룡蟠龍 / 500
『반야경』/ 363, 554, 574
반운伴雲 / 241
방장산方丈山(지리산) / 27
백곡 처능白谷(栢谷)處能 / 245, 360
백련사白蓮社(白蓮蘭若) / 109, 231, 317, 362, 363, 377, 428, 528, 550, 593
백련암白蓮庵 / 363
백순白淳 / 593
백암 도원白岩道圓 / 328, 329, 512, 513
백암 성총栢庵性聰 / 288, 419, 509
백암 정헌白庵正軒 / 445
백양사白羊寺 / 222, 489, 518, 626
백운당白雲堂 / 337
백운암白雲庵 / 189
백월 태순白月台淳 / 322, 445
백의거사白衣居士 / 554
백인 선길白印善吉 / 445, 480, 481
백파 긍선白坡亘璇 / 397, 408, 464, 498, 502, 509, 510, 512, 515, 522, 579, 596, 604
백하 근학白荷謹學 / 591

백화암白華庵 / 33, 194, 204, 221, 224
『범망경』 / 622
범어사梵魚寺 / 412
범운梵雲 / 332
범일梵日 / 72, 83, 92
범체梵體 / 64
범해 각안梵海覺岸 / 528, 530, 534, 554, 561, 563, 567, 569, 574, 589, 595, 608, 613, 616
법명法明 / 235
법성사法性寺 / 101
법왕암法王庵 / 189
법원사法源寺 / 114, 117
법윤法允 / 534
법융法融 / 171
법장法藏 / 51
『법집별행록절요法集別行錄節要』 / 255
법천사法泉寺 / 305, 350, 412, 620
법해 봉주法海琫注 / 420, 581
벽계 구이碧溪九二 / 254
벽담 도문碧潭道文 / 419, 439, 459
벽봉 민성碧峰敏性 / 370
벽송 지엄碧松智嚴 / 158
벽암 각성碧巖覺性 / 293
벽암 호연碧岩浩然 / 240, 532
벽파碧波 / 610, 611
벽하碧霞 / 252, 278, 305, 322,
벽해劈海(擘海) / 435, 558, 569
벽허碧虛 / 266, 291
보개사寶蓋寺 / 394
보경寶鏡 / 332, 579
보경 응운普鏡應雲 / 466
보덕사報德寺(保德寺) / 439, 440
보림사寶林寺 / 88, 278, 305, 318, 362, 382, 434, 449, 469, 487, 489, 524, 552, 554, 563, 593, 594, 610, 611, 613
보문普門 / 391
보문사普門寺 / 103
보봉 맹섭寶峯孟涉 / 574
보봉 이선寶峰利善 / 337, 418, 550
보운 기준普運箕準 / 408
보운 석일寶雲碩一 / 601, 626
보원사普願寺 / 86
보월寶月 / 491
보월 만익普月萬益 / 513
보월 한엽寶月漢曄 / 412
보월 혜소寶月慧昭 / 459
보응普應 / 495
보인普印 / 594
보적사寶積寺 / 498
보정寶鼎 / 595
보제普濟 / 567, 589, 595, 613
보조 국사普照國師 / 419, 501, 565
보한普閑 / 594
보해 지영普海志英 / 530
보헌普憲 / 449
보현사普賢寺 / 55, 177, 189, 193, 453
보현암普賢庵 / 317, 318
복암 관준福庵寬準 / 493, 567, 616
봉곡사鳳谷寺 / 363
봉서사鳳棲寺(鳳栖寺) / 207, 213, 217, 544
봉선사奉先寺 / 34, 386
봉암사鳳巖寺 / 64, 134
봉언奉彦 / 568
봉은사奉恩寺 / 419, 461
봉진奉震 / 88
봉화奉和 / 568
봉환奉煥 / 568

부도암浮屠庵 / 434
『부모은중경』 / 34
부석사浮石寺 / 50, 63, 363
부암 무기浮庵無寄 / 109, 596
부용 영관芙蓉靈觀 / 293
부인산사夫仁山寺 / 91
부헌富憲 / 478
부휴 선수浮休善修 / 222, 293, 408
북미륵암北彌勒庵 / 554
북암北庵 / 109
『분충서난록奮忠紓難錄』 / 204, 255
분황사芬皇寺 / 48
불갑사佛甲寺 / 505, 512, 619
불광사佛光寺 / 65
불국사佛國寺 / 69
불인佛印(了元) / 101
불인 정조佛印靜照 / 111
불일佛日 / 565
불호사佛護寺 / 317, 432, 444, 469, 491, 594
불회사佛會寺 / 29, 140
붕명 준진鵬溟準眞 / 435, 469
「비슬산용연사여래사리비毘瑟山龍淵寺如來舍利碑」 / 54
비연秘演 / 412, 453
빙곡 덕현氷谷德玄 / 293

사교四敎 / 280, 308, 312, 497, 501, 512, 540, 552, 579, 622
사명泗溟 → 송운 유정
사명당四溟堂 → 송운 유정

『사변만어四辨漫語』 / 371
『사분율』 / 622
사집四集 / 308, 362, 374, 497, 512, 552, 554, 556
산방굴사山房屈寺 / 30
삼담 의연三潭義演 / 599
삼도사三島寺 / 554
삼성암三聖庵 / 305
삼여三如 / 426
『삼역화엄三譯華嚴』 / 101
삼철굴三鐵窟 / 187
상견성암上見性庵 / 394, 476, 554
상두암象頭庵 / 117
상무주암上無住庵 / 103
상문尙文 / 593
상봉 정원霜峰(雙峰)淨源 / 256
상운암上雲庵 / 214
상운 응혜祥雲應惠(應慧) / 470, 567, 599
상원암上院庵 / 275, 325, 333
상월 새봉霜月璽篈 / 266, 305, 312, 509, 510, 565
상초암上草庵 / 159
색성賾性 / 315, 363
서당 지장西堂智藏 / 79, 83, 86
서동사瑞桐寺 / 498, 526
서룡 성윤瑞龍性允 / 528, 568
『서방산진묵조사어록西方山震默祖師語錄』 / 392
서봉瑞峯 / 591
서산 대사 → 청허 휴정
「서산대사화상당명西山大師畫像堂銘」 / 196
서암恕庵 / 534
서암 일화瑞巖日華 / 293
서우西藕 / 532

서운암瑞雲菴 / 317
서원사西院寺 / 457
서월 거감瑞月巨鑑 / 455, 510
서일瑞日 / 317
서주 의수犀舟懿修 / 354, 528
서주 의첨犀舟懿沾 / 375, 503, 608, 613
서현瑞賢 / 556
『석가여래행적송釋迦如來行蹟頌』 / 111
석단목釋端目 / 73
석담石潭 / 568
석담 만의石潭萬宜 / 293
석담 치일石潭致一 / 493
석문암石門庵 / 606
석불사石佛寺 / 69
석실石室 / 245
석암 익진石岩翼振 / 332
석옥 청공石屋清珙 / 113, 133, 510
석왕사釋王寺 / 31, 125, 129, 273, 384~386, 457, 463
「석왕사기釋王寺記」 / 124
석주 익운石舟翼雲 / 422
석징釋澄 / 65
석치石痴 / 498
석호 녹일石虎祿一 / 352, 567
석훈碩訓 / 485
석희釋熙 / 187
「선각국사비문先覺國師碑文」 / 83
선곡禪谷 / 587
선교禪敎 / 497
선등禪燈 / 179
『선문강요禪門綱要』 / 106, 109, 327, 502
『선문보장록禪門寶藏錄』 / 109
『선문사변만어禪門四辯漫語』 / 502
『선문수경禪門手鏡』 / 327, 502

『선문염송』 / 106, 267, 512, 575
『선문염송설화禪門拈頌說話』 / 157, 260
『선문오종강요禪門五宗綱要』 / 258
선암사仙巖寺 / 101, 266, 268, 312, 360, 394, 408, 459, 469, 487, 491, 515, 549, 556, 565, 577, 593, 610, 611, 613, 616
『선요禪要』 / 240
선운사禪雲寺 / 34, 278, 394, 397, 624
『선원소류禪門溯流』 / 513
『선원제전집도서과평禪源諸詮集都序科評』 / 255
선월 행정船月幸政 / 293
선화자禪和子 / 175
설곡 윤훤雪谷胤烜 / 432, 474
설담 자우雪潭自優 / 280, 368
『설담집雪潭集』 / 280
설두雪竇 / 328, 502, 509, 510, 613
설봉 완첨雪峯玩沾 / 430, 434
설봉 회정雪峰懷淨 / 228, 252, 308, 322, 324, 329, 495, 497, 538
설산雪山 국사 / 119
설송 연초雪松演初 / 604
설암說庵 / 599
설암 추붕雪岩秋鵬 / 266, 285, 344, 489, 509, 510
설월 원민雪月圓旻 / 337, 391, 549, 554
설은雪늘 / 161
설파 민기雪坡敏機 / 293
설파 상언雪坡常彦 / 280, 305, 329, 331, 397, 416, 542, 611
설허 지연雪虛智演 / 283, 422, 613, 626
설현雪賢 / 313
성곡 유척聖谷惟倜 / 458
성관性貫 / 358

성담 수언性潭修彦 / 444, 493
성도암成道庵 / 29
성묵 지원聖默志遠 / 344, 474
성봉 성호聖峰性顥 / 447
성불암成佛庵 / 189
성암性菴 / 555
성암 덕함聖岩德函 / 384, 386
성원 의찰性圓宜察 / 626
성월 서유聖月瑞蕍 / 583
성윤性允 / 35
성일性日 / 555
성주사聖住寺 / 65, 92
성준性峻 / 179
성준性俊 / 492
성찬聲贊 / 301
성철性哲 / 305
성파聖坡(影波) / 283
성학聖學 / 35, 526
성해 처진性海處眞 / 524
성허 지찰性虛志察 / 412
성호誠浩 / 595
성환性煥 / 526
세관世寬 / 342
세염洗染(원진 국사) / 140, 400
세영世英 / 495, 595
세원世元 / 422
소요 태능逍遙太能 / 194, 226, 240, 280, 324, 347, 434, 572
『소요집逍遙集』 / 228
송계松溪 / 392
송광사松廣寺 / 29, 104, 119, 120, 215, 248, 276, 331, 392, 394, 397, 414, 419, 434, 449, 487, 489, 491, 524, 526, 556, 593, 594, 616

「송광사사적비문松廣寺事蹟碑文」 / 248
송매 성원松梅省遠 / 373
송악 우신松岳佑信 / 313
송암松庵 / 322
송운 유정松雲惟政 / 55, 104, 195, 202, 240, 254
송원松源 / 534
송월松月 / 434
송월당松月堂 / 241
송파 각훤松坡覺暄 / 228, 252, 308, 324, 596
『수능엄경』 / 325
수룡 색성袖龍頤性 / 325, 346, 374, 449
수미암須彌庵 / 33
수불암須佛庵 / 451
수산 원만守山圓滿 / 574
수선사修禪社 / 103, 487, 501, 585
수성 근헌壽星謹憲 / 410
수암 석근壽庵碩謹 / 410
수암 석훈壽庵碩訓 / 557
수월 재인水月在仁 / 333, 410, 536
수인사修仁寺 / 449, 498, 505, 563, 599, 606
순우順祐 / 400
술윤述允 / 83
숭복사崇福寺 / 51
숭인崇仁 / 161, 185, 187
승달사僧達寺 / 432
승일勝一 / 313
승일勝日 / 534
승헌勝憲 / 313
승현勝賢 / 313
승환勝還 / 313
시오始悟 / 313

신감神鑑 / 59
신광사神光寺 / 118
신륵사神勒寺 / 120
신봉 청호信峯淸浩 / 416
신불암新佛庵 / 248
신순信淳 / 481, 485
신옹信翁 / 171
신월암新月庵 / 282
신월 호윤信月好閏 / 435, 493, 522, 530, 538
신총信總 / 165
신흥사神興寺 / 245, 626
실제사實際寺 / 72
심諶(安貧) / 305
『심경心經』 / 293
심경암心鏡庵 / 189
심원사溱源寺 / 222
심적사深寂寺 / 534
심적암深寂庵 / 487
심훈心訓 / 350
쌍계사雙溪寺(雙磎寺) / 34, 61, 238, 317, 318, 363, 414, 424, 487, 522, 528, 544, 593
「쌍계사사적雙磎寺事蹟」 / 248
쌍련雙蓮 / 358, 568
쌍봉사雙峯寺 / 280
쌍수 송원雙修松源 / 470, 534
쌍연 성관雙蓮性貫 / 495
쌍운 금화雙運錦華 / 373
쌍월雙月 / 453
쌍흘雙屹 / 194

『아미타경』 / 459, 462
아암 혜장兒庵(蓮坡)惠藏 / 226, 228, 252, 308, 353, 356, 357, 375, 377, 422, 495, 601, 616, 626
안국사安國寺 / 400
안기선安箕仙 / 578
안심사安心寺 / 193, 394
야운野雲 / 501, 596
약사藥師【절 이름】 / 29
양악羊岳 / 466, 509, 536, 579, 596
억성사億聖寺 / 86
언기彦機 → 편양 언기
여여 서심如如瑞心 / 341
여척如倜 / 318
역산櫟山 / 385, 386
『연경蓮經(법화경)』 / 111
연곡사燕谷寺 / 78, 109, 222, 394, 399
연기비緣起碑 / 33
연담 유일蓮潭有一 / 107, 197, 204, 270, 271, 278, 282, 288, 289, 308, 312, 317, 324, 331, 345, 362, 377, 380, 428, 444, 466, 474, 524, 528, 530, 534, 536, 554, 556, 563, 567, 596
연서蓮棲(蓮捿) / 416, 611
연선도인蓮船道人 / 164
연암蓮庵 / 374
연월蓮月 / 501
연율蓮律 / 109
연익 전서演益錢絮 / 483
연주蓮舟 / 510, 569, 595, 613
연천 용운蓮泉龍雲 / 294
연파 덕장烟波德藏 / 604

연파 혜장蓮坡惠藏 → 아암 혜장
연하 간순緣何侃淳 / 476
연호蓮湖 / 333, 410
연화蓮花 / 266
연훈連訓 / 88
연희衍熙 / 159
염거廉居 / 86
『염송착병拈頌着柄』 / 305
영감암靈感庵 / 155
영곡靈谷 / 278, 305, 315, 397
영관靈觀 / 187
영광사寧光寺 / 53
영규靈圭 / 202
영담 지명影潭智明 / 410, 557, 569
영대암靈臺庵 / 189
영도사永道寺 / 439
영봉 혁원影峯奕源 / 408
영산影山 / 329, 397
영서靈瑞 / 344
영송 영선影松永善 / 412
영실永實 / 458
영암靈岩 / 442, 451, 559
영암 상흔影岩尙欣 / 408
영운암靈雲庵 / 189
영원사靈源寺 / 319
영원암靈源庵 / 32
영원靈源 조사 / 32
영월 경문影月鏡文 / 513
영월 성신靈月誠身 / 524
영유永愈 / 348
영은암靈隱庵 / 189
영응靈應 / 171
영잠靈岑 / 194
영주靈珠 / 392

영지사靈芝寺 / 101
영철永哲 / 497
영파 덕수永坡德壽 / 293, 444, 469
영파 성규影波聖奎 / 274, 293, 507, 626
영해映海 / 350
영해 약탄影海若坦 / 248, 285, 288, 305, 408
영허靈虛 / 305, 558, 587
영허 선영映虛善影 / 31, 386, 457, 463
영허 성엽暎虛聖曄 / 430
영허 성준靈虛性俊 / 489
영허 의현靈虛義玄 / 382
『영험록靈驗錄』 / 245
영호 율간靈湖栗間 / 410, 595
영호 율한靈湖栗閑 / 30
예봉 학윤禮峰學潤 / 447
예순禮淳 / 35
예암 광준禮庵廣俊 / 432, 477
예운禮云 / 422
오교五敎 / 374
옥룡사玉龍寺 / 78, 95, 517
옥천사玉泉寺 / 29, 61, 237, 335, 426
온곡 영택溫谷永澤 / 422
완송 의순玩松意淳 / 435
완월 궤홍玩月軌泓 / 274, 457
완주 기원玩珠奇元 / 471
완파玩坡 / 567
완파 위규玩坡瑋珪 / 430
완파 창기玩坡昶基 / 475
완해 견현玩海見賢 / 382, 493
완호玩湖 / 320
완호 윤우玩虎倫佑 / 282, 313, 333, 342, 344, 350, 352, 363, 364, 368, 374, 377, 426, 444, 567

요공선사了空禪師 / 80
요연了然 / 112
용담龍潭 / 268, 305
용담 조관龍潭慥冠 / 267, 455, 510
용담 한일龍潭漢日 / 445
용명龍溟 / 507, 518
용문사龍門寺 / 241, 256, 337, 406
용문암龍門庵 / 317
용선龍船 / 453, 507
용암龍岩 / 278, 305, 392, 424
용암庸庵 / 31, 384
용암 신감龍岩信鑑 / 430
용암 전우庸庵典愚 / 457
용암 증숙龍岩增肅 / 267
용암 혜언龍岩慧彦 / 549
용연龍淵 / 426, 469, 474, 493, 526, 558, 587
용연사龍淵寺 / 55
용연 유정龍淵有正 / 474
용연 혜흔龍淵慧昕 / 457
용완龍玩 / 456, 498, 550
용운 승행龍雲勝行 / 301, 384, 386, 414, 507, 538, 581
용은 계언龍隱戒彦 / 478
용주사龍珠寺 / 34, 466
용천사 / 620
용파 도주龍波道周 / 389, 412
용파 영훤龍坡永烜 / 497, 597
용허 서운龍虛瑞雲 / 392, 614
용혈암龍穴庵 / 109
용흥사龍興寺 / 318, 352, 363, 394, 512, 624
우담優曇 / 510, 532, 540, 569, 596
우담 유언雨潭有彦 / 337

우현佑玄 / 335
운거雲居 / 526, 552, 554, 558, 561, 563
운곡雲谷 / 567, 589
운구雲句 / 406
운기雲起 / 587
운담雲潭 / 331, 526, 568
운담 대일雲潭大日 / 280
운담 정일雲潭鼎馹 / 324
운문사雲門寺 / 394
운봉雲峯 / 425, 500
운제사雲際寺 / 53
운파雲坡 / 426, 456
운흥사雲興寺 / 317, 344, 363, 370, 412, 432, 469, 491, 520, 587, 588
울암 경의蔚庵敬儀 / 412
웅수사熊壽寺 / 69
웅파 위성雄波偉性 / 430
『원각경』 / 278, 337, 363, 480, 485, 554, 574
『원각사기圓覺私記』 / 305
원기元奇 → 경운 원기
원담 내원圓潭乃圓 / 510
원등암遠燈庵 / 211, 300
원묘圓妙 / 109
원오圓悟 / 161
원월圓月 / 495
원응 계정圓應戒定 / 497, 500
원적암圓寂庵 / 187
원정圓淨 / 446
원조圓照(碧虛) / 489
원조 종본圓照宗本 / 100
원준圓俊 / 193
원진元稹 / 149
원철圓徹 / 194, 224

원통암圓通庵 / 187
원해圓海 / 616
원향圓香 / 53
원효元曉 / 33, 501, 572, 596
월담月潭 / 256
월명암月明庵 / 210, 300
월송 성일月松性日 / 337
월송 재관月松再觀 / 324
월여 범인月如梵寅 / 31
월연月淵 339
월응 예순月應禮淳 / 620
월저 도안月渚道安 / 225, 250, 254, 489, 510
월정사月精寺 / 54, 56, 202, 363
월파 원준月坡圓俊 / 291, 559
월현月現 / 568
월화 덕혜月華德惠 / 563, 595, 616
위봉威鳳 / 165
위봉사威鳳寺 / 301, 392, 430
『유마경』 / 459, 544
유마사維摩寺 / 505
유성有誠 / 100
유성裕性 / 627
유성종劉聖鍾 / 459
유원有元 / 426
유일有一 → 연담 유일
유점사楡岾寺 / 193, 202, 550
유정惟政 → 송운 유정
유진有眞 / 378
육공六空 / 187
육륜회六輪會 / 67
육파 기운六波奇雲 / 477, 589
율견律堅 / 315
율봉栗峯 / 337, 550

율암栗庵 / 36, 533
율호律虎 / 505
은곡 봉신銀谷奉信 / 449
은묵 만정隱默萬正 / 391
은봉 지척隱峰志倜 / 412
은산비隱山碑 / 76
은선암隱仙庵 / 318
은신암隱神庵 / 187
은암銀岩 / 317, 476, 556, 589
은암 강백銀岩講伯 / 410
은암선자隱庵禪子 / 164
은적사隱跡寺 / 34, 471, 498, 526
은해사銀海寺 / 283
응룡應龍 / 567
응성 민훈應星旻訓 / 312, 335
응암應庵 / 583
응암 벽담應庵碧潭 / 288
응암 학성應庵學性 / 426
응암 희유凝庵禧有 / 604
응오應悟 / 495
응운應雲 / 332, 391, 536, 579
응운 영화應雲永化 / 554
응운 증오應雲證悟 / 565
응월應月 / 532
응파 태인凝波兌仁 / 389
응해 성홍應海晟弘 / 420, 581
응허應虛 / 616
응허 보신應虛普信 / 337, 550
응허 성안應虛聖按 / 478
응허 성안應虛聖眼 / 599
응화應化 / 510, 526, 538, 542, 552, 554, 558, 561, 567, 569, 587, 589, 595, 613
의경儀冏 / 194
의룡義龍 / 505

의변義卞 / 179
의봉 유영義峰有英 / 392
의상義湘 / 127, 482, 559, 596, 627
의신암義神庵 / 187
의암 창인義庵暢印 / 333, 377, 477
의엄義嚴 / 202
의조사義照寺 / 552
의준義俊 / 238
의준 금명儀準錦溟 / 35
의직義直 / 458
의천義天 / 611
이병원李炳元 / 26
이봉离峯 / 563, 613
이운理雲 / 556
익윤翼允 / 498
익환翼煥 / 478
인곡仁谷 / 380, 412, 432, 469, 487
인담 두인仁潭斗印 / 435
인담 의철仁潭義哲 / 313, 428
인봉 덕준仁峯德俊 / 319, 384, 386, 457
인암忍庵 / 380, 391, 469, 491, 493, 524, 552, 554
인암 의준仁岩儀俊 / 332
인영印英 / 193
인파印波 / 350, 487, 567
인파仁坡 / 418
인파 축현仁坡竺絃 / 405
인허仁虛 / 619
인허 성유印虛性惟 / 447
인허 해안印虛海岸 / 275
인허 혜한印虛惠閒 / 445
인환仁煥 / 475
일봉日峯 / 626
일봉암日封庵 / 29, 317

일선一禪 / 187
일여一如 / 33, 483
일정一精 / 179
일지一指 / 363
일진一眞 / 161
일출암日出庵 / 209
일행一行 / 75
임성任性 / 240, 500
임성 천성任城天性 / 500
『임하록林下錄』 / 305

자변慈辨(從諫) / 101
자암 전평慈庵典平 / 277, 341
자여 범인自如梵寅 / 470
자연 법흔慈演法欣 / 538
자행 책활慈行策活 / 26, 426, 498, 608
『작법귀감作法龜鑑』 / 327
장백사長栢寺 / 60
장선壯善 / 542
장안사長安寺 / 32, 571
재곡在鵠 / 299
재민在敏 / 478, 589
재신在信 / 565
재심再心 / 308
재약사載藥寺 / 202, 204, 254
재운在允 / 589
재익在益 / 532
재호在浩 / 589
적련암赤蓮庵 / 348, 350
적련정사赤蓮精舍 / 553
적조탑명寂照塔銘 / 83

『전등록傳燈錄』/ 86
전령展翎 / 360
전우典愚 / 386
『전홍록傳弘錄』/ 109
정관靜觀 / 241, 500
정관定觀 / 329
정관 쾌일正觀快逸 / 512, 513
정련 법준淨蓮法俊 / 158
정방사井芳寺 / 487
정수사淨水寺 / 591
정암 즉원晶巖即圓 / 228, 252, 324, 591
정양사正陽寺(正陽庵) / 33, 118, 224, 257, 364
정운 채규定雲彩奎 / 458
정원淨源 → 진수 정원
정육貞育 / 86
정자계단중수비丁字戒壇重修碑 / 29
정중사靜衆寺 / 72
정지正持 / 313
정찬 태우晶贊泰祐 / 478
『정토보서淨土寶書』/ 245
정토사淨土寺 / 579, 613
정행사淨行社 / 447
『정혜결사문定慧結社文』/ 104
정혜사定慧寺 / 507
『제경문답반착회요諸經問答盤錯會要』/ 288
『제경회요諸經會要』/ 305
제봉霽峰 / 418
제산 운고霽山雲皐 / 217, 604
제성濟醒 / 335
제월 보성霽月寶成 / 447
제월 수일霽月守一 / 280
조명照明 / 263

『조왕경竈王經』/ 325
조우祖愚 / 166
조징祖澄 / 159
조포사造泡寺 / 624
종민宗敏 / 556
종휘宗暉 / 103
「죽림사기竹林寺記」/ 44
준기俊機 / 225
준학 경문俊學敬文 / 528
중봉 혜호中峰慧皓 / 447
중화 덕홍中和德弘 / 344, 426
중흥사重興寺 / 134
「증도가證道謌」/ 293
지공指空 / 114, 129, 204
지봉智峯 / 419, 501
지봉 유홍智峰有洪 / 445
지봉 지안智峯之安 / 583
지상사至相寺 / 50
지안志安 → 환성 지안
지엄智儼 / 159
지엄 벽송智嚴碧松 / 169, 176
지영志永 / 350
지월 필희智月弼熙 / 339, 495
지찬志贊 / 350
지허知虛 / 497
지허止虛 / 567
지홍智弘 / 313
지환智還 / 238
직지사直指寺 / 256, 363
진각眞覺 국사 / 56, 596
진감眞鑑 / 27, 426
진기眞機 / 171
진묵震默 / 300
진봉珍峰 / 425

서운암瑞雲菴 / 317
서원사西院寺 / 457
서월 거감瑞月巨鑑 / 455, 510
서일瑞日 / 317
서주 의수犀舟懿修 / 354, 528
서주 의첨犀舟懿沾 / 375, 503, 608, 613
서현瑞賢 / 556
『석가여래행적송釋迦如來行蹟頌』 / 111
석단목釋端目 / 73
석담石潭 / 568
석담 만의石潭萬宜 / 293
석담 치일石潭致一 / 493
석문암石門庵 / 606
석불사石佛寺 / 69
석실石室 / 245
석암 익진石岩翼振 / 332
석옥 청공石屋淸珙 / 113, 133, 510
석왕사釋王寺 / 31, 125, 129, 273, 384~386, 457, 463
「석왕사기釋王寺記」 / 124
석주 익운石舟翼雲 / 422
석징釋澄 / 65
석치石痴 / 498
석호 녹일石虎祿一 / 352, 567
석훈碩訓 / 485
석희釋凞 / 187
「선각국사비문先覺國師碑文」 / 83
선곡禪谷 / 587
선교禪敎 / 497
선등禪燈 / 179
『선문강요禪門綱要』 / 106, 109, 327, 502
『선문보장록禪門寶藏錄』 / 109
『선문사변만어禪門四辯漫語』 / 502
『선문수경禪門手鏡』 / 327, 502

『선문염송』 / 106, 267, 512, 575
『선문염송설화禪門拈頌說話』 / 157, 260
『선문오종강요禪門五宗綱要』 / 258
선암사仙巖寺 / 101, 266, 268, 312, 360, 394, 408, 459, 469, 487, 491, 515, 549, 556, 565, 577, 593, 610, 611, 613, 616
『선요禪要』 / 240
선운사禪雲寺 / 34, 278, 394, 397, 624
『선원소류禪門溯流』 / 513
『선원제전집도서과평禪源諸詮集都序科評』 / 255
선월 행정船月幸政 / 293
선화자禪和子 / 175
설곡 윤훤雪谷胤烜 / 432, 474
설담 자우雪潭自優 / 280, 368
『설담집雪潭集』 / 280
설두雪竇 / 328, 502, 509, 510, 613
설봉 완첨雪峯玩沾 / 430, 434
설봉 회정雪峰懷淨 / 228, 252, 308, 322, 324, 329, 495, 497, 538
설산雪山 국사 / 119
설송 연초雪松演初 / 604
설암說庵 / 599
설암 추붕雪岩秋鵬 / 266, 285, 344, 489, 509, 510
설월 원민雪月圓旻 / 337, 391, 549, 554
설은雪븚 / 161
설파 민기雪坡敏機 / 293
설파 상언雪坡常彦 / 280, 305, 329, 331, 397, 416, 542, 611
설허 지연雪虛智演 / 283, 422, 613, 626
설현雪賢 / 313
성곡 유척聖谷惟倜 / 458
성관性貫 / 358

성담 수언性潭修彦 / 444, 493
성도암成道庵 / 29
성묵 지원聖默志遠 / 344, 474
성봉 성호聖峰性顥 / 447
성불암成佛庵 / 189
성암性菴 / 555
성암 덕함聖岩德函 / 384, 386
성원 의찰性圓宜察 / 626
성월 서유聖月瑞蕍 / 583
성윤性允 / 35
성일性日 / 555
성주사聖住寺 / 65, 92
성준性峻 / 179
성준性俊 / 492
성찬聲贊 / 301
성철性哲 / 305
성파聖坡(影波) / 283
성학聖學 / 35, 526
성해 처진性海處眞 / 524
성허 지찰性虛志察 / 412
성호誠浩 / 595
성환性煥 / 526
세관世寬 / 342
세염洗染(원진 국사) / 140, 400
세영世英 / 495, 595
세원世元 / 422
소요 태능逍遙太能 / 194, 226, 240, 280, 324, 347, 434, 572
『소요집逍遙集』 / 228
송계松溪 / 392
송광사松廣寺 / 29, 104, 119, 120, 215, 248, 276, 331, 392, 394, 397, 414, 419, 434, 449, 487, 489, 491, 524, 526, 556, 593, 594, 616

「송광사사적비문松廣寺事蹟碑文」 / 248
송매 성원松梅省遠 / 373
송악 우신松岳佑信 / 313
송암松庵 / 322
송운 유정松雲惟政 / 55, 104, 195, 202, 240, 254
송원松源 / 534
송월松月 / 434
송월당松月堂 / 241
송파 각훤松坡覺暄 / 228, 252, 308, 324, 596
『수능엄경』 / 325
수룡 색성袖龍頤性 / 325, 346, 374, 449
수미암須彌庵 / 33
수불암須佛庵 / 451
수산 원만守山圓滿 / 574
수선사修禪社 / 103, 487, 501, 585
수성 근헌壽星謹憲 / 410
수암 석근壽庵碩謹 / 410
수암 석훈壽庵碩訓 / 557
수월 재인水月在仁 / 333, 410, 536
수인사修仁寺 / 449, 498, 505, 563, 599, 606
순우順祐 / 400
술윤述允 / 83
숭복사崇福寺 / 51
숭인崇仁 / 161, 185, 187
승달사僧達寺 / 432
승일勝一 / 313
승일勝日 / 534
승헌勝憲 / 313
승현勝賢 / 313
승환勝還 / 313
시오始悟 / 313

진봉珍峰(深祐) / 599
진불암眞佛庵 / 282, 313, 364, 497, 563
『진불지眞佛志』 / 545
진수 정원晉水淨源 / 100, 101, 171
진암 정우眞庵定旴 / 626
진일眞一 / 594
진정眞靜 국사 / 596
진정 부암眞靜浮庵 / 502
진학眞學 / 552
징광사澄光寺 / 245, 254

찬민贊敏 / 26, 35
찬영粲英 / 157
찬율贊律 / 422
찬의贊儀 / 35, 595
찬일贊一 / 591
찰탄察坦 / 335
채미采微 / 261
책오策悟 / 593
처영處英 / 192, 195, 202
처회處會 / 87
처흔處欣 / 534
척잠陟岑 / 416
천관사天冠寺 / 29, 293
천묵天默 → 춘계 천묵
천불전千佛殿 / 529
천신天信 / 234
천은사泉隱寺 / 490
천준泉遵 / 96
천축사天竺寺 / 101
천학天學 / 492

철경鐵鏡 / 459
철경 대운掣鯨大雲 / 374
철경 응언掣鯨應彦 / 325
철계 천월鐵溪川月 / 32
철선 혜즙鐵船惠楫 / 294, 354, 474, 478,
　　485, 493, 497, 503, 556, 558, 601, 616
철우鐵牛 / 347
첨찰사尖察寺 / 368, 526
청공靑空 / 540, 587
청담 준일淸潭俊一 / 520, 604
청량사淸凉寺 / 103
청련 원철靑蓮圓徹 / 226
청류암淸流庵 / 331
청봉 거안晴峯巨岸 / 337, 606
청악淸岳 / 613
『청야만집靑野漫集』 / 126
청연淸淵 / 391
청운靑雲 / 26
청평사淸平寺 / 118, 256
청하 미윤靑霞美允 / 425, 599
청허 휴정淸虛休靜 / 55, 161, 173, 224,
　　225, 241, 260, 293, 345, 375, 384, 476,
　　500, 510, 530, 559, 567, 596, 622
초엄草广 / 392
초의 의순草衣意恂 / 26, 30, 217, 294, 344,
　　360, 368, 380, 392, 410, 412, 422, 432,
　　464, 474, 487, 493, 502, 524, 534, 552,
　　556, 558, 587, 596, 604
총지사摠持 / 352
추계秋溪 / 500
추담秋潭 / 569
추붕秋鵬 / 235
축념竺念 / 627
춘계 적암春溪翟庵 / 281

찾아보기 • 645

춘계 천묵春溪天默 / 194, 324
춘담春潭 / 424, 425
춘담 대연春潭大演 / 500
춘담 몽인春潭夢忍 / 280
춘담 양옥春潭養玉 / 424
춘파春坡 / 408
충언忠彦 / 83
충파忠波 / 492
취미 수초翠微守初 / 245, 293
취서사鷲棲寺 / 278
취선就善 / 594
취암 금환翠庵錦還 / 435
취암 찬영鷲岩贊永 / 341, 556
취여 삼우醉如三愚 / 228, 250
취운 혜오翠雲慧悟 / 399, 478
취은 기순翠隱奇淳 / 458
「치문緇門」 / 240, 374
치백緇白 / 373
치암癡庵 / 344
치암癡岩 / 530
칠불암七佛庵 / 189, 248, 549
침굉 현변枕肱懸辯 / 222
침교 법훈枕蛟法訓 / 325, 422
침룡 영원枕龍永源 / 565
침명枕溟 / 418, 434, 469, 501, 509, 510, 512, 515, 538, 540, 552, 556, 569, 587
침송 성순枕松聖詢 / 332, 536
침송 회성枕松會成 / 466, 505, 563
침월 윤성枕月允成 / 332, 542, 563

탁권卓權 / 432

탁준卓濬 / 268
태고太古(普愚) / 157, 476, 510, 530, 611
태고사太古寺 / 419
태능太能 → 소요 태능
태사太師 / 179
태안사泰安寺 / 84, 449
「태안사법당상량문泰安寺法堂上梁文」 / 84
태완泰玩 / 627
태호 성관太湖性寬 / 26
태호 세관太湖世觀 / 354, 375
태화사太和寺 / 54, 56
『토굴가土窟歌』 / 451
통도사通度寺 / 54~56, 106, 270, 397, 419, 424, 550, 604, 626,
『통방정안通方正眼』 / 513
통효通曉 / 71
퇴암退庵 / 329
퇴연 축인退淵竺仁 / 345
퇴은 영암退隱靈岩 / 33, 451, 510

팔굉 관홍八紘寬弘 / 478
패엽사貝葉寺 / 401
편양 언기鞭羊彦機 / 194, 224, 225, 510
평암 연정平庵涓定 / 412
평월 계형平月戒馨 / 313
평철 동지平哲同知 / 487
포련 취환布蓮就洹 / 430, 507
포암 덕정蒲庵德政 / 293
포운浦雲 / 333, 410, 589
포운 윤경布雲閏褧 / 337
포월 초민抱月楚旻 / 373

포은布恩 / 549
포의蒲衣 / 559
포허抱虛 / 532
표운表雲 / 315, 336, 449
「표충기적비명表忠紀蹟碑銘」 / 196
표충사表忠祠 / 255, 331, 405, 419, 430, 517, 520, 565
표충사비表忠祠碑 / 204
표훈사表訓寺 / 33, 176, 270, 442, 480
풍계楓溪 / 319
풍계風溪 / 456
풍곡楓谷 / 456
풍곡 덕인豊谷德仁 / 509, 510
풍담 의심楓潭義諶 / 234, 510
풍선馮瑄 / 88
풍악 세찰楓岳世察 / 288
풍암楓岩 / 305
풍암豊庵 / 478, 601
풍암 의례豊庵宜禮 / 478
필조弼照 / 339

하담 찬홍荷潭贊弘 / 591
하동암下東庵 / 317
하은荷隱 / 453
하의荷衣 / 344, 487
하청사 / 620
학능學能 / 350, 412
학림암鶴林庵 / 384
학매學梅 / 166
학묵學默 / 187
학봉 선일鶴峰仙一 / 449

한계寒溪 / 240
한양漢陽 / 536, 613
한양 덕송漢陽德松 / 32
한양 용주漢陽龍珠 / 579
한운 한오漢雲漢悟 / 420, 581, 585
함명 태선涵溟太先 / 509, 510, 577, 613
함월 해원涵月海源 / 457, 626
함허涵虛 / 596
『해남여지승람海南輿地勝覽』 / 276
『해동불조원류海東佛祖源流』 / 25
해명海溟 / 544
해붕海鵬 / 360, 392
해산海山 / 175
해성 금찰海城錦察 / 412
해안海眼 / 194, 202
해암海庵 / 352
해암 청윤海岩淸潤 / 416, 611
해운 경열海運敬悅 / 222, 226
해운 신영海雲愼英 / 332, 456
해월海月 / 268, 520
해월 도홍海月道弘 / 475
해월 보선海月普宣 / 412
해은 처율海恩處律 / 478
해인사海印寺 / 241, 270, 282, 305, 397, 419, 434
『해정록楷正錄』 / 502, 513
행준幸俊 / 594
허령虛靈 / 538
허백虛白 / 596
허주虛舟 / 453
『현담玄談』 → 『화엄현담』
『현담사기玄談私記』 / 305
현빈玄賓 / 221
현암玄岩 / 261

현옹玄顒 / 571
현해 모윤懸解慕潤 / 278, 346, 449
형암 자옥荊庵自玉 / 331, 341, 432, 509
혜공慧空 / 248
혜관惠寬 / 248
혜봉 최성慧峰最性 / 447, 459, 498
혜소慧炤 / 83
혜암惠庵 / 329, 606, 613
혜오 취운慧悟翠雲 / 35
혜운 보정惠雲普淨 / 410, 557
혜원憲元 / 593
혜월 제해慧月濟海 / 444
혜은惠隱 / 64
혜인원惠因院 / 100
혜장惠藏 → 아암 혜장
혜철慧徹 / 79, 83
혜홍慧洪 / 378
호구虎丘 / 240
호기好奇 / 495
호봉 성관虎峰聖舘 / 293, 464
호산 해봉湖山海峯 / 301
호성 긍준虎惺肯俊 / 373
호암 체정虎岩體淨 / 275, 277, 278, 305, 329, 337, 390, 416, 550, 611
호연浩然 / 425, 534
호월湖月 / 567
호은湖隱 / 573
호은 경은虎隱敬恩 / 478, 616
호의 시오縞衣始悟 / 26, 319, 344, 368, 493
호훈好訓 / 336, 426
혼성 취선渾性就善 / 447
혼허渾虛 / 554, 616
홍경사弘慶寺 / 34

홍명 궤관鴻鳴軌觀 / 389
홍예洪預 / 155
홍적洪寂 / 80
홍척洪陟 / 83
화담 영규花潭永圭 / 280
화담 영원華潭永源 / 26, 344, 432, 449, 456, 469, 474, 480, 485, 487, 493, 526
화문化門 / 442
『화보畫譜』 / 456
화산 오선華山晤善 / 408
화산 인선華山仁善 / 471
화성花城 / 346
화성 도우花城道祐 / 449
화성 문암花城聞庵 / 315
화악 문신華岳文信 / 228, 231, 263, 291, 324, 597, 599, 616
화악 지탁華岳知濯 / 260, 285, 384, 386, 422, 613
화암사華嚴寺(華庵寺) / 394, 500, 507
화암 성옥和岩性玉 / 542
『화엄경』 / 234, 250, 267, 275, 280, 288, 291, 305, 363, 412, 461, 554, 571, 574, 622
『화엄경소華嚴經疏』 / 48
『화엄경수현소華嚴經搜玄疏』
『화엄법계도』 / 51
화엄사華嚴寺 / 79, 92, 392, 394, 489, 532
『화엄약소』 / 51
『화엄연의초華嚴演義鈔』 / 245
『화엄유망기華嚴遺忘記』 / 305
『화엄품목華嚴品目』 / 288
『화엄현담華嚴玄談』 / 308
화운化運 / 410
화운 관진華雲寬眞 / 337, 550

화월華月 / 268
화월 보간華月普侃 / 373
화월 숙흥化月淑紅 / 613
화월 현옥華月玄玉 / 280
화은 호경華隱護敬 / 459
화일化一 / 595
화일 현간華日玄侃 / 267
환명幻溟 / 492
환명 경운煥溟敬雲 / 449, 505
환봉煥峯 / 318, 344
환봉幻峰 / 492
환성 지안喚醒志安 / 260, 266, 270, 273, 275, 277, 282, 285, 384, 392, 430, 457, 513, 604, 626
환암幻庵(混修) / 157
환양 도우喚羊禱祐 / 489
환양 팔원喚羊八元 / 542
환운 대은幻雲大隱 / 528
환월喚月 / 587
환종幻宗 / 453
황령암黃嶺庵 / 189

황룡사黃龍寺 / 54, 56
황복사皇福寺 / 50
황학黃鶴 / 87
『회경록會鏡錄』 / 532
회산 보혜晦山普惠 / 28
회성會成 / 412
회암悔庵 / 350
회암 나식檜岩懶湜 / 430
회암사會巖寺 / 113, 119, 120, 129, 133, 419
회운 덕윤會雲德潤 / 489
회운 진환會雲振桓 / 455, 510
회일會日 / 348, 449
효암 윤찰孝庵允察 / 412
훈허 상능渾虛尙能 / 435
휴암 선일休庵善日 / 435, 510
흥국사興國寺 / 29, 104, 457, 526, 544, 565
흥륜사興輪寺 / 44, 67
희문禧文 / 558
희방사喜方寺 / 363, 501

범해 각안 梵海覺岸
(1820~1896)

경주 최씨 최치원의 후손으로 아버지는 철徹이며, 전라남도 완도에서 출생하였다. 자는 여환如幻, 자호는 두륜산인 구계頭輪山人九階. 전남 해남 대둔사大芚寺의 호의 시오縞衣始悟에게 편양파鞭羊派의 법맥을 이어받았고, 초의 의순草衣意恂에게 구족계를 받았다. 교학과 불교사에 정통하여 강학講學에 전념하는 한편 『유교경기遺教經記』, 『명수집名數集』, 『은적사사적隱跡寺事蹟』 등 많은 책들을 썼다.

옮긴이 김두재

민족문화추진회와 동국대학교 교육대학원을 수료하고 동국대학교 역경원 역경위원을 역임하였다. 『능엄경楞嚴經』, 『시왕경十王經』, 『제경요집諸經要集』, 『정본수능엄경환해산보기正本首楞嚴經環解刪補記』, 『광찬경光讚經』, 『해동고승전海東高僧傳』, 『당호법사문법림별전唐護法沙門法琳別傳』, 『작법귀감作法龜鑑』, 『선문수경禪門手鏡』 등의 역서가 있다.

교감 및 증의
김종진(동국대학교 불교학술원)
오경후(동국대학교 불교학술원)
이대형(동국대학교 불교학술원)
황금연(동국대학교 불교학술원)